公務人員

「高等考試三級」應試類科及科目表

高普考專業輔考小組◎整理

完整考試資訊

http://goo.gl/LaOCq4

✪普通科目

1.國文◎（作文80%、測驗20%）

2.法學知識與英文※（中華民國憲法30%、法學緒論30%、英文40%）

✪專業科目

類科	科目
一般行政	一、行政法◎　二、行政學◎　三、政治學 四、公共政策
一般民政	一、行政法◎　二、行政學◎　三、政治學 四、地方政府與政治
社會行政	一、行政法◎　二、社會福利服務　三、社會學 四、社會政策與社會立法　五、社會研究法　六、社會工作
人事行政	一、行政法◎　二、行政學◎　三、現行考銓制度 四、公共人力資源管理
勞工行政	一、行政法◎　二、勞資關係　三、就業安全制度 四、勞工行政與勞工立法
戶　政	一、行政法◎ 二、國籍與戶政法規（包括國籍法、戶籍法、姓名條例及涉外民事法律適用法） 三、民法總則、親屬與繼承編 四、人口政策與人口統計
教育行政	一、行政法◎　二、教育行政學　三、教育心理學 四、教育哲學　五、比較教育　六、教育測驗與統計
財稅行政	一、財政學◎　二、會計學◎　三、稅務法規◎ 四、民法◎
金融保險	一、會計學◎　二、經濟學◎　三、貨幣銀行學 四、保險學　五、財務管理與投資學
統　計	一、統計學　二、經濟學◎　三、資料處理 四、抽樣方法與迴歸分析
會　計	一、財政學◎　二、會計審計法規◎　三、中級會計學◎ 四、政府會計◎

類科	應試科目
法　制	一、民法◎ 二、立法程序與技術 三、行政法◎ 四、刑法 五、民事訴訟法與刑事訴訟法
法律廉政	一、行政法◎ 二、行政學◎ 三、公務員法（包括任用、服務、保障、考績、懲戒、交代、行政中立、利益衝突迴避與財產申報） 四、刑法與刑事訴訟法
財經廉政	一、行政法◎ 二、經濟學與財政學概論◎ 三、公務員法（包括任用、服務、保障、考績、懲戒、交代、行政中立、利益衝突迴避與財產申報） 四、心理學
交通行政	一、運輸規劃學 二、運輸學 三、運輸經濟學 四、交通政策與交通行政
土木工程	一、材料力學 二、土壤力學 三、測量學 四、結構學 五、鋼筋混凝土學與設計 六、營建管理與工程材料
水利工程	一、流體力學 二、水文學 三、渠道水力學 四、水利工程 五、土壤力學
水土保持工程	一、坡地保育規劃與設計（包括沖蝕原理） 二、集水區經營與水文學 三、水土保持工程（包括植生工法） 四、坡地穩定與崩塌地治理工程
文化行政	一、文化行政與文化法規 二、本國文學概論 三、藝術概論 四、文化人類學
機械工程	一、熱力學 二、流體力學與工程力學 三、機械設計 四、機械製造學

註：應試科目後加註◎者採申論式與測驗式之混合式試題(占分比重各占50%)，應試科目後加註※者採測驗式試題，其餘採申論式試題。

各項考試資訊，以考選部正式公告為準。

千華數位文化股份有限公司
新北市中和區中山路三段136巷10弄17號
TEL: 02-22289070　FAX: 02-22289076

公務人員

「普通考試」應試類科及科目表

高普考專業輔考小組◎整理

完整考試資訊

http://goo.gl/7X4ebR

✪普通科目

1.國文◎（作文80%、測驗20%）

2.法學知識與英文※（中華民國憲法30%、法學緒論30%、英文40%）

✪專業科目

類科	科目
一般行政	一、行政法概要※　二、行政學概要※ 三、政治學概要◎
一般民政	一、行政法概要※　二、行政學概要※ 三、地方自治概要◎
教育行政	一、行政法概要※　二、教育概要 三、教育行政學概要
社會行政	一、行政法概要※　二、社會工作概要◎ 三、社會政策與社會立法概要◎
人事行政	一、行政法概要※　二、行政學概要※ 三、公共人力資源管理
戶　政	一、行政法概要※ 二、國籍與戶政法規概要◎（包括國籍法、戶籍法、姓名條例及涉外民事法律適用法） 三、民法總則、親屬與繼承編概要
財稅行政	一、財政學概要◎　二、稅務法規概要◎ 三、民法概要◎
會　計	一、會計學概要◎　二、會計法規概要◎ 三、政府會計概要◎
交通行政	一、運輸經濟學概要　二、運輸學概要 三、交通政策與行政概要
土木工程	一、材料力學概要　二、測量學概要 三、土木施工學概要 四、結構學概要與鋼筋混凝土學概要

水利工程	一、水文學概要　二、流體力學概要 三、水利工程概要
水土保持工程	一、水土保持（包括植生工法）概要 二、集水區經營與水文學概要 三、坡地保育（包括沖蝕原理）概要
文化行政	一、本國文學概要　二、文化行政概要 三、藝術概要
機械工程	一、機械力學概要　二、機械設計概要 三、機械製造學概要
法律廉政	一、行政法概要※ 二、公務員法概要（包括任用、服務、保障、考績、懲戒、交代、行政中立、利益衝突迴避與財產申報） 三、刑法與刑事訴訟法概要
財經廉政	一、行政法概要※ 二、公務員法概要（包括任用、服務、保障、考績、懲戒、交代、行政中立、利益衝突迴避與財產申報） 三、財政學與經濟學概要

註：應試科目後加註◎者採申論式與測驗式之混合式試題(占分比重各占50%)，應試科目後加註※者採測驗式試題，其餘採申論式試題。

各項考試資訊，以考選部正式公告為準。

千華數位文化股份有限公司
新北市中和區中山路三段136巷10弄17號
TEL: 02-22289070　FAX: 02-22289076

目次

Chapter 05 公務人員的考選

Chapter 06 公務人員的任用

Chapter 07 公務人員的俸給

Chapter 08 公務人員的考績

Chapter 09 公務人員的訓練與發展

Chapter 10 公務人員的動態與考勤

Chapter 11 公務人員的權利、義務及責任

Chapter 12 公務人員的保險

Chapter 13 公務人員的退休資遣及撫卹

Chapter 14 主要考銓法規

Chapter 15 近年試題及解析

秘方版序

自民國八十四年起，現行考銓制度（現行考銓制度概要）取代人事行政學（人事行政概要）成為高普特考人事行政科專業科目之一，名稱雖變，實質內容並無差異，蓋「考」者考選，「銓」者銓敘，由於我國考試院下設考選、銓敘兩部，分別掌理考選、銓敘業務，故人事制度又稱為考銓制度。

近年考銓法規大幅度修訂，為期以「新、速、實、簡」之內容，滿足讀者之需求，本版特據最新資料改寫增修相關章節。由於法規變動頻繁，如果仍讀舊版的教科書或參考書，死背「歷史上的法規」，下場一定很悽慘，慎之，慎之！

本書【主要考銓法規】，將各法施行細則附於本法各相關條文之旁，一則增進瞭解，再則便於記憶。先瞭解法規之意旨後，進而研讀本書相關章節，再針對各章考古題進行自我模擬測驗，必可收事半功倍之效。此為本書獨家秘方，是否靈驗，一試便知。

鑑於多數考生並無實戰經驗，對於解題技巧往往「似是而非」，因而以些微差距飲恨，殊為可惜，本版特就近年的試題加以解析，先求「外在美」（分段分點，綱舉目張），再求「內在美」（內容正確充實，簡明扼要），必可殺出重圍，金榜題名。

林志忠

2023.12

現行考銓制度（概要）一見通

(一) 本科以考銓法規為主，普考（四等特考）的考生只要看懂法規，將重要條文背熟，即可輕鬆過關。高考（三等特考）的考生除了法規要熟以外，人事行政學、制度的檢討及改進意見，亦宜充分理解，否則不會及格。

(二) 法規的熟悉是成功的第一步，施行細則一定要和相關法條一起看，否則不易看懂，重要法條早晚要背，不妨分期付款，每天背上幾條，日積月累，必然功力大增。建議將重要法條（含施行細則）錄音播放，每天上下班時或做家事時，都可以隨身聽，熟能生巧，自然輕鬆上榜。

(三) 考試、任用、俸給、考績是基本四法，四法都熟就立於不敗之地。

(四) 公務員的權利、義務、責任，無論在行政法、行政學、現行考銓制度都很重要，可以「一魚三吃」。

(五) 保險、退休、撫卹，考題不多，但也不可忽視，以免淚灑考場，飲恨敗北。

(六) 行政中立法、陞遷法、訓練法不要忘了它的存在，保障法更是大熱門。

【參考書目】

1.李華民：中國考銓制度（五南圖書出版公司）。
2.徐有守：考銓制度（商務印書館）。
3.許濱松：人事行政（行專用書）。
4.趙其文：人事行政（行專用書）。
5.趙其文：人事行政學—兼論現行考銓制度（華泰書局）。
※6.蔡良文：人事行政學—兼論現行考銓制度（五南圖書出版公司）。
7.考試院考銓叢書指導委員會：中華民國考選制度（正中書局）。
8.考試院考銓叢書指導委員會：中華民國銓敘制度（正中書局）。
9.立法院公報、考試院公報。

Chapter 01

緒論

老師叮嚀

1 本章屬基本觀念，不必花太多時間。
2 分贓制、功績制應有相當深入的瞭解。
3 人事行政的發展宜稍加留意。
4 人力資源管理應注意。

一、考銓制度的意義

考是考選，銓是銓敘，考選銓敘是人事行政的主要內容，所以考銓制度就是人事制度。凡政府為達成任務或目標，對於所需要的人員從事有效的求才、用才、育才、留才的管理學術與措施，即為人事制度，又稱為文官制度或公務員制度。

二、人事行政與人事管理的比較

(一)人事行政常與人事管理一詞通用。人事管理為「管理」的一部分；人事行政則是「行政」的一部分。一般而言，管理與行政的原理原則，應屬相通，惟一般而言，人事行政涉及政策、原則的層面較多，而人事管理則涉及技術及執行的層面較多。茲將兩者的關係，圖示如右：

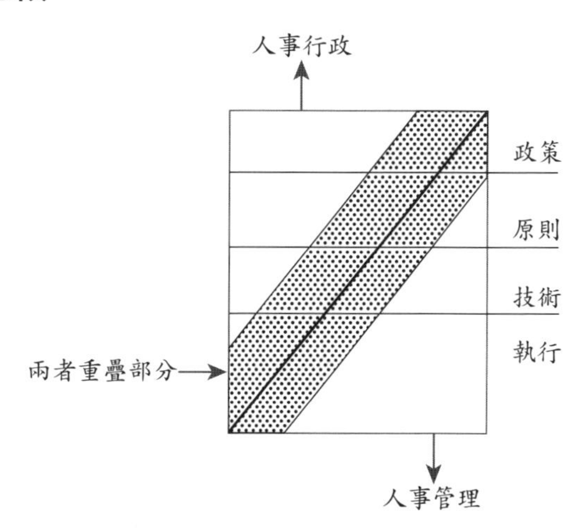

(二)人事管理與人事行政各有其發展背景及不同的意義。但在第二次世界大戰之後，兩者時有相互使用之情形，逐漸成為一種同義的名詞。惟人事行政通常形容政府機關中的人事運作，人事管理則通常適用於公私營企業組織中的人事運作。

(三)無論政府機關或企業組織，在人事管理方面的原理原則，雖是相同的，不過，如深入觀察，兩者亦有不同處，茲據趙其文老師觀點分述如次：

1. **政府機關與企業組織性質不同**
   (1) 政府機關，尤其是行政機關，在行政法學上認為是代表國家行使統治權的組織，其對外之意思表示，具有公定力及強制力。
   (2) 企業組織是一種企業或商業性組織，以營利為目的。
2. **與工作人員間的關係不同**
   (1) 政府機關與公務人員間的關係，為特別權力關係之一種，政府機關基於國家利益，得對公務人員給予若干約束。
   (2) 企業組織與工作人員間是一種契約性的平等對待關係。
3. **工作人員的身分地位不同**
   (1) 政府機關的公務人員，代表國家行使統治權，為免違法濫權，因此，憲法中規定公務人員有違法失職時，應負刑事、民事及懲戒責任。
   (2) 企業機構的工作人員，僅係依國家一般法令，從事本身業務，與一般國民之權利義務相同。
4. **組織結構不同**
   (1) 政府機關在組織結構上，建立層層節制的命令指揮系統，依分工原理，將全國各種不同的機關聯為一體。
   (2) 企業組織係因主持人或所有人之不同，而各成體系，不但互不相涉，且同類企業，常具高度競爭性。
5. **經費來源不同**
   (1) 政府機關之經費，主要係來自稅收，國民依法均有納稅之義務。
   (2) 企業組織之經費，主要係來自企業主之投資及業務經營所得。

三、人事行政的範圍

(一) 人事行政的範圍，學者見解不一，茲據趙其文老師觀點說明如次：

1. **人力規劃**：人力規劃係指為配合組織未來之發展，預測所需人力，並適時、適質、適量予以羅致及培育之一種過程。現代人事行政將「人」視為一種珍貴的資源，必須作最有效與最經濟的事先規劃，因此，現代人事行政學者也把人力規劃稱之為「人力資源規劃」。
2. **人員羅致**：係指人員遴選之前置程序，目的在吸引廣大的社會人士對政府機關或企業組織所需要的人才，產生興趣，因而參與競爭。在工商業發達的國家，「羅致」為公私組織人事行政上必採的措施。

3. **人員甄選**：人員甄選係指遴選最優秀的工作人員之方法、技術及程序。
4. **職務之陞遷調補**：包括職務之升調、平調及降調。升調係指由原來的職務，遷調至另一個職責程度較高的職務，或由非主管職務調為同層次的主管職務。平調係指由原來的職務調至另一職責程度相當的職務。降調則指調至職責程度較原來職務為低之職務，含有懲罰的意味在內。
5. **俸給及福利**：係指如何給予工作人員公平合理的薪資，及優渥的福利照護，以激勵工作人員工作精神的一種制度。
6. **工作人員的分類定等**：各類人員的資格要件與各類人員之薪資多寡，必須經過客觀科學的品評，始能劃分類別，確定等級，以為任用及給薪之依據。
7. **績效評估**：績效評估為對於工作人員之工作績效，作客觀的評估與考核，依據考評結果，採取必要之獎懲及人事調適。
8. **訓練與發展**：求發展為人類進步的一種動力。為滿足工作人員「發展」的需要，管理當局應有合理的與制度化的訓練培育計畫，使組織中的工作人力，不斷提高素質。尤以現代科技之日新月異，專業分工之日趨精密，訓練工作自更隨之備受重視。
9. **公務人員的權利、義務與責任**：公務人員一經正式任用，即與國家發生一定的公法關係。此項關係的實質內容，包括：
   (1) 公務人員應享的權利，亦即國家對公務人員應有的義務。
   (2) 公務人員應相對克盡的義務。
   (3) 公務人員違反義務時應負的責任，亦即國家對公務人員之制裁。
10. **公務人員的行政倫理與行政中立**：現代民主國家的人事行政，對行政倫理與行政中立之講求，至為重視。討論的主題包括：
    (1) 行政倫理的意義及應有的內涵與做法。
    (2) 行政中立的意義及應有的內涵與做法。
11. **退休與撫卹**：對於年老或傷殘而喪失工作能力之人員，給予退休金，使其離開工作崗位，頤養天年，並藉以促進新陳代謝，謂之退休。對於在職亡故之工作人員，給予其遺族撫卹金，以酬庸其在職時之貢獻，並藉以安老卹孤，謂之撫卹。

12. **人事行政組織：**人事行政為公私組織中不可或缺的一種功能。執行此項工作者，稱之為人事管理人員；人事管理人員服務之單位，通常稱為人事管理單位。人事管理單位及人員，稱之為人事管理組織，亦即人事行政組織。

(二) **人事行政的整個程序，得圖示如下：**

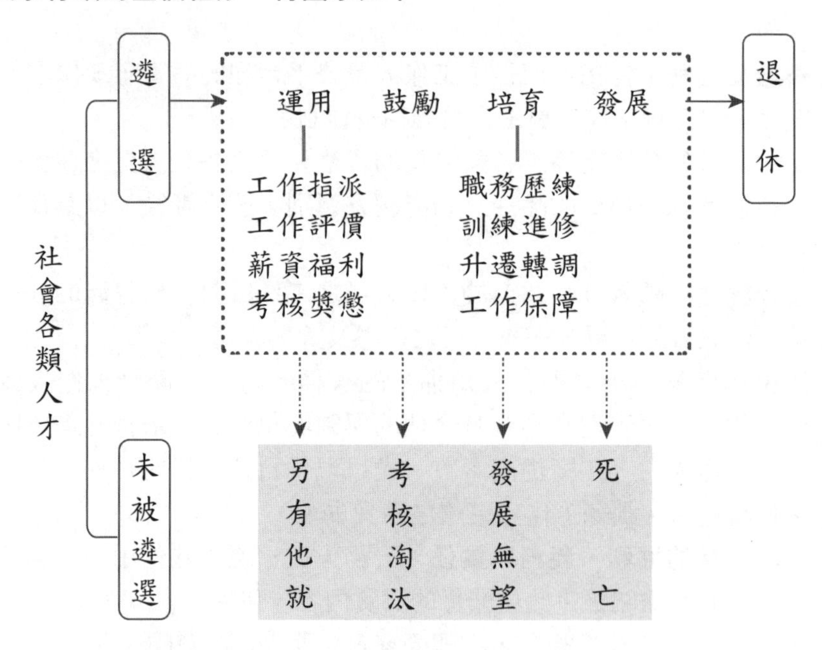

四、人事行政的發展【112高三】

行政人員隨著時代的變遷及客觀環境的轉移，不斷的改進與發展。其發展的軌跡，可從不同的角度來觀察，茲據趙其文老師觀點分述如下：

(一) **從帝王的統治工具轉變為服務人民的工具**

1. 人事行政本是國家行政的一部分，在封建專制的君主時代，乃是帝王統治群臣的工具。公務人員在心態上，亦認為職務俸祿皆是帝王所賜，「忠君」就等於忠於國家，乃是天經地義之事。如果懷有二志，便被認為大逆不道，成為「人人得而誅之」的叛逆。
2. 隨著民主思潮的發達，民主政治的普及，公務人員不再是帝王的家臣、僕人或奴才，而是人民的公僕，政府以「為人民謀福祉」為目的，人事行政的功能隨之轉變為如何有效羅致各類人才，並使這些人才樂於貢獻才智，發揮最高服務效能。

(二)從分贓制度轉變為功績原則

1. 所謂分贓制度，是指公務人員的任用毫無標準，完全成為選舉勝利者分贓的對象，在美國立國初期盛行一時。直至1881年加斐爾總統被求職不遂者槍殺後，始引起美國朝野對建立人事行政制度的關注，遂有1883年文官法的制訂，本法即強調功績原則。所謂功績原則，即公務人員的任免陞遷，不得基於私人恩寵而取捨，亦不得有種族、膚色、宗教及信仰之歧視。同時規定公務人員的進用，應採用公開競爭的原則。
2. 功績原則已成為民主先進國家對人事行政的最高要求。1978年的文官改革法對於功績原則又具體的規定九項原則，要點如次：
   (1) 人員的進用，必須取材於社會各階層；選用及陞遷必須符合公開及公平競爭之原則。
   (2) 一切人事管理事項，無分政黨、種族、膚色、宗教、性別、婚姻、年齡或殘障等情形，均應公平處理，並應適當尊重個人隱私權。
   (3) 同工同酬，並參考比較民營企業之薪資，對服務成績優異者，應予表揚。
   (4) 對於廉正、品行及公益心，應採高標準要求。
   (5) 聯邦人力之運用，必須經濟而有效。
   (6) 工作績優者，應予留用；工作不盡理想者，應予改進；不能或不願符合工作標準者，應予免職。
   (7) 運用有效的教育訓練，以達改善工作之目的。
   (8) 確保公務人員不受專斷處分、偏私不公、或政治迫害。
   (9) 公務人員揭露不法，應予保障，免遭報復。

(三)由登記性、被動性及例行性的功能，轉變為策略性、主動性及前瞻性的功能

1. 早期的人事行政單位所執行者，不外勤惰登記、差假管理、人事資料之登記保管等；其後逐漸發展到較為繁複的工作，如人員羅致與遴選、薪資管理、考績及退休撫卹案之辦理等，仍屬於事務性及被動性的工作。
2. 現代的人事行政已逐漸注意到規劃與策略的功能，如人力規劃、人力培育、人力運用、薪資計畫等。甚至由原來的幕僚功能，提昇到直線功能。

(四)從品位觀念到職位觀念，再從職位觀念到品位與職位調和的觀念

1. 傳統的人事制度，絕大多數是以品位觀念為中心，亦即公務人員的任用、俸給、考績、陞遷等，以公務人員本身的資歷為主，例如我國民國18年公務員任用法所規定的簡薦委任制度。早年英國的人事制度及日本、韓國的人事制度，均有濃厚的品位觀念。
2. 1923年起，美國聯邦政府開始實施以職位觀念為中心的分類制度，1948年大幅修正分類法，正式使用職位分類一詞，並大力向各國推銷分類制度。所謂職位觀念，即公務人員之任用、薪俸、陞遷、訓練等重要人事作為，均以「職位」為中心，亦即以公務人員所擔任的職務與責任為中心。
3. 1970年以後，大部分的國家，包括美國在內，均採取近乎品位與職位兩種觀念相調和的人事制度，亦即在人事行政作為上，兼顧個人的才能、資歷及其所擔任的職位（職務與責任）。我國於民國76年1月16日起實施的「官等職等併列制」，即為典型的品位與職位調和的人事制度。

五、人事行政的目的

張金鑑先生認為人事行政之主要目的有下列四項：

經濟目的	人事行政業務之實施，重視投入與產出之對比，即以最經濟的手段，換得最大之效果。欲實現此一理想，勢必要有良好的人事行政措施與正確的人事政策之指導。
社會目的	使政府與公務員間、公務員與公務員間、公務員與人民間，得到合理關係，以期在健全和睦之社會關係下，將社會的生產成本或工作成本降至最低限度。
技術目的	運用科學方法客觀分析研究，獲得標準化的人事管理技術與方法，使之為普遍而有效的運用。
個人目的	使各公務員個人的聰明才智、知識能力等獲得最大的利用與發展，期能人事調適，適才適所，人盡其才，事竟其功。

六、人事行政的特質

人事行政業務之處理，具有下列五大特質：

特殊重要地位	管理雖涉及金錢、物料等，但如無人力資源，組織將不足以達成其目標，組織人力資源與鼓舞工作動機為管理者之中心責任。可見人事行政在政府行政事務中佔有特殊重要地位。
處理特別困難	人事行政業務之處理，往往涉及員工之個性、興趣與情緒，很難透徹瞭解並予以控制。由於人的心理狀態與情緒變遷，瞬息萬變，無法捉摸，故人事行政工作較其他行政工作具有更大的困難。
管理者的職責	人事權為政府機關行政首長及各級主管履行其職務時重要權力之一，故人事行政為各級管理者的重要職責。人事管理乃是管理上最重要的一環，缺此則各級主管將無從負起責任，機關亦無從產生效率。
不易客觀	人事問題在本質上即具有不易客觀之缺陷，因此人事行政工作有特別多的困擾。人事行政工作不易客觀公平之主因有三： (1) 易受主觀的好惡偏見所左右。 (2) 難免情面與權勢的影響。 (3) 易受一時感情衝動所矇蔽。
各方利益難於協調	就政府機關而言，人事行政業務常感於下面三方利益難於協調： (1) 政府與公務員間之利益難於兼顧。 (2) 高低員工間的意見常不一致。 (3) 社會大眾與從業人員間的衝突。

七、人事行政的原則【110高三】 重要

人事行政的對象是「人」，而人不但複雜多變，而且人之不同各如其面，因此，人事行政的實際運作，牽涉層面甚廣，偶有不慎，小者引起個人困擾，大者影響國家大政。根據學者的研究，人事行政有若干重要原則，如能加以注意掌握，常可收事半功倍之效，否則往往徒勞無功，甚至治絲益棼，增加困擾。人事行政的重要原則經趙其文老師歸納如次：

(一)**注重發展**：人事行政的措施必須能適度滿足工作人員發展的需要，所謂發展，大體上可分為名與利兩者。所謂名的發展指職位的陞遷，績效的表揚和獎勵、成就感的滿足等；所謂利的發展，指薪津的增加，生活的照顧，工作環境的改良等。

(二)**人才第一**：人事行政的最大功能，即在為組織獲致最優秀的工作人員，因此，在人員進用方式方面，如何羅致優秀人才，一直是人事行政學者，所努力研究的重心之一。

(三)**顧及人性面**：最好的人事行政，就是最符合「人性」的管理。如果人事行政能夠注意共通的人性面，而予以適度的滿足與調和，則工作人員當能知所奮發，竭智盡忠，為事業效力。

(四)**功績主義**：所謂功績主義，係指人事行政不是基於私人恩寵，亦無種族、膚色、宗教及信仰之歧視，而是基於績效及才能等客觀因素。功績主義另一主要意義，是用人需經公開競爭的考試制度。

(五)**彈性原則**：由於人事行政的對象為人，而人是複雜而多變的動物，因此，人事行政雖有若干原則，必須依循，但並非一成不變，有時則須因人、因事、因時、因地而制宜。因此，人事行政固須制度化與科技化，但更須人性化與藝術化。

八、人事行政發展的趨勢 重要

(一)**人事行政運作上的新趨勢**：在現代人事行政由消極性邁向積極性的潮流中，各國人事行政，在運作上有下列明顯的趨勢：

趨勢	內容
人事行政法制化	人事行政趨勢之一是由人治趨向法治
人事行政功績制	人事行政由關係取向邁向功績取向
人事行政專業化	人事行政的知識化、專業化已為當前普遍的趨勢
人事行政科學化	1.人員分類。2.統一管理。3.智力開發。4.動機誘導。
人事行政民主化	每一員工均有充分發表意見共同參與之機會，並且為保障自己權益而有申訴的機會

趨勢	內容
人事行政人性化	不能以處理科技的方法來處理人事問題，不能用操縱機器的方式來管理人員。惟人性化並不否定科技化之重要性。
公務倫理之強化	指公務員對國家、機關、上司、同事、部屬及民眾，還有公務員所應有的態度及行為規範。公務員與這些人員除了存有法律關係外，尚有以道義為基礎的倫理關係。

(二)**各國人事行政的發展類型**：研究比較行政的學者，慣以「已開發國家」（大工業化型態）、「開發中國家」（過渡轉型期）及「欠開發國家」為類型比較。茲據許南雄老師觀點，綜述各國人事行政的發展類型如下：

1. **已開發國家**：已開發國家人事行政的發展趨向可以英、美、法、德及日本之體制為主，其人事行政的發展型態是：

(1) 政府行政組織與人員管理型態，較能印證韋伯（M.Weber）所說的「理想型官僚體制」，管理功能明顯。

(2) 高度專業化而需求大量專業人才。

(3) 永業化與專業化密切相關，文官的甄選與訓練著重才能的標準。

(4)「事務官」體制明確，事務官與政務官界線分明。

(5) 文官體制均獲有效的政策規劃與管理。

2. **開發中國家**：係指由「農業型」發展為「工業型」之過渡階段國家體制，一則受傳統社會環境之遺習所影響，再則復受各工業先進國家行政發展之衝激，其人事行政體制如傳統文化背景的包袱、殖民地統治的遺制、士大夫的菁英地位、專業人才的低微、政府體制的變質、服務素質不足以及人才外流的現象。上述「開發中」國家人事制度的特性與「已開發」國家人事體制確有差別，就人事行政的發展趨向言，有以下諸項阻礙因素值得重視：

(1) 權位取向：文官熱衷於爭取權勢地位，卻未必勇於任事。➡做官重於做事

(2) 重視特權與親屬關係：人事甄選任用著重血統裙帶關係，亦常因人而異。➡人情恩惠重於人事法制

(3) 形式主義：身分品位與工作能力績效不一致。➔身分觀念重於職位觀念

(4) 政治因素影響：政黨政治、政治特權與政治活動等因素對常任文官制度之介入與干預。

(5) 文官素質低：各機關組織普遍缺乏科技人力與管理人才。

3. **欠開發國家**：落後地區或欠開發地區人事行政的問題，比「開發中」國家的體制更接近於「世襲」與「酋長權威」的形態，故人事行政的發展特性是「威權體制」、「圖騰傳統」與「家族世襲體制」。學者指出：「功績體制的觀念與族群酋長的權威相互乖離……而文官制度在政治不穩的環境下，亦無行政效能可言……落後地區的官僚制度欠缺組織管理的體系，更缺少專業人才，與韋伯所說的理想型體制極為不同。」

從上述「已開發」、「開發中」及「欠開發」地區之人事行政特質與發展趨向觀之，先進（工業化）國家與落後（過渡型及新興）國家人事行政特質之不同是：前者行政組織層級體制穩定，而政治與行政的界限有所區分（及配合）；後者行政組織與管理體制基礎欠缺穩固，且仍多受政治因素的衝擊，故政治與行政的區分並不明顯。其次，先進國家專業化體制健全，行政通才與科技、專業人力素質較高，故人力資源管理制度深具基礎；而「開發中」與「落後」地區國家尚難確立專業化體制，科技與專業人力素質尤感不足，故人力資源之運用管理頗受影響。復次，先進國家之人事制度重視職位觀念與功績體制，故才能因素與「成就取向」為人事行政之主要因素；而開發中國家之人事制度仍受品位觀念親屬主義與官僚意識之影響，功績體制之名實未盡一致。由以上的比較可以看出人事行政之演進形態。

各國人事行政之發展，亦有其共同之趨向，即由恩惠制與分贓制演進為才能制與功績制；由官僚制、封建制演進為民主制與開放制；由非專業而演進為專業化，而使科技專業人力素質愈形突顯；由重視個人權威之特權觀念演進為對事不對人之平等取向。此皆為各國人事行政普遍發展之趨勢，不宜忽略。

九、分贓制度與功績制度 重要

(一)分贓制

1. 分贓制專指政黨政治興起後，基於黨派利益的公職分贓而破壞人事法制的舉措，古代的「朋黨」有排斥異己的黨同伐異，十九世紀後各國政黨政治逐步出現，不論極權國家的獨裁政黨或民主國家的兩黨制、多黨制，莫不以黨團派閥之自保排外以求執政為目標，故政治人事常有贍恩徇私、求官買職之現象，且又儼然形成一套政黨分贓制，美國十八、十九世紀的政黨即一明顯例證，林肯總統就職時，分贓者充斥於華府，加斐爾總統（J.A.Garfield1831-1881）竟被求職不遂者所槍殺，德國社會學家韋伯（M.Weber）曾批評美國的政黨分贓制：「兩黨大選後，成千成萬的非專業人員串通政客而在政府機關任職，甚至分贓當郵差，均未曾受過專業教育或訓練……」，美國學者里佩（P.R.V.Riper）逕謂：「政黨分贓即政治謀殺」，也就因此，現代政府須打破分贓制，並採行文官考選制，逐步建立現代化文官制度。
2. 西元1829年，民主黨傑克遜（Andrew Jackson）就任美國總統，在他的第一年國情咨文裡面，他重述民主原則，認為「所有公務員的職務，均甚為簡單平常，凡具有普通智能的人員都能勝任愉快；我不得不深信公務員任職日久，貽害甚大，雖以他們的豐富經驗，有裨於政府的工作，實則仍屬得不償失。」此外，他並高唱「服官者屬於選舉的勝利者」、「官職輪換說」及「平民政治」，終於導致了「分贓制度」在美國吏治上出現。
3. 分贓制度為民主政治的產物，其在美國聯邦、各州與各地方盛行之後，所引起之弊端與對吏治之破壞，為有目共睹。傑克遜之徒，雖鼓其如簧之舌，把分贓制度從理論上說得頭頭是道，美不勝收。然而，揆之實際，其所滋生之弊害則甚為劇烈，其主要弊端有五：
   (1) **官箴不修，行政道德日趨敗壞**：官吏進退既以選舉勝敗為依據，而選舉勝敗則又視競選金錢多寡為轉移，於是在競選期間捐輸多者，將有較多的任官機會。此一情形無異是賣官鬻爵，自然形成貪污舞弊。
   (2) **任用非人，行政效率日漸低減**：政府用人不依其治事的才能與學識，只視對政黨的關係如何。長於政治鬥爭者不一定是優良的行政人才，何況這些黨人都熱衷利祿與勾鬥，馳志外騖，不會安心工作，行政效率自然減低。

(3) **政府支出的增加，形成財政上的浪費**：由於用人不當，行政效率低減，用人費用增加，復又貪污舞弊，政府在財政上所蒙受的損失，所發生的浪費，當極為重大。

(4) **政治的不安定**：政黨相互傾軋，明爭暗鬥，致政潮迭起，造成政治的不安定。

(5) **忠誠方面的矛盾**：政府官員為社會公僕，在執行職務時，必須遵守大公無私的原則，然其又應對政黨效忠、奉獻，遂導致在忠誠方面的矛盾。

4. 在分贓制度下逐漸退化腐敗的吏治，發生種種流弊，危害滋生。在十九世紀60年代，遂引起社會各方面的抨擊，要求為增進政府的效能及公眾的道德而從事文官改革。這一運動係由社會上少數具有高尚思想與愛國熱忱的人士所發起，並積極推進，他們雖曾遭藐視，被戲稱為「可憐相的公務改革家」，但是終於說服主要政黨的政綱制訂者將文官制度編入為政綱之一，在數年內改革工作就開始積極進行。直至1883年通過「潘德頓法」（文官法 The Pendleton Act）成立聯邦文官委員會，確立考試用人、用人唯才的功績制度，美國現代的文官制度，至此始告形成。

(二)功績制

1. 功績制為一般研究美國人事制度所最重視的體制，史搭爾（O.G.Stahl）稱：「功績制與恩惠制或分贓制不同，不僅著重才能之甄選，也包含人事制度各項管理措施，如依能力陞遷、按工作勞績給與酬勞、良好的工作條件與環境等等。現代政府所推行的功績制，取其廣義係指：人事體制的各種取才用人措施，均以才能及成就為其依歸，而組織環境與人事措施亦促成才能發展及永業體制」，換言之，功績制包括才能及成就兩項因素，人事體制必以公務人員的才能及其成就作為管理措施之依據，取才用人均以人的學識才能及績效成就為其權衡準繩，也只有功績制之實施，始能維護政府機關人力的素質及民主的效能。

2. 美國1883年通過的「文官法」，即以打破分贓主義而實施考試取才為主要方式，而踏上功績制的起點。1978年美國卡特總統公布「文官改革法」，明定功績制九大原則，更將功績制度的精神，表現無遺。

3. 簡言之，功績制強調整個人事制度的健全，功績制度的精神，為促進文官制度健全的重要因素，是各國人事制度之發展主流。

十、人力資源管理

(一) 人力資源管理的意義與內涵

1. 人力資源管理（human resource management）係1970年代逐漸被廣泛採用的名詞，其實質意義與內涵，幾乎與人事行政及人事管理並無二致，三者都是對於一個組織所需人力資源的羅致、遴選、遷調、報酬、考核、訓練、發展、激勵及運用之知識、方法及實施，不過在運作上，人力資源管理較為強調策略性的規劃與管理。
2. 人力資源管理的內涵如何，學者見解不一，經趙其文老師歸納為以下數項：

人力資源支援作業	包括人力規劃、人事業務資訊化、工作分析、工作評價。
人力資源獲得	包括羅致、遴選、任用、遷調及離職管理。
人力資源報酬	包括薪資、獎金、福利（包括退撫計畫）。
人力資源發展	包括訓練與發展、永業規劃、績效考評。
人力資源維護	包括工會、勞資關係、安全及衛生。
人力資源激勵	包括領導、士氣、工作滿足。

(二) **促成人力資源管理發展的原因**：人力資源管理不論在理論上或方法上都有相當的發展與創新，尤其在二次世界大戰以後，更有長足的進步。推究其故，除了受到管理理論發展的帶動之外，可以歸納為以下四項主要因素：

1. **資訊科技發達，對人力資源管理造成基本上的改變**：電腦的發明與資訊科技的發達，對人力資源管理至少造成以下重大影響：
   (1) 電腦可以快速、正確與大量處理各項資料，為人力資源管理最有效的基本工具。
   (2) 資訊的獲得與傳輸，便利而快捷，已打破傳統的疆界觀念，對於組織結構中的指揮體系與溝通管道及方式，均有根本上的改變。

(3) 由於專家系統、人工智慧與網際網路的發展，使得傳統的管理幅度的理論，主管與屬僚以及同事之間的關係，傳統的工作方式，以及薪資、獎金、工時、陞遷、獎懲及休假等，在管理方式上均需大幅調整。

2. **人力資源的國際化，在管理理論與方法上，各國相互激盪，促成快速的成長與發展**：由於交通的便利，資訊的廣泛運用，擴大了企業經營的領域，由企業的國際化，帶動人力資源的國際化，在管理方面，自必依據當地政治、經濟、社會、法律、文化等生態環境，作必要之截長補短，以資適應，而增進管理功能。同時由於人力資源管理學術資訊的充分流通，有助於人力資源管理學術的研究發展。

3. **科技的發展，日新月異，人力資源之素質必須不斷提高**：近代科技發展迅速，各種設備、技術不斷更新，人力資源的工作知能，自必隨之更新，始能勝任愉快。而人力資源素質之提昇，並非一朝一夕之功；同時提昇人力資源素質之投資，相當可觀，因此，必須有計畫的長期實施，始克有濟。現代人力資源管理中，人力資源規劃、人力資源發展及永業規劃等之所以備受重視，誠非偶然。

4. **經濟的繁榮，企業的發展，人力資源管理扮演重要角色**：二十世紀中葉以還，經濟繁榮與企業發展形成良性循環，在企業發展過程中，「競爭」是無可避免的，競爭的結果，必然是優勝劣敗，適者生存，何謂「優」？何謂「劣」？包括的意義很廣，但人力資源的優與劣（包括人力資源的素質、維繫、任使、發展與激勵等），無疑是其中最關鍵的部分。換言之，組織優勢之造成，基本的做法，是要設法延攬最優秀的人才，發揮潛能，分工合作，共赴組織目標。非有卓越的人力資源管理，無以臻此。

(三) **現代人力資源管理的重要課題**：人類已邁入二十一世紀，面對未來巨大的衝擊與挑戰，必須有充分準備，才能生存發展。就人力資源管理而言，未來任務艱鉅，必須發展策略性的人力資源管理，始足以繼往開來。今後人力資源管理的重要課題，得據趙其文老師的論文列舉如下：

1. 實施前瞻性的人力資源規劃。
2. 重視並加強人力資源之訓練與發展。
3. 實施人力資源全面品管。

4. 持續力行員額精簡。
5. 建立以績效為基礎的薪俸制度。
6. 建立適合現代需要的新工作倫理。
7. 有效提昇工作滿足感。
8. 重視工作壓力管理。
9. 配合工作場所與家庭的整合，澈底調整人事規範。
10. 扶植成立屬於工作者的組織，保障其權益。
11. 提昇人力資源管理資訊化。

十一、文官制度興革規劃方案

(一)緣起

1. 面對全球化、資訊化及知識經濟時代的快速發展，以及經濟社會環境變遷的嚴峻衝擊，各國政府為了有效推動施政願景、政策理念，及增進國家競爭力，莫不致力於提升施政能力及文官素質與效能，而其成敗關鍵，則在於有無健全的文官制度。
2. 考試院秉於憲法賦予之職責，盱衡國家當前需要，並回應總統中華民國98年元旦文告的期許及國人的要求，亟應積極任事。經於98年1月15日考試院第11屆第19次會議決定組成考試院文官制度興革規劃小組，期儘速就公務機關人事制度應興應革事項，提出具體的政策方向，並以新思維、新行動，前瞻且務實的作法，透過跨部會局之協力合作及相關法律之配套連動，依輕重緩急明定期程，以積極推動文官制度興革事宜，展現改革動能，恢宏考試院憲政功能。
3. 中華民國100年12月29日第11屆第169次院會時，考量文官制度興革規劃方案推動以來，時空環境已有變化，爰經交付審查後進行部分興革項目之修正。

(二)方案目標——再造國家新文官

1. 文官制度乃是一個國家對其公務人員之人事政策、法規及實務運作之總稱。文官制度具有：因應時代需要、漸進成長、改革不易及永難滿意等特性。各國文官制度之良窳，端視能否適應該國當時之時空環境需要，是否能建構國家所需的文官群為全民服務。因此，任何國家對其文官制度，理應持續改革、與時俱進。

2. 當今二十一世紀，全世界面臨全球化、人口高齡化與少子化、資訊科技快速發展、經濟環境連動震撼、知識經濟時代來臨等強烈的衝擊，任何國家不可能置身事外，有為的政府必須掌握此時代之脈動，有效因應人民之需求，造福全民，提供及時的政治經濟施政計畫及服務，並同時表現出高品質、高效能。

   為使政府達到上述機能，文官制度之興革尤顯刻不容緩，在興革之政策思維上，首先理應遵循我國憲法所明定考試用人之基本規範，站穩憲政根基；其次，當今公私部門人事管理的普世通則——功績制原則，仍是起碼的規矩工具，不容忽略；再者，近二十年來各國政府再造帶動了文官制度改革之經驗，以及不斷成長之現代化管理技術，均宜擇其可行成功之處，加以參酌學習，但亦應注意我國的時空環境，加以研析擇採，而非全盤抄襲。

3. 我國現職常任文官二十餘萬人，均係經由國家公開考試而進用，其素質本具相當之水平，但其表現與民眾期待尚有差距，如何快速有效地提昇其效率，最簡明有效的途徑，允屬予以再造，使成為國家新文官。如何先加強其心理建設，強化正確的公務倫理？如何加以合理靈活的管理，使其發揮所長，表現卓越？均屬本興革規劃方案努力之處。總之，要「再造國家新文官」以建立一流政府，快速提昇國家競爭力。

(三)興革建議

1. 本興革方案共分六項建議案。由上而下，首先第一案擬奠基文官制度的公務倫理之核心價值，進而型塑優質之組織文化；其次第二案擬全面統整文官法制，以活化管制體系，興革檢討建議就政府部門內性質迥異之三類人員構築分流管理制度，既重視常任文官體制之穩定性，並兼顧政府用人之靈活性。進而依序以第三至第六案，針對常務人員人事制度之興革建議，以問題導向方式分就四類目前文官體制具改革急迫性之議題，提出興革建議，各案均涉部會局之業務範圍，需跨部門之通力合作，始收興革之效。

2. 上述六項建議案之名稱如次：

   第一案：建基公務倫理型塑優質文化

   第二案：統整文官法制活化管理體系

第三案：精進考選功能積極為國舉才
第四案：健全培訓體制強化高階文官
第五案：落實績效管理提昇文官效能
第六案：改善俸給退撫發揮給養功能
各項具體內容，分列各相關章節。

精選試題

1. 何謂「人事行政」？何謂「人事管理」？試述其意義並比較二者之異同。
2. 何謂「分贓制度」？其在美國聯邦政府造成的弊端為何？試說明之。
3. 請比較「分贓制度」與「功績制度」的差異，並說明兩個制度的理論基礎。
4. 論者謂政府人事管理體制有四項目標：提高員工工作能力、增進員工生活品質、適當政治回應、遵守倫理及中立規範，請說明其涵義，並兼論四項目標可各包含那些人事法律？【103地四】

重點複習

一、人事行政的發展行政人員隨著時代的變遷及客觀環境的轉移，不斷的改進與發展。其發展的軌跡，可從不同的角度來觀察，茲據趙其文老師觀點分述如下：

(一)從帝王的統治工具轉變為服務人民的工具

1. 人事行政本是國家行政的一部分。
2. 隨著民主思潮的發達，民主政治的普及，公務人員是人民的公僕，政府以「為人民謀福祉」為目的，人事行政的功能隨之轉變為如何有效羅致各類人才，並使這些人才樂於貢獻才智，發揮最高服務效能。

(二)從分贓制度轉變為功績原則

1. 所謂分贓制度，是指公務人員的任用毫無標準，完全成為選舉勝利者分贓的對象，在美國立國初期盛行一時。
2. 功績原則已成為民主先進國家對人事行政的最高要求。1978年的文官改革法對於功績原則又具體的規定九項原則，要點如次：
   (1)人員的進用，必須取材於社會各階層。
   (2)一切人事管理事項，無分政黨、種族、膚色、宗教、性別、婚姻、年齡或殘障等情形，均應公平處理，並應適當尊重個人隱私權。
   (3)同工同酬，並參考比較民營企業之薪資，對服務成績優異者，應予表揚。
   (4)對於廉正、品行及公益心，應採高標準要求。
   (5)聯邦人力之運用，必須經濟而有效。
   (6)工作績優者，應予留用；工作不盡理想者，應予改進；不能或不願符合工作標準者，應予免職。
   (7)運用有效的教育訓練，以達改善工作之目的。
   (8)確保公務人員不受專斷處分、偏私不公、或政治迫害。
   (9)公務人員揭露不法，應予保障，免遭報復。

(三)由登記性、被動性及例行性的功能，轉變為策略性、主動性及前瞻性的功能

1. 早期的人事行政單位所執行者，不外勤惰登記、差假管理、人事資料之登記保管等；其後逐漸發展到較為繁複的工作，如人員羅致與遴選、薪資管理、考績及退休撫卹案之辦理等，仍屬於事務性及被動性的工作。
2. 現代的人事行政已逐漸注意到規劃與策略的功能，如人力規劃、人力培育、人力運用、薪資計畫等。甚至由原來的幕僚功能，提昇到直線功能。

(四)從品位觀念到職位觀念，再從職位觀念到品位與職位調和的觀念

1. 傳統的人事制度，絕大多數是以品位觀念為中心，亦即公務人員的任用、俸給、考績、陞遷等，以公務人員本身的資歷為主，例如我國民國18年公務員任用法所規定的簡薦委任制度。

2. 我國於民國76年1月16日起實施的「官等職等併列制」，即為典型的品位與職位調和的人事制度。

二、人事行政的原則

人事行政的重要原則經趙其文老師歸納如次：

(一)注重發展。

(二)人才第一。

(三)顧及人性面。

(四)功績主義。

(五)彈性原則。

Chapter 02

人事行政機構

老師叮嚀

1 部外制、部內制、折衷制是基本常識。

2 考試院、保訓會的組織職掌應充分瞭解。

3 人事管理條例的研修方向宜注意。

一、設置的理由

人事行政機構的單獨設置，在現代文官制度上已成為普遍的趨勢，此一事實的產生，乃由於實際的需要及其本身所具有的優點而促成。具體言之，人事行政機構專設的原因與理由如下：

(一)**政治的理由**：為保持政治清明，消除分贓政治的流弊，一個獨立超然的人事機構，至為需要。設置地位超然的人事機構獨立行使公務人員的考選權，在消極方面，可以監督牽制行政權力，防止行政權過份強大與濫用；在積極方面，可以考選有能力的人員到政府工作，增進行政效能。

(二)**行政的理由**：依照行政組織的原理，行政機關內部各部門的劃分，應依機能標準來分工，使一項事權完全劃歸一個部門來管轄，以合乎機能一致的原則，所以，人事行政業務應專設機關來掌管。由於行政效能的擴張，政府用人數量大增，故人事行政業務範圍日益擴大，且性質更加複雜，為適應事實需要，不得不專設機構。

(三)**經濟的理由**：現代行政所追求的目標之一，即在於用最少的代價獲致最大的效果。政府用人的多寡，人員素質的良窳，以及工作績效的高低等，在在影響到政府的管理效率，而人員如何選拔、任用及管理，都必須有專門知識的人員來處理，於是有成立人事行政專門機構的必要。

(四)**社會的理由**：行政措施所受社會之影響極大，近半世紀以來，社會變遷急遽，許多社會改革的主張，都成為實際行政之張本，如人道主義、民主觀念、職業訓練、社會保險及性向瞭解等，都對政府的施政產生重大的衝擊，所以政府對公務人員的管理，亦深受影響，增加許多積極性的工作，而這些都應有專責的機構來辦理和研究。

二、人事機構的類型

就人事機構與行政機關的關係來看，有些國家是將人事機構獨立於行政部門之外，有些則附屬於行政部門之內，有的則採取折衷的方式，因此形成了部外制、部內制和折衷制三種類型。

(一)部外制

部外制就是在行政系統之外，設立獨立超然的人事行政機構，全權掌理整個政府的人事行政事宜。採用此種制度的國家以我國為主，由考試院掌理政府的人事行政。惟自民國56年行政院人事行政局成立以後，我國的人事機構已轉變為折衷制。

優點	(1) 可以不受政黨及行政首長的干涉或控制，能夠客觀公正的為國家選拔人才，且不受政爭的影響，人事安定。 (2) 易於延攬人才，集中人力、財力、物力，對人事行政事宜作周詳的計劃與考慮，力量集中，易赴事功，且通盤籌劃，不致支離破碎。 (3) 採用公開競爭的考試方法，錄取以後供行政部門選用，可免除首長援引私人的弊病。
缺點	(1) 行政機關、立法機關等每不能與人事行政機構密切配合，甚至加以牽制，使得人事機構往往感到掣肘太多，不能發揮其功效。 (2) 人事機構獨立於行政系統之外，對實際行政的需要並不十分瞭解，所採措施難符行政機關之需要，不免有隔靴搔癢或閉門造車之弊。 (3) 破壞首長的行政權，人事機構所掌管的人事權，原應屬於行政機關首長，今強行分出，不免破壞行政權之完整，使行政首長在履行其職務時，遭遇阻礙，難以克盡職守。

(二)部內制

部內制就是所有人事行政事宜，都由各行政部門的主管長官或其內部單位負責掌理。採用此制的國家以德、法為代表。雖然1953年德國設立「聯邦人事委員會」，1993年法國設立「人事部」，以統一全國的人事行政措施，惟其人事機構仍屬部內制。

優點	(1) 人事機構位於行政部門之內，對於各該部門的實際情形與需要較為瞭解，故其所採措施多能切中時弊，符合需要。 (2) 人事機構與行政機關合為一體，易收事權統一、步調一致的作用，進而增進效率。 (3) 在工作上不需迂迴往返商榷，行動迅速，事權集中，不致延誤時機。
缺點	(1) 因力量分散，人才不足，僅能處理例行性的人事工作，對於積極性的人事制度之建立，缺乏作為，管理技術難以精進發展。 (2) 今日人事行政的內容已日趨複雜，並高度技術化，須有充實之組織、設備與專門人才，方易有效推行，在分散的部內制下，人才、設備兩皆不足，不合管理原則。 (3) 人事行政事務之處理，各部各自為政，步調不一，既不符管理經濟的原則，也影響到公務員之間的情緒。 (4) 各部自行管理人事行政，常囿於習慣而畏難更張，人事行政措施難以革新進步。

(三)折衷制

1. 英國於1855年成立獨立的文官委員會，掌管公務人員的考選，至於考選以外的人事行政業務，則仍由行政機關掌理之。此種折衷的人事制度，其行政機構可以說是半獨立的，僅考試權獨立，至於其他人事行政事宜，仍歸行政機關管轄，如此既可防止行政首長任用私人，又不致削弱行政監督權。
2. 惟自1968年英國成立「文官部」以後，文官委員會併入文官部，其人事機構已改變成「部內制」，1981年文官部裁撤，改設「管理及人事部」，1987年管理及人事部裁撤，改設「文官大臣事務局」，1993年改設「公職與科技局」，1995年改設「公職局」，1998年公職局裁撤，現行人事主管機關為內閣事務部，仍屬部內制型態。

三、幕僚制與獨立制

傳統上均將人事機構的體制區分為部外制、部內制與折衷制，惟許南雄老師則主張應分為「幕僚制」與「獨立制」兩大類型。圖示如次：

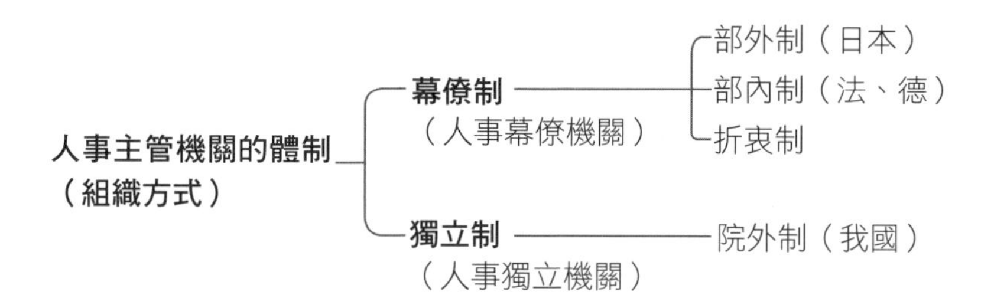

(一)**幕僚制**

1. 人事機構原為行政機關的幕僚單位，幕僚單位尚有會計、總務等部門，而與業務單位構成行政機關的組織體系，其主管人事業務的總機關，即稱為人事主管機關。如果人事主管機關係隸屬於行政權管轄，而為行政權的體系範圍，則此一人事主管機關仍為最高行政首長的人事幕僚單位，此即「人事幕僚機關」的體制。
2. 如美國「人事管理局」、法國「人事部」、德國「聯邦人事委員會」、日本「人事院」，皆隸屬於最高行政首長（總統或內閣總理）之管轄體系，為行政首長的人事幕僚機關。

(二)**獨立制**

1. 依我國憲政體制，考試院不僅在行政部門之外，且與行政部門分立制衡，故無法與部內制或部外制相比，而應稱之為獨立制（獨立於行政機關之外）或院外制（脫離於行政院之外），而人事主管單位以至各級人事機構又自成一條鞭制獨立系統。
2. 此一獨特的體制，具有下述特徵：
   (1) 人事行政職權獨立於行政權之外，人事權與行政權分立制衡。
   (2) 人事主管機關獨立於行政機關之外，二者不具「隸屬監督」關係，而係「分立制衡」關係。
   (3) 行政機關所屬各級人事機構（自人事行政總處以至人事管理員）均具「雙重隸屬」體系。如人事行政總處隸屬於行政院，但其考銓業務受考試院監督；各部會人事處室隸屬於各部會，但人事業務受上級人事機構監督，人事主管也由上級人事機關（構）任免。

(三)**幕僚制與獨立制的比較**

1. 幕僚制之人事權係隸屬於行政權範疇，故不論部外制、部內制、折衷制，其人事主管機關均屬行政權體系，人事行政與行政組織管理易於配合。獨立制之人事權則獨立於行政權之外，二者分立制衡，人事主管機關不歸行政權所屬，獨立行使人事行政決策權、考銓法規提案權及各級人事機構管理權。

2. 幕僚制之人事機關係各級行政機關之人事幕僚單位，其主管由各該行政機關首長任免，其人事業務亦由機關首長統籌規劃。獨立制之人事機關則居於雙重隸屬地位，既為各行政機關之人事幕僚單位，亦為上級人事機關之分支（派出）單位，人事主管之任免及人事業務措施，係由人事主管機關監督之系統職掌。
3. 幕僚制之人事權責系統明確，不論部內制、部外制或折衷制，均隸屬於行政權責機關（內閣或總統），並由行政首長向國會負施政責任。獨立制之人事權責系統欠明確，若干人事職權究屬考試院或行政院不免有爭議。

四、人事機關的職能與地位【112普】 重要

(一)人事機關的職能

1. 人事機關的職能以人事業務為其範圍。從縱的方面而言，人事業務包括人事政策的研擬、人事法令的頒行及人事措施的管理。大抵言之，中央政府人事機關之職能以制定及評估人事政策與人事法令為主；而中央政府以下各機關人事部門的職能則以貫徹及執行人事政策與人事法令為主。有關人力運用及行為管理措施，則為各級人事機關共通的職責。人事機關的職能，若從「組織功能」的觀點，即橫的體系看，則可從各級人事機關的「組織法」及學理方面觀察，不外考試、任用、考績、俸給、退休、撫卹、保險、福利及人事分類等項。
2. 現代政府組織或企業機構的員額與職能已日益增多，其人事部門的職掌範圍自亦加重，依人事行政學者的觀察，現代人事主管機關的主要職能約如下述：
   (1) 推行功績制度。
   (2) 掌理人力需要的資料，積極延攬人才。
   (3) 甄別人才，使之適才適所。
   (4) 採行合理的任用制度。

(5)實施工作分析與人事分類制度。
(6)建立合理的俸給制度。
(7)健全陞遷、工時、休假、獎懲、申訴等人事措施。
(8)健全監督方式、工作條件、康樂活動、安全設施與工作考核等管理措施。
(9)積極培育訓練人才。
(10)確立合理的退休撫卹、保險等員工福利措施。
(11)加強員工行為管理，提高工作士氣。
(12)維持良好的公共關係。
(13)改善員工關係。
(14)研擬改進人事政策與法令規章。
(15)適應環境需要，強化人事管理措施。

(二)人事機關的地位

1. 人事機關的地位，即其機關組織中的角色及其職能特性，亦即其在行政首長、業務部門及員工之間所處之層級體系，此即人事部門的「幕僚」特性。行政機關最重要之幕僚單位不外人事、會計、總務與資訊幕僚等等，其中又以人事幕僚機構的地位最為突出，正如奧普森（L.D.Upson）所說：「一位成功的行政首長，必須具備處事技能及優異的用人才能。」行政首長的用人才幹既為其最需具備的能力，則其有賴於人事幕僚的佐理與協助，乃極顯明。
2. 幕僚機構的另一項職責，即為與業務部門的配合，人事幕僚需要業務單位的支持與合作，業務單位則需人事幕僚的支援與服務。人事幕僚所提供者皆與人力運用的措施有關，諸如為業務單位甄選合乎工作需要的員工，對現有人員給予適當的任派陞遷、舉辦工作訓練、推行福利措施等，人事機關因此形成為「後勤支援」單位。人事幕僚與業務部門，如不能相互配合，則勢必有「衝突」。其實，幕僚與業務單位之衝突，並無必然性，行政首長若善於領導與協調，則幕僚與業務單位必能摒除本位主義而相互尊重。人事機關的地位絕不能自陷於孤立，如能深入瞭解業務單位人力需要與運用的情況，規劃推行切乎實際的人事管理措施，則必能贏得業務部門的支持與合作；至於執行既定的人事政策與法規，不僅為人事機關之職責，亦是業務部門所應遵行者。現代的人事幕僚與業務單位之間，應無本位主義的隔閡，至論主從尊卑的地位，尤屬多餘。

(三)**人事機構的變遷趨勢**：各先進國家之人事體制雖同中有異，惟其人事機構之組織體制有下列趨勢：

1. **人事主管機關與人事專業機構體制之確立**：近數十年來，人事主管機關均漸有設部（或部級單位）之趨勢，美國於1883年成立「文官委員會」，1979年該委員會調整改組為「人事管理局」與「功績制保護委員會」，人事管理局係隸屬於總統之人事幕僚機構，與其他部會地位平行，為聯邦政府人事主管機關。

   至於設立人事管理機構包括人事考選機構、訓練機構、員工關係機構等等，更日趨普遍。各國人事考選業務有由人事主管機構兼掌者，如美、日等國；有專設考選機構者，如英國文官考選委員會、法國國立行政學院。各國人事訓練機構尤多，如英國「文官訓練學院」、法國「國立行政學院」。

2. **普遍趨向於「部內制」，並以永業制及功績制為組織目標**：各國人事主管機關的體制，逐漸以「部內制」為主要趨向。英國自1986年後，即由折衷制而改變為部內制，迄今未再更易。美國於1978年頒行「文官改革法」後，文官委員會改組為「人事管理局」，屬部內制（「功績制保護委員會」仍屬部外制）。

   各國人事主管機關或人事管理機構的設置與變革，均與功績制及永業制的實施有關。自十九世紀以來，美國人事制度及其人事機關的興革無不以「由分贓制演進為功績制」為歸趨，1978年的文官改革法即為例證。英、法、德國及日本，其文官制度之演進「由官僚制、恩惠制而趨進於民主制、功績制」，各國人事機關更成為推動功績制之軸心，故人事管理體制力求以才能因素及工作成就為依據。至於永業制，是現代各國文官制度的基礎，常任文官體制自需永業化、專業化；故自考選任使、訓練培育以至退休撫卹等幾皆為人事機關工作重點，且相互聯貫無所偏廢，也因此，如何統籌規劃全盤人事法制及推動人事措施，遂成為各國改革人事主管機關體制的主要權衡。

3. **行政首長人事權責體制與人事幕僚體制之兼顧**：人事權隸屬於行政權，人事機構隸屬於行政機關而為其幕僚機構，在此一體制下，行政首長的人事權責體制必須確立，即行政首長與主管必具備行政領導能力與責任體制。

至於人事機關之「人事幕僚體制」，其要義在人事幕僚功能之發揮，即人事職能應與行政管理配合，人事主管亦皆受所屬機關首長之領導監督，以獲致行政的效能。尤其幕僚制人事機關，係為行政首長與主管提供素質優異的人力資源，及合乎人性化的行為管理措施。晚近各國亦皆強調「授權管理」的重要性，故人事主管機關將若干人事職權授由行政部門處理，即所謂「管理分權」，亦屬幕僚化之趨勢。

(四)**公務人員地位的變遷趨勢**：文官的角色是政治背景與社會環境的產物，專制時代的文官具「官僚」的角色，是君主統治的工具，民主時代的文官則為服務庶民的「公僕」，古今異勢，環境使然。

1. **官僚**：自古文官的角色素多毀譽，古時稱許文官為穩定政治之基石與台柱，惟亦貶之為欺壓百姓之爪牙與奴才。歷代對於文官，褒則稱為父母官或良吏，貶則呼為肉食者或官僚，客觀地說，一般社會對文官之評價實譽少毀多。
2. **官員**：近代國家人事制度仍受「人情行政」與「恩惠制」的影響，故官與幕、吏，除了組織層級或其官等品秩的差距外，其「官僚意識」與任官心理大抵一致，即都認為在「做官」、「當官」，換言之，官員雖在政治與行政的區分下，仍屬居官的角色；「官員」與「官僚」不同的是體制與地位，相同的是官威、官態與官式、官樣。
3. **公僕**：現代文官被稱之為「公僕」或「員吏」，不再是「官僚」的形態，亦不應是「官員」的形象。此一角色則緣自於現代民主行政的背景。現代文官之社會地位與聲譽或不若往昔，惟其角色之價值則遠比傳統的士大夫階級為高。

五、我國中央人事行政機關【107高】

(一)考試院

1. 職掌

(1) 考試院為國家最高考試機關，掌理考試、任用、銓敘、考績、級俸、陞遷、保障、褒獎、撫卹、退休、養老等事項（憲法第83條）。

(2) 憲法增修條文第6條第1項：「考試院為國家最高考試機關，掌理下列事項，不適用憲法第83條之規定：一、考試。二、公務人員之銓敘、保障、撫卹、退休。三、公務人員任免、考績、級俸、陞遷、褒獎之法制事項。」

(3) 憲法第八章與增修條文第6條有下列之不同：

A. **考試院地位與職權受到限制**：增修條文第6條，使考試院不再擁有集中（全部）的人事權，僅職掌考試、銓敘、保障、撫卹、退休五項（完整職權）及任免、考績、級俸、陞遷、褒獎之法制事項（不完整職權）。既然考試院不再職掌原有集中的人事權，則所謂中央人事主管機關之地位便略受影響，其人事職權已略為縮小，惟仍為「全國最高考試機關」（人事主管機關）。

B. **行政院職掌若干人事職權，而不受憲法第83條之限制**：依據憲法第八章（第83條），行政院並不職掌人事權，但依據行政院組織法規定，行政院得設置「行政院人事行政總處」並職掌若干人事職權，且具備設立人事機關之法源基礎。行政院所掌理之若干人事職權，係指增修條文第6條考試院所職掌職權以外之人事權限，即除考試、銓敘、保障、撫卹、退休（完整職權）及任免、考績、級俸、陞遷、褒獎等法制事項（不完整職權）以外之人事權限，如人事分類（品位分類或職位分類）、訓練、進修、培育、福利、員工關係等職權及上述「法制事項」以外之事權。但此等職權劃分之方式，頗易引起爭議與實施上的困擾。

C. **考試院與行政院共理人事行政事務**：增修條文對考試院有利的部分，是仍規範「考試院為國家最高考試機關」，而其所職掌之「考試權」仍包括主要的人事事項（考試、銓敘、保障、撫卹、退休）與其他人事職權（任免、考績、級俸、陞遷、褒獎之法制），故考試院仍為我國最主要的中央政府人事主管機關，但不是唯一的。增修條文公布實施之後，行政院亦得併列為我國中央政府人事主管機關，且行政院得掌理考試院職掌外之人事職權（包括若干非法制事項職權），更因之而得正式在組織法內設置人事幕僚機關（行政院人事行政總處），此為對行政院較有利部分。日本於內閣之下設獨立機關「人事院」，又於總理府總務廳之內設人事局，共理人事事務，但均屬行政權體系，行政首長即人事行政事務首長，爭議較少。我國則是人事行政雙重首長制（考試院院長與行政院院長），分屬不同的體系，爭議較多。

(4) 考試院關於所掌事項，得向立法院提出法律案（憲法第87條）。

2. **組織**

(1) 考試院設院長、副院長各一人，考試委員七人至九人，由總統提名，經立法院同意任命之，任期均為四年（憲修6、組3）。

(2) 考試院設考試院會議，以院長、副院長、考試委員、考選部部長、銓敘部部長、公務人員保障暨培訓委員會主任委員、公務人員退休撫卹基金監理委員會主任委員組織之，決定憲法所定職掌之政策及其有關重大事項。前項會議，以院長為主席（組7）。

(3) 依據考試院組織法第7條規定，可見考試院會議係由考試委員、考試院院長、副院長、考選部長、銓敘部長等人組成，為考試院之決策機構。凡屬憲法所賦與考試院職掌及其有關事項，均須經考試院會議決定。且憲法第88條規定：「考試委員須超出黨派以外，依據法律獨立行使職權。」所以，考試院雖然設有院長，但並非首長制，實為委員制，院長僅為考試院會議之主席。

(4) 依據憲法第87條規定：「考試院關於所掌事項，得向立法院提出法律案。」由於考試院係屬委員制組織，因之在考試院向立法院提出法律案，須派員列席立法院備詢時，實無適當人選可代表考試院。現制雖由考選、銓敘兩部部長或政務次長代表考試院列席立法院，但如立法委員所質詢事項超出考試院院會已有決議之範圍，列席代表實難以答覆，即使答覆，所作之答覆亦不足以代表考試院之政策。在此種委員會體制下，無論是考試院院長、副院長或考選、銓敘兩部部長、政務次長，實難以就政策成敗完全負責，設若強行加諸其身，似難謂公允。

3. **地位**：從各國人事機構之類型、考試院之職掌，以及我國係屬於五權憲法，五院地位平等不相隸屬等方面加以觀察，我國考試院屬於部外制，殆無疑義。

就作為部外制人事行政機構而言，為達到獨立超然之目的，應具備四項條件：

(1) 考試委員之任職資格條件，對於政治關係或黨派關係應有嚴密限制規範。
(2) 決策機構成員具有一定背景之人數應有限制。
(3) 任期採參差設計，並不同時屆滿。
(4) 向國會獨立提出預算案之權力。

我國考試院係屬部外制人事機構之設計，其目的在於使其能夠獨立超然運作，以防範行政部門在用人方面發生贍恩徇私或受政治因素影響。然而揆諸實際，前述四項要件似均有所欠缺，致其「超然獨立」功能難以發揮。

4. 考試院與各人事行政組織之系統關係圖示如下：

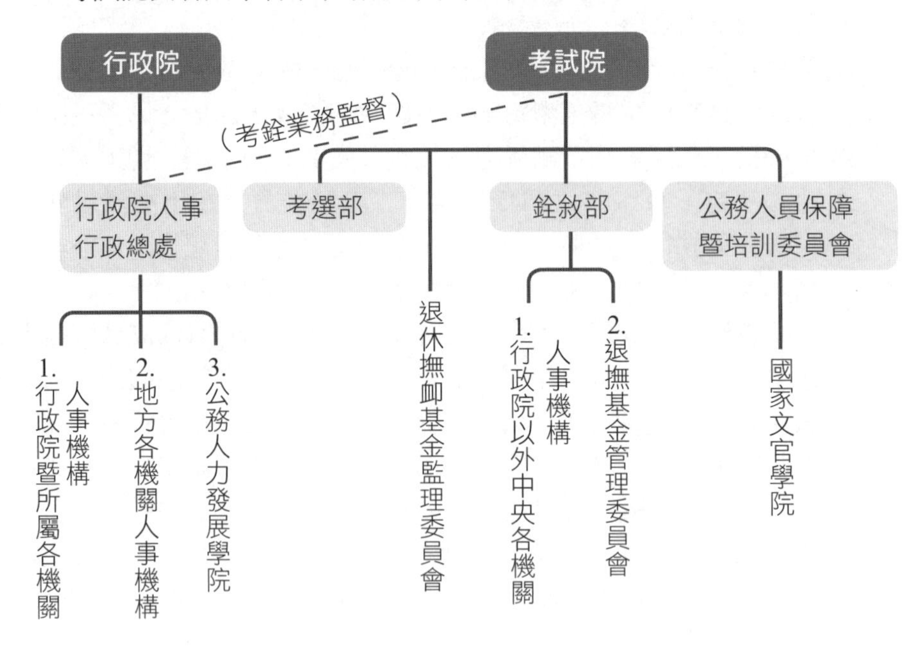

(二) 考選部

1. 考選部掌理全國考選行政事宜（考選部組織法第1條）。
2. 考選部對於承辦考選行政事務之機關，有指示、監督之權（組2）。

(三) 銓敘部：銓敘部掌理全國公務員之銓敘及各機關人事機構之管理事項（銓敘部組織法第1條）。

(四)公務人員保障暨培訓委員會

公務人員保障暨培訓委員會之組織職掌得依「公務人員保障暨培訓委員會組織法」擇要列述如下：

1. 公務人員保障暨培訓委員會掌理下列事項：
   (1)關於公務人員保障與培訓政策、法制之研擬、訂定及其執行事項。
   (2)關於公務人員身分、工作條件、官職等級、俸給與其他公法上財產權等有關權益保障之研議及建議事項。
   (3)關於公務人員保障事件之審議、查證、調處及決定事項。
   (4)關於公務人員保障業務之宣導、輔導及協調聯繫事項。
   (5)關於高階公務人員之中長期培訓事項。
   (6)關於公務人員考試錄取、升任官等、行政中立及其他有關訓練事項。
   (7)關於人事人員訓練、進修之研擬規劃及委託事項。
   (8)關於公務人員終身學習推動事項。
   (9)關於培訓機關（構）之資源分享、整合之協調事項。
   (10)關於公務人員訓練評鑑方法與技術之研發、各項培訓需求評析及績效評估事項。
   (11)關於公務人員保障與培訓之國際交流合作事項。
   (12)其他有關公務人員之保障及培訓事項（第2條）。
2. 本會置主任委員一人，特任；副主任委員二人，其中一人職務比照簡任第十四職等，另一人職務列簡任第十四職等（第3條）。
3. 本會置委員十人至十四人，其中五人至七人專任，職務比照簡任第十三職等，由考試院院長提請總統任命之；餘五人至七人兼任，由考試院院長聘兼之；任期均為三年，任滿得連任。但兼任委員為有關機關副首長者，其任期隨職務異動而更易。

   前項專任委員具有同一黨籍者，不得超過其總額二分之一（第4條）。
4. 本會委員，應就下列資格之一者遴用之：
   (1)曾任簡任職六年以上，成績卓著，而有專門著作者。
   (2)曾任教育部審定合格之公私立大學教授六年以上，對文官制度或法律學科著有研究者。
   (3)具有人事行政或法學之相關學識專長，聲譽卓著，而有專門著作者。
   (4)有關機關副首長（第5條）。

5. 本會委員會議每月舉行一次，由主任委員召集之；必要時得召開臨時會議。
   有關公務人員保障事件及公務人員培訓之政策、法規之審議決定事項，應經委員會議決定之。
   本會委員於審議、決定有關公務人員保障事件時，應超出黨派，依據法律獨立行使職權（第6條）。
6. 本會為應國家文官培訓需要，設國家文官學院；其組織另以法律定之（第9條）。

(五) **行政院人事行政總處**

1. **職掌**：行政院為辦理人事行政之政策規劃、執行及發展業務，特設行政院人事行政總處（行政院人事行政總處組織法第1條第1項）。
2. **地位**：人事行政總處有關考銓業務，並受考試院之監督（組織法第1條第2項）。
3. **公務人力發展學院**：行政院人事行政總處為辦理行政院所屬機關與地方機關公務人力訓練及發展業務，特設公務人力發展學院。

六、我國各級人事機構【98地四、102普、103地三】

(一) **各機關人事管理機構之設置**：當前我國人事管理機構依其機關之性質，可分為三類：

1. **一般行政機關人事管理機構**：一般行政機關人事管理機構，係指一般行政機關如總統府、五院及其所屬之各部、會、處、局、署（含所屬各機關）、各直轄市政府、各縣（市）政府及所屬各機關，各依其機關業務之繁簡、編制之大小、及其附屬機關之多寡而設置人事處、人事室或人事管理員。
2. **公營事業機關人事管理機構**：公營事業機關人事管理機構，係指交通運輸事業、工礦事業、金融事業、公用事業、社會福利事業、衛生事業等公營事業機關中所設置之人事處、人事室或人事管理員。
3. **公立學校人事管理機構**：公立學校人事管理機構，係指國立、直轄市立、縣（市）立各級公立學校所設置之人事室或人事管理員。

(二)**人事管理機構之職掌**：依人事管理條例第4條之規定，人事管理機構之職掌如下：

1. 關於本機關人事規章之擬訂事項。
2. 關於本機關職員送請銓敘案件之查催及擬議事項。
3. 關於本機關職員考勤紀錄及訓練之籌辦事項。
4. 關於本機關職員考績考成之籌辦事項。
5. 關於本機關職員撫卹之簽擬及福利之規劃事項。
6. 關於本機關職員任免遷調獎懲及其他人事之登記事項。
7. 關於本機關職員俸級之簽擬事項。
8. 關於本機關需用人員依法舉行考試之建議事項。
9. 關於本機關人事管理之建議及改進事項。
10. 關於所屬機關有關人事案件之依法核辦事項。
11. 關於人事調查統計資料之搜集事項。
12. 關於銓敘機關交辦事項。

(三)**人事管理人員之類別**：依照規定，人事管理人員分為下列二類：

1. **主管人員**：人事處置處長，職位列第十至第十二職等，人事室置主任，其職位之列等分為第六至第九或第十或第十一職等，人事管理員，職位列第五至第七職等（條例5）。
2. **佐理人員**：人事處之科長、科員，人事室之股長、助理員等。

(四)**人事管理人員之任免**：人事主管人員之任免，由銓敘部依法辦理；佐理人員之任免，由各該主管人員擬請銓敘部依法辦理（條例8）。

(五)**人事管理與銓敘機關及所在機關之關係**

1. 中央及地方機關之人事管理，除法律另有規定外，由考試院銓敘部依本條例行之（條例1）。
2. 人事管理人員由銓敘部指揮監督。前項人員，仍應遵守各機關之處務規程與其他通則，並秉承原機關主管長官依法辦理其事務（條例6）。
3. 人事處室之設置及其員額，由各該機關按其事務之繁簡、編制之大小、與附屬機關之多寡，酌量擬訂，送由銓敘部審核，但必要時，得由銓敘部擬定之，人事管理員之設置亦同（條例7）。

七、人事管理條例的研修 重要

(一)健全的人事管理，必定要有周延詳慎的法律為其磐石，才能使各級人事機構業務推行，皆能於法有據，以利執行。「人事管理條例」是政府機關人事機構設置及人事人員管理的主要依據，自民國31年11月1日施行迄今，已逾八十年，對於我國政府人事管理組織體系之建立、人事制度之發展以及人事管理功能之發揮等，深具貢獻。惟近年來整個社會客觀環境急遽變遷，所謂「法與時轉則治，治與世宜則有功」，為配合人事管理發展之新趨勢並加強人事服務，「人事管理條例」確有通盤檢討修正之必要。

(二)「人事管理條例」之檢討修正，涉及人事機構及人事管理體制之研究規劃，範圍廣泛，允宜群策群力，以求周妥。茲據相關論文，綜述修正意見如下：

1. 「人事管理條例」之名稱似宜修正為「人事機構人員設置管理條例」。
2. 人事機構名稱，應予統一訂定。
3. 仍以銓敘部為人事管理之主管機關，惟有關人事機構之設置變更、人事人員之任免遷調、指揮監督等，均應列入授權規定。
4. 人事機構之職掌應增列培育進修、人力規劃、士氣激勵及人事業務資訊化等項。
5. 人事主管之列等宜採授權規定，依考試院所定職務列等表辦理，俾能與該機關其他人員之列等保持平衡，且便於爾後之隨機修正。
6. 人事人員之派免遷調應先洽獲其機關首長的同意。
7. 統一訂定人事人員陞遷調動制度，以維公平合理。
8. 賦予人事人員應有之地位，保障人事人員之尊嚴，避免人事人員因執行人事法令而被機關首長以無法配合為由加以處分或調職。
9. 人事人員除應具備專業知能外，尤應注意其工作歷練，以求適當之循序漸進。

八、人事行政人員

(一)**人事行政人員的意義**：在人事行政組織內擔任人事行政工作者，即人事行政人員，亦即人事管理人員，簡稱人事人員。我國在法制上和習慣上均稱之「人事管理人員」或「人事人員」。

(二)**人事行政人員工作上的困難**：人事行政為一種配合與支援功能，人事行政人員在執行人事業務之際，如何掌握「幕僚」角色，而與業務人員融洽相處，實至為困難。其原因在於兩者的目的衝突與角色衝突，以及人事行政人員的觀念偏差。茲分述如次：

1. **人事行政目的與業務目的的衝突**：人事管理目的，在為組織覓取最佳的合格人選，為保持遴選的公開、公平，均採取一定之遴選程序。業務單位基於本身業務之需要，往往對於人事單位之作業，採存疑態度，即對於遴選之素不相識者，不願畀予較重要的工作，但對本單位現有工作努力的人員，雖明知其學識才能尚待歷練，仍基於鼓舞工作情緒之考慮，畀予重要職務。此種衝突情形，不僅在遴選過程中產生，其他如員額的增加方面，待遇的調整或支給原則方面、陞遷方面，甚至於訓練及工作時間方面，都會有某種的衝突存在。防止此種衝突的方法之一，是在人事管理作業方面，儘量尊重業務主管的意見，設法解決其實際困難問題。如果允許業務單位主管或其代表參與人事行政的各項決定，更屬有效。
2. **人事行政人員的角色衝突**：人事單位與其他業務單位均屬組織系統中的一個次級系統，兼具服務與管制的作用，必須滿足機關首長與業務單位雙方面的需求。再者，組織由於功能分化的結果，有業務單位與幕僚單位之分，兩者功能是相等的，然在幕僚單位與業務單位各自發展出他們本身的工作類型及心理過程中，往往造成所謂功能的偏差，使得此二團體難以和諧共處。人事人員與業務人員間的衝突、矛盾亦屬必然，業務單位總是視人事幕僚為一種累贅與阻力，而不是一種助力，相反地，人事幕僚亦感覺業務人員採取不合作的態度，於是彼此猜忌，造成摩擦，是為角色間的衝突。
3. **人事行政人員的觀念偏差**：人事行政人員在執行人事業務之際，由於做法及觀念上的偏差，亦常引起衝突。例如當人事行政單位依據人事政策及人事制度所設計的標準、原則及法規，忠實的去執行時，往往成為「凡事依規定辦事」的保守心態，缺乏彈性與應變能力，也易使人事行政人員過分墨守成規，缺乏自動自發及面對現實的積極態度。因為人事行政人員長期忠實執行人事行政法規的結果，可能產生一種錯覺，認為嚴格遵守法令的規定，本身就是一種目的，反而忽略了組織的目的。此種將工具價值轉變為目的價值的現象，即美爾頓教授所謂「目的轉換」作用。最後結果，變成業務單位配合人事單位，組織目標要牽就人事目標，實在是本末倒置，輕重不分。

(三)**人事行政人員的服務觀**：人事行政工作，本身即是一種服務性的工作，身為人事人員，必須建立正確的服務觀，才能發揮人事行政的服務功能。茲據趙其文老師觀點分述如下：

為同仁提供充分的服務	人員的進用、陞遷、敘薪、福利、考績、訓練、進修、保險、退休、撫卹。
「忍耐」是處理人事業務的必備修養	「忍耐」可以把問題淡化，甚至把問題化解。
設身處地，解決問題	如果人事人員對於這些日常可能遭到的「小事」，都能站在當事人的立場去解決，一定可以贏得同仁的信賴，促進機關的和諧團結。
解答問題，務求「詳細」、「委婉」	人事人員在解答問題時，不是套用幾句公文術語，便可了事。對於不合規定的申請案件，處理更要慎重，千萬不可一口拒絕，拒人於千里之外。
面對面溝通，要比辦公文有效	所以只要能有相當的理由加以說明，使當事人有所了解，便可使「問題」迎刃而解。但也有很多問題，反而增加問題的嚴重性，不如與當事人約個時間地點，心平氣和的面對面溝通，可能有效得多。
要能熟悉人事法令，靈活運用	做一個人事人員最起碼的條件，是熟悉人事法令，如果不熟悉人事法令，就有可能在不知不覺之間損害了同仁的權益。此外，對於人事法令的靈活運用，也是相當必要的。
做為機關同仁的好朋友	我國的人事人員，依照「人事管理條例」的規定，雖然有其一條鞭的管理體系，但在基本上，仍然是各該機關的組織成員，與其他同仁並無二致。極少數的人事人員，仍有「身分特殊」的心態，實應加以導正。

謹守「幕僚」人員分際	依據人事管理條例的規定，人事人員應「秉承原機關主管長官依法辦理其事務」，可見人事人員辦理事務，不但要「依法」，還要「秉承機關長官。」人事人員的主要職責，是向機關首長提供必要的人事資訊及有關法令的規定，而不是替首長去作決定。大多數的人事人員均能守法守分，適時向首長提供人事作業上的建議，並秉承首長意志，為其分勞分憂。也有不少人事人員，作為首長與同仁間的溝通橋樑，更是難能可貴。

九、我國人事機關組織體制的特質

我國現行人事機關組織體制，實具特殊之處，據許南雄老師觀點包含下列特質：

(一)**人事行政職權獨立制**：人事行政職權為行政管理的基本職權，理論上說，應屬行政首長的權責。惟在我國因實施五權憲法，考試權（人事行政職權）與行政權分立，由獨立於行政院之外的考試院掌理。

(二)**人事行政機關獨立制**：人事行政總機關及其分支機構之隸屬體制，各國互不相同，大都隸屬於行政權之管轄系統，惟我國較為特殊。考試院及其所轄銓敘部，以至各級人事機構（人事處、人事室、人事管理員）自成一條鞭系統。

(三)**人事行政雙重首長制**：修憲以後，考試院雖然仍為「國家最高考試機關」，掌理主要的人事職權，然行政院亦成為中央政府人事主管機關，掌理考試院職掌外的人事職權，而形成考試院、行政院共理人事行政事務的局面。

十、我國人事機關管理體制的商榷【107高】 重要

人事機關管理與其體制有關，我國人事機關的組織體制有其獨特性，故其管理方式亦有其特殊的一面，其問題所在，得分述如下：

(一) 人事獨立制的得失

1. 人事獨立制的優點是維護人事職權與機構超然獨立於行政系統之外，不受政潮影響，並防止行政首長濫用私人，其特性在防奸、防弊，是消極性的。而其缺點則為：
   (1) 依據積極性人事行政觀點，人事職權與機構獨立於行政系統之外，則行政首長最基本的用人權責（人事權）必難掌握，行政權責缺乏完整性，用人行政無法與「行政組織與管理」相互配合。
   (2) 自行政組織與管理的實效看，考選權獨立於行政權之外，則考用之配合必受影響，如未必即考即用，或所舉辦之考試未必適合行政機關之需要。至於考試以外之其他重要人事職權獨立於行政機關之外，則人事政策與法令之推行更不免窒礙難行，其人事管理措施未必切合實際，而影響人事管理之成效。
2. 人事獨立制是否可行，宜就是否適合國情與合乎行政組織的需要為斷。所謂適合國情，是指行政制度未走上軌道的國家，人事法制幾若名存實亡，不僅屢受政治分贓或人情恩惠諸因素所影響，且吏制敗壞、法紀蕩然，是則人事機構體制或以獨立制為可行，以期維護人事行政之制度化。但人事行政法制漸上軌道，行政首長責任制期其健全，則人事獨立制反而窒礙難行。至所謂合乎行政需要，是指人事政策法令及管理措施，應配合行政組織與管理的需求，故人事機構宜受行政機關的管轄，使人、財、事、物的管理能密切配合而獲致行政效率。基於上述觀點，在五權分立現行民主憲政的環境裡，考選機關雖可獨立，但職掌考選以外的人事行政機構則不宜獨立，而應歸併於行政機關的組織管理系統。

(二) 人事機關的消極性與積極性職能

1. 人事行政的基本職能是取才用人，各國建立文官制度初期，係以打破分贓主義為要務，故其文官考選首在防奸、防弊，次為擇才、取才。消極性的防弊是需要的，但更重要的是要如何積極甄選人才，發展人力運用（如對科技與專業人才之甄選），故現代人事行政的職能已由消極性而趨於積極性。也因此，人事機構的職能，由早期的「管家」、「警衛」角色演進為現代「服務」與「管理」的形態，前後的差異雖無截然明顯的區分，但其間人事功能的演進卻為不可忽視的事實。

2. 文官制度受諸政治發展與社會環境所影響，如果人事權隸屬於行政權，則人事功能的演進自可隨政治發展而調適。但在獨立制的人事體制下，積極性人事職能，將因機關體制的分立而難期實效。

(三)人事權的歸屬不夠明確

1. 考試院設考試院會議，所決議之考銓法律案向立法院提出，但考試委員不出席立法院報告施政或答覆質詢。行政院不能向立法院提出考銓法律案，但行政院官員須出席立法院報告施政或答覆質詢。修憲後考試院部分職掌移由行政院掌理，但因界限不明，遂使功能重疊及權責混淆現象更加嚴重。
2. 對於人事施政或考銓政策，考試院院會及行政院院會如有不同立法或方針，如何取捨？權責如何劃分？而人事行政總處夾在行政院、考試院之間，又何所適從？此益增人事機關在管理上的困擾。

(四)銓敘行政的範圍及其成效

1. 銓敘原指「考試銓定資格」，為銓定資格而有現代任用程序中之「起敘、比敘、換敘、敘資、敘俸、銓審、審查」等項，這是附屬於任用權之銓敘的原義。廣義之銓敘，即一般人事行政業務或人事管理措施，但歐美各國所謂銓敘包括人才考選在內，而我國的銓敘則是除考試以外的各項人事業務。
2. 我國銓敘業務由獨立於行政院之外的銓敘部掌理，因銓敘獨立於行政組織管理之外，而產生下列缺失：
   (1) 考試、銓敘均獨立於行政權之外，則行政首長之人事權全部落空，首長與主管未擁有人事權，如何管理部屬？
   (2) 考、銓均與行政權分立而相互制衡，必形成獨立人事體制，難期確立積極性人事行政措施。
   (3) 銓敘體制獨立自主，不易與行政組織與管理配合，人事體制背離幕僚功能，難免困守於象牙之塔。
   (4) 銓敘機構皆獨立於行政機關外，其年度預算及人事經費必難獲負責預算規劃及執行的行政機關之支持。
   (5) 銓敘行政獨立，因與行政機關無隸屬關係，故不易監督行政機關內之人事機構，致使人事業務的推行常生窒礙。

3. 銓敘行政獨立之目的雖在防止首長任用私人，然而贍恩徇私是違法瀆職及人事責任的問題，並非銓敘獨立所能解決。如從績效的觀點論，銓敘行政實不應獨立於行政機關之外。

(五)**考試院與行政院之人事權責爭議**

1. 憲法第八章雖有法理、學理方面之缺失，但考試院擁有完整的人事權，其人事行政總機關之地位極為明確。依目前增修條文，考試院與行政院均擁有人事權，兩院之間的人事權爭議非但未獲解決，甚且有治絲益棼現象。
2. 任何國家人事行政制度，人事法制規範是其基礎，管理體制方式是其應用，將人事職權割裂而由兩個平行的機關共理，已足引起爭權，將「全國最高考試機關」的人事職權又再區分為完整的人事職權與法制事項的人事職權，恐易引起適用上的爭議。試問：「人事分類、訓練、福利、保險……」，應由何院職掌？反過來說，監察院（得行使調查、彈劾、糾舉、糾正權）以及立法院對有關人事行政之施政質詢或建議、決議事項，如涉及權限爭議部份（如法制與非法制事項），究應針對考試院或行政院？未增修憲法之前，此一現象已存在，頒行增修條文之後，此一爭執似更容易發生，法制權責實質方面欠明確，其結果難免治絲益棼，這是人事機關管理上的一項困境。

十一、我國人事機關管理體制的改進方案【107高、110地三】 重要

我國人事主管機關體制經憲法增修後，若干弊端已有改進（如行政院得設人事幕僚機關，掌理若干人事職權），但部分缺失仍存在（如兩院之間權限爭議的事項），故目前的「人事行政雙重首長制」可說是得失互見，為兩院人事機關管理體制與人事施政日趨健全計，則相互關係的改善允宜重視。茲據許南雄老師觀點分述如次：

(一)**分立與分工關係**：考試院與行政院分立是五院制的獨特設計，此與人事行政學學理及各國人事制度的實例均有不同，故宜由我國的國情來說明。考試院畢竟是以考試為主要功能的人事機關，而行政院不論憲法所賦予之人事權範圍如何，畢竟是用人機關，取才與用人原需密切配合而不能分立，但五院制已使考試院與行政院分立。為獲致取才用人的成效，唯有重視分工關係以彌補分立制的缺失，所謂分工是指：

1. 考試院偏重考試方面的功能（如考試、考試行政、銓定資格審查），而行政院則偏向用人行政方面的功能（考試及銓定資格以外的人事職能）。
2. 考試院偏重人事法規功能，而行政院則需具備人事施政功能（向立法院負責）。
3. 考試院逐漸以職掌行政院以外的政府機關公務員之管理事項為主，行政院則以管理所屬機關及直轄市政府以下機構公務員之管理事項為主。

(二)**權限爭議與調適**：憲法第83條規定考試院擁有集中的人事權，固有缺失，但較無權限爭議的問題，行政院人事行政局成立後，該局與考試院方面（尤其銓敘部）即不時產生權限爭議事項，憲法增修之後，行政院固得設置人事行政總處及取得若干人事職權，惟兩院之間未必無人事職權的爭議。其根本原因在於既需維護五院制而又不限定考試院職權只管「考試及考試行政」（或考試及銓定資格），對於考試以外的職權，究竟該由銓敘部或行政院人事行政總處職掌，便拿捏不定，滋生困擾。憲法增修條文第6條雖已清楚地以列舉方式限定考試院職權，但由於受本位主義之影響，總不免另作解釋，旁生枝節，似宜依據分工的原理原則釐訂兩院的職權：

1. 考試院所掌管事項僅限憲法增修條文第6條列舉之事項，凡未列舉之人事事項一概由行政院職掌。
2. 憲法增修條文既已訂頒，則法律不得牴觸憲法，宜依照憲法增修條文規定修正各項考銓機關組織法與人事管理條例。

(三)**集權與分權、授權管理**

1. 自民國17年以至56年，考試院擁有集中的人事權，此為集權階段；自民國56年行政院人事行政局成立後，考試院集中的人事權已逐漸分由行政院（人事行政局）職掌，此為分權階段。與「分權」有關的是授權，指人事主管機關將若干人事職權事項授權人事分支機構辦理，而人事主管機關仍居於督導地位，分權與授權已成為各國人事管理的趨勢。
2. 論者或謂考試院由集權而分權、而授權，則使考試院組織與職權益形縮小，而行政院則一院獨大，並非智舉。事實上，考試院或行政院的職權不在其範圍大小，而在其職能是否適切，現代各國政府職能皆有日益擴充的趨勢，但政府機關該調整的自應調整（如增設環保機關，或裁減其他單位），且該管的不能不管，不該管的更不宜管，此為

「人民有權、政府有能」的必然推論，各國考銓機關的職掌事項原皆屬於行政機關所掌管，考試院的職權，學理與實務方面多已指出應予釐訂，故憲法增修條文予以修正，因此，需有分權與授權管理的方式，而分權與授權的範圍以能發揮取才用人的實效為主要權衡基準，考試院與行政院（人事行政總處）確需改進分權與授權的關係。

精選試題

1. 我國現行憲法本文及增修條文對考試院職權有何重要規定？【102高三】
2. 請說明我國現行憲法增修條文對考試院職權造成何種影響，並評述我國現行人事組織管理體系運作現況。【107高】
3. 試說明我國現行人事主管機關與各級人事管理機構之組織運作體系。【102普】
4. 試依「人事管理條例」說明中央及地方機關人事處、人事室、人事管理員設置的基準，人事管理機構的主要職掌，並論述學理所稱「人事一條鞭」制度的管理意涵。【103地三】
5. 試說明幕僚制與獨立制兩種人事機構體制之主要特色與優點，並以之為基礎，對我國現行人事體制與實務運作，提出總體評析。【106普】

重點複習

一、人事機關的職能與地位

(一)人事機關的職能

1. 人事機關的職能以人事業務為其範圍。
2. 現代政府組織或企業機構的員額與職能已日益增多，其人事部門的職掌範圍自亦加重，依人事行政學者的觀察，現代人事主管機關的主要職能約如下述：

(1)推行功績制度。

(2)掌理人力需要的資料，積極延攬人才。

(3)甄別人才，使之適才適所。

(4)採行合理的任用制度。

(5)實施工作分析與人事分類制度。

(6)建立合理的俸給制度。

(7)健全陞遷、工時、休假、獎懲、申訴等人事措施。

(8)健全監督方式、工作條件、康樂活動、安全設施與工作考核等管理措施。

(9)積極培育訓練人才。

(10)確立合理的退休撫卹、保險等員工福利措施。

(11)加強員工行為管理，提高工作士氣。

(12)維持良好的公共關係。

(13)改善員工關係。

(14)研擬改進人事政策與法令規章。

(15)適應環境需要，強化人事管理措施。

(二)人事機關的地位

1. 人事機關的地位，即其機關組織中的角色及其職能特性，亦即其在行政首長、業務部門及員工之間所處之層級體系，此即人事部門的「幕僚」特性。
2. 幕僚機構的另一項職責，即為與業務部門的配合，人事幕僚需要業務單位的支持與合作，業務單位則需人事幕僚的支援與服務。

二、我國人事機關管理體制的改進方案

(一)分立與分工關係：考試院與行政院分立是五院制的獨特設計，此與人事行政學學理及各國人事制度的實例均有不同，故宜由我國的國情來說明。為獲致取才用人的成效，唯有重視分工關係以彌補分立制的缺失，所謂分工是指：

1. 考試院偏重考試方面的功能（如考試、考試行政、銓定資格審查），而行政院則偏向用人行政方面的功能（考試及銓定資格以外的人事職能）。

2. 考試院偏重人事法規功能，而行政院則需具備人事施政功能（向立法院負責）。
3. 考試院逐漸以職掌行政院以外的政府機關公務員之管理事項為主，行政院則以管理所屬機關及直轄市政府以下機構公務員之管理事項為主。

(二)權限爭議與調適：憲法第83條規定考試院擁有集中的人事權，固有缺失，但較無權限爭議的問題，憲法增修之後，行政院固得設置人事行政總處及取得若干人事職權，惟兩院之間未必無人事職權的爭議。憲法增修條文第6條雖已清楚地以列舉方式限定考試院職權，但由於受本位主義之影響，總不免另作解釋，旁生枝節，似宜依據分工的原理原則釐訂兩院的職權：

1. 考試院所掌管事項僅限憲法增修條文第6條列舉之事項，凡未列舉之人事事項一概由行政院職掌。
2. 憲法增修條文既已訂頒，則法律不得牴觸憲法，宜依照憲法增修條文規定修正各項考銓機關組織法與人事管理條例。

(三)集權與分權、授權管理

1. 自民國17年以至56年，考試院擁有集中的人事權，此為集權階段；自民國56年行政院人事行政局成立後，考試院集中的人事權已逐漸分由行政院（人事行政局）職掌，此為分權階段。與「分權」有關的是授權，指人事主管機關將若干人事職權事項授權人事分支機構辦理，而人事主管機關仍居於督導地位，分權與授權已成為各國人事管理的趨勢。
2. 論者或謂考試院由集權而分權、而授權，則使考試院組織與職權益形縮小，而行政院則一院獨大，並非智舉。因此，需有分權與授權管理的方式，而分權與授權的範圍以能發揮取才用人的實效為主要權衡基準，考試院與行政院（人事行政總處）確需改進分權與授權的關係。

Chapter 03

人事分類制度

老師叮嚀

1 職位分類制、品位分類制應充分瞭解。
2 政務官與事務官的比較是另一個重點。
3 現行人事制度的主要內容、利弊得失、改進意見亦應留意。

一、人事分類制度的意義【110關務、111地四】

(一)人事分類制度，係指對於機關組織之人員或職務區分其類別及決定其等第，以之作為人事行政措施之基礎與依據。

(二)人事分類之目的，在於方便人事管理之實施，以及人事行政目的之達成。

(三)各國人事分類制度，計可分為品位分類制、職位分類制、混合制以及融合制四種。其中第三、第四種類型，係將品位分類制與職位分類制予以混合或融合，我國為融合型，英國為混合型。

1. **品位分類制**：係以「人」為中心，就公務人員所具的資歷，作為分類的標準與依據，也就是就任職之公務人員予以分列品位等第。
2. **職位分類制**：係以「事」為中心，就職位的職責內容以及工作的性質加以區分，亦即區分職位的工作性質以及品評職務的責任輕重、繁簡難易與資格高低之等第。
3. **品位分類制VS.職務分類制**

品位分類制	職務分類制
以「人」為中心，就公務人員個人所具的資歷作為分類標準與依據。	以「事」為中心，就職位的職責內容以及工作的性質加以區分，亦即區分職位的工作性質以及品評職務的責任輕重、繁簡難易與資格條件高低之等第。是以職位分類係以職位的職責事實與工作性質作為分類標準與依據。

以「名分」鼓勵公務人員，使之努力工作，因為祇要取得較高的名分，便可得到較多的報酬與尊敬。	係以工作鼓勵公務人員，因為祇有多擔負責任，工作的職責較為繁重，方能得到較高的報酬。
公務人員種類的劃分較為簡單，僅作大體的分類，公務人員在政府機關中調轉、陞遷的範圍較為廣闊。	公務人員的種類區分較為複雜，分工極為細密，具有高度的專業精神。
等級劃分較少，晉升的幅度較大，由於晉升的機會多，故對於公務人員是一大鼓勵。	職等劃分較多，且採專才專業原則，故非經考試不能升等。

二、職位分類制度

(一)**意義**：職位分類體制起源於美國工商企業與政府機關的分類制度，若干國家學得美國實施職位分類之技術，卻不能深植推行職位分類之基礎，以致「橘逾淮為枳」、「畫虎不成反類犬」，尤值引以為戒鑑。

職位分類是以工作為分類基礎的人事分類制度，係將公務人員所擔任的職位依其工作性質區分類別，是為縱的分類；再依其工作程度包括責任輕重、繁簡難易及所需資格條件，分別評定等第，是為橫的分類。前者為職系的劃分，後者即職等的品評。最後並將職系與職等相似者歸為同一職級。在人事管理措施上，對同一職級之工作人員均予相同方式之處理，職位分類之要義即在此。

(二)**體系架構**：為使職位分類之結構更易清晰，特就其體系架構分述如次：

1. **職位**：職位係指分配與每一工作人員之職務與責任。美國職位分類之父巴魯區（I.Baruch）定義為「職位為職務與責任的集合體，而為權力機關所指定，須要一個人的全部或部份時間去擔任者……。職位係指工作職務與責任，與任職之員工無關」，這一定義清楚地說明了職位的原義：職位即「工作」（以「工作」為中心的分類制度）或即為「事」的觀念，不涉及任職的人員。
2. **職系**：職系即工作性質的最後區分，與工作繁簡難易、責任輕重及資格條件無關，是每位工作人員的專業範圍，通常是分類人事體制中最自然的陞遷系統。有了職系，則考試、陞遷、轉調及培植專才始有依據。凡對各職系的內容給予書面的說明，即稱之為「職系說明書。」

3. **職等**：職等係指工作性質不同，而工作程度包括責任輕重、繁簡難易、資格條件相同的職位，凡職位經品評而歸列同一職等者（亦即同一職等的職級），其不論屬於何種職系，其薪給幅度均應一致，所謂同工同酬，即指此而言。
4. **職級**：職級乃工作性質及工作程度包括責任輕重、繁簡難易及資格條件，均充分相似之職位。要之，職級必包括一群職位，而此等職位不論工作性質或工作程度均充分相似，故歸之為同一職級，而在人事管理措施上給予相同方式之處理，即任職者的考試、任免、陞遷、考核、俸給均適用同一標準。在分類程序上，比較各職系間的工作程度，將相同之職系與職等劃歸一類而設定職級，即稱為歸級。就每一職級撰寫書面說明，包括職級名稱編號、職級特徵、工作舉例及資格條件，即成為職級規範。

由上述可知，職位分類即工作性質與程度的分類，包括劃分職系、品評職等及職位歸級，經由職位分類，即可瞭解所須擔任的工作職務與責任為何，據此延攬人才，以期適才適所；據此釐訂待遇，以期同工同酬；亦以此建立以工作為中心的人事制度，而別於以年資品位為中心之人事體制。

(三)辦理程序

1. 職位分類之辦理程序有四大步驟，即職位調查、職位分析、職位品評、職位歸級，分述如下：
   (1) **職位調查**：職位調查就是調查機關組織之職位本身的事實及其有關的實際情形，前者如機關組織的工作職掌、職責內容，後者如各機關組織之職位比較、工作程序、行政規章等資料。搜集職位事實，旨在瞭解各機關組織有關職位的真正實況，俾能作為職位分析與品評的依據。有健全的職位調查，才能達到正確而客觀的分析與品評，所以職位調查是分類職位的第一步驟。調查職位所使用之方法，通常有書面調查法、實地調查法及綜合法三種。調查職位後，即須撰寫職位說明書，即說明每種職位之職務責任及其有關事項之文書。

(2) **職位分析**：職位分析亦稱工作分析，即依據職位調查的結果，區分工作種類性質，以設定職系。職位調查後，須先作縱的分類，即將各種職位依其種類性質，劃分為行政、文書、機械、教育、法律等等類別，最粗（初）的劃分標準為職門、其次為職組、最後區分為職系，職系的設定即職位分析的最後結果。

工作分析是以較科學及系統的方法，來蒐集有關工作所包涵的工作項目、任務及責任的各項資料，然後據以分析擔任此一工作所必備的知識與能力。工作分析在人事行政上的重要功能得據趙其文老師觀點分述如下：

在人力規劃方面	人力規劃過程中，對現有人力的核實，乃重要步驟之一。工作分析可以提供各種工作的工作項目、任務與責任之有關資料，這些均是人力核實所需之必要資料。
在羅致與遴選方面	工作分析之後，可以了解有效執行各種工作所需之知能條件，這些條件，即為羅致與遴選時所據以「為事擇人」的標準。
在工作報酬方面	工作報酬通常與各個工作所擔任的職務與責任有密切關係。較為深入與細密的工作分析，可以從客觀的事實與方法，確定各個工作本身的價值，以為定等敘薪及給與獎金及福利之標準。
在工作績效考核方面	職員的績效考核（考績），原則上是將各個工作所包含之工作項目、任務、責任，與擔任各該工作的人員實際在工作上的表現作一比較，俾了解其績效之程度如何。工作分析可正確提供有關各個工作之內容，故對工作者的績效考核甚有助益。
在訓練與發展方面	工作分析的結果，可以提供主管人員對新進人員說明有關工作的各項內容，亦對訓練課程的設計有所幫助。在生涯規劃方面，工作分析亦可提供工作者對未來規劃的基本資料。

在安全與衛生方面	安全與衛生為企業人事管理中相當重要的一環。在政府機關內的工作，多屬辦公室工作，不易發生所謂職業傷害及工業意外事件，故在人事行政上較少觸及安全與衛生問題。不過工作分析後的工作說明，則可提醒主管人員與工作者各種工作在安全與衛生方面的問題所在。

(3) **職位品評**：職位品評亦稱狹義的工作評價或職務評審。即根據職位調查及分析的結果，品評工作的程度，包括工作之責任輕重、繁簡難易及資格條件，並以列等方式表明之。職位分析是縱的分類，決定工作類別（性質），職位品評是橫的分類，決定工作程度（等級）。各種工作種類均有其特性，且職系數以百計，究竟如何給予評價，以決定各職系之相對等級？這一階段之技術遠比前階段更為繁複。首須確定者是依據何種標準加以衡量工作程度，這就是所謂的「分類因素」或「品評因素」，依據此等因素，運用排列法、因素比較法、評分法及定等分類法，從事品評職位。我國考試院所公布的十四個職等標準，為職位品評之依據。

(4) **職位歸級**：職位歸級與職位品評經常同時並行，相輔相成。因為在職位品評時，實際上要兼顧職級的設定及職級的列等，而這實際已是歸級之步驟。具體言之，職位歸級係於職位品評時，就職位之工作性質及工作程度予以綜合分析品評，歸入適當之職級。職級即職系與職等之結合，職位歸級後，分析與品評工作即告完成，故為職位分類程度的最後一環，而又是最重要的步驟。

2. 職位歸級後必須撰寫職級規範，並由核定歸級機關核定公布之。職級規範的內容不僅是職位歸級的書面紀錄，且為人事管理措施如考選、任用、考績、俸給、授權等等之依據。我國公務職位分類法明載職級規範即每一職級之工作性質、工作繁簡難易、責任輕重、及所需資格條件之書面敘述。而其實際內容又包括職級名稱、編號、特徵、工作舉例及所需資格與專門知能等五個項目。

3. 由職位調查、分析、品評以至歸級後，職位分類體系即告確立，則依據職位分類有關法規，推行職位分類考試、任用、考績、俸給等管理措施，乃為必然之事，職位分類體系及其有關之人事管理措施，即構成職位分類人事制度，其與品位分類人事制度是不相同的。職位分類體系及其人事制度，都係以工作職務責任及行政管理需要為其分類基礎，為適應其變動之情勢，職位分類體制應維持其動態功能。何況職位分類是達諸人事管理目標之方法與工具，尤應保持其適時性，如在公務職位分類的適應程度而繼續處理分類體制之程序，稱之為「職位分類之繼續管理」。負責職位分類繼續管理之機關，即主管分類機關及各級人事機關。

(四)**優缺點**：就學理觀之，職位分類制主要之優缺點如下：

優點	1. 以工作職務及責任為分類基礎，而能建立以工作為中心之人事制度。諸如養成一般員工對職位之認識及加強工作績效之觀念，擺脫身分品位意識之束縛等。 2. 分類體系兼顧工作性質與程度的區分，符合系統化要求，而便於人事管理。
缺點	1. 分類體系極為繁瑣，一般員工不僅不易瞭解全盤情況，且難以適應。 2. 分類體制嚴細而缺乏彈性，形成「鴿子洞」及「板上釘釘」狀況，反而倍增管理上的困擾。

(五)**職位分類制與品位分類制的比較**

1. 品位分類是對人的分類，以員工之品級資歷為分類基礎；職位分類則為對事的分類，以工作職務責任為分類基礎。
2. 品位分類體系僅作品級等第區分，是縱的分類體制，較為簡便；職位分類則作工作性質與程度的區分，包括縱的及橫的分類體制，較為繁複。
3. 品位分類制度重視人員之身分與年資；職位分類則重視工作之知能與績效。
4. 品位分類人事制度以資歷為中心，滿足及加深員工任官觀念及品級意識；職位分類人事制度以工作為取向，則滿足員工之工作成就慾及作事態度。

5. 品位分類制度之措施頗富彈性，惟不易獲致專業行政目標；職位分類管理措施缺乏彈性，卻符合專業行政原則。

可見兩種體制各有優劣，其取捨須以國情及人事行政目標為權衡標準。

三、我國人事制度的改進 重要

(一)我國人事制度自民國18年建制以來，迄今已逾90年的歷史。在此期間，人事制度曾有三次重大的改革，每一次改革，均有其明顯的目的與特色，而每一次改革，亦均為我國人事制度的現代化和法制化，產生巨大的推動力。

上述人事制度的三次改革是：

1. **第一次改革**：民國43年1月9日總統明令公布公務人員任用法、俸給法及考績法，國人當時稱之為「新三法」。這次改革的主要特色，在建立一個以憲法所定「考試用人」為中心的人事制度，使訓政時期可單獨經由學經歷審查，甚至黨務經歷之審查，即可取得公務人員任用資格之規定，告一結束。
2. **第二次改革**：民國58年10月16日為考試院宣布開始實施職位分類制度之日。首先實施者為考試院秘書處、考選部、銓敘部、行政院秘書處、財政部及人事行政局，共為六個機關，其後推展非常迅速。其主要特色，係以較為客觀與科學的職位分類制度，取代原有品位觀念之簡、薦、委制度。其後因分類觀念很難為國人所接受，於民國62年11月，修正公務職位分類法第3條，將司法、外交、警察、衛生及民意機關五類人員，規定得不實施分類，遂形成職位分類制與簡薦委制兩制並存之局面。
3. **第三次改革**：民國75年1月24日總統明令公布公務人員考試法，後於4月21日、7月16日、7月1日，分別公布公務人員任用法、俸給法、考績法，於76年1月16日起正式實施。此次改革之主要特色，為取兩制之長，捨兩制之短，建立一個融合兩制於一體的「新」人事制度，俾使兩制並存的局面，告一結束。

以上這三次人事制度的重大改革，一般公論，以第一次改革最為順利；第二次改革（實施職位分類）則是坎坷的，社會上的批評也是毀譽參半；第三次的改革，牽涉到兩種制度的合併，必然有所謂權益受損及保障等問題，但因主事者之縝密計畫，主客觀環境之配合，改革應屬成功。

(二)此三次的改革，均有其階段性的目的，對於促進我國文官制度的現代化，發揮了積極作用，已為政府行政奠定了良好基礎。然而人事制度之設計，除應遵循國家的基本國策外，更須適應時代的變遷，配合階段任務的需要。我國現行人事制度雖屢經檢討改進，不斷成長進步，惟仍時受批評，檢討其問題癥結，主要有如下述：

1. **國家用人政策不明**：多年來，政府雖於人事行政方面極力革新，並已具相當成效，惟在用人政策上，仍有下列問題未能釐清：

(1) **在人力運用方面，究應「質」或「量」孰重的問題**：此乃由於政府職能日趨擴大，各機關業務益增繁複，為達成機關任務，公務人力究應重在擴充編制，增加員額，以應業務需要，還是應著重在提高人員素質，增進工作效能，以「質」的提高來濟「量」的不足的問題。

(2) **在人員任使方面，究應重制度化或彈性用人問題**：也就是政府用人，是否除了政務官及機要人員外，其他職位一律均須經依法考試及格始能進用，抑或可以保留若干彈性，放寬延攬羅致特殊專業人才的限制，以應國家政經建設需要的問題。

(3) **在人才拔擢方面，究應重「老成」或「新秀」問題**：此一年資與才幹孰重問題，往往在人才的拔擢上，見仁見智，而產生困擾。

(4) **在人才培育方面，究應重通才或重專才問題**：專才長於專精的業務，而通才則較能瞭解全盤業務狀況，並擅於統籌、策劃、協調，兩者均為政府機關推動各項業務所不可或缺，自宜積極培育運用，惟其培育究以何者為重，如何策劃配合，一直存有爭議。

2. **人事制度多元分歧**：我國自民國76年1月16日開始實施新人事制度（官等職等併立制），一般行政機關的人事制度已趨於統一，但政府現存人事制度，仍有下列五大類：

現行人事制度類型

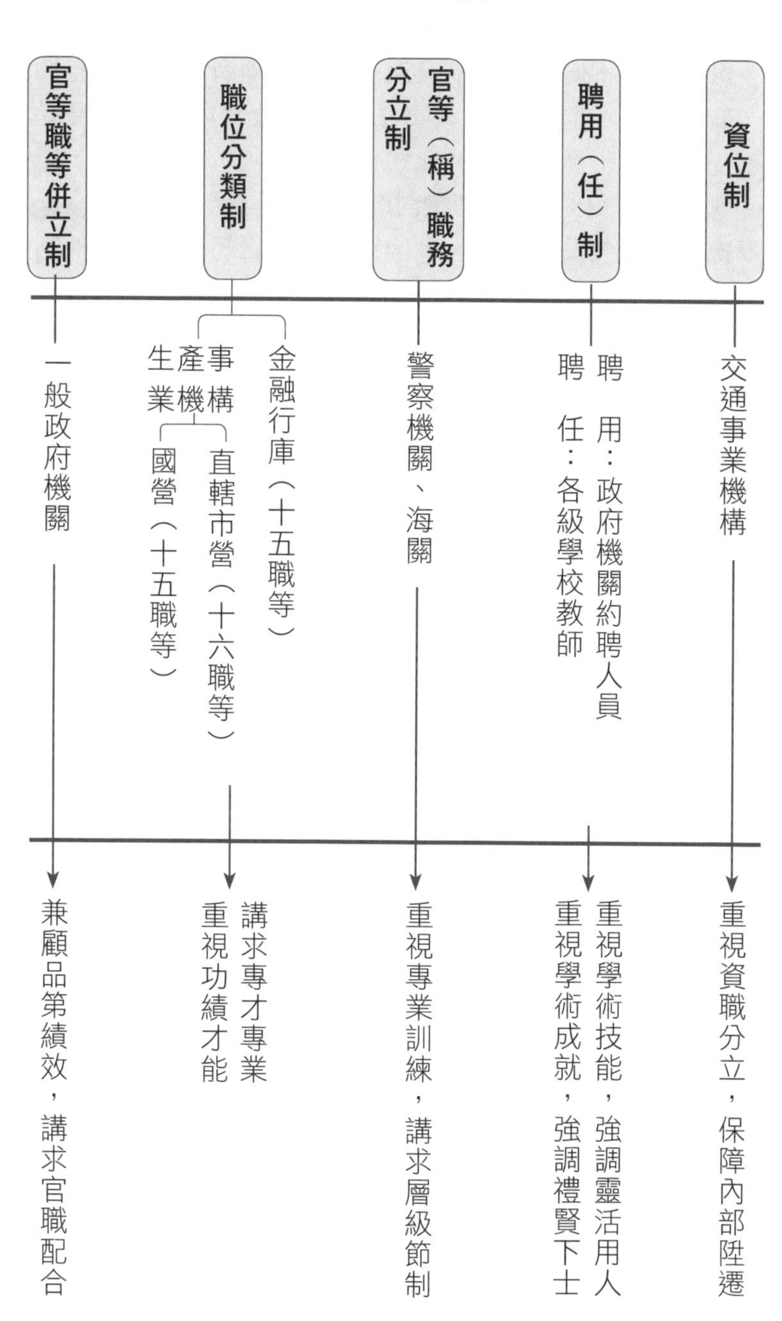

資位制
交通事業機構
重視資職分立，保障內部陞遷
聘用（任）制
聘用：政府機關約聘人員
聘任：各級學校教師
重視學術技能，強調靈活用人
重視學術成就，強調禮賢下士
官等（稱）職務分立制
警察機關、海關
重視專業訓練，講求層級節制
職位分類制
金融行庫（十五職等）
事業機構
生產業機構
直轄市營（十六職等）
國營（十五職等）
講求專才專業
重視功績才能
官等職等併立制
一般政府機關
兼顧品第績效，講求官職配合

由於上述五大類型之間，其制度結構各不相同，人事措施各行其是，且人事主管機關亦各有異，因而形成制度之多軌併行及多元管理的現象，影響所及不但人才不易交流，人事管理有所窒礙，且由於制度多軌，管理多元，進而造成人事法令之分歧零散，其間規定，難免寬嚴不一，權益不易平衡，彼此競相援引比照，亂無章法，以致迭生紛爭，執行上常感困擾，有待檢討改進。

3. **人事機構設計欠妥**：我國人事機構於行憲之初，原採部外制，民國56年行政院人事行政局成立後，始傾向於採行折衷制。至民國80年5月，憲法第一次增修條文公布施行，其中第9條第2項明定：「行政院得設人事行政局」，是以對於人事機構之設計，仍採折衷制。依目前憲法增修條文第6條之規定，雖將考試院掌理事項，依據實際分工現況，進一步釐清並予以法制化，但是憲法增修條文中所未列舉之其他人事行政剩餘權的歸屬如福利、訓練、進修等事項，尚有待考試院組織法、銓敘部組織法及行政院人事行政總處組織法中予以明確規定澈底釐清，以免重蹈以往職權爭議之覆轍，並發揮分工合作之功能。

   至於人事管理之方式，依人事管理條例之規定，目前係採中央集權式的「一條鞭」管理體系，是以全國各機關人事機構與人員之管理，係以銓敘部為主管機關，惟此一管理體系，是否損及各機關首長用人權，確有從長計議之必要，並宜配合修正人事管理條例予以明定。

4. **人事法規不夠完備**：任何政策或制度之良窳，端視具體法規之妥善完備與否而定。我國人事制度因多元分歧，以致法規數量龐雜，整建不易，有者則闕漏不全，或不夠周延。銓敘部基於職責，多年來即致力於人事法規之整建與充實工作，目前雖已漸具成效，仍有待加強者如次：

   (1) 公務人員基準法律尚待完成立法程序。

   (2) 政務人員法制猶未確立。

5. **待遇菲薄，退而難安**：我國公務人員待遇，在政府遷台初期，由於國家環境特殊，財政拮据，公務人員待遇制度的設計，以「生活供給制」為基礎，係著重於維持基本生活的需要，因此待遇支給項目繁多，除基本之薪俸外，尚有其他生活供應性之項目支給，如實物配給、房租津貼、醫療服務等各項補助，但整體而言，待遇之支給標準與國民生活水準相對比較，尚屬偏低，致使公務人員生活長久以來無法安定，生活品質亦難以提升，影響所及，政府行政效率及服務品質均無從提高，有鑑於此，政府乃於民國62年、69年及79年分別積極研議公務人員待遇之各項改進方案，經過有計畫之調整結果，公務人員待遇雖已獲得提高，但與民間企業薪資及國民生活水準相對比較之下仍屬偏低。

依公務人員退休法律之規定，公務人員於退休時，均以其服務之年資，核計其可領取之退休金，惟經核計其退休所得數額確屬偏低，實難以維持最基本家庭支出，如遇物價上漲，更是難以維生，如此情形，使得公務人員奉獻一生於國家後，臨老退休時尚無法安養餘年。

配合年金改革，公務人員退休資遣撫卹法自107年7月1日起實施新制，公務人員退休所得大幅刪減，對我國文官制度，必將產生重大影響。

四、我國現行人事制度（官職併立制度）【111高三】

(一)**官職併立制度的產生背景**：我國傳統的「簡薦委任制」係屬品位分類制，自民國58年起實施職位分類制，原期分批全面實施，嗣因部分機關施行職位分類制度存有困難，遂於62年修訂「公務職位分類法」，明定部分機關得不實施職位分類，形成兩制並行之局。

(二)**兩制並行的缺失**

1. 兩種制度寬嚴不一。
2. 等級結構不同。
3. 職務遷調之限制不一致。
4. 兩種制度下的人員權益不一。
5. 簡薦委制官等與職位分類的職等，為了事實需要，勉強相互比較。

(三)**官職併立制度的特色**：為了解決兩制並行所發生的問題，經通盤檢討，根據過去實施經驗，取其所長，去其所短，綜合設計為一新的人事制度，自76年1月16日起實施，藉求人事制度之統一，而利公務之推行。所謂官職併立制度，乃兼採簡薦委任制與職位分類制的優點，捨棄兩制的缺點，把兩種制度融合而成的一種人事制度。官職併立制度的主要特色如下：

1. **兼採重人與重事兩種學說**：這一制度，兼取了人事制度學理中重人或重事兩個分歧學派的主張而建立，似為其他人事制度之所未有。

2. **配合我國在台行政生態**：目前我國已自農業社會進入工業社會，分工情形雖較以前大為精密，但尚不如美國社會遠甚。尤其參證美國實施職位分類也非十分成功，學者多有持反對言論；所以官職併立的這一新制，基本精神為階段性的折衷，用以適應這一時代。
3. **兼取兩制之長摒棄兩制之短**：這一制度的制定原則，為採取兩制之長與摒棄兩制之短。其具體方法，有為單採自某一制度；有為兼採自兩制而予以綜合；有為兼採自兩制予以併列；有為採自兩制而予以折衷；有為表面似為單採自某一制，實際則為折衷兩制而來；有為另行新創。種種方式，不一而足，端視各個單項措施如何，務期切合我國當今社會實況需要而定。
4. **官職併立**：這一制度的基本結構，採取了簡薦委制度中的簡任、薦任與委任三個官等，以及職務跨等級的精神；又採取了職位分類制度中的職等和職系，以及我國原來雖未採用但職位分類基本理論中原有的職組。
5. **寬嚴適度的折衷性運作制度**：這一制度的運作制度，在考試方面，原則上採取簡薦委制度之配合官等而設定考試等級；在任用與調任方面，採取了職位分類依職系及職等辦理的原則，但調任與任用範圍大為放寬；在俸給方面，採取了職位分類的在職等下設定俸級，並採其俸點制，而且完全依其原定自最低160點以至最高800點的範圍；在考績方面，自行創制一種以法規規定甲等具體考績標準的方法，且規定以本機關同官等人員互相比較優劣以評分；在陞遷方面，採取了簡薦委制度同一官等內依考績晉陞等級方法，以及原則上晉陞官等應經考試的規定，又採取了職位分類制度的逐一職等晉陞方式。
6. **盡量保存舊制非結構性片段以減阻力**：這一制度在許多製作的實際技術上，非有必要時，盡量不予更張，以減少改革困難。

五、現行人事制度體系 重要

我國人事制度之體系，依適用法規之不同，其用人體系可分為任用制、聘用制、聘任制、資位職務分立制、職位分類制及師士（生）級制等六大類，分述如次：

(一)**任用制**：為國家常任文官之任用體系，具有完整的考銓法規的規範，受有嚴格的保障，為國家推動政務之骨幹，故必須嚴守行政中立。由於常任文官性質之不同，任用制度又分為以下數種：

官等職等併立制	(1) 即融合傳統的簡薦委制與職位分類制而形成的新制，為公務人員任用法所規定，適用對象為總統府、五院、各部會處局署、直轄市政府、縣（市）政府、鄉鎮（市）公所之常任文官（編制內定有官等及職等人員）。 (2) 適用官等職等併立制者，尚有特種任用法律，包括：司法人事條例、駐外外交領事人員任用條例、審計人員任用條例及主計機構人員設置管理條例等，除任用資格較嚴外，其餘均適用公務人員任用法之規定。 (3) 凡適用官等職等併立制者，均適用公務人員考試法、俸給法、考績法、退休法及撫卹法等。此類人員亦均須送請銓敘部銓敘審定（亦即「銓敘合格」），否則即屬「黑官」。
官稱職務分立制	(1) 為關務人員人事條例所規定。所謂官稱，分為監、正、高員、員、佐五個層次（相當於「官等」）。依關務人員人事條例第3條規定：「關務人員官稱、職務分立，官稱受保障，職務得調任。」其實關務人員之官稱職務分立制係源自交通事業人員之資職分立制（亦稱資位制）。 (2) 適用官稱職務分立制者，均為海關人員。其俸給、考成等，亦有不同於一般常任文官之規定。退休、撫卹則僅有加成之規定，其餘均與一般常任文官相同。海關人員亦必須送請銓敘部銓敘審定。
官職分立制	(1) 為警察人員人事條例所規定。依該條例第4條規定：「警察官、職分立、官受保障，職得調任。非依法不得免官或免職。」警察人員之官等，分為警監、警正與警佐，相當於一般常任文官之簡任、薦任與委任。 (2) 適用官職分立制者，均為警察人員。其俸給、考績、退休、撫卹等，均適用公務人員有關各法之規定，惟亦各有其特別之規定。警察人員因係常任文官，必須送請銓敘部銓敘審定。

(二)**聘用制**：聘用人員為各機關應業務需要，以契約定期聘用之專業或技術人員，為聘用人員聘用條例所規定。由於聘用人員無任用資格之限制，並係「定期」約聘，故不適用公務人員俸給法、考績法、退休撫卹法之規定。此項人員仍須送請銓敘部登記，否則年資不予採計。

(三)**聘任制**：聘任人員為公立各級學校之教師適用之，為教育人員任用條例所規定。聘任人員與上述之聘用人員不同，前者為在學校之教師，後者為在一般機關服務人員；前者有相當嚴格之資格條件限制，後者則無；前者雖訂有契約，但受嚴格保障，後者則不受保障；前者可以退休、撫卹及考成，後者則否。聘任人員須由教育主管機關審定其資格始可。

(四)**資位職務分立制**：資位職務分立制簡稱資位制，為交通事業人員任用條例所規定。該條例第3條規定：「交通事業人員採資位職務分立制，資位受保險，同類職務，可以調任。」交通事業人員的資位共分六種：長、副長、高員、員、佐、士。適用交通事業人員任用條例之人員，有：鐵路、公路、航運等人員。交通事業人員之俸給、考成、退休、撫卹均另成體系，頗具特色。

(五)**職位分類制**：行政機關之職位分類制，已於民國76年1月起改制為官等職等併立之新制。現行採用職位分類制者，為財政部所屬之金融、保險事業機構之人員，經濟部所屬之生產事業機構人員，及直轄市營部分事業機構之人員。採用職位分類制者，目前均無法律依據，而係由各該主管機關自行訂定之單行法規。其人員之任用、薪給、考核、退休、撫卹等，均另成體系，且與一般公務人員之有關規定，差異性頗大。

(六)**師士（生）級制**：師士（生）級制為醫事人員人事條例所規定。該條例第2條規定：「本條例所稱醫事人員，指依法領有專門職業證書之醫師、中醫師、牙醫師、藥師、醫事檢驗師、護理師、助產師、營養師、物理治療師、職能治療師、醫事放射師、臨床心理師、諮商心理師、呼吸治療師、藥劑生、醫事檢驗生、護士、助產士、物理治療生、職能治療生、醫事放射士及其他經中央衛生主管機關核發醫事專門職業證書，並擔任公立醫療機構、政府機關或公立學校組織法規所定醫事職務之人員。」第3條規定：「前條各類醫事人員依各該醫事法規規定分為師級及士（生）級，師級人員並再分為師(一)級、師(二)級與師(三)級，以師

(一)級為最高級。」第9條規定：「公立醫療機構住院醫師依聘用人員進用之法律規定聘用之。」

因此，除住院醫師適用聘用制外，其餘醫事人員均適用師士（生）級制。

六、公務員的範圍【108普】

(一)人事行政的對象為公務員，在探討政府機關如何「求才、用才、育才及留才」之實質內涵前，自宜先就公務員之範圍加以界定。我國憲法對於所謂公務員，可概括分為下列七種名稱：

1. 公職（第18、103條）。
2. 公務員（第24、77、86條）。
3. 官吏（第28、75、108條）。
4. 文武官員（第41條）。
5. 公務人員（第85、97、98條）。
6. 司法與考試人員（第99條）。
7. 文官（第104條）。

(二)上述名稱涵蓋之範圍廣狹不一，就行政法學之觀點言之，得分為最廣義、廣義和狹義之公務員：

最廣義之公務員	國家賠償法第2條第1項規定：「本法所稱公務員者，謂依法令從事於公務之人員。」
廣義之公務員	公務員服務法第24條：「本法於受有俸給之文武職公務員，及其他公營事業服務人員，均適用之。」
狹義之公務員	公務人員任用法施行細則第2條第1項：「本法所稱公務人員，指各機關組織法規中，除政務人員及民選人員外，定有職稱及官等、職等之人員。」

七、政務官與事務官【111高三】 重要

(一)政務官與事務官之意義

1. 古代本無政務官與事務官的區別，直至1701年英國通過「吏治澄清法」，才開始有「政務官」與「事務官」區別的觀念，隨著民主政治

的發展，尤其是政黨政治之興起，現代民主憲政國家普遍存在著政務官與事務官之分類。

2. 在理論上言，政務官乃參與國家大政方針之決策，並隨政黨選舉成敗或政策改變而進退之公務員，例如行政院各部部長、各部政務次長等是；事務官指依照既定方針執行之永業性公務員，原則上政務官以外之一般公務員均屬之。

(二)依「政務人員退職撫卹條例」第2條第1項之規定，下列人員為政務官：

1. 依憲法規定由總統任命之人員。
2. 依憲法規定由總統提名，經立法院同意任命之人員。
3. 依憲法規定由行政院院長提請總統任命之人員。
4. 前3款以外之特任、特派人員。
5. 其他依法律規定之中央或地方政府比照簡任第十二職等以上職務之人員。

(三)就現行法言之，政務官與事務官之區別得列表說明如下：

比較	政務官	事務官
任命資格	政務官不須銓敘，通常並無資格限制。（大法官、監察委員、考試委員有資格限制，係屬例外。）	事務官應經銓敘，具有法定任用資格，始得任用。
身分保障	隨政策及民意之向背而進退。	非依法不得免職或懲處。
官等區分	特任或比照簡任。	簡任、薦任、委任。
升等方式	無統一之規定，無固定之程序。	依公務人員任用法律規定之程序、資格而升等。
任命程序	無統一之規定，各依有關法律規定，個別任命之。	依公務人員任用法律規定之程序辦理。
適用法律	準用保險法，不適用任用、俸給、考績、退撫等人事考銓法律。	適用任用、俸給、考績、保險、退撫等人事考銓法律。
懲戒處分	有免除職務、撤職、剝奪減少退休（職、伍）金、減俸、罰款、申誡6種。	有免除職務、撤職、剝奪減少退休（職、伍）金、休職、降級、減俸、罰款、記過、申誡9種。

精選試題

1. 以下三個子題所述均為我國現行公務人事制度之重要特色，試分別說明之。
   (1)我國現行考銓制度何以有「官職併立制」之稱？
   (2)公務人員俸給制度的俸表為何設計為「俸點制」？其相關規定為何？
   (3)職務列等採「職務跨等」設計，其立制用意為何？相關規定又為何？
   【地三】

2. 我國現行職位分類制從民國76年起施行至今，即將屆滿30年，其對我國政府人事行政現代化與專業化發展貢獻卓著，然亦有論者反思其負面效應。試析論我國現行職位分類制的優點與限制。【105普】

3. 現行考銓人事分類制度是融合簡薦委制與職位分類制而來的折衷制（或稱官職並立制），試述此一制度的特點及尚待改善之處？【105地三】

4. 基於現代人事行政的專業精神與積極服務態度，請闡述人事人員的主要職能及可能的限制，並提出自己的論點予以評述。【107地四】

5. 試說明政務官與事務官主要在回應民主國家文官體制那些價值？以及此二者在我國文官體制適用之情形。【106普】

6. 「公務員」和「公務人員」之意涵在我國相關法律間因適用對象之不同而有不同之界定。其中以國家賠償法所稱「公務員」範圍最大，而公務人員任用法所稱「公務人員」範圍最小。請分別說明二者之意涵及適用上之差異。【108普】

重點複習

一、人事分類制度的意義

(一)人事分類制度，係指對於機關組織之人員或職務區分其類別及決定其等第，以之作為人事行政措施之基礎與依據。

(二)人事分類之目的，在於方便人事管理之實施，以及人事行政目的之達成。

(三)各國人事分類制度，計可分為品位分類制、職位分類制、混合制以及融合制四種。其中第三、第四種類型，係將品位分類制與職位分類制予以混合或融合，我國為融合型，英國為混合型。

1. 品位分類制：係以「人」為中心，就公務人員所具的資歷，作為分類的標準與依據，也就是就任職之公務人員予以分列品位等第。
2. 職位分類制：係以「事」為中心，就職位的職責內容以及工作的性質加以區分，亦即區分職位的工作性質以及品評職務的責任輕重、繁簡難易與資格高低之等第。

二、我國現行人事制度（官職併立制度）

(一)官職併立制度的產生背景：我國傳統的「簡薦委任制」係屬品位分類制，自民國58年起實施職位分類制，原期分批全面實施，嗣因部分機關施行職位分類制度存有困難，遂於62年修訂「公務職位分類法」，明定部分機關得不實施職位分類，形成兩制並行之局。

(二)兩制並行的缺失

1. 兩種制度寬嚴不一。
2. 等級結構不同。
3. 職務遷調之限制不一致。
4. 兩種制度下的人員權益不一。
5. 簡薦委制官等與職位分類的職等，為了事實需要，勉強相互比較。

(三)官職併立制度的主要特色如下：

1. 兼採重人與重事兩種學說。
2. 配合我國在台行政生態。
3. 兼取兩制之長摒棄兩制之短。
4. 官職併立。
5. 寬嚴適度的折衷性運作制度。
6. 盡量保存舊制非結構性片段以減阻力。

三、政務官與事務官

就現行法言之，政務官與事務官之區別得列表說明如下：

比較	政務官	事務官
任命資格	政務官不須銓敘，通常並無資格限制。（大法官、監察委員、考試委員有資格限制，係屬例外。）	事務官應經銓敘，具有法定任用資格，始得任用。
身分保障	隨政策及民意之向背而進退。	非依法不得免職或懲處。
官等區分	特任或比照簡任。	簡任、薦任、委任。
升等方式	無統一之規定，無固定之程序。	依公務人員任用法律規定之程序、資格而升等。
任命程序	無統一之規定，各依有關法律規定，個別任命之。	依公務人員任用法律規定之程序辦理。
適用法律	準用保險法，不適用任用、俸給、考績、退撫等人事考銓法律。	適用任用、俸給、考績、保險、退撫等人事考銓法律。
懲戒處分	有免除職務、撤職、剝奪減少退休（職、伍）金、減俸、罰款、申誡6種。	有免除職務、撤職、剝奪減少退休（職、伍）金、休職、降級、減俸、罰款、記過、申誡9種。

Chapter 04

人力政策與人力規劃

老師叮嚀

1 本章為學理探討，普考（四等特考）考生不必看。

2 人力規劃、員額評鑑應有相當的認知。

一、人力政策【110關務】

(一)「人力」係指一個國家從事經濟活動的人口。一個機關的管理，不外乎是人力、財力、物力、方法、技術等資源的有效運用。在這些資源中，人力資源是較重要的部分，因為其他各項資源均須仰賴人員去加以運用。

(二)人力政策是人力規劃的依據，擬定時必須依據時代背景，並應考慮社會、經濟、技能與環境等因素的變化而因應。

(三)人力政策之擬訂，通常應考慮下列三項因素：

1. **社會變遷**：應考慮社會要求、社會情況（含社會價值與社會條件）、文化水準等。
2. **經濟發展**：應考慮經濟動向、技術與工作方法之變革與創新等。
3. **教育配合**：應考慮教育政策與人力政策之配合。

二、人力需供預測

(一)**意義**：人力需供預測，係針對各機關目前及未來業務發展的需要，利用科學統計方法，求出人力與工作負荷量及業務量間的相互關係，期能適時、適地、適質、適量的提供與調節所需之人力，並進而採取有效方法提高員工素質，激發其工作潛能，使所有工作人員，均能朝向機構之整體目標而努力，以達成組織目標的一種過程。

(二)**人力需供預測的環境變項**：人力需供預測的環境變項，可分為內在因素與外在因素，分述如下：

1. **內在因素**：機構內部未來之人力需求，可根據兩項工作決定之：(1)統計目前之需求；(2)預測未來業務開展的程度。也就是說，應先行審查現有人力，再決定未來之需求。其具體內容至少應包括下列各項資料：

現有人力	(1) 工作訓練與技術。 (4) 健康情形。	(2) 教育與訓練。 (5) 退休情形。	(3) 年齡及地理分配。 (6) 損耗。
未來人力	(1) 需求總數。 (2) 技術分類。 (3) 何時需要及其所需之「引導時間」。		

2. **外在因素：**外在因素的考慮因素至為複雜，至少包括下列各項：
   (1)政府決策及趨向。
   (2)勞工關係趨向：
      A.勞工法規及立法趨向。　B.工資及工作時間趨向。
      C.假期及其他福利趨向。　D.工作習慣之趨向。
   (3)國家金融財政政策。　(4)經濟狀況。
   (5)人口分配及人口變遷。　(6)勞動力之組成。
   (7)社會傳統。

(三)**人力需供預測進行的步驟**

1. **建立人力資料：**人力預測所需之資料，亦即人力紀錄，包括：
   (1)**員工靜態登記：**如年齡、學歷、才能特長及過去接受之訓練等。
   (2)**職務異動：**如陞遷、轉調狀況等。
   (3)**考核紀錄：**如考核獎懲等情形。
   (4)**適任職務：**依據前述三項資料，可判定人員適任之職務。
   此等人事資料，應由人事人員專責辦理。為便於有效運用，可用電腦處理。
2. **統計人力動態：**人力動態包括工作變遷（如職務合併、職務增減）、組織編制、人員流動、離職、退休、資遣、僱用、陞遷、調動等，此等人力因素通常都屬動態情況。
3. **分析人力需要：**根據人力資料與人力動態統計的結果，分析所需人力的素質與數量，由此將可使人力管理措施能依計畫實施。

(四)**人力需供預測應考慮的因素：**在進行預測時，為使資料蒐集適當，布拉奇（C.H.Burach）與史密斯（R.D.Smith）認為應考慮下述五項因素：

1. **組織的類型：**如生產工廠比服務性組織複雜，所以，生產工廠在進行人力需供預測時，應比服務性組織蒐集更多的資料。

2. **組織的規模**：規模較大的組織，通常具有下述特性：
   (1)大量員工。 (2)專業性幕僚較多。
   (3)大量不同性質的職務。 (4)業務運作的轄區較廣。
   故其預測工作與資料蒐集，與規模較小的組織有所不同。
3. **組織的分布**：由於組織的分布地區愈廣，其勞動力的數額與特徵，愈受到不同的勞動力市場對勞動力競爭的影響。所以，組織的分布地區是否廣泛，亦應考慮。
4. **資訊的準確性**：蒐集資訊時，資訊的準確程度，受到獲取資訊所需成本及組織支付能力的影響。因此，較小的組織，由於經費的限制，只能蒐集與供應一般性的資訊，在進行需供預測時必須仰賴高度的判斷。反之，大機構則不然。
5. **特定的計畫**：每一機構所訂定的各種特定計畫或策略，對於人力需供預測均有重大影響，不能不予以考慮。

(五)**降低不確定性的方法**：人力需供預測是在預測未來情形可能如何或者將如何，預測是一種近似情況的估計，並不是絕對的事實。因此，在人力需供預測中，存在著不確定性，人事行政主管應該設法降低其不確定性。
下列各項因素的具備，有助於縮減人力需供預測中的不確定性：

1. **穩定的狀況**
   (1)業務。 (2)競爭。 (3)經濟。 (4)鄰近地區。
2. **勞動力、專業人員或與需求有關的專家的過度供應。**
3. **良好資訊系統的設計**
   (1)有能力獲得相關資訊。 (2)資訊的品質。
   (3)資訊的價值。 (4)合時的資訊。
   (5)處理資訊的能力。
4. **對於影響該機構服務需求有關因素的瞭解與影響的能力。**
5. **左右人力資源供需情形因素的處理與影響的能力。**
6. **工作系統的預期**
   (1)已證實的工作系統。 (2)低度技術革命。
   (3)受有良好訓練的人員在運作此一工作系統。
   (4)發展完成並已實作的程序。
7. **重要人員分析與解決問題的能力。**

三、人力需供預測的困難

人力需求與供應之間，除了在先天上存在著許多不易克服的矛盾問題之外，在人力需供的預測程序與技術上，尚有下列困難：

(一) 負責人力預測的人事部門，普遍缺乏人力經濟學家，在預測上顯得束手無策。欲解決此一問題，應使負責人力規劃的人員，對於機構業務情形及人力市場的需供情況，經常注意研究，以求得相當程度的瞭解。而在人事人員的羅致上，亦應注重其人力經濟學的學識修養。

(二) 人力資源管理系統的運行過程中，對於目前的工作人員、人力成本分析及人力素質等龐大資料，或則尚付闕如，或則仍無簡便而省錢的方式來管理。如今，此一問題已隨著電腦的發展而獲得解決。

(三) 在人力預測的過程中，有關的市場研究、生產力研究、財務分析等等因素，都無法透過專家，納入計畫融為一體，尤其是無法獲得管理階層的支援與重視。人力預測是一種促進發展的手段，尚須依靠政治、社會力量以及各種力量的支持。在預測過程中，如何使設計專家、行政官員及政治家的意見相互交流，至為重要。除非獲得管理階層的支持，且其他業務實作部門，皆能密切參與計畫，否則，人力預測工作必將遭致失敗。

四、人力規劃的意義與功能【110地三】

(一) 所謂「人力規劃」是指配合組織發展的需要，預估未來所需人力的種類、數量及獲得時機等，據以對此項人力資源之培訓、羅致，作前瞻性的規劃，以期所需人力適時獲得充分的運用。

(二) 就人事行政實質內容來看，不外有關「人力」的遴選、維護、培訓、發展、運用及退撫等項，此亦人力規劃所必須考慮及規劃之事項。因此，人力規劃在現代人事行政中佔有相當重要的地位。人力規劃的主要功能有三：

1. **配合組織發展的需要**：任何組織的特性，都是不斷的追求生存與發展。而生存與發展的主要因素，即為人力資源的獲得與運用。亦即如何適質、適量及適時的使組織獲得所需各類人力。由於現代科學與技術日新月異，社會環境亦變動不定，如何針對這些多變的因素，配合組織發展的目標，對人力妥為規劃，實至為重要。

2. **協助工作人員的個人發展**：人力規劃的主要著眼，在適應未來組織發展的需要，提供所需人力，已如前述。為達此目的，無論對現有人力或需自外界引進的人力，均應根據未來業務需要，參考工作人員之專業知能及發展潛能，施以必要的培育訓練，奠定其個人發展的基礎。
3. **促使人力資源的合理運用**：在進行人力規劃時，必須先對現有人力作詳細的檢查，始能預估未來須自外界引進人力的種類及數量，在對現有人力檢查時，往往可以發現人力運用之缺失，諸如勞逸不均、專長不符、冗員充斥、單位間人力分配失衡等現象，均可適時加以改進。至於未來人力的運用，因為事先的規劃，將可預防上述缺失的發生。

(三)多年來，人類一直把土地、資本、勞力和管理視為生產四大要素，而且迷信「資本萬能」。但戰後德國和日本的經濟奇蹟，使人類對「人力資源」有了以下的共識：

1. 把人力視為資源，只是一種對人力的整體觀，認為人力是一種具有龐大潛在能力的資源，尚無對個人的自尊與價值有貶抑之涵義。
2. 人力是一種非常珍貴的資源，不可輕易浪費，應該悉心的規劃與掌握，並多加運用，以充分發揮其功能。
3. 現代的人力，請求生產力的提昇，尤其當工商業由人力密集轉為能力密集之後，人力素質必須精益求精，不可以量取勝。
4. 人力資源強與弱的衡量標準，取決於人力素質的高低，而非人力數量的多少。
5. 事業的成敗利鈍，關鍵在於人力資源有無有效的規劃及運用。

五、人力規劃的步驟及方法 重要

(一)**設立組織發展目標**：目標是指期望的成果，組織發展目標亦即組織未來所欲獲致的成果，也是組織努力追求的方向。由於人力規劃的目標乃在組織發展目標的達成，因此在人力規劃之初，必先設定組織發展目標。在設定目標時，宜注意以下原則：

1. **目標的一致性**：組織目標既為組織內每一成員追求的方向，因此組織內各單位的分目標，必須與組織的總目標相互一致，不可抱持本位主義，各自為政。

2. **目標的層次性**：就達成目標的時程而言，可分為近程目標、中程目標及長程目標；就目標的重要性而言，可分為主要目標、次要目標；就目標的涵蓋範圍而言，可分為總目標、分目標、個人目標。這些目標必須由近而遠，由下而上，由內而外，層次分明，循序漸進。
3. **目標的連貫性**：不論目標屬近程、中程或遠程，主要或次要，亦不論為總目標、分目標或個人目標，必須具有繼續不斷，脈絡一貫的連貫性，切忌斷斷續續，枝枝節節。
4. **目標的社會性**：大部分的組織與社會有互動之狀況，因此在設定組織目標時，必須考慮到未來社會環境可能的變遷。
5. **目標的挑戰性**：組織目標應具有足以激發組織成員奮鬥追求的挑戰性，不宜過於遷就現狀，使目標一蹴可及。
6. **目標的可行性**：目標亦不宜懸得過高，過分超越能力範圍，如果經過組織成員之全力以赴，仍然無法達成目標時，最易造成心理上的挫折感，對組織未來發展影響深遠。

(二) **確定未來組織需要**：在確定未來組織需要之前，必先對現有組織作「基礎評估。」根據基礎評估的結果，參考組織未來的一般發展趨勢，依據組織發展的目標，審慎研訂未來組織的需要。

(三) **現有人力的核實**：人力規劃必須先對現有的人力，作一精密的核實，始可了解未來人力補充的正確需要。現有人力的核實，通常指現有人力狀況的統計分析，包括，教育程度、專長、工作經驗、年齡、性別、服務年資、生產力以及退、離職情形等。如需進一步了解用人有無浮濫，人力運用是否有效等問題，則應採取時間研究法、工作抽樣法或業務審查法，加以核實。

(四) **未來人力的預估**：指依據業務發展計畫及其他相關因素，輔以人為的分析與判斷，對於未來某特定時期所需各種程度人力數量之預估。

(五) **未來人力的獲得**：未來人力需求如能較為精確的預估，則所需人力必須適質、適量、適時的獲得，使能落實，否則人力計畫即等於紙上談兵。人力獲得的方式，通常以培訓現有人力為主，以提振士氣，如仍有不足，始考量自外界引進；為使人力的獲得確能配合未來人力的需求，通常訂定「人員羅致計畫」，作為人力計畫的分支計畫。

(六)**人力的培訓**：現有人力的培訓與發展，為未來人力獲得的主要途徑。

(七)**人力運用**：人力規劃不僅要滿足未來人力的需要，更須對現有人力作充分的運用。人力運用所涵蓋的範圍至廣，而其關鍵在於「人」與「事」的圓滿配合，使事得其人，人盡其才。

(八)**人力計畫**：人力規劃的成品，即為人力計畫。訂定人力計畫所依據之基本資料，即為：組織未來發展目標，組織未來發展需求，現有人力的核實，未來人力的預估，未來人力的獲得及培訓，現有人力的運用等。

由於人力計畫係以「估計」為基礎，故無法達到百分之百的準確。這些估計，必須不斷與已經發展的事實相比較，並隨時依據事實加以調整修正，始可較為準確，因此人力計畫多屬一種「滾動計畫」。茲將人力規劃的整個程序圖示如次：

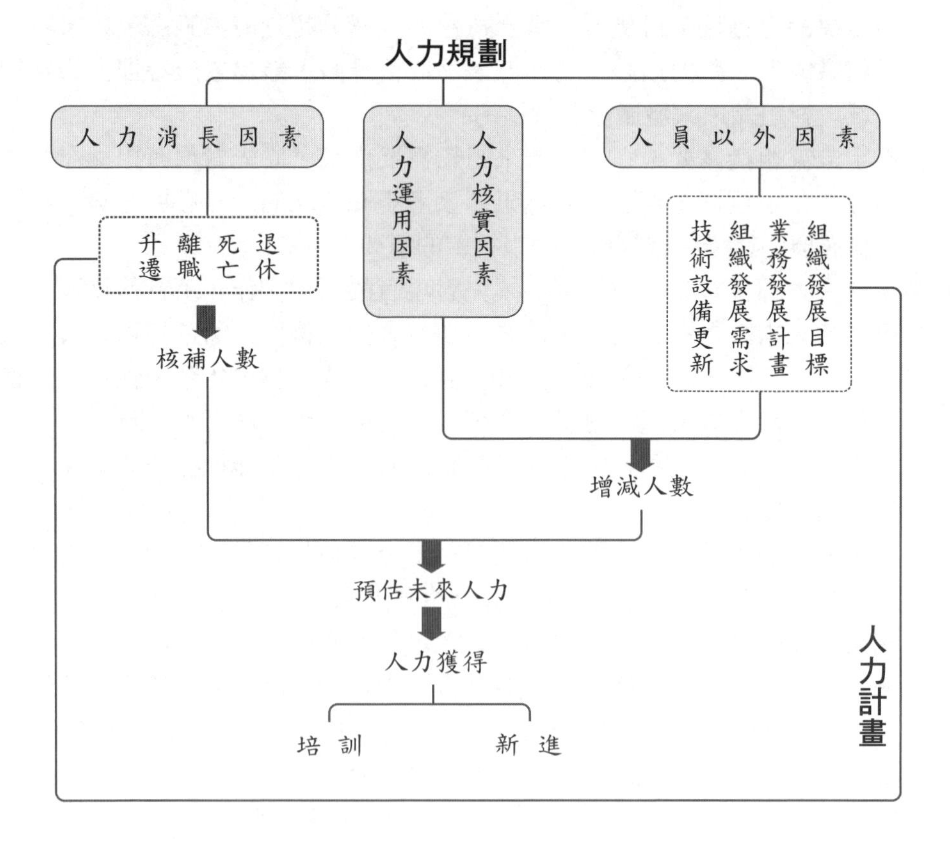

六、我國公務人力規劃的沿革及作法

(一)公務人力規劃為全國人力規劃的一環，我國公務人力規劃，可追溯至民國65年，當時行政院人事行政局甫行完成進行三年之「人力狀況判斷」，根據此項判斷之結論，於65年12月研訂「長程人事革新計畫。」在研訂此一計畫時，因與發展人力預測、人力運用、人力培訓等諸多問題，息息相關，遂有從事公務人力規劃之議。由於當時之行政院經濟建設委員會對於人力規劃富有經驗，有規劃的專門人才，遂由人事行政局洽請經建會之協助，設計公務人力規劃作業規定，實施規劃人員專業訓練，並於民國67年初步擬定近程公務人力計畫。

(二)公務人力計畫之內容，包括人力需求、人力獲得、人力培訓、人力運用及人力檢查五部分，分述如次：

1. **人力需求**：人力需求為人力計畫之主要工作，因為人力的獲得與培訓，並非一蹴可及。尤其高級人才的培訓，更需投注更多時間與心力。人力計畫之是否得以落實，常以人力需求的預測是否確實為基礎。人力需求之預測，必須針對機關業務發展趨勢，參酌國內外科學發展與技術革新，可能之組織變更及人力新陳代謝，以及國內外人力市場供需等因素，作人力需求之預測。
2. **人力獲得**：人力需求預測後，即據以規劃或進行人才的遴選及培訓。遴選及羅致的方式甚多，必須針對需要人才的種類及市場供需情形，妥為採擇。如一時無法從人力市場中獲得人才，則需借助於人力培訓。
3. **人力培訓**：政府在發展國家建設過程中，需要各種人才，共同效力。一般而言，一個國家的人力，必須能夠「升級」，而國家建設最需要的人力，為高級管理、科學研究、工程技術等人力，凡此，均須有周密的培訓計畫，始可有成。
4. **人力運用**：組織之健全，以人力運用是否適當為基礎。影響組織的因素，可分為正常因素與非正常因素兩種。所謂正常因素，係指：目標變更、業務變動、環境影響、人力結構變化、人力素質提高、工作方法改進及科技的進步等；所謂非正常因素，係指：因人設事、職位功能不彰、工作指派不合理、主管領導不良等。因此，在人力規劃時，必須對現行人力運用情形及人力之調節，同時加以考量及評估。

5. **人力檢查**：擬訂人力計畫的最後步驟，為人力檢查。即對人力需求之預測、人力之獲得培訓，以及組織功能、人力預算及人力資料等，作周密的檢查，以為擬訂或修正人力計畫的參據。

(三)總之，人力規劃的主要內容，是人力之需求，獲得、培訓、運用及檢查等五大項，而此五項又與組織發展目標、外界生態環境、技術與方法之改進、現有人力狀況及人力消長情形等，均息息相關，規劃時必須加以考量。人力規劃的各種相互關係圖示如下：

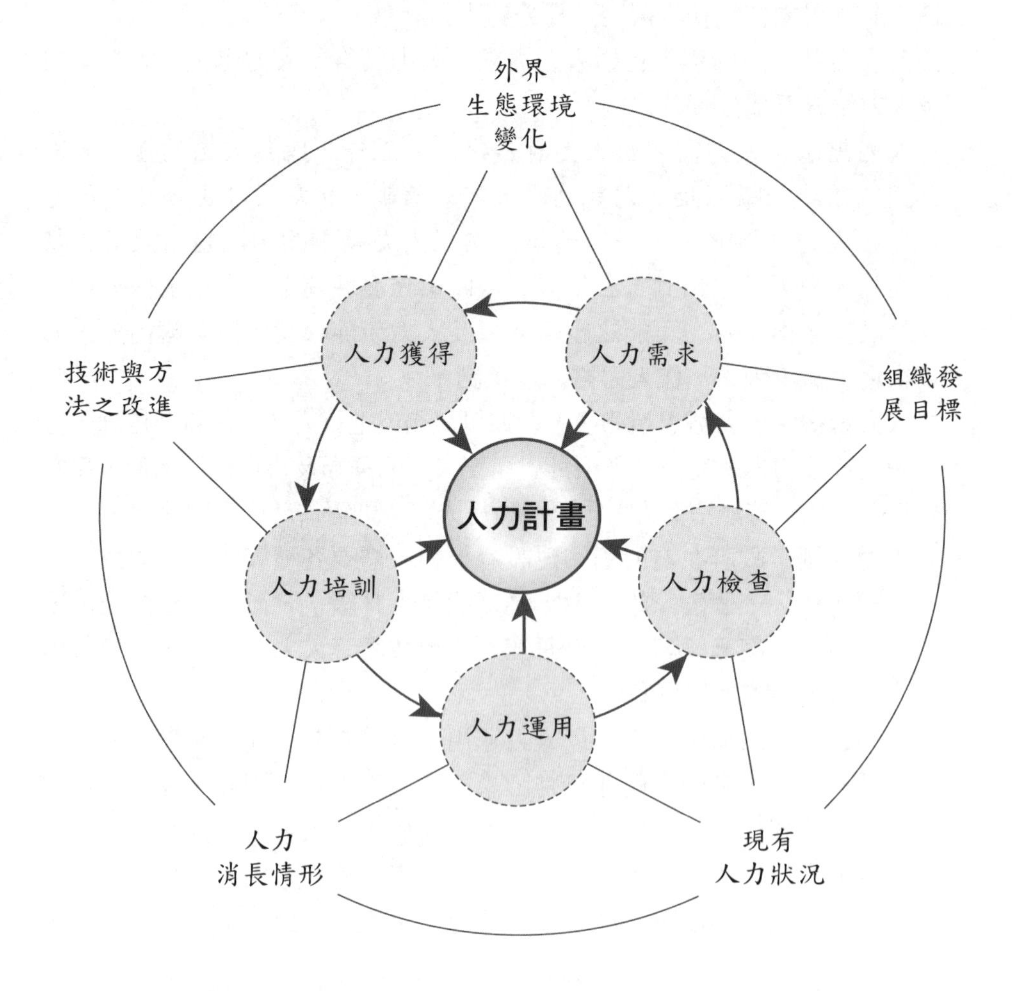

七、員額評鑑【107地四、110地四】 重要

(一)**員額評鑑的意義**：組織員額評鑑，為用客觀的評鑑標準，有系統的評鑑方法，對於機關的組織結構、功能職掌及人力運用等，加以評估，以便發現人力運用之缺失，從而謀求改進。

(二)**員額評鑑之目的與功能**

對組織員額的客觀檢查	所謂組織，是指人類社會中一種層級節制，分工合作的有機體。由於科技發達，社會進步，外在環境變動不居，因而對機關組織形成強大的衝擊。於是，機關組織就像身體一樣的需要定期檢查。組織員額評鑑，即是一種檢查組織功能的設計。
對人力運用優劣的評斷	現在政府由於職能日益擴大，員額隨之不斷膨脹，其人力運用之情形，則為人事行政上亟待探討的問題。所謂人力運用，包括工作分配、分層負責、權責劃分、職等結構、員額設置及專長運用等，其優劣得失，均有加以檢查評斷的必要。
依評斷結果採行改進措施	組織員額評鑑的最終目的，在健全機關組織，合理編制員額，有效運用人才，改進工作方法及提高行政效率，故實施評斷後，如發現組織上的缺失，應及時謀求改進或補救措施。

(三)**我國員額評鑑的實際作法**：行政院鑑於各機關之組織、任務、員額及士氣等，均有改進之必要，而其關鍵，首在檢討機關組織員額，遂於71年1月訂頒「行政院暨所屬各機關組織員額評鑑實施要點」，組織專案小組進行評鑑。專家學者分成四個評鑑小組，先從書面評鑑入手，由各機關自行填報統一設計之「自行評鑑表」，經由各小組加以書面審查，發現缺失，作為實地評鑑之參考。接著進行實地評鑑，各小組評鑑委員實地至受評機關評鑑。其方式為座談及訪談併行。前者為團體行動，座談時小組全體委員均參加，先由受評機關提出人力運用狀況報告，然後由委員就相關問題，提出詢問；最後查閱受評機關原填「自行評鑑表」之原始案卷資料。至於訪談，為小組委員之個別行動，即由小組委員隨機約請職員若干人，進行個別晤談。

在實際對組織員額評鑑時，依循之要項如次：

1. **組織是否合理**

(1) 機關之任務職掌明確，未與其他機關重疊混淆，一事不分歸兩個機關掌理；兩個機關不同辦一件事；機關之各項任務職掌，是否適應當前國家需要？是否以本機關辦理最為適宜？所定職掌有無缺失，是否可以完成任務？

(2) 機關內部單位及所屬機關之設置、變更或撤銷，是否符合組織功能需要，以及精簡之原則？有無駢枝單位？法外單位有無浮濫或影響法內單位之職掌？機關或單位之設立能否配合業務之消長？對於業務萎縮及無績效之單位，有無處理？處理結果如何？

(3) 機關內部單位之間，職權劃分是否明確？單位層次及分工是否符合組織原理？主管部屬的控制幅度是否適宜？

(4) 機關內部之職稱、人數及職等之配置，與業務性質及職責程度是否相當？

2. **員額是否精減**

(1) 受評機關五年來增加員額編制情形？編制內員額及編制外員額之比較。

(2) 臨時人員是否依聘用及僱用有關規定辦理？是否確係擔任臨時性、季節性工作？有無長期聘僱之現象？五年來聘僱人數及未經報准之臨時人員及其成因。

(3) 受評機關是否有員額設置標準？

3. **用人是否合法**

(1) 正式人員是否均具合法任用資格？

(2) 借調人員是否均報行政院核准？

(3) 除法定兼職外，有無其他兼代現象？

(4) 是否有效評估用人計畫？職位出缺需進用人員時，是否均依考試及格人員分發辦法及職務代理人規定事項辦理？有無匿缺不報或長期任用職務代理人情形？

4. **人力是否有效運用**

(1) 受評機關推動工作簡化之成效如何？

(2) 機關內部分層負責，逐級授權之情形如何？

(3)受評機關現有人力配置與機關業務是否相配合？工作分配是否合理？有無勞逸不均現象？

(4)對不適任現職人員之處理情形如何？

(5)受評機關人員之工作情形如何？士氣是否高昂？

(6)受評機關人員處理公務，是否均能主動積極提供服務？

以上各評鑑要項，均依其重要程度，分別賦予一定的分數，受評機關自評、座談及訪談，均以上述要項為依據。評鑑委員依實施要點，分組進行書面審查、實地觀察、座談討論及個別訪談等多種方式，對以上各項進行深入瞭解，並提出改進建議。

八、文官制度興革規劃方案第二案：統整文官法制，活化管理體系 重要

(一)現況說明

1. **基礎性法律亟待建設**：現行人事法規規範內涵，依其屬性可趨分基礎性法律、結構性法律及輔助性法規等三種；其中對於整體公務員權利義務共同性、原則性規範之公務人員基準法草案等基礎性法律，尚未完成立法，致生整體文官人事法制體系中游之結構性法律與下游之輔助性法規雖已制定，而上游基礎性法律仍付諸闕如，造成各法律間用語不同，內容稍有競合、基準不一等現象。

2. **政務、常務人員及契約用人三元管理法體制係有待確立**

(1)**政務、常務人員之法制區隔未臻明確**

目前政務人員除退職撫卹事項訂有政務人員退職撫卹條例專屬法律規範外，服務及懲戒事項則分別適用公務員服務法、公務員懲戒法部分規定；其餘除有關政務人員範圍之界定、任免、退場機制、行為規範、俸給等權利與義務重要事項，或乏明文規定，或援用相關法令，迄無統一完整之法律規範。

(2)**常務人員人事法仍待加強**

A.**現行職務分類制之基本建構有待檢討**

現行公務人員任用法（以下簡稱任用法）係以職務管理為核心，藉由職等標準、職務列等表及職組暨職系名稱一覽表等區分各職

務之職責程度及專業性質，據以進用具所需學識、知能之公務人員，以達專才專業、適才適所之旨。其中有關職務列等表之檢討調整，考試院雖於85年間通盤調整薦任第八職等以下公務人員之職務列等，取得中央與地方機關基層職務列等之合理平衡；惟薦任第八職等以上中、高層級職務之列等，囿於現行十四職等架構，以及機關內部職務結構排列緊密下，難以進行通盤整體之檢討調整，各機關迭有調高列等之建議。對於各職系間調任之設計，亦有略嫌僵化之批評，均有待檢討研修。

B.部分專業人事法制亟待建制或整併

現行專業人事法規依任用法第32條及33條規定，係採分散立法，致其內容分歧、體例不一，復以主管機關不同，法規研修不易，無法切合人事法制專業發展之即時需求。再者同一機關適用多軌人事制度，易滋生援引比照之困擾，且部分專業人事法規內容多所重複，實無另為規定之必要。又相關法律復因修正時間不一，產生立法時差之問題，造成法條規範衝突，究係適用「特別法優於普通法」，或適用「後法優於前法」，以何者為依據之困境。

C.公私人才交流欠缺法源依據

現行政府機關與民間機構雙向人才交流之相關規定，僅有行政院暨所屬機關與民營企業人員雙向交流研習實施計畫及政府機關暨公民營事業機構科技人才相互支援要點。另依公務人員留職停薪辦法之規定辦理借調者，僅為單向由政府機關借調至民營事業機構。至於行政院暨所屬公務人員借調及兼職要點，則僅為行政院體系內人員之交流，並未規範與民間機構人才之交流。因此，現有機制無法有效引進民間具有專精知能、技術與經驗之人才與政府機關人才交流服務，不利政府機關人才觀念之革新及行政效能之提昇。

D.聘任人員人事管理制度有待檢討

現階段各機關進用聘任人員，主要為社會教育及學術機構，依（比）照教育人員任用條例、社會教育法等進用，部分機關則經由法律之修正或制訂方式，明定依（比）照或準用聘任之規定。由於公務人員基準法草案業將聘任人員納入常務人員範疇，允宜檢討建立聘任人員人事管理制度。

(3) **政府契約用人制度亟待建立統合**【112警特】

目前政府契約進用人力包括聘用人員、約僱人員及除聘用、約僱人員以外之契約進用之臨時人員。茲以聘用人員聘用條例難以完全規範聘用人才各項權利義務，約僱人員欠缺法律層次之進用依據，以及臨時人員於97年1月1日納入勞動基準法（以下簡稱勞基法）適用對象後，聘、僱人員亦不斷陳情爭取適用勞基法，以領取退休金。因此，重新整建政府契約用人制度賦予其一定之身分定位，並確定是類人員之權利與義務，實屬必要。

(二) **具體興革建議**

1. **推動基礎性法律（公務人員基準法）完成立法**

健全的人事法制工作，首在優先推動基礎性法律，亦即須先完成公務人員基準法之立法，俾界定公務人員定義與範圍、釐清公務人員與國家關係、保障公務人員合理權利、確定公務人員基本義務，以及建立共同標準統攝人事法規，並兼顧各種個別人事制度之差異，進而完成人事法制奠基的工作，使得中、下游人事法律之制定或整併有所準據，以落實人事法制之健全運作。

2. **確立政務、常務人員及契約用人三元管理法制體系**

(1) **健全政務人員人事法制，並審慎擴大政務職務範圍**

A. **推動政務人員相關法制完成立法**

為建立政務人員人事法制體系，貫徹政務與常務人員分流管理政策，提昇政府效率與效能，促進政黨政治之正常運作與落實，允宜積極推動政務人員法及其俸給條例草案之立法，以及政務人員退職撫卹條例之修法。

B. **審慎擴大政務職務範圍**

為強化政府制理效能，宜適度放寬政務範圍，將中央三級機關中，掌理高度政策決定或職務性質特殊之首長，審酌應否納入政務職務，先建立合理且一致之標準，再逐步研修組織法律，採審慎、穩健、務實之腳步，同時避免政務職務設置寬濫，以期兼顧政府機關延攬優秀政務人才及常任文官陞遷任用等相關權益之平衡。

(2) **整建常務人員法制**

依據我國憲法以公開考試用人的常務人員體系，乃係文官之中堅主幹，其員額最多，相關法制自應完整建構。

A.職務分類架構之檢討改進

現行任用法之十四職等架構下，各層級職務間列等結構緊密，其中薦任第八職等課長、薦任第九職等科長、簡任第十二職等司（處）長等關鍵性職務，其列等調整向上連動後，勢必面臨十四職等不敷所需之困境。因此，現行十四職等之架構實有重行檢討之必要，俾利全盤規劃，謀求整體衡平合理之職務列等調整方案。

另對職組暨職系名稱一覽表有關單向或互相調任之規定，宜在專才專業、適才適所之前提下，兼顧機關用人需要，酌作修正。

B.各專業人事法制之整修

a. 強化警察人員及關務人員之人事管理制度

警察人員之勤務及業務屬性有別於一般公務人員，且係採行一條鞭及重獎重懲之管理制度；另我國關務人員人事制度因業務屬性特殊，其人事制度向來均維持較封閉之體制。故警察人員人事條例及關務人員人事條例除應依公務人員任用、俸給、考績等法規研修相關規定外，亦應配合其特殊專業需要研修相關規定，以強化警察人員及關務人員管理制度。

b. 學術研究機構研究人員之管理制度

對於公立學術研究機構研究人員，應採用彈性管理機制，延攬專業人才，以紓解其用人困難，爰現階段宜比照教育人員之相關人事法制，建構學術研究機構研究人員之管理制度。

c. 檢討人事、政風、主計三個一條鞭制之未來走向

人事、政風、主計等三個一條鞭制，未來走向究應如何？似應配合政府組織改造走向，及早正視思考適時研修相關管理法律。

d. 簡併其他不合時宜之專業人事制度

駐外外交領事人員任用條例、審計人員任用條例等人事法律均係於民國40或50年間制定，以該等人員亦係依現行任用法任用，上開人事法律現已不合時宜，爰宜檢討消併。

C.建構公私人才交流法制

為有效運用民間專業人才，並讓公務人員至國內或國外績優之民間機構實地歷練，提昇公務人員能力，允宜於憲法考試用人之原

則下，建立公私人才交流之法制，明文規範各機關得指派具發展潛力公務人員至績優民間機構學習歷練，並得以約聘方式，自績優民間機構借重專業性、科技性或特殊性知能人員，以促進公私人才交流，加強雙方管理觀念之提昇。

D. **健全聘用人員人事管理制度**

公務人員基準法草案業將聘任人員納入常務人員體系，並規定將另定聘任人員人事條例，為整建常務人員法制，亦須健全聘任人員之人事管理制度。

(3) **健全政府契約用人制度**

為活化政府人力資源，增加彈性用人管道，應以現行聘用及約僱人員為適用對象，在常任文官制度之外建構一套完整之契約用人制度，以應臨時性、季節性、特殊性之用人需求。其主要內容包括：是類人員與國家之關係係採公法上之契約關係，其身分及權利義務依契約為之，明定所占之員額比例上限，與常任文官有明顯區隔，另對其退職等權益，亦應合理規劃，至少應具勞工相關法案之水準。

精選試題

1. 何謂人力需供預測？進行人力需供預測時應該考慮那些環境變項？試說明之。

2. 試說明人力需供預測進行的步驟。

3. 依中央政府機關總員額法規定，中央各機關應定期評鑑所屬人力之工作狀況。雖然該法不適用於地方機關，惟值此政府整體財政狀況不佳之際，各地方政府亦常面臨須重新規劃現有人力配置，以因應業務變動所需之情況。爰請就人力資源規劃的過程，試述進行人力資源規劃時應包含之內容。【104地三】

4. 我國現行中央政府機關總員額法所規定的員額評鑑機制，對機關人力管理的意義為何？辦理原則及內涵為何？請分別說明之。【107地四】

重點複習

一、人力政策

(一)「人力」係指一個國家從事經濟活動的人口。一個機關的管理，不外乎是人力、財力、物力、方法、技術等資源的有效運用。在這些資源中，人力資源是較重要的部分，因為其他各項資源均須仰賴人員去加以運用。

(二)人力政策是人力規劃的依據，擬定時必須依據時代背景，並應考慮社會、經濟、技能與環境等因素的變化而因應。

(三)人力政策之擬訂，通常應考慮下列三項因素：

1. 社會變遷：應考慮社會要求、社會情況（含社會價值與社會條件）、文化水準等。
2. 經濟發展：應考慮經濟動向、技術與工作方法之變革與創新等。
3. 教育配合：應考慮教育政策與人力政策之配合。

二、人力規劃的意義與功能

(一)所謂「人力規劃」是指配合組織發展的需要，預估未來所需人力的種類、數量及獲得時機等，據以對此項人力資源之培訓、羅致，作前瞻性的規劃，以期所需人力適時獲得充分的運用。

(二)就人事行政實質內容來看，不外有關「人力」的遴選、維護、培訓、發展、運用及退撫等項，此亦人力規劃所必須考慮及規劃之事項。因此，人力規劃在現代人事行政中佔有相當重要的地位。人力規劃的主要功能有三：

1. 配合組織發展的需要。
2. 協助工作人員的個人發展。
3. 促使人力資源的合理運用。

(三)多年來，人類一直把土地、資本、勞力和管理視為生產四大要素，而且迷信「資本萬能」。但戰後德國和日本的經濟奇蹟，使人類對「人力資源」有了以下的共識：

1. 把人力視為資源，只是一種對人力的整體觀，認為人力是一種具有龐大潛在能力的資源，尚無對個人的自尊與價值有貶抑之涵義。
2. 人力是一種非常珍貴的資源，不可輕易浪費，應該悉心的規劃與掌握，並多加運用，以充分發揮其功能。

3. 現代的人力，請求生產力的提昇，尤其當工商業由人力密集轉為能力密集之後，人力素質必須精益求精，不可以量取勝。
4. 人力資源強與弱的衡量標準，取決於人力素質的高低，而非人力數量的多少。
5. 事業的成敗利鈍，關鍵在於人力資源有無有效的規劃及運用。

三、員額評鑑

對組織員額的客觀檢查	所謂組織，是指人類社會中一種層級節制，分工合作的有機體。由於科技發達，社會進步，外在環境變動不居，因而對機關組織形成強大的衝擊。於是，機關組織就像身體一樣的需要定期檢查。組織員額評鑑，即是一種檢查組織功能的設計。
對人力運用優劣的評斷	現在政府由於職能日益擴大，員額隨之不斷膨脹，其人力運用之情形，則為人事行政上亟待探討的問題。所謂人力運用，包括工作分配、分層負責、權責劃分、職等結構、員額設置及專長運用等，其優劣得失，均有加以檢查評斷的必要。
依評斷結果採行改進措施	組織員額評鑑的最終目的，在健全機關組織，合理編制員額，有效運用人才，改進工作方法及提高行政效率，故實施評斷後，如發現組織上的缺失，應及時謀求改進或補救措施。

四、政府契約用人制度亟待建立統合目前政府契約進用人力包括聘用人員、約僱人員及除聘用、約僱人員以外之契約進用之臨時人員。茲以聘用人員聘用條例難以完全規範聘用人才各項權利義務，約僱人員欠缺法律層次之進用依據，以及臨時人員於97年1月1日納入勞動基準法（以下簡稱勞基法）適用對象後，聘、僱人員亦不斷陳情爭取適用勞基法，以領取退休金。因此，重新整建政府契約用人制度賦予其一定之身分定位，並確定是類人員之權利與義務，實屬必要。

Chapter 05

公務人員的考選

老師叮嚀

1 本章非常重要。
2 考試的種類是命題的焦點。
3 考試的方式宜留意。
4 考試舞弊的處理應充分瞭解。
5 考試制度的研修，高考（三等特考）考生應注意。

一、考選的意義與地位

(一)所謂「考選」，係以考試的方法為國家選拔人才。換言之，政府推行公務，採用公開、客觀、科學的考試方法，來測量並評斷拔擢合乎標準之所需人員，進而錄用的一套制度。

(二)公務員的徵募為人事行政業務之首要工作，一切人事行政功能之發揮，均有賴於良好的徵募以為引導。缺乏良好的公務員徵募，則人事行政業務亦失去了它存在的意義。

(三)憲法第85條規定：「公務人員之選拔，應實行公開競爭之考試制度。……非經考試及格者，不得任用。」確立考試用人原則。

二、考選的目的【99普】

(一)**消滅分贓制度，保持政治清明**：英、美等國曾有過一段為人詬病的「分贓制度」時期，即官吏的任用不經考試，而是憑藉政黨或私人的關係進入政府，造成政治風氣的腐敗，同時也造成行政效率的低落。所以，當今之世，凡是民主自由的國家無不實行考選制度，這樣才能摒除分贓制度，保持政治清明。

(二)**選拔優秀人才，造成萬能政府**：國父曾經說過：「沒有考試，就是有本領的人，我們也沒有方法可以知道，暗中便埋沒了許多人才，並且因為沒有考試制度，一班不懂政治的人，都想去做官，弄到弊端百出。在政府一方面是為烏煙瘴氣，在人民更是非常的怨恨。」故「如果實行了五權憲法以後，國家用人都要照憲法去做。凡是我們人民的公僕，都要經過考試，不能隨便亂用。」

(三)**救濟選舉之窮，才俊得以出頭**：西方之民主政治，只重選舉，而選舉結果，每變為錢勢與財富之選舉，往往不能選出有能力的人來為國家服務。考試不僅可以消除此弊，同時更可選拔真才，使無錢無勢的人也可以出頭。

(四)**消除社會階級，人人可登仕途**：以考試方法來選拔人才是目前最民主、最客觀的方法，無論貧富，均可藉著公開競爭的考試而登仕途，以為國服務。

三、考試的基本要求

考試的目的在選拔人才，但是採用何種考試的方法或技術才能達此目的呢？一般學者認為至少應具備四個條件，否則考試便失去應有作用與價值。分述之：

(一)**信度**：信度是指考試所得分數的可靠性或穩定性。當我們使用一種測量工具來度量人或物的某種特性時，所測得的結果如果具有相當程度的穩定性，這種工具才是可信賴的。例如你買來一個磅秤，但是你每次站上去時，磅秤的讀數都不相同，有時候較高，有時候較低；甚至兩次測量之間並沒有經過多久時間，其間你也沒有進食或加添衣服，但磅秤的指數依然相差很大時，這種測量工具將不具有信度，你將不會信賴它。

各種考試的信度都是以兩個變項分數之間的相關係數來表示，通常測定信度的方法有下列三種：

再測信度	以同一種考試，在前後兩次不同的時間中測驗同一群受試者，再以兩次測驗所得的分數求相關，所得到的相關係數稱為再測信度係數。
複本信度	所謂複本是指在編製考題時，同時編製具有相同的性質內容、指導語、型式、題數、難度、及鑑別度皆一致的兩份考題。在施測時，這兩種以上的複本可以交替使用，根據受試者在兩種複本測驗的分數所求出的相關係數，即為複本信度。
折半信度	折半法是把受試者的測驗結果，根據題目分為兩半來計分，再依個人在兩半測驗上的得分計算其相關係數，所得即為折半信度。

大多數具有信度的測驗，它們的信度係數都在0.7以上。至於一般公務人員考試，其信度係數約略是在0.3至0.6之間。當然，這些相關係數是指具有客觀性的是非題或選擇題的測驗而言；至於申論題測驗的信度係數通常都很低。

(二)**效度**：效度是指一個考試能夠測到它所欲測量之特質的程度。一個考試的效度愈高，表示該考試愈能達到其測量的目的。例如我們想編製一套兒童智力測驗，如果該智力測驗能夠準確地測出兒童的智力，則表示該智力測驗的效度很高。但如果硬要拿智力測驗來測量興趣，這便沒有效度可言。

評定考試之效度的方法，通常都是以一群人在考試上的得分與另外一個效度標準（簡稱效標）求相關，所得的相關係數即為效度係數。所謂的效標，是指能夠代表該考試所要測量之特質的某種東西，它對該項特質所具有的代表性可能是眾所公認的，也可能是經由以往的研究所肯定的。

因為考試的效度是以效標為主要依據，如果效標本身不可靠，則考試將毫無價值可言。一個考試的效標必須與該考試的目的相符合，而且效標應該具有高的信度，這樣才能使考試的效度顯現出來。

(三)**客觀性**：可從兩方面說明，其一謂：應試者之成績，不受評分者主觀因素之影響。其二謂：應試者的成績，不因應試者的身分、種族、宗教、黨派、性別、年齡、容貌等因素而受影響。

(四)**廣博性**：意指每一項考試必須能測出所要擔任工作之每一種能力，並指每一科目之試題應是廣泛的，而不是偏狹的。前者應包括各該類科人員所需要的各種知識與能力之測驗；後者指試題範圍不可太過狹窄，否則無法代表這個科目的內涵。

四、考試用人的範圍

(一)憲法第85條規定：「公務人員之選拔，應實行公開競爭之考試制度。……非經考試及格者，不得任用。」故公務人員考試法第1條明定：「公務人員之任用，依本法以考試定其資格。」所稱以考試定其資格之公務人員，依該法施行細則第2條之規定，係指下列各款人員：

1. 中央政府及其所屬各機關公務人員。
2. 地方政府及其所屬各機關公務人員。

3. 各級民意機關公務人員。
4. 各級公立學校職員。
5. 公營事業機構從業人員。
6. 交通事業機構從業人員。
7. 其他依法應經考試之公務人員。

前項各款人員依法不受任用資格限制者，不適用之。

(二)雖然憲法明定「非經考試及格者，不得任用」，但是目前公務人員之進用，仍有例外情形，茲列舉如下：

1.依法銓敘合格人員（公務人員任用法）。
2.聘用人員（聘用人員聘用條例）。
3.國營事業部分人員（國營事業管理法）。
4.教育人員（教育人員任用條例）。
5.機要人員（公務人員任用法）。
6.政務人員（公務人員任用法）。

五、考試的基本原則

(一)**公務人員考試法第2條規定**：「公務人員之考試，以公開競爭方式行之，其考試成績之計算，除本法另有規定外，不得因身分而有特別規定。其他法律與本法規定不同時，適用本法。」

(二)**公務人員考試法第3條規定**：「公務人員之考試，應依用人機關年度任用需求決定正額錄取人員，依序分配訓練。並得視考試成績增列增額錄取人員，列入候用名冊，於正額錄取人員分配完畢後，由分發機關或申請舉辦考試機關配合用人機關任用需要依考試成績定期依序分配訓練。遇有同項考試同時正額錄取不同等級或類科者，應考人應擇一接受分配訓練，未擇一接受分配訓練者，由分發機關或申請舉辦考試機關依應考人錄取之較高等級或名次較前之類科逕行分配訓練。」

(三)**公務人員考試法第4條規定**：「正額錄取人員無法立即接受分配訓練者，得檢具事證申請保留錄取資格，其事由及保留年限如下：一、服兵役，其保留期限不得逾法定役期。二、於公立或立案之私立大學或符合教育部採認規定之國外大學進修碩士學位，其保留期限不得逾二年；進修博士學位，其保留期限不得逾三年。三、疾病、懷孕、生產、父母病危、子女重症或其他不可歸責事由，其保留期限不得逾二年。四、養育三足歲以下子女，其保留期限不得逾三年。但配偶為公務人員依法已申請育嬰留職停薪者不得申請保留。」

(四) **公務人員考試法第5條規定：**「正額錄取人員除依前條保留錄取資格者外，應於規定時間內向實施訓練機關報到接受訓練，逾期未報到並接受訓練者，即喪失考試錄取資格。依前條保留錄取資格者，於保留原因消滅後或保留期限屆滿後三個月內，應向公務人員保障暨培訓委員會申請補訓，並由公務人員保障暨培訓委員會通知分發機關或申請舉辦考試機關依序分配訓練。逾期未提出申請補訓，或未於規定時間內，向實施訓練機關報到接受訓練者，即喪失考試錄取資格。列入候用名冊之增額錄取人員，因服兵役未屆法定役期或因養育三足歲以下子女，無法立即接受分配訓練者，得於規定時間內檢具事證申請延後分配訓練。增額錄取人員經分配訓練，應於規定時間內，向實施訓練機關報到接受訓練，逾期未報到並接受訓練者，或於下次該項考試放榜之日前未獲分配訓練者，即喪失考試錄取資格。」

六、考試的種類 重要

(一) **現行國家考試制度，得列表如下**

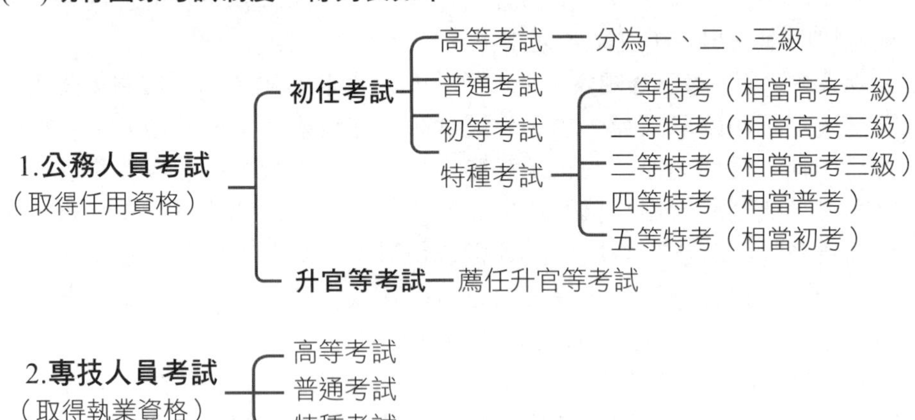

(二) **茲就公務人員考試進一步說明如下**

1. **初任考試**

(1) 公務人員考試，分高等考試、普通考試、初等考試三種。高等考試按學歷分為一、二、三級。及格人員於服務三年內，不得轉調原分發任用之主管機關及其所屬機關、學校以外之機關、學校任職。

為因應特殊性質機關之需要及保障身心障礙者、原住民族之就業權益，得舉行一、二、三、四、五等之特種考試。除本法另規定者外，及格人員於六年內不得轉調申請舉辦特種考試機關及其所屬機關、學校以外之機關、學校任職（參照公務人員考試法第6條）。

(2) 高科技或稀少性工作類科之技術人員，得由考選部報請考試院另訂特種考試規則辦理之。前項高科技或稀少性工作類科標準，由考試院會同行政院定之。第1項考試錄取人員，不得轉調原分發任用機關以外之機關任職（第8條）。

(3) 按高等、普通與初等考試為國家掄才之正規考試，其舉行期間、考試類科及應試科目，非有重大原因，殊少變更，尚難適應各機關之實際需要，故又有附條件的特種考試之規定，俾於顯示高等、普通與初等考試正規性中，藉寓適應事實之意。此外特種考試分為一、二、三、四、五等，其中一等特考相當高考一級考試，二等特考相當高考二級考試，三等特考相當高考三級考試，四等特考相當普通考試，五等特考相當初等考試（參照施行細則第7條）。

(4) 高普初考與特考之不同，得比較說明如下：

性質不同	(1) 高普初考為正規性考試，可適應各機關之用人需要。 (2) 特考乃為因應特殊性質機關之需要及保障身心障礙者、原住民族之就業權益而舉行。
考試時間不同	(1) 高普初考每年定期舉行，遇有必要，得臨時舉行之。 (2) 特考配合用人機關需要而舉辦，係不定期辦理。
考試等級不同	(1) 高普初考分高考、普考及初考三種，高考按學歷分為一、二、三級。 (2) 特考分一、二、三、四、五等。
調任限制不同	(1) 高普初考及格者於服務三年內，不得轉調原分發任用之主管機關及其所屬機關、學校以外之機關、學校任職。 (2) 特考及格者於服務六年內不得轉調申請舉辦特考機關及其所屬機關、學校以外之機關、學校任職。

2. **升官等考試**：升官等考試係為現職人員提供晉升機會，使現職人員透過升官等考試，取得高一官等之任用資格。

依據公務人員升官等考試法規定，公務人員升官等考試為薦任升官等考試。

七、應考的消極資格

憲法雖規定人民有應考試服公職之權，但若漫無限制，任由違法亂紀、作奸犯科之徒，亦得經考試而取得任用資格，則不但危害國家安全與社會秩序，且亦非所以辨別是非，尊重法律之道。故公務人員考試法第12條第1項特設四款限制，以保障國家之安寧與人民之福祉。茲錄之如下：

(一) 動員戡亂時期終止後，曾犯內亂罪、外患罪，經有罪判決確定或通緝有案尚未結案。

(二) 曾服公務有貪污行為，經有罪判決確定或通緝有案尚未結案。

(三) 褫奪公權尚未復權。

(四) 受監護或輔助宣告，尚未撤銷。

八、應考的積極資格 重要

公務人員考試之積極應考資格，依公務人員考試法第15條規定，應為年滿十八歲以上之中華民國國民。除此以外，各類各等級考試之積極應考資格尚有特別規定，其情形如下：

(一) **高等考試**：公務人員考試法第13條規定高等考試應考資格，共有三款：

1. 公立或立案之私立大學研究院、所，或符合教育部採認規定之國外大學研究院、所，得有博士學位者，得應公務人員高等考試一級考試。
2. 公立或立案之私立大學研究院、所，或符合教育部採認規定之國外大學研究院、所，得有碩士學位者，得應公務人員高等考試二級考試。
3. 公立或立案之私立獨立學院以上學校或符合教育部採認規定之國外獨立學院以上學校相當院、系、組、所、學位學程畢業者，或高等考試相當類科及格者，或普通考試相當類科及格滿三年者，得應公務人員高等考試三級考試。

(二)**普通考試**：公務人員考試法第14條規定普通考試應試資格，共有三種：

1. 公立或立案之私立職業學校、高級中學以上學校或國外相當學制以上學校相當院、系、科、組、所、學位學程畢業者。
2. 普通考試以上考試相當類科考試及格者。
3. 初等考試相當類科及格滿三年者。

(三)**初等考試**：公務人員考試法第15條規定，凡國民年滿十八歲者，得應公務人員初等考試。

(四)**一等特考**：依公務人員考試法第16條規定，公務人員特種考試之一等考試，準用關於高等考試一級考試應考資格之規定，即公立或立案之私立大學研究院、所或符合教育部採認規定之國外大學研究院、所，得有博士學位者，得應一等特考。

(五)**二等特考**：依公務人員考試法第16條規定，公務人員特種考試之二等考試，準用關於高等考試二級考試應考資格之規定，即公立或立案之私立大學研究院、所，或符合教育部採認規定之國外大學研究院、所，得有碩士以上學位者，得應二等特考。

(六)**三等特考**：依公務人員考試法第16條規定，公務人員特種考試之三等考試，準用高等考試三級考試應考資格之規定，即具下列資格之一者，得應三等特考：

1. 公立或立案之私立獨立學院以上學校或符合教育部採認規定之國外獨立學院以上學校相當院、系、組、所、學位學程畢業者。
2. 高等考試相當類科及格者。
3. 普通考試相當類科及格滿三年者。

(七)**四等特考**：依公務人員考試法第16條規定，公務人員特種考試之四等考試準用關於普通考試應考資格之規定，即具有下列資格之一者，得應四等特考：

1. 公立或立案之私立職業學校、高級中學以上學校或國外相當學制以上學校相當院、系、科、組、所、學位學程畢業者。
2. 普通考試以上考試相當類科考試及格者。
3. 初等考試相當類科及格滿三年者。

(八)**五等特考**：依公務人員考試法第16條規定，公務人員特種考試之五等考試準用關於初等考試應考資格之規定，即凡國民年滿十八歲者，得應五等特考。

九、考試的方式【99高、110地四、112警特三】 重要

公務人員考試法第10條規定：「公務人員考試，得採筆試、口試、心理測驗、體能測驗、實地測驗、審查著作或發明、審查知能有關學歷經歷證明或其他方式行之。除單採筆試者外，其他應併採二種以上方式。筆試除外國語文科目、專門名詞或有特別規定者外，應使用本國文字作答。」分述之：

(一) 考試係測驗應考人之知識技能，故必須就各種方法中擇一以行，或按考試之等別類科，酌採兩種以上之方式行之。筆試所以測知其文字與理解，口試所以觀察其儀容與言辭。而智慧之有無與技能之深淺，則又非賴心理測驗、體能測驗或實地測驗，不足以測知其程度。至審查著作或發明，或審查知能有關學歷經歷證明等方式，以提高應考人之素質而使適用於某一考試之等別類科，亦不失為考試方式之一。

(二) 典試法施行細則第12條將各種考試方式定義如下：

考試方式	定義
筆試	以文字表達、符號劃記或電腦作答等方式，評量應考人之知能。
口試	以語言問答或討論方式，評量應考人之知能、態度、人格、價值觀與行為。
心理測驗	以文字、數字、符號、圖形或操作等方式，評量應考人之智力、性向、人格、態度及興趣等心理特質。
體能測驗	以實際操作或測量方式，評量應考人之心肺耐力、肌力與肌耐力、柔軟度、身體組成、速度、瞬發力、敏捷性、平衡性、協調性、反應時間或其他與各該職務相關之綜合性體能要素。
實地測驗	以現場實際操作方式，評量應考人之專業知識、實務經驗、專業技能。
審查著作或發明	以應考人檢送其本人之著作或發明之說明書及必要之圖式等加以審查，評量應考人研究或創作之知能與成果。
審查知能有關學歷經歷證明	以應考人所考類科需具備之知能有關之學歷證件、成績單及服務經歷證明等加以審查，評量應考人學歷程度與專業成就表現。

十、考試的程序

(一)公務人員考試法第18條規定：「公務人員各種考試，得分試、分階段、分考區舉行。」該法施行細則第16條復規定：「本法第十八條第一項所稱分試，指兼採二種以上考試方式或筆試程序之考試。其考試方式依序進行，前一試獲錄取者，始得應次一試。各試成績合併計算為總成績，但各該考試規則另有規定者，從其規定。本法第十八條第一項所稱分階段考試，指考試分二階段舉行，並分定其應考資格。具各階段考試應考資格者，始得應該階段考試。」但此項分試之規定並非絕對的，倘在事實上認為無分試舉行之必要時，亦可以一試行之。我國高普考試，雖自87年起分二試舉行，然因爭議甚多，自95年開始，高普考試恢復以一試行之。

(二)至於分考區舉行，指考試地點可設數地之謂，地點雖不同，其他事項均劃一，政府遷台以來，高普考試向在台北舉行，民國70年始在高雄市設立考區，74年復於台中市增設考區，86年復於花蓮縣增設考區，以減輕應考人往返之勞。

十一、補行錄取

(一)公務人員考試法第20條規定：「各種考試榜示後發現因典試或試務之疏失，致應錄取而未錄取者或不應錄取而錄取者，由考選部報請考試院補行錄取或撤銷其錄取資格。」所稱典試或試務之疏失指下列各款情事之一而言：

1. 試卷漏未評閱。
2. 試卷卷面分數與卷內分數不相符。
3. 因登算成績作業發生錯誤。
4. 其他因典試或試務作業產生其他疏失。(施行細則第18條)

(二)茲依考試院發布之「應考人申請複查成績辦法」擇要錄列於下：

1. 辦理試務機關應於榜示之日起三日內寄發成績及結果通知書。
2. 應考人於榜示後申請複查成績限本人為之，並以複查其筆試、口試、心理測驗、體能測驗、實地測驗、著作或發明審查、知能有關學歷經歷證明審查成績為限。

3. 應考人應於各該考試榜示之次日起十日內，登入考選部國家考試網路報名資訊系統，填具申請複查成績相關資料，繳納費用後始完成申請程序，並以一次為限，逾期申請或未依限繳費者，不予受理。申請複查併計為總成績之年終考績（成）成績者，亦同。
4. 前項考試如採分試、分階段者，申請複查成績，依前項程序分別於各試、各階段榜示之次日起十日內提出。但各試成績合併計算為總成績之考試，最後一試應考人得於該試榜示之次日起十日內提出複查各試成績，並以一次為限。
5. 應考人申請複查筆試成績，每次每科目收取複查費用新臺幣五十元。申請複查併計為總成績之年終考績（成）成績者，亦同。
6. 應考人申請複查口試、心理測驗、體能測驗、實地測驗、著作或發明審查、知能有關學歷經歷證明審查成績，每種考試方式收取複查費用新臺幣五十元。
7. 複查成績受理期限、申請方式、收費基準、應載明事項，均應登載於各該考試之應考須知。
8. 試務機關收到複查成績之申請後，應於十五日內查復之，遇有特殊原因不能如期查復時，得酌予延長並通知應考人。
9. 複查成績，應核對到考、缺考及違規扣分或扣考紀錄，查對應考人是否未依規定作答或閱卷委員未依規定評分，並依下列規定處理：
   (1) 採用申論式試題者，應將應考人之試卷全部調出。以線上閱卷評分者，應將應考人之試卷影像檔全部列印，內容包含閱卷委員評閱資訊、電子簽章，以及應考人申請複查科目之各題分數。詳細核對座號及各試卷筆跡無訛後，再查對申請複查科目之試卷成績，應考人申請複查各題分數者，並將各題分數復知。但不包括各題子分。
   (2) 採用測驗式試題時，應調出試卷核對座號無訛，檢查作答方法符合規定，並以讀卡設備高低不同感度各重讀一次無誤後，將讀入之答對題數及實得分數，連同計分方式一併復知。但遇有特殊情形，致無法正確讀入答案者，得以人工方式計分，並依閱卷規則第二十條第五款規定辦理。
   (3) 採口試、心理測驗、體能測驗、實地測驗、著作或發明審查、知能有關學歷經歷證明審查者，應將應考人之試卷或評分表全部調出，詳細核對座號、各項評分及評分總和之平均數後，將複查結果復知。

(4)併計年終考績（成）成績為總成績者，應依據應考人提供之年終考績（成）資料，詳細核對座號、原核算成績時之年終考績（成）成績及其占分比例後，將複查結果復知。

10. 複查成績如發現因應考人作答方法或使用工具不符規定以致不能正確計分時，應將其原因復知。
11. 複查試卷或評分表發現有疑義時，應即查明處理之。
12. 複查結果發現成績登記或核算錯誤時，應將應考人全部試卷均予複查，重新計算總成績，並按下列規定處理：

(1)原計成績未達錄取標準，而重計後成績達錄取標準者，經典試委員長暨監試委員核可後，由考選部報請考試院補行錄取。典試委員會裁撤後，由考選部報請考試院補行錄取。

(2)原計成績達錄取標準，而重計後成績未達錄取標準者，經典試委員長暨監試委員核可後，由考選部報請考試院撤銷錄取資格。典試委員會裁撤後，由考選部報請考試院撤銷錄取資格。

(3)原計成績與重計後成績均達錄取標準或均未達錄取標準者，由辦理試務機關逕行復知。

13. 試務機關複查成績時，如發現有下列情事者，應即報請典試委員長處理：

(1)試卷漏未評閱。

(2)申論式試題中，計算程序及結果明確者，閱卷委員未按其計算程序及結果評閱。

(3)試卷卷面分數與卷內分數不相符。

(4)試卷成績計算錯誤。

(5)試卷每題給分逾越該題配分。

(6)典試或試務作業產生其他疏失。

14. 前項考試典試委員會裁撤後，應陳報考試院處理之；如總成績有變更時，依前條有關規定處理。
15. 申請複查成績，不得要求重新評閱、任何複製行為、提供申論式試題參考答案。亦不得要求告知典試委員、命題委員、閱卷委員、審查委員、口試委員、心理測驗委員、體能測驗委員或實地測驗委員姓名及有關資料。

十二、考試錄取者的訓練【100地三、110警特、112警特】

(一)公務人員考試法第21條：「公務人員各等級考試正額錄取者，按錄取類科，依序分配訓練，訓練期滿成績及格者，發給證書，依序分發任用。列入候用名冊之增額錄取者，由分發機關或申請舉辦考試機關配合用人機關任用需要依其考試成績定期依序分配訓練。其訓練及分發任用程序，與正額錄取者之規定相同。前項訓練之期間、實施方式、免除或縮短訓練、保留受訓資格、補訓、重新訓練、停止訓練、訓練費用、津貼支給標準、生活管理、請假、輔導、獎懲、成績考核、廢止受訓資格、請領考試及格證書等有關事項之規定，由考試院會同關係院以辦法定之。但訓練性質特殊，於辦法中明定由申請舉辦考試機關就上列事項另為規定者，應送公務人員保障暨培訓委會核定或備查。」

(二)所稱公務人員各等級考試正額錄取者，按錄取類科，依序分配訓練，訓練期滿成績及格者，發給證書，依序分發任用，指考選部於榜示後將正額錄取人員履歷清冊等相關資料函請公務人員保障暨培訓委員會辦理錄取人員訓練，正額錄取人員經訓練期滿成績及格者，由公務人員保障暨培訓委員會報請考試院發給考試及格證書，並函請銓敘部、行政院人事行政總處或申請舉辦考試機關依序分發任用。經分配訓練之增額錄取人員，由分發機關或申請舉辦考試機關轉請公務人員保障暨培訓委員會辦理訓練，訓練期滿成績及格者，依前項程序請領考試及格證書及辦理分發任用（施行細則第19條）。

(三)公務人員考試錄取人員訓練辦法109年11月3日修正發布，茲擇要摘錄如下：

法規一點靈

公務人員考試錄取人員訓練辦法

1. 本訓練分為基礎訓練與實務訓練。但性質特殊之高等及普通考試類科或特種考試錄取人員訓練（以下稱性質特殊訓練），得於訓練計畫另定其他訓練（第3條）。
2. 基礎訓練以充實初任公務人員應具備之基本觀念、品德操守、服務態度及行政程序與技術為重點。實務訓練以增進有關工作所需知能及考核品德操守、服務態度為重點（第5條）。
3. 基礎訓練由公務人員保障暨培訓委員會（以下簡稱保訓會）所屬國家文官學院（以下簡稱文官學院）辦理或委託訓練機關（構）學校辦理。實務訓練由保訓會委託各用人機關（構）學校辦理。但實務訓練期間，得實施集中訓練，並由保訓會委託相關機關辦理。性質特殊訓練得由保訓會委託申請舉辦考試機關辦理。前三項訓練得按錄取等級、類科或考試錄取分發區集中或分別辦理（第6條）。

4. 公務人員考試錄取人員，應於規定時間內向各用人機關（構）學校或訓練機關（構）學校報到接受本訓練（第12條）。
5. 本訓練之期間為四個月至一年（第13條）。
6. 受訓人員應同一種考試不同等級、同等級不同類科同時錄取或復應其他公務人員考試錄取，如訓期重疊，應選擇一種考試之等級或類科接受訓練（第14條）。
7. 正額錄取人員於分配訓練前經核准保留受訓資格者，應於保留期限屆滿後三個月內，向保訓會申請補訓。但保留期限屆滿前，保留原因消滅者，應於保留原因消滅後三個月內，檢具證明文件申請補訓。補訓人員由保訓會通知分發機關或申請舉辦考試機關遇缺調訓。補訓時除訓練計畫另有規定者外，應依參加訓練當年度訓練計畫辦理（第16條）。
8. 各用人機關（構）學校、訓練機關（構）學校或申請舉辦考試機關得依下列標準發給津貼：
   (1) 高等考試一級考試或特種考試一等考試錄取者比照薦任第八職等本俸四級俸給。
   (2) 高等考試二級考試或特種考試二等考試錄取者比照薦任第六職等本俸三級俸給。
   (3) 高等考試三級考試或特種考試三等考試錄取者比照委任第五職等本俸五級俸給。
   (4) 普通考試或特種考試四等考試錄取者比照委任第三職等本俸一級俸給。
   (5) 初等考試或特種考試五等考試錄取者比照委任第一職等本俸一級俸給（第26條第1項）。
9. 分配在公營事業機構者，從其規定比照相當等級發給津貼（第26條第2項）。
10. 受訓人員於訓練期間曠課、曠職或請事假超過規定日數時，應按日扣除其曠課、曠職或事假超過規定日數之津貼。

    前項曠課、曠職或請事假，均以時計算，累積滿八小時以一日計（第26-1條）。

11. 受訓人員訓練期間，得比照用人機關（構）學校現職人員，支給婚、喪、生育及子女教育補助，及比照用人機關（構）學校現職人員撫卹相關規定之標準支給遺族撫慰金，並參加全民健康保險、一般保險（第27條第1項）。

12. 現職公務人員參加考試錄取，經分配至納入銓敘之機關（構）學校訓練，具擬任職務之法定任用資格，並經銓敘審定者，其訓練期間之權益依下列標準辦理：

    (1) 津貼：

    經銓敘審定級俸高於考試取得資格之級俸時，依銓敘審定級俸之俸給支給。

    (2) 休假及其他權益：

    A. 如與原任職年資銜接者，得繼續併計其年資給予休假。

    B. 其於現職公務人員身分應享有之各項權益，依現職公務人員有關法令辦理（第29條1項）。

13. 基礎訓練受訓人員成績，按其本質特性及課程成績二項評分。其所占百分比如下：

    (1) 本質特性：百分之二十。包括品德、才能及生活表現。

    (2) 課程成績：百分之八十。其中專題研討成績占百分之三十，測驗成績占百分之五十。

    實務訓練受訓人員成績，按其本質特性及服務成績二項評分。其所占百分比如下：

    (1) 本質特性：百分之四十五。其中品德占百分之二十，才能占百分之十五，生活表現占百分之十。

    (2) 服務成績：百分之五十五。其中學習態度占百分之三十，工作績效占百分之二十五（第36條）。

14. 基礎訓練與實務訓練成績之計算，各以一百分為滿分，六十分為及格。受訓人員於基礎訓練或實務訓練期間所受獎懲，應於訓練期滿時分別併計該訓練成績加減總分。嘉獎一次加0.5分，記功一次加1.5分，記大功一次加4.5分；申誡一次扣0.5分，記過一次扣1.5分，記大過一次扣4.5分。各受委託辦理訓練機關（構）學校，應於辦理訓練完畢後，將受訓人員成績列冊函送保訓會核定（第37條）。

15. 受訓人員之基礎訓練成績經保訓會核定為不及格者，仍留原分配機（構）學校接受實務訓練，並得於一個月內向保訓會申請自費重新訓練一次（第38條）。
16. 受訓人員實務訓練成績經單位主管初核為不及格者，應先交付實務訓練機關（構）學校考績委員會審議。審議時應給予受訓人員陳述意見之機會，並作成紀錄，再送實務訓練機關（構）學校首長評定。實務訓練機關（構）學校首長如對考績委員會審議結果有意見時，應退回考績委員會復議，對復議結果仍不同意時，得加註理由後變更之。

    受訓人員實務訓練成績經單位主管初核為及格，送實務訓練機關（構）學校首長評定對初核結果有意見時，應交付實務訓練機關（構）學校考績委員會審議。審議時應給予受訓人員陳述意見之機會，並作成紀錄，再送實務訓練機關（構）學校首長評定。實務訓練機關（構）學校首長如對考績委員會審議結果仍不同意時，得加註理由後變更之。

    經實務訓練機關（構）學校評定為實務訓練成績不及格者，由實務訓練機關（構）學校函送保訓會，由保訓會依下列方式處理：

    (1)核定為成績不及格。

    (2)成績評定如有違反訓練法令或不當之情事，得敘明理由退還原訓練機關（構）學校重新評定、准予延長實務訓練期間或逕予核定為成績及格。

    實務訓練人員於保訓會依前項規定核定實務訓練成績前，視為訓練期間，仍留原訓練機關（構）學校訓練。

    經保訓會依第三項第二款規定逕予核定為訓練成績及格者，其實務訓練期滿日，應追溯自原訓期屆滿日生效。但准予延長實務訓練期滿且經核定訓練成績及格者，應追溯至延長實務訓練期滿日生效（第39條）。
17. 保訓會依前條第3項規定處理前，應派員前往實務訓練機關（構）學校調閱相關文件與訪談相關人員，實務訓練機關（構）學校與受訪談人員應予必要之協助（第40條）。
18. 依第39條第3項第2款退還重新評定實務訓練成績者，原訓練機關（構）學校，應於文到十五日內，依退還意旨重新評定成績。未依限或未依退還意旨重新評定時，保訓會得逕予核定為成績及格（第41條）。

19. 依第39條第3項第2款准予延長實務訓練期間者，由保訓會視事實狀況酌予延長，其期間自文到次日起算，不得逾原訓練期間，並以一次為限。延長訓練期滿成績仍評定為不及格者，如有第39條第3項第2款規定之情事，保訓會得退還原實務訓練機關（構）學校重新評定或逕予核定為成績及格（第42條）。
20. 訓練期間辦理成績考核相關人員，於其本人、配偶、前配偶、三親等內之血親、姻親參加訓練之評量時，應自行迴避（第42條之1）。
21. 受訓人員訓練期滿並經核定成績及格者，始完成考試程序，由各用人機關（構）學校或訓練機關（構）學校函送保訓會轉請考試院發給考試及格證書，並函請分發機關或申辦考試機關分發任用（第43條）。

(四)在一般考試程序外，尚需透過訓練，對應試者加以評量，其理由有四：

1. 學校教育並非完全為培育公務人員而設，儘管考試科目與考試方法的設計再周密，依據過去學校教育之學習成就予以評量，以推斷考生擔任公務員、履行公務職責的學識能力，實屬危險，極可能發生錯誤。
2. 目前考試方法固已較過去進步，但仍有缺失，難以正確評量。何況，考試科目的配置、方法的選擇，以及主試者本身的學識經驗，這些不穩定的因素，都可能影響到考試的信度與效度。
3. 公務能力具有多面性。傳統的考試方式，即使配合上心理測驗的使用，仍有其力有未逮之處，尚難以精確的鑑別人才。
4. 實務訓練時所從事之工作，與將來所任職務相同，據此評量，精確性高。

(五)基於前述理由，以訓練作為考試程序，實有必要，可彌補考試之不足，足以遴選或拔擢到真正的人才。不過，為使訓練階段具有淘汰作用，初試錄取名額應較實際所需者為多，且應避免佔缺實習。此外，欲使考試過程之訓練真正落實，必須有良好之人力規劃配合方有可能。

十三、考試舞弊的處理

(一)公務人員考試法第22條規定，應考人有下列各款情事之一，考試前發現者，撤銷其應考資格。考試時發現者，予以扣考。考試後榜示前發現者，不予錄取。考試訓練階段發現者，撤銷其錄取資格。考試及格後發現者，撤銷其考試及格資格，並註銷其考試及格證書。其涉及刑事責任者，移送檢察機關辦理：一、有本法第12條第1項但書各款情事之一。二、冒名頂替。三、偽造或變造應考證件。四、以詐術或其他不正當方法，使考試發生不正確之結果。五、不具備應考資格。

(二)應考人有前項第二款至第四款情事之一者，自發現之日起五年內不得應考試院舉辦或委託舉辦之各種考試。

(三)第12條第1項係規定應考的消極資格，所謂「涉及刑事」，蓋指刑法第137條第1項妨害考試罪及第212條偽造文書罪而言。

十四、後備軍人轉任公職考試【108普】

法規一點靈

後備軍人轉任公職考試比敘條例

法規一點靈

後備軍人轉任公職考試比敘條例施行細則

公務人員考試法第24條規定：「自中華民國88年起，特種考試退除役軍人轉任公務人員考試，其及格人員以分發國防部、國軍退除役官兵輔導委員會、海洋委員會及其所屬機關（構）任用為限，及格人員於服務六年內，不得轉調原分發任用機關及其所屬機關以外之機關任職；上校以上軍官外職停役轉任公務人員檢覈及格及國軍上校以上軍官轉任公務人員考試及格者，僅得轉任國家安全會議、國家安全局、國防部、國軍退除役官兵輔導委員會、海洋委員會及其所屬機關（構）、中央及直轄市政府役政、軍訓單位。後備軍人參加公務人員高等暨普通考試、特種考試退除役軍人轉任公務人員考試之加分優待，以獲頒國光、青天白日、寶鼎、忠勇、雲麾、大同勳章乙座以上，或因作戰或因公負傷依法離營者為限。」茲據後備軍人轉任公職考試比敘條例及其施行細則，摘錄其主要內容如下：

(一)**適用對象**

1. 本條例所稱後備軍人，其對象如下：
   (1)常備軍官及常備士官依法退伍者。
   (2)志願在營服役之預備軍官、預備士官及士兵依法退伍者。
   (3)作戰或因公負傷依法離營者（條例第3條）。
2. 本條例第3條所稱依法退伍及依法離營者，指依兵役法、陸海空軍軍官士官服役條例或志願士兵服役條例辦理退伍、停役、解除召集、離營，並持有證明文件，及後備軍人管理機關於各該考試前所出具之列管證明書；所稱作戰或因公負傷，其認定依軍人撫卹條例第6條、第7條之規定辦理（施行細則第2條）。

(二) **考試優待**

前條後備軍人參加公務人員考試時，得予下列優待：

1. 應考資格，除特殊類科外，得以軍階及軍職年資，應性質相近之考試。
2. 考試成績，得酌予加分，以不超過總成績十分為限。
3. 應考年齡，得酌予放寬。
4. 體格檢驗，得寬定標準。
5. 應繳規費，得予減少（條例第4條）。

(三) **任用比敘優待**：後備軍人轉任公務人員之任用比敘，得予下列優待：

1. 後備軍人依法取得公務人員任用資格者，與其他候用人員資格相等時，優先任用。
2. 後備軍人依法取得公務人員各官等任用資格者，按其軍職官等官階及年資，比敘該官等內相當職等及俸級。
3. 任用公務人員之機關，遇有緊縮或改組時，應優先留用。
4. 作戰或因公負傷者，除依第1款至第3款規定外，並依其功勳，優敘俸級（條例第5條第1項）。

(四) **上校轉任考試**

國軍上校以上軍官轉任公務人員，以考試定其資格；其考試類科、應考資格、應考年齡、工作經驗、考試方式、應試科目、成績計算、及格標準及其他有關事項，由考試院另以考試規則定之（條例第5條之1）。

十五、文官制度興革規劃方案第三案：精進考選功能，積極為國舉才 重要

(一) **現況說明**

在知識經濟及全球化時代，人力素質為國家競爭力提升之關鍵，人才要能出類拔萃，除了教育體系之用心耕耘外，更有賴考選機制之相應配合，方能落實「為國舉才」之目標，國家文官考試現況及應檢討改進之處說明如次：

1. **考試信度與效度尚有改進空間**

(1) **考試方式，亟待多元化**

目前公務人員考試所採考試方式多為筆試或筆試併採口試，未能全依工作所需核心職能，採行多元評量途徑，以衡鑑應考人於專業知能、技能、性向、人格等方面的能力與特質，亦難有效預測應考人在實際工作情境之表現。

(2) **應試科目，與職務核心工作知能尚有差距**

現行職務核心工作知能未依職能指標標準確實明定，應試科目難以全符機關業務需求，對於文官核心價值之融入，亦顯欠缺。

(3) **題庫建置，亟待擴充與發展**

考選部常年經營管理題庫306科目，另辦理測驗式試題臨時命題平均每年約200科次。題庫之經營管理有待充實改進事項包括經費、人力不足、場地設備有待擴充、命題費及審查費太少、委員遴聘不易、應試科目太多、試題質量有待提升等。

(4) **命題與閱卷技術，應繼續檢討改進**

近年推動多種命題及閱卷技術之改進措施，惟命題與閱卷涉及高度專業性，為使命題及閱卷更趨公平、客觀，現行制度猶有改進空間。

2. **考試與任用之間尚待不斷改進**

(1) **考試估缺技術，有欠精準**

用人機關查缺過於保守，每於考試舉辦後再要求增列需用名額；另中央機關採商調方式進用者為多，亦影響整體考用配合之發展。

(2) **高階文官考選制度，宜合理調整**

公務人員高考一級考試及特考一等考試為目前等級最高之考試，惟各機關提報職缺過少，應考資格無法滿足機關需求，及格人員取得任用資格過低，難以吸引博士報考。如何檢討改進，為當前文官制度興革重要課題。

(3) **警察人員考試制度，亟待重新建制**

93年開始辦理之基層警察人員特考，應考資格開放一般學校畢業生報考，95年警察特考亦全面放寬應考資格。二種不同管道警察人員初任考考試，應考資格未有計畫性之合理區隔設計，僅採學科知識導向的筆試，致補習班特考學科速補教育盛行，非計畫性之人力驟然投入，扭曲國家原本整體計畫之教育投資與人力資源規劃，嚴重衝擊警察人員教育制度，產生警察教育資源浪費等問題，影響教考用之配合甚鉅。三等特考錄取人員因教育背景不同而有差別待遇，亦衍生爭訟問題。

(二)**具體興革與建議**【110關務】

1. **改進考試方法與技術，提昇考試信度與效度**

(1)**視考試性質研議採行多元評量方式、分試或分階段考試**

研議筆試併採其他考試方式，未來並將配合研修公務人員考試法及各項相關考試規則，增訂分階段考試法源。

(2)**建立職能指標標準作業程序**

建立國家考試職能指標標準作業程序，作為公務人員考試各類科應試科目修（研）定之參考。

(3)**通盤研訂建置優質題庫方案**

增加經費、充實人力、場地與設備，積極充實與發展優質題庫試題。未來將視科目性質，委託相關學會提供試題，以充實題庫。

(4)**改進命題及閱卷技術**

A.**改進命題技術**：包括建立命題委員人才庫、建立應試科目命題大綱、採用命題小組命題、強化命題審查會之功能、辦理命題技術研習、研修命題規則。未來研議建立國家考試命題委員、審查委員資格認證制度。

B.**改進閱卷技術**：包括建立閱卷委員人才庫、建立申論式試題參考答案、落實試卷評閱標準會議功能、採行閱卷小組評閱試卷、研修閱卷規則。未來依科目性質，分階段逐步公布申論式試題參考答案，並研修典試法，增訂預試、標準分數法源。

2. **因應機關用人需求，改進考試制度**

(1)**改進人力評估技術，加強考用配合**

A.提高各機關報缺比例：以各用人機關提報公務人員高普初等考試任用計畫之統計數據為基礎，要求機關提高考試報缺之比例，並列入人事評比，促使各用人機關確實查缺。

B.檢討專門職業及技術人員轉任公務人員制度之政策與成效，並研究其對公務人員考用之影響，進行必要之改革。

C.辦理人力評估與人力資源規劃之訓練：延聘專家學者辦理訓練課程，提升各機關人事人員對於人力評估及人力資源規劃之能力。

D.研究建立「評估公式」：聘請專家學者研究建立各職系需用人力評估之「評估公式」以為人力評估參考，並視執行情形適時檢討。

(2)**改進高等考試一級考試，羅致優秀高階文官**

A.**研修公務人員考試法及公務人員任用法**：修正公務人員考試法第15條第1項第1款有關高考一級應考資格規定，及公務人員任用法第13條有關高考一級考試及格人員取得簡任第十職等任用資格規定。

B.**考試方式及應考資格之變革**：研議考試方式第一試修正為筆試及學歷經歷證明審查、第二試為口試，應考資格由現行不限系所，修正為限相關系所博士學位，配合研修考試規則。

(3)**建立警察人員考試分流雙軌制度**

公務人員特種考試基層警察人員考試除原四等考試外，增加三等考試，供一般教育畢業生報考，並修改考試名稱。至於公務人員特種考試警察人員考試，則限警察大學、警察專科學校畢業生報考：

A.**成立警察人員考試制度改進專案小組**：統籌規劃相關改進推動事宜，研議後續相關配套措施，建立周全完善之警察人員教考訓用制度。

B.**考試方式之變革**：基層警察特考考試方式，初期擬採筆試與體能測驗方式行之，立即成立警察人員心理測驗編纂小組，進行相關工作，俟警察人員心理測驗常模建立後，增採心理測驗。至警察特考因應考人均已接受完整之警察專業養成教育，考試方式擬採筆試及實地考試為之，其心理測驗則需於入學考試時辦理。

C.**委託學者專家研究**：就警察人員國家考試評量方法與相關問題進行專案研究，建立警察人員核心職能指標，並研修公務人員特種考試警察人員考試規則與公務人員特種考試基層警察人員考試規則。

精選試題

1. 現行公務人員考試法所規定的考試方法有那幾種？並比較其優缺點。【102普】

2. 公務人員考試法規定之考試方式為何？並就高考一、二級考試及簡任升官等考試之應考資格及其考選方式，提出改進方法，以提昇人才鑑別之信度與效度。【99高】

3. 有一天，嚴小姐向自稱「國考通」的賈先生請教有關國家考試的問題，以下是賈先生的說法：

   「你是專科畢業，可以報考初等考試、普通考試和高考三級考試。我建議你直接挑戰高考三級，因為考上了是從委任第五職等任用，薪水比較高，如果分發到北高兩市上班，還可以加領地域加給，那薪水就更高了。不過你要有心理準備，考上之後會被限制六年不能轉調。另外，放榜之後，你必須參加行政院人事行政總處所辦理的基礎訓練，成績不及格的話，是拿不到考試及格證書的。」

   以上賈先生的說法，有數處錯誤。請找出錯誤之處，並以正確的法規內容予以更正（需寫出法規名稱和相關規定內容，但無須寫條次）。【101地四】

4. 依公務人員考試法規定之考試，應以公開競爭方式行之，其內涵為何？又應考人於參加國家考試時，其有那些情事涉及刑事責任者，應移送檢察機關辦理？【106地三】

5. 下列何者具備升官等考試之應考資格？可報考何種升官等考試？其根據的法規為何？

   (1)王上校今年擬申請自軍中退役而轉任文職。

   (2)蔡先生原為會計師，他依法轉任為公務人員現為薦任9職等，而其自取得9職等資格後便擔任主計室主任已逾6年，且已敘薦任9職等本俸最高級。

   (3)陳女士具薦任9職等年資3年並擔任主任職務已逾3年，且已敘薦任9職等本俸最高級。

   (4)徐先生自從升任委任5職等後便從里幹事調遷為民政課員已逾5年，且已敘委任5職等本俸最高級。

(5)劉小姐經晉升薦任官等訓練合格，現任某縣政府文化局薦任7職等課員。【105高】

6. 試說明平等就業機會的學理意涵，以及我國現行相關法律規定各有那些？【102高】
7. 論者有謂：「文官制度之良窳與政府治理能力有密切關係」。試從公務人員考試、俸給與訓練制度等面向申述之。【100高】
8. 國家考試應試科目，與職務核心工作知能之配合，為考政機關改革重要課題，試就（或參考）考試院公布之文官制度興革規劃方案之相關建議案，述明其具體可行之改革內涵。【100地四】
9. 現行公務人員之考試任用，常有任用考試及資格考試之爭議，請分析二者之內容及其優缺點。又現行公務人員考試法針對上述爭議所提出的解決之道為何？請分別說明並評述之。【102地三】
10. 各項特考之請辦機關得視其特殊業務需要，設定各種資格條件限制，此為公務人員考試法之規定。惟此種限制是否符合憲法「平等原則」及「人民有應考試服公職」權利，多年來正、反主張互見。請分別說明正、反對立的意見內涵，並就己見評論之。【108高】
11. 我國公務人員考試制度對考試及格人員有「限制轉調」的制度設計。請說明何謂限制轉調？該項制度的立法旨意為何？不同考試的限制轉調規定又如何？試分述之。【108普】

重點複習

一、考試的種類

典試法施行細則第12條將各種考試方式定義如下：

筆試	以文字表達、符號劃記或電腦作答等方式，評量應考人之知能。
口試	以語言問答或討論方式，評量應考人之知能、態度、人格、價值觀與行為。

心理測驗	以文字、數字、符號、圖形或操作等方式，評量應考人之智力、性向、人格、態度及興趣等心理特質。
體能測驗	以實際操作或測量方式，評量應考人之心肺耐力、肌力與肌耐力、柔軟度、身體組成、速度、瞬發力、敏捷性、平衡性、協調性、反應時間或其他與各該職務相關之綜合性體能要素。
實地測驗	以現場實際操作方式，評量應考人之專業知識、實務經驗、專業技能。
審查著作或發明	以應考人檢送其本人之著作或發明之說明書及必要之圖式等加以審查，評量應考人研究或創作之知能與成果。
審查知能有關學歷經歷證明	以應考人所考類科需具備之知能有關之學歷證件、成績單及服務經歷證明等加以審查，評量應考人學歷程度與專業成就表現。

二、考試錄取者的訓練

(一)公務人員考試法第21條。

(二)所稱公務人員各等級考試正額錄取者，按錄取類科，依序分配訓練，訓練期滿成績及格者，發給證書，依序分發任用，指考選部於榜示後將正額錄取人員履歷清冊等相關資料函請公務人員保障暨培訓委員會辦理錄取人員訓練，正額錄取人員經訓練期滿成績及格者，由公務人員保障暨培訓委員會報請考試院發給考試及格證書，並函請銓敘部、行政院人事行政總處或申請舉辦考試機關依序分發任用。

(三)公務人員考試錄取人員訓練辦法109年11月3日修正發布。

(四)在一般考試程序外，尚需透過訓練，對應試者加以評量。

(五)基於前述理由，以訓練作為考試程序，實有必要，可彌補考試之不足，足以遴選或拔擢到真正的人才。

Chapter 06

公務人員的任用

老師叮嚀

1 本章非常非常重要，幾乎每年必考。
2 內陞與外補是基本常識。
3 任用資格、任用限制很重要。
4 調任規定宜充分瞭解。

一、任用的意義

(一)任用，係對於缺額之職務或新設之職務，補充職員之行為。亦即國家依照法定程序敘用具有一定資格之人員，從事公務之執行，而與國家發生特殊之權利義務關係之一種行為。

(二)任用可分廣狹二義：廣義之任用與甄補相當，包括招募、考選、提名、試用與任命，亦即包括人才之延攬、人才之遴選與人才之運用三項程序；狹義之任用，則僅指就考選合格名單中遴用人員補充於特定職務之配備過程，亦即指人才之運用而言。

(三)任用為公務人員制度中重要的一環，並與考選制度有密切的關係，考選為任用之前奏，而任用為考選之結果。

二、內陞與外補【107高】

(一)**意義**：凡機關的職務出缺或空缺時，其甄補的園地有二：一為機關內部，一為機關外界。凡機關職務的空缺或出缺，由內部在職的低級人員陞任補充者，謂之內陞制；凡機關職務的空缺或出缺，不由內部在職的低級人員升補，而由外界挑選合格的人員補用者，謂之外補制。

(二)兩制的優劣

	內陞制	外補制
優點	1. 在職的公務員認為陞遷有望，機會較多，故工作情緒高，效率大，且能安心而樂意的工作。 2. 公務員能循序升晉，陞遷有望，發展有前途，故肯以其職務做為終身職業，不存五日京兆之心。 3. 新升任人員為原來舊同事，熟悉機關的傳統，不致多所更張，易於保持機關的安定，易於獲得彼此的和諧。 4. 憑一時之考試，有時並不足以發現真才，在長期的服務過程中，對一個人之才能、品行，可有真正而完全的瞭解，易於實現因事以選材、因材而施用的原則。 5. 晉陞新職人員，經驗豐富，技術熟練，對於新職可以從容應付。	1. 足以吸收卓越人才至政府服務。 2. 因事以選材，因材而施用，足以收到「適才適所」之效。 3. 機關內有新份子的加入，易有所改革與進步。
缺點	1. 不足以吸收卓越人才，因為有特別才具或較高資格者，不願從低級職務做起。 2. 某一個職務需要某一種人才，擔任低級職務頗具成績者，不一定適宜於較高級的職務。 3. 機關無新齒輪、新份子的加入，易陷於暮氣沉沉，難期有新計畫、新改革的產生。 4. 選拔範圍有限，可供挑選的對象不多，自難依「廣收慎選」原則，選得所需的理想人才。	1. 公務員以晉陞無望，自然減低工作情緒與效率。 2. 公務員以前途發展有限，難以安心服務。 3. 新補入的人員與原有人員毫無關係，易引起不合作的現象。 4. 新任人員不瞭解機關過去的情形與特性，易致魯莽改革，破壞優良傳統。

(三)**兩制的運用**：由於兩制各有優缺點，所以捨短取長，以折衷制最為妥當，公務人員任用法第2條明定「初任與升調並重」即採折衷制。折衷之法有三：

1. **限定界限法**：即將公務員之等級分為高、中、低三等，任職考試亦分為高、中、低三等。低等考試及格者自低等任起（外補制），但可升至中等的中間級（內陞制），依此類推。
2. **規定比例法**：即職務出缺時，可以規定其內陞者與外補者各佔一定的比例。
3. **升官等考試法**：職員任職已歷級升任至某一職等職務後，服務成績優良，得參加升官等考試，經考試及格者始准予以高一官等的職務晉任之。

三、公務人員任用法的專有名詞【106地三、108地四】

(一)現行公務人員任用法，係兼採「簡薦委制」與「職位分類制」兩制之長而成之人事制度。換言之，本法實係以原公務人員任用法為主，而酌採職位分類制度之精華於其中，爰參考公務職位分類法第2條之規定，於公務人員任用法第3條中將有關之專用術語，加以明確之規定，以為運作之依據。茲將本法專用名詞之法定意義錄列如下：

1. **官等**：係任命層次及所需基本資格條件範圍之區分。
2. **職等**：係職責程度及所需資格條件之區分。
3. **職務**：係分配同一職稱人員所擔任之工作及責任。
4. **職系**：係包括工作性質及所需學識相似之職務。
5. **職組**：係包括工作性質相近之職系。
6. **職等標準**：係敘述每一職等之工作繁、簡、難、易，責任輕、重及所需資格條件程度之文書。
7. **職務說明書**：係說明每一職務之工作性質及責任之文書。
8. **職系說明書**：係說明每一職系工作性質之文書。
9. **職務列等表**：係將各種職務，按其職責程度依序列入適當職等之文書。

官等、職等、職務、職系、職組間之相互關係至為密切，得圖示如下：

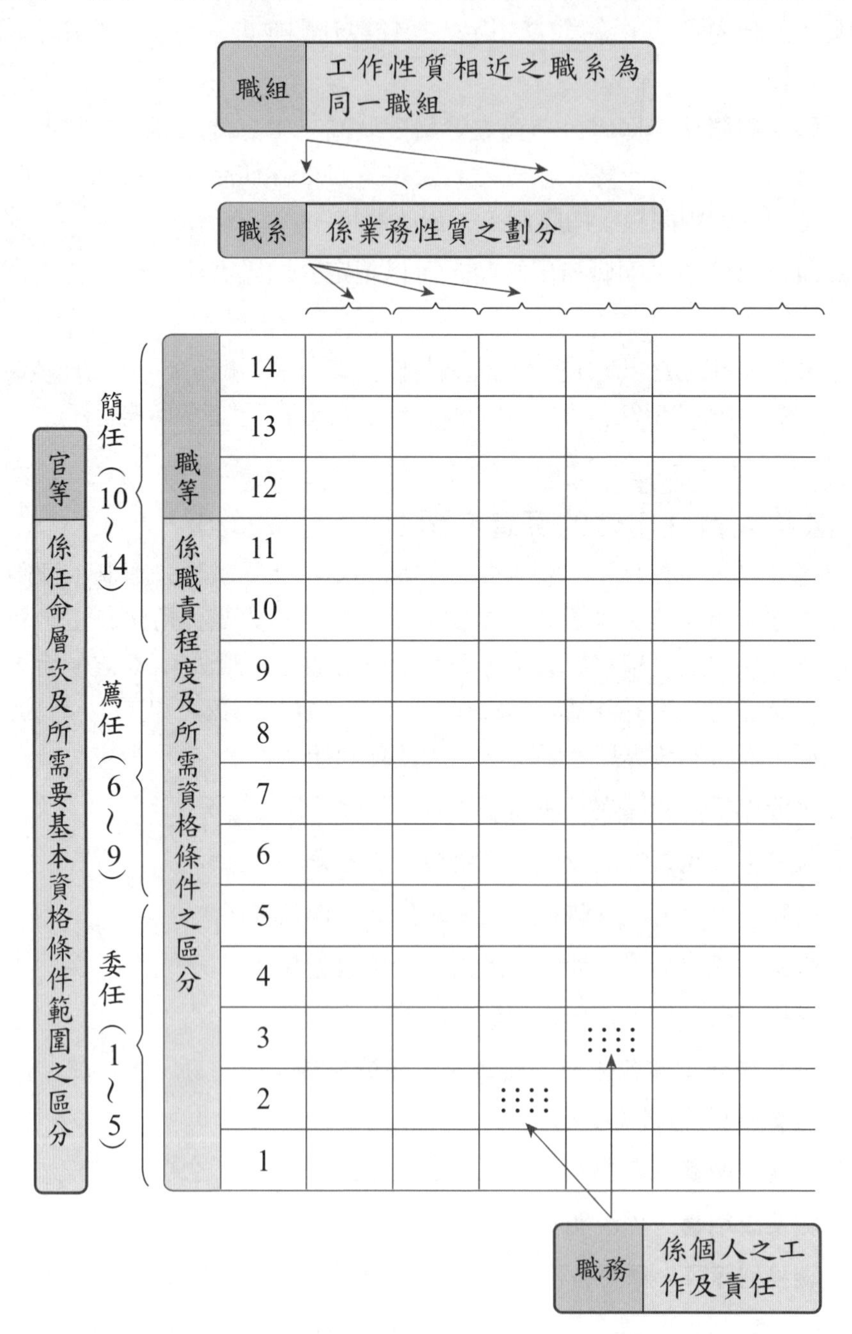

(二)公務人員任用法第5條：「公務人員依官等及職等任用之。官等分委任、薦任、簡任。職等分第一至第十四職等，以第十四職等為最高職等。委任為第一至第五職等，薦任為第六至第九職等；簡任為第十至第十四職等。」所稱「官等」，係「任命層次及所需基本資格條件範圍之區分」；「職等」則係「職責程度及所需資格條件之區分」(參照公務人員任用法第3條)。官等與職等之關係，得圖示如下：

官等	簡任					薦任				委任					係任命層次及所需基本資格條件範圍之區分
職等	14	13	12	11	10	9	8	7	6	5	4	3	2	1	係職責程度及所需資格條件之區分

(三)任用法將官等與職等均予保留，實兼具「品位」與「職位」二種制度的特性，分述如次：

1. **官等具有尊崇之榮譽性質**：如何促使公務人員全心全力，以從事公務為「永業」為人事行政所追求的目標之一。一般而論，一個公務人員在一生從事公務中所最重視者，為職務的陞遷，但因受組織結構、出缺機會及個人條件所限，常是僧多粥少，難以如願以償。因此，對於資深績優而無法陞遷人員，如何予以鼓舞士氣，使其久安於位，自屬當務之急。職位分類制度，較重「實際」之職責程度，而忽略「經歷」之年資久暫，對於資深績優，而無法晉陞人員，頗為不利，較為可行的方法，乃給予一種榮譽性的稱謂，以滿足其求發展的需要。官等承襲原品位制之精神實具有此種性質。
2. **官等乃任命層次之區分**：憲法第41條規定：「總統依法任免文武官員。」又依任用法第25條規定：「各機關初任簡任、薦任、委任官等公務人員，經銓敘部銓敘審定合格後，呈請總統任命。」任用法施行細則第25條規定：「本法第25條所稱初任簡任、薦任、委任官等公務人員，呈請總統任命，指初任各該官等人員，經銓敘部銓敘審定合格後，由銓敘部呈請總統任命。」
3. **官等為職責程度之粗分**：任用法所定之官等，與原分類職位公務人員任用法所規定之「職等範圍」相當。任用法之職務列等雖以職等為基礎，但因官等範圍較職等為廣，故官等為職務之職責程度之較廣泛之區分，概可認定。原簡薦委制有職務等級表之設置，對於各職務於簡薦委任各等間之起止級俸，均有明確規定，而其高低之區分，原則上亦以職責程度之高低為準。現行任用法之職務列等，官等代表職責程度之較粗區分。

4. **職等為職責程度之細分**：任用法第3條第2款規定：「職等係職責程度及所需資格條件之區分。」同法第6條第1項前段規定：「各機關組織法規所定之職務，應就其工作職責及所需資格，依職等標準列入職務列等表。」由以上規定可知，職等實為職責程度高下之區分。職等與職責程度關係密切，故職責程度之調整，可能引起職等之變動，但未必涉及官等之變動。例如某甲原任薦任八職等專員，後因職責程度提高，調升為薦任九職等科長，類似情況，僅是職等不同，官等則未變動。
5. **職等代表職務之層次**：任用法第3條第3款規定：「職務係分配同一職稱人員所擔任之工作及責任。」故工作及責任之大小代表職務層次之高下，而職等係代表職責程度。因此，職等高低與職務層次之高下，自成正比。
6. **職等為所需資格條件之區分**：職等為所需資格條件之區分，乃任用法第3條第2款所明定。按公務人員之任用，雖在任用法中有原則性的規定，即限於考試及格、銓敘合格及考績升等三者。但初任每一職等應具備之資格，則在「職等標準」中加以規定。故職等之高低，與所需資格條件，亦有密切關係。任用法第6條規定：「各機關組織法規所定之職務，應就其工作職責及所需資格，依職等標準列入職務列等表。必要時，一職務得列二個至三個職等。前項職等標準及職務列等表，依職責程度、業務性質及機關層次，由考試院定之。必要時，得由銓敘部會商相關機關後擬訂，報請考試院核定。各機關組織除以法律定其職稱、官等、職等及員額者外，應依其業務性質就其適用之職務列等表選置職稱，並妥適配置各官等、職等職務，訂定編制表，函送考試院核備。但主管機關因業務需要或情形特殊，得合併所屬同層級類別相同機關，報經考試院同意，訂定共用編制表。前項職稱及官等、職等員額配置準則，由考試院會同行政院定之。各機關組織法律原定各職務之官等、職等與中華民國85年1月考試院平衡中央與地方薦任第八職等以下公務人員職務列等通案修正之職務列等表不一致時，暫先適用該職務列等表之規定。但各機關組織法律於本條文修正施行後制定或修正者，仍依組織法律之規定。」任用法施行細則第4條規定：「本法第6條第1項所稱應就其工作職責及所需資格，依職等標準列入職務列等表，指各機關組織法規所定之職務，應按職務說明書所定之職責程度及資格條件，依職等標準訂定適當之職等，並按機關層次列入職務列等表。所稱必要時，一職務得列二個至三個職等，指一職務除列一個職等外，必要時並得跨列其上或其下一至二個職等，但合計不得超過三個職等。」

四、任用的原則【107高、112地三】

本法於第2條揭櫫公務人員任用之基本原則為：專才專業，適才適所，初任與升調並重，人與事適切配合。為落實以上原則，均在適當條文中予以具體規定，分述如次：

專才專業	本法規定，各職務應依職系說明書，歸入適當之職系（第8條），並規定各職務應就其工作職責及所需資格，依職等標準列入職務列等表（第6條）。
適才適所	本法規定，各機關任用公務人員時，「其學識、才能、經驗及體格，應與擬任職務之種類職責相當。如係主管職務，並應注意其領導能力。」第4條第1項又規定人員之調任，原則上應以職組及職系為範圍（第18條第1項），必要時，「得就其考試、學歷、經歷或訓練等認定其職系專長，並得依其職系專長調任。」（第18條第2項）
初任與升調並重	所謂並重，乃指不可「偏廢」之意。本法規定，初任人員應就考試及格人員分發任用（第10條）。並規定業務需要時，得指名商調其他機關人員（第22條）。另於公務人員陞遷法第2條規定：「公務人員之陞遷，應本人與事適切配合之旨，考量機關特性與職務需要，依資績並重、內陞與外補兼顧原則，採公開、公平、公正方式，擇優陞任或遷調歷練，以拔擢及培育人才。」
人與事適切配合	本法規定，「各機關對組織法規所定之職務，應賦予一定範圍之工作項目、適當之工作量及明確之工作權責，並訂定職務說明書，以為該職務人員工作指派及考核之依據。」（第7條）

五、任用資格【107地三、111地四、111外特三】重要

(一)公務人員的任用資格，可分為兩種，即積極性任用資格與消極性任用資格。前者指必須具備的資格；後者指不可以具備的資格。消極性資格的效力大於積極性資格，即兩者皆具備時，仍不得充任公務人員。

(二)**積極性的任用資格**：公務人員任用法第9條規定：「公務人員之任用，應具有下列資格之一：一、依法考試及格。二、依法銓敘合格。三、依法升等合格。特殊性質職務人員之任用，除應具有前項資格外，如法律另有其他特別遴用規定者，並應從其規定。初任各職務人員，應具有擬任職務所列職等之任用資格；未具擬任職務職等任用資格者，在同官等高二職等範圍內得予權理。權理人員得隨時調任與其所具職等資格相當性質相近之職務。」茲分述如下：

1. **依法考試及格**：所稱依法考試及格，指依公務人員考試法規及本法施行前考試法規所舉辦之各類公務人員考試及格（施8Ⅰ）。依本法第13條之規定，考試及格者之任用資格如下：
   (1)**高考一級（一等特考）**：取得薦任第九職等任用資格。如無相當職等職務可資任用時，得先以第八職等任用。
   (2)**高考二級（二等特考）**：取得薦任第七職等任用資格。如無相當職等職務可資任用時，得先以第六職等任用。
   (3)**高考三級（三等特考）**：取得薦任第六職等任用資格。如無相當職等職務可資任用時，得先以第五職等任用。
   (4)**普通考試（四等特考）**：取得委任第三職等任用資格。
   (5)**初等考試（五等特考）**：取得委任第一職等任用資格。

   此外，公務人員任用法第15條復規定，升官等考試及格者，分別取得下列資格：
   (1)**委任升官等考試**：取得委任第一職等任用資格。
   (2)**薦任升官等考試**：取得薦任第六職等任用資格。
   (3)**簡任升官等考試**：取得簡任第十職等任用資格。

2. **依法銓敘合格**：所稱依法銓敘合格，包括在本法施行前依下列法規經銓敘機關審查合格，或准予登記人員具有合法任用資格者：
   (1)依公務人員或分類職位公務人員各種任用法規及各該機關組織法所定任用資格審查合格者。
   (2)依聘用派用人員管理條例實施辦法第2條甲、乙兩款第1目及第3條甲、乙、丙3款第1目審定准予登記者。

(3) 依其他法規審查合格認為與銓敘合格有同等效力領有銓敘部證書者（施8Ⅱ）。

3. **依法升等合格**：所稱依法升等合格，包括依下列法規取得升等任用資格或存記，得分別具有各該官等、職等職務之任用資格者：

(1) 本法施行前依公務人員考績法或分類職位公務人員考績法取得升等任用資格或存記，具有簡任或薦任相當職等職務之任用資格者。

(2) 中華民國86年6月4日公務人員考績法修正施行前依規定取得簡任存記或本法修正施行前依本法第17條第2項規定取得簡任任用資格，具有簡任第十職等職務之任用資格者（施8Ⅲ）。

至於本法第9條第2項所稱另有其他特別遴用規定之法律，如非屬本法第32條及第33條所列之任用法律時，各該法律主管機關應於本細則修正施行或特別遴用規定制定、增訂、修正後三個月內會商銓敘部協調主管機關，調查用人機關，將適用各該特別遴用規定之職務，列表送銓敘部備查（施9Ⅰ）。所稱主管機關，指中央二級或相當二級以上機關、直轄市政府、直轄市議會、縣（市）政府及縣（市）議會（施9Ⅱ）。

此外，本法第9條第3項所稱未具擬任職務職等任用資格者，在同官等高二職等範圍內得予權理，指擬任人員所具任用資格未達擬任職務所列最低職等，而具有該職等同一官等中低一或低二職等任用資格者，始得權理。但職務跨列二個官等，不得權理（施10Ⅰ）。本法修正施行前經銓敘部銓敘審定准予權理高三職等以上職務人員，得隨時調任與其所具職等資格相當性質相近之職務或繼續任原職至離職為止（施10Ⅱ）。

(三) **任用資格之例外**：公務人員之任用固須具有法定之任用資格，但下列人員則有例外之規定：

1. **各機關辦理機要職務之人員**：公務人員任用法第11條第1項規定：「各機關辦理機要職務之人員，得不受第9條任用資格之限制。」至所稱辦理機要職務之人員，指擔任經銓敘部同意列為機要職務，得不受法定任用資格限制，並經銓敘審定以機要人員任用之人員（施11Ⅰ）。各機關未具任用資格初任機要人員，依所任職務在職務列等表所列最低職等以機要人員任用。如調任或改任其他受法定任用資格限制之職務時，應重新銓敘審定其任用資格（施11Ⅲ）。再者，此項機要人員，既可不受任用資格之限制，則在法理上自不在保障之列，故又規定此項人員「機關長官得隨時免職。機關長官離職時應同時離職。」所稱機關長官離職時應同時離職，指機關長官退休（職）、卸任、調職、辭職、免職、撤職、去職、解職或死亡時，其所進用之機要人員，應由原（新）任之機關長官或其代理人，於同時將該機要人員免職。機關長官停職或休職時，由其代理人視業務需要辦理（施11Ⅱ）。除任用法之上開規定外，地方制度法第57條第1項規定「人口在三十萬人以上之縣轄市，得置副市長一人，襄助市長處理市政，以機要人員方式進用，或以簡任第十職等任用。」故人口在三十萬人以上之縣轄市，其副市長得以機要人員方式進用。

此外公務人員任用法第11條之1規定：「各機關辦理進用機要人員時，應注意其公平性、正當性及其條件與所任職務間之適當性。各機關機要人員進用時，其員額、所任職務範圍及各職務應具之條件等規範，由考試院定之。」茲據「各機關機要人員進用辦法」擇要列舉如下：

(1) 各機關進用之機要人員員額，最多不得超過五人。總統府及行政院如因業務需要，其進用之機要人員員額，最多分別不得超過十八人及十人。中央二級或相當二級機關、安全機關、直轄市政府及縣（市）政府以外之機關，得由各主管院依機關層次、組織規模及業務性質，於二人額度內定其機要人員員額，並送銓敘部備查（第3條）。

(2) 各機關進用之機要人員所任職務範圍，應以機關組織法規中所列行政類職務，襄助機關長官實際從事機要事務相關工作，並經銓敘部同意列為機要職務為限。但不得以首長、副首長、主管、副主管、參事及研究委員職務進用。各機關之秘書長、主任秘書或直轄市政府副秘書長一人，或直轄市議會秘書長、副秘書長其中一人，必要時，報經上級機關核准者，得於前條所定員額內以機要人員進用。但直轄市政府、縣（市）政府之秘書長及縣（市）政府、置有副市長之縣轄市公所之主任秘書，不得以機要人員進用（第4條）。

(3) 各機關進用之簡任職務機要人員，應具有下列條件之一：

A. 曾任簡任、簡派或相當官等職務者。具有各該官等資格者，亦同。

B. 曾任交通事業人員、公營事業人員、軍職人員或聘用人員相當簡任職務者。

C. 曾任教育人員相當簡任職務者。曾任私立學校教師相當職務者，亦同。

D. 曾任民選公職人員相當簡任職務者。

E. 曾任縣（市）政府以機要人員方式進用之一級單位主管，或中華民國九十四年六月二十二日地方制度法修正施行後，曾任縣轄市以機要人員方式進用之副市長者。

F. 在公立或立案之私立大學、獨立學院或符合教育部採認規定之國外大學、獨立學院畢業得有博士學位並曾任相關職務滿二年，或得有碩士學位並曾任相關職務滿四年，或得有學士學位並曾任相關職務滿六年者。具有同等學歷證書者，亦同。

G. 在公立或立案之私立專科學校或符合教育部採認規定之國外專科學校畢業並曾任相關職務滿七年者。具有同等學歷證書者，亦同。

H. 曾任簡任職務機要人員者。

I. 曾任第6條第2款至第6款各款之職務或薦任職務機要人員滿五年者（第5條）。

(4) 各機關進用之薦任職務機要人員，應具有下列條件之一：

A. 具有前條第1款至第8款條件之一者。

B. 曾任薦任、薦派或相當官等職務者。具有各該官等資格者，亦同。

C. 曾任交通事業人員、公營事項人員、軍職人員或聘用人員相當薦任職務者。

D. 曾任教育人員相當薦任職務者。曾任私立學校教師相當職務者，亦同。

E. 曾任民選公職人員相當薦任職務者。

F. 中華民國九十四年六月二十二日地方制度法修正施行前，曾任縣轄市以機要人員方式進用之副市長者。

G. 在公立或立案之私立大學、獨立學院或符合教育部採認規定之國外大學、獨立學院畢業得有碩士以上學位，或得有學士學位並曾任相關職務滿二年者。具有同等學歷證書者，亦同。

H. 在公立或立案之私立專科學校或符合教育部採認規定之國外專科學校畢業並曾任相關職務滿三年者。具有同等學歷證書者，亦同。

I. 曾任薦任職務機要人員者。

J. 曾任第七條第一項第二款至第四款各款之職務或委任職務機要人員滿五年者。

(5) 各機關進用之委任職務機要人員，應具有下列條件之一：

A. 具有前條第1款至第9款條件之一者。

B. 曾任委任、委派或相當官等職務者。具有各該官等資格者，亦同。

C. 曾任交通事業人員、公營事業人員、軍職人員或僱用人員相當委任職務者。

D. 曾任教育人員相當委任職務者。曾任私立學校教師相當職務者，亦同。

E. 在公立或立案之私立大學、獨立學院或符合教育部採認規定之國外大學、獨立學院畢業得有學士以上學位者。具有同等學歷證書者，亦同。

F. 在公立或立案之私立專科學校或符合教育部採認規定之國外專科學校畢業並曾任相關職務滿一年，或在教育行政主管機關認可之高級中學、高級職業學校畢業並曾任相關職務滿三年者。具有同等學歷證書者，亦同。

G. 曾任委任職務機要人員者（第7條）。

2. **另定任用法律之人員**

(1) 依公務人員任用法之規定，下列各種人員之任用，均另以法律定之：

A. 教育人員、醫事人員、交通事業人員及公營事業人員（任33）。

B. 司法人員、審計人員、主計人員、關務人員、外交領事人員及警察人員（任32）。

C. 聘用人員（任36）。

(2) 其中司法人員、審計人員、主計人員、關務人員、外交領事人員及警察人員仍需具有任用資格（依法考試及格、依法銓敘合格、依法升等合格）。

3. **政務人員**：公務人員中有政務人員與事務人員之分，前者乃釐定政策之人員，其進退去留，每以其所屬政黨是否繼續執政為轉移，如各部部長、政務次長是；後者乃事務人員，僅執行既定之政策，故政務人員時有變動，事務人員則常供職，不隨政黨之消長及長官之更動而定去留，如各部常務次長以下之各級公務人員是。政務人員與事務人員之性質，既釐然不同，則事務人員任用資格及任用程序，自亦不同於政務人員。公務人員任用法積極性任用資格之規定，均以事務人員為對象，於政務人員不適用之，故公務人員任用法第38條規定：「本法除第26條、第26條之1及第28條規定外，於政務人員不適用之。」其中第26條係迴避任用，第26條之1係首長異動時之任用遷調限制，第28條係公務人員消極性的任用資格，政務人員仍應適用。

(四)消極性的任用資格

1. 上項所述公務人員的積極任用資格，乃指「有所為」之條件，以便發揮其為公服務之應有功能。而本項所說消極性任用資格，乃指「有所不為」之條件，為禁止服務公職之行為。至其具體之限制，依照公務人員任用法第28條規定，有下列情事之一者，不得任用為公務人員：

(1)未具或喪失中華民國國籍。

(2)具中華民國國籍兼具外國國籍。但本法或其他法律另有規定者，不在此限。

(3)動員戡亂時期終止後，曾犯內亂罪、外患罪，經有罪判決確定或通緝有案尚未結案。

(4)曾服公務有貪污行為，經有罪判決確定或通緝有案尚未結案。

(5)犯前二款以外之罪，判處有期徒刑以上之刑確定，尚未執行或執行未畢。但受緩刑宣告者，不在此限。

(6)曾受免除職務懲戒處分。

(7)依法停止任用。

(8)褫奪公權尚未復權。

(9)經原住民族特種考試及格，而未具或喪失原住民身分。但具有其他考試及格及資格者，得以該考試及格資格任用之。

(10)依其他法律規定不得任用為公務人員。

(11)受監護或輔助之宣告，尚未撤銷。

2. 國籍法第20條規定：中華民國國民取得外國國籍者，不得擔任中華民國公職；其已擔任者，除立法委員由立法院；直轄市、縣（市）、鄉（鎮、市）民選公職人員，分別由行政院、內政部、縣政府；村里長由鄉（鎮、市、區）公所解除其公職外，由各該機關免除其公職。但下列各款經該管主管機關核准者，不在此限：

(1)公立大學校長、公立各級學校教師兼任行政主管人員與研究機關（構）首長、副首長、研究人員（含兼任學術研究主管人員）及經各級主管教育行政機關或文化機關核准設立之社會教育或文化機構首長、副首長、聘任之專業人員（含兼任主管人員）。

(2)公營事業中對經營政策負有主要決策責任以外之人員。

(3)各機關專司技術研究設計工作而以契約定期聘用之非主管職務。

(4)僑務主管機關依組織法遴聘僅供諮詢之無給職委員。

(5)其他法律另有規定者。

前項第1款至第3款人員以具有專長或特殊技能而在我國不易覓得之人才且不涉及國家機密之職務者為限。

第1項之公職，不包括公立各級學校未兼任行政主管之教師、講座、研究人員、專業技術人員。

中華民國國民兼具外國國籍者，擬任本條所定應受國籍限制之公職時，應於就（到）職前辦理放棄外國國籍，並於就（到）職之日起一年內，完成喪失該國國籍及取得證明文件。但其他法律另有規定者，從其規定。

任用法第28條第1項第2款但書即指國籍法上開規定而言。

3. 至於消極性任用資格之法律效果，本法第28條第4項、第5項規定：「公務人員於任用後，有第1項第1款至第10款情事之一，或於任用時，有第1項第3款情事，業依國籍法第20條第4項規定於到職前辦理放棄外國國籍，而未於到職之日起一年內完成喪失該國國籍及取得證明文件，且無第2項情形者，應予免職；有第11款情事者，應依規定辦理退休或資遣。任用後發現其於任用時有第1項各款情事之一者，應撤銷任用。前項人員任職期間之職務行為，不失其效力；業已依規定支付之俸給及其他給付，不予追還。但經依第1項第2款情事撤銷任用者，應予追還。」

六、任用限制【99地四、112外特四】

公務人員之任用，在任用資格上雖有積極資格與消極資格之規定，但為防止冒濫及達到適才適所起見，在任用制度中仍有其他方面之限制，概括論之，亦可分為積極性的限制與消極性的限制兩種，茲分述如下：

(一)**積極性的限制**：公務人員任用法第2條規定：「公務人員之任用，應本專才、專業、適才、適所之旨，初任與升調並重，為人與事之適切配合。」以上規定，係揭櫫公務人員於任用時，應根據之基本要旨。此外，公務人員任用法第4條規定：「各機關任用公務人員，應注意其品德及對國家之忠誠，其學識、才能、經驗及體格，應與擬任職務之種類職責相當。如係主管職務，並應注意其領導能力。前項人員之品德及忠誠，各機關應於任用前辦理查核，必要時，得洽請有關機關協助辦理。其涉及國家安全或重大利益者，得辦理特殊查核；有關特殊查核之權責機關、適用對象、規範內涵、辦理方式及救濟程序，由行政院會同考試院另定辦法行之。各機關辦理前項各種查核時，應將查核結果通知當事人，於當事人有不利情形時，應許其陳述意見及申辯。」所稱學識、才能、經驗及體格，應與擬任職務之種類職責相當，指擬任人員之學識、才能、經驗及體格，應與擬任職務之職系說明書、職等標準及職務說明書規定相符，擬任機關並應詳加考查。各機關為應業務需要，得就性質特殊之職務訂定體格檢查項目及標準，並通知擬任人員送繳公立醫院之檢查合格證明。體格檢查項目及標準，應送銓敘部備查。所稱品德及忠誠之查核，指擬任機關於擬任公務人員前應負責切實調查，並通知其填送服務誓言及於擬任人員具結書具結確無本法第28條第1項第1款至第10款所定不得任用之情事；具中華民國國籍兼具外國國籍，依規定應於到職前辦理放棄外國國籍者，須於到職時另行具結，並於到職之日起一年內完成喪失該國國籍及取得證明文件，因該外國國家法令致不得放棄國籍者，應依本法第28條第2項規定經外交部查證屬實。其涉及國家安全或重大利益者，依另定之查核辦法切實辦理。所稱將查核結果通知當事人，機關應以書面為之。所稱陳述意見及申辯，當事人得以書面或言詞為之，機關並應列入紀錄（施3）。

(二)**消極性的限制**：公務人員之任用，除上述積極性的限制外，尚有消極性的限制。所謂消極性的限制，又分五種，分述如下：

1. **除法律另有規定外，不得指派未具法定任用資格之人員代理或兼任應具法定任用資格之職務**：按現行各種任用法規，性質各有不同，而其適用範圍，又寬嚴互異，各機關長官，為便於任用親私，鑽尋法律漏洞，常以未具法定任用資格之聘派人員兼任或代理具有法定任用資格之職務，而尤以兼代單位主管為甚。此種現象，對於人事行政之推進，影響甚大。為期杜絕此一不合理之現象，現行公務人員任用法第21條規定：「除法律另有規定外，各機關不得指派未具第9條資格之人員代理或兼任應具同條資格之職務。」
2. **不得任用其他機關現職人員，如有業務需要時，得指名商調**：按目前各機關待遇，豐嗇不一，而事業機關較行政機關尤為優厚，因之形成人事上動盪不安之現象，為防止上述弊端，以免影響各機關人事之安定，故公務人員任用法特規定「各機關不得任用其他機關人員」，惟為顧及事實上之需要，必須調用其他機關現職人員時，得向被調用機關指名商調。但指名商調考試及格人員時，仍應受第13條第5項及第18條第3項規定之限制（參照公務人員任用法第22條）。

3. **不得任用配偶及三親等以內之血親及姻親**：按迴避任用為我國傳統之優良制度，原則上仍有部份保存之必要，故公務人員任用法第26條規定「各機關長官對於配偶及三親等以內血親、姻親不得在本機關任用，或任用為直接隸屬機關之長官。對於本機關各級主管長官之配偶及三親等以內血親、姻親，在其主管單位中應迴避任用。」此外復衡以今日社會制度與倫理關係之演變，在長官接任以前任用之人員而有以上規定之關係者，均可不受迴避之限制，而繼續任用，故第26條第2項規定「應迴避人員，在各該長官接任以前任用者，不受前項之限制」是亦不溯既往之意。
4. **不得任用已屆公務人員屆齡退休年齡人員**：按公務人員屆齡退休年齡，依公務人員退休資遣撫卹法之規定，原則上為六十五歲。為貫徹退休制度，發揮新陳代謝功能，公務人員任用法第27條明定：「已屆限齡退休人員，各機關不得進用。」
5. **試用人員不得充任各級主管職務**：按試用人員業務較不熟悉，如充任主管職務，不但有延誤公務之虞，且在領導統御上亦頗有不便，故公務人員任用法第20條第7項明文規定：「試用人員不得充任各級主管職務。」

此外，台灣地區與大陸地區人民關係條例第21條規定：「大陸地區人民經許可進入臺灣地區者，除法律另有規定外，非在臺灣地區設有戶籍滿十年，不得登記為公職候選人、擔任公教或公營事業機關（構）人員及組織政黨；非在臺灣地區設有戶籍滿二十年，不得擔任情報機關（構）人員，或國防機關（構）之下列人員：一、志願役軍官、士官及士兵。二、義務役軍官及士官。三、文職、教職及國軍聘雇人員。大陸地區人民經許可進入臺灣地區設有戶籍者，得依法令規定擔任大學教職、學術研究機構研究人員或社會教育機構專業人員，不受前項在臺灣地區設有戶籍滿十年之限制。前項人員，不得擔任涉及國家安全或機密科技研究之職務。」是以大陸來台者原則上須設有戶籍滿十年，始得擔任公務人員。

七、公務人員任用的程序【112關務】

茲依公務人員任用法之有關規定，列舉公務人員任用程序如下：

(一) 各機關初任各職等人員，除法律別有規定外，應由分發機關或申請舉辦考試機關就公務人員各等級考試正額錄取，依序分配訓練，經訓練期滿成績及格人員分發任用。如可資分配之正額錄取人員已分配完畢，由分發機關或申請舉辦考試機關就列入候用名冊之增額錄取人員按考試成績定期依序分配訓練，經訓練期滿成績及格後予以任用。已無前項考試錄取人員可資分配時，得經分發機關同意，由各機關自行遴用具任用資格之合格人員。第1項分配訓練、分發任用之程序、辦理方式、限制及有關事項之辦法，由考試院會同行政院定之（第10條）。

(二) 各機關擬任公務人員，經依職權規定先派代理，限於實際代理之日起三個月內送請銓敘部銓敘審定。但確有特殊情形未能依限送審者，應報經銓敘部核准延長，其期限除另有規定者從其規定外，最多再延長以二個月為限，經銓敘審定不合格者，應即停止其代理（第24條）。

(三) 初任各官等人員，未具與擬任職務職責相當或低一職等之經驗六個月以上者，應先予試用六個月，並由各機關指派專人負責指導。試用期滿成績及格，予以實授；試用期滿成績不及格，予以解職。試用人員於試用期間有下列情事之一者，應為試用成績不及格：

1. 有公務人員考績法相關法規所定年終考績得考列丁等情形之一。
2. 有公務人員考績法相關法規所定一次記一大過以上情形之一。
3. 平時考核獎懲互相抵銷後，累積達一大過以上。
4. 曠職繼續達二日或累積達三日。
5. 其他不適任情形有具體事實。

前項第5款所定不適任情形，應就其工作表現、忠誠守法、品行態度、發展潛能、體能狀況等項目予以考核，並將其具體事實詳實記載。

試用人員於試用期滿時，由主管人員考核其成績，經機關首長核定後，依送審程序，送銓敘部銓敘審定；其試用成績不及格者，於機關首長核定前，應先送考績委員會審查。考績委員會對於試用成績不及格案件有疑義時，得調閱有關平時試用成績紀錄及案卷，或查詢有關人員。試用成績不及格人員得向考績委員會陳述意見及申辯。試用成績不及格人員，自機關首長核定之日起解職，並自處分確定之日起執行，未確定前，應先行停職。試用人員不得充任各級主管職務。試用人員於試用期間不得調任其他職系職務（第20條）。已具較高官等任用資格而以較低官等任用人員，免予試用（施20）。

(四)各機關初任簡任、薦任、委任官等公務人員，經銓敘部銓敘審定合格後，呈請總統任命（第25條）。所稱初任簡任、薦任、委任官等公務人員，呈請總統任命，指初任各該官等人員，經銓敘部銓敘審定合格後，由銓敘部呈請總統任命（施25）。

八、公務人員的調任【97地四、101普、107地三、110地三、110警特、110高三、111地三、111高三、111普、112外特四、112警特三】

(一)公務人員在任職期間，職務之調任在所難免。依任用法之規定，職務之調任，可分為平調，即調任前後之職務，其職務列等相同；升調，即調任前後之職務，其職務列等後者較高；降調，即調任前後之職務，其職務列等後者較低。任用法對於三種調任之程序及其與職組、職系之關係，規定甚詳，以做為各機關人事調遷之依據。

(二)工作人員大多努力追求職務調升，儘量避免職務調降，對於職務平調，則多漠然視之。就實際情況而論，職務陞遷多因個人條件或組織層級之限制，永遠呈僧多粥少的局面；而職務的調降，為一種相當嚴重的懲罰，大家避之惟恐不及，故亦不易發生。而職務之平調，限制最少，最易實施。職務平調的功能甚多，可惜用人當局往往不知妥加運用，以致平調功能無法充分發揮。職務平調的功能，經趙其文老師歸納為以下各項：

1. **以培育人才為目的職務歷練**：所謂「職務歷練」，是指一個工作人員在升任主管或較重要的職務之前，必須先行擔任與此一主管職務或較重要職務有關之「各種」職務，以熟稔這些職務的工作，以便升任後，可以均衡發展，勝任愉快。此種歷練之方式，有的在同一部門之內，有的在兩個或兩個以上部門之間。

2. **以職務遷調達到人事調適的目的**：任何組織經過相當時日之後，在用人方面都會產生下列現象：(1)專長不符：工作人員所具專長與所任職務之性質或程度不相當；(2)工作量不足：工作人員的職務，過於清閒，造成人力浪費；(3)工作項目太雜：工作人員所擔任之工作項目，分屬性質不同之工作，使工作人員疲於奔命，而於事無補；(4)人地不宜：工作人員在一個單位內人際關係不良。這些現象，如不及時處理，不但造成無效人力，抑且成為組織上的病態，影響深遠。解決之道，便是職務遷調。

3. **增加職務之挑戰性，提振工作精神**：一個工作人員如果久任一職，固然可以熟能生巧，收到駕輕就熟的效果，但也可能因缺乏挑戰而不求進步。也可能會產生倦怠感，如不及時處理，常造成工作人員「混日子」的心理，成為不折不扣的「呆人」。久任一職的情形，應該考慮調整相近的職務，此種職務遷調，不但增加工作上的挑戰性，促使工作人員追求進步，抑且可以調劑工作人員的工作情緒，振奮其工作精神。
4. **防止職務上弊端的發生**：有些職務容易發生弊端，故不宜久任，需要時常調換人手，以防止弊端之發生。例如主管金錢出納之職務、物品採購之職務，最好能定期調換人手，較不易發生弊端。
5. **適應業務上的需要**：組織在發展期間，有時某項業務突然增加，如由外界引進人手，時間無法配合，即應以現職人員之遷調方式，以配合急需。有時某項特定業務，必須具有此項特定經驗之現職人員始可勝任時，亦唯有現職人員之遷調，始可解決問題。管理當局為使現職人員能充分發揮「救火」功能，常常在平時即設法培育現職人員的「第二專長」。
6. **藉遷調以達惕勵目的**：一個工作人員如在工作中發生錯誤，尚未達相當嚴重之程度；或工作不力，尚非頑劣不悛之狀況，均可藉職務之遷調（並非降調），以收警惕告誡之效。以警告為著眼之遷調，通常須伴以嚴密的考核，如當事人一仍舊貫，未加改善，即應採取進一步的處罰手段。

(三)依公務人員任用法第18條第1項，現職公務人員之調任，依下列規定：

1. 簡任第十二職等以上人員，在各職系之職務間得予調任；其餘各職等人員在同職組各職系及曾經銓敘審定有案職系之職務間得予調任。
2. 經依法任用人員，除自願者外，不得調任低一官等之職務。自願調任低官等人員，以調任官等之最高職等任用。
3. 在同官等內調任低職等職務，除自願者外，以調任低一職等之職務為限，均仍以原職等任用，且機關首長及副首長不得調任本機關同職務列等以外之其他職務，主管人員不得調任本單位之副主管或非主管，副主管人員不得調任本單位之非主管。但有特殊情形，報經總統府、主管院或國家安全會議核准者，不在此限。

所稱簡任第十二職等以上人員，指經銓敘部銓敘審定合格實授簡任第十二職等以上之人員（施19 I）。所稱以調任低一職等之職務為限，指擬任職務之最高列等較原任職務之最高列等低一職等時，始得予調任。所稱同職務列等之職務，指職務列等相同或職務之最高列等相同之職務。所稱本單位之非主管，包括本單位內次級之主管及副主管職務（施19 II）。

(四)第18條第2項規定：「前項人員之調任，必要時，得就其考試、學歷、經歷或訓練等認定其職系專長，並得依其職系專長調任。」所稱得就其考試、學歷、經歷或訓練等認定其職系專長，並得依其職系專長調任，指現職人員除得在同職組各職系及曾經銓敘審定有案職系之職務間調任外，如有與擬調任職務性質相近程度相當之考試、學歷、經歷或訓練者，亦得予調任（施19 III）。

(五)依公務人員任用法第26條之1規定，各機關首長於下列期間，不得任用或遷調人員：

1. 自退休案核定之日起至離職日止。
2. 自免職、調職或新職任命令發布日起至離職日止。
3. 民選首長，自次屆同一選舉候選人名單公告之日起至當選人名單公告之日止。但競選連任未當選或未再競選連任者，至離職日止。
4. 民意機關首長，自次屆同一民意代表選舉候選人名單公告之日起至其首長當選人宣誓就職止。
5. 參加公職選舉者，自選舉候選人名單公告之日起至離職日止。但未當選者，至當選人名單公告之日止。
6. 憲法或法規未定有任期之中央各級機關政務首長，於總統競選連任未當選或未再競選連任時，自次屆該項選舉當選人名單公告之日起至當選人宣誓就職止。地方政府所屬機關政務首長及其同層級機關首長，於民選首長競選連任未當選或未再競選連任時，亦同。
7. 民選首長及民意機關首長受罷免者，自罷免案宣告成立之日起至罷免投票結果公告之日止。
8. 自辭職書提出、停職令發布或受免除職務、撤職、休職懲戒處分判決確定之日起至離職日止。
9. 其他定有任期者，自任期屆滿之日前一個月起至離職日止。但連任者，至確定連任之日止。

駐外人員之任用或遷調，必要時，得不受前項規定之限制。考試及格人員分發任用，不受第1項規定之限制。第1項規定期間內，機關出缺之職務，得依規定由現職人員代理。

九、各機關違法任用人員的處理

(一)公務人員任用法第30條規定：「各機關任用人員，違反本法規定者，銓敘部應通知該機關改正，並副知審計機關，不准核銷其俸給；情節重大者，應報請考試院逕予降免，並得核轉監察院依法處理。」

(二)立法貴在實施，否則不僅成為具文，且予狡黠者以玩法弄法之機會，影響法律尊嚴。公務人員任用法實施對象雖為公務人員，但實施主體則為政府各級機關。為維持法律之尊嚴，與實施之有效，故特規定對於違反公務人員任用法規任用人員之機關，先由監督執行本法之銓敘部，通知其改正，如仍不改正或情節重大者，應報請考試院逕予降免，並得核轉監察院依法處理，以加強本法之有效實施，確立完整之任用制度。

十、行政、教育、公營事業人員的轉任

行政、教育、公營事業人員相互轉任採計年資提敘官職等級辦法

公務人員任用法第16條規定：「高等考試或相當高等考試以上之特種考試及格人員，曾任行政機關人員、公立學校教育人員或公營事業人員服務成績優良之年資，除依法令限制不得轉調者外，於相互轉任性質程度相當職務時，得依規定採計提敘官、職等級；其辦法由考試院定之。」考試院據此發布「行政、教育、公營事業人員相互轉任採計年資提敘官職等級辦法」，茲據該辦法摘錄其主要內容如下：

類型	規定
本辦法所稱「行政機關人員」，係指公務人員任用法施行細則第2條第2項第1款至第3款所定各級政府行政機關組織法規中定有職稱及官等職等之文職人員；所稱「公立學校教育人員」，係指各級公立學校校長、教師及職員；所稱「公營事業人員」，係指各級政府設置之生產、金融（保險）、交通及公用等事業機構從業人員。	第3條第1項

類型	規定
轉任行政機關職務，以薦任第八職等至簡任第十二職等為限，其轉任職務之官職等級，並不得高於轉任前之原職務等級。	第2條第2項
本辦法所稱「行政機關人員」，係指公務人員任用法施行細則第2條第2項第1款至第3款所定各級政府行政機關組織法規中定有職稱及官等職等之文職人員；所稱「公立學校教育人員」，係指各級公立學校校長、教師及職員；所稱「公營事業人員」，係指各級政府設置之生產、金融（保險）、交通及公用等事業機構從業人員。	第3條第1項
依教育人員任用條例第22條規定準用各級學校教師資格聘任之社會教育機構專業人員及學術研究機構研究人員，視同相當等級之公立學校教育人員。	第3條第2項
本辦法所稱「服務成績優良之年資」，指轉任人員於轉任前，依原任機關、機構、學校有關考績、考成或考核法規核定年終（度）考績、考成或考核成績列乙等或七十分或相當乙等以上之年資而言。	第4條第1項
所稱「性質相近」，指轉任前所任職務性質與擬轉任職務性質相近。	第4條第2項
所稱「等級相當」，指曾在行政機關、公立學校或公營事業機構擔任職務與擬轉任職務之官等職等、資位及等級相當而言。	第4條第3項
公立學校教育人員及公營事業人員經高等考試、特種考試之乙等考試及格轉任行政機關人員時，除分別取得其考試及格等次、類科之任用資格外，其轉任前曾任與轉任職務性質相近、等級相當之服務成績優良年資，先按年換算俸級至各該職等本俸最高級，其年終（度）考績、考成或考核結果如比照合於公務人員考績法第11條第1項考績升等之規定者，並得採計取得較高職等之任用資格。	第5條第1項
高等考試或特種考試乙等考試及格人員，於轉任前之服務年資，依前項規定換算至薦任第九職等滿三年，年終（度）考績、考成或考核結果如比照合於公務人員考績法第11條第2項考績升官等之規定且其俸級並經按年換算至薦任第九職等本俸最高級者，得採認提敘官等，積餘年資並得依前項規定採計提敘簡任相當職等之任用資格。	第5條第2項
各級行政機關依本辦法規定進用之轉任人員人數，以不超過本機關組織法規所定同官等職務十分之一員額為限。	第5條第3項

類型	規定
非現任或曾任主管職務人員不得轉任主管職務。	第5條第4項
經高等考試、特種考試之乙等考試及格之行政機關及公立學校教育人員轉任公營事業人員或行政機關及公營事業人員轉任公立學校教育人員時，比照前條規定辦理。	第6條第1項
依本辦法轉任公立學校校長、教師者，須具有教育人員任用條例規定之各級學校校長、教師資格；轉任交通事業副長級以上資位職務者，須比照交通事業人員任用條例規定甄審合格；轉任其他機關職務時，該轉任機關亦得辦理甄。	第6條第2項
轉任人員轉任前服務年資，除依本辦法第5條、第6條規定採計取得所轉任職務官等職等之任用資格外，如尚有積餘年資，得依公務人員俸給法規之規定提敘俸（薪）級。	第7條

十一、公務人員的留職停薪【108地三】

公務人員留職停薪及育嬰假之規定雖已行之有年，但公務人員留職停薪之規定散見於各種單行規章，並無統一之法源依據，為利執行，任用法爰增訂第28條之1，以資統一規範。茲據「公務人員留職停薪辦法」（111.09.16）摘錄其主要內容如下：

(一)本辦法所稱留職停薪，指公務人員因育嬰、侍親、進修及其他情事，經權責機關核准離開原職務而准予保留職缺及停止支薪，並於規定期間屆滿或留職停薪原因消失後，回職復薪（第2條）。

(二)公務人員具有下列情事之一者，應予留職停薪：

1. 依法應徵服兵役。
2. 選送國內外進修，期滿後經奉准延長。
3. 經核准自行申請國內外全時進修，其進修項目經服務機關學校認定與業務有關。
4. 配合國策奉派國外協助友邦工作。
5. 經核准配合公務借調至其他公務機關任職，且占該機關常務職務之職缺並支薪。

6. 經核准配合國家重點科技、推展重要政策或重大建設借調至公民營事業機構或法人服務。
7. 受拘役或罰金之確定判決而易服勞役。
8. 請病假已滿公務人員請假規則第3條第1項第2款延長之期限或請公假已滿同規則第4條第5款規定之期限，仍不能銷假（第4條）。

(三)公務人員具有下列情事之一者，得申請留職停薪，除第1款及第2款各機關不得拒絕外，其餘各款由各機關考量業務運作及個案實際情況依權責辦理：

1. 養育三足歲以下子女。
2. 依家事事件法、兒童及少年福利與權益保障法相關規定與收養兒童先行共同生活，其共同生活期間依前款規定申請留職停薪。
3. 照顧三足歲以下孫子女。但以該孫子女無法受雙親適當養育或有特殊事由者為限。
4. 本人或配偶之直系血親尊親屬年滿六十五歲以上或重大傷病須侍奉。
5. 配偶或子女重大傷病須照護。
6. 配偶經服務之公私部門派赴國外執行政府工作、因政府公務需要指派或獲取政府公費補助出國進修研究，其期間在一年以上須隨同前往。
7. 受刑事確定判決並獲准許易服社會勞動。
8. 其他經考試院會同行政院認定之情事。

第1項第4款、第5款所定重大傷病，應由各機關依申請留職停薪人員提出中央衛生主管機關評鑑合格醫院或國外醫療機構開具之證明文件，參酌全民健康保險法所定重大傷病之範圍覈實認定之（第5條）。

(四)前二條留職停薪期間，除下列各款情形外，均以二年為限，必要時得延長一年：

1. 依第4條第1項第1款規定依法應徵服兵役留職停薪者，其期間依兵役法第16條、替代役實施條例第7條及預備軍官預備士官選訓服役實施辦法第16條之規定辦理。
2. 依第4條第1項第2款、第3款規定國內外進修留職停薪者，其期間依公務人員訓練進修法第10條至第12條之規定辦理。
3. 依第4條第1項第6款規定借調至受託處理大陸事務機構服務留職停薪者，其期間依有關法規之規定辦理。

4. 依第4條第1項第8款規定延長病假或因公傷病公假期滿留職停薪者，其期間依公務人員請假規則第5條之規定辦理。
5. 依第5條第1項第1款、第2款規定育嬰留職停薪者，其期間最長至子女、收養兒童滿三足歲止。
6. 依第4條第1項第7款或第5條第1項第7款規定留職停薪者，其期間依所受之拘役宣告期間、易服勞役或易服社會勞動之執（履）行期間辦理（第6條）。

(五) 留職停薪人員除其他法律別有規定外，應於留職停薪期間屆滿之次日回職復薪。但其留職停薪屆滿前原因消失後，應即申請回職復薪。

留職停薪人員於留職停薪期間或屆滿之次日，因辭職或其他事由離職，不受前項應申請回職復薪之限制。

留職停薪人員服務機關應於留職停薪期間屆滿前三十日預為通知留職停薪人員；留職停薪人員，應於留職停薪期間屆滿前二十日內，向服務機關申請回職復薪；逾期未回職復薪者，除有不可歸責於留職停薪人員之事由外，視同辭職，並以留職停薪屆滿之次日為辭職生效日。

留職停薪人員於留職停薪期間因留職停薪原因消失，應於原因消失之日起二十日內，向服務機關申請回職復薪，服務機關應於受理之日起三十日內通知其回職復薪；如未申請回職復薪者，服務機關應即查處，並通知於十日內回職復薪；逾期未回職復薪者，除有不可歸責於留職停薪人員之事由外，視同辭職，並以留職停薪原因消失之次日為辭職生效日（第7條）。

(六) 留職停薪人員於留職停薪期間之考績（成）、休假、退休、撫卹、保險及福利等事項，依各有關法令規定辦理（第8條）。

(七) 主管人員經核准留職停薪六個月以上者，得視業務需要調任為非主管職務。

依第5條第1項第1款或第2款所定情事留職停薪六個月以上之主管人員，經機關於其留職停薪期間調任非主管職務者，辦理回職復薪時，除因服務機關業務調整而精簡、整併、改制（隸）、裁撤、移撥其他機關或經當事人書面同意者外，應回復原主管職務。

留職停薪人員留職停薪期間所遺業務，由現職人員代理或兼辦。薦任以下非主管人員之留職停薪期間所遺業務，得以所代理職務為薦任或委任官等，分別依約聘僱相關法令規定約聘或約僱人員辦理。但委任跨列薦任官等之職務，得約聘或約僱人員辦理。

薦任以下主管人員依第5條第1項第1款或第2款規定辦理育嬰留職停薪期間，其所遺業務，由現職薦任以下非主管人員代理時，該現職非主管人員之業務，得比照前項規定約聘或約僱人員辦理（第9條）。

(八)各機關核准留職停薪人員及回職復薪人員，均應於事實發生後，即依規定程序辦理公務人員動態登記（第10條）。

(九)留職停薪人員於留職停薪期間仍具公務人員身分，如有違反公務員服務法或本辦法規定之情事，各機關應依相關法令處理（第11條）。

十二、聘用人員【96高、110高三】

所謂聘用人員，乃各機關應業務需要，以契約定期聘用之專業或技術人員。

(一)**聘用人員之法定範圍**：聘用人員聘用條例所稱之聘用人員，係指各機關以契約定期聘用之專業或技術人員。至所稱專業或技術人員，指所具專門知能堪任發展科學技術，或執行專門性之業務或專司技術性研究設計工作而言。

(二)**聘用人員之各項限制**：依聘用人員聘用條例之規定，聘用人員有下列各項之限制：

1. **聘用人員不適用俸給法、退休資遣撫卹法之規定**：定期約聘之聘用人員，既係為某一特定技術性之研究設計工作而予以定期約聘，則預定計劃完成之日，亦即契約終止之時，故其工作不但有一定之時期，而與一般公務人員終身服務公職者迥然有別，且其所得報酬亦不同於公務人員，故應排斥上列各該法律之適用。
2. **聘用人員不適用各機關組織法規所定簡任、薦任之各項職稱，並不得兼任有職等之職務或充任主管職位**：定期約聘人員之性質，既與簡任、薦任公務人員不同，自不能適用各機關組織法規中之簡任、薦任職務之名稱（如專門委員、專員），以示區別而免混淆。組織法規之簡任、薦任之職稱，既不得適用，則以聘用人員兼任有職等之職務，或充任主管（如司長、科長），自亦均為法所不許。

3. **各機關聘用人員不合規定者，其所支經費，審計機關應不予核銷**：此項規定，在予各機關以警覺性，蓋各機關，如不依照規定而約聘聘用人員，則其所列有關聘用人員之經費有被審計機關剔除之虞，故對於聘用人員，自特別鄭重，而不致違法濫聘，藉以加強聘用人員聘用條例之效果。

十三、公務人員的陞遷 重要【108地四、110普】

(一)陞遷的功用

1. **促進公務人員永業化**：在永業制度下，公務人員應有陞遷之機會，使其能專心一意從事所任之工作，竭盡所能，力求成績之表現。因陞遷乃給予優秀公務人員充分發展其知能與潛能之機會，與功績制和永業化之觀念相符，若無陞遷制度，則功績制和公務人員永業化能否順利推行，頗值存疑。因此，為促進公務人員之永業化，政府確須建立公平合理之陞遷制度。
2. **激勵工作情緒，增進工作效率**：一位任事負責盡職之人員獲得應有之陞遷，除可激勵其榮譽心，滿足其成就感；促其潛能之發揮，堅定其忠誠服務外，更可以激發其他同仁群起效法，對整個工作效率之提升，具有重大之實質意義。因陞遷為地位之提高及職責之加重，薪給亦隨而提高，獲陞遷之公務人員，不但在物質上精神上均得到滿足，並可促使機關組織內之全體人員努力工作，以期將來獲得陞遷。由此可見，陞遷是激勵之泉源，也是提高工作情緒、增進工作效率之最好方法。
3. **鼓勵公務人員進修，以提高素質**：公務人員陞遷之考評，多以學識能力及工作成績等為主要考評項目，公務人員為增進學識能力，提高工作成績，必須利用公餘之暇，從事進修，俾使本身之學識更廣博，工作能力更增進，以使陞遷之條件更優越，更易實現陞遷之願望，所以合理之陞遷制度，能鼓勵公務人員進修，更因而提高公務人員的素質，提升辦事能力。
4. **加強公務人員訓練培育**：因公務人員一經陞遷，不但需擔當更大之職責，且其升任職務與原任不同，為使儘早適應新職務，並能勝任愉快，自應予以訓練。優良而合理之陞遷制度，會促使職員主動準備擔任重要職責，機關對這些職員應加以訓練，以增進其陞遷資格條件，並發展其所需之技術與學識。是以陞遷制度確能使機關加強公務人員訓練培育。

5. **拔擢實才以杜倖進**：健全之陞遷制度對於具有良好條件及工作表現優異人員是一種獎勵，如能秉持為事舉才之目標以落實陞遷制度，則積極上確能選拔具有真才實學者，消極上亦可杜絕不肖者奔走鑽營或躋身於晉升之行列，以免造成機關內之不和諧。

(二)**公務人員陞遷法**：公務人員陞遷法於112年5月2日修正公布，本次陞遷法之修正，茲為持續精進公務人員陞遷制度，使公務人員獲得合理陞遷，以符人與事適切配合之旨，並利機關拔擢優秀人才，進而提高政府施政效能及服務品質，爰參酌各界意見，通盤檢討現行規定及實務運作相關問題，重行擬具部分條文修正。計修正9條，其修正要點如下：

1. 為強化功績導向之陞遷制度，修正公務人員之陞遷依功績原則辦理。（修正條文第二條）
2. 修正指名對調規定，放寬為得採行二人以上相互間調任方式辦理；為符合法律保留原則，增訂因機關組織調整或基於業務需要，非自願性改派較低職務者，於再調任本機關或隸屬於同一主管機關之他機關與改派前相當之職務時，得免經甄審（選）之規定。（修正條文第五條）
3. 預為因應其他法律增訂逐級陞遷之例外規定，增訂本法與其他法律之適用順序。（修正條文第六條）
4. 各機關得視業務性質，對具有重大殊榮、工作表現、特定語言能力者，酌予加分；為落實功績原則，修正內陞評定積分有二人以上相同時之排序方式，以及各機關陞任評分標準，由各主管院本功績原則訂定；機關外補甄選作業應訂定資格條件、甄選及評比方式辦理之；如有機關首長或主管等人員評核之綜合考評項目，其配分比率，不得超過各主管院或其授權機關所訂綜合考評標準之上限。（修正條文第七條）
5. 將直轄市山地原住民區民代表會納入免組甄審委員會之機關範圍；為符合法律保留原則，增訂因育嬰留職停薪自願調任較低職務者，於回職復薪之日調任原職務或與原職務同一序列職務時，得免經甄審之規定。（修正條文第八條）

6. 就機關首長對甄審委員會報請其圈定陞遷之人選有不同意見，退回重行依本法相關規定辦理陞遷之情形，增訂應加註理由。（修正條文第九條）
7. 配合駐外機構組織通則施行，將駐外使領館（代表機構）、機構修正為駐外機構。（修正條文第十條）
8. 配合公務人員品德修養及工作績效激勵辦法已將公務人員傑出貢獻獎區分為個人獎及團體獎，將獲公務人員傑出貢獻獎修正為獲公務人員傑出貢獻獎個人獎為優先陞任之條件；預為因應其他法律增訂得優先陞任條件之其他規定，增訂概括規定，以資適用。（修正條文第十一條）
9. 刪除任現職不滿一年不得辦理陞任規定；將最近一年內曾受累積達一大過以上處分者，不得辦理陞任規定，修正為曾受記一大過之處分；增訂最近一年內因酒後駕車、對他人為性騷擾或跟蹤騷擾，致曾受記過一次以上處分者，不得辦理陞任規定；增訂因配合政府重大政策奉派參加六個月以上訓練或進修之人員，以及育嬰留職停薪人員得於陞任之日實際任職者，均不受不得辦理陞任之限制。（修正條文第十二條）

精選試題

1. 請依現行公務人員任用三法，說明官等、職等、職務、職系及組織之意涵。【108地四】
2. 公務人員職務列等之意義為何？職務列等表在人事行政上之主要作用有那些？其職務列等應考慮那些因素及原則？試分別闡述之。【106地三】
3. 公務人員考試法第一條規定：「公務人員之任用，依本法以考試定其資格。」請根據本條文內容，申述當人員參加不同種類的初任公務人員考試（如高考、普考……等），在及格後可能會影響那些接續的任用作業？內容為何？【107地三】
4. 甲參加地方特考及格，擔任西部某縣政府六職等科員職務後，想請調回東部故鄉服務。請問甲應符合那些條件與過程才能實現願望？【106地四】

5. 某甲參加普通考試及格並正式分發任職後，若想要在機關晉升至薦任官，請問其可能需要具備那些條件，並經歷那些過程？【106地四】

6. A君為經銓敘部銓敘審定合格實授之現任委任第五職等職務人員，A君若欲取得升任薦任第六職等之任用資格，依照公務人員任用法之規定，除經升官等考試及格外尚有何途徑？又學歷與考績對其日後升遷可能造成那些影響？【107高】

7. 除公務人員任用法第9條第1項（任用資格之取得）及第28條（不得任用為公務人員之情事）規定外，公務人員任用法對於公務人員的調任，還有那些規定（或限制？）【105地三】

8. 依據公務人員任用法規定，各機關初任簡任及委任官等公務人員，經銓敘部銓敘審定合格後，呈請總統任命。試論述其理由為何？【109地四】

9. 陳先生今年考上普考，按「公務人員任用法」相關規定，須試用6個月，請問陳先生要面對那些試用期間考核？【105地四】

10. 某甲參加特種考試地方政府公務人員考試四等考試錄取，依現行規定，應經那些程序方可以取得正式任用資格？何時可以調職？【109地四】

11. 一般參加國家考試錄取並合格實授，是取得特定職系任用資格的基本方式，然而近年人員轉換職系似有更彈性化的趨勢。請根據現行法規分析現職公務人員轉換職系的條件與可能途徑。【109地三】

12. 公務人員在何種情況下得申請留職停薪？那一種情況下的申請，各機關不得拒絕？【103普】

13. 請說明公務人員應予或得申請留職停薪之原因。其中育嬰留職停薪的期限與津貼請領規定為何？【108地三】

14. 公務人員任用法與公務人員陞遷法之立法宗旨為何？另就人事實務而言，論者指陳「女性玻璃天花板（glassceiling）」障礙現象，其意為何？如何改正之？【103地四】

15. 請依現行公務人員陞遷法，說明陞遷的主要意涵、程序、甄審委員會的設置及其職掌。【108地四】

16. 依據公務人員陞遷相關法規之規定，各機關辦理人員陞遷業務，必須完成的先期作業有那些？分別說明其項目與內容。【105普】

17. 我國公務人員任用與陞遷制度皆備且已行之經年，惟論者指出其仍然存在某些問題值得深思，試就所知析論之。【105高】

18. 公務人員生涯發展過程中除了陞遷外，尚有許多調任的可能性。若您是人事主管，當機關首長想運用調任（排除陞遷）來活化機關人力運用時，請問基於職責，您應提供什麼建議？【107地三】

重點複習

一、任用的原則

專才專業	本法規定，各職務應依職系說明書，歸入適當之職系（第8條），並規定各職務應就其工作職責及所需資格，依職等標準列入職務列等表（第6條）。
適才適所	本法規定，各機關任用公務人員時，「其學識、才能、經驗及體格，應與擬任職務之種類職責相當。如係主管職務，並應注意其領導能力。」第4條第1項又規定人員之調任，原則上應以職組及職系為範圍（第18條第1項），必要時，「得就其考試、學歷、經歷或訓練等認定其職系專長，並得依其職系專長調任。」（第18條第2項）
初任與升調並重	所謂並重，乃指不可「偏廢」之意。本法規定，初任人員應就考試及格人員分發任用（第10條）。並規定業務需要時，得指名商調其他機關人員（第22條）。另於公務人員陞遷法第2條規定：「公務人員之陞遷，應本人與事適切配合之旨，考量機關特性與職務需要，依功績原則，兼顧內陞與外補，採公開、公平、公正方式，擇優陞任，遷調歷練，以拔擢及培育人才。」
人與事適切配合	本法規定，「各機關對組織法規所定之職務，應賦予一定範圍之工作項目、適當之工作量及明確之工作權責，並訂定職務說明書，以為該職務人員工作指派及考核之依據。」（第7條）

二、內陞外補制之比較

	內陞制	外補制
優點	(1) 在職的公務員認為陞遷有望，機會較多，故工作情緒高，效率大，且能安心而樂意的工作。 (2) 公務員能循序升晉，陞遷有望，發展有前途，故肯以其職務做為終身職業，不存五日京兆之心。 (3) 新升任人員為原來舊同事，熟悉機關的傳統，不致多所更張，易於保持機關的安定，易於獲得彼此的和諧。 (4) 憑一時之考試，有時並不足以發現真才，在長期的服務過程中，對一個人之才能、品行，可有真正而完全的瞭解，易於實現因事以選材、因材而施用的原則。 (5) 晉陞新職人員，經驗豐富，技術熟練，對於新職可以從容應付。	(1) 足以吸收卓越人才至政府服務。 (2) 因事以選材，因材而施用，足以收到「適才適所」之效。 (3) 機關內有新份子的加入，易有所改革與進步。
缺點	(1) 不足以吸收卓越人才，因為有特別才具或較高資格者，不願從低級職務做起。 (2) 某一個職務需要某一種人才，擔任低級職務頗具成績者，不一定適宜於較高級的職務。 (3) 機關無新齒輪、新份子的加入，易陷於暮氣沉沉，難期有新計畫、新改革的產生。 (4) 選拔範圍有限，可供挑選的對象不多，自難依「廣收慎選」原則，選得所需的理想人才。	(1) 公務員以晉陞無望，自然減低工作情緒與效率。 (2) 公務員以前途發展有限，難以安心服務。 (3) 新補入的人員與原有人員毫無關係，易引起不合作的現象。 (4) 新任人員不瞭解機關過去的情形與特性，易致魯莽改革，破壞優良傳統。

三、任用資格

(一)公務人員的任用資格，可分為兩種，即積極性任用資格與消極性任用資格。前者指必須具備的資格；後者指不可以具備的資格。消極性資格的效力大於積極性資格，即兩者皆具備時，仍不得充任公務人員。

(二)積極性的任用資格：公務人員任用法第9條規定：「公務人員之任用，應具有下列資格之一：1.依法考試及格。2.依法銓敘合格。3.依法升等合格。特殊性質職務人員之任用，除應具有前項資格外，如法律另有其他特別遴用規定者，並應從其規定。初任各職務人員，應具有擬任職務所列職等之任用資格；未具擬任職務職等任用資格者，在同官等高二職等範圍內得予權理。權理人員得隨時調任與其所具職等資格相當性質相近之職務。」

(三)任用資格之例外：公務人員之任用固須具有法定之任用資格，但下列人員則有例外之規定：

1. 各機關辦理機要職務之人員。
2. 另定任用法律之人員。
3. 政務人員。

(四)消極性的任用資格

1. 上項所述公務人員的積極任用資格，乃指「有所為」之條件，以便發揮其為公服務之應有功能。
2. 國籍法第20條規定。
3. 至於消極性任用資格之法律效果，本法第28條第2項、第3項規定：「公務人員於任用後，有第1項第1款至第10款情事之一，或於任用時，有第1項第3款情事，業依國籍法第20條第4項規定於到職前辦理放棄外國國籍，而未於到職之日起一年內完成喪失該國國籍及取得證明文件，且無第2項情形者，應予免職；有第11款情事者，應依規定辦理退休或資遣。任用後發現其於任用時有第1項各款情事之一者，應撤銷任用。前項人員任職期間之職務行為，不失其效力；業已依規定支付之俸給及其他給付，不予追還。但經依第1項第2款情事撤銷任用者，應予追還。」

四、任用限制

(一)積極性的限制。

(二)消極性的限制。

五、公務人員任用的程序

(一)各機關初任各職等人員，除法律別有規定外，應由分發機關或申請舉辦考試機關就公務人員各等級考試正額錄取，依序分配訓練，經訓練期滿成績及格人員分發任用。

(二)分配訓練、分發任用之程序、辦理方式、限制及有關事項之辦法，由考試院會同行政院定之。

(三)各機關擬任公務人員，經依職權規定先派代理，限於實際代理之日起三個月內送請銓敘部銓敘審定。

(四)初任各官等人員，未具與擬任職務職責相當或低一職等之經驗六個月以上者，應先予試用六個月，並由各機關指派專人負責指導。試用期滿成績及格，予以實授；試用期滿成績不及格，予以解職。

六、聘用人員

所謂聘用人員，乃各機關應業務需要，以契約定期聘用之專業或技術人員。

(一)聘用人員之法定範圍：聘用人員聘用條例所稱之聘用人員，係指各機關以契約定期聘用之專業或技術人員。至所稱專業或技術人員，指所具專門知能堪任發展科學技術，或執行專門性之業務或專司技術性研究設計工作而言。

(二)聘用人員之各項限制：依聘用人員聘用條例之規定，聘用人員有下列各項之限制：

1. 聘用人員不適用俸給法、退休資遣撫卹法之規定：定期約聘之聘用人員，既係為某一特定技術性之研究設計工作而予以定期約聘，則預定計劃完成之日，亦即契約終止之時，故其工作不但有一定之時期，而與一般公務人員終身服務公職者迴然有別，且其所得報酬亦不同於公務人員，故應排斥上列各該法律之適用。

2. 聘用人員不適用各機關組織法規所定簡任、薦任之各項職稱，並不得兼任有職等之職務或充任主管職位：定期約聘人員之性質，既與簡任、薦任公務人員不同，自不能適用各機關組織法規中之簡任、薦任職務之名稱（如專門委員、專員），以示區別而免混淆。組織法規之簡任、薦任之職稱，既不得適用，則以聘用人員兼任有職等之職務，或充任主管（如司長、科長），自亦均為法所不許。

3. 各機關聘用人員不合規定者，其所支經費，審計機關應不予核銷：此項規定，在予各機關以警覺性，蓋各機關，如不依照規定而約聘聘用人員，則其所列有關聘用人員之經費有被審計機關剔除之虞，故對於聘用人員，自特別鄭重，而不致違法濫聘，藉以加強聘用人員聘用條例之效果。

七、公務人員的陞遷

(一)陞遷的功用：

1. 促進公務人員永業化。
2. 激勵工作情緒，增進工作效率。
3. 鼓勵公務人員進修，以提高素質。
4. 加強公務人員訓練培育。
5. 拔擢實才以杜倖進。

(二)公務人員陞遷法：公務人員陞遷法於112年5月2日修正公布，本次陞遷法之修正，茲為持續精進公務人員陞遷制度，使公務人員獲得合理陞遷，以符人與事適切配合之旨，並利機關拔擢優秀人才，進而提高政府施政效能及服務品質，爰參酌各界意見，通盤檢討現行規定及實務運作相關問題，重行擬具部分條文修正。計修正9條，其修正要點如下：

1. 為強化功績導向之陞遷制度，修正公務人員之陞遷依功績原則辦理。（修正條文第二條）
2. 修正指名對調規定，放寬為得採行二人以上相互間調任方式辦理；為符合法律保留原則，增訂因機關組織調整或基於業務需要，非自願性改派較低職務者，於再調任本機關或隸屬於同一主管機關之他機關與改派前相當之職務時，得免經甄審（選）之規定。（修正條文第五條）
3. 預為因應其他法律增訂逐級陞遷之例外規定，增訂本法與其他法律之適用順序。（修正條文第六條）
4. 各機關得視業務性質，對具有重大殊榮、工作表現、特定語言能力者，酌予加分；為落實功績原則，修正內陞評定積分有二人以上相同時之排序方式，以及各機關陞任評分標準，由各主管院本功績原則訂定；機關外補甄選作業應訂定資格條件、甄選及評比方式辦理之；如有機關首長或主管等人員評核之綜合考評項目，其配分比率，不得超過各主管院或其授權機關所訂綜合考評標準之上限。（修正條文第七條）

5. 將直轄市山地原住民區民代表會納入免組甄審委員會之機關範圍；為符合法律保留原則，增訂因育嬰留職停薪自願調任較低職務者，於回職復薪之日調任原職務或與原職務同一序列職務時，得免經甄審之規2定。（修正條文第八條）
6. 就機關首長對甄審委員會報請其圈定陞遷之人選有不同意見，退回重行依本法相關規定辦理陞遷之情形，增訂應加註理由。（修正條文第九條）
7. 配合駐外機構組織通則施行，將駐外使領館（代表機構）、機構修正為駐外機構。（修正條文第十條）
8. 配合公務人員品德修養及工作績效激勵辦法已將公務人員傑出貢獻獎區分為個人獎及團體獎，將獲公務人員傑出貢獻獎修正為獲公務人員傑出貢獻獎個人獎為優先陞任之條件；預為因應其他法律增訂得優先陞任條件之其他規定，增訂概括規定，以資適用。（修正條文第十一條）
9. 刪除任現職不滿一年不得辦理陞任規定；將最近一年內曾受累積達一大過以上處分者，不得辦理陞任規定，修正為曾受記一大過之處分；增訂最近一年內因酒後駕車、對他人為性騷擾或跟蹤騷擾，致曾受記過一次以上處分者，不得辦理陞任規定；增訂因配合政府重大政策奉派參加六個月以上訓練或進修之人員，以及育嬰留職停薪人員得於陞任之日實際任職者，均不受不得辦理陞任之限制。（修正條文第十二條）

Chapter 07

公務人員的俸給

老師叮嚀

1 本章很簡單，能考的地方不多。
2 理論性探討普考（四等特考）考生可以不看。
3 俸給種類、定義要背熟。
4 加給給與辦法，應充分瞭解。

一、俸給的意義與性質【106地三】

(一)俸給，係指國家對經任用之公務人員，為酬勞其服務，安定其生活及維護其地位，所定期給付之待遇。在人事行政的各項措施中，公務人員俸給問題最為複雜，最易引起誤解與衝突，也使政府行政首長面臨著互相衝突的壓力。

(二)**行政首長所面臨的壓力來自兩方面**

1. **公務員方面**：希望政府採取優厚的俸給政策。
2. **納稅人方面**：要求一種適當的俸給政策及俸給水準，一方面能獲致用人費用的節省，另一方面亦能獲得並保持有能力的公務員，可提供公民所需要的服務。

(三)行政首長的任務，就在調和社會公眾的要求節省預算與照顧公務員的經濟福利及保障其權利。行政首長為求達到此一目的，必須贏得立法機關對於他所提出的均衡政策的支持。

二、俸給的原則【99普】

俸給與士氣及工作滿足感均有相當的關聯，必須審慎處理。俸給的重要原則如次：

(一)**責酬相當原則**：即俸給之多寡應與其職務上所負責任之大小成正比，亦即職高責重者俸給亦高，職低責輕者俸給亦低。

(二)**同工同酬原則**：即相等的工作獲得相等的報酬。

(三)**比較原則**：即俸給水準，對內部平衡及對外部競爭，均具比較能力。

(四)**激勵原則**：即俸給之支付，足以激勵工作士氣。

(五)**實惠原則**：即注意實際報酬的提昇，而非金錢數字的增加。

三、俸給決定的因素

(一)公務人事行政的目的，乃在延攬並保持最為優秀的工作人員，以達到公務人事制度的永業化，欲達此一目的，俸給的合理化是非常重要的。

(二)所謂俸給的合理化，意指公務員的待遇應足以維持相當的生活水準，能與企業機構的待遇保持適當的均衡，並且合乎同工同酬的原則。欲使俸給合理化，公務員俸給的決定，應考慮下列因素：

1. 經濟的考慮。
2. 市場薪給率的考慮。
3. 社會及倫理的考慮。
4. 其他因素的考慮：包括休假規定、工作時間、身分保障、退休給與、國民所得、物價指數等。

四、俸給方案【111地特四、111外特三】

(一)**俸給方案包括兩部分**

1. 按每一職級制定之俸給等級。
2. 管理俸給之正常規則。

這種俸給方案具備俸給標準化之基礎，以求達到同工同酬，並在俸給等級上，能公平地反映出工作重要性與艱難程度之不同等級。這種方案之制訂，必須配合職位分類方案方有可能。

(二)草擬任何一種俸給方案之第一步工作，是收集某些基本資料加以分析。一般來說，擬訂完善之俸給方案所根據之基本資料有四大部分：

1. **本機關當前之狀況**：包括職位分類、工作分配、現有俸給水準之資料、工作條件與員工異動情形。
2. **本機關以外之僱用條件**：包括比較工商企業用人之俸給水準以及其他公務機關之俸給水準資料。
3. **一般生活水準及生活費用。**
4. **國民所得與物價資料。**

上述四種資料必須廣泛地收集，缺乏任何一種，將不足以訂定公平合理之俸給方案。

五、俸給調整原則與調整程序【108高】

(一)為使公務人員享有合理之俸給，確保政府能延攬到所需之優秀人才，與維持應有之士氣水準，許多國家對於公務人員俸給的調整，在俸給調整原則與調整程序方面均加以規範，避免公務員俸給受到不合理壓抑。

(二)**在調整原則方面，各國規定如下**

英國	(1) 薪給應足以保證能吸收完全合格的人員，並維持有效而健全的服務。 (2) 能與民間企業公平地比較。 (3) 考慮物價與所得的變動。
美國	比較原則，即應比較私人企業薪資水準，訂定聯邦公務員俸給。
日本	國家公務員法規定，國家公務員俸給，應考慮民間企業薪資水準、生活費用與物價指數。

(三)**在程序方面，各國規定如下**

1. **英國**：英國政府設置有「文官薪俸研究小組」，負責調查民間企業薪資水準，供政府與公務員工會談判文官薪俸的參考。如無法達成協議，則提交「文官仲裁法院」仲裁。
2. **美國**：聯邦政府設有俸給專案小組，根據民間企業薪資水準調查資料、公務員工會建議，依據「比較原則」向總統提出調整方案。總統即將該調整案交由顧問委員會，從財政、經濟方面予以評估。總統如決定接受該調整方案，有權逕行調整。若總統不接受該調整方案，則總統應向國會提出俸給調整修正案，交由國會決定。國會如在三十日內未表示意見，該修正案即自動生效，否則即應遵照國會決議予以執行。
3. **日本**：日本人事院基於前述原則的考量，或基於公務員依循公平制度提出申訴，要求改善俸給，人事院應同時向內閣總理大臣與國會提出改善建議。

從前述英、美、日公務員俸給調整的程序可知，三國共同具有兩項特質：

1. 公務員工會的參與。
2. 由仲裁機構或國會來決定，以避免行政部門藉口財政困難，壓抑公務員俸給的調整。

(四)我國公務人員俸給法，對於俸給調整之原則與調整之程序，均未予以規定，目前有關公務人員俸給政策、調整原則，係由行政院隨時以一般政策制定方式宣告，無法定原則可循。公務人員協會法第6條第4款雖規定，公務人員協會對於待遇調整之規劃及擬議，得提出建議，其影響力如何，尚待觀察。

當前之俸給政策，有關公務人員待遇之調整，大體上係考量民間企業薪資水準、物價指數與國民所得之變動。行政院人事行政總處每年均依據行政院主計總處所從事之民間企業薪資水準調查資料，以為考量軍公教人員待遇應否調整以及調整幅度之參酌依據。然而實際調整情形，因我國在調整程序上，並無明確之規範，遂常受制於其他政府施政優先順序之考量與預算有限之限制，不一定能確實依據實際需要予以調整，以致公務人員俸給，長期以來均與民間企業薪資水準存在相當差距。

此一情形，對於公務人員之人才延攬、人力素質之提升，以及士氣與效能、效率之增進，不無不利之影響。尤其是某些科技人才之延攬，更使政府在與民間企業競爭人才上，處於不利之地位。似宜參酌英、美、日等國之規定加以規範。

六、俸給種類【106地三、114地四】 重要

(一)依公務人員俸給法第3條之規定，公務人員之俸給，分本俸（年功俸）及加給，均以月計之。

(二)茲據公務人員俸給法第2條列舉其意義如下：

1. **本俸**：係指各職等人員依法應領取之基本給與。
2. **年功俸**：係指各職等高於本俸最高俸級之給與。
3. **加給**：係指本俸、年功俸以外，因所任職務種類、性質與服務地區之不同，而另加之給與。

(三)依公務人員俸給法第5條規定，加給分下列三種：

1. **職務加給**：對主管人員或職責繁重或工作具有危險性者加給之。
2. **技術或專業加給**：對技術或專業人員加給之。
3. **地域加給**：對服務邊遠或特殊地區與國外者加給之。

七、俸表結構【106地三】

(一)依公務人員俸給法第4條之規定，公務人員俸級區分如下：

1. 委任分五個職等，第一職等本俸分七級，年功俸分六級，第二至第五職等本俸各分五級，第二職等年功俸分六級，第三職等、第四職等年功俸各分八級，第五職等年功俸分十級。
2. 薦任分四個職等，第六至第八職等本俸各分五級，年功俸各分六級，第九職等本俸分五級，年功俸分七級。
3. 簡任分五個職等，第十至第十二職等本俸各分五級，第十職等、第十一職等年功俸各分五級，第十二職等年功俸分四級，第十三職等本俸及年功俸均分三級，第十四職等本俸為一級。

現行俸表結構得圖示如下：

官等	簡任					薦任				委任				
職等	十四	十三	十二	十一	十	九	八	七	六	五	四	三	二	一
本俸	1	3	5	5	5	5	5	5	5	5	5	5	5	7
年功俸	0	3	4	5	5	7	6	6	6	10	8	8	6	6

(二)本俸、年功俸之俸級及俸點，依所附俸表之規定。

所稱「俸級」，係指各職等本俸及年功俸所分之級次；「俸點」，係指計算俸給折算俸額之基數。

(三)依據公務人員俸表說明，折算俸額標準，必要時得按俸點分段訂定之。各職等本俸俸點每級差額，第一至第五職等為十個俸點，第六至第九職等為十五個俸點，第十至第十三職等為二十個俸點。各職等年功俸之俸點比照同列較高職等本俸或年功俸之俸點。

八、初任人員的起敘俸級【106地三】

(一)公務人員俸給法第6條第1項規定，初任各官等職務人員，其等級起敘規定如下：

1. 高等考試之一級考試或特種考試之一等考試及格者，初任薦任職務時，敘薦任第九職等本俸一級；先以薦任第八職等任用者，敘薦任第八職等本俸四級。
2. 高等考試之二級考試或特種考試之二等考試及格者，初任薦任職務時，敘薦任第七職等本俸一級；先以薦任第六職等任用者，敘薦任第六職等本俸三級。
3. 高等考試之三級考試或特種考試之三等考試及格者，初任薦任職務時，敘薦任第六職等本俸一級；先以委任第五職等任用者，敘委任第五職等本俸五級。
4. 普通考試或特種考試之四等考試及格者，敘委任第三職等本俸一級。
5. 初等考試或特種考試之五等考試及格者，敘委任第一職等本俸一級。

(二)公務人員俸給法第6條第2項規定，中華民國85年1月17日公務人員考試法修正施行前，考試及格人員，初任各官等職務時，其等級起敘規定如下：

1. 特種考試之甲等考試及格者，初任簡任職務時，敘簡任第十職等本俸一級；先以薦任第九職等任用者，敘薦任第九職等本俸五級。
2. 高等考試之一級考試及格者，初任薦任職務時，敘薦任第七職等本俸一級；先以薦任第六職等任用者，敘薦任第六職等本俸三級。
3. 高等考試之二級考試及格者，初任薦任職務時，敘薦任第六職等本俸一級；先以委任第五職等任用者，敘委任第五職等本俸五級。
4. 高等考試或特種考試之乙等考試及格者，初任薦任職務時，敘薦任第六職等本俸一級；先以委任第五職等任用者，敘委任第五職等本俸五級。
5. 普通考試或特種考試之丙等考試及格者，敘委任第三職等本俸一級。
6. 特種考試之丁等考試及格者，敘委任第一職等本俸一級。

(三)公務人員俸給法第7條規定，升官等考試及格人員初任各官等職務等級之起敘，依下列規定：

1. 簡任升官等考試及格者，初任簡任職務時，敘簡任第十職等本俸一級。
2. 薦任升官等考試及格者，初任薦任職務時，敘薦任第六職等本俸一級。
3. 委任升官等考試及格者，初任委任職務時，敘委任第一職等本俸一級。

本法施行前經依考試法、分類職位公務人員考試法或公務人員升等考試法考試及格者，初任其考試及格職等職務時，分別自各該職等之最低俸級起敘。

(四)公務人員任用法第8條規定，試用人員俸級之起敘，依前二條規定辦理，改為實授者，仍敘原俸級。

九、調任人員的俸給

(一)依公務人員俸給法第11條規定，調任人員之俸給如下：

1. 依法銓敘合格人員，調任同職等職務時，仍依原俸級銓敘審定。在同官等內調任高職等職務時，具有所任職等職務任用資格者，自所任職等最低俸級起敘；如未達所任職等之最低俸級者，敘最低俸級。如原敘俸級之俸點高於所任職等最低俸級之俸點時，敘同數額俸點之俸級。
2. 在同官等內調任低職等職務以原職等任用人員，仍敘原俸級。
3. 權理人員，仍依其所具資格銓敘審定俸級。
4. 調任低官等職務以調任官等之最高職等任用人員，其原敘俸級如在所調任官等之最高職等內有同列俸級時，敘同列俸級；如高於所調任官等之最高職等最高俸級時，敘至年功俸最高級為止，其原敘較高俸級之俸點仍予照支。
5. 前項仍予照支原敘較高俸級俸點人員，日後再調回原任高官等職務時，其照支之俸級如在所調任職等內有同列俸級時，敘同列俸級；如高於所調任職等最高俸級時，敘至年功俸最高級為止，其原照支較高俸級之俸點仍予照支。

(二)公務人員俸給法第13條規定，不受任用資格限制人員，依法調任或改任受任用資格限制之同職等職務時，具有相當性質等級之資格者，應依其所具資格之職等最低級起敘，其原服務較高或相當等級年資得按年核計加級。所稱不受任用資格限制人員指各機關辦理機要職務之人員，其俸級之銓敘審定依下列規定：

1. 初任各官等機要人員，自擬任職務所列職等最低俸級起敘。
2. 現職機要人員調整較高官等機要職務，自該職務所列職等最低俸級起敘。其原任機要職務所敘俸級俸點高於擬任職務職等最低俸級之俸點，敘該擬任職等內同數額俸點之俸級。
3. 現職機要人員調整同官等或較低官等機要職務，自該職務所列職等最低俸級起敘。但其原任機要年資比照合於公務人員考績法第11條之規定，得於該職務列等範圍內晉升職等，如有積餘年資得按年核計加級。

4. 現職公務人員調任機要職務時，適用本法第11條、第15條有關調（升）任官等職等之規定核敘俸級。如未具有高一官等任用資格者，適用第1款規定。
5. 機要人員離職後再任機要職務時，比照第1款至第3款規定辦理。但再任原機要職務或列等相同之機要職務時，得敘曾敘之職等俸級。

前項機要人員如調任或改任其他受法定任用資格限制之職務時，除第4款人員適用本法第11條銓敘審定俸級外，仍應依其所具考試等級資格起敘俸級，不適用本法第23條之規定（施行細則第5條）。

(三)公務人員俸給法第15條規定：

1. 升任官等人員，自升任官等最低職等之本俸最低級起敘。但原敘年功俸者，得敘同數額俸點之本俸或年功俸。曾任公務人員依考試及格資格，再任較高官等職務者，亦同。
2. 現任或曾任公務人員，依所具較高考試及格資格，升任或再任較高職等職務時，其原敘俸級，高於擬任職等最低俸級者，得敘同數額俸點之本俸或年功俸。
3. 初任委任官等職務人員，其俸級依所具任用資格等級起敘，曾任雇員原支雇員年功薪點，得敘該職等同數額俸點之俸級，以敘至年功俸最高級為止，其超過之年功薪點仍准暫支，俟將來升任較高職等職務時，照其所暫支薪點敘所升任職等相當俸級。

(四)公務人員俸給法第9條規定，依各種考試或任用法規限制調任之人員、專門職業及技術人員轉任公務人員條例轉任之人員，在限制轉調機關、職系或年限內，如依另具之公務人員任用資格任用時，應以其所具該公務人員任用資格重新銓敘審定俸級。前項人員以其他任用資格於原職務改任時，應以其所具該公務人員任用資格重新銓敘審定俸級。

十、公務人員的加給

公務人員俸給法第18條第1項規定：「本法各種加給之給與條件、類別、適用對象、支給數額及其他事項，由考試院會同行政院訂定加給給與辦法辦理之。」茲據公務人員加給給與辦法摘要錄列如下：

(一)**公務人員各種加給之給與，應衡酌下列因素訂定：**

1. **職務加給**：主管職務、職責繁重或工作危險程度。
2. **技術或專業加給**：職務之技術或專業程度、繁簡難易、所需資格條件及人力市場供需狀況。
3. **地域加給**：服務處所之地理環境、交通狀況、艱苦程度及經濟條件（第4條）。

(二)職務加給、技術或專業加給，除有下列情形者外，均依其銓敘審定職等支給：

1. 權理人員依權理之職務所列最低職等支給。
2. 銓敘審定職等高於所任職務所列最高職等者，其職務加給依所任職務所列最高職等支給（第5條第1項）。

(三)駐外人員因國內外職期輪調調回國內服務時，銓敘審定職等高於所任職務所列最高職等者，其職務加給於回國服務後三年內，依銓敘審定職等支給（第5條第2項）。

(四)職責繁重、工作具有危險性之職務加給及工作性質特殊者之專業加給，在中華民國90年3月30日本辦法發布施行前，經行政院核定支給有案者，得不適用前二項之規定（第5條第3項）。

(五)地域加給，依第4條第3款因素訂定標準支給（第6條）。

(六)技術或專業加給各職等支給數額，依第4條第2款規定評定之。各類人員間支給數額差距，由行政院人事行政局訂定比值辦理，並定期檢視調整（第7條第1項）。

(七)各機關組織法規規定並實際負領導責任之主管人員，或組織法規以外之其他法律規定應置專責承辦業務人員並授權訂定組織規程，其擔任組織規程內所列主管職務，並實際負領導責任者，得支領主管職務加給（第9條第1項）。

(八)各機關組織法規未規定，由各機關首長命令指派或權責機關核准成立任務編組之主管職務，不得支領主管職務加給。但在本辦法發布施行前，經行政院核定支給有案之職務，不在此限（第9條第2項）。

(九)簡任（派）非主管人員職責繁重，得由機關首長衡酌職責程度，比照主管職務核給職務加給。其支給人數扣除兼任或代理主管職務之簡任（派）非主管人數後，不得超過該機關簡任（派）非主管人員預算員額二分之一，但機關簡任（派）非主管人員預算員額僅一人，且職責繁重經機關首長核准者，不在此限（第9條第3項）。

(十)特定期間加給之支給，依下列規定：

1. 死亡當月之加給，按全月支給。
2. 依公務人員請假規則規定期限給假之期間，其加給照常支給。
3. 因奉派執行職務失蹤，在未確定死亡前或依法免職前，原支領之加給照常支給（第11條第1項）。

(十一) 非因奉派執行職務失蹤，在未確定死亡前或依法免職前之期間，其所給與之俸給，不包含各種加給（第11條第2項）。

(十二) 請事假已逾規定期限之期間或曠職之期間，其按日扣除之俸給，包含各種加給（第11條第3項）。

(十三) 停職人員經依法復職，其停職期間應補給之俸給，不包含各種加給（第11條第4項）。

(十四) 本辦法各種加給之給予條件、類別、適用對象、支給數額，依行政院所訂各種加給表辦理（第13條）。

(十五) 公務人員各種加給之支給數額，由行政院人事行政局會商銓敘部擬訂方案，送軍公教員工待遇審議委員會審議後，報請行政院核定實施（第14條）。

十一、俸給的晉降與違法支俸的禁止【112外特四】

(一)俸級之晉敘

1. 公務人員俸給法第16條第1項規定：「公務人員本俸及年功俸之晉敘，依公務人員考績法之規定。」同法第8條規定，試用人員改為實授者，仍敘原俸級。
2. 同法第16條第2項規定：「在同官等內調任低職等職務仍以原職等任用，並敘原俸級人員，考績時得在原銓敘審定職等俸級內晉敘。」

(二)俸級之降敘

1. 經銓敘部銓敘審定之等級，非依本法、公務員懲戒法及其他法律之規定，不得降敘（第23條）。
2. 降級人員，改敘所降之俸級。降級人員在本職等內無級可降時，以應降之級為準，比照俸差減俸。降級人員依法再予晉級時，自所降之級起遞晉；其無級可降，比照俸差減俸者，應依所減之俸差逐年復俸。給與年功俸人員應降級者，應先就年功俸降級（第20條）。

(三)**停職人員之處理**：公務人員俸給法第21條規定：

1. 依法停職人員，於停職期間，得發給半數之本俸（年功俸），至其復職、撤職、休職、免職或辭職時為止。
2. 復職人員補發停職期間之本俸（年功俸），在停職期間領有半數之本俸（年功俸）者，應於補發時扣除之。
3. 先予復職人員，應俟刑事判決確定未受徒刑之執行；或經移付懲戒，須未受撤職、休職之懲戒處分者，始得補發停職期間未發之本俸（年功俸）。
4. 停職、復職、先予復職人員死亡者，得補發停職期間未發之本俸（年功俸），並由依法得領受撫卹金之人具領之。
5. 公務人員失蹤期間，在未確定死亡前，應發給全數之本俸（年功俸）。

(四)**違法支俸之禁止**

1. 本法各種加給之給與條件、類別、適用對象、支給數額及其他事項，由考試院會同行政院訂定加給給與辦法辦理之。本俸、年功俸之俸點折算俸額，由行政院會商考試院定之（第18條）。
2. 各機關不得另行自定俸給項目及數額支給，未經權責機關核准而自定項目及數額支給或不依規定項目及數額支給者，審計機關應不准核銷，並予追繳。銓審互核實施辦法，由銓敘部會同審計部定之（第19條）。

精選試題

1. 公務人員俸給之意涵為何？公務人員年功俸最多之俸級是那個職等及其理由為何？初任各官等職務人員，其等級起敘規定如何？請依公務人員俸給法規定分別說明之。【106地三】

2. 各機關辦理機要職務之人員，其俸級之銓敘如何審定？試加以論述之。【100地三】

3. 媒體報導，曾有鄉鎮市長將同仁調升為主任秘書後，再調任為課長，爆發「洗官」之批評。又媒體報導，鄉鎮市長有於選舉過後，將課長降調為課員者，遭致「秋後算帳」之物議。以上為一事之正反二面，在任用術語上係指「同官等內調任低職等職務」。張有為先生原任第八職等國中人事室主任，且經合格實授薦任第八職等年功俸五級（薦任第八職等年功俸最高級為六級）有案，因故降調為單列薦任第七職等之人事管理員，請問其任用規定為何？俸給應如何支給，相關規定為何？其年終考績考列乙等，請問其考績應如何晉敘，其規定為何？【101普】

4. 請依公務人員俸給法規定，說明調任人員敘薪情形。【101地三】

5. 何謂公務人員加給？加給共分為幾種？請依現行公務人員加給給與辦法之相關規定，說明各種加給之給與如何訂定？請分別說明之。【102地三】

6. 請根據我國公務人員相關法制回答以下問題：
   (1)李女士為金門人，在金門土生土長，從小立志返鄉服務，她在大學畢業後高等考試及格，終於如願以償，擔任金門縣政府課員。請問：依法她可以領取何種加給？法規依據為何？
   (2)數年後，李女士的大學同學張先生本來擔任某直轄市政府區公所課長，某月10日上午他於上班途中不幸車禍身亡。請問：依法其生前在職期間領取何種加給？其身故該月之加給是否仍得領取？依法張先生係屬何種情形而得以領取撫卹金？張先生未婚，尚無子女，依法其撫卹金應由誰領取？張先生的撫卹金可以給與幾年？【105普】

7. 試依民國103年6月1日修正生效之「全國軍公教員工待遇支給要點」第4點附表8「公教人員婚喪生育補助表」，說明公務人員生育補助之補助基準與各項限制規定，並論述相關修正規定之政策意涵。【103地三】

8. 公務人員俸給法所稱之本俸、加給係指何意？加給又分為那三項？另公私部門員工待遇比較時，發現公部門呈現「雙重失衡（doubleim balance）」現象，其意為何？如何改善之？【103地四】

9. 論者指出，我公務人員俸給制度有其特色亦有其值得檢討之處，試分別析論之。【105高】

10. 有謂我國公務人員待遇調整機制在決策過程、調整參考因素及法制化方面均有值得商榷之處。請就己見論述之，並提出改進建議。【108高】

重點複習

一、俸給方案

(一)俸給方案包括兩部分

1. 按每一職級制定之俸給等級。
2. 管理俸給之正常規則。這種俸給方案具備俸給標準化之基礎，以求達到同工同酬，並在俸給等級上，能公平地反映出工作重要性與艱難程度之不同等級。這種方案之制訂，必須配合職位分類方案方有可能。

(二)草擬任何一種俸給方案之第一步工作，是收集某些基本資料加以分析。一般來說，擬訂完善之俸給方案所根據之基本資料有四大部分：

1. 本機關當前之狀況：包括職位分類、工作分配、現有俸給水準之資料、工作條件與員工異動情形。
2. 本機關以外之僱用條件：包括比較工商企業用人之俸給水準以及其他公務機關之俸給水準資料。
3. 一般生活水準及生活費用。
4. 國民所得與物價資料。上述四種資料必須廣泛地收集，缺乏任何一種，將不足以訂定公平合理之俸給方案。

二、俸給種類

(一)依公務人員俸給法第3條之規定，公務人員之俸給，分本俸（年功俸）及加給，均以月計之。

(二)茲據公務人員俸給法第2條列舉其意義如下：

1. 本俸：係指各職等人員依法應領取之基本給與。
2. 年功俸：係指各職等高於本俸最高俸級之給與。
3. 加給：係指本俸、年功俸以外，因所任職務種類、性質與服務地區之不同，而另加之給與。

(三)依公務人員俸給法第5條規定，加給分下列三種：

1. 職務加給：對主管人員或職責繁重或工作具有危險性者加給之。
2. 技術或專業加給：對技術或專業人員加給之。
3. 地域加給：對服務邊遠或特殊地區與國外者加給之。

三、俸給的晉降與違法支俸的禁止

(一)俸級之晉敘

1. 公務人員俸給法第16條第1項規定：「公務人員本俸及年功俸之晉敘，依公務人員考績法之規定。」同法第8條規定，試用人員改為實授者，仍敘原俸級。
2. 同法第16條第2項規定：「在同官等內調任低職等職務仍以原職等任用，並敘原俸級人員，考績時得在原銓敘審定職等俸級內晉敘。」

(二)俸級之降敘

1. 經銓敘部銓敘審定之等級，非依本法、公務員懲戒法及其他法律之規定，不得降敘（第23條）。
2. 降級人員，改敘所降之俸級。降級人員在本職等內無級可降時，以應降之級為準，比照俸差減俸。降級人員依法再予晉級時，自所降之級起遞晉；其無級可降，比照俸差減俸者，應依所減之俸差逐年復俸。給與年功俸人員應降級者，應先就年功俸降級（第20條）。

(三)停職人員之處理：公務人員俸給法第21條規定：

1. 依法停職人員，於停職期間，得發給半數之本俸（年功俸），至其復職、撤職、休職、免職或辭職時為止。
2. 復職人員補發停職期間之本俸（年功俸），在停職期間領有半數之本俸（年功俸）者，應於補發時扣除之。
3. 先予復職人員，應俟刑事判決確定未受徒刑之執行；或經移付懲戒，須未受撤職、休職之懲戒處分者，始得補發停職期間未發之本俸（年功俸）。
4. 停職、復職、先予復職人員死亡者，得補發停職期間未發之本俸（年功俸），並由依法得領受撫卹金之人具領之。
5. 公務人員失蹤期間，在未確定死亡前，應發給全數之本俸（年功俸）。

(四)違法支俸之禁止

1. 本法各種加給之給與條件、類別、適用對象、支給數額及其他事項，由考試院會同行政院訂定加給給與辦法辦理之。本俸、年功俸之俸點折算俸額，由行政院會商考試院定之（第18條）。

2. 各機關不得另行自定俸給項目及數額支給，未經權責機關核准而自定項目及數額支給或不依規定項目及數額支給者，審計機關應不准核銷，並予追繳。銓審互核實施辦法，由銓敘部會同審計部定之（第19條）。

Chapter 08

公務人員的考績

老師叮嚀

1 本章非常重要。
2 考績種類、項目、等次、獎懲是基本常識。
3 考績免職的規定及救濟途徑非常重要。

一、考績的意義與功能

(一)任何組織內的工作人員，於其任職後，一定要對其工作績效之良窳，做客觀之考評，此種作用稱為考核，考核之具體制度，稱為考績。考核為考績之手段，考核之項目、方法、標準、獎懲及程序等，即為考績之制度。故考績制度之能否發揮功能，考核之是否得法（包括認真、客觀、合理及公平），實為關鍵所在。

(二)考績的主要功能如次

肯定工作人員之工作成就	工作的成就感是每位工作人員的最佳報償，也是激勵工作情緒重要因素之一。工作成就感的獲得，需要在客觀上對其工作績效加以肯定，而此項肯定通常係經由考績程序而達成。
依考評結果，實施獎懲	考績既有比較優劣的意味在內，則優劣決定之後，必須隨之加以獎懲，否則考核之優劣即乏實質意義。所謂獎懲，通常是職務的陞遷、薪資的調整及精神上或物質上之獎勵與懲罰而言。
從考核中發掘人事問題，隨之改進	在實施考核時，有時可能發現若干人事問題，諸如：工作分配的勞逸不均，工作人員的專長不符，工作方法不合要求，工作人員有怠工現象，工作進度落後，管理上有缺失等均隨時改進。
從考核中拔擢人才	考績不僅是對於工作人員已有的工作績效予以肯定，更重要的是對其人格及發展潛能予以考核，從而拔擢人才。

二、考績的現代趨勢【111外特三】

考績之受到重視，中外古今皆然。時至今日，考績之重要依然不減，但在考績方法，考核功能，考核要求及考核性質上均與過去頗有不同。茲將考績之現代趨勢，分述如次：

(一)**重視工作績效的考評**：所謂工作績效，通常是指工作數量、工作素質、工作方法、工作時限等綜合要求。以工作績效為基礎的考績，必須有明確具體的工作標準來衡量績效的大小，始克有濟，而有效合理工作標準的建立，又往往成為現代考績之能否發揮功能的根本。

(二)**講求工作目標的實現**：目標考核是由目標管理而來。所謂目標管理，乃是訂定目標、決定方針、安排進度及設法有效達成目標的一種管理過程。目標考核乃是以計畫目標與工作目標，作為事先的工作要求和事後的考核依據。目標有層次之分，一個組織有其所欲達成的總目標，可稱為「組織目標」或「主要目標」，組織內各單位，均有其「單位目標」，各單位內之工作人員，均有其「個人工作目標」，以上三種目標，必須一致，且以達成組織目標為依歸。

(三)**重視人性、尊重人格、維護人權**

1. 近代考績在重視人性與尊重人格方面的作法是：
   (1)**獎勵重於懲罰**：獎與罰雖然都是管理上的重要手段，但現代的管理者，更注意到積極性的獎賞之鼓勵作用，而不輕易用消極性的懲罰之恐嚇作用。工作人員的工作意願，來自激勵，而非鞭策。
   (2)**由主管人員與工作同僚共建工作標準**：工作標準為現代考績的必要工具，而此項標準之建立，並非主管人員片面的強制的作為，而是與同僚共同作業的產物。
   (3)**考核結果予以公布**：為期考績趨於公開公平，考核結果通常予以公布。因此，主管人員對於員工評鑑的優劣，必須有一套合理而具體的理由，而非單靠其武斷的決定。
   (4)**執行考核前後，主管人員與考核人員不斷溝通**：現代考績，並非主管人員對於所屬人員單方面的、片面的考核，而有待兩者不斷的溝通。
2. 在維護人權方面，主要是建立有效的考績復審或申訴程序，以防止主管人員濫用考核權力，藉以保障工作人員的基本人權。

(四)**重視輔導功能**

1. 傳統的考績，一定與獎懲相結合，以便獎優懲劣，發揮考核功能。現代考績，則在獎與懲之間，增加一種輔導程序。輔導自然不屬獎勵，但也不屬於懲罰。
2. 所謂輔導，是指主管人員對於考核有問題的工作人員，幫助其認識自己與環境，適當地運用自己的知識與才能，解決面臨的問題。
3. 當考核發現工作人員有不妥當之問題時（如工作懈怠、粗製濫造、人地不宜、情緒不穩、精神恍惚等），懲罰往往不但不能解決問題，可能反而加重問題的嚴重性，因此，主管人員或其他相當人員（如人力資源管理單位之輔導人員），應設法加以輔導，協助其發現問題所在而予以解決，將無效人力轉化為有效人力，始符合考績之真正目的。

(五)**考績功能日趨擴大**

1. 現代考績功能，日趨擴大，許多人事管理事項是以考績為基礎，考績的功能甚至擴大到人事管理以外的事物。此在民營企業中，尤為明顯。
2. 根據法布拉姆等人（C.J.Fombrum&R.L.Land）於1983年對於265個公司的調查發現，各公司對於考績功能採取及做法差異性頗大。在265個公司，考績的功能或目的包括以下各項：(1)依績效加薪。(2)瞭解績效狀況（職務上之諮商）。(3)陞遷。(4)淘汰。(5)瞭解職務上之潛力。(6)繼任人選規劃。(7)永業規劃。(8)遷調。(9)人力規劃。(10)獎金。(11)訓練計畫之評鑑與設計。(12)內部溝通。(13)遴選方式。(14)經費控制。

三、考評者的主觀影響

考評者的主觀影響，可從多方面來探討，茲據趙其文老師觀點分述如次：

(一)**對事實認知的落差**：現行各種考績方法，均難擺脫「因素」的品評，而因素的涵義，多靠簡明扼要的文字描述，難以具體，有賴考評者個人的判斷。

(二)**先入為主的印象**：考評者對於受考員工「最初」的印象，往往影響到他爾後的績效評鑑。如果考評者對某一員工的最初印象不佳，極易反映到他的評鑑結果上。尤其在主管更迭時，新任主管對原來員工之最初印象，更是「舉足輕重」。員工如欲扭轉此種印象，並非易事。

(三)**過分重視原有紀錄**：「鑑往知來」原是人類一種推理的方法，正確性相當可靠。在實施績效評鑑時，如果考評者對於受考者不充分瞭解，往往會參考其過去的紀錄，做為判斷或推論的依據。因此，過去的紀錄便成為評鑑其本人工作績效是否優劣的重要標準。由於此項紀錄，亦係由「先前的」考評者所製作，有無不當的主觀因素在內？是否公平？大有商榷的餘地。

(四)**考評者的「排斥性」**：考評者對於自己主觀認定的「不當行為或性格」，縱使是芝麻小事也會反應強烈。例如考評者很討厭別人喝酒，或者很不欣賞木訥的人，在績效評鑑時，對於喜歡喝酒的員工，或者不善詞令的員工，便會產生排斥感，縱使這些人績效良好，也會受到某種程度的不利影響。

(五)**與受考者的「相容性」**：考評者通常有一種傾向，即對於在態度上或性格上合乎自己心意的人考評過高。例如平時明顯支持主管立場的員工，或者經常發表符合主管心意言論的員工，均可能受到主管較高的考評。

(六)**考評者的「盲點」**：考評者本身的缺點，往往就是考評他人的「盲點」。例如考評者不善詞令，平時沈默寡言，在考評時，對於詞不達意因而影響績效的員工，往往視若無睹，予以諒解。

(七)**目睹不如耳聞**：俗話說「百聞不如一見」，意指再多的耳聞，總不如目睹來得真切可靠。但考評者有時「耳根較軟」，自己親眼目睹的實情，反而抵不過耳邊的「小話」。因此，有些員工受到「傳聞失實」的影響，在績效評鑑時失利。

(八)**受考者具有「可接受」的特質**：如果受考員工具有為一般人所「能接受」的特質，例如相貌堂堂，溫文爾雅，擁有高學歷，或具有特殊才藝等，較易予人以好感，因而獲得較高考評。

(九)**受考者具有「不可接受」的特質**：相反的，如果員工具有為一般人所「不能接受」的特質時，例如身體殘障，儀態醜陋，喋喋不休，或優柔寡斷等，往往會在績效評鑑時吃虧。也有些主管人員對女性員工具有偏見。

(十)**默默的工作者，往往是考評的受惠者**：一般主管通常不喜歡意見較多的員工，所以默默的工作者，縱使工作績效不一定優良，卻常被認為是優秀員工，獲得高評。

(十一) **近期的「突變」**：就「刺激—反應」的理論而言，在評鑑前最接近的期間，如果發生重大事件，最能影響考評的結果，特別是負面的影響。例如主管對於某甲的工作，「一向」認為滿意，不幸某甲於績效評鑑實施前，因故與主管發生重大爭執，引起雙方不快，便可能導致主管對某甲的不利考評。

(十二) **同事關係的影響**：有些主管如從多方面了解員工，常常利用各種管道，例如向同事們探詢對某一員工的批評，這些批評，往往具有決定性。也有些主管喜歡從非正式組織的活動中去了解員工，假如這個非正式組織是為主管所接受或所支持者，則在這個非正式組織中的每一成員，都可能在考評中獲益，反之，則每一成員都可能受到負面影響。

(十三) **考核者為完美主義者**：有些主管屬於完美主義的考評者，對員工的要求過高，不但要績效好，而且要操守好，真正能使主管感到滿意的員工甚少。也有些主管喜歡用顯微鏡去觀察別人的缺點，自然找不到很完美的人。

(十四) **對「人」不對「事」**：考績原則上以「事」的績效為主，至於「人」的特質，則以與「事」有關者為範圍。可是有些主管卻往往對「人」不對「事」，在考評時忽略事的績效，完全以主管對受考者的「個人印象」以為斷。

(十五) **明察秋毫而不見輿薪**：有些主管在考評時，只重小節而忽略大原則。例如對於員工是否按時上下班？是否把辦公桌整理得有條不紊？是否所辦文稿書寫一絲不苟？繁瑣細小事，斤斤計較，錙銖必爭，至於其工作是否有績效？是否符合政策要求？是否達成組織目標？則反不聞問。

四、考績與士氣激勵

(一) 依據佛姆（V.H.Vroom）之預期理論，欲使員工受到高度激勵，具有高度之工作意願，應使員工對於由努力到高度工作績效的產出與獲取報酬之間的過程，有高度的預期，並對於獲取報酬具有高度的偏好。欲達此境界，首須使員工知覺，只要努力工作，就會有高度工作績效，只要有高度工作績效，就能獲得所希望獲得的報償。

(二)欲使公務人員對於高度工作績效的產出以及獲取報償，具有高度的偏好與預期，使公務人員能選擇「努力」的工作行為，在考績制度的規劃與施行上，必須注意到下述四項問題，達到下述要求：

1. 建立完善並具有多項功能的考績制度，使考評結果，能作為人員工作指派、遷調、訓練、進修、晉升等的參考和具體依據。
2. 依據考評結果，切實辦理人員的工作指派、遷調、訓練、進修以及晉升，使達到適才適所。並使每一公務人員，都能擁有職務上所需要的工作知能，使其只要努力工作，就會產生高度的工作績效。
3. 建立公正客觀的工作成績考評制度，使每一公務人員工作績效的高低，都能在考績上具體而公正地反應出來。
4. 必須針對不同公務人員所追求的需要與願望，建立各種不同類型而富有激勵力量的報償或獎懲制度，亦即建立適當之媒介或工具，使公務人員能採行努力工作的行為，致力於高度工作績效的產出，並進而養成行為模式。

五、考績的基本原則

公務人員考績法第2條規定：「公務人員之考績，應本**綜覈名實、信賞必罰**之旨，作**準確客觀**之考核。」由此可知，我國公務人員考績之基本原則有三：

(一)**綜覈名實**：年終考績應以平時考核為重要之依據，平時考核就其工作、操行、學識及才能行之，其細目由銓敘部訂定。是以，現行公務人員只要符合考列甲等所列之條件及具體事蹟即得評列甲等，已無比例之設限，因此必須重視平時考核且依規定據實登載。

(二)**信賞必罰**：有功則賞，有過則罰，乃維護紀律之必要手段，因此必須明定考績結果之等次，按等次獎懲，平時有重大功過（一次記二大功或一次記二大過）時，辦理專案考績，厲行重獎重懲，而平時考核獎懲得互相抵銷。

(三)**準確客觀**：獎勵與懲處，於年終考績時，併計成績增減總分，辦理考績時，由主管人員就考績表項目評擬，遞送考績委員會初核，考績委員，每滿三人應有一人由本機關票選產生之，考績委員會對於考績及平時考核之獎懲案件認有疑義，得調閱有關資料，並得向有關人員查詢。考績委員會對於擬予考列丁等及一次記二大過人員，處分前應給予當事人陳述及申辯之機會。另辦理考績人員不得徇私舞弊，以達準確客觀。

六、考績的種類【99普、100地三、110關務】 重要

依公務人員考績法第3條之規定，公務人員考績區分如下：

	定義	備註
年終考績	公務人員於年終考核其全年任職期間之成績。	通常用於一般現職公務人員。
另予考績	公務人員於同一考績年度內，任職不滿一年，而連續任職已達六個月者辦理之考績。	通常用於考上之新進人員。
專案考績	公務人員於平時有重大功過。	不限人別。

七、考績的項目 重要

公務人員考績法第5條規定：「年終考績應以平時考核為依據，平時考核就其工作、操行、學識、才能行之。前項考核之細目由銓敘機關訂之。但性質特殊職務之考核得視各職務需要，由各機關訂定，並送銓敘機關備查。」茲據該法施行細則第3條之規定分述於下：

(一)**工作：占考績分數百分之六十五**。
(二)**操行：占考績分數百分之十五**。
(三)**學識：占考績分數百分之十**。
(四)**才能：占考績分數百分之十**。

八、考績的等次與條件 重要

(一)**依公務人員考績法第6條第1項之規定，年終考績以一百分為滿分，分甲、乙、丙、丁四等，各等分數如下：**
1. **甲等：八十分以上**。
2. **乙等：七十分以上，不滿八十分**。

3. **丙等：六十分以上，不滿七十分**。

4. **丁等：不滿六十分**。

考列甲等之條件，應於施行細則中明定之（第6條第2項）。

(二)考列甲等及丁等之條件

1. **考列甲等之條件**：公務人員年終考績，應就考績表按項目評分，除本法及本細則另有規定應從其規定者外，須受考人在考績年度內具有下列特殊條件各目之一或一般條件二目以上之具體事蹟，始得評列甲等：

(1) **特殊條件**

A. 因完成重大任務，著有貢獻，獲頒勳章者。

B. 依獎章條例，獲頒功績、楷模或專業獎章者。

C. 依本法規定，曾獲一次記一大功，或累積達記一大功以上之獎勵者。

D. 對本職業務或與本職有關學術，研究創新，其成果獲主管機關或聲譽卓著之全國性或國際性學術團體，評列為最高等級，並頒給獎勵者。

E. 主辦業務經上級機關評定成績特優者。

F. 對所交辦重要專案工作，經認定如期圓滿達成任務者。

G. 奉派代表國家參加與本職有關之國際性比賽，成績列前三名者。

H. 代表機關參加國際性會議，表現卓著，為國爭光者。

I. 依考試院所頒激勵法規規定獲選為模範公務人員或獲頒公務人員傑出貢獻獎者。

(2) **一般條件**

A. 依本法規定，曾獲一次記功二次以上，或累積達記功二次以上之獎勵者。

B. 對本職業務或與本職有關學術，研究創新，其成果經權責機關或學術團體，評列為前三名，並頒給獎勵者。

C. 在工作或行為上有良好表現，經權責機關或聲譽卓著團體，公開表揚者。

D. 對主管業務，提出具體方案或改進辦法，經採行認定確有績效者。

E. 負責盡職，承辦業務均能於限期內完成，績效良好，有具體事蹟者。

F. 全年無遲到、早退或曠職紀錄，且請事、病假合計未超過五日者。

G. 參加與職務有關之終身學習課程超過一百二十小時，且平時服務成績具有優良表現者。但參加之課程實施成績評量者，須成績及格始得採計學習時數。

H. 擔任主管或副主管職務領導有方，績效優良者。

I. 主持專案工作，規劃周密，經考評有具體績效者。

J. 對於艱鉅工作，能克服困難，達成任務，有具體事蹟，經權責機關獎勵者。

K. 管理維護公物，克盡善良管理職責，減少損害，節省公帑，有具體重大事蹟，經權責機關獎勵者。

L. 辦理為民服務業務，工作績效及服務態度良好，有具體事蹟者。（施行細則第4條第1項）

因特殊條件或一般條件各目所列優良事蹟，而獲記功一次以上之獎勵者，該優良事蹟，與該次記功一次以上之獎勵，於辦理年終考績，應擇一採認（施行細則第4條第2項）。

(3) **消極條件**：公務人員在考績年度內，有下列情事之一，不得考列甲等：

A. 曾受刑事或懲戒處分者。

B. 參加公務人員相關考試或升官等訓練之測驗，經扣考處分者。

C. 平時考核獎懲抵銷後，累積達記過以上處分者。

D. 曠職一日或累積達二日者。

E. 事、病假合計超過十四日者。

F. 辦理為民服務業務，態度惡劣，影響政府聲譽，有具體事實者。（施行細則第4條第3項）

前項第5款及第1項第2款第6目有關事病假合計之日數，應扣除請家庭照顧假、生理假及因安胎事由所請之事、病假（含延長病假）之日數（施行細則第4條第4項）。

2. **考列丁等之條件**：除本法另有規定者外，受考人在考績年度內，非有下列情形之一者，不得考列丁等：

(1) 挑撥離間或誣控濫告，情節重大，經疏導無效，有確實證據者。

(2) 不聽指揮，破壞紀律，情節重大，經疏導無效，有確實證據者。

(3) 怠忽職守，稽延公務，造成重大不良後果，有確實證據者。

(4)品行不端，或違反有關法令禁止事項，嚴重損害公務人員聲譽，有確實證據者（第6條第3項）。

3. 受考人所具條件，不屬第4條及本法第6條所列舉甲等或丁等條件者，由機關長官衡量其平時成績紀錄及獎懲，或就其具體事蹟，評定適當考績等次。受考人兼具第4條及本法第6條所列舉甲等及丁等條件者，除其獎懲已依本法第12條規定相互抵銷者外，由機關長官視情節，評定適當考績等次（施行細則第6條）。所謂「適當考績等次」係指考列乙、丙等為限。

(三)依規定應另予考績者，關於辦理其考績之項目、評分比例、考績列等標準及考績表等，均適用年終考績之規定（施行細則第7條第1項）。

九、公務人員的平時考核

(一)**平時考核之獎懲**：平時考核獎勵分嘉獎、記功、記大功；懲處分申誡、記過、記大過。於年終考績時，併計成績增減總分。平時考核獎懲得互相抵銷，無獎懲抵銷而累積達二大過者，年終考績應列丁等（第12條第1項第1款）。所稱平時考核獎懲得互相抵銷，指嘉獎、記功、記大功與申誡、記過、記大過得互相抵銷。嘉獎三次作為記功一次；記功三次作為記一大功；申誡三次作為記過一次；記過三次作為記一大過（施行細則第15條）。惟專案考績不得與平時考核功過相抵銷（第12條第2項後段）。公務人員平時考核獎懲，應併入年終考績增減分數。嘉獎或申誡一次者，考績時增減其分數一分；記功或記過一次者，增減其分數三分；記一大功或一大過者，增減其分數九分。前項增分或減分，應於主管人員就考績表項目評擬時為之。獎懲之增減分數應包含於評分之內（施行細則第16條）。

(二)**平時考核與考績之關係**：平時成績紀錄及獎懲，應為考績評定分數之重要依據。平時考核之功過，除依規定抵銷或免職者外，曾記二大功人員，考績不得列乙等以下；曾記一大功人員，考績不得列丙等以下；曾記一大過人員，考績不得列乙等以上（第13條）。即年度內大功大過相抵累積達二大功者，考績應列甲等；年度內曾一次記一大功者，考績應列甲等或乙等；年度內曾一次記一大過者，考績應列丙等或丁等，惟如在年度內另有嘉獎一次以上之獎勵，因功過相抵之故，仍得考列甲等或乙等。所以有此限制規定，蓋免機關長官對於考績人員高下在心，任意獎懲，影響考績之公平性。所稱平時成績紀錄，指各機關單位主管應備平時成績考核紀錄，具體記載屬員工作、操行、學識、才能之優劣事實。其考核紀錄格式，由各機關視業務需要，自行訂定（施行細則第17條第1項）。

十、考績獎懲【100地三、106地四、111普、112警特】

(一)年終考績之獎懲

1. **甲等**：晉本俸一級，並給與一個月俸給總額之一次獎金；已達所敘職等本俸最高俸級或已敘年功俸級者，晉年功俸一級，並給與一個月俸給總額之一次獎金；已敘年功俸最高俸級者，給與二個月俸給總額之一次獎金。
2. **乙等**：晉本俸一級，並給與半個月俸給總額之一次獎金；已達所敘職等本俸最高俸級或已敘年功俸級者，晉年功俸一級，並給與半個月俸給總額之一次獎金；已敘年功俸最高俸級者，給與一個半月俸給總額之一次獎金。
3. **丙等**：留原俸級。
4. **丁等**：免職。

前項所稱俸給總額，指公務人員俸給法所定之本俸、年功俸及其他法定加給（第7條）。

(二)另予考績之獎懲

1. **甲等**：給與一個月俸給總額之一次獎金。
2. **乙等**：給與半個月俸給總額之一次獎金。
3. **丙等**：不予獎勵。
4. **丁等**：免職（第8條）。

(三)專案考績之獎懲【111地三】：專案考績，於有重大功過時行之；其獎懲依下列規定：

1. 一次記二大功者，晉本俸一級，並給與一個月俸給總額之獎金；已達所敘職等本俸最高俸級或已敘年功俸級者，晉年功俸一級，並給與一個月俸給總額之獎金；已敘至年功俸最高俸級者，給與二個月俸給總額之獎金。但在同一年度內再因一次記二大功辦理專案考績者，不再晉敘俸級，改給二個月俸給總額之一次獎金。
2. 一次記二大過者，免職（第12條第1項）。

前項第2款一次記二大功之標準，應於施行細則中明定之。專案考績不得與平時考核功過相抵（第12條第2項）。

(四) **考績免職**：有關考績免職，司法院大法官會議釋字第491號解釋如下：「憲法第18條規定人民有服公職之權利，旨在保障人民有依法令從事於公務之權利，其範圍不惟涉及人民之工作權及平等權，國家應建立相關制度，用以規範執行公權力及履行國家職責之行為，亦應兼顧對公務人員之權益之保護。公務人員之懲戒乃國家對其違法、失職行為之制裁。此項懲戒得視其性質，於合理範圍內，以法律規定由其長官為之。中央或地方機關依公務人員考績法或相關法規之規定對公務人員所為免職之懲處處分，為限制人民服公職之權利，實質上屬於懲戒處分，其構成要件應由法律定之，方符憲法第23條之意旨。公務人員考績法第12條第1項第2款規定各機關辦理公務人員之專案考績，一次記二大過者免職。同條第2項復規定一次記二大過之標準由銓敘部定之，與上開解釋意旨不符。又懲處處分之構成要件，法律以抽象概念表示者，其意義須非難以理解，且為一般受規範者所得預見，並可經由司法審查加以確認，方符法律明確性原則。對於公務人員之免職處分既係限制憲法保障人民服公職之權利，自應踐行正當法律程序，諸如作成處分應經機關內部組成立場公正之委員會決議，處分前並應給予受處分人陳述及申辯之機會，處分書應附記理由，並表明救濟方法、期間及受理機關等，設立相關制度予以保障。復依公務人員考績法第18條規定，服務機關對於專案考績應予免職之人員，在處分確定前得先行停職。受免職處分之公務人員既得依法提起行政爭訟，則免職處分自應於確定後方得執行。相關法令應依本解釋意旨檢討改進，其與本解釋不符部分，應自本解釋公布之日起，至遲於屆滿二年時失其效力。」公務人員考績法爰於90年6月20日遵循本號解釋意旨修正公布。

十一、考績升等 重要

(一) 各機關參加考績人員任本職等年終考績，具有下列各款情形之一者，取得同官等高一職等之任用資格：

1. 二年列甲等者。
2. 一年列甲等二年列乙等者（第11條第1項）。

(二)前項所稱任本職等年終考績，指當年1至12月任職期間均任同一職等辦理之年終考績。另予考績及以不同官等職等併資辦理年終考績之年資，均不得予以併計取得高一職等升等任用資格。但以不同官等職等併資辦理年終考績之年資，得予以併計取得該併資之較低官等高一職等升等任用資格（第11條第2項）。

十二、考績的辦理程序【107地三】

公務人員考績，有其一定之程序，茲分述如下：

(一)**初核及覆核**：各機關對於公務人員之考績，應由主管人員就考績表項目評擬，遞送考績委員會初核，機關長官覆核，經由主管機關或授權之所屬機關核定，送銓敘部銓敘審定。但非於年終辦理之另予考績或長官僅有一級，或因特殊情形報經上級機關核准不設置考績委員會時，除考績免職人員應送經上級機關考績委員會考核外，得逕由其長官考核。考績委員會對於考績案件，認為有疑義時，得調閱有關考核紀錄及案卷，並得向有關人員查詢。考績委員會對於擬予考績列丁等及一次記二大過人員，處分前應給予當事人陳述及申辯之機會（第14條）。

(二)**復議**：機關長官覆核所屬公務人員考績案，如對初核結果有意見時，除未變更考績等次之分數調整，得逕行為之外，應交考績委員會復議。機關長官對復議結果仍不同意時，得加註理由後變更之（施行細則第19條第1項）。

(三)**送審及查核**：各機關公務人員年終考績辦理後，應按官等編列清冊及統計表，併送核定機關核定後，送銓敘部依法銓敘審定。其中考列丁等者，應檢附其考績表（施行細則第20條第1項）。

(四)**核定通知**：各機關考績案經核定機關核定送銓敘部銓敘審定後，應以書面通知受考人。考績列丁等或專案考績一次記二大過免職者，應附記處分理由及不服處分者提起救濟之方法、期間、受理機關等相關規定（施行細則第21條第3項）。

(五)**救濟途徑**【110普】

1. 公務人員保障法第25條規定：「公務人員對於服務機關或人事主管機關所為之行政處分，認為違法或顯然不當，致損害其權利或利益者，得依本法提起復審。」同法第30條第1項規定：「復審之提起，應自行政處分達到之次日起三十日內為之。」同法第44條第1項規定：「復審人應繕具復審書經由原處分機關向保訓會提起復審。」是以考績復審應由受考人於考績通知書送達之次日起三十日內，經由原處分機關向保訓會提起之。

2. 公務人員保障法第72條第1項規定：「保訓會復審決定依法得聲明不服者，復審決定書應附記如不服決定，得於決定書送達之次日起二個月內，依法向該管司法機關請求救濟。」是以考績復審係向保訓會提起，而不服保訓會復審之決定者，得向行政法院提起行政訴訟以謀救濟。
3. 受考人於收受考績通知後，如有不服，得依公務人員保障法提起救濟；如有顯然錯誤，或有發生新事實、發現新證據等行政程序再開事由，得依行政程序法相關規定辦理（施行細則第25條第1項）。
4. 目前實務上考績列甲等、乙等、丙等、丁等或專案考績免職者，均循保障法復審途徑謀求救濟。

(六)**考績之執行**

1. 年終考績結果，應自次年一月起執行。
2. 一次記二大功專案考績及非於年終辦理之另予考績，自主管機關核定之日起執行。
3. 但考績應予免職人員，自確定之日起執行；未確定前，應先行停職（第18條）。

(七)**考績不公或舛錯之懲處**

1. 各機關辦理考績人員如有不公或徇私舞弊情事時，其主管機關應查明責任予以懲處，並通知原考績機關對受考人重加考績（第19條）。
2. 辦理考績人員，對考績過程應嚴守秘密，並不得遺漏舛錯，違者按情節輕重予以懲處（第20條）。

應屆辦理考績期間，人事主管人員未向機關長官簽報辦理考績者；或機關長官據報而不予辦理者；或不依第21條第1項所定期限辦理者；均以遺漏舛錯論（施行細則第26條）。

十三、考績委員會

(一)**組織**

1. 考績委員會委員之任期一年，期滿得連任。
2. 考績委員會置委員五人至二十三人，除本機關人事主管人員為當然委員及第6項所規定之票選人員外，餘由機關首長就本機關人員中指定之，並指定一人為主席。

3. 第2項委員，每滿四人應有二人由本機關受考人票選產生之。
4. 前項票選委員之選舉，應採普通、平等、直接及無記名投票法行之。並得採分組、間接、通訊等票選方式行之。

(二)**職掌**

1. 本機關職員及直屬機關首長年終考績、另予考績、專業考績及平時考核之獎懲之初核或核議事項。
2. 本法或其他法規明定應交考績委員會核議事項。
3. 本機關首長交議事項。

十四、現行考績制度的檢討【99高、99地三、100高、101高】 重要

新人事制度自施行以來，公務人員考績制度已然建立一套作業成規，順利運作，惟其成效迭受各界質疑，時有要求改善之反映，茲據銓敘部「公務人員考績法修正草案說帖」分述如下：

(一)**考績法修正的方向與原則**

1. **政策方向**：
   (1) **提昇國家競爭力**：透過考績制度的重行設計，合理區辨公務人力的優劣，使優質公務人力成為國家發展及競爭力向上推升的重要力量。
   (2) **提振行政績效**：透過落實績效管理，提振整體公部門的效率與效能。
   (3) **培育優秀文官**：對表現優秀公務人才，給予更優的考績獎勵及拔擢陞遷機會，以肯定其為公務所作的努力。
   (4) **重塑文官形象**：藉由行政績效的提昇，改變過去民眾對文官應變力、回應力不足的刻板印象。
   (5) **贏得人民信賴**：民眾肯定國家文官為提供優質、迅速、便捷的公共服務所作的努力，文官亦因受肯定而重塑其尊嚴與自信，如此良性循環，乃為考績改革所欲達成的目標。
2. **執行原則**【111關務】：
   (1) **有效評鑑**：改變過去考績單向考評作業，增列面談機制。
   (2) **合理課責**：課予主管覈實辦理考績及落實績效管理的責任。對主管人員考核更趨嚴密，除訂定不適任主管的處理機制外，亦加強所有主管人員績效管理與覈實辦理考績、平時考核及面談的能力。
   (3) **彈性授權**：平時考核項目修正為工作績效、工作態度，並授權各機關視業務特性自訂考核細目，以尊重不同機關間的業務差異性。

(4)**良性競爭**：對績效表現優秀者，予以快速陞遷、拔擢，營造「績效文化」組織氛圍，透過見賢思齊、良性競爭，促成機關整體行政績效的提昇。

(5)**緩和退場**：對績效表現不佳人員施予輔導，經過相當期間績效仍未改善，即應透過「退場機制」使其退離，公務人員不再因少數績效不佳人員，而繼續背負過去予人「多做多錯、少做少錯、不做不錯」汙名，以重新型塑公務人員的自信與尊嚴。

(6)**團體績效**：促成機關間及內部單位間的合理競爭，營造團隊合作、群策群力的公部門文化。

(二)**考績法修正的主要內容**：

考績法修正之項目	內容
考評以工作績效為核心，由各機關自訂關鍵績效指標	未來考績法修正後，回歸考績以工作績效為考核重點的精神，平時考核項目修正為工作績效（70%）及工作態度（30%），並授權由各機關得視業務特性擬訂考核細目，報請主管機關核定。
整合重大獎勵法源依據，專案獎勵授權另訂激勵辦法	激勵辦法則規定，公務人員如有重大績效表現，得被選拔為模範公務人員或獲頒公務人員傑出貢獻獎，並給與相當數額之激勵獎金及休假獎勵，然激勵辦法尚無法源依據，為處理上述問題，爰於考績法明定激勵辦法之授權依據，並於考績法施行細則中明定，受考人一次記二大功專案考績之獎勵，應考量各機關對同質性業務核予受考人專案考績之衡平性。
拉大考績等次獎勵差距，貫徹獎優激勵之積極性目的	惟為利上開等次及丙等人數比率將來有彈性調整空間，爰併予規定其得每3年由考試院會商其他院，視國家整體行政績效檢討結果彈性調整後以命令定之。如果行政效率及國家競爭力有明顯提昇，人民對公務人員的滿意度上昇，即可檢討提高甲等以上（含優等）人數比率，並降低丙等人數比率。

考績法修正之項目	內容
拔擢培育特殊優秀人才，發揮考績發展性之正面功能	未來考績將與公務人員考績升官職等、職務陞遷、培訓拔擢等公務生涯發展相扣合，透過制度設計，鼓勵公務人員積極任事，對於表現特殊優秀者，施予培育後快速陞遷，對於表現中上人員，可依據其性向、能力及生涯規劃，適度安排職務歷練，發揮考績發展性的功能。
明定不適任者退場機制，破除外界鐵飯碗之刻板迷思	考績法明定丙等人數比率的目的，並非為淘汰而淘汰，而是為導正公務人員沒有功勞也有苦勞的心態，對公務人員績效不彰、服務態度欠佳且經輔導無效時，所採取的一個方式，此制度的設計必遭致部分公務人員的反彈，但對於多數辛勤工作的公務人員而言，卻是一種鼓勵，考績制度改革難度之高，不難預見，但亦因如此，更顯出改革的重要及可貴，希望透過考績制度的改革，讓公務人員敦促自己發揮專業、爭取績效表現。
課予主管覈實考評責任，深化考績制度之公平與正	未來考績法修正後，主管人員考績將與其單位績效表現相扣合，且明定主管人員考績1年列丙等或任同一陞遷序列主管職務連續3年列乙等，應於考績核定之日起2個月內，調任非主管職務。
落實同官等為比較範圍，塑造同級職務良性競爭環境	為期公務人員考績係立於公平基準相互比較，除明定前述優等、甲等以上及丙等人數比率外，另增列各官等及主管人員考績考列甲等以上人數比率，以改變過去簡任官等考列甲等人數比率居高不下，主管人員考績幾乎均考列甲等的不合理情況。
規範評等之條件與程序，期使考績作業公正客觀透明	透過考績辦理過程的事前、事中、事後相關規定的強化，期使考績的考核過程更透明，公務人員考績的公正、客觀性，能夠獲得更完整的保障。

考績法修正之項目	內容
建立多元彈性評鑑方法，提昇考績評擬之信度及效度	考績評鑑方法將增加面談機制，藉由面談促成主管與屬員間的良性互動，並以此作為年度中主管指導部屬的機制，進而檢討工作分派及人力調度的妥適性，以提昇機關行政效能，並使績效考核的評擬更具公正及客觀性。
扣合團體與個人之績效，型塑團隊合作之職場新文化	未來考績考核將扣合機關、內部單位、受考人三層次的績效表現，增列主管機關應實施所屬機關間及各機關應實施內部單位間團體績效評比的相關規定，團體績效評比結果係作為彈性分配主管機關、所屬機關，以及內部單位考列甲等以上、丙等人數比率，乃至於單位主管考績等次評擬的依據。

(三)**防範考績成為整肅異己工具之機制**

考績改革過程中，各界最常提出考績是機關內部人員作為整肅異己目的之工具，就此疑義從以下幾個面向確實執行，應可大幅減少此考績不公之疑慮：

1. **保障機制**：考績法明定考績程序及救濟保障，具體作為包括明定考績等次條件、給予考列丙等、丁等或專案考績免職人員到考績委員會上陳述、申辯主張權益，受考人考績丙等、丁等或專案考績免職人員得以復審方式提起救濟，於公務人員保障暨培訓委員會審查會時，受考人與處分機關將進行言詞辯論。

2. **課責機制**

 (1) **單位主管課責**：主管人員未能對屬員覈實辦理考績及平時考核，致受考人考績遭受不公平對待，經依保障程序提起救濟經撤銷原考績處分時，考績法係明定此等主管考績即不得考列甲等以上，以資警惕。又其考績1年丙等或連續3年乙等即應調任非主管職務。

 (2) **辦理考績人員課責**：考績法明定各機關辦理考績人員如有不公或徇私舞弊情事時，其主管機關應查明責任予以懲處，並通知原考績機關對受考人重加考績；辦理考績人員對考績評擬、初核、覆核及核定等考績辦理過程所涉考核相關事宜，均應嚴守秘密，並不得遺漏舛錯；對考績結果在核定前亦應嚴守秘密，不得洩漏，違者按情節輕重予以懲處。是以，辦理考績人員（當然包括人事人員在內）如有上開違失情形，機關首長或主管機關即得依情節輕重予以懲處，以維護考績之公平、正義。

(3) **機關首長課責**：考績法明定考績應以受考人之工作績效、工作態度為考核項目，如機關首長對受考人考績的評價，係基於其他因素考量而達其整肅異己的目的，顯已違反考績法規定，受考人因而提起考績救濟，經保訓會本其權責查證屬實而撤銷原考績處分者，未來將協調保訓會將撤銷決定函送上級機關，使上級機關對該機關首長究責。

十五、文官制度與興革規劃方案第五案：落實績效管理，提昇文官效能【111關務】 重要

(一)現況說明

1. 考績未與績效緊密結合且獎優汰劣功能不彰

績效管理與發展制度已廣泛應用於全球大企業中，我國像台積電、神達、宏碁等資訊大廠也都使用類似制度，此一員工考核制度，除具有傳統考績功能外，並注重員工對組織目標貢獻度及未來發展潛力。近年各國政府莫不積極引入是類績效管理制度，藉以提升政府績效，如何藉由公務人員考績制度之變革，提昇文官效能，各界寄以厚望。就我國公務人員考績制度檢討如下：

(1) **考核項目未能與工作績效緊密結合**

現行考核項目為工作、操行、學識、才能4項，未能充分凸顯工作績效，且由銓敘部統一訂定考核項目，公務人員考績法雖賦予各機關有自訂考核細目之權限，惟各機關從未執行，以致形成僵化。

(2) **甲等人數比例過高難以凸顯獎勵績優之目的**

公務人員考績之旨意，應能綜覈名實、信賞必罰，惟因76年1月16日實施之人事制度取消各機關考績考列甲等人數比例限制後，各機關甲等比例有逐年攀升之趨勢，在現行實務規定各機關考績考列甲等人數比例75%限制下，多數人仍均考列甲等，難以凸顯考績獎勵表現績優之目的。

(3) **淘汰機制功能不彰**

現行考績淘汰機制為考績丁等及一次記二大過專案考績，惟實務上，對於績效表現不佳或言行失常人員，以免職處分涉及受考人公務人員身分之變更，關係重大，故機關首長多基於人情因素或其他考量，未將該等受考人免職，以過去10年（87年至96年）考績執行情形而言，平均每年考績丁等及一次記二大過專案考績免職人數分別僅4.3人及18.3人，合計平均每年僅淘汰22.6人，致各界有汰劣功能不彰之質疑。

(4) **個人考績未能扣合機關（或單位）之團體績效**

現行公務人員考績制度，公務人員考績與機關或單位團體績效並無有效結合之設計機制，致各公務人員缺乏團體整體合作之理念。

2. **激勵制度未能整合及充分達到激勵效果**

(1) **尚乏整合性之激勵制度**

A. 現行人事法制與管理中，陞遷、培訓、考績、褒獎、待遇、福利、獎金等均屬激勵制度之一環，上開與激勵有關之措施散見各法規，未整合為一套完整之激勵制度。

B. 考試院雖訂有「公務人員品德修養及工作潛能激勵辦法」，但主要作為選拔模範公務人員、傑出貢獻獎之依據，所訂激勵措施未能具體落實執行，無實質激勵功能。

(2) **現有表揚制度未能充分達到激勵效果**

A. 勳章：一般公務人員幾難獲此殊榮。

B. 獎章：公務人員獲頒功績及楷模章人數有限，而服務獎章以年資頒給，已無激勵效果。

C. 模範公務人員選拔：選拔方式不夠嚴謹，獲頒人數逐年攀升，漸失建制原旨。

D. 公務人員傑出貢獻獎選拔：未能彰顯真正傑出，且知名度低，未能高度評價。

(3) **未能兼顧精神獎勵與物質獎勵**

現行各類獎勵制度未能就精神及物質層面，分別考量設計。如獲頒勳章、獎章係極大殊榮，精神意義大於物質獎勵；至平時考核之記功、嘉獎，如無物質獎勵，其激勵效果有限。

(二)具體興革建議

1. 研修公務人員考績制度

(1)修正平時考核規定

研議將平時考核項目修正為工作績效、工作態度，考核之細目，授權由各機關視業務特性擬定，報請主管機關核定。並檢討增訂面談機制。

(2)強化獎優汰劣機制

A.增列優等等次，並檢討現行等次名稱，俾使公務人員之實際工作表現與考績等次結果能緊密扣合。

B.將考績等次人數比例納入考績法規定，並訂定同一官等及主管人員考列甲等以上人數比例之上限。

C.配合考績等次及甲等比例高低，檢討考績獎懲之差距，以區辨公務人員年度工作表現之優劣，並配合修正現行任用、俸給及陞遷等人事法制有關升官（職）等及優先陞任等規定。

D.為落實考績淘汰機制，考列丁等之法定條件將朝具體化修正；修正考績考列丙等者，除現行留原俸級規定外，將增列訓練或輔導，對連續考列丙等者，應予以辦理退休、資遣或其他適當處分，並訂定其具體條件，俾利各機關據以執行並杜爭訟。另已退休人員因任職時之行為而受懲戒者，並輔以公務員懲戒法研修擬增列酌減退休金之機制辦理。

(3)建立個人與團體績效評比機制及績效獎金制度

增訂各機關得辦理所屬機關及內部單位之公務人員團體績效評比，以決定所屬機關或內部單位考列甲等以上人數比例，並作為發給團體及個人績效獎金之依據。

2. 建構人力發展型激勵制度

(1)整建人力發展型之公務人員獎勵法制

研究整合現行人事制度有關獎勵部分，因應人力發展需要，建構一套包括心理及物質層面之獎勵制度，並制定專法。

(2)研修公務人員品德修養及工作潛能激勵辦法

A.重行建構激勵工作意願及工作潛能之具體執行方案。

B.檢討模範公務人員及傑出貢獻獎選拔制度。

(3) **實施階段性多元獎勵**

在專法未制定前，採行：

A.記功、嘉獎之獎勵，研究併發獎金；記大功以上者，並給予公假。

B.提高模範公務人員及傑出貢獻獎之獎金，並採彈性方式發給。

C.將記功、嘉獎作為進修、陞任遷調、職務歷練之重要準據。

精選試題

1. 年終考績甲等與考績乙等，對公務人員而言有什麼差別？又可能對其工作生涯產生什麼影響？【106地四】

2. 論者有謂：考績制度具有「獎酬」、「晉級」與「升遷」的功能。試說明我國公務人員考績制度中有關年終考績與上述三項功能的關係。【101地四】

3. 請說明公務人員辦理考績的程序為何？並述明考績委員會組織與職掌。【101地三】

4. 公務人員考績法中平時考核與專案考績有何不同？又司法院釋字第491號對於專案考績應予免職之人員其解釋之精神為何？試申論之。【100地三】

5. 下表是錢科員和顏科員兩人之最近三年考績結果。請說明錢科員和顏科員兩人各自獲致何種考績獎懲？另顏科員在104年之考績結果經銓敘部審定前、後，各有何救濟管道？【104地四】

	102	103	104
錢科員（薦任第6職等）	甲	乙	甲
顏科員（薦任第7職等）	乙	丙	丁

6. 依據我國公務人員考績法，下列那些情事於年終考績時較符合得列為丁等的標準？並請說明其法律依據。

(1)劉先生為學校教務處組員，負責管理學生成績，他發現某學生成績不及格，運用職權向該生索賄以竄改其成績為及格，經人檢舉後查證屬實。

(2)林組長身為單位主管，因為不滿上級交辦之任務，竟暗示其下屬組員拖延工作進度，上級發現後予以申誡懲處，始有所改善。

(3)莊先生暗戀在另一單位任職之同事吳小姐，屢次示愛，皆遭到吳小姐拒絕，隨後莊先生發現吳小姐已經與其任職單位主管王主任交往多時，並且論及婚嫁。莊先生由妒生恨，因此在臉書上公開散布王主任為有婦之夫且濫用職權脅迫吳小姐與之交往的不實消息。此事被王主任察覺，他向莊先生之主管張主任反應，要求張主任予以適當懲處並刪除臉書。張主任當即要求莊先生立即刪除該篇臉書上不實之貼文，並予記過懲處。不料，該篇不實貼文從莊先生的臉書刪除後未滿一週，又在多個其他社交網站出現該文，經查證這些張貼者皆為莊先生本人。

(4)陳女士總是在上班時間偷偷離開辦公室去買菜，經其主管屢勸不改，還曾經因此被記申誡與小過懲處。儘管如此，陳女士仍是我行我素，依然故我。最近，她變本加厲，上午開溜買菜，下午則是藉故離開辦公室去照顧她先生所開設的便利商店，經人檢舉後，她向主管辯稱自己只是去便利商店買東西，但調閱監視影帶後證實陳女士確有在櫃臺收銀販賣商品之行為。陳女士辦公室同仁對其行為皆表達高度不滿，向主管陳情若不對之予以適當處分，大家將要有樣學樣、癱瘓辦公室的運作，事態頗為緊張。

(5)葛先生屢屢向其主管反應行政程序或上級決策不當之處，並且常常利用單位所成立的即時通信軟體Line群組張貼其對時弊針貶與政策興革的見解，甚至還經常至部長信箱投書陳情，每次接獲其投書，上級就要行文至該機關要求妥慎處理葛先生的陳情事件，因此葛先生已經成為主管和同事眼中的「麻煩製造者」。【105高】

7. 公務人員的考績類別、獎懲及流程，各有那些規定？並請提出興革建議。【102高】

8. 請(一)從組織管理的角度說明考績制度的功能；(二)根據您所了解的公務機關現況，評論我國目前公務人員考績制度的實際運作在這些功能上的表現，以及改進之道。【103高】

9. 小王是負責防洪水門開閉的公務員，在颱風期間因偷懶在家而未依規定上班並關閉水門，導致市區嚴重淹水，造成許多民眾財產鉅額損失，甚至

有人因此不幸身亡。請問，當風災結束後，小王除了必須承擔倫理上的責任之外，依法對小王還有那些可能的處分類型？【103普】

10. 考試院已研擬完成公務人員考績法修正草案，於101年函送立法院審議。依據修正條文，有關公務人員年終考績列甲等、乙等、丙等之獎懲與原規定有何不同之處，試列舉比較之。【104普】

11. 績效考評在人力資源管理上，可扮演那些功能？績效考評的程序正義，可從那幾個面向觀察？又過去一段時間所討論的公務人員考績法修正案，試圖對考評程序做那些改進，以實現公正公平與準確客觀之考核？【105地三】

12. 請根據現行公務人員年終考績決定過程，提出機關未來欲提升人員工作績效的可行變革途徑。【107地三】

重點複習

一、考績之受到重視，中外古今皆然。時至今日，考績之重要依然不減，但在考績方法，考核功能，考核要求及考核性質上均與過去頗有不同。茲將考績之現代趨勢，分述如次：

(一)重視工作績效的考評。

(二)講求工作目標的實現。

(三)重視人性、尊重人格、維護人權。

(四)重視輔導功能。

(五)考績功能日趨擴大。

二、考績的種類

(一)年終考績。　(二)另予考績。　(三)專案考績。

三、考績獎懲

(一)年終考績之獎懲

1. 甲等：晉本俸一級，並給與一個月俸給總額之一次獎金；已達所敘職等本俸最高俸級或已敘年功俸級者，晉年功俸一級，並給與一個月俸給總額之一次獎金；已敘年功俸最高俸級者，給與二個月俸給總額之一次獎金。

2. 乙等：晉本俸一級，並給與半個月俸給總額之一次獎金；已達所敘職等本俸最高俸級或已敘年功俸級者，晉年功俸一級，並給與半個月俸給總額之一次獎金；已敘年功俸最高俸級者，給與一個半月俸給總額之一次獎金。
3. 丙等：留原俸級。
4. 丁等：免職。前項所稱俸給總額，指公務人員俸給法所定之本俸、年功俸及其他法定加給（第7條）。

(二)另予考績之獎懲

1. 甲等：給與一個月俸給總額之一次獎金。
2. 乙等：給與半個月俸給總額之一次獎金。
3. 丙等：不予獎勵。
4. 丁等：免職（第8條）。

(三)專案考績之獎懲：專案考績，於有重大功過時行之；其獎懲依下列規定：

1. 一次記二大功者，晉本俸一級，並給與一個月俸給總額之獎金；已達所敘職等本俸最高俸級或已敘年功俸級者，晉年功俸一級，並給與一個月俸給總額之獎金；已敘至年功俸最高俸級者，給與二個月俸給總額之獎金。但在同一年度內再因一次記二大功辦理專案考績者，不再晉敘俸級，改給二個月俸給總額之一次獎金。
2. 一次記二大過者，免職（第12條第1項）。前項第2款一次記二大功之標準，應於施行細則中明定之。專案考績不得與平時考核功過相抵（第12條第2項）。

四、救濟途徑

(一)公務人員保障法第25條規定：「公務人員對於服務機關或人事主管機關所為之行政處分，認為違法或顯然不當，致損害其權利或利益者，得依本法提起復審。」同法第30條第1項規定：「復審之提起，應自行政處分達到之次日起三十日內為之。」同法第44條第1項規定：「復審人應繕具復審書經由原處分機關向保訓會提起復審。」是以考績復審應由受考人於考績通知書送達之次日起三十日內，經由原處分機關向保訓會提起之。

(二)公務人員保障法第72條第1項規定：「保訓會復審決定依法得聲明不服者，復審決定書應附記如不服決定，得於決定書送達之次日起二個月內，依法向該管司法機關請求救濟。」是以考績復審係向保訓會提起，而不服保訓會復審之決定者，得向行政法院提起行政訴訟以謀救濟。

(三)受考人於收受考績通知後，如有不服，得依公務人員保障法提起救濟；如有顯然錯誤，或有發生新事實、發現新證據等行政程序再開事由，得依行政程序法相關規定辦理（施行細則第25條第1項）。

(四)目前實務上考績列甲等、乙等、丙等、丁等或專案考績免職者，均循保障法復審途徑謀求救濟。

五、執行原則

(一)有效評鑑。 (二)合理課責。 (三)彈性授權。

(四)良性競爭。 (五)緩和退場。 (六)團體績效。

Chapter 09

公務人員的訓練與發展

老師叮嚀

1 本章有可能完全不考，不必花太多時間。

2 理論性問題比較適合高考（三等特考）以上考生。

一、訓練與發展的意義

(一)所謂訓練，其一般的意義是指為增進工作人員的知識、技能、提高工作效率，對於即將任職或已在職的工作者之思想、行為、知識、技能及態度等，所作之各種教育或輔導。所謂發展，包括兩層意義：1.才能發展；2.成就發展。訓練即為發展才能的主要方法之一，對成就發展亦為不可或缺的必要過程。因此，訓練常與發展並列。

(二)現代的人事管理學者，非常注重管理發展，亦即「為選定目前及未來職位之人員而訓練及發展的一種持續性過程」，也是「管理人員憑以獲得經驗、技能、態度，以成為或保持其企業中成功領導者的過程。」可見「管理發展」是一種高級管理人才的培育與訓練的過程。從現代政府的職能及民眾對政府的期許等不同的角色來觀察，高級行政人員的培育與訓練，實在是非常重要的一項工作與責任，我們也許可名之謂「高級行政人才發展」，此在歐美先進國家，實施已具相當績效。

二、訓練的功能

(一)就公務人員的訓練而言，訓練至少有以下幾項主要的積極功能：

1. **工作知能的補充**：現代科技日新月異，專業知能不斷推陳出新，必須對現職人員，施以在職訓練，灌輸新的知識，授予新的方法。訓練可使工作人員的知能、態度，與時俱進，增加執業能力，提昇工作效率。

2. **工作知能的增加及轉換**：現代政府的職能不斷擴增，所需專業知能，也隨之不斷增加或調整，因之，公務人員本身所具備的資格條件，也必須隨之因應。又為使公務員能隨時擔任不同性質的工作，必須施以第二專長（或稱副專長）的訓練。這些訓練，可以有效擴大人力的運用。

3. **藉訓練考核、發掘人才**：在職訓練一方面授予受訓者以新知能，一方面並可自受訓者獲得新的人事資料。機關以公平而具體的受訓成績，列為今後補缺或改進工作指派時之依據，並作為陞遷的重要參考資料。
4. **提高工作效率**：根據實際的經驗，有效的訓練，可以顯著地提高公務人員的工作效率。訓練不僅可以增加公務人員的知能，也可改善其工作態度，增進其工作意願。

(二)公務人員考試法第21條規定：「公務人員各等級考試正額錄取者，按錄取類科，依序分配訓練，訓練期滿成績及格者，發給證書，依序分發任用。」以訓練彌補考試之不周的理由得列舉如下：

1. 公務員大部分均係根據廣泛的工作類科，而不是根據每種特定的工作甄選，故他們對於特定機關或機關內各單位工作，應有獲得瞭解的必要與權利。
2. 政府公務很少是一成不變的，欲使公務員適應此種變遷，最迅速有效的方法，就是給予有意識、有條理的訓練。
3. 訓練往往可以說明各機關間在某些事項方面之差異。
4. 各種職業普遍地都在不斷的進步，訓練是一種確保各行各業的專家，使他們的專業知識能與時俱進，免趨落伍的有效途徑。
5. 有許多行業與工作，僅在公務機關存在，這類行業之專業知識或技能的獲致，並非一般機構所能提供。
6. 藉訓練以改進現職人員之工作技能，使之達於最高標準。
7. 透過訓練可使公務員對機關內其他單位之目的與業務有所瞭解，產生整體觀念，進而與其他單位相配合。
8. 過去公務機關所實施的公務人員訓練，已獲致成功，即為充分的例證。

三、訓練的種類

(一)**職前訓練**：即工作人員在任職前的訓練。在理論上看，工作人員在任職以前，大多受過正規的教育，對於職業上應具備的專業知能，應有相當基礎，似無再予訓練之必要，事實上，不少組織在正式進用人員之前，尤其大批進用人員時，往往施以專業性的訓練。此種訓練主要之原因為：

1. 學校之課程僅為一般的教育目的而設計，不一定適合職務上專業的需要。
2. 工作機會不一定恰合工作人員在學校中修習之類科。
3. 一個組織往往有其特殊的要求（專業的、技術的或觀念的），可藉訓練使工作人員有所瞭解，以增進共識。
4. 有時工作人員已畢業甚久，需藉訓練以補充其知能。

(二) **在職訓練**：即對於業已在職人員之訓練。一個工作人員的工作年限，通常在三十年至四十年之間，在此漫長的服務期間，時代進步日新月異，科技發展一日千里，一個人在學校中的所學所得，如果一成不變，自難適應職務上的需要，故必須不斷施以各種訓練，以資補充新知能。此外，工作人員需要在職務上有所陞遷，必須有較高知能，以資配合，亦需以訓練方法，達此目的。

(三) **新進人員引導訓練**：一個新到職的工作人員，對組織的一切，均甚陌生，最好能施以短期訓練，使其儘快進入狀況。此項訓練，多則數天，少則數小時，視需要而定。如已有完善之職前訓練時，此項訓練可免。如未舉辦職前訓練時，亦可藉新進人員引導訓練，予以彌補。

(四) **主管人員訓練與一般人員訓練**：前者以主管人員為訓練對象，又可分為高級主管人員訓練、中級主管人員訓練及初級主管人員訓練；後者指主管人員以外之訓練。訓練對象及內容均有不同。

(五) **集中訓練與非集中訓練**：集中訓練指有若干受訓員工集中一起受訓，如設班訓練、講習會等，均屬集中訓練。非集中訓練指員工之個別施訓，一般學徒式的訓練，均屬此類訓練。

(六) **管理訓練、專業訓練、專案訓練及技術訓練**：管理訓練指以管理課程為主之訓練，其對象為主管人員或管理人員。專業訓練指基於職務上專業的需要所作之訓練，一般人員之訓練以此類訓練居多。至於專案訓練係為適應專案之實施所作之訓練，其性質有時涵蓋管理、專業及技術訓練。所謂技術訓練，係指以操作為主之訓練，其對象多屬較基層的人員。

四、訓練規劃【110地三、110關務、111地三】

(一)訓練發展為現代人事行政中重要的一環，當科技突飛猛進，知識爆炸的社會，訓練發展尤其重要。

(二)訓練之成敗關鍵，在於訓練規劃之良窳。所謂訓練規劃，係指訓練資源之綜合，有效地加以運用，以增進訓練效能的一種過程。訓練規劃時，所需考量的因素甚多，趙其文老師歸納為下列各項：

1. **鑑定訓練需要**：員工訓練乃是基於業務上之需要，而非為訓練而訓練。一般而論，一個組織有下列情事之一者，即須舉辦訓練以求適應：
   (1)員工之學識、技能，有增進之必要，以提高工作效率時。
   (2)員工之工作態度，有偏差傾向，有加以改善之必要時。
   (3)員工在接受新業務、新方法、新設備之操作時。
   (4)對於員工陞遷之儲備。
   (5)工作人員士氣需要加以改善時。
   (6)管理當局有新政策、新措施需加溝通時。
2. **確立訓練目標**：所謂訓練目標，即指訓練所欲達成的事項，訓練目標是依據訓練需要而來，因此，訓練目標必須與訓練需要相結合，訓練始不致落空。
3. **選擇訓練方式**：在選擇訓練方式方面，最重要的考量為是否由本機關設班訓練？抑或選送工作人員至本機關以外之訓練機構受訓？目前較大的機關，多自行設置訓練機構，大型民間企業亦復如此。自行設置訓練機構必須考量訓練資源（師資、場地、行政人員、課程及預算等）能否充分掌握，否則將造成資源浪費或體質不良，並非善策。
4. **決定訓練對象**：訓練之舉辦，係基於一定之需要，故受訓人員必須針對訓練需要慎重挑選。如受訓者之目標與訓練之目標不符，即無法引起受訓者之動機，因而減低其學習的興趣，難以收到訓練實效。
5. **設計訓練內容**：訓練內容即所謂訓練課程，乃訓練之中心問題，其良窳與訓練之效果，息息相關。訓練課程乃是教材、教法和時間三個因素之適當配合，以達成訓練目的之一種設計。因此，課程之設計，必須針對訓練需要及受訓對象。

6. **慎選訓練師資**：訓練師資的優良與否，與受訓效果之高下，有直接關聯。一個優良的訓練教師，必須具備下列三個條件：
   (1) 必須瞭解學員訓練期滿後，所要從事的工作為何。
   (2) 對所授之課程，及各項有關材料，要有相當之瞭解。
   (3) 須具有講授的能力，明白表達其所學，並能啟發學員之思想。
7. **注意行政支援**：有關行政性工作，雖非訓練工作之本身，但對訓練效果影響極大。所謂行政性工作包括：預算之編製，人力的配備，場地的決定及佈置，教材、教法及教具之選用，受訓人員之調訓，課業之輔導，生活之照顧，師資之洽聘及接送，講義之編印，必要設備之購置等，雖甚瑣細，但每一環節均影響甚大，必須審慎策劃，細心進行。
8. **評鑑訓練成果**：訓練是管理的過程，為使訓練計畫臻於完善，須對訓練活動作連續性的評鑑。一般人總以為評鑑係於訓練結束後行之，然而，就訓練程序言，從鑑定訓練需要到執行訓練方案，均可隨時對訓練成果予以檢討和評價。訓練評鑑為對於訓練課程或訓練計畫對於員工發展的價值之有系統的考核。概括言之，評估程序可分訓練前、訓練中、訓練後三個階段。訓練前及訓練中的調查，係對反應標準及學習標準二項予以評估；至於訓練後的調查，則屬行為標準及效果標準評估的範圍，為測量實效最重要的部分。

五、現行公務人員訓練進修制度【108地四、112外特三】 重要

公務人員訓練進修法102年12月11日修正公布。茲據該法及其施行細則、公務人員行政中立辦法摘錄其主要內容如下：

(一) 本法適用對象如下
1. 各機關（構）學校組織編制中依法任用、派用之有給專任人員。
2. 各機關（構）學校除教師外依法聘任、僱用人員。
3. 公務人員考試錄取人員（施行細則第2條）。

(二) 各機關（構）學校依法聘用人員，於必要時，由各主管機關商得保訓會同意後，得準用本法之規定（施行細則第26條）。

(三) 本法所稱訓練，指為因應業務需要，提升公務人員工作效能，由各機關（構）學校提供現職或未來職務所需知職與技能之過程（施行細則第3條第1項）。

(四)本法所稱進修，指為配合組織發展或促進個人自我發展，由各機關（構）學校選送或由公務人員自行申請參加學術或其他機關（構）學校學習或研究，以增進學識及汲取經驗之過程（施行細則第3條第2項）。

(五)公務人員訓練進修法制之研擬，事關全國一致之性質者，由公務人員保障暨培訓委員會辦理之（第2條第1項）。

(六)公務人員考試錄取人員訓練、升任官等訓練、高階公務人員中長期發展性訓練及行政中立訓練，由公務人員保障暨培訓委員會辦理或委託相關機關（構）、學校辦理之（第2條第2項）。

(七)公務人員專業訓練、一般管理訓練、進用初任公務人員訓練及前項所定以外之公務人員在職訓練及進修事項，由各中央二級以上機關、直轄市政府或縣（市）政府（以下簡稱各主管機關）辦理或授權所屬機關辦理之（第2條第3項）。

(八)本法第2條第2項之各項訓練定義如下：

1. 公務人員考試錄取人員訓練：指依公務人員考試法第21條規定辦理之訓練。
2. 升任官等訓練：指依公務人員任用有關法律辦理，以增進公務人員具備晉升官等所需工作知能之訓練。
3. 高階公務人員中長期發展性訓練：指為增進簡任第十職等或相當職務以上公務人員未來職務發展所需知能之訓練。
4. 行政中立訓練：指依本法第5條規定辦理之訓練（施行細則第4條第1項）。

(九)本法第2條第3項之各項訓練定義如下：

1. 專業訓練：指為提升各機關（構）學校公務人員擔任現職或晉升職務時所需專業知能，以利業務發展之訓練，或為因應各機關（構）學校業務變動或組織調整，使現職人員具備適應新職所需之工作知能及取得新任工作專長，所施予之訓練。
2. 一般管理訓練：指為強化各機關（構）學校公務人員一般領導管理、綜合規劃、管理協調及處理事務之能力為目的之訓練。
3. 進用初任公務人員訓練：指對依公務人員任用有關法律規定進用或轉任，初次至公務機關（構）學校任職人員所施予之訓練（施行細則第4條第2項）。

(十) 為加強公務人員訓練進修計畫之規劃、協調與執行成效，應由行政院人事行政總處與公務人員保障暨培訓委員會會同有關機關成立協調會報，建立訓練資訊通報、資源共享系統；其辦法由協調會報各相關機關協商定之（第3條）。

(十一) 公務人員考試錄取人員、初任公務人員、升任官等人員、初任各官等主管人員，應依本法或其他相關法令規定，接受必要之職前或在職訓練（第4條第1項）。

(十二) 各機關學校進用初任公務人員訓練，應由各主管機關於到職後四個月內實施之（第4條第3項）。

(十三) 前項訓練以充實初任公務人員應具備之基本觀念、品德操守、服務態度、行政程序及技術暨有關工作所需知能為重點（第4條第4項）。

(十四) 為確保公務人員嚴守行政中立，貫徹依法行政、執法公正、不介入黨派紛爭，由公務人員保障暨培訓委員會辦理行政中立訓練及有關訓練，或於各機關學校辦理各項訓練時，列入公務人員行政中立相關課程；其訓練辦法，由考試院定之（第5條）。

(十五) 公務人員行政中立訓練辦法摘要如下：

1. 本辦法以公務人員行政中立法第2條所稱之公務人員為適用對象（第3條）。
2. 本訓練由公務人員保障暨培訓委員會（以下簡稱保訓會）及所屬國家文官學院（以下簡稱文官學院）辦理，或委託各機關（構）學校辦理（第4條）。
3. 本訓練實施方式如下：
   (1) 專班訓練：開辦本訓練課程專班。
   (2) 隨班訓練：於辦理各項訓練時，列入本訓練課程。
   (3) 專題講演及座談：利用集會等活動，舉辦本訓練相關講演及座談。
   (4) 數位學習：於保訓會指定之網站或媒體學習行政中立相關課程（第5條）。
4. 本訓練講座，應具備行政中立相關課程之素養，授課時並不得違反行政中立精神。前項講座由保訓會薦介，作為各機關（構）學校辦理本訓練優先遴聘之參考（第8條）。

5. 各機關（構）學校應安排所屬人員參加本訓練，無故不參加本訓練者，由各機關（構）學校列入年終考績（成）之參考。本訓練課程時數，每次不得低於二小時。從未或三年內未參加本訓練人員，應優先安排參加訓練（第9條）。
6. 本辦法以公務人員行政中立法第17條及第18條所定之人員為準用對象（第14條）。

(十六) 公務人員帶職帶薪全時進修期滿，其回原服務機關學校繼續服務之期間，應為進修期間之二倍，但不得少於六個月；留職停薪全時進修期滿者，其應繼續服務期間與留職停薪期間相同（第15條第1項）。

(十七) 前項進修人員經各主管機關依法同意商調他機關服務者，其應繼續服務期間得合併計算（第15條第2項）。

(十八) 各主管機關得視業務實際需要協調國內外學術或其他機構，提供公務人員終身學習之機會（第17條）。

(十九) 本法第17條所稱提供公務人員終身學習之機會，指各主管機關得主動或協調國內外學術或其他機構，提供以下終身學習措施：
1. 建立學習型組織。
2. 塑造組織終身學習文化。
3. 結合公私部門辦理有關終身學習活動。
4. 建立與充實終身學習資源網路。
5. 其他有關終身學習活動（施行細則第24條）。

(二十) 各機關學校應將公務人員接受各項訓練與進修之情形及其成績，列為考核及陞遷之評量要項，依專才、專業、適才、適所之任用本旨，適切核派職務及工作，發揮公務人員訓練及進修最大效能（第19條）。

六、訓練進修法的功能

(一)**訂定統一之訓練進修法典，奠定公務人員培訓法律基礎**：公務人員訓練進修法規，除政府於民國32年公布之「公務人員進修及考察選送條例」，因情移勢轉，已與實際狀況扞格，致多年無法據以執行外，大部分之訓練進修規章，均以行政命令為之，且多有重疊繁複，造成基層機關執行運作之困擾。因此，本法的制定，已將訓練進修法令加以整合，成為公務人員訓練進修之根本大法。

(二)**確立公務人員訓練進修管理權責，多元發展，共竟事功**：由於憲法第83條，以及憲法增修條文第6條，對於公務人員之訓練進修，並未如同考試、銓敘、退休、撫卹、保障等業務，明定為考試院掌理事項，有所謂的「灰色地帶」，究竟訓練進修業務是屬於考試權或行政權，一直難以定位。基於各項資源不同及主客觀因素的影響，對於公務人員訓練進修的推動，易形成權責不清，多軌並行，重複浪費的現象。本法將訓練進修業務，採分權化的規定，關於法制事項之研擬，事關全國一致之性質者，由保訓會辦理。此外，凡是與考試、任用、陞遷有關之訓練及行政中立訓練，亦由保訓會負責辦理。而公務人員平時之專業訓練，一般管理訓練及進修事項，則分由各主管機關辦理或由所屬機關學校辦理之。此外，透過成立協調會報，加強訓練進修計畫的協調，並建立訓練資訊通報、資源共享系統，期能達到分工合作，多元統合的成效。

(三)**鼓勵公務人員訓練進修，並規範其權利義務之關係**：本法明確規定各主管機關要擬定公務人員訓練計畫及進修計畫，安排各種訓練及提供進修機會，並給予經費補助，使公務人員得以公餘、部分辦公時間或全時進修方式，從事各項進修活動，可視為是公務人員的權利。此外，本法亦對於接受補助進修人員，規定應提出報告，不得隨便變更進修計畫，回原服務機關繼續服務為進修期間之二倍，違反規定之懲處及賠償罰則等，力求權利義務相對等之關係。

(四)**建立完整訓練制度，落實考試、訓練、任用、陞遷結合之政策**：本法第4條規定，公務人員考試錄取人員，初任公務人員、升任官等人員、初任各官等主管人員，應依本法或其他機關法令規定，接受必要之職前或在職訓練。本項規定，已建立公務人員從考試筆試錄取人員必須先完成訓練，始能正式分發任用，進而到規定晉升官等及初任各官等主管人員，均應先經過訓練成績合格，始取得晉升資格。為落實此項規定，公務人員考試法、任用法及陞遷法等重要人事法規，均應配合修正，使公務人員考試、訓練、任用、陞遷全面配合之政策，逐漸具體實現。

(五)**肯定終身學習的重要，提供多元學習之機會**：終身學習乃學習者自發性和自我導向地使用各種教育資源所進行的一種學習歷程。而公務人員終身學習制度，乃是公務人員在其任公職的生涯內，以增進和協助其進行終身學習為目的，所訂定並據以實行和考評之方法和程序等方面規範的一套體制，各先進國家為培養豐沛的人力資源和優良的人力素質，增強政府運作的效能，都非常重視公務人員的終身學習活動。本法第17條規定，各主管機關得視業務需要協調國內外學術或其他機構，提供公務人員終身學習之機會。終身學習可以多元方式進行，各機關可型塑組織學習文化，安排各種學習的途徑或活動，協助公務人員隨時隨地吸收新知，提昇個人的學習能力。

七、文官制度興革規劃方案第四案：健全培訓體制，強化高階文官【107地四】

(一)現況說明

1. 陞遷歷練與訓練培育未有效結合

(1) 公務人員升官等職等條件寬鬆，缺乏擇優機制

現行公務人員可透過升官等考試或以所具資歷配合升官等訓練，取得較高官等任用資格。惟以現行取得簡任官等任用資格規定，並未搭配應具相關學歷及主管職務經驗，易造成簡任人員難以勝任其職務之情形，且經由上開方式取得簡任資格者人數眾多，可獲陞遷者人數甚少，滋生怨尤。另目前考績2甲或1甲2乙即可取得高一職等任用資格，致使人員快速達到所任職務最高職等年功俸最高級而無級可晉，影響激勵功能。

(2) 各機關內陞與外補未訂定比例，中高階職位難注心血

目前各機關職缺擬辦理陞遷，係由機關衡酌機關特性與職務需要，採內陞外補兼顧原則辦理，惟並未規定各機關內陞與外補之比例，實造成偏重內陞之失衡情形。

(3) 職務遷調相關限制，無法擴大職務歷練

依現行規定，應辦理職務遷調之範圍限於本機關同一序列職務間遷調，或本機關內與主管機關間相關職務之遷調，並未及於中央與地方機關間職務遷調，易致中央與地方公務人員不易交流。

(4) 公務人員學識素養與專業知能，未能與時俱進

公務人員考試及格進入職場後，常因公務繁忙且無急迫性需要，致未能積極參與訓練進修提升自我能力，其觀念及作法易與時代脫節。

2. 培訓體系整合不足，缺乏有系統的高階文官、主管培訓體系

(1) 考試院及行政院就公務人員訓練部分，目前分別辦理行政院以外及行政院所屬公務人員訓練，訓練對象受限於機關別，未能進一步進行院際交流，訓練課程亦有所重複，較偏向行政管理或政策執行之角度規劃訓練，缺乏訓練資源整合、統整功效及文官核心職能之訓練。

(2) 保訓會及人事總處分別辦理高階文官、主管相關訓練班別，惟多係應國家施政需要，從事之短期訓練，如從高階文官儲備培訓及其管理、領導發展等之培養角度審視，尚非屬正規、系統的訓練機制。

3. 高階主管特別管理制度有待建構

(1) 歐美各國高階主管人員特別管理制度業已行之多年

美國聯邦政府自1950年代即有建立高階文官制度之倡議，嗣1978年卡特總統設立聯邦人事管理專案小組，並依據文官改革法，設立高級文官職（SES）制度。英國1996年正式建立單獨高級文官制度，希望藉由具有創新能力及高度凝聚力之高級文官，提供維持政府核心價值所需之領導能力，以因應政府面對的各種挑戰，以強化其領導其他各層文官之能力。此外，荷蘭亦於1995年設立高級文官團並成立高級文官署，以確保高階文官之管理體系與品質。其他各國亦不斷建制中，宜多參酌他國成功經驗，避免失敗。

(2) 高階主管資料庫仍未建構，進用管道未臻周延

國家政務經緯萬端，政府職能日益擴張，面對大環境之變遷，負責政策研擬與推動執行之高階主管，需具專門經驗、學識、技術及能力，惟目前機制難以放大選才範圍。

(3) 缺乏高階主管退場機制，影響高階主管人力運用

囿於現行公務人員相關法制，過度保障常任文官任職權益，致不適任現職之高階主管人員，往往無法調任非主管職務，且未就高階主管建立以績效導向為核心之考核制度，從而影響高階主管人力運用，亦阻礙優秀人才之晉陞。

(二)具體興革建議

1. 建構陞遷歷練與訓練培育有效結合之體制

(1)重新設計晉升簡任官等資格條件

薦任公務人員晉升簡任官等之取得，應一律改採經由考績及升簡任官等訓練之方式辦理，且應修正公務人員任用法有關升簡任官等之基本條件，增設曾任薦任第九職等主管職務2年以上之經歷等條件，以陞遷歷練結合簡任升官等訓練，提升簡任文官人力素質。

(2)限期廢止升官等考試。

(3)修訂取得同官等內較高職等資格條件

將現行年終考績結果2年列甲等或1年列甲等2年列乙等即取得較高職等任用資格之規定，搭配公務人員考績法之等第修正之設計，重新規劃較嚴謹之晉陞職等條件。

(4)建立快速陞遷機制

配合公務人員考績法增列優等等第之設計，對考績特優者，例如高考二、三級考試及格考績特優者，審慎規劃給予較快速升職等、官等及優先陞任之機會，縮短優秀公務人員晉陞時間，以強化考績激勵及擇優陞遷之功能。

(5)適度規範內陞與外補比例

研究規範各機關薦任以上職缺除考試分發之外，應訂內陞或外補之比例（如四分之一），以活化機關人力。但對性質特殊機關，得予例外規定。

(6)擴大職務遷調範圍

研議擴大職務輪調制度，及強化現行具職務歷練資歷及基層服務年資可酌予加分之陞任評分標準制度，各類主管機關（如民政、財政、教育等）應建立全國各該類人員之遷調機制，鼓勵中央與地方工務人員交流歷練，以拓展視野，培育幹才。並應落實現行一條鞭機關之職期調任制度。

2. 建立完善培訓體系

(1)建構完整之高階文官、主管培育歷練體系

改進高考一級考試制度，錄取人員施予相當期程之訓練後，及格者取得簡任第十職等任用資格；並搭配簡任升官等訓練，成為簡任官等之兩個入口訓練，為簡任文官之素質把關。其次建構高階文官帶狀培訓體系，由國家文官學院開設相關之帶狀訓練課程，從列入培訓名單之簡任第十職等之優秀文官起即予培訓，對於將任高階主管人員實施中長期之訓練；並對現職高階主管人員提供在職訓練，充實高階主管所需核心能力，並詳慎評比考核訓練成效，以加強高階文官訓練，從嚴考核篩選，確保高階文官的素質。

(2) **充實自初任人員至高階主管、非主管至主管之整體性訓練**

依公務人員職等、官等，逐級充實訓練內涵及完備訓練體系，包括持續精進考試錄取人員訓練及升任官等訓練等；此外另行規劃整體性訓練，包括初任簡任官等職務，須經參加管理發展訓練合格，始得升任簡任第十二職等職務；任簡任第十二職等職務，須經參加領導發展訓練合格，始得升任簡任第十三、第十四職等職務；任簡任第十三、第十四職等職務者，須參加政策發展訓練。

(3) **強化核心職能之訓練**

公務人員訓練內容，兼顧通識及專業知能。通識知能部分，除施予國家重要政策發展、行政管理、執行知能、公務相關法律知能之訓練課程外，另加強、深化公務人員公務倫理、國際觀、法治觀、行政中立、廉能、人權等觀念，並透過古今中外經典名著之研讀、講授，啟迪品德教育、提升人文素養及族群認識。專業知能部分，結合工作職場所需專業訓練、專長轉換訓練等，分別由國家文官學院、人事總處、中央及地方各主管機關所屬訓練機關（構）辦理。訓練兼採多元、彈性、因地制宜的方式，並強化協調聯繫機制，以利資源共享與訊息交流。

(4) **明定年度參加訓練進修時數**

逐年考量提升公務人員訓練時數，並配合多元學習（如網路學習、視訊學習、公餘進修等）之訓練進修方式，以培育優秀人才。

(5) **建立訓練成效評估追蹤制度**

加強訓練期間之考評，並建置訓後評估機制，追蹤訓練成效，研議行為層次與結果層次的評估，以利訓練所學於職場上充分運用，落實訓用合一，並作為將來改進培訓體系之參考。

3. 建構高階主管特別管理制度

明確訂定高階主管職務之範圍為簡任第十一職等（含）以上正副主管職務，將其拔擢、陞遷、考核、俸給等事項制定特別法律，建立有別於現行一般公務人員之特別管理制度，其建制重點如次：

(1) 嚴謹選拔

明確訂定高階主管人員選拔方式，嚴格選拔使優秀之人才始能擔任高階主管，採行評鑑中心法等明定選拔之標準、條件及核心能力，如：系統思考、執行力，以及高度廉潔而有效率之行為等，並控制其類別及數額，避免寬濫。

(2) 進文官學院專業訓練

經初步甄選進入高階主管人員，應於文官學院接受至少三個月之高階主管人員相關訓練，以培養其人力資源管理能力、政策連結能力及個別專業能力等。訓練合格者，納入國家高階主管人才庫。

(3) 建立國家高階主管人才庫

建置國家高階主管人才庫，並定期更新且持續增列職務歷練等資料，提供政府各部門選才之參考。

(4) 成立跨部會之甄選培育委員會

為辦理高階主管職務之遴選、甄補、推薦作業之需，研議成立跨部會之全國高階主管甄選培育委員會，決定相關政策及建立機構，並依職務特性分別由各類型機關之最高常任文官及有關人員組成次一級之作業委員會，除可將英國文官長制度精神予以納入，並可提高同類型機關間高階主管職務人員遴選、甄補制度之信度與效度，且使程序更為公開透明。其具體作法為：於派職時由甄選培育委員會推薦符合資格者若干人，送請具任命權責者，圈選進用。

(5) 建構專屬俸給制度

以績效俸給原則為基礎，結合俸給與績效獎金，明定高階主管人員之定俸機制，建構符合績效管理與常態分配原理之高階主管俸給制度。

(6) 建構嚴格考核及退場機制

建立高階主管特別考核制度，以年度為單位，實施任期檢討制度，考核項目包含單位團體績效，如經考核不適任者，調整為一般職務。

精選試題

1. 請依現行公務人員訓練進修法說明專業訓練、一般管理訓練、進用初任公務人員訓練與行政中立訓練之內涵及其辦理機關。【108地四】
2. 現行公務人員訓練之類別有那些？分別由何主管機關負責辦理？【102普】
3. 行政院人事行政局與公務人員保障暨培訓委員會所辦理之公務人員訓練有何不同？試申論之。【100地四】
4. 假設您在貴單位是負責機關內人員的訓練工作，而今年長官特別希望你思考如何加強機關同仁的英語能力。請擬定此英語能力培訓的計畫書，說明你從訓練前到訓練結案的過程中會採用那些步驟。【103高】
5. 請依據訓練理論，提出一個為期12小時，目的在於提升機關初任人員對行政中立法內涵與實踐有所認識的訓練方案，訓練方案必須提出具體的行政中立法課程單元及各單元應包含的內容。【106高】
6. 試說明職能理論以及激勵理論簡要內涵，並以此二個理論觀點，說明我國陞遷與訓練二者，在人事法制與實務運作兩方面，有無關聯性。【106普】
7. 請說明培訓的主要意義為何？在我國現行公務人員培訓制度中，有那些可再強化的面向？【107地四】
8. 若公務人員想透過進修來充實自我，請問有那些管道？又要遵守那些規定？【109地三】

重點複習

一、現行公務人員進修制度

公務人員訓練進修法102年12月11日修正公布。茲據該法及其施行細則、公務人員行政中立辦法摘錄其主要內容如下：

(一)本法適用對象如下：

1. 各機關（構）學校組織編制中依法任用、派用之有給專任人員。
2. 各機關（構）學校除教師外依法聘任、僱用人員。
3. 公務人員考試錄取人員（施行細則第2條）。

(二)各機關（構）學校依法聘用人員，於必要時，由各主管機關商得保訓會同意後，得準用本法之規定（施行細則第26條）。

(三)本法所稱訓練，指為因應業務需要，提升公務人員工作效能，由各機關（構）學校提供現職或未來職務所需知職與技能之過程（施行細則第3條第1項）。

(四)本法所稱進修，指為配合組織發展或促進個人自我發展，由各機關（構）學校選送或由公務人員自行申請參加學術或其他機關（構）學校學習或研究，以增進學識及汲取經驗之過程（施行細則第3條第2項）。

(五)公務人員訓練進修法制之研擬，事關全國一致之性質者，由公務人員保障暨培訓委員會辦理之（第2條第1項）。

(六)公務人員考試錄取人員訓練、升任官等訓練、高階公務人員中長期發展性訓練及行政中立訓練，由公務人員保障暨培訓委員會辦理或委託相關機關（構）、學校辦理之（第2條第2項）。

(七)公務人員專業訓練、一般管理訓練、進用初任公務人員訓練及前項所定以外之公務人員在職訓練及進修事項，由各中央二級以上機關、直轄市政府或縣（市）政府（以下簡稱各主管機關）辦理或授權所屬機關辦理之（第2條第3項）。

(八)本法第2條第2項之各項訓練定義如下：

1. 公務人員考試錄取人員訓練：指依公務人員考試法第21條規定辦理之訓練。
2. 升任官等訓練：指依公務人員任用有關法律辦理，以增進公務人員具備晉升官等所需工作知能之訓練。
3. 高階公務人員中長期發展性訓練：指為增進簡任第十職等或相當職務以上公務人員未來職務發展所需知能之訓練。
4. 行政中立訓練：指依本法第5條規定辦理之訓練（施行細則第4條第1項）。

(九)本法第2條第3項之各項訓練定義如下：

1. 專業訓練：指為提升各機關（構）學校公務人員擔任現職或晉升職務時所需專業知能，以利業務發展之訓練，或為因應各機關

（構）學校業務變動或組織調整，使現職人員具備適應新職所需之工作知能及取得新任工作專長，所施予之訓練。

2. 一般管理訓練：指為強化各機關（構）學校公務人員一般領導管理、綜合規劃、管理協調及處理事務之能力為目的之訓練。
3. 進用初任公務人員訓練：指對依公務人員任用有關法律規定進用或轉任，初次至公務機關（構）學校任職人員所施予之訓練（施行細則第4條第2項）。

(十)為加強公務人員訓練進修計畫之規劃、協調與執行成效，應由行政院人事行政總處與公務人員保障暨培訓委員會會同有關機關成立協調會報，建立訓練資訊通報、資源共享系統；其辦法由協調會報各相關機關協商定之（第3條）。

(十一)公務人員考試錄取人員、初任公務人員、升任官等人員、初任各官等主管人員，應依本法或其他相關法令規定，接受必要之職前或在職訓練（第4條第1項）。

(十二)各機關學校進用初任公務人員訓練，應由各主管機關於到職後四個月內實施之（第4條第3項）。

(十三)前項訓練以充實初任公務人員應具備之基本觀念、品德操守、服務態度、行政程序及技術暨有關工作所需知能為重點（第4條第4項）。

(十四)為確保公務人員嚴守行政中立，貫徹依法行政、執法公正、不介入黨派紛爭，由公務人員保障暨培訓委員會辦理行政中立訓練及有關訓練，或於各機關學校辦理各項訓練時，列入公務人員行政中立相關課程；其訓練辦法，由考試院定之（第5條）。

(十五)公務人員行政中立訓練辦法摘要如下：

1. 本辦法以公務人員行政中立法第2條所稱之公務人員為適用對象（第3條）。
2. 本訓練由公務人員保障暨培訓委員會（以下簡稱保訓會）及所屬國家文官學院（以下簡稱文官學院）辦理，或委託各機關（構）學校辦理（第4條）。
3. 本訓練實施方式如下：

(1)專班訓練：開辦本訓練課程專班。

(2)隨班訓練：於辦理各項訓練時，列入本訓練課程。

(3)專題講演及座談：利用集會等活動，舉辦本訓練相關講演及座談。

(4)數位學習：於保訓會指定之網站或媒體學習行政中立相關課程（第5條）。

4. 本訓練講座，應具備行政中立相關課程之素養，授課時並不得違反行政中立精神。前項講座由保訓會薦介，作為各機關（構）學校辦理本訓練優先遴聘之參考（第8條）。

(十六)公務人員帶職帶薪全時進修期滿，其回原服務機關學校繼續服務之期間，應為進修期間之二倍，但不得少於六個月；留職停薪全時進修期滿者，其應繼續服務期間與留職停薪期間相同（第15條第1項）。

(十七)前項進修人員經各主管機關依法同意商調他機關服務者，其應繼續服務期間得合併計算（第15條第2項）。

(十八)各主管機關得視業務實際需要協調國內外學術或其他機構，提供公務人員終身學習之機會（第17條）。

(十九)本法第17條所稱提供公務人員終身學習之機會，指各主管機關得主動或協調國內外學術或其他機構，提供以下終身學習措施：

1. 建立學習型組織。
2. 塑造組織終身學習文化。
3. 結合公私部門辦理有關終身學習活動。
4. 建立與充實終身學習資源網路。
5. 其他有關終身學習活動（施行細則第24條）。

(二十)各機關學校應將公務人員接受各項訓練與進修之情形及其成績，列為考核及陞遷之評量要項，依專才、專業、適才、適所之任用本旨，適切核派職務及工作，發揮公務人員訓練及進修最大效能（第19條）。

Chapter 10

公務人員的動態與考勤

老師叮嚀

1 本章有時完全不考，不必花太多時間。
2 現行請假規定應充分瞭解。
3 週休二日、彈性工作時間，較適合高考（三等特考）考生。

一、公務動態的意義

(一) 所謂公務動態者，即欲維持一個機關的工作力量時對於去職、離職人員的補充。

(二) 此一問題在人事行政上的重要性可自兩方面觀察之：

1. 公務員的委用及離去，有相互之密切關係，陞遷之機會及其可能亦係以公務動態為轉移，每年公務員之死亡、退休、離職及撤職數與各該機關公務員總數的比例率，亦為能否吸收一般人至政府工作之重要因素之一。
2. 公務員之新陳代謝率過高時，則為人事行政上的不良現象，因此，不但成為僱傭關係不適當之明顯證據，即在行政費用上，亦為甚大之消耗。

二、公務動態的由來

(一) 所謂公務動態，即公務員的離職與補充兩事所構成之變動情形。補充者即對離職所生空缺的填入，故公務動態的由來實基於離職事件之發生。而離職之原因不外三類：

1. **原動於自然勢力者**：包括因死亡開缺、因年老退休及因病去職等。
2. **原動於公務員者**：即普通所謂辭職，其原因不外：
   (1) 不滿意現在之工作環境與待遇。
   (2) 希望於別處獲得較好之職務或工作機會。
   (3) 不適於所在地之環境，為情勢所迫必須他往者。
   (4) 不願再繼續服務，欲返鄉里休養或料理家務。

3. **原動於政府或雇主者**：此中可分為停職、解職及撤職，前者的由來不外縮編及裁員，後者的產生多由於公務員之不稱職，或者是枉法失職及貪贓舞弊等。

(二)公務動態之由來，除了上述的離職原因外，就人事行政方面而言，尚可以其他因素解釋之：

1. **甄拔任用之不當**

(1)在公務員選拔時，因無適當的方法與制度，使無能力者倖被錄取，造成不稱職者在位，濫竽充數，力不稱心，痛苦不堪。

(2)公務員任用時未經職務分析與個性分析，致使人與事不相調適，難以人盡其才。

2. **待遇及給酬政策之失宜**

(1)政府所定之公務員薪額，若過於低微，公務員不足以維持相當之生活；或者薪給之訂定違反同工同酬的原則，使公務員感受不平。

(2)其他如工作環境之不良，工作時間之不適等，均足以促成公務動態的增長。

3. **考績陞遷之不良**

(1)欲使公務員能安心工作，促成公務的永業化，端賴公正的考績與公平的陞遷發展機會。

(2)若在考績、陞遷方面有了缺失，公務員將不願視其所任職務為終身職業，勢必隨時尋求較好的工作機會，結果自必增加人事變動。

4. **人事關係之欠調適**

(1)欲促進公務員的安定，人事行政人員及主管應力謀工作人員間的和諧、合作。

(2)衝突、感情破裂，以及相互傾軋的現象，揆諸「合則留不合則去」之常情，公務動態自必因而增高。

三、勞動審計

(一)所謂勞動審計，係對於公務員之離職原因及僱傭或勞動政策予以詳密之分析，以便針對缺失，為對症下藥之補救。

(二)勞動審計欲期成功，有賴於下列條件之具備：

1. 負責長官及公務員對勞動審計，須有切實之明瞭與認識，肯忠實地提供事實資料於勞動審計人員。
2. 擔任勞動審計之人員須有充分之訓練與高明之技術。而且，除離職面談外，勞動審計人員不宜以本機關之職員擔任，而應由具有超然地位之外人或專家充任，以期能以公平態度為客觀之分析。
3. 採用之方法須合理有效，俾能獲得完全之材料，並能為有系統、有意義之分析檢討。
4. 須有標準化、合理化之勞動審計檢查表以供應用。

四、離職面談

(一)離職面談係於公務員離職時，由人事人員與離職公務員進行，應避免由機關首長或主管進行，俾能使人事人員於客觀立場瞭解其離職原因。

(二)面談的時機，應選在公務員離職時進行，此時應該公務員已經確定離職，心中已無顧忌，自然較為願意將其離職之真實原因以及平日對工作環境的知覺，坦然相告。由此，人事人員可以瞭解到員工離職的原因，以及該機構在工作環境方面所存在的缺失與問題。

(三)蒐集到的離職原因，尚不能直接據以作為研擬處方與改善管理措施之用途，還必須經過統計、分析的過程。統計、分析可分三部分來進行：

1. 於一定期間統計離職率，以資判斷離職率是否正常。如有偏高現象，即應進一步瞭解其原因。
2. 依據離職原因類別進行統計，據此可瞭解該機構公務人員離職的主要原因。如欲降低整個機構之離職率，針對離職主要原因研擬改善方案，最為方便與有效。
3. 依據離職人員工作部門別或單位別進行統計，據此可瞭解那一部門或那一單位離職率較高。並可進一步統計、分析該部門或該單位離職率高的主要原因，針對主要原因研擬改善方案並據以實施，即可降低該部門或單位之離職率。

五、縮短工作天

(一)縮減工作天是將每星期工作的天數減少，但是工作的時數維持不變或減少。

(二)將員工的工作天數減少，以激勵員工，其主要理由為：

1. 週末假期的天數增加，可使員工有更多的時間從事休閒活動，消除身心的疲勞，為下週的工作培養工作的精力。
2. 員工可利用增加的休息天數，處理私人事務，減少缺勤的情形發生。
3. 員工如果缺勤，如採扣薪制，則對員工構成嚴重損失，減少工作天可減少因缺勤而造成的損失。
4. 可減少員工上下班交通費的支出與時間的花費，甚至可避免或減少因交通阻塞而遲到的情形發生。

六、彈性工作時間

(一)**意義**：所謂彈性工作時間，是指准許工作人員對其工作時間可以行使某種選擇權的工作時程安排。此制首先於1967年由德國一家太空器材公司（Messerschmitt Bolkow Blohm）採行，目前已盛行於英、美、日、德、法等國。

(二)**優點**

1. **就機關組織方面而言**

(1)使工作人員對自己的工作具有更負責的態度。
(2)可加強主管的授權觀念。
(3)可培養團隊精神。
(4)提供安靜時刻處理特殊問題。
(5)避免工作時間的浪費。
(6)可吸收較優秀的工作人員。
(7)可提高工作效率和增加生產力。
(8)可減少加班費的支出。
(9)可對顧客提供較長及較佳的服務。
(10)有助於建立健全的組織氣候。

2. **就工作人員方面而言**

(1) 因為受到機關組織重視，可滿足其尊榮感。

(2) 因為可使個人生活與工作合而為一，可造福其家庭生活。

(3) 能節省個人的時間，使工作時間獲得充分有效的利用。

(4) 可使工作人員精神充沛。

(5) 可減少工作人員的焦慮與挫折感。

(6) 可減少工作人員虛偽造假的藉口行為。

(7) 承認工作人員間的個別差異。

3. **就社會方面而言**

(1) 可緩和尖峰時間交通的擁擠現象。

(2) 可避免工作環境的擁擠現象。

(3) 因機關上班時間提早，下班時間延後，可以收到便民的效果。

(4) 可以解決職業婦女兼顧家庭生活的問題。

(三) **缺點**

1. 可能增加機關組織額外的成本。
2. 可能造成溝通協調的困難。
3. 有些工作不宜實施此制，如機器維護人員、安全人員、司機、信差等。
4. 可能失去平日考核的標準，以致獎懲不公。
5. 可能增加人事單位作業手續及困難。
6. 主管難以對工作人員作動態的控制。
7. 可能造成民眾洽公的不便。
8. 可能遭遇主管人員的排斥。
9. 可能引起未能納入此制人員的不滿。
10. 可能增加能源的消耗。

(四) 總之，彈性工作時間有優點也有缺點，如果運用妥當，確實可使工作人員對工作時間作最有效的使用，激勵其士氣。但是，在實施此制度前，必須由機關內各階層的代表人員共同溝通意見，研究它可能的利弊得失，以免實施時，遭受強烈的抗拒。此外，此種制度必須配合機關組織的特性，而採取適當的作法，否則即不切實際。

七、經理人休假制度

美國企業界近年來開始採用經理人休假制度（Executive Sabbaticals），該制度可分為三種主要之類型：

(一)**教育性休假**：教育性休假（Educational Sabbatical）為最普遍的一種休假方式。

1. 教育性休假之典型方式為一位中階層經理人，在即將昇任高階層經理人時，由公司派至某一大學，研修為期四年十個月的課程，受訓期間受訓者除仍領取全額之薪津外，公司並負擔全額之學費及額外補助受訓者之眷屬前往學校探望數次之旅費。
2. 有些公司甚至允許其人員利用休假的機會，去求得較高的學位。

(二)**社會服務性休假**：社會服務性休假（Social Service Leave）與教育性休假不同，此種休假多半與雇主之企業並無關係。

1. 一位經理人可以休六個月的假，而赴某基金會、或慈善事業機構去工作、或赴貧民學校擔任低薪的工作，通常他的原服務公司仍支付他所得薪津之差額，使休假者之收入總額並不因之而減少。
2. 社會服務性休假之實施，可使社會大眾對公司產生極好的印象，除了可建立良好的公共關係，便於公司招募人才外，員工因參加有益於社會公益之工作，可獲得更大之滿足，再以清新的心情返回公司工作。

(三)**與政府之交換計畫**

1. 與政府之交換計畫（Exchange Program with Government），包括參加政府諮詢顧問計畫，或參與法令訂定工作。
2. 由於此類交換計畫，一方面可以使立法者深切瞭解，一項法令對企業日常營運活動之相關程度；另一方面，使公司與交換工作之人員能進一步瞭解法令規章之原意，及政府官員之觀點。

八、現行請假制度【108地三】 重要

(一)**休假**：依據「公務人員請假規則」第7條第1項規定，公務人員至年終連續服務滿一年者，第二年起每年應給休假七日；服務滿三年者，第四年起每年應給休假十四日；滿六年者，第七年起每年應給休假廿一日；滿九年者，第十年起每年應給休假廿八日；滿十四年者，第十五年起每年應給休假三十日。

(二) **事假**

1. 請假規則第3條第1項第1款規定，公務人員因事得請事假，每年准給七日。其家庭成員預防接種、發生嚴重之疾病或其他重大事故須親自照顧時，得請家庭照顧假，每年准給七日，其請假日數併入事假計算。超過規定日數之事假，應按日扣除俸（薪）給。
2. 同條第2項規定，准給事假日數，任職未滿一年者，依在職月數比例計算後未滿半日者，以半日計；超過半日未滿一日者，以一日計。同條第3項規定，事假得以時計。

(三) **病假**

1. 請假規則第3條第1項第2款規定，公務人員因疾病或安胎必須治療或休養者，得請病假，每年准給二十八日。女性公務人員因生理日致工作有困難者，每月得請生理假一日，全年請假日數未逾三日，不併入病假計算，其餘日數併入病假計算。其超過者，以事假抵銷。因重大傷病非短時間所能治癒或因安胎確有需要請假休養者，於依規定核給之病假、事假及休假均請畢後，經機關長官核准得延長之。其延長期間自第一次請延長病假之首日起算，二年內合併計算不得超過一年。但銷假上班一年以上者，其延長病假得重行起算。
2. 同條第3項規定病假、生理假得以時計。

(四) **婚假**：請假規則第3條第1項第3款規定，公務人員因結婚者，給婚假十四日，應自結婚之日前十日起三個月內請畢。但因特殊事由經機關長官核准者，得於一年內請畢。同條第3項規定，婚假得以時計。

(五) **娩假**：公務人員請假規則第3條第1項第4款規定，公務人員因懷孕者，於分娩前，給產前假八日，得分次申請，不得保留至分娩後；於分娩後，給娩假四十二日；懷孕滿二十週以上流產者，給流產假四十二日；懷孕十二週以上未滿二十週流產者，給流產假二十一日；懷孕未滿十二週流產者，給流產假十四日。娩假及流產假應一次請畢。分娩前已請畢產前假者，必要時得於分娩前先申請部分娩假，並以十二日為限，不限一次請畢；流產者，其流產假應扣除先請之娩假日數。同條第3項規定產前假得以時計。

(六) **陪產假**：公務人員請假規則第3條第1項第5款規定，因陪伴配偶懷孕產檢，或因配偶分娩或懷孕滿二十週以上流產者，給陪產檢及陪產假七日，得分次申請。陪產檢應於配偶懷孕期間請畢；陪產應於配偶分娩日或流產日前後合計十五日（含例假日）內請畢。

(七) **喪假**：公務人員請假規則第3條第1項第6款規定，公務人員因父母、配偶死亡者，給喪假十五日；繼父母、配偶之父母、子女死亡者，給喪假十日；曾祖父母、祖父母、配偶之祖父母、配偶之繼父母、兄弟姐妹死亡者，給喪假五日。除繼父母、配偶之繼父母以公務人員或其配偶於成年前受該繼父母扶養或於該繼父母死亡前仍與共居者為限外，其餘喪假應以原因發生時所存在之天然血親或擬制血親為限。喪假得分次申請，並應於死亡之日起百日內請畢。同條第3項規定，喪假得以時計。

(八) **公假**：請假規則第4條規定，公務人員有法定情事之一者，給予公假。其期限由機關視實際需要定之。

(九) **其他**：請假規則第3條第1項第7款規定，公務人員因捐贈骨髓或器官者，視實際需要給假。

九、週休二日制度

(一) 政府機關辦公時間之設計，與公務員生活作息、政府施政運作、民眾接洽公務，甚至各行各業之營運，均有重大之影響；近年來由於社會型態急遽變遷，人民對政府服務品質不斷要求提高，公務人員對自身生活品質亦有所要求，並積極爭取應享之權利，加上都會區交通問題日趨嚴重，因此辦公時間如何配合與適應社會環境變遷，已成為當前各國政府機關人事行政的重要研究課題。

(二)「週休二日制」在國外已實施多年，甚至中國大陸亦於1995年5月1日起全面實施。國內是否應實施「週休二日制」，曾引發相當爭議，茲分述雙方意見如下：

1. **贊成週休二日制的理由**

(1) 縮短工時為世界潮流，我國自民國55年7月實施每週上班五天半以來，社會環境、國民所得已大有不同。

(2) 紓緩交通壅塞，降低上班成本，減少浪費。

(3) 由於休閒時間增加，休閒業因此發達，可增加服務業的就業機會。

(4) 調劑身心，激勵士氣，可以提高工作效率。

(5)較有餘暇處理家務或從事進修活動及增進親子關係。

(6)減少員工缺席請假現象，提高員工滿意度。

2. **反對週休二日制的理由**

(1)增加勞動成本，不利經濟發展。

(2)政府服務時間縮短，民眾洽公不便，可能降低服務品質。

(3)休閒設施不足，必然衍生娛樂場所擁擠、賭風更盛等問題。

(4)未符合國人勤勞習性，易被指為帶動社會好逸惡勞習氣。

(5)假日太多，影響國家競爭力。

(三)生產力並不一定與工時成正比，主要還是勞動力是否優秀及效率的問題，歐美實施週休二日並未見競爭力受影響，國民所得仍高居世界之冠。週休二日已是大勢所趨，為期減少對社會的衝擊，考試院決議採漸進方式實施。第一階段自87年1月1日開始實施，每月第二、四週工作五天，第一、三週工作五天半，並將部分假日挪至星期六放假；第二階段則自90年1月1日起全面實施週休二日。

精選試題

1. 請依公務員服務法及公務人員請假規則，說明公務人員對公務時間使用之義務。【108地三】

2. 試述我國公務人員請假的類別及其重要規定。

3. 試依公務人員請假規則規定，回答下列問題：

(1)結婚者，給婚假幾日？

(2)分娩者，給分娩假幾日？

(3)流產者，給流產假幾日？

(4)某甲於民國85年11月1日到職時懷胎三個月，11月10日流產，應給流產假幾日？

(5)某乙於民國85年7月16日到職，8月1日分娩，應給分娩假幾日？【基四】

重點複習

一、現行請假制度

(一)休假：依據「公務人員請假規則」第7條第1項規定，公務人員至年終連續服務滿一年者，第二年起每年應給休假七日；服務滿三年者，第四年起每年應給休假十四日；滿六年者，第七年起每年應給休假廿一日；滿九年者，第十年起每年應給休假廿八日；滿十四年者，第十五年起每年應給休假三十日。

(二)事假

1. 請假規則第3條第1項第1款規定，公務人員因事得請事假，每年准給七日。其家庭成員預防接種、發生嚴重之疾病或其他重大事故須親自照顧時，得請家庭照顧假，每年准給七日，其請假日數併入事假計算。超過規定日數之事假，應按日扣除俸（薪）給。

2. 同條第2項規定，准給事假日數，任職未滿一年者，依在職月數比例計算後未滿半日者，以半日計；超過半日未滿一日者，以一日計。同條第3項規定，事假得以時計。

(三)病假

1. 請假規則第3條第1項第2款規定，公務人員因疾病或安胎必須治療或休養者，得請病假，每年准給二十八日。女性公務人員因生理日致工作有困難者，每月得請生理假一日，全年請假日數未逾三日，不併入病假計算，其餘日數併入病假計算。其超過者，以事假抵銷。因重大傷病非短時間所能治癒或因安胎確有需要請假休養者，於依規定核給之病假、事假及休假均請畢後，經機關長官核准得延長之。其延長期間自第一次請延長病假之首日起算，二年內合併計算不得超過一年。但銷假上班一年以上者，其延長病假得重行起算。

2. 同條第3項規定病假、生理假得以時計。

(四)婚假：請假規則第3條第1項第3款規定，公務人員因結婚者，給婚假十四日，應自結婚之日前十日起三個月內請畢。但因特殊事由經機關長官核准者，得於一年內請畢。同條第3項規定，婚假得以時計。

(五)娩假：公務人員請假規則第3條第1項第4款規定，公務人員因懷孕者，於分娩前，給產前假八日，得分次申請，不得保留至分娩後；於分娩後，給娩假四十二日；懷孕滿二十週以上流產者，給流產假四十二日；懷孕十二週以上未滿二十週流產者，給流產假二十一日；懷孕未滿十二週流產者，給流產假十四日。娩假及流產假應一次請畢。分娩前已請畢產前假者，必要時得於分娩前先申請部分娩假，並以十二日為限，不限一次請畢；流產者，其流產假應扣除先請之娩假日數。同條第3項規定產前假得以時計。

Chapter 11

公務人員的權利、義務及責任

老師叮嚀

1 本章特別重要，有時行政法、行政學也會考相關的問題。

2 公務人員保障法106.6.14修正公布，再復審已不存在，要特別小心。

3 服從義務非常重要。

4 公務人員行政中立法103.11.26修正公布，非常非常重要。

一、公務員的權利 重要

所謂公務員的權利，係指依據各種有關法令規定，公務員所得主張享有其利益的意思而言。具體言之，亦即公務員職業方面的待遇條件。茲分述如下：

(一)**俸給權**【111地四】：公務人員乃是在政府機關就業的自然人，為維持其本人與家屬的經濟生活，即必須有薪資收入，而俸給權即國家為維持公務人員經濟生活，所給予的報酬，亦為其生活費用，依職務等級為主要標準定其數額。

(二)**退休金權**：乃由退休制度的實施，使公務人員所享有的權利。我國退休制度採自願退休、屆齡退休及命令退休三種方式，凡符合法定退休條件的公務人員，經核定退休後，均可享有退休金權。

(三)**撫卹金權**：此即國家為酬謝公務人員生前在職期間服務之辛勞及保障遺族經濟生活安定，於公務人員在職期內因公死亡、病故或意外死亡時，對其遺族所提供的金錢給付。

(四)**參加考績權**：考績制度為對公務人員平日工作及表現的評鑑措施，亦具有監督作用，為實施功績制人事制度不可或缺的要素。就我國制度而言，公務人員任職滿一定期間（一年），由所屬機關予以考核成績，作為獎懲晉升之依據，因其對公務人員的晉升職等及俸級均有直接影響，故得要求參加考績。

(五)**休假權**：休假指公務員連續服務相當期間後，於每年之中得享有休閒度假之日數，休假具有娛樂及保養之功用，為維持工作效率、提高生活品質所必需。依公務人員請假規則之規定，公務人員連續服務滿一年以上，即有休假之權。

(六)**結社權**【110關務】：結社權指公務員得組成及參與代表其利益之團體的權利。公務員有為國家忠實服務之職責，故多數國家限制公務員罷工或締結團體協約之權，但為保障公務員之共同利益，則承認公務員之結社權。公務人員協會法規定公務人員得組織「公務人員協會」。

(七)**參加保險權**：公務人員於任職後，如其所任職務係法定機關編制內之有給職，即有參加公務人員保險之權利，由其所屬機關代辦投保，每月繳納保險費，由機關與本人雙方分擔。投保期間如發生失能、養老、死亡、眷屬喪葬、生育或育嬰留職停薪等事故，可請領各種現金給付。

(八)**職務上使用公物公款權**：公務人員因執行職務之需要，得依法使用各種公物並支用公款，如辦公用具及差旅費等是。

(九)**保障權**：公務人員任職後，在有關職務的變動及公務人員關係終止等事項方面，依法應受到保障。惟各種公務人員因職務及任用情形不同，其所受保障亦不相同。其中司法官所受保障最為完備，依據憲法第81條規定「法官為終身職，非受刑事或懲戒處分或禁治產之宣告，不得免職，非依法律，不得停職、轉任或減俸。」至於一般公務人員則由「公務人員保障法」予以保障。

二、公務人員協會【101高、107高、108地三、112警三】

公務人員協會法95年5月17日修正公布，茲據現行法分述其重要內容如下：

(一)**協會成立的宗旨**：公務人員為加強為民服務、提昇工作效率、維護其權益、改善工作條件並促進聯誼合作，得組織公務人員協會（第1條第1項）。

(二)**涵蓋的對象**

1. **適用人員**

(1)公務人員得依本法組織及加入機關公務人員協會（第9條）。

(2)本法所稱公務人員，指於各級政府機關、公立學校、公營事業機構（以下簡稱機關）擔任組織法規所定編制內職務支領俸（薪）給之人員。

(3)前項規定不包括下列人員：

A.政務人員。

B.各級政府機關、公立學校首長及副首長。

C.公立學校教師。

D.各級政府所經營之各類事業機構中，對經營政策負有主要決策責任以外之人員。

E.軍職人員（第2條）。

2. **準用人員**：各機關依法聘用或僱用之人員得準用第9條之規定，加入服務機關之公務人員協會（第51條）。

(三)協會的組織

1. 公務人員協會之組織分為下列二級：

(1)機關公務人員協會。　　(2)全國公務人員協會。

2. 前項機關公務人員協會包括：

(1)總統府、國家安全會議、五院之機關公務人員協會。

(2)各部及同層級機關之機關公務人員協會。

(3)各直轄市、縣（市）之機關公務人員協會（第4條）。

(四)主管機關

1. 公務人員協會之主管機關如下：

(1)全國公務人員協會、總統府、國家安全會議、五院、各部及同層級之機關公務人員協會，其主管機關為銓敘部。

(2)各直轄市、縣（市）之機關公務人員協會，其主管機關為各該直轄市政府、縣（市）政府。

2. 公務人員協會所興辦之事業應受各該目的事業主管機關之指導、監督（第5條）。

(五)協會的法定職權

1. 公務人員協會對於下列事項，得提出建議：

(1)考試事項。

(2)公務人員之銓敘、保障、撫卹、退休事項。

(3)公務人員任免、考績、級俸、陞遷、褒獎之法制事項。

(4)公務人員人力規劃及人才儲備、訓練進修、待遇調整之規劃及擬議、給假、福利、住宅輔購、保險、退休撫卹基金等權益事項。

(5)有關公務人員法規之制（訂）定、修正及廢止事項。

(6)工作簡化事項（第6條）。

2. 公務人員協會對於下列事項，得提出協商：

(1)辦公環境之改善。　　(2)行政管理。

(3)服勤之方式及起訖時間。

3. 有下列各款情形之一者，不得提出協商：

(1) 法律已有明文規定者。

(2) 依法得提起申訴、復審、訴願、行政訴訟之事項。

(3) 為公務人員個人權益事項者。

(4) 與國防、安全、警政、獄政、消防及災害防救等事項相關者（第7條）。

4. 公務人員協會得辦理下列事項：

(1) 會員福利事項。

(2) 會員訓練進修事項。

(3) 會員與機關間或會員間糾紛之調處與協助。

(4) 學術講座之舉辦、圖書資料之蒐集及出版。

(5) 交流、互訪等聯誼合作事項。

(6) 接受政府機關或公私團體之委託事項。

(7) 會員自律公約之訂定。

(8) 其他法律規定事項。

5. 全國公務人員協會得推派代表參與涉及全體公務人員權益有關之法定機關（構）、團體（第8條）。

三、公務人員的保障【97高、99地四、100高、106地三】 重要

(一) 公務人員係基於國家之特別法律關係所任用，為民眾服務而負有忠實執行職務之義務。公務人員與國家之間的關係過去曾強調其特別權力關係，有別於一般人民與國家間之統治權力關係。惟於二次世界大戰後，無論在實務上或理論上，均迭有修正，當公務人員權利遭受違法侵害時，應賦予以法律救濟之途徑，因此公務人員之保障逐漸為各國所重視。

(二) 按世界各主要民主國家，如英國、美國、德國、法國、日本等國雖無單獨之公務人員保障法律，惟均已建立健全之公務人員保障制度。對公務人員之職位、身分、俸給、結社、言論、權益等均有明文保障規定；同時建立公務人員申訴制度、公務員團體之協議與仲裁等制度，使公務人員之法定權益遭受損害時，得循法定程序請求救濟，有效保障公務人員之權利。我國憲法增修條文第6條規定考試院掌理公務人員之保障，為確實維護公務人員權益，健全人事法制，爰衡酌我國當前國情，參考民主國家有關保障法制之規定，制定公務人員保障法。

(三)茲據111年6月22日修正公布之公務人員保障法擇要列述如下：

1. **保障範圍**：公務人員身分、官職等級、俸給、工作條件、管理措施等有關權益之保障，適用本法之規定（第2條）。

2. **保障對象**

(1) **適用人員**

法定機關（構）及公立學校依公務人員任用法律任用之有給專任人員。

(2) **準用人員**

A.教育人員任用條例公布施行前已進用未經銓敘合格之公立學校職員。

B.私立學校改制為公立學校未具任用資格之留用人員。

C.公營事業依法任用之人員。

D.各機關依法派用、聘用、聘任、僱用或留用人員。

E.應各種公務人員考試錄取參加訓練之人員，或訓練期滿成績及格未獲分發任用之人員。

前項第5款應各種公務人員考試錄取參加訓練之人員，不服保訓會所為之行政處分者，有關其權益之救濟，依訴願法之規定行之（第102條）。

3. **保障內容**

(1) **身分保障**

A.公務人員之身分應予保障，非依法律不得剝奪。基於身分之請求權，其保障亦同（第9條）。

B.公務人員非依法律，不得予以停職。公務人員於停職、休職或留職停薪期間，仍具公務員身分。但不得執行職務。（第9條之1）

C.經依法停職之公務人員，於停職事由消滅後三個月內，得申請復職；服務機關或其上級機關，除法律另有規定者外，應許其復職，並自受理之日起三十日內通知其復職。依前項規定復職之公務人員，服務機關或其上級機關應回復原職務或與原職務職等相當或與其原敘職等俸級相當之其他職務；如仍無法回復職務時，應依公務人員任用法及公務人員俸給法有關調任之規定辦理。經依法停職之公務人員，於停職事由消滅後三個月內，未申請復職者，服務機關或其上級機關人事單位應負責查催；如仍未於接到查催通知之日起三十日內申請復職，除有不可歸責於該公務人員之事由外，視為辭職（第10條）。

D. 受停職處分之公務人員，其停職處分經撤銷者，除得依法另為處理者外，其服務機關或其上級機關應予復職，並準用前條第2項之規定。前項之公務人員於復職報到前，仍視為停職。依第1項應予復職之公務人員，於接獲復職令後，應於三十日內報到，並於復職報到後，回復其應有之權益；其未於期限內報到者，除經核准延長或有不可歸責於該公務人員之事由者外，視為辭職（第11條）。

E. 公務人員因機關裁撤、組織變更或業務緊縮時，除法律另有規定者外，其具有考試及格或銓敘合格之留用人員，應由上級機關或承受其業務之機關辦理轉任或派職，必要時先予輔導、訓練。依前項規定轉任或派職時，除自願降低官等者外，其官等職等應與原任職務之官等職等相當，如無適當職缺致轉任或派職同官等內低職等職務者，應依公務人員任用法及公務人員俸給法有關調任之規定辦理（第12條）。

F. 公務人員之辭職，應以書面為之。除有危害國家安全之虞或法律另有規定者外，服務機關或其上級機關不得拒絕之。

服務機關或其上級機關應於收受辭職書之次日起三十日內為准駁之決定。逾期未為決定者，視為同意辭職，並以期滿之次日為生效日。但公務人員指定之離職日逾三十日者，以該日為生效日（第12條之1）。

(2) **官職等級保障**：公務人員經銓敘審定之官等職等應予保障，非依法律不得變更（第13條）。

(3) **俸給保障**【108地四】

A. 公務人員經銓敘審定之俸級應予保障，非依法律不得降級或減俸（第14條）。

B. 公務人員依其職務種類、性質與服務地區，所應得之法定加給，非依法令不得變更（第15條）。

(4) **工作條件保障**【108地四】

A. 各機關應提供公務人員執行職務必要之機具設備及良好工作環境（第18條）。

B.公務人員執行職務之安全應予保障。各機關對於公務人員之執行職務，應提供安全及衛生之防設措施；其有關辦法，由考試院會同行政院定之（第19條）。

C.公務人員執行職務時，現場長官認已發生危害或明顯有發生危害之虞者，得視情況暫時停止執行（第20條）。

D.公務人員因機關提供之安全及衛生防護措施有瑕疵，致其生命、身體或健康受損時，得依國家賠償法請求賠償。公務人員執行職務時，發生意外致受傷、失能或死亡者，應發給慰問金，但該公務人員有故意或重大過失情事者，得不發或減發慰問金。前項慰問金發給辦法，由考試院會同行政院定之（第21條）。

E.公務人員依法執行職務涉訟時，其服務機關應輔助其延聘律師為其辯護及提供法律上之協助。前項情形，其涉訟係因公務人員之故意或重大過失所致者，應不予輔助；如服務機關已支付涉訟輔助費用者，應予追還。第一項之涉訟輔助辦法，由考試院會同行政院定之（第22條）。

F.公務人員經指派於法定辦公時數以外執行職務者為加班，服務機關應給予加班費、補休假。但因機關預算之限制或必要範圍內之業務需要，致無法給予加班費、補休假，應給予公務人員考績（成、核）法規所定平時考核之獎勵（第23條第1項）。

G.實施輪班、輪休制度之業務性質特殊機關對所屬公務人員之加班補償，應考量加班之性質、強度、密度、時段等因素，以符合一般社會通念之合理執行職務對價及保障公務人員健康權之原則下，予以適當評價，並依加班補償評價之級距與下限，訂定換算基準，核給加班費、補休假。各機關對所屬公務人員待命時數之加班補償，亦同（第23條第2項）。

H.公務人員補休假應於機關規定之補休假期限內補休完畢，補休假期限至多為二年。遷調人員於原服務機關未休畢之補休假，得於原補休假期限內至新任職機關續行補休（第23條第3項）。

I. 機關確實因必要範圍內之業務需要，致公務人員加班時數無法於補休假期限內補休完畢時，應計發加班費。但因機關預算之限制，致無法給予加班費，除公務人員離職或已亡故者，仍計發加班費外，應給予第1項之獎勵。公務人員遷調後於期限內未休畢之加班時數，亦同（第23條第4項）。

J. 加班費支給基準、第2項加班補償評價換算基準之級距與下限、第3項補休假期限及其他相關事項，由行政院定之。各主管機關得在行政院訂定範圍內，依其業務特性，訂定加班補償評價換算基準（第23條第5項）。

K. 公務人員執行職務墊支之必要費用，得請求服務機關償還之（第24條）。

(5) **管理措施保障**

A. 公務人員之長官或主管對於公務人員不得作違法之工作指派，亦不得以強暴脅迫或其他不正當方法，使公務人員為非法之行為（第16條）。

B. 公務人員對於長官監督範圍內所發之命令有服從義務，如認為該命令違法，應負報告之義務；該管長官如認其命令並未違法，而以書面署名下達時，公務人員即應服從；其因此所生之責任，由該長官負之。但其命令有違反刑事法律者，公務人員無服從之義務。前項情形，該管長官非以書面署名下達命令者，公務人員得請求其以書面署名為之，該管長官拒絕時，視為撤回其命令（第17條）。

4. **保障程序**【110警特、112關務】

(1) **復審**

A. 公務人員對於服務機關或人事主管機關（以下均簡稱原處分機關）所為之行政處分，認為違法或顯然不當，致損害其權利或利益者，得依本法提起復審。

非現職公務人員基於其原公務人員身分之請求權遭受侵害時，亦同。公務人員已亡故者，其遺族基於該公務人員身分所生之公法上財產請求權遭受侵害時，亦得依本法規定提起復審（第25條）。

B. 公務人員因原處分機關對其依法申請之案件，於法定期間內應作為而不作為，或予以駁回，認為損害其權利或利益者，得提起請求該機關為行政處分或應為特定內容之行政處分之復審。前項期間，法令未明定者，自機關受理申請之日起為二個月（第26條）。

C.保訓會復審決定依法得聲明不服者，復審決定書應附記如不服決定，得於決定書送達之次日起二個月內，依法向該管司法機關請求救濟。前項附記錯誤時，應通知更正，並自更正通知送達之次日起，計算法定期間。如未附記救濟期間，或附記錯誤未通知更正，至復審人遲誤者，如於復審決定書送達之次日起一年內請求救濟，視為於第1項之期間內所為（第72條）。

(2) **申訴、再申訴**

A.公務人員對於服務機關所為之管理措施或有關工作條件之處置認為不當，致影響其權益者，得依本法提起申訴、再申訴。公務人員離職後，接獲原服務機關之管理措施或處置者，亦得依前項規定提起申訴、再申訴（第77條）。

B.申訴之提起，應於管理措施或有關工作條件之處置達到之次日起三十日內，向服務機關為之。不服服務機關函復者，得於復函送達之次日起三十日內，向保訓會提起再申訴。前項之服務機關，以管理措施或有關工作條件之處置之權責處理機關為準（第78條）。

C.應提起復審之事件，公務人員誤提申訴者，申訴受理機關應移由原處分機關依復審程序處理，並通知該公務人員。應提起復審之事件，公務人員誤向保訓會逕提再申訴者，保訓會應函請原處分機關依復審程序處理，並通知該公務人員（第79條）。

四、公務員的義務【106地四、111高三、112普、112外特四、112關務】

公務員於任職後，一方面享受各種法定權利，另一方面則須負擔各種法定義務。大體言之，公務員的義務隨任職報到而當然發生，依據公務員服務法及其他有關法令的規定，其主要義務約有下列數種：

(一) **執行職務的義務**：國家任用各種公務員的基本目的，在於治事，故公務員的首要義務，即為執行職務。且其執行職務應注意下列各種事項：1.忠實執行，2.遵守時間，3.躬親執行，4.不得擅離職守，5.不得兼營他業。

(二) **服從命令的義務**

1. 行政組織具有層層節制的體系，內部形成命令服從的關係，故在公務員中，除法官、監察委員及考試委員因其職務所具之特性，應獨立行使職權，不受任何干涉外，一般公務員執行職務，在隸屬關係之下，須接受上級之指揮監督，負擔服從命令的義務。公務員服務法第2條明定「長官就其監督範圍以內所發命令，屬官有服從之義務，但屬官對於長官所發命令，如有意見，得隨時陳述。」長官對於屬官所發之命令，學理上稱為職務命令，其有效要件有四：

(1) 須發自對於屬官之身分或職務，有其監督權限之機關。

(2) 其命令之內容，須屬於屬官之職務。

(3) 其命令之內容，非法律上不能者。所謂法律上之不能，為在法律上絕對不能發生效力之意，如命令執行業已廢止之法律；命令對已繳納租稅者，為滯納租稅之處分是。

(4) 所命令之事項，須非屬於職務上獨立處理之範圍者，蓋如係依法應獨立處理之事項，如訴願事件應如何處理等，不能以命令指示。

2. 此外，公務員服務法第4條規定「公務員對兩級長官同時所發命令，以上級長官之命令為準。」其理由如下：

(1) **就服從之義務而言**：屬官有服從之義務，故長官亦應服從上級長官之命令。

(2) **就層級節制體系而言**：行政機關為層層節制，為免紊亂行政秩序起見，應以上級長官之命令為準。

(3) **就指揮監督系統而言**：上級長官有指揮監督所屬之權，故屬官及長官皆應受上級長官之指揮與監督。

(4) **就貫徹行政命令提高行政效率而言**：屬官與長官皆應服從上級長官之命令，否則命令不能貫徹，行政效率不能提高。

(三) **嚴守秘密的義務**：政府機關所辦理之各種業務，常涉及國家利益，或在決策及執行過程中不宜對外公開，以免發生不良影響與後果，因而有關公務的處理及資料的蒐集保管方面，在法令上有設定機密等級的劃分，並對參與人員及其他相關人員有保守機密的要求，是為公務員嚴守秘密的義務。具體言之，即對於機關業務上的機密事件，無論是否屬於自身主管事務，均不得對外洩露，退職後亦同。且未得長官許可，不得以私人或代表機關名義，任意發表有關職務之談話（服務法第5條）。

(四) **保持品格的義務**：公務人員既代表國家執行公務，其形象足以影響政府威信，故在個人品格方面，應保持誠實清廉、謹慎勤勉，不得有驕恣貪惰、奢侈放蕩，及冶遊、賭博、吸食煙毒等足以損害名譽的行為（服務法第6條）。

(五)**忠誠的義務**：公務員對國家負有倫理性的忠誠義務，應超越一般國民的愛國心，積極為國家利益作周全的考慮，在對國家關係的各方面均應表現忠誠。忠誠義務亦可解釋為忠實義務，尤以自行政觀點而言，確屬如此。此種義務與公務員的其他義務均具有直接間接有形無形的相互關聯，亦可謂構成其他義務的基礎，故為公務員對國家所負最重要的義務。

(六)**不為一定行為的義務**【110高三】：公務員擁有政府職務及公權力，為避免其利用職權，發生違法舞弊情事，公務員服務法尚規定公務員於在職期間，不得為下列各種行為：

1. 不得經營商業或投機事業。
2. 除法令所定外，不得兼任他項公職或業務。
3. 不得向屬官推薦人員，或循情關說及請託。
4. 不得與有隸屬關係者贈受財物；於所辦事件，不得收受任何餽贈。
5. 不得與職務有關係者，私相借貸，訂立互利契約，或享受其他不正利益。
6. 不得利用視察或調查等機會，接受地方官民之招待或餽贈。
7. 執行職務時，遇有涉及其本身或其家族之利害事件，應行迴避。

(七)**申報財產之義務**：擔任較重要職務之公務人員必須按期申報財產，以防杜貪瀆，端正政風。有關申報財產義務得依「公職人員財產申報法」說明如次：

法規一點靈

公職人員財產申報法

1. **應申報財產之公務人員**：下列公職人員，應依本法申報財產：
   (1)總統、副總統。
   (2)行政、立法、司法、考試、監察各院院長、副院長。
   (3)政務人員。
   (4)有給職之總統府資政、國策顧問及戰略顧問。
   (5)各級政府機關之首長、副首長及職務列簡任第十職等以上之幕僚長、主管；公營事業總、分支機構之首長、副首長及相當簡任第十職等以上之主管；代表政府或公股出任私法人之董事及監察人。
   (6)各級公立學校之校長、副校長；其設有附屬機構者，該機構之首長、副首長。
   (7)軍事單位上校編階以上之各級主官、副主官及主管。
   (8)依公職人員選舉罷免法選舉產生之鄉（鎮、市）級以上政府機關首長。

(9) 各級民意機關民意代表。

(10) 法官、檢察官、行政執行官、軍法官。

(11) 政風及軍事監察主管人員。

(12) 司法警察、稅務、關務、地政、會計、審計、建築管理、工商登記、都市計畫、金融監督暨管理、公產管理、金融授信、商品檢驗、商標、專利、公路監理、環保稽查、採購業務等之主管人員；其範圍由法務部會商各該中央主管機關定之；其屬國防及軍事單位之人員，由國防部定之。

(13) 其他職務性質特殊，經主管府、院核定有申報財產必要之人員。

前項各款公職人員，其職務係代理者，亦應申報財產。但代理未滿三個月者，毋庸申報。

總統、副總統及縣（市）級以上公職之候選人應準用本法之規定，於申請候選人登記時申報財產。

前三項以外之公職人員，經調查有證據顯示其生活與消費顯超過其薪資收入者，該公職人員所屬機關或其上級機關之政風單位，得經中央政風主管機關（構）之核可後，指定其申報財產（第2條）。

2. **申報財產之範圍**：包括公務人員本人、配偶及未成年子女之下列財產：(1)不動產、船舶、汽車及航空器；(2)一定金額以上之現金、存款、有價證券、珠寶、古董、字畫及其他具有相當價值之財產；(3)一定金額以上之債權、債務及對各種事業的投資（第5條第1項）。

3. **申報不實之罰則**

(1) 有申報義務之人故意隱匿財產為不實之申報者，處新臺幣二十萬元以上四百萬元以下罰鍰。

(2) 有申報義務之人其前後年度申報之財產經比對後，增加總額逾其本人、配偶、未成年子女全年薪資所得總額一倍以上者，受理申報機關（構）應定一個月以上期間通知有申報義務之人提出說明，無正當理由未為說明、無法提出合理說明或說明不實者，處新臺幣十五萬元以上三百萬元以下罰鍰。

(3) 有申報義務之人無正當理由未依規定期限申報或故意申報不實者，處新臺幣六萬元以上一百二十萬元以下罰鍰。其故意申報不實之數額低於罰鍰最低額時，得酌量減輕。

(4) 有申報義務之人受前項處罰後，經受理申報機關（構）通知限期申報或補正，無正當理由仍未申報或補正者，處一年以下有期徒刑、拘役或科新臺幣十萬元以上五十萬元以下罰金（第12條第1～4項）。

五、公務人員的核心價值【99高】

(一)行政院於97年11月4日訂頒「行政院及各級機關公務人員核心價值推動計畫」，其目標為「建立行政院及各級機關人員實踐公共服務之價值基礎，型塑廉正、專業、效能、關懷之優質行政文化」。

(二)另考試院為再造國家新文官，建立一流政府，於98年6月18日通過「考試院文官制度興革規劃方案」，依方案確定當前文官應具備之核心價值為「廉正、忠誠、專業、效能、關懷」。

(三)考量行政院與考試院所核定之核心價值項目及意涵類同，人事行政局簽奉行政院核可，尊重考試院所頒布之文官核心價值，並於98年12月14日通函各主管機關依上開考試院函轉知所屬並據以規劃辦理宣導及訓練事宜。

(四)核心價值項目及內涵列表如下：

項目	內涵
廉正	以清廉、公正、行政中立自持，自動迴避利益，公平執行公務，兼顧各方面權益之均衡，營造全民良善之生存發展環境。
忠誠	忠於憲法及法律，忠於國家及全民；重視榮譽、誠信、誠實並應具道德感與責任感。
專業	掌握全球化趨勢，積極充實職務所需知識技能，熟悉主管法令及相關政策措施。實踐終身學習，時時創新，保持專業水準，與時俱進，提供全民第一流的公共服務。
效能	運用有效方法，簡化行政程序；研修相關法令、措施，力求符合成本效益要求，提升決策品質；以對的方法，做對的事；明快、主動、積極地發揮執行力，以提高行政效率與工作績效，達成施政目標，提升國家競爭力。

項目	內涵
關懷	時時以民眾福祉為念，親切提供服務；對人民之需要及所遭遇之困難，以同理心及時提供必要之協助與照護，增進人民信賴感。並培養人文關懷與多元文化素養，以寬容、民主的態度，讓族群間相互尊重與包容，社會更加和諧。

六、公務人員服務守則

(一)考試院於99年3月17日以考臺組一字第09900019811號函頒「公務人員服務守則」，並自即日起實施。

(二)其內容如下：

1. 公務人員應廉潔自持，主動利益迴避，妥適處理公務及有效運用公務資源與公共財產，以建立廉能政府。
2. 公務人員應依法公正執行公務，嚴守行政中立，增進公共利益及兼顧各方權益，以創造公平良善的發展環境。
3. 公務人員應恪遵憲法及法律，效忠國家及人民，保守公務機密，以增進國家利益及人民福祉。
4. 公務人員應重視榮譽與誠信，並具道德與責任感，待人真誠與正直，任事熱心與負責，以贏得人民的尊敬。
5. 公務人員應與時俱進，積極充實專業職能，本於敬業精神，培養優異的規劃、執行、溝通及協調能力，以提供專業服務品質。
6. 公務人員應踐行終身學習，時時追求專業新知，激發創意，以強化創新、應變及前瞻思維能力。
7. 公務人員應運用有效方法，簡化行政程序，主動研修相關法令，迅速回應人民需求與提供服務，以提高整體工作效能。
8. 公務人員應發揮團隊合作精神，踐行組織願景，提高行政效率與工作績效，以完成施政目標及提昇國家競爭力。
9. 公務人員應具備同理心，提供親切、關懷、便民、主動積極的服務、協助與照護，以獲得人民的信賴及認同。
10. 公務人員應培養人文關懷，尊重多元文化，落實人權保障，並秉持民主與寬容的態度體察民意，以調和族群及社會和諧。

(三)法官、檢察官、政風、警察、消防、海巡、關務、主計、審計、人事或其他職務性質特殊人員，得由各該主管機關增訂其應遵守之服務守則，報請銓敘部備查。

(四)為期人事人員執行職務時，秉持專業、效能、關懷三項核心價值，以強化人事服務品質，建立和諧人事服務倫理，銓敘部於99年7月20日訂頒「人事人員服務守則」，其內容如下：

1. **人事專業應以策略規劃、提升貢獻為核心**：人事人員應瞭解人事政策、熟稔人事法規與靈活運用，並精進人力資源管理知能，結合組織策略目標，規劃人力資源，提升同仁之組織貢獻。
2. **人事角色應以溝通協調、有效回應為責任**：人事人員應具備溝通協調及應變能力，對長官交辦事項及同仁反映問題，應提供建設性處理方案；對內對外均能有效溝通，建立友善互動關係。
3. **人事效能應以績效管理、資訊技能為基礎**：人事人員應秉持績效管理之精神，應用資訊科技能力，執行各項人事業務，營造績效導向之組織文化。
4. **人事管理應以持續創新、簡化流程為目標**：人事人員應以提升人力資源素質為出發點，持續創新與簡化業務流程，並依組織特性訂定內部人事管理措施，以提升組織施政績效。
5. **人事服務應以瞭解需求、積極熱忱為態度**：人事人員應秉主動服務之精神，瞭解同仁需要、維護同仁權益及持續改善工作環境，以營造組織和諧氣氛，強化同仁對組織之向心力。
6. **人事關懷應以尊重差異、諮商協助為方法**：人事人員應尊重同仁之個別情境，提供諮商輔導管道，協助同仁進行生涯規劃、發展個人潛力及壓力調適，以提升工作士氣及效能。

七、利益衝突迴避義務【106地四、110地三、110外特、112普】

為促進廉能政治、端正政治風氣，建立公職人員利益衝突迴避之規範，有效遏阻貪污腐化暨不當利益輸送，公職人員利益衝突迴避法於107年6月13日修正公布。茲依本法擇要列述如下：

(一)適用對象

1. 本法所稱公職人員，其範圍如下：

(1)總統、副總統。

(2)各級政府機關（構）、公營事業總、分支機構之首長、副首長、幕僚長、副幕僚長與該等職務之人。

(3)政務人員。

(4)各級公立學校、軍警院校、矯正學校校長、副校長；其設有附屬機構者，該機構之首長、副首長。

(5)各級民意機關之民意代表。

(6)代表政府或公股出任其出資、捐助之私法之董事、監察人與該等職務之人。

(7)公法人之董事、監察人、首長、執行長與該等職務之人。

(8)政府捐助之財團法人之董事長、執行長、秘書長與該等職務之人。

(9)法官、檢察官、戰時軍法官、行政執行官、司法事務官及檢察事務官。

(10)各級軍事機關（構）及部隊上校編階以上之主官、副主官。

(11)其他各級政機關（構）、公營事業機構、各級公立學校、軍警院校、矯正學校及附屬機構辦理工務、建築管理、城鄉計畫、政風、會計、審計、採購業務之主管人員。

(12)其他職務性質特殊，經行政院會同主管府、院核定適用本法之人員。

2. 依法代理執行前項公職人員職務之人員，於執行該職務期間亦屬本法之公職人員（第2條）。

(二)關係人

1. 本法所稱公職人員關係人，其範圍如下：

(1)公職人員之配偶或共同生活之家屬。

(2)公職人員之二親等以內親屬。

(3)公職人員或其配偶信託財產之受託人。但依法辦理強制信託時，不在此限。

(4)公職人員、第一款與第二款所列人員擔任負責人、董事、獨立董事、監察人、經理人或相類似職務之營利事業、非營利之法人及非法人團體。但屬政府或公股指派、遴聘代表或由政府聘任者，不包括之。

(5) 經公職人員進用之機要人員。

(6) 各級民意代表之助理。

2. 前項第六款所稱之助理指各級民意代表之公費助理、其加入助理工會之助理及其他受其指揮監督之助理（第3條）。

(三) 迴避之範圍

1. 本法所稱利益，包括財產上利益及非財產上利益。

(1) 財產上利益如下：

A. 動產、不動產。

B. 現金、存款、外幣、有價證券。

C. 債權或其他財產上權利。

D. 其他具有經濟價值或得以金錢交易取得之利益。

(2) 非財產上利益，指有利公職人員或其關係人在第2條第1項所列之機關（構）團體、學校、法人、事業機構、部隊（以下簡稱機關團體）之任用、聘任、聘用、約僱、臨時人員之進用、勞動派遣、陞遷、調動、考績及其他相類似之人事措施（第4條）。

2. 本法所稱利益衝突，指公職人員執行職務時，得因其作為或不作為，直接或間接使本人或其關係人獲取利益者（第5條）。

3. 公職人員不得假借職務上之權力、機會或方法，圖其本人或關係人之利益（第12條）。

4. 公職人員之關係人不得向公職人員服務或受其監督之機關團體人員，以請託關說或其他不當方法，圖其本人或公職人員之利益。

前項所稱請託關說，指不循法定程序，而向前項機關團體人員提出請求，其內容涉及該機關團體業務具體事項之決定、執行或不執行，且因該事項之決定、執行或不執行致有違法或不當而影響特定權利義務之虞者（第13條）。

5. 公職人員或其關係人，不得與公職人員服務或受其監督之機關團體為補助、買賣、租賃、承攬或其他具有對價之交易行為。但有下列情形之一者，不在此限：

(1) 依政府採購法以公告程序或同法第一百零五條辦理之採購。

(2) 依法令規定經由公平競爭方式，以公告程序辦理之採購、標售、標租或招標設定用益物權。

(3)基於法定身分依法令規定申請之補助；或對公職人員之關係人依法令規定以公開公平方式辦理之補助，或禁止其補助反不利於公共利益且經補助法令主管機關核定同意之補助。

(4)交易標的為公職人員服務或受其監督之機關團體所提供，並以公定價格交易。

(5)公營事業機構執行國家建設、公共政策或為公益用途申請承租、承購、委託經營、改良利用國有非公用不動產。

(6)一定金額以下之補助及交易。

公職人員或其關係人與公職人員服務之機關團體或受其監督之機關團體為前項但書第一款至第三款補助或交易行為前，應主動於申請或投標文件內據實表明其身分關係；於補助或交易行為成立後，該機關團體應連同其身分關係主動公開之。但屬前項但書第三款基於法定身分依法令規定申請之補助者，不在此限。

前項公開應利用電信網路或其他方式供公眾線上查詢。

第一項但書第六款之一定金額，由行政院會同監察院定之（第14條）。

(四)**迴避之方式**

1. 公職人員知有利益衝突之情事者，應即自行迴避。

(1)前項情形，公職人員應以書面依下列規定辦理：

A.民意代表應通知各該民意機關。

B.第二條第一項第六款、第七款之公職人員，應通知指派、遴聘或聘任機關。

C.其他公職人員，應通知其服務之機關團體。

(2)前項之公職人員為首長者，應通知其服務機關團體及上級機關團體；無上級機關者，通知其服務之機關團體（第6條）。

2. 利害關係人認公職人員有應自行迴避之情事而不迴避者，得向前條第二項或第三項之機關團體申請迴避。

(1)前項申請，前條第二項及第三項之機關團體對收受申請權限之有無，應依職權調查；其認無收受申請權限者，應即移送有收受申請權限之機關團體，並通知申請人。

(2)不服機關團體之駁回決定者，得於五日內提請上級機關團體覆決，受理機關團體除有正當理由外，應於十日內為適當之處置；無上級機關團體，提請前條第二項及第三項之機關團體覆決（第7條）。

3. 前二條受通知或受理之機關團體認該公職人員無須迴避者，應令其繼續執行職務；認該公職人員應行迴避者，應令其迴避（第8條）。
4. 公職人員服務之機關團體、上級機關、指派、遴聘或聘任機關知公職人員有應自行迴避而未迴避情事者，應依職權令其迴避。
   前條及前項規定之令繼續執行職務或令迴避，由機關團體首長為之；應迴避之公職人員為首長而無上級機關者，由首長之職務代理人為之。但法律另有規定者，從其規定（第9條）。
5. 公職人員依前四條規定迴避者，應依下列規定辦理：
   (1) 民意代表、不得參與個人利益相關議案之審議及表決。
   (2) 其他公職人員應停止執行該項職務，並由該職務之代理人執行。必要時，由各該機關團體指定代理執行該職務之人（第10條）。
6. 公職人員服務之機關團體、上級機關、指派、遴聘或聘任機關應於每年度結束後三十日內，將前一年度公職人員自行迴避、申請迴避、職權迴避情形，依第二十條所定裁罰管轄機關，彙報予監察院或法務部指定之機關（構）或單位（第11條）。
   監察院、法務部及公職人員之服務或上級機關（構）之政風機構，為調查公職人員及其關係人違反本法情事，得向有關之機關（構）、法人、團體或個人查詢，受查詢者有據實說明或提供必要資料之義務（第15條）。

八、離職公務員的義務【112關務】

(一) **規定內容**：於第16條規定，「公務員於其離職後三年內，不得擔任與其離職前五年內之職務直接相關之營利事業董事、監察人、經理、執行業務之股東或顧問。」並明定第24條的罰則「離職公務員違反本法第16條者，處二年以下有期徒刑，得併科新台幣一百萬以下罰金。」

(二) **立法理由**：本項條文之立法背景在於近年來政府諸多弊案之發生，係由於退休公務員所引起，如引發金融風暴之國票案，國票公司之負責人即是從政府退休之金檢人員；甚至喧騰一時之尹清楓命案，亦揭露部分曾經承辦軍事裝備採購的軍職或聘僱人員，利用職務之便圖利商人，退伍後再轉入軍火界，利用軍中關係行賄、包標採購等。類似的情形，在行政部門中的財經及交通科技單位較為常見，為杜絕此一現象，澈底切斷利益輸送的「旋轉門」，乃增訂離職公務員的利益迴避條款。

(三)公務員離職後就業的許可問題，其本質上，不僅屬於陽光法案一環，更是行政倫理之重心。惟是否應對離職公務員之就業範圍以法律加以限制，尚有諸多不同意見。

1. **持贊成意見者，歸納而言，大致可分成以下理由**

(1)公務員在離職後可以自由選擇與其公職相關職務有關之行業，從市場經濟角度而言，因企業可以透過這位轉任官員原有的關係，探詢政策方向，如此將占盡商機，則經濟公平競爭的法則將蕩然無存。

(2)傳統上，我國是注重人情關係的社會，面對昔日老長官、老同學的請託難以置之不理，小者，可先向主管機關疏通，爭取有利的競爭條件，大者，將影響政策的方向，甚至查獲違規時，還可能大事化小。而這些欲轉任相關企業的公務員，為了後路著想，於任內亦將維持與業者的良好關係，甚至輕忽職守，做出偏差的決策。

2. **持反對意見者，其主要的理由為**

(1)憲法第15條明定保障人民的工作權，現卻以公務員服務法來限制離職公務員的工作範圍，似有違憲之虞，且公務員服務法規範的對象應為現職公務員，公務員離職後，其公職身分已終止，不應以公務員服務法來限制一般人民的工作權。

(2)一般人的專長與其工作應有必然的相關，公務員亦不例外，其離職後，以其知識及技術謀得的專業性工作，若以本法一體限制所有的離職公務員轉任相關行業，不無矯枉過正之嫌，反而形成國家資源的浪費。且一般低階公務員之實質影響力有限，不應在規範之列。

(3)此外，尚有部分學者認為立法院所通過之條文，其宣示意義大於實質意義，難以有效杜絕利益輸送的情形。首先，條文中列舉了不得擔任的職務，如顧問、董事等職，但有心者，仍可巧立名目來規避這項限制，如特別助理、督導等是，這個規範將形同具文；其次，本法規定，不得擔任與其離職前五年內職務「直接相關之營利事業」董事、經理等，以國內盛行之「基金會」、「投資公司」、「企管顧問公司」文化來看，民間機構如有意網羅政府人才或酬庸行政高官，仍然可以設立一些學術性或表面上看起來不相干的「基金會」或社團，提供高額報酬和職位，這些離職公務員仍然可以發揮其對政府部門之實質影響力。

(四)觀諸美、日、德、法等國亦有此種立法例，只是寬嚴之間有所不同而已。對離職公務員就業許可之適當限制，應符合我國憲法第23條增進公共利益所必要，尚難謂有違憲之情事。司法院大法官會議釋字第637號解釋云：「公務員服務法第14條之1規定：『公務員於其離職後三年內，不得擔任與其離職前五年內之職務直接相關之營利事業董事、監察人、經理、執行業務之股東或顧問。』旨在維護公務員公正廉明之重要公益，而對離職公務員選擇職業自由予以限制，其目的洵屬正當；其所採取之限制手段與目的達成間具實質關聯性，乃為保護重要公益所必要，並未牴觸憲法第23條之規定，與憲法保障人民工作權之意旨尚無違背。」其解釋理由如下：

1. 憲法第15條規定人民之工作權應予保障，人民有從事工作及選擇職業之自由，迭經司法大法官解釋在案。國家與公務員間具公法上職務關係，公務員依法享有身分保障權利，並對國家負有特別義務，其憲法上所保障之權利即因此受有相當之限制。公務員離職後與國家間公法上職務關係雖已終止，惟因其職務之行使攸關公共利益，國家為保護重要公益，於符合憲法第23條規定之限度內，以法律課予特定離職公務員於一定條件下履行特別義務，從而對其選擇職業自由予以限制，尚非憲法所不許。
2. 公務員服務法第16條規定：「公務員於離職後三年內，不得擔任與其離職前五年內之職務直接相關之營利事業董事、監察人、經理、執行業務之股東或顧問。」旨在避免公務員於離職後憑恃其與原任職機關之關係，因不當往來巧取私利，或利用所知公務資訊助其任職之營利事業從事不正競爭，並藉以防範公務員於在職期間預為己私謀離職後之出路，而與營利事業掛鉤結為緊密私人關係，產生利益衝突或利益輸送情形，乃為維護公務員公正廉明之重要公益，其目的洵屬正當。
3. 對職業自由之限制，因其內容之差異，在憲法上有寬嚴不同之容許標準。因上開規定限制離職公務員於一定期間內不得從事特定職務，有助於避免利益衝突或利益輸送之情形，且依上開規定對離職公務員職業自由之限制，僅及於特定職務之型態，尚非全面禁止其於與職務直接相關之營利事業中任職，亦未禁止其自由選擇與職務不直接相關之職業，而公務員對此限制並非無法預見而不能預作準備，據此對其所受憲法保障之選擇職業自由所為主觀條件之限制尚非過當，與目的達成間具實質關聯性，乃為保護重要公益所必要，並未牴觸憲法第23條之規定，與憲法保障人民工作權之意旨尚無違背。

4. 惟公務員服務法第16條之規定，係採職務禁止之立法方式，且違反此項規定者，依同法第24條規定，處二年以下有期徒刑，得併科新台幣一百萬元以下罰金，攸關離職公務員權益甚鉅，宜由立法機關依上開法律規定之實際執行情形，審酌維護公務員公正廉明之重要公益與人民選擇職業自由之均衡，妥善設計，檢討修正。

九、服從命令的義務

(一) 所謂服從命令之義務，係指公務員就其本身之職務，有服從本屬長官命令之義務。蓋行政機關，以構成上下指揮之系統為特色，故必使上級行政機關有指揮之權，下級行政機關有服從之責，若身之使臂，臂之使指，而後國家政務乃能順利推行，此一行政機關之特色，實為行政機關要義之所在，關於服從義務之規定，在公務員服務法第2條：「長官就其監督範圍以內所發命令，屬官有服從之義務，但屬官對於長官所發命令，如有意見，得隨時陳述。」

(二) 公務人員有服從長官命令之義務，乃屬正常之事，然其命令之內容，如與法規牴觸時，有無服從之義務，殊成問題，行政法學者，對此持有四說：

1. **絕對服從說**：國家行政上系統之建立，其作用就在指揮監督之行使，以上率下，層層節制，上級長官所發之命令，既屬其職權範圍，下級屬官即有絕對服從之義務，而無權審查其內容是否為適法，否則，下級屬官藉口上級長官之命令不合法，任意取捨，必致紊亂行政秩序，影響其指揮與監督，所以公務員應不問長官命令之內容違法與否，均有服從之義務。

2. **絕對不服從說**：此說主張如果長官命令之內容違法即不應服從，此種主張係在注重法律之效力。換言之，若長官之命令違反法律，即已逾越其監督職權所能行使之範圍，則在國家重於長官，法律重於命令之原則下，屬官即無服從之義務。

3. **相對服從說**：下級屬官對於上級長官命令之內容，在原則上雖無實質審查之權，惟如其命令內容之違法，係顯而易見者，則無服從之義務，此在維持行政指揮系統上，仍寓維護法律之意，此種斟酌命令之形式與內容，而為服從與否之決定情形，又稱為折衷說。
4. **意見陳述說**：下級屬官對於上級長官命令之內容，違法與否，原則上無審查權，即當然負有服從之義務，惟屬官如有意見，得隨時陳述。至於長官對於屬官所陳述意見，如不採納，在上下隸屬之關係上言之，仍應遵從。

(三)以上四說，第一說（絕對服從說）要求屬官服從違法命令，違反「依法行政」原則；第二說（絕對不服從說），授予屬官審查長官命令之權，有破壞行政秩序之虞；第三說（相對服從說）雖較前述二說為佳，然所謂「顯而易見」之界限不明，不免由屬官任意取捨，仍不無破壞行政秩序之虞。權衡取捨，似以第四說（意見陳述說）較為妥適，所以公務員服務法第2條明定「長官就其監督範圍以內所發命令，屬官有服從之義務，但屬官對於長官所發命令，如有意見，得隨時陳述。」是亦採第四說。

(四)惟刑法第21條第2項規定「依所屬上級公務員命令之職務上行為，不罰；但明知命令違法者，不在此限」與公務員服務法之規定尚不一致，公務員如遇長官命令違法時，不免進退失據，左右為難。公務人員保障法第17條規定：「公務人員對於長官監督範圍內所發之命令有服從義務，如認為該命令違法，應負報告之義務；該管長官如認其命令並未違法，而以書面署名下達時，公務人員即應服從；其因此所生之責任，由該長官負之。但其命令有違反刑事法律者，公務人員無服從之義務。前項情形，該管長官非以書面署名下達命令者，公務人員得請求其以書面署名為之，該管長官拒絕時，視為撤回其命令。」公務員服務法自應配合修正。

十、行政中立【107普、110警特、110普、112關務】

(一)**行政中立的意義**：「行政中立」，簡言之，是指文官對處理公務保持中立、客觀及公平的立場，以國家、人民的整體或多數利益為考慮；並非指絕不可涉入政治事務；但不可涉入政爭。蔡良文老師認為行政中立的意義是相對的，主張由行政系統與公務人員個人層次來配合達成之。簡述如次：

1. **就行政系統觀察**：所謂行政中立應指「行政層級中之文官（公務人員）不參與政黨政治，不受政治因素之影響，更不介入政治活動及政爭。」如此，方有利社會穩定。即社會的進步靠政府系統來推動；社會的穩定則靠事務系統，二者應兼顧。並使行政系統與政治系統保持適度之分離。政務官角色具雙重性：
   (1) 在引導行政人員，如何執行政策是行政性，所以必須保持適度之行政中立。
   (2) 當其介入政治事務時，即具政治性，但政務官不得利用行政系統之資源來圖利其所屬政黨。
2. **就公務人員個人層次觀察**：公務人員個人在行政過程中，應盡何責任、持何立場、態度、及角色才符合行政中立之作為要求？
   (1) **就責任言**：文官（公務人員）應盡忠職守推動貫徹由政府所制定的政策。
   (2) **就立場言**：行政人員（文官）在處理公務上，其立場應超然、客觀、公正，一視同仁，無所偏愛或偏惡。
   (3) **就態度言**：行政人員在執行法律或政務官所定政策，應採取同一標準，公平對待任何個人、團體或黨派，而無所倚重倚輕之別。
   (4) **就角色言**：行政人員不介入政治紛爭，只盡心盡力為國為民服務，即本著他們所擁有的專門知識、技能與經驗，於政務主管擬訂政策時，提供協助；於政務主管無政策意見時，依自身之專業意見執行政務並建議因應新發生問題的政策方案；同時就所主管之業務注意民意而作適當反應。

(二) **行政中立的原則**

依法行政原則	公務人員應依據憲法及法律相關規定，忠實執行各項政策。
人民至上原則	公務人員應以全民福祉及國家利益為依歸，摒除偏私及壓力，切實推動福國利民的行政活動。
專業倫理原則	公務人員應秉持專業技能及道德良知，處理各項行政問題。

(三)行政中立的方式

西方主要國家落實行政中立理念的制度，歸納之，最常用的方式有四方面：

1. 界定公務人員之責任、角色與立場。
2. 保障公務人員的工作權，使他們不致因選舉結果而丟掉職務或受不利處置。
3. 限制公務人員參與政黨活動。
4. 限制公務人員參加競選或選舉活動。

這四類措施是西方國家常用以保障文官在國家政治活動中保持「中立立場」，使文官相對於各政黨、利益團體而居於公正、超然地位，不介入政爭漩渦。

(四)行政中立法的立法目的【112高】：中立法的立法目的是為使公務人員有關行政中立之行為分際、權利義務等事項有明確之法律依據可資遵循，俾使其於執行職務時，能做到依法行政、公正執行，政治中立，不偏袒任何黨派，不介入政治紛爭，以為全國人民服務，且有助於提昇政府效率與效能，進而健全文官體制。

(五)行政中立法的主要內容

1. 本法所稱公務人員，指法定機關依法任用、派用之有給專任人員及公立學校依法任用之職員（第2條）。
2. 下列人員準用本法之規定：
   (1)公立學校校長及公立學校兼任行政職務之教師。
   (2)教育人員任用條例公布施行前已進用未納入銓敘之公立學校職員及私立學校改制為公立學校未具任用資格之留用職員。
   (3)公立社會教育機構專業人員及公立學術研究機構兼任行政職務之研究人員。
   (4)各級行政機關具軍職身分之人員及各級教育行政主管機關軍訓單位或各級學校之軍訓教官。
   (5)各機關及公立學校依法聘用、僱用人員。
   (6)公營事業對經營政策負有主要決策責任之人員。
   (7)經正式任用為公務人員前，實施學習或訓練人員。
   (8)行政法人有給專任人員。
   (9)代表政府或公股出任私法人之董事及監察人（第17條）。

3. 憲法或法律規定須超出黨派以外，依法獨立行使職權之政務人員，準用本法之規定（第18條）。
4. 公務人員應嚴守行政中立，依據法令執行職務，忠實推行政府政策，服務人民（第3條）。
5. 公務人員應依法公正執行職務，不得對任何團體或個人予以差別待遇（第4條）。
6. 公務人員得加入政黨或其他政治團體。但不得兼任政黨或其他政治團體之職務。公務人員不得利用職務上之權力、機會或方法介入黨派紛爭。公務人員不得兼任公職候選人競選辦事處之職務（第5條）。
7. 公務人員不得利用職務上之權力、機會或方法，使他人加入或不加入政黨或其他政治團體；亦不得要求他人參加或不參加政黨或其他政治團體有關之選舉活動（第6條）。
8. 公務人員不得於上班或勤務時間，從事政黨或其他政治團體之活動。但依其業務性質，執行職務之必要行為，不在此限（第7條第1項）。
9. 公務人員不得利用職務上之權力、機會或方法，為政黨、其他政治團體或擬參選人要求、期約或收受金錢、物品或其他利益之捐助；亦不得阻止或妨礙他人為特定政黨、其他政治團體或擬參選人依法募款之活動（第8條）。
10. 公務人員不得為支持或反對特定之政黨、其他政治團體或公職候選人，從事下列政治活動或行為：
    (1) 動用行政資源編印製、散發、張貼文書、圖畫、其他宣傳品或辦理相關活動。
    (2) 在辦公場所懸掛、張貼、穿戴或標示特定政黨、其他政治團體或公職候選人之旗幟、徽章或服飾。
    (3) 主持集會、發起遊行或領導連署活動。
    (4) 在大眾傳播媒體具銜或具名廣告。但公職候選人之配偶及二親等以內血親、姻親只具名不具銜者，不在此限。
    (5) 對職務相關人員或其職務對象表達指示。
    (6) 公開為公職候選人站台、助講、遊行或拜票。但公職候選人之配偶及二親等以內血親、姻親，不在此限。

前項第1款所稱行政資源，指行政上可支配運用之公物、公款、場所、房舍及人力等資源。

第1項第4款及第6款但書之行為，不得涉及與該公務人員職務上有關之事項（第9條）。

11. 公務人員對於公職人員之選舉、罷免或公民投票，不得利用職務上之權力、機會或方法，要求他人不行使投票權或為一定之行使（第10條）。
12. 公務人員登記為公職候選人者，自候選人名單公告之日起至投票日止，應依規定請事假或休假。公務人員依前項規定請假時，長官不得拒絕（第11條）。
13. 公務人員於職務上掌管之行政資源，受理或不受理政黨、其他政治團體或公職候選人依法申請之事項，其裁量應秉持公正、公平之立場處理，不得有差別待遇（第12條）。
14. 各機關首長或主管人員於選舉委員會發布選舉公告日起至投票日止之選舉期間，應禁止政黨、公職候選人或其支持者之造訪活動；並應於辦公、活動場所之各出入口明顯處所張貼禁止競選活動之告示（第13條）。
15. 長官不得要求公務人員從事本法禁止之行為。長官違反前項規定者，公務人員得檢具相關事證向該長官之上級長官提出報告，並由上級長官依法處理；未依法處理者，以失職論，公務人員並得向監察院檢舉（第14條）。
16. 公務人員依法享有之權益，不得因拒絕從事本法禁止之行為而遭受不公平對待或不利處分。公務人員遭受前項之不公平對待或不利處分時，得依公務人員保障法及其他有關法令之規定，請求救濟（第15條）。
17. 公務人員違反本法，應按情節輕重，依公務員懲戒法、公務人員考績法或其他相關法規予以懲戒或懲處；其涉及其他法律責任者，依有關法律處理之（第16條）。

十一、公務員的行為責任【107地四】 重要

憲法第24條規定：「凡公務員違法侵害人民之自由或權利者，除依法律受懲戒外，應負刑事及民事責任。被害人民就其所受損害，並得依法律向國家請

求賠償。」據此可知，公務員應負之責任，可分為行政責任、刑事責任及民事責任三種。此三種責任性質不同，得並行不悖。

(一)**行政責任**

1. 所謂「行政責任」係指公務員執行職務而有違反行政法規或行政紀律之行為時，於行政法上所應負之責任。
2. 此項責任，可以區分為懲戒責任與懲處責任兩類：
   (1) 懲戒係以「公務員懲戒法」為法律依據，當公務員有違法、廢弛職務或其他失職行為，有懲戒之必要者，應受懲戒。
   (2) 至於懲處，係一般行政機關對於所屬公務員基於行政監督權所為之處分，它是以「公務人員考績法」為主要法律依據。

(二)**民事責任**：係指公務員於執行職務時，因故意或過失，發生違反職務侵害他人法益之行為，致使國家之利益、或第三人之權利，受有損害時，應負民事上損害賠償的責任。此種責任的形成，以因其行為引起財產上的損害為要件，無論受損害者為國家或人民，公務員在原則上均須負責。依民法第186條第1項規定，公務員的民事責任，「其因過失者，以被害人不能依他項方法受賠償時為限，負其責任。」第2項規定「前項情形，如被害人得依法律上之救濟方法，除去損害，而因故意或過失不為之者，公務員不負賠償責任。」惟自國家賠償法公布施行後，有關行政上的損害賠償，係以國家賠償法為主要依據。

(三)**刑事責任**：係指公務人員觸犯刑法所定與職務有關之罪行時，所課予之刑罰責任，亦即應受刑事制裁之謂。刑事責任的發生，依據罪刑法定主義原則，應以行為時法律對此種罪行有明文規定為限，引起刑事責任的罪行，若係專屬於公務員身分的行為，可稱為「職務犯」或「身分犯」；若係一般人民均可構成的罪行，而對具有公務員身分者採取加重刑罰者，則稱為「準職務犯」或「加重犯」。

十二、公務員的行政責任【107普、108普、110關務、112普】 重要

我國公務員違反紀律，所遭受之紀律處分，包括懲戒與懲處。懲戒係由懲戒法院行之，屬司法範疇，通稱司法懲戒；懲處係由行政機關首長行之，屬行政範疇，通稱行政懲處。

(一) **司法懲戒**【112高】

1. **懲戒的原因**

依據公務員懲戒法第2條規定，公務員有下列各款情事之一，有懲戒之必要者，應受懲戒：

(1) 違法執行職務、怠於執行職務或其他失職行為。

(2) 非執行職務之違法行為，致嚴重損害政府之信譽。

該法第3條規定，公務員之行為非出於故意或過失者，不受懲戒。

2. **停職：**

(1) **當然停職：**公務員有下列各款情形之一者，其職務當然停止：

A.依刑事訴訟程序被通緝或羈押。

(2)依刑事確定判決，受褫奪公權之宣告。

C.依刑事確定判決，受徒刑之宣告，在監所執行中（第4條）。

(2) **得停職**

A.懲戒法庭對於移送之懲戒案件，認為情節重大，有先行停止職務之必要者，得裁定先行停止被付懲戒人之職務，並通知被付懲戒人所屬主管機關。

前項裁定於送達被付懲戒人所屬主管機關之翌日起發生停止職務效力。

B.主管機關對於所屬公務員，依第24條規定送請監察院審查或懲戒法院審理而認為有免除職務、撤職或休職等情節重大之虞者，亦得依職權先行停止其職務。

C.懲戒法庭第一審所為第一項之裁定，得為抗告。

3. **復職**

(1) 依第4條第1款或第5條規定停止職務之公務員，於停止職務事由消滅後，未經懲戒法庭判決或經判決未受免除職務、撤職或休職處分，且未在監所執行徒刑中者，得依法申請復職。服務機關或其上級機關，除法律另有規定外，應許其復職，並補給其停職期間之本俸（年功俸）或相當之給與。

(2) 前項公務員死亡者，應補給之本俸（年功俸）或相當之給與，由依法得領受撫卹金之人具領之（第7條）。

4. **懲戒處分的種類**【110地三】

依據公務員懲戒法第9條之規定，公務員之懲戒處分，有免除職務、撤職、剝奪減少退休（職、伍）金、休職、降級、減俸、罰款、記過、申誡等九種。分述如下：

(1) **免除職務**：免除職務，免其現職，並不得再任用為公務員（第11條）。

(2) **撤職**：撤職，撤其現職，並於一定期間停止任用；其期間為一年以上、五年以下。前項撤職人員，於停止任用期間屆滿，再任公務員者，自再任之日起，二年內不得晉敘、陞任或遷調主管職務（第12條）。

(3) **剝奪、減少退休（職、伍）金**：剝奪退休（職、伍）金，指剝奪受懲戒人離職前所有任職年資所計給之退休（職、伍）或其他離職給與；其已支領者，並應追回之。減少退休（職、伍）金，指減少受懲戒人離職前所有任職年資所計給之退休（職、伍）或其他離職給與百分之十至百分之二十；其已支領者，並應追回之。前二項所定退休（職、伍）金，應按最近一次退休（職、伍）或離職前任職年資計算。但公教人員保險養老給付、軍人保險退伍給付、公務員自行繳付之退撫基金費用本息或自提儲金本息，不在此限（第13條）。

(4) **休職**：休職，休其現職，停發俸（薪）給，並不得申請退休、退伍或在其他機關任職；其期間為六個月以上、三年以下。休職期滿，許其回復原職務或相當之其他職務。自復職之日起，二年內不得晉敘、陞任或遷調主管職務。前項復職，得於休職期滿前三十日內提出申請，並準用公務人員保障法之復職規定辦理（第14條）。

(5) **降級**：降級，依受懲戒人現職之俸（薪）級降一級或二級改敘；自改敘之日起，二年內不得晉敘、陞任或遷調主管職務。受降級處分而無級可降者，按每級差額，減其月俸（薪）；其期間為二年（第15條）。

(6) **減俸**：減俸，依受懲戒人現職之月俸（薪）減百分之十至百分之二十支給；其期間為六個月以上、三年以下。自減俸之日起，一年內不得晉敘、陞任或遷調主管職務（第16條）。

(7) **罰款**：罰款，其金額為新臺幣一萬元以上、一百萬元以下（第17條）。

(8) **記過**：記過，得為記過一次或二次。自記過之日起一年內，不得晉敘、陞任或遷調主管職務。一年內記過累計三次者，依其現職之俸（薪）級降一級改敘；無級可降者，準用第15條第2項之規定（第18條）。

(9) **申誡**：申誡，以書面為之（第19條）。

其中休職、降級、記過於政務人員不適用之。

5. **消滅時效**

(1) 應受懲戒行為，自行為終了之日起，至案件繫屬懲戒法院之日止，已逾十年者，不得予以休職之懲戒。

(2) 應受懲戒行為，自行為終了之日起，至案件繫屬懲戒法院之日止，已逾五年者，不得予以減少退休（職、伍）金、降級、減俸、罰款、記過或申誡之懲戒。

(3) 前二項行為終了之日，指公務員應受懲戒行為終結之日。但應受懲戒行為係不作為者，指公務員所屬服務機關或移送機關知悉之日（第20條）。

6. **判決**

(1) 被付懲戒人有第2條情事之一，並有懲戒必要者，應為懲戒處分之判決；其無第2條情事或無懲戒必要者，應為不受懲戒之判決（第55條）。

(2) 懲戒案件有下列情形之一者，應為免議之判決：

A. 同一行為，已受公務員懲戒委員會之判決確定。

B. 受褫奪公權之宣告確定，認已無受懲戒處分之必要。

C. 已逾第20條規定之懲戒處分行使期間（第56條）。

(3) 懲戒案件有下列各款情形之一者，應為不受理之判決。但其情形可補正者，審判長應定期間先命補正：

A. 移送程序或程式違背規定。

B. 被付懲戒人死亡。

C. 違背第45條第6項之規定，再行移送同一案件（第57條）。

7. **執行**

(1) 懲戒法庭第一審懲戒處分之判決，因上訴期間屆滿、未經合法之上訴、當事人捨棄上訴或撤回上訴而確定者，書記官應即製作判決確定證明書，於送達受懲戒人主管機關之翌日起發生懲戒處分效力。

(2) 懲戒法庭第二審懲戒處分之判決，於送達受懲戒人主管機關之翌日起發生。

(3) 受懲戒人因懲戒處分之判決而應為金錢之給付，經主管機關定相當期間催告，逾期未履行者，主管機關得以判決書為執行名義，移送行政執行機關準用行政執行法強制執行。

(4) 主管機關收受剝奪或減少退休（職、伍）金處分之判決後，應即通知退休（職、伍）金之支給機關（構），由支給機關（構）依前項規定催告履行及移送強制執行。

(5) 第3項及前項情形，於退休（職、伍）或其他原因離職人員，並得對其退休（職、伍）金或其他原因離職之給與執行。受懲戒人死亡者，就其遺產強制執行（第96條）。

(6) 受懲戒人因懲戒處分之判決而應為金錢之給付，自懲戒處分生效之日起，五年內未經行政執行機關執行者，不再執行；其於五年期間屆滿前已開始執行者，仍得繼續執行。但自五年期間屆滿之日起已逾五年尚未執行終結者，不得再執行（第97條）。

(7) 公務員懲戒判決執行辦法，由司法院會同行政院、考試院定之。（第98條）。

(二) **行政懲處**：各機關首長對於公務人員的行政懲處，多係依據「公務人員考績法」的規定辦理。其懲處分申誡、記過、記大過，無獎懲抵銷而累積達二大過者，年終考績應列丁等免職。如一次記二大過，則辦理專案考績免職。

(三) **懲戒處分與行政懲處之區別**

處分原因不同	懲戒處分是以公務員違法失職，為其處分之原因；而行政懲處之原因，則不僅限於上述原因，即公務員因未完成任務或不適宜於其所任職務，而予以調職或免職處分，均屬於行政懲處之範圍。
處分對象不同	懲戒處分僅對於具有公務員身分者，始得為之；而行政懲處之對象，則為一般人民及各種事物，例如對人之管束處罰、違章建築之取締、違禁品之沒入是。

處分種類不同	懲戒處分之種類分為免除職務、撤職、剝奪減少退休（職、伍）金、休職、降級、減俸、罰款、記過、申誡等九種；而行政懲處則散見於個別法規之規定，種類極不一致，其著者，為調職、免職等處分是。
處分程序不同	懲戒處分決定後，如有不服得提起上訴；而行政懲處如為免職人員，依公務人員保障法之規定，可申請復審，如不服復審之決定，並得提起行政訴訟。
處分依據不同	懲戒處分以公務員懲戒法為其依據；而行政懲處則依據個別行政法規之規定。
處分效力不同	懲戒處分如係撤職處分，依法並發生於一定期間停止任用之效果，休職處分則發生在休職期間內不得在其他機關任職之效果；而行政懲處除法律另有規定外，並不發生停止任用等效力。
處分機關不同	懲戒處分限於懲戒法院始得為之；而行政懲處，則各主管行政機關均得為之。

(四)懲戒處分與刑事處分的異同

1. **相同之點**

(1)二者均為基於國家公權力作用的制裁措施。

(2)就所生影響及效果而言，二者均為對於行為人所為之不利處分。

2. **不同之點**

(1)**原因不同**：懲戒處分不限於公務員之犯罪行為，即僅係違法、怠於執行職務或其他失職行為，均足以發生懲戒責任；刑事處分則以行為違法為限。

(2)**對象不同**：懲戒處分之對象，僅以公務員為限；刑事處分之對象，為一般人民，並不限於公務員。

(3)**行使處罰權的機關不同**：懲戒處分為懲戒法院；刑事處分則為普通法院。

(4)**處罰的種類不同**：懲戒處分之種類分為免除職務、撤職、剝奪減少退休（職、伍）金、休職、降級、減俸、罰款、記過、申誡等九種；刑事處分分為主刑及從刑，主刑包括死刑、無期徒刑、有期徒刑、拘役、罰金五種，從刑分為褫奪公權及沒收二種。

(五)**懲戒法「記過」與考績法「記過」之比較**【112高三】

1. **相同點**：公務人員考績法與公務員懲戒法之記過，均為處分性質。

2. **相異點**

(1) **處分效力不同**

A.公務人員考績法之記過，影響考績分數，記過一次扣減考績總分三分，功過可相互抵銷。

B.公務員懲戒法之記過，功過不可相互抵銷，其規定為：自記過之日起一年內不得晉敘、升職或調任主管職務。一年內記過三次者，依其現職之俸級降一級改敘，無級可降者，按每級差額，減其月俸。

(2) **救濟規定不同**

A.公務人員考績法之記過，得依公務人員保障法復審、行政訴訟。

B.公務員懲戒法之記過，屬於懲戒處分性質，得依法上訴。

十三、文官制度興革規劃方案第一案：建基公務倫理，型塑優質文化

(一)**現況說明**

1. 人民希望政府是個有正確決斷、明快回應力、高度執行力的團隊，馬總統提出「廉能政府」的概念，期待公務人員應當能夠做到「清廉、勤政、愛民」的理想目標。為使國家文官能因應如此重責大任，首要建立正確的價值觀。公務人員具備正確之價值及倫理觀念，乃是建構良好文官制度的基石。一個負責任、有應變能力的政府，為實踐公平正義、廉潔效能，應將公務倫理價值觀內化至文官體系之中，型塑成優質之組織文化。

2. **歸納現存問題如下**【110關務】：

(1) **公務倫理課程教材及宣導培訓體系未臻完整**：保訓會及人事總處分別辦理公務倫理相關培訓課程，惟內容論述不一，欠缺完整的公務倫理培訓體系，對於「黃金十年－國家願景」所提公義社會的介紹與宣導亦應加強辦理。

(2) **公務倫理之考核有待落實**：公務倫理之考核，散見於平時考核、年終考績、政風查核等多途徑，惟並未確實落實。

(3)**現行公務倫理法制亟待整建**：現行文官公務倫理之法律規範，係以民國28年公布施行之公務員服務法為主要的法律依據；其他公布施行之倫理法律，尚包括遊說法、公職人員財產申報法及公務人員利益衝突迴避法等。惟以公務員服務法立法施行迄今時間久遠，相關規範內容，與民國85年起大法官解釋所揭櫫的現今國家與公務員關係為「公法上職務關係」之法理，已未盡相符，同時部分規範內容多屬宣示性之倫理、道德規範，與法律上可究責之基準性義務不同，無法作為懲處之依據，且多不盡符合當前文官應有之公務倫理核心價值，亟有修正之必要。

(4)**優質的組織文化亟待型塑**：國家文官受社會價值轉變之影響，易生派系、權威、形式、奉承、推諉等負面文化之弊，有負國人之期待，亟待型塑優質的組織文化。

(二)**具體興革建議**

1. **加強公務倫理與公義社會宣導**

設計完備的公務倫理課程及教材，並納入「黃金十年－國家願景」願景二：「公義社會」之內涵，透過職前訓練、在職訓練等多元途徑，深化公務倫理為公務人員內在的價值觀。

2. **加強公務倫理考核**

建構完善之公務倫理考核機制，從平時考核、年終考績、政風查核等多途徑進行，尤要力求務實有效，且應要求主管人員以身作則。

3. **統整公務倫理法制體系（完成公務人員基準法之立法）**

為體現廉正、忠誠、專業、效能與關懷等當前文官應有之核心價值，除積極落實已公布行政中立法之實施外，允宜重新檢視現行文官相關公務倫理法制，現行是項法制主要為公務員服務法，惟其內容頗多不合時宜情形，應配合修正。配合目前考試院擬以公務人員基準法取代公務員服務法之立法政策，宜將文官倫理規範於公務人員基準法草案中予以涵蓋，使其成為公務人員基準性之共同義務規定，並將公務倫理及核心價值於法中加以宣示，積極推動該草案早日完成立法，以期統整符合當前文官所需之公務倫理法制。

4. **型塑文官優質組織文化**

應依文官之核心價值，透過法制建立、宣導訓練、組織學習、參與建議等多種途徑，袪除官場負面文化，強化公民性政府的治理結構，型塑政府機關優質之組織文化。其主要步驟如次：

(1) 完成「型塑文官優質組織文化推動方案」：由考試院研訂，交各主管機關執行。

(2) 完成型塑文官優質組織文化：由各主管機關進行推動、驗收與相互觀摩。

精選試題

1. 試申論我國公務人員具有之權利，以及這些權利的內涵與法令依據。【106普】

2. 我國現行制度允許公務人員組織相關團體以實踐勞動三權之團結權，試就公務人員協會法，說明其成立目的、適用與排除對象各為何？並說明其中央與地方之主管機關為何？那些事項得提出協商？那些事項為協商之排除範圍？【107高】

3. 請說明公務人員協會之建議與協商事項，以及其協議之機制。【108地三】

4. 依現行公務人員保障法，有關公務人員俸給及工作條件之規定為何？【108地四】

5. 請根據我國相關法制規定，回答下列問題：

(1)高小姐年終考績列為丁等，遭到其任職機關予以免職處分。她可以向公務人員保障暨培訓委員會提起何種救濟程序？法律依據為何？

(2)張先生的主管調整其職務，致使他必須離家遠赴外地工作，他認為主管的此一管理措施實為刁難、令其權益受損。若是張先生試圖改變此一職務調整之成命，他可以怎麼做？法律依據為何？

(3)李先生奉機關主管之命，依法處理群眾包圍興建中之垃圾焚化爐的抗爭事件，遭到抗爭民眾控告其傷害並要求賠償金額。他可以向服務機關請求何種協助？法律依據為何？

(4)柯小姐辦公用的電腦使用逾8年，確實已難以配合現今軟體使用，並且經常故障而影響工作效率。柯小姐可以提出何種主張以改變現狀？法律依據為何？

(5)江女士任職於某公立醫院擔任掛號服務臺的服務人員，B型流感盛行的高峰期間，她的工作令其必須面對面與病患接觸，使之成為遭到傳染的高危險群之一。江女士可以向醫院提出何種主張以保護自己？法律依據為何？【105普】

6. 保障公務人員合法權益，已是今日我國考銓制度施行的重要項目。請分析現行各種保障途徑在落實過程中，有那些可以提升或強化的重點？理由為何？【107地三】

7. 欲期望公務人員對外界樹立廉潔形象，請問那些人事法律可以用來規範？重點為何？【106地四】

8. 公務員應負之責任包括行政責任、刑事責任與民事責任，請分別說明其內涵，並舉實際例子說明之。【107地四】

9. 請評述現行公務員懲戒案件的審理機關與審級相關規定。【109地四】

10. 依據民國104年5月20日公布之公務員懲戒法規定，懲戒處分中增訂「剝奪、減少退休（職、伍）金」及「罰款」兩項與財產權相關之處分。試說明這兩種懲戒處分的制度內容以及其立法旨意。【104地四】

11. 試比較說明公務員懲戒法中，有關「免除職務」、「撤職」、「休職」和「職務停止（簡稱停職）」之規定內容。【104地四】

12. 請依照公務員懲戒法之規定，說明公務員之懲戒處分的類型及產生之具體結果為何？並說明各類型處分是否得併為處分？各類型處分對政務官與事務官是否有異？【107普】

13. 請比較公務人員因執行職務而受記過懲處與接受懲戒，兩者在內涵與效果上有何不同？【109地三】

14. 假定某國立大學有三位教職員欲為公職候選人之親友助選：A君為未兼行政職務教授為其配偶助選、B君為教授兼系主任為其好友助選、C君為總務處專員為其祖父助選。請問公務人員行政中立法（含103年11月26日

總統公布修正條文），對該三位教職員之助選活動或行為，有何規範？【103地四】

15. 現行公務人員的懲罰，分為行政懲處及司法懲戒兩種。試比較懲處與懲戒兩者的差異，並比較懲處的免職處分與懲戒的撤職處分在處罰的效力上有何不同？【104高】

16. 公務人員考績法之懲處與公務員懲戒法之懲戒處分有那些地方有競合之處？法律效果及後續救濟手段為何？此競合情形對當事人之影響有何差異？試申論之。【108普】

17. 公務人員保障法對於因公涉訟的保障規定為何？某機關張姓單位主管因工作績效檢討需要，於內部會議時大聲斥責一位余姓部屬，說他毫無工作能力，且工作怠惰，根本不適任現職。余姓部屬認為張姓主管在開會的公眾場合羞辱他，讓他精神受到創傷，無以見人，於是對張姓主管提起公然侮辱罪的刑事訴訟，並請與會的同事出庭作證。請問：張姓主管可否向其服務機關提出因公涉訟補助？理由為何？余姓部屬可否向其服務機關提出因公涉訟補助？理由又為何？【104普】

18. 現行公務人員保障制度的救濟程序，有復審及申訴兩種，請試就下列狀況申述之：
(1)依公務人員保障法規定，現職公務人員在何種情況要提出復審，在何種情況要提出申訴？兩者有何差異？
(2)依司法院釋字第201號及312號解釋意旨，公務人員在那幾種情況，得提起訴願及行政訴訟？【104普】

19. 汪先生現為公務人員，其對於政治事務具有高度興趣，也常參加政治活動，甚至想投入選舉活動，請問依據「公務人員行政中立法」，他的政治行為受到那些限制？【105地四】

20. 下列有關公務人員行政中立的敘述都有錯誤，請依法制規定指出其錯誤之處（需寫出法規名稱及相關條文，無須寫條次）。
(1)公立學校校長、教務長是教授兼任，受學術自由之保障；大法官、監察委員、考試委員都屬於政務人員，另各機關駐衛警察並非考試及格公務人員，所以均可不受公務人員行政中立法的規範。

(2)林候選人的太太是公務人員，卻在其先生競選活動時公然為其站臺，雖其未表明公務人員身分，仍然違反公務人員行政中立法規定。

(3)某公立學校總務組長掌管該校場地租借業務，於選舉期間，他僅將場地租借給某一政黨候選人，其他政黨候選人來租借，一概拒絕，因學校並非政府機關，所以沒有違反行政中立法規定。

(4)為了做到行政中立，公務人員不得加入政黨，也不得兼任政黨職務。又公務人員的身分並不因上下班而有不同，所以不但上班時間不可以參加政黨及政治團體活動，即便是下班時間及放假日也不可以參加此類活動。

(5)公務人員參加競選係屬憲法保障的參政權，所以競選期間不需要向服務機關請假。又公務人員參選，其候選人競選辦事處會計，可以請他的所屬公務人員同事兼任，比較可靠。【104普】

21. 行政中立之落實影響民主政治運作甚鉅，請就公務人員行政中立法之規定，說明「依法行政」、「執行公正」與「政治中立」三方面的意涵，並具體陳述公務人員行政中立法所禁止之政治活動或行為及其例外規定。【107普】

重點複習

一、俸給權：公務人員乃是在政府機關就業的自然人，為維持其本人與家屬的經濟生活，即必須有薪資收入，而俸給權即國家為維持公務人員經濟生活，所給予的報酬，亦為其生活費用，依職務等級為主要標準定其數額。

二、結社權：結社權指公務員得組成及參與代表其利益之團體的權利。公務員有為國家忠實服務之職責，故多數國家限制公務員罷工或締結團體協約之權，但為保障公務員之共同利益，則承認公務員之結社權。公務人員協會法規定公務人員得組織「公務人員協會」

三、公務人員協會公務人員為加強為民服務、提昇工作效率、維護其權益、改善工作條件並促進聯誼合作，得組織公務人員協會（第1條第1項）。

四、公務人員之保障程序

(一)復審

1. 公務人員對於服務機關或人事主管機關（以下均簡稱原處分機關）所為之行政處分，認為違法或顯然不當，致損害其權利或利益者，得依本法提起復審。非現職公務人員基於其原公務人員身分之請求權遭受侵害時，亦同。公務人員已亡故者，其遺族基於該公務人員身分所生之公法上財產請求權遭受侵害時，亦得依本法規定提起復審（第25條）。
2. 公務人員因原處分機關對其依法申請之案件，於法定期間內應作為而不作為，或予以駁回，認為損害其權利或利益者，得提起請求該機關為行政處分或應為特定內容之行政處分之復審。前項期間，法令未明定者，自機關受理申請之日起為二個月（第26條）。
3. 保訓會復審決定依法得聲明不服者，復審決定書應附記如不服決定，得於決定書送達之次日起二個月內，依法向該管司法機關請求救濟。前項附記錯誤時，應通知更正，並自更正通知送達之次日起，計算法定期間。如未附記救濟期間，或附記錯誤未通知更正，至復審人遲誤者，如於復審決定書送達之次日起一年內請求救濟，視為於第1項之期間內所為（第72條）。

(二)申訴、再申訴

1. 公務人員對於服務機關所為之管理措施或有關工作條件之處置認為不當，致影響其權益者，得依本法提起申訴、再申訴。公務人員離職後，接獲原服務機關之管理措施或處置者，亦得依前項規定提起申訴、再申訴（第77條）。
2. 申訴之提起，應於管理措施或有關工作條件之處置達到之次日起三十日內，向服務機關為之。不服服務機關函復者，得於復函送達之次日起三十日內，向保訓會提起再申訴。前項之服務機關，以管理措施或有關工作條件之處置之權責處理機關為準（第78條）。
3. 應提起復審之事件，公務人員誤提申訴者，申訴受理機關應移由原處分機關依復審程序處理，並通知該公務人員。應提起復審之事件，公務人員誤向保訓會逕提再申訴者，保訓會應函請原處分機關依復審程序處理，並通知該公務人員（第79條）。

五、公務員不為一定行為的義務：公務員擁有政府職務及公權力，為避免其利用職權，發生違法舞弊情事，公務員服務法尚規定公務員於在職期間，不得為下列各種行為：

(一)不得經營商業或投機事業。

(二)除法令所定外，不得兼任他項公職或業務。

(三)不得向屬官推薦人員，或循情關說及請託。

(四)不得與有隸屬關係者贈受財物；於所辦事件，不得收受任何餽贈。

(五)不得與職務有關係者，私相借貸，訂立互利契約，或享受其他不正利益。

(六)不得利用視察或調查等機會，接受地方官民之招待或餽贈。

(七)執行職務時，遇有涉及其本身或其家族之利害事件，應行迴避。

六、離職公務員之義務：85年1月15日公務員服務法修正公布，增訂離職公務員之「利益迴避」條款，於第16條規定，「公務員於其離職後三年內，不得擔任與其離職前五年內之職務直接相關之營利事業董事、監察人、經理、執行業務之股東或顧問。」並明定第24條的罰則「離職公務員違反本法第14之1條者，處二年以下有期徒刑，得併科新台幣一百萬以下罰金。」

七、行政中立：「行政中立」，簡言之，是指文官對處理公務保持中立、客觀及公平的立場，以國家、人民的整體或多數利益為考慮；並非指絕不可涉入政治事務；但不可涉入政爭。蔡良文老師認為行政中立的意義是相對的，主張由行政系統與公務人員個人層次來配合達成之。

八、懲戒和懲處之區別

懲戒處分與行政懲處之區別：

處分原因不同	懲戒處分是以公務員違法失職，為其處分之原因；而行政懲處之原因，則不僅限於上述原因，即公務員因未完成任務或不適宜於其所任職務，而予以調職或免職處分，均屬於行政懲處之範圍。

處分對象不同	懲戒處分僅對於具有公務員身分者，始得為之；而行政懲處之對象，則為一般人民及各種事物，例如對人之管束處罰、違章建築之取締、違禁品之沒入是。
處分種類不同	懲戒處分之種類分為免除職務、撤職、剝奪減少退休（職、伍）金、休職、降級、減俸、罰款、記過、申誡等九種；而行政懲處則散見於個別法規之規定，種類極不一致，其著者，為調職、免職等處分是。
處分程序不同	懲戒處分決定後，如有不服得提起上訴；而行政懲處如為免職人員，依公務人員保障法之規定，可申請復審，如不服復審之決定，並得提起行政訴訟。
處分依據不同	懲戒處分以公務員懲戒法為其依據；而行政懲處則依據個別行政法規之規定。
處分效力不同	懲戒處分如係撤職處分，依法並發生於一定期間停止任用之效果，休職處分則發生在休職期間內不得在其他機關任職之效果；而行政懲處除法律另有規定外，並不發生停止任用等效力。
處分機關不同	懲戒處分限於懲戒法院始得為之；而行政懲處，則各主管行政機關均得為之。

Chapter 12

公務人員的保險

老師叮嚀

1 本章很簡單，考題不多。
2 公保的適用人員、準用人員應背熟。
3 公保的主管機關、監理機關、要保機關應注意。
4 本法112.01.11修正公布，新增內容宜留意。

一、保險的意義、範圍與項目 重要

(一) **保險之意義**：保險係指根據危險分擔原則，聚集機關所補助之經費與多數人員所自繳之經費，設為基金，用以支付少數人員發生事故時所需費用，以保障人員生活，增進工作效率。

(二) **保險之範圍**：公教人員保險之範圍，依公教人員保險法第2條及第45條之規定，包括：

1. **適用人員**
   (1) 法定機關（構）編制內之有給專任人員。
   (2) 公立學校編制內之有給專任教職員。
   (3) 依私立學校法規定，辦妥財團法人登記，並經主管教育行政機關核准立案之私立學校編制內之有給專任教職員。
   (4) 其他經本保險主管機關認定之人員。
2. **準用人員**：法定機關編制內有給之民選公職人員及外國人任第2條所定職務者。

(三) **保險之項目**

公務人員保險之項目，依本法第3條規定，包括失能、養老、死亡、眷屬喪葬、生育及育嬰留職停薪六項。

二、保險、退休、撫卹制度的功用

為了安定公務人員的生活，鼓舞其工作情緒，各國對其公務人員莫不建立保險、撫卹、及退休制度，此三者互有關聯，亦可稱為廣義的公務人員的福利，在我國是以銓敘部為主管機關。這三種制度的共同功用如下：

(一) **安定公務人員的生活**：有了這三種制度，公務人員的生活可獲得保障，他們不必擔心生、老、病、死，因為都能得到政府適當的照顧，生病或受傷可享受免費醫療，死亡則有撫卹金，其本人及家屬的生活可無後顧之憂，如到了年老體衰之時，則有退休金可拿，得以安享餘年，所以這三種制度的建立，可以安定公務人員的生活，使他們安心工作。

(二) **提高行政效率**：公務人員的生活有了確實的保障以後，他們一定努力為國效命，在工作上力求表現，為了珍惜他們的前途，也會保持應有的工作水準。此外，對於體弱不能勝任或殘障影響工作效率者，因有退休與撫卹，他們樂於將職務讓出，不致戀棧而影響政府的行政效率。

(三) **促進政治的清廉**：許多貪污事件的發生，往往因為公務人員沒有生活保障，如美國在1883年文官法制定以前所形成的「分贓制」便是，政府建立了保險、撫卹、及退休制度以後，公務人員不必為以後的生活擔憂，他們自必奉公守法，貪污的事件便會減少或絕跡，政治因而走上清廉之路。

(四) **促進人事的新陳代謝**：機關正如人體一樣，一定要有新陳代謝的作用不可，否則必然日趨老化與僵化，不能擔負應有的任務。政府如果實行撫卹及退休制度，可使不稱職或年老力衰之人得以退路讓賢，青年才俊之士得以登進，使機關充滿朝氣與活力，生生不息地推行工作。

三、保險的受益人

(一) 公教人員保險之受益人，係指依本法所定各項保險給付應享受給付利益之人，關於受益人之範圍，本法第7條規定：「被保險人之受益人，除死亡給付或遺屬年金給付外，均為被保險人本人」，依此規定，當可解釋為除本法所定「死亡給付」、「遺屬年金給付」可適用「被保險本人」以外之受益人外，失能給付、養老給付、生育給付及眷屬喪葬津貼之受益人均係「被保險人本人」。

(二) 此外，本法第28條規定，死亡給付，應由亡故被保險人之配偶領受二分之一；其餘依序由下列受益人平均領受之：

❶子女。 ❷父母。 ❸祖父母。 ❹兄弟姊妹。

四、保險費

(一)保險費率

1. 本保險之保險費率為被保險人每月保險俸（薪）額百分之七至百分之十八。
2. 前項費率應由承保機關委託精算機構，至少每三年辦理一次精算，每次精算五十年；精算時，第5條第2項所定中華民國88年5月30日以前之保險年資應計給之養老給付金額，不計入本保險之保險費率。
3. 本保險主管機關應評估保險實際收支情形及精算結果，有下列情形之一而需調整費率時，應報請考試院會同行政院覈實釐定：
   (1) 精算之保險費率與當年保險費率相差幅度超過正負百分之五。
   (2) 本保險增減給付項目、給付內容或給付標準，致影響保險財務。
4. 第1項所稱每月保險俸（薪）額，係以公務人員及公立學校教職員俸（薪）給法規所定本俸（薪）或年功俸（薪）額為準。私立學校教職員比照公立同級同類學校同薪級教職員保險薪額為準釐定。但機關（構）學校所適用之待遇規定與公務人員或公立學校教職員俸（薪）給法規規定不同者，其所屬被保險人之保險俸（薪）額，由本保險主管機關比照公務人員或公立學校教職員之標準核定之。
5. 本法中華民國103年1月14日修正施行後，被保險人每月保險俸（薪）額，以不超過部長級之月俸額為限。
6. 第1項所定費率範圍，包含適用中華民國112年7月1日施行之公務人員個人專戶制退休資遣撫卹法及公立學校教職員個人專戶制退休資遣撫卹條例且未請領第16條第4項第3款所定月退休（職、伍）給與，亦未辦理優惠存款者，依第48條第7項規定年金所需費率。
7. 前項人員所領養老年金之財務責任由本保險準備金支應，不適用第20條規定。
8. 第6項人員於取得任用資格前受訓或研習期間，依第2條第1項第4款規定加保時，保險費率比照第6項規定辦理。
9. 前項人員受訓或研習期間跨越本法中華民國111年12月16日修正之條文施行前後者，於修正施行前已加保年資，應依修正施行後規定所釐定費率，補繳保險費（第8條）。

(二)保險費繳付之比率

1. 本保險之保險費，由被保險人自付百分之三十五，政府補助百分之六十五。但私立學校教職員由政府及學校各補助百分之三十二點五；政府補助私立學校教職員之保險費，由各級主管教育行政機關分別編列預算核撥之。
2. 前項保險費應按月繳付；當月之保險費由各該服務機關（構）學校於當月十五日前，彙繳承保機關；逾期未繳者，承保機關得俟其繳清後，始予辦理各項給付。其因而致被保險人或受益人蒙受損失時，由服務機關（構）學校負責。
3. 被保險人應自付之保險費，各該服務機關（構）學校得於每月發薪時代扣（第9條）。
4. 被保險人依法徵服兵役而保留原職時，其服役期間之自付部分保險費，由政府負擔。但私立學校教職員應由學校負擔。
5. 前項規定以外之留職停薪被保險人在申請留職停薪時，應選擇於留職停薪期間退保或自付全部保險費，繼續加保；一經選定後，不得變更（第10條）。

五、保險的給付【97普】 重要

(一)通則

被保險人在保險有效期間，發生失能、養老、死亡、眷屬喪葬、生育或育嬰留職停薪之保險事故時，應予現金給付；其給付金額之計算標準，依下列規定：

1. **養老給付及死亡給付**：按被保險人發生保險事故當月起，前十年投保年資之實際保險俸（薪）額平均計算（以下簡稱平均保俸額）。但加保未滿十年者，按其實際投保年資之保險俸（薪）額平均計算。
2. **育嬰留職停薪津貼**：按被保險人育嬰留職停薪當月起，往前推算六個月保險俸（薪）額之平均數百分之六十計算。
3. **失能給付、生育給付及眷屬喪葬津貼**：按被保險人發生保險事故當月起，往前推算六個月保險俸（薪）額之平均數計算。但加保未滿六個月者，按其實際加保月數之平均保險俸（薪）額計算（第12條第1項）。

(二)失能給付

1. 被保險人發生傷害事故或罹患疾病，經醫治終止後，身體仍遺留無法改善之障礙而符合殘廢標準，並經中央衛生主管機關評鑑合格之醫院鑑定為永久失能者，按其確定永久失能日當月往前推算六個月保險俸（薪）額之平均數，依下列規定核給失能給付：
   (1) 因執行公務或服兵役致成全失能者，給付三十六個月；半失能者，給付十八個月；部分失能者，給付八個月。
   (2) 因疾病或意外傷害致成全失能者，給付三十個月；半失能者，給付十五個月；部分失能者，給付六個月。
2. 前項所稱全失能、半失能、部分失能之標準，由本保險主管機關定之。
3. 第一項所稱經醫治終止，指被保險人罹患之傷病經醫治後，症狀固定，再行醫治仍無法改善，並符合前項失能標準。
4. 承保機關對請領失能給付之案件，得施以調查、複驗、鑑定後，審核認定之（第13條）。

(三)養老給付

1. 被保險人依法退休（職）、資遣，或繳付本保險保險費滿十五年且年滿五十五歲以上而離職退保時，給與養老給付。

   養老給付之請領方式及給與標準如下：
   (1) 一次養老給付：保險年資每滿一年，給付一點二個月；最高以給付四十二個月為限。但辦理優惠存款者，最高以三十六個月為限。
   (2) 養老年金給付：保險年資每滿一年，在給付率百分之零點七五（以下簡稱基本年金率）至百分之一點三（以下簡稱上限年金率）之間核給養老年金給付，最高採計三十五年；其總給付率最高為百分之四十五點五。
   (3) 依前二款規定計算給付月數或給付率之年資有畸零月數及未滿一個月之畸零日數，均按比例發給。
2. 依第一項規定請領養老給付之被保險人符合下列條件之一者，給與養老年金給付：
   (1) 繳付本保險保險費滿十五年以上且年滿六十五歲。
   (2) 繳付本保險保險費滿二十年以上且年滿六十歲。
   (3) 繳付本保險保險費滿三十年以上且年滿五十五歲（第16條第1～3項）。

3. 依本法第48條規定，目前公務人員退休一律請領「一次養老給付」，尚無從請領「養老年金給付」。

(四)**死亡給付**

1. 被保險人死亡時，依下列規定給與一次死亡給付：
   (1)因公死亡者，繳付保險費未滿二十年者，給與三十六個月；繳付保險費滿二十年以上者，給與四十八個月。
   (2)病故或意外死亡者，繳付保險費未滿二十年者，給與三十個月；繳付保險費滿二十年，未滿三十年者，給與三十六個月；繳付保險費滿三十年，未滿三十五年者，給與四十二個月；繳付保險費滿三十五年以上者，給與四十八個月。
2. 被保險人死亡時，其符合請領遺屬年金給付條件之遺屬不請領前項一次死亡給付，得選擇請領遺屬年金給付，並依平均保俸額，以保險年資滿一年，按百分之零點七五給付率計算，最高以給付百分之三十為限。畸零月數及未滿一個月之畸零日數，按比率發給（第27條第1、2項）。
3. 前條一次死亡給付，應由亡故被保險人之配偶領受二分之一；其餘依序由下列受益人平均領受之：
   (1)子女。 (2)父母。
   (3)祖父母。 (4)兄弟姐妹（第28條第1項）。
4. 依本法第48條規定，「遺屬年金給付」尚未施行，目前均係給予「一次死亡給付」。

(五)**眷屬喪葬津貼**

1. 被保險人之眷屬因疾病或意外傷害而致死亡者，依下列標準，給與喪葬津貼：
   (1)父母及配偶，給與三個月。
   (2)子女之喪葬津貼如下：
      A.年滿十二歲，未滿二十五歲者，給與二個月。
      B.已為出生登記且未滿十二歲者，給與一個月。
2. 符合請領同一眷屬喪葬津貼之被保險人有數人時，應自行協商，推由一人檢證請領；具領之後，不得更改。有協商不實，致損及其他被保險人權益時，由具領人負責。

3. 被保險人之生父（母）、養父（母）或繼父（母）死亡時，其喪葬津貼應在不重領原則下，擇一請領（第34條）。

(六)**育嬰留職停薪津貼**（108地三）

1. 被保險人加保年資滿一年以上，養育三足歲以下子女，辦理育嬰留職停薪並選擇繼續加保者，得請領育嬰留職停薪津貼。
2. 前項津貼，自留職停薪之日起，按月發給；最長發給六個月。但留職停薪期間未滿六個月者，以實際留職停薪月數發給；未滿一個月之畸零日數，按實際留職停薪日數計算。
3. 同時撫育子女二人以上者，以請領一人之津貼為限（第35條）。

(七)**生育給付**

1. 被保險人有下列情形之一者，得請領生育給付：
   (1) 繳付本保險保險費滿二百八十日後分娩。
   (2) 繳付本保險保險費滿一百八十一日後早產。
2. 被保險人符合前項規定者，給與二個月生育給付。
3. 第一項被保險人分娩或早產為雙生以上者，生育給付按前項標準比例增給（第36條）。

(八)**因公條件認定**

1. 第13條第1項第1款所稱因執行公務或服兵役致成失能者及第27條所稱因公死亡者，指下列情形之一，且具有相當因果關係者：
   (1)因執行職務發生危險。
   (2)因公差遭遇意外危險或罹病。
   (3)因辦公往返或在辦公場所遇意外危險。
   (4)奉召入營或服役期滿，在往返途中遇意外危險。
   (5)於執行職務、服役、公差、辦公場所，或因辦公、服役往返途中，猝發疾病。
   (6)因盡力職務，積勞過度。
   (7)在服役期內，因服役而積勞過度，或在演習中遇意外危險。
2. 前項第6款及第7款所定積勞過度，應由服務機關（構）學校列舉因公積勞之具體事實及負責出具證明書，並繳驗醫療診斷書。
3. 因被保險人本人之交通違規行為所致失能或死亡者，不適用第1項規定（第33條）。

六、保險的時效及限制

(一)消滅時效

1. 請領本保險給付之權利，自請求權可行使之日起，因十年間不行使而當然消滅。
2. 被保險人或其受益人於前項期限內請領本保險給付者，除本法另有規定外，應依保險事故發生時之規定辦理。
3. 本保險定期發給之給付，其各期請求權時效，依第一項規定計算（第38條）。

(二)限制規定

1. 被保險人或其受益人領取各項保險給付之權利，不得作為讓與、抵銷、扣押或供擔保之標的。但被保險人有下列情形之一者，承保機關得自其現金給付或發還之保險費中扣抵：
   (1) 欠繳保險費。
   (2) 欠繳依法遞延繳納之自付部分保險費。
   (3) 溢領或誤領保險給付（第37條）。
2. 因戰爭變亂或因被保險人或其父母、子女、配偶故意犯罪行為，以致發生保險事故者，概不給與保險給付（第39條）。
3. 被保險人或其受益人以詐欺行為領得各項給付，除依法治罪外，應追繳其領得保險給付之本息（第40條）。

七、保險的機關

辦理公教人員保險機關，依其業務性質，有主管機關、監理機關、承保機關及要保機關之別，茲分述如下：

(一)**主管機關**：本保險之主管機關為銓敘部（第4條第1項）。

(二)**監理機關**：為監督本保險業務，由主管機關邀請有關機關、專家學者及被保險人代表組織監理委員會；各以占三分之一為原則（第4條第2項）。

(三)承保機關

1. 本保險由考試院會同行政院指定之機關（構）（以下稱承保機關）辦理承保、現金給付、財務收支及本保險準備金管理運用等保險業務（第5條第1項）。

2. 本保險目前係指定台灣銀行為承保機關。

3. 承保機關辦理本保險所需事務費，由本保險主管機關編列預算撥付；其金額不得超過年度保險費總額百分之三點五（第5條第5項）。

(四) **要保機關**：所謂要保機關，即為被保險人之服務機關。本保險之要保機關如下：

1. 總統府及所屬機關。
2. 國家安全會議及所屬機關。
3. 五院及所屬機關。
4. 各級民意機關。
5. 地方行政機關。
6. 公立學校及教育文化機構。
7. 衛生及公立醫療機關（構）。
8. 公營事業機構。
9. 私立學校。
10. 其他依法組織之機關（構）。

要保機關之認可與變更，除私立學校另依規定辦理外，應由要保機關敘明經權責主管機關准予成立或變更之名稱與生效日期，以及組織編制之公（發）布與核備或備查文號，報本保險主管機關認定之（施行細則第11條第1～2項）。

精選試題

1. 人口結構改變對人類的未來產生重大影響，管理學大師彼得德魯克（Peter F.Drucker）在《德魯克論管理》（Peter Drucker on the Profession of Management）一書中指出，已開發國家的生育率降低，造成人口減少，並稱這些國家正面臨著集體自殺的現象。各國均致力於提升國民生育率，我國為因應少子女化對公務人員推動鼓勵生育之相關措施為何？您有何創新的建議？【104地三】

2. 請說明公務人員應予或得申請留職停薪之原因。其中育嬰留職停薪的期限與津貼請領規定為何？【108地三】

3. 現行公務人員保險制度所依據的法律為何？又公務人員保險的主管機關、承保機關、要保機關、保險項目、保險費率以及按月繳付保險費的分擔比例各為何？請分別說明之。【102地三】

重點複習

一、保險的給付

(一)通則：被保險人在保險有效期間，發生失能、養老、死亡、眷屬喪葬、生育或育嬰留職停薪之保險事故時，應予現金給付；其給付金額之計算標準，依下列規定：

1. 養老給付及死亡給付：按被保險人發生保險事故當月起，前十年投保年資之實際保險俸（薪）額平均計算（以下簡稱平均保俸額）。但加保未滿十年者，按其實際投保年資之保險俸（薪）額平均計算。

2. 育嬰留職停薪津貼：按被保險人育嬰留職停薪當月起，往前推算六個月保險俸（薪）額之平均數百分之六十計算。

3. 失能給付、生育給付及眷屬喪葬津貼：按被保險人發生保險事故當月起，往前推算六個月保險俸（薪）額之平均數計算。但加保未滿六個月者，按其實際加保月數之平均保險俸（薪）額計算（第12條第1項）。

(二)死亡給付

1.被保險人死亡時，依下列規定給與一次死亡給付：

(1)因公死亡者，繳付保險費未滿二十年者，給與三十六個月；繳付保險費滿二十年以上者，給與四十八個月。

(2)病故或意外死亡者，繳付保險費未滿二十年者，給與三十個月；繳付保險費滿二十年，未滿三十年者，給與三十六個月；繳付保險費滿三十年，未滿三十五年者，給與四十二個月；繳付保險費滿三十五年以上者，給與四十八個月。

2. 被保險人死亡時，其符合請領遺屬年金給付條件之遺屬不請領前項一次死亡給付，得選擇請領遺屬年金給付，並依平均保俸額，以保險年資滿一年，按百分之零點七五給付率計算，最高以給付百分之三十為限。畸零月數及未滿一個月之畸零日數，按比率發給（第27條第1、2項）。

3. 前條一次死亡給付，應由亡故被保險人之配偶領受二分之一；其餘依序由下列受益人平均領受之：

(1)子女。

(2)父母。

(3)祖父母。

(4)兄弟姐妹（第28條第1項）。

4. 依本法第48條規定，「遺屬年金給付」尚未施行，目前均係給予「一次死亡給付」。

Chapter 13

公務人員的退休資遣及撫卹

老師叮嚀

1 本章相當重要，其中退休比撫卹更重要，退休的種類一定要熟悉。

2 退休金領受權的喪失、停止及消滅也很重要。

3 因公死亡的原因及給卹規定非常重要。

4 遺族領受撫卹金的順序要背熟。

5 公務人員退休資遣撫卹法106.08.09公布，107.07.01施行，111.1.19、112.1.11另有修正，新制有重大變更，請考生務必詳讀。

一、退撫制度的意義

(一)退撫制度包括退休和撫卹。所謂「退休」，係指因年老或因疾病，或因傷殘，無法繼續任職時，由所服務之組織給予退休金，令其退休養老。所謂「撫卹」，係指對死亡員工之眷屬，提供生活之保障之意。因此，「退休」與「撫卹」可以說解決了人生的年老、傷病、死亡三大問題。

(二)退休及撫卹計畫，一方面涉及退休及死亡公務人員的權益，一方面也涉及服務組織的財務負擔。一個成功的退休及撫卹計畫，至少應符合以下幾個原則：

1. 退休及撫卹條件之規定，公平合理，確能符合退休撫卹之功能。
2. 退休及撫卹所得，與退休及死亡公務人員的服務年資與績效相結合。
3. 退休及撫卹所得，能夠維持退休公務人員及死亡者之遺族之生活所需，達到安老卹孤的目的。
4. 退休金及撫卹金之籌措、保管、運用及退休、撫卹計畫之執行，均應有妥善規劃。

二、退撫制度的功用

依據梅里姆（L.Meriam）在《公務人員退休制度原理》一書的說明，退撫制度的施行，足以發生下列功用：

(一)使服務已久，年紀老邁，已失卻工作能力者，不致濫竽於公務人員之間。
(二)因早年疾病或意外事件身體遭受損害不能奮發努力者，不致側身公務機關影響行政效率。
(三)保持其他有能力有效率的公務人員，不致向其他地方另尋出路。
(四)鼓勵公務人員專心致志的工作。
(五)吸收較高尚及有能力的人員至政府工作。

三、退撫基金的籌措

(一)退撫制度實施時，首要問題即為基金的籌措。關於退撫基金的籌措，就籌集的方式而言，有一次籌足（現金交付）式與逐年儲存（年金儲入）式兩種；就退撫金的負擔（來源）而言，有個人籌款制、政府籌款制、與聯合籌款制三種。

(二)**就退撫金的來源而言**

1. **政府籌款制**：在此制下，由政府機關完全負責或獨自籌措退休金的費用，而不由公務人員自身負任何經費。所需款項編入國家財政預算，由國庫支付。
2. **個人籌款制**：此制係由公務人員自己捐款以籌措全部的退休金費用。在此制下政府機關不過僅為公務人員所捐籌款項的保管員或經理人。此制之重大困難是公務人員因限於經濟擔負能力，恐難籌得充裕足用的數額。
3. **聯合籌款制**：此制下的退撫金由政府和公務人員按一定比例分擔，共同籌措。

我國原採政府籌款制，自84年7月1日起改採聯合籌款制。

(三)**就退撫金的籌集與管理而言**

1. **現金交付式**：對退撫金實行一次性籌足，當年籌得的款項當年支用，並無預先的儲積或固定的基金。
2. **年金儲入式**：此制即由政府或公務人員預先逐年撥儲金額，籌集到款項並不直接用作退撫金的支付，而是儲入銀行，成立基金，用於各種投資，如購買股票、債券等，將所獲利潤、利息作為退休金的實際支付。

我國原採現金交付式，自84年7月1日起改採年金儲入式。

四、退撫年資的採計

(一)本法公布施行前退休生效公務人員，於退撫新制實施前、後均有任職年資者，應前後合併計算。其中屬於退撫新制實施前之任職年資，最高採計三十年；退撫新制實施後之任職年資可連同併計，最高採計三十五年（第14條第1項）。

(二)本法公布施行後退休生效公務人員，其退撫新制實施前之任職年資最高仍採計三十年。退撫新制實施前、後之任職年資可連同併計；擇領月退休金者，最高採計四十年；擇領一次領退休金者，最高採計四十二年。任職年資併計後逾本項所定年資採計上限者，其退撫新制實施前、後年資之採計，由當事人自行取捨（第14條第2項）。

(三)前項人員不依前項規定取捨年資時，由退休案審定機關逕予取捨審定之（第14條第3項）。

五、退休種類及要件

(一)**公務人員之退休，分自願退休、屆齡退休及命令退休。**

依法銓敘審定之法官，不適用第十九條屆齡退休及第二十條命令退休之規定。但合於本法所定退休條件者，得申請退休（第16條）。

(二)**自願退休的要件**

1. 公務人員有下列情形之一者，應准其自願退休：
   (1) 任職滿五年，年滿六十歲。
   (2) 任職滿二十五年（第17條第1項）。
2. 公務人員任職滿十五年，有下列情形之一者，應准其自願退休：
   (1) 出具經中央衛生主管機關評鑑合格醫院（以下簡稱合格醫院）開立已達公教人員保險失能給付標準（以下簡稱公保失能給付標準）所訂半失能以上之證明或經鑑定符合中央衛生主管機關所定身心障礙等級為重度以上等級。
   (2) 罹患末期之惡性腫瘤或為安寧緩和醫療條例第三條第二款所稱之末期病人，且繳有合格醫院出具之證明。
   (3) 領有權責機關核發之全民健康保險永久重大傷病證明，並經服務機關認定不能從事本職工作，亦無法擔任其他相當工作。

(4)符合法定身心障礙資格，且經依勞工保險條例第五十四條之一所定個別化專業評估機制，出具為終生無工作能力之證明（第17條第2項）。

3. 第一項第一款所定年滿六十歲之自願退休年齡，於擔任具有危險及勞力等特殊性質職務（以下簡稱危勞職務）者，應由其權責主管機關就所屬相關機關相同職務之屬性，及其人力運用需要與現有人力狀況，統一檢討擬議酌減方案後，送銓敘部核備。但調降後之自願退休年齡不得低於五十歲（第17條第3項）。
4. 第三項所稱權責主管機關，於中央指中央二級或相當二級以上機關；於直轄市指直轄市政府及直轄市議會；於縣（市）指縣（市）政府及縣（市）議會（第17條第8項）。

(三)屆齡退休的要件

1. 公務人員任職滿五年，且年滿六十五歲者，應辦理屆齡退休（第19條第1項）。
2. 前項所定年滿六十五歲之屆齡退休年齡，於擔任危勞職務者，應由其權責主管機關就所屬相關機關相同職務之屬性，及其人力運用需要與現有人力狀況，統一檢討擬議酌減方案後，送銓敘部核備。但調降後之屆齡退休年齡不得低於五十五歲（第19條第2項）。
3. 公務人員應予屆齡退休之至遲退休生效日期（以下簡稱屆退日）如下：

(1)於一月至六月間出生者，至遲為七月十六日。

(2)於七月至十二月間出生者，至遲為次年一月十六日（第19條第6項）。

(四)命令退休的要件

1. 公務人員任職滿五年且有下列情事之一者，由其服務機關主動申辦命令退休：

(1)未符合第十七條所定自願退休條件，並受監護或輔助宣告尚未撤銷。

(2)有下列身心傷病或障礙情事之一，經服務機關出具其不能從事本職工作，亦無法擔任其他相當工作之證明：

A.繳有合格醫院出具已達公保失能給付標準之半失能以上之證明，且已依法領取失能給付，或經鑑定符合中央衛生主管機關所定身心障礙等級為重度以上等級之證明。

B.罹患第三期以上之惡性腫瘤，且繳有合格醫院出具之證明（第20條第1項）。

2. 前條第一項第一款及第二款人員受監護或輔助宣告或身心傷病或障礙係因執行公務所致（以下簡稱因公傷病）者，其命令退休不受任職年資滿五年之限制（第21條第1項）。
3. 前項所稱因公傷病，指由服務機關證明並經審定機關審定公務人員之身心傷病或障礙，確與下列情事之一具有相當因果關係者：
   (1) 於執行職務時，發生意外危險事故、遭受暴力事件或罹患疾病，以致傷病。
   (2) 於辦公場所、公差期間或因辦公、公差往返途中，發生意外危險事故，以致傷病。但因公務人員本人之重大交通違規行為以致傷病者，不適用之。
   (3) 於執行職務期間、辦公場所或因辦公、公差往返途中，猝發疾病，以致傷病。
   (4) 戮力職務，積勞過度，以致傷病（第21條第2項）。

(五) **資遣**【108地三、112警特三】

1. 公務人員有下列各款情事之一者，應予資遣：
   (1) 機關裁撤、組織變更或業務緊縮時，不符本法所定退休條件而須裁減之人員。
   (2) 現職工作不適任，經調整其他相當工作後，仍未能達到要求標準，或本機關已無其他工作可予調任。
   (3) 依其他法規規定，應予資遣（第22條第1項）。
2. 以機要人員任用之公務人員，有前項第二款情事者，不適用前項資遣規定（第22條第2項）。
3. 各機關對於公務人員之資遣，應由其服務機關首長初核後，送權責主管機關或其授權機關（構）核定，再由服務機關檢齊有關證明文件，函送審定機關依本法審定其年資及給與（第23條第1項）。
4. 依前條第一項第二款或第三款資遣者，其服務機關首長核予以資遣之前，應先前經考績委員會初核；考績委員會初核前，應給予當事人陳述及申辯之機會（第23條第2項）。
5. 公務人員有下列情形之一而申請退休或資遣者，應不予受理：
   (1) 留職停薪期間。
   (2) 停職期間。

(3) 休職期間。
(4) 動員戡亂時期終止後，涉嫌內亂罪或外患罪而有下列情形之一者：
A.所涉犯罪尚未判決確定。
B.所涉犯罪經檢察官為不起訴或緩起訴處分，尚未確定。
C.所涉犯罪經檢察官為緩起訴處分確定，尚未期滿。
(5) 涉嫌貪污治罪條例或刑法瀆職罪章之罪，且經法院判處有期徒刑以上之刑，尚未確定。
(6) 因案經權責機關依法移送懲戒或送請監察院審查中，或已經權責機關依法為懲戒判決但尚未發生效力。
(7) 其他法律有特別規定（第24條第1項）。
6. 前項第四款至第七款人員，自屆退日起，應先停行職（第24條第2項）。
7. 第一項第二款及前項人員自屆退日至原因消滅之日，得比照停職人員發給半數之本（年功）俸額（第24條第3項）。

六、退休給付【111外特三】

(一)退休金種類

1. 退休人員之退休金分下列三種：
(1) 一次退休金。
(2) 月退休金。
(3) 兼領二分之一之一次退休金與二分之一之月退金（第26條第1項）。
2. 公務人員依前項第三款兼領月退休金之退休金，各依其應領一次退休金與月退金，按比率計算之（第26條第2項）。

(二)退休金基數內涵

1. 於本法公布施行前（107.6.30前）退休之公務人員，其退休金以最後在職經銓敘審定之本（年功）俸（薪）額之計算基準，並依下列規定計算基數內涵：
(1) 退撫新制實施前年資之給與：一次退休金以最後在職同等級人員之本（年功）俸（薪）額加新臺幣九百三十元為基數內涵；月退休金以最後在職同等級人員之本（年功）俸（薪）額為基數內涵，另十足發給新臺幣九百三十元。

(2)退撫新制實施後年資之給與：以最後在職同等級人員之本（年功）俸（薪）額加一倍為基數內涵（第27條第1項）。

2. 於本法公布施行後（107.7.1後）退休之公務人員，其退撫新制實施前、後年資應給之退休金，依下列規定計算基數內涵：

(1)退撫新制實施前（84.6.30前）年資之給與：

A. 一次退休金：依退休年度適用之平均俸（薪）額，加新臺幣九百三十元為基數內涵。

B. 月退休金：依退休年度適用之平均俸（薪）額為基數內涵；另十足發給新臺幣九百三十元。

(2)退撫新制實施後（84.7.1後）年資之給與：依各年度平均俸（薪）額加一倍為基數內涵（第27條第2項）。

(三)退休金計算標準

1. 公務人員所具退撫新制實施前任職年資應給與之退休金，依前條所定退休金計算基準與基數內涵，按下列標準計算給與：

(1)一次退休金：任職滿五年，給與九個基數；以後每增一年，加給二個基數；滿十五年後，另行一次加發二個基數；最高總數以六十一個基數為限。其退休年資未滿一年之畸零月數，按畸零月數比率計給；未滿一個月者，以一個月計。

(2)月退休金：每任職一年，照基數內涵百分之五給與；未滿一年者，每一個月給與一千二百分之五；滿十五年後，每增一年給與百分之一；最高以百分之九十為限。其退休年資未滿一年之畸零月數，按畸零月數比率計給；未滿一個月者，以一個月計（第28條）。

2. 公務人員所具退撫新制實施後任職年資應給與之退休金，依第二十七條所定退休金計算基準與基數內涵，按下列標準計給：

(1)一次退休金：按照任職年資，每任職一年，給與一又二分之一個基數，最高三十五年，給與五十三個基數；退休審定總年資超過三十五年者，自第三十六年起，每增加一年，增給一個基數，最高給與六十個基數。其退休年資未滿一年之畸零月數，按畸零月數比率計給；未滿一個月者，以一個月計。

(2)月退休金：按照任職年資，每任職一年，照基數內涵百分之二給與，最高三十五年，給與百分之七十；退休審定總年資超過三十五年者，自第三十六年起，每增一年，照基數內涵百分之一給與，最高給與百分之七十五。其退休年資未滿一年之畸零月數，按畸零月數比率計給；未滿一個月者，以一個月計（第29條）。

(四)**退休金擇領的要件**

1. 公務人員任職年資未滿十五年而依本法辦理退休者，除本法另有規定外，應支領一次退休金（第30條第1項）。
2. 公務人員任職滿十五年而依第十七條第二項或第十九條至第二十一條規定，辦理退休者，除本法另有規定外，其退休金由公務人員依第二十六條所定退休金種類，擇一支領（第30條第2項）。

(五)**擇領全額月退休金的要件**

1. 公務人員任職滿十五年，依第十七條第一項規定辦理退休者，符合下列月退休金起支年齡規定，得擇領全額月退休金：
   (1) 中華民國109年12月31日以前退休且符合下列規定之一者：
      A. 年滿六十歲。
      B. 任職年資滿三十年且年滿五十五歲。
   (2) 中華民國110年退休者，應年滿六十歲，其後每一年提高一歲，至中華民國115年1月1日以後為六十五歲（第31條第1項）。
2. 公務人員任職滿十五年，依第十七條第六項規定辦理退休者，年滿五十五歲，得擇領全額月退休金（第31條第2項）。
3. 第一項人員依第十七條第一項規定辦理退休而有下列情事之一者，得擇領或兼領全額月退休金，不受第一項月退休金起支年齡之限制：
   (1) 曾依公教人員保險法規定領有失能給付，且於退休前五年內有申請延長病假致考績列丙等或無考績之事實。
   (2) 退休生效時符合下列年齡規定，且可採計退休年資與實際年齡合計數大於或等於年度指標數：
      A. 中華民國109年12月31日以前退休者，應年滿五十歲。
      B. 中華民國110年1月1日至中華民國114年12月31日退休者，應年滿五十五歲。
      C. 中華民國115年1月1日以後退休者，應年滿六十歲（第31條第6項）。
4. 前項第二款所定退休年資與實際年齡合計數，應以整數年資及整數歲數合併計算之；未滿一年之畸零年資或歲數均不計（第31條第7項）。

(六)**退休所得替代率**

1. 退休所得替代率（以下簡稱替代率）：指公務人員退休後所領每月退休所得占最後在職同等級人員每月所領本（年功）俸（薪）額加計一倍金額之比率。但兼領月退休金者，其替代率上限應按兼領月退金之比率調整之（第4條第4款）。
2. 本法公布施行前退休生效者之每月退休所得，於本法公布施行後，不得超過依替代率上限計算之金額（第37條第1項）。
3. 前項替代率應依退休人員審定之退休年資，照替代率計算，任職滿十五年者，替代率為百分之四十五，其後每增加一年，替代率增給百分之一點五，最高增至三十五年，為百分之七十五。未滿一年之畸零年資，按比率計算；未滿一個月者，以一個月計（第37條第2項）。
4. 本法公布施行後退休生效者之每月退休所得，不得超過依替代率上限計算之金額（第38條第1項）。
5. 前項替代率應依退休人員審定之退休年資，照替代率計算；任職滿十五年至第三十五年者，照前條第二項規定辦理；超過第三十五年者，每增加一年，增給百分之零點五，最高增至四十年止。未滿一年之畸零年資，按比率計算；未滿一個月者，以一個月計（第38條第2項）。
6. 前項替代率之上限，依退休人員審定之退休年資，照各年度替代率認定（第38條第3項）。

(七)**資遣給與**（108地三）

公務人員之資遣給與，準用第二十八條及第二十九條所定一次退休金給與標準計給（第42條）。

七、撫卹要件及原因

(一)**撫卹要件**

1. 公務人員在職死亡者，由其遺族或服務機關申辦撫卹（第51條第1項）。
2. 公務人員於休職、停職或留職停薪期間死亡者，其遺族或服務機關得依本法規定，申辦撫卹（第51條第2項）。

(二)**撫卹原因**

1. 公務人員在職死亡之撫卹原因如下：
   (1) 病故或意外死亡。
   (2) 因執行公務以致死亡（以下簡稱因公死亡）（第52條第1項）。

2. 自殺死亡比照病故或意外死亡認定。但因犯罪經判刑確定後，於免職處分送達前自殺者，不予撫卹（第52條第2項）。
3. 公務人員在職因公死亡者，應辦理因公撫卹（第53條第1項）。
4. 前項所稱因公死亡，指現職公務人員係因下列情事之一死亡，且其死亡與該情事具有相當因果關係者：
   (1) 執行搶救災害（難）或逮捕罪犯等艱困任務，或執行與戰爭有關任務時，面對存有高度死亡可能性之危害事故，仍然不顧生死，奮勇執行任務，以致死亡。
   (2) 於辦公場所，或奉派公差（出）執行前款以外之任務時，發生意外或危險事故，或遭受暴力事件，或罹患疾病，以致死亡。
   (3) 於辦公場所，或奉派公差（出）執行前二款任務時，猝發疾病，以致死亡。
   (4) 因有下列情形之一，以致死亡：
      A. 執行第一款任務之往返途中，發生意外或危險事故。
      B. 執行第一款或第二款任務之往返途中，猝發疾病，或執行第二款任務之往返途中，發生意外或危險事故。
      C. 為執行任務而為必要之事前準備或事後之整理期間，發生意外或危險事故，或猝發疾病。
   (5) 戮力職務，積勞過度，以致死亡（第53條第2項）。
5. 前項第四款第一目及第二目規定，係因公務人員本人之重大交通違規行為而發生意外事故以致死亡者，以意外死亡辦理撫卹（第53條第3項）。

八、撫卹給與

(一)撫卹給與的種類

公務人員在職病故或意外死亡者，其撫卹金給與之種類如下：

1. 一次撫卹金。
2. 一次撫卹金及月撫卹金（第54條第1項）。

(二)撫卹金給與的計算標準

1. 前項撫卹金之給與，依下列標準計算：
   (1) 任職未滿十五年者，依下列規定，發給一次撫卹金：
      A. 任職滿十年而未滿十五年者，每任職一年，給與一又二分之一個基數；未滿一年者，每一個月給與八分之一個基數；其未滿一個月者，以一個月計。

B. 任職未滿十年者，除依前目規定給卹外，每少一個月，加給十二分之一個基數，加至滿九又十二分之十一個基數後，不再加給。但曾依法領取由政府編列預算或退撫基金支付之退離給與或發還退撫基金費用本息者，其年資應合併計算；適十年者，不再加給。

(2) 任職滿十五年者，依下列規定發給一次撫卹金及月撫卹金：

A. 每月給與二分之一個基數之月撫卹金。

B. 前十五年給與十五個基數一次撫卹金。超過十五年部分；每增一年，加給二分之一個基數，最高給與二十七又二分之一個基數；未滿一年之月數，每一個月給與二十四分之一個基數；未滿一個月者，以一個月計（第54條第2項）。

2. 前項基數內涵之計算，以平均俸額加一倍為準（第54條第3項）。

(三) 撫卹年資

1. 公務人員於退撫新制實施前、後均有任職年資者，其撫卹年資應合併計算。但退撫新制實施前任職年資，最高採計三十年；退撫新制實施後任職年資，可連同併計；併計後不得超過四十年（第55條第1項）。

2. 前項任職年資之取捨，應優先採計退撫新制實施後年資（第55條第2項）。

3. 公務人員因公死亡者，依下列規定擬制撫卹金給與年資：

(1) 依第五十三條第二項第一款撫卹者，其任職未滿十五年者，以十五年計給撫卹金；其任職滿十五年而未滿二十五年者，以二十五年計給撫卹金；其任職滿二十五年而未滿三十五年者，以三十五年計給撫卹金。

(2) 依第五十三條第二項第二款至第五款規定撫卹者，其任職未滿十五年者，以十五年計給撫卹金；其任職滿十五年者，以實際任職年資計給撫卹金（第55條第3項）。

(四) 月撫卹金的給與月數

1. 公務人員在職亡故後，其遺族月撫卹金之給與月數規定如下：

(1) 依第五十三條第二項第一款規定撫卹者，給與二百四十個月之月撫卹金。

(2) 依第五十三條第二項第二款規定撫卹者，給與一百八十個月之月撫卹金。

(3) 依第五十三條第二項第三款、第四款第二目與第三目及第五款規定撫卹者，給與一百二十個月之月撫卹金。

(4) 依第五十三條第二項第四款第一目規定撫卹者，給與一百八十個月之月撫卹金。

(5) 病故或意外死亡者，給與一百二十個月之月撫卹金（第56條第1項）。

2. 前項領受人屬未成年子女者，於前項所定給卹期限屆滿時尚未成年者，得繼續給卹至成年為止；子女雖已成年，仍在學就讀者，得繼續給卹至取得學士學位止（第56條第2項）。

3. 公務人員依第五十三條第二項規定辦理因公撫卹者，除依第五十四條第二項、第五十五條第三項及第五十六條規定給卹外，並依下列規定，加給一次撫卹金。

(1) 依第五十三條第二項第一款規定撫卹者，加給百分之五十。

(2) 依第五十三條第二項第二款規定撫卹者，加給百分之二十五。

(3) 依第五十三條第二項第三款、第四款第二目與第三目及第五款規定撫卹者，加給百分之十。

(4) 依第五十三條第二項第四款第一目規定撫卹者，加給百分之十五（第57條）。

4. 公務人員任職未滿十五年而病故或意外死亡且遺有未成年子女者，其遺族除依第五十四條第二項第一款規定給卹外，每一未成年子女每月再比照國民年金法規定之老年基本保證年金給與標準，加發撫卹金，至成年為止（第58條第1項）。

公務人員任職滿十五年而病故或意外死亡且遺有未成年子女者，除依第五十四條第二項第二款及第五十六條規定給卹外，每一未成年子女每月再比照國民年金法規定之老年基本保證年金給與標準，加發撫卹金，至成年為止（第58條第2項）。

5. 公務人員因公死亡而遺有未成年子女者，其遺族除依第五十四條第二項第二款、第五十五條第三項、第五十六條及第五十七條規定給卹外，每一未成年子女每月再比照國民年金法規定之老年基本保證年金給與標準，加發撫卹金，至成年為止（第59條）。

(五)殮葬補助費

1. 亡故公務人員應由各級政府編列預算，給與殮葬補助費。公務人員於休職、停職或留職停薪期間死亡者，亦同（第61條第1項）。
2. 前項應給與之殮葬補助費給與標準，於本法施行細則定之（第61條第2項）。

九、撫卹金領受人

(一)公務人員之遺族撫卹金，由未再婚配偶領受二分之一；其餘由下列順序之遺族，依序平均領受之：

1. 子女。
2. 父母。
3. 祖父母。
4. 兄弟姊妹（第62條第1項）。

(二)亡故公務人員無前項第一款至第三款遺族者，其撫卹金由未再婚配偶單獨領受；無配偶或配偶再婚時，其應領之撫卹金，依序由前項各款遺族領受；同一順序遺族有數人時，撫卹金由同一順序具有領受權之遺族平均領受（第62條第2項）。

(三)同一順序遺族有死亡、拋棄或因法定事由而喪失或停止領受權者，其撫卹金應由同一順序其他遺族依前二項規定領受；無第一順序遺族時，由次一順序遺族依前項規定領受（第62條第3項）。

十、退撫給與的支（發）給、保障及變更

(一)退撫給與的支（發）給

1. 公務人員退休後所領月退休金，或遺族所領之月撫卹金或遺屬年金給付金額，於中央主計機關發布之消費者物價指數累計成長率達正、負百分之五時，應予調整，其調整比率由考試院會同行政院，考量國家經濟環境、政府財政與退撫基金準備率定之；或至少每四年應予檢討；其相關執行規定，於本法施行細則定之（第67條第1項）。
2. 公務人員退休後所領月退金，或遺族所領之月撫卹金或遺屬年金，依前項規定調整後之給付金額超過原領給付金額之百分之五或低於原領給付金額時，應經立法院同意（第67條第2項）。
3. 公務人員或其遺族請領退撫給與之權利，不得作為讓與、抵銷、扣押或供擔保之標的。但公務人員之退休金依第八十二條規定被分配者，不在此限（第69條第1項）。

4. 退撫給與之領受人，得於金融機構開立專戶，專供存入退撫給與之用（第69條第2項）。
5. 前項專戶內之存款不得作為抵銷、扣押、供擔保或強制執行之標的（第69條第3項）。
6. 公務人員或其遺族請領退撫給與及優存利息等權利，應於行政程序法所定公法上請求權時效內為之（第73條第1項）。

(二)退撫給與的變更與保障

1. 公務人員或其遺族有下列情形之一者，喪失申請退撫給與之權利：
   (1)褫奪公權終身。
   (2)動員堪亂時期終止後，犯內亂罪、外患罪，經判刑確定。
   (3)喪失或未具中華民國國籍。
   (4)為支領遺屬一次金、遺屬年金或撫卹金，故意致該退休人員、現職公務人員或其他具領受權之遺族於死，經判刑確定。
   (5)其他法律有特別規定（第75條第1項）。
2. 支領或兼領月退休金人員，或支領月撫卹金、遺屬年金之遺族有下列情形之一者，喪失繼續領受月退休金、月撫卹金或遺屬年金之權利：
   (1)死亡。
   (2)褫奪公權終身。
   (3)動員戡亂時期終止後，犯內亂罪、外患罪，經判刑確定。
   (4)喪失中華民國國籍（第75條第2項）。
3. 退休人員經審定支領或兼領月退金而有下列情形之一者，停止領受月退休金權利，至原因消滅時恢復之：
   (1)卸任總統、副總統領有禮遇金期間。
   (2)犯貪污治罪條例或刑法瀆職罪章之罪，經判刑確定而入監服刑期間。
   (3)褫奪公權，尚未復權。
   (4)因案被通緝期間。
   (5)其他法律有特別規定（第76條第1項）。
4. 領受撫卹金或遺屬年金之遺族有前項各款情形之一者，停止領受月撫卹金或遺屬年金之權利，至原因消滅時恢復（第76條第2項）。

5. 公務人員在職期間涉犯貪污治罪條例、刑法瀆職罪章之罪或假借職務上之權力、機會或方法犯其他罪，先行退休、資遣或離職後始經判刑確定者，應依下列規定剝奪或減少退離（職）相關給與；其已支領者，照應剝奪或減少之全部或一部分追繳之：
   (1) 經判處死刑、無期徒刑或七年以上有期徒刑確定者，應自始剝奪其退離（職）相關給與。
   (2) 經判處有期徒刑三年以上，未滿七年者，應自始減少其應領退離（職）相關給與百分之五十。
   (3) 經判處有期徒刑二年以上，未滿三年者，應自始減少其應領退離（職）相關給與百分之三十。
   (4) 經判處有期徒刑一年以上，未滿二年者，應自始減少其應領退離（職）相關給與百分之二十（第79條第1項）。
6. 依本法申請退休或資遣人員，或請領撫卹金，或遺屬一次金或遺屬年金之遺族，對於審（核）定機關所為審（核）定結果不服者，得依公務人員保障法規定，提起救濟；其有顯然錯誤或有發生新事實、發現新證據等行政程序再開事由者，得依行政程序法相關規定辦理（第81條）。
7. 各機關申請自願退休、屆齡退休人員，應填造申請書表並檢齊有關證明文件，由服務機關於退休生效日前一日至前三個月間，送達審定機關審定（第88條）。
8. 依本法辦理自願退休或屆齡退休之人員，其生效日期應於申請時審慎決定；逾審定生效日後，不得請求變更（第89條第1項）。
9. 公務人員或其遺族依本法請領退撫給與之種類、方式及退撫新制實施前、後年資取捨，應於申請時審慎決定；經審定機關審定生效後，不得請求變更（第89條第2項）。
10. 本法所定公務人員退休年齡之認定，依戶籍記載，自出生之日起，十足計算之（第90條第1項）。
11. 本法公布施行後，考試院應會同行政院建立年金制度監控機制，五年內檢討制度設計與財務永續發展，之後定期檢討（第92條）。
12. 中華民國112年7月1日以後初任公務人員者，其退撫制度由主管機關重行建立，並另以法律定之（第93條第1項）。

13. 前項退撫制度之建立，致退撫基金用罄年度提前之財務缺口，由政府依退撫基金財務精算結果，自前項退撫制度實施之日起，分年編列預算撥款補助之（第93條第2項）。
14. 政府依前項規定完成撥補後，應依退撫基金財務精算結果，接續分年編列預算撥補現行退撫基金，以健全基金財務（第93條第3項）。

十一、文官制度興革規劃方案第六案：改善俸給退撫，發揮給養功能【100高、110外特、111普、112原三】

(一)現況說明

1. **俸給**

(1) 單一俸表無法適應各種職務特性，不符職酬相當原則：政府機關層級不同、職務種類繁多、性質各異，占多數之一般公務人員均適用單一之公務人員俸表，無法適應職務特性，不符職酬相當原則。

(2) 高階文官俸給已無職務區隔功能：目前簡任第十二職等以上之最高俸級均同列800俸點，簡任第十一職等最高俸級亦達790俸點，幾無區別；況俸級之晉敘非為高階文官關注重點，爰現行高階文官俸級已無區隔功能。

(3) 俸級級數不足及重疊率偏高，缺乏激勵誘因：

A. 目前所有職務均僅能於14個職等範圍中匡列其職務等級；加以俸級級數不足，且重疊率偏高，可供陞遷任使運用之空間有限。

B. 政府組織特性及員額有限，加以現行考績升等容易，易致人員快速達到所任職務之最高職等或最高俸級而停頓，在無級可晉之情形下，將間接影響人力效能。

C. 年功俸之晉敘與本俸無異，已不具區分之實質意義。

(4) 俸點分段折算俸額，不符俸點等值原理：依現行規定，俸額之折算必要時得按俸點分段訂定；目前係分3段計算，不符俸點等值原理。

(5) 俸給調整尚無客觀具體之決策機制：目前俸給調整缺乏客觀具體之標準，政府於俸給調整政策上，欠缺理性決策模型可資運用。

(6) 各類加給施行多年，部分已偏離建制原旨：加給係本俸、年功俸之外，適應各種職務特性之給與項目；目前部分加給項目已不符建制原旨，須全面檢討，做合理之調整。

2. **退撫**

(1) **多制併行易有混淆而產生困擾**：現行公部門人員之退離，係政務、常務、聘僱、公營事業、軍職、教師等多制併行；常任人員又區分舊制、新制。因資格條件、給付標準、給付方式各有不同，易混淆比較，影響人力交流。

(2) **退撫基金經營發展仍有瓶頸**：先進國家退休基金投資運用有多元化、國際化趨勢；我國公務人員退撫基金運用，雖已朝向多元化經營，惟其經營效益仍待提升。

(3) **退休給與尚未建構完成三層年金**：我國公務人員退休給與，依現行規定，僅有第一層公保養老給付（屬一次給與）及二層職業退休金，尚無法建構完整之三層年金。

(4) **退休給與及運作已有財務隱憂**：現行公務人員退休給與運作，採最後在職等級及年資核算退休金之確定給付制，財務已漸失衡，隱憂已漸浮現。其中軍人由於退休年齡較早，領取退休金時間較長，其實際退撫支出占收入比率較高，造成軍人退撫基金虧損，宜儘早規劃解決。

(5) **退休年資採計不符高齡化趨勢**：現行退休年資最高採計35年之上限規定，已無法適應高齡化、長年資之趨勢，間接影響人力資源運用。

(6) **公教保險權益財務已漸失平衡**：目前低保費高給付，增加公保財務負擔、影響收支平衡，權益亦漸失平衡。

(7) **退休人員缺乏多元化照護措施**：目前退休人員照護，僅有三節慰問金等零星之照護，並無針對高齡化及少子化現象，建構一套能夠安老卹孤，兼具社會安全功能之完整照護體系。

3. **育養環境**：近年來我國人口出生率急遽下降，少子化的現象更加速高齡化的趨勢，未來龐大的退休金、老人照護支出，將成為政府極大的負擔，宜儘早謀求解決。

(二) **具體興革建議**

1. **推動績效靈活的俸給改革**

(1) **建構複式俸表**：將現行多數一般公務人員均適用之單一公務人員俸表，改按機關層次、職務結構特性及人力運用情形，設計「不同職務類別」之俸表。

(2) **建構高階文官俸表：**研究將現行公務人員俸表中簡任第十二職等以上部分抽離，另行設計高階文官適用之「單一俸級」之俸表。

(3) **重新排列及調整俸級級數：**分析政府組織結構、人力配置、人員晉陞、敘級分布及停年情形，設計長效型、發展型之俸級級數，以滿足久任人員晉敘期望，發揮績效俸表之功能。

(4) **重新建構矩陣式俸表：**配合俸級級數之增加，並免重疊率偏高，俸表結構（格式）由現行階梯型改為矩陣式，且不另列年功俸。

(5) **整併單一俸點折合率：**以不增加人事費預算為前提，逐年整併俸點折合率，終至一致，以達俸點等值之目標。

(6) **強化俸給調整決策機制：**建構民間薪資調查及配合國家財政收支情形調升或調降俸給之機制，以建立客觀具體之俸給調整標準。

(7) **檢討加給之分類及支給標準**

A. **專業加給：**按職務之專業及特性，檢討現行專業加給種類。

B. **地域加給：**按地區特性及人力情形，檢討地域加給之合理性。

C. **職務加給：**按職務特性及業務需要，檢討職務加給種類及標準，再按簡任非主管支領主管職務加給、同職務列等之單位主管及機關首長支領相同數額主管職務加給之情形，檢討主管職務加給支給之合理性。

2. **健全公平合理的退撫保險制度**

(1) **研議建構符合世代正義之退撫制度：**馬總統於民國100年曾提出世代正義之施政主軸，強調世代間資源分配與使用之公平性。退撫制度之改革，應納入世代正義的觀念，避免債留子孫或造成政府嚴重的財政負擔。未來退撫制度之規劃，除現行「確定給付制」之外，另附加採行「確定提撥儲金制」；新制由實施後之新進人員開始適用，現職人員有條件地選擇新、舊制。

(2) **取消公務人員退休年資採計上限規定：**視人口年齡結構變化情形，逐步調整或取消退休年資採計上限。

(3) **多元化經營管理退撫基金**

A. 研究多途投資，增進收益、分散風險。

B. 擴展與軍公教現職人員及退休人員福利有關之投資。

(4) **建立具公平性之公教保險制度：**檢討公保費率及其給付，並研究建構公務人員第3層年金，配合國民年金及勞保年金之改革，研議第1層公保養老給付年金制度。

(5) **建立社會安全觀之退休照護體系**

A. **賡續研議退休公務人員照護措施**：社會趨向高齡化、少子化，我國人口老化指數急速上升，為使退休人員能「老有所養、退而能安」，宜賡續研議退休公務人員照護措施。

B. **建置退休人力志願服務平台**：針對退休人力，建置志願服務之媒合平台，以充分運用社會人力資源。

C. **建立公務人員退休團體輔導機制**：公務人員退休團體可作為政府溝通橋梁，並提供經驗傳承，應加以輔導運用。

D. **整建完整之退休公務人員福利措施**：整合慰問、文康藝文、休閒旅遊、生活講座、終身學習等措施，以促進退休公務人員生活豐富化。

(6) **協商檢討改善軍人退撫基金制度**：鑑於軍人保家衛國的貢獻，並配合政府推動募兵制的構想，以及因應軍人退撫基金支出比例偏高等問題，宜檢討改善軍人退撫制度。考試院應積極與行政院協商，建請重新規劃軍人退伍給與改採其他制度。例如：完全或兼採確定提撥制，或回歸原來恩給制之機制，其退休給與完全由政府編列預算支應等可行作法。

3. **建構友善生育環境**：為積極鼓勵公務人員生育，以緩和及共同解決少子化時代之窘境，俾提升我國整體國力及競爭力，宜就結婚、生育、教育及養育等面向，研議修正相關人事法制，併同檢討現行生活津貼（結婚、生育及子女教育輔助費）之支給標準，藉由提供友善之生育環境，俾利其安心生育。

十二、公務人員年金制度改革

茲據銓敘部於106年7月公開資訊〈公務人員年金改革內涵介紹〉，擇要說明如下：

(一) **公務人員改革重點**

法律名稱：公務人員退休資遣撫卹法（共六章、95條）

第一章：總則、第二章：退休、第三章：撫卹、第四章：退撫給與之支（發）給、保障及變更、第五章：年資制度轉銜、第六章：附則、規範事項：退休及撫卹事項合併立法

(二)**年金請領資格條件**

退休條件

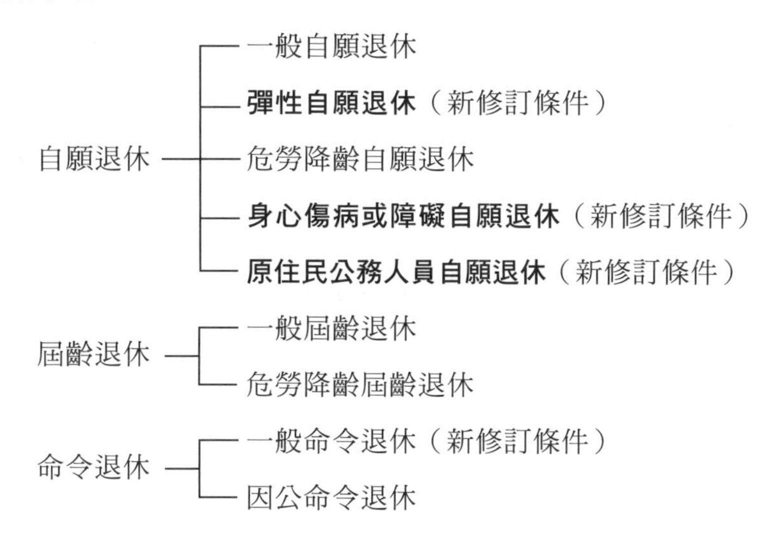

1. **公務人員符合自願退休條件，「應」准其自願退休**
2. **新增身心傷病或障礙自願退休條件：**
   任職滿15年，有下列情形之一者：
   (1)公保**半失能**以上或身心障礙等級為**重度以上**等級。
   (2)**罹患末期**之惡性腫瘤或為**安寧緩和醫療條例**所稱之**末期病人**，且繳有合格醫院出具之證明。
   (3)**永久重大傷病**證明，並經服務機關認定不能從事本職工作，亦無法擔任其他相當工作。
   (4)符合身心障礙資格且經依勞保條例第54條之1所定個別化**專業評估機制**，出具為終生無工作能力之證明。
3. **原住民公務人員自願退休年齡為55歲**
   明訂未符合自願退休條件，並**受監護或輔助宣告尚未撤銷者**，由服務機關主動辦理命令退休。
4. **修訂身心傷病或障礙命令退休條件：**
   有下列情事之一，經服務機關出具其不能從事本職工作，亦無法擔任其他相當工作之證明者：

(1) 公保**半失能**以上或身心障礙等級為**重度以上等**級。

(2) **罹患第三期以上**之惡性腫瘤，且繳有合格醫院出具之證明。

（服務機關依上述第一項情形主動申辦公務人員之命令退休前，應比照身心障礙者權益保障法第33條規定提供職業重建服務。）

(三)月退休金法定起支年齡

<table>
<tr><th colspan="2">適用對象</th><th>任職年資</th><th>109年以前
起支年齡</th><th>110年以後
起支年齡</th></tr>
<tr><td colspan="2">屆齡退休</td><td>15年</td><td>※</td><td>※</td></tr>
<tr><td colspan="2">命令退休</td><td>15年</td><td>※</td><td>※</td></tr>
<tr><td rowspan="3">自願退休 種類</td><td>任職滿5年、年滿60歲</td><td>15年</td><td>60歲</td><td>60歲→65歲</td></tr>
<tr><td>任職滿25年</td><td>25年／30年</td><td>60歲／55歲</td><td>60歲→65歲</td></tr>
<tr><td>危勞降齡（維持原規定70制）</td><td>15年</td><td>55歲</td><td>55歲</td></tr>
<tr><td rowspan="2">自願退休 種類</td><td>達公保半失能以上或身心障礙為重度以上等級者或末期惡性腫瘤或安寧病房末期病人或重大傷病不能從事本職工作者</td><td>15年</td><td>55歲</td><td>55歲</td></tr>
<tr><td>原住民公務人員</td><td>25年</td><td>55歲</td><td>55歲→60歲</td></tr>
<tr><td rowspan="2">精簡退休</td><td>任職滿20年</td><td>20年</td><td>60歲</td><td>60歲</td></tr>
<tr><td>任職滿15年、未滿20年及任本職最高職等年功俸最高級滿3年且任職滿15年</td><td>15年</td><td>65歲</td><td>65歲</td></tr>
</table>

(四)一般自願退休月退休金起支年齡延後方案過渡規定

<table>
<tr><th rowspan="2">退休年度</th><th rowspan="2">法定起支年齡
（展期及減額之計算基準）</th><th colspan="2">過渡期間指標數
（年資+年齡之合計數，高於或等於退休當年指標數，即可支領全額月退休金，不受法定起支年齡限制）</th></tr>
<tr><th>指標數</th><th>基本年齡</th></tr>
<tr><td>107年</td><td rowspan="3">25年以上未滿30年為60歲
任職30年以上為55歲</td><td>82</td><td rowspan="3">至少需年滿50歲</td></tr>
<tr><td>108年</td><td>83</td></tr>
<tr><td>109年</td><td>84</td></tr>
<tr><td>110年</td><td>60歲</td><td>85</td><td rowspan="5">至少需年滿55歲</td></tr>
<tr><td>111年</td><td>61歲</td><td>86</td></tr>
<tr><td>112年</td><td>62歲</td><td>87</td></tr>
<tr><td>113年</td><td>63歲</td><td>88</td></tr>
<tr><td>114年</td><td>64歲</td><td>89</td></tr>
<tr><td>115年</td><td>65歲</td><td>90</td><td rowspan="5">至少需年滿60歲</td></tr>
<tr><td>116年</td><td>65歲</td><td>91</td></tr>
<tr><td>117年</td><td>65歲</td><td>92</td></tr>
<tr><td>118年</td><td>65歲</td><td>93</td></tr>
<tr><td>119年</td><td>65歲</td><td>94</td></tr>
<tr><td>120年以後</td><td colspan="3">一律為65歲</td></tr>
</table>

(五)調降退休所得

1. 調降退休金計算基準

實施年度	退休金計算基準	實施年度	退休金計算基準
107.7.1~ 108.12.31	5年平均俸（薪）額	114年度	11年平均俸（薪）額
109年度	6年平均俸（薪）額	115年度	12年平均俸（薪）額
110年度	7年平均俸（薪）額	116年度	13年平均俸（薪）額
111年度	8年平均俸（薪）額	117年度	14年平均俸（薪）額
112年度	9年平均俸（薪）額	118年度以後	15年平均俸（薪）額
113年度	10年平均俸（薪）額		

1.本表之適用對象以本法公布施行後新退休者為限，不適用於已退休人員。
2.本法公布施行後新退休者，其退休金應按其退休年度，依本表所列各年度退休金計算基準計算，之後不再調整。但本法公布施行前已符合法定支領月退休金條件而於本法公布施行後退休生效者，仍按最後在職等級計算退休給與。
3.本表所列平均俸（薪）額計算區間，均從最後在職往前推算。

2. 調降優惠存款利率（逐年調降優存利率表）

退休金種類／利率／實施時間	支(兼)領 月退休金者	支領一次退休金者 (一次退休金＋公保養老給付合計)	
	全部優存本金	等於或低於最低保障金額部分之本金	超過最低保障金額部分之本金
107.7.1～109.12.31	9%	18%	12%
110年~111年	0	18%	10%

退休金種類 / 利率 / 實施時間	支(兼)領月退休金者	支領一次退休金者（一次退休金＋公保養老給付合計）	
	全部優存本金	等於或低於最低保障金額部分之本金	超過最低保障金額部分之本金
112年～113年	0	18%	8%
114年以後	0	18%	6%

3. **調降優惠存款利率（支(兼)領月退休金者）**

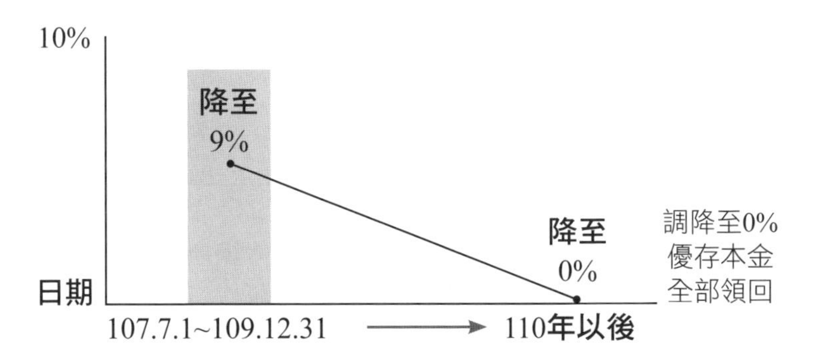

最低保障金額：32,160元（調降後月退休總所得不得低於最低保障金額）

註：月退休總所得＝優存利息＋月退休金，原即低於最低保障金額者，維持原金額。

4. **調降退休所得替代率**

(1) 退休所得替代率計算公式：

$$\frac{\text{月退休（月補償）金＋優存利息（或社會保險年金）}}{\text{最後在職本（年功）俸2倍}} \leqq \text{退休所得替代率（\%）}$$

註：社會保險年金：指於政府機關、公立學校或公營事業退休所領取之公保年金或勞保年金，不包括純私人機構退休所領勞保年金。

焦點問題：已退和現職人員年金改革退休替代率分母值都用最後在職本俸2倍計算

人員類別	法案施行前已退休人員以及法案施行前，已符合月退休金支領條件者	法案施行後始符合月退休金支領條件者
退休金（分子值）	不適用均俸方案	適用均俸方案
現職待遇（分母值）	不分退休年度都以最後在職「本（年功）俸×2」計算（不適用均俸）	

(2)已退休者：自107.7.1起，逐年調降替代率上限

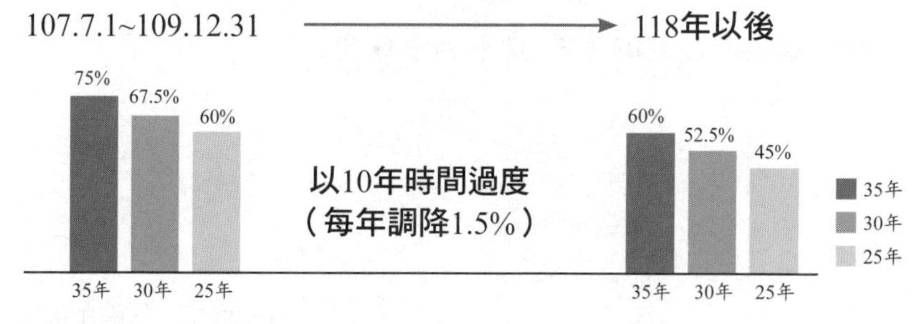

最低保障金額：32,160元（調降後月退休總所得不得低於最低保障金額）

註：月退休總所得＝優存利息＋月退休金，原即低於最低保障金額者，維持原金額。

(3)現職人員新退休者，依退休當年度之替代率上限逐年調降

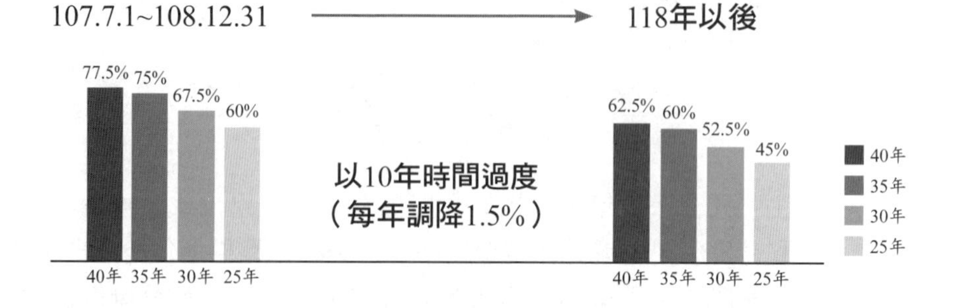

(4)替代率調降規定之排除對象

法案公布施行前、後因公傷病命令退休人員，有下列情形之一者，不適用替代率調降規定：

A.因執行職務時，發生意外危險事故、遭受暴力事件或罹患疾病，以致傷病。

B.因前款以外之情形，以致傷病且致全身癱瘓或致日常生活無法自理。

(六)提高退撫基金財源

1. 調升提撥費率：

(1)法定提撥率調整為12%至18%。

(2)實際提撥率，由考試會同行政院，依據退撫基金定期財務精算結果，適時檢討調整。

2. 繳費分擔比率：維持政府分擔65%，公務人員分擔35%。

3. 政府挹注：

年金改革中，屬於舊制年資改革所節省的經費，以及優惠存款制度改革所節省的經費，應**全數挹注退撫基金**。

(七)調整退撫基金管理機制

1. 退撫基金之運用及委託經營，應由專責單位進行專業投資，並按季公告收支及運用情形。

2. 本法所定退撫基金之收支、管理、運用事項及前項專責單位型態，除本法另有規定外，另以法律定之。

3. 有關退撫基金管理組織之調整與增加投資運用項目等基金管理及運用事項，由公務人員退休資遣撫卹法授權另以法律定之；目前正由權責機關商議方案（策略）中。

(八)調整其他機制

1. **調整月撫慰金制度**

(1)月撫慰金名稱改為「遺屬年金」；一次撫慰金名稱改為「遺屬一次金」。

(2)法案公布1年後亡故者，維持遺屬年金的給付標準，為月退休金的二分之一；另修正給與條件為：

A.配偶支領遺屬年金的起支年齡維持為55歲；與退休人員的婚姻關係，從退休生效時，累積存續2年改為於亡故時累積存續10年以上。

B.維持身心障礙之成年子女擇領遺屬年金規定（未成年子女維持原規定）。

C.遺族已依本法或其他法令規定領有退休金、撫卹金、優惠存款利息，或其他由政府預算、公營事業機構支給之定期性給與者，不得擇領遺屬年金，但仍可支領遺屬一次金。另選擇放棄應領之定期給與並經權責機關同意者，不在此限。

2. **取消年資補償金**

法案公布施行1年後（自108.7.1起）退休生效者，不再發給年資補償金；原審定擇領月補償金者，於法案公布施行前、後，所領月補償金金額仍未達原得領取之一次補償金金額者，補發其餘額。

3. **採計育嬰留職停薪期間之年資**

(1)育嬰留職停薪期間之年資，得選擇「全額自費，繼續撥繳退撫基金費用」，俾併計公務人員退休、資遣或撫卹年資。

(2)本項規定公布施行（106.08.09公布，106.08.11施行）以後之育嬰留職停薪年資，始得適用。

4. **月退休金調整機制（從確定給付制改為確定提撥制）**

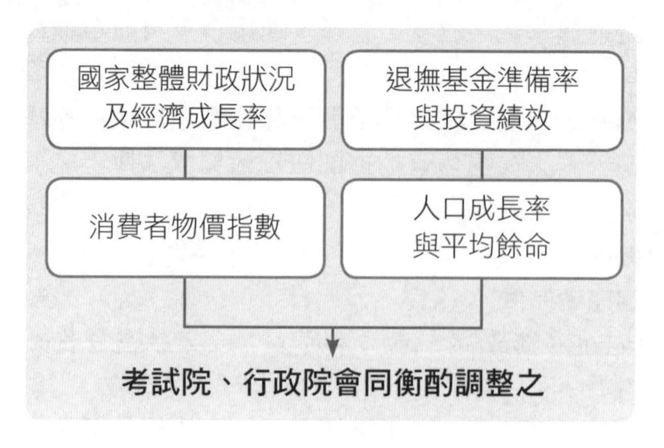

(九)離婚配偶退休金請求權

重點項目	規範內容
基本條件	1. 婚姻關係基本年限：2年 2. 配偶無工作或其適用之退休規定有相同分配規定（互惠原則）
分配項目及額度	1. 限以一次退休金標準計算一次給與 2. 分配比率按婚姻關係期間占公職期間部分之比率1/2計算 3. 分配比率顯失衡平時，得聲請由法院裁定
排除對象	1. 傷病命令退休或本法施行前已退休者，不適用 2. 本法施行前已離婚者，不適用
喪失資格	離婚配偶有第75條所定喪失退撫給與權利情形者
請求權限制及時效	1. 請求權不得讓與及繼承 2. 自知悉有分配請求權時起，2年間不行使而消滅。但自法定財產制或共同財產制關係消滅時，逾5年者，亦同
發給方式	1. 以離婚時先協議為原則 2. 協議不成，再向退休金支給機關請求一次發給；之後再由支給機關從退休人員退休金中收回

(十)年金制度滾動檢討機制

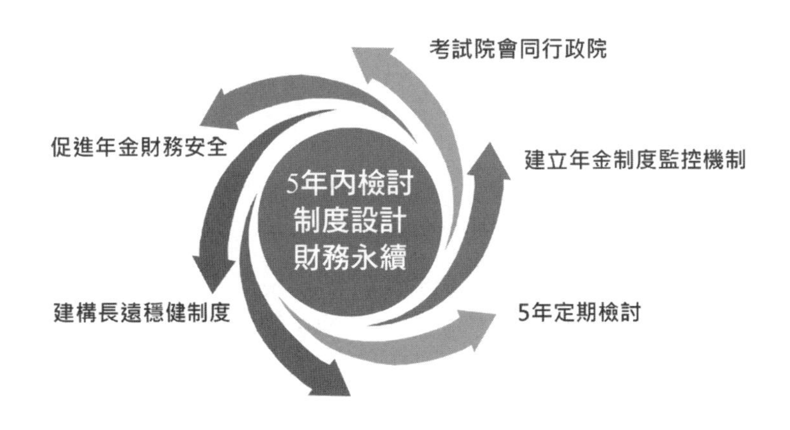

(十一)**新進人員建立全新制度**

由主管機關賡續研議中

是否採確定提撥，尚未定案

是否另立基金，尚未定案

→ **112年7月1日以後初任人員建立全新退撫制度**

(十二) **新退撫法施行日期**

自公布日施行	自107.7.1施行
1.育嬰留停年資併計 2.退撫給與得設立專戶	・除左列2條文以外之其他條文 ・原退休法及撫卹法自107.7.1以後不再適用

※公務人員退休資遣撫卹法106.08.09公布

精選試題

1. 愈來愈多的人事管理政策須以數字管理，做為理性決策的基礎之一，學者專家或稱之為循證人力資源（evidence-based human resource management）。依據2014年3月全國公務人員人事資料庫（不含警察人員）統計，支領簡任第10職等以上專業加給的人數約有7千8百人，但銓敘相當於簡任第10職等本俸1級590俸點以上人員有5萬1千多人，為支領簡任第10職等以上專業加給人數的6.59倍，請以現行人事法制解釋其成因？準此，您會建議銓敘部辦理退休制度改革的決策官員，在規劃退休改革制度時，應該採取確定給付制抑或確定提撥制，理由何在？【104地三】

2. 據研究，我國政務人員之延攬大致有由公務人員轉任、大專校院教師及民間人士（含民間企業、社會賢達、退休再任），論者認為現行相關法制造成政務人員延攬困境，部分原因是現行政務人員退職撫卹條例所造成，其規定及原因為何？請試擬改革方案？【101高】

3. B君為退職之政務人員，107學年度計畫應某私立大學之邀，擔任講座教授，貢獻專業，請問B君是否得請領政務人員退職酬勞金？試依106年修訂之政務人員退職撫卹條例說明之。【107普】

4. 為了避免退撫基金入不敷出，影響公務人員退休權益。此次政府年金改革特別在107年7月1日施行之「公務人員退休資遣撫卹法」中設計了鼓勵晚退的機制。試說明新法中有關鼓勵晚退的機制為何？並請論述此一機制對未來公務人力可能帶來之影響。【108高】

5. 請說明公務人員資遣之要件、作業程序與給與標準。【108地三】

重點複習

一、資遣

公務人員有下列各款情事之一者，應予資遣：

(一)機關裁撤、組織變更或業務緊縮時，不符本法所定退休條件而須裁減之人員。

(二)現職工作不適任，經調整其他相當工作後，仍未能達到要求標準，或本機關已無其他工作可予調任。

(三)依其他法規規定，應予資遣。

二、退休給付

退休金種類：

(一)退休人員之退休金分下列三種：

1. 一次退休金。
2. 月退休金。
3. 兼領二分之一之一次退休金與二分之一之月退金（第26條第1項）。

(二)公務人員依前項第三款兼領月退休金之退休金，各依其應領一次退休金與月退金，按比率計算之（第26條第2項）。

三、月退休金調整機制

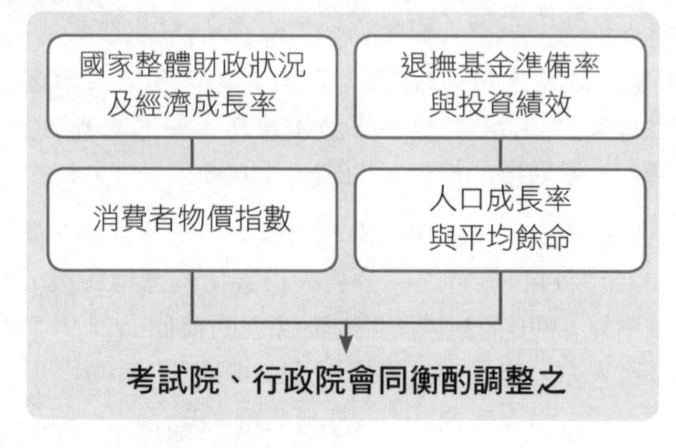

Chapter 14

主要考銓法規

依據重要度分為：★（最低）～★★★（最高）

中華民國憲法（節錄）（民國36年1月1日公布、民國36年12月25日施行）★

第八章　考試

第83條 考試院為國家最高考試機關，掌理考試、任用、銓敘、考績、級俸、陞遷、保障、褒獎、撫卹、退休、養老等事項。

第84條 考試院設院長、副院長各一人，考試委員若干人，由總統提名，經監察院同意任命之。

第85條 公務人員之選拔，應實行公開競爭之考試制度，並應按省區分別規定名額，分區舉行考試。非經考試及格者，不得任用。

第86條 左列資格，應經考試院依法考選銓定之：

一、公務人員任用資格。

二、專門職業及技術人員執業資格。

第87條 考試院關於所掌事項，得向立法院提出法律案。

第88條 考試委員須超出黨派以外，依據法律獨立行使職權。

第89條 考試院之組織，以法律定之。

中華民國憲法增修條文（節錄）（民國94年6月10日修正公布）★★★

第6條 考試院為國家最高考試機關，掌理下列事項，不適用憲法第83條之規定：

一、考試。

二、公務人員之銓敘、保障、撫卹、退休。

三、公務人員任免、考績、級俸、陞遷、褒獎之法制事項。

考試院設院長、副院長各一人，考試委員若干人，由總統提名，經立法院同意任命之，不適用憲法第84條之規定。憲法第85條有關按省區分別規定名額，分區舉行考試之規定，停止適用。

考試院組織法【111普】（民國112年4月26日修正公布）★

第1條 本法依憲法第89條制定之。

第2條 考試院掌理憲法增修條文第6條第1項所定事項及憲法所賦予之職權。

第3條 考試院考試委員之名額，定為七人至九人。

考試院院長、副院長及考試委員之任期為四年。

總統應於前項人員任滿三個月前提名之;前項人員出缺時,繼任人員之任期至原任期屆滿之日為止。

考試委員具有同一黨籍者,不得超過委員總額二分之一。

第4條 考試委員應具有下列各款資格之一:

一、曾任大學教授十年以上,聲譽卓著,有專門著作者。

二、高等考試及格二十年以上,曾任簡任職滿十年,成績卓著,而有專門著作者。

三、學識豐富,有特殊著作或發明者。

前項資格之認定,以提名之日為準。

第5條 考試委員不得赴中國大陸地區兼職。

違反前項規定者,即喪失考試委員之資格。

第6條 考試院設下列各部、會:

一、考選部。

二、銓敘部。

三、公務人員保障暨培訓委員會。

第7條 考試院設考試院會議,以院長、副院長、考試委員及前條各部會首長組織之,決定憲法所定職掌之政策及其有關重大事項。

前項會議以院長為主席。

考試院就其掌理或全國性人事行政事項,得召集有關機關會商解決之。

第8條 考試院院長綜理院務,並監督所屬機關。

考試院院長因事故不能視事時,由副院長代理其職務。

第9條 考試院置秘書長一人,特任,承院長之命,處理本院事務,並指揮監督所屬職員。

秘書長應列席考試院會議。

第10條 考試院各職稱之官等職等及員額,另以編制表定之。

第11條 本法施行日期,由考試院定之。

人事管理條例(民國72年7月22日修正公布)★

第1條 **中央及地方機關之人事管理,除法律另有規定外,由考試院銓敘部依本條例行之。**

第2條 總統府、五院、各部、會、處、局、署,各省(市)政府,設人事處或人事室。

第3條 總統府所屬各機關:各部、會、處、局、署所屬各機關,各省(市)政府廳、處、局;各縣(市)政府;各鄉(鎮、市、區)公所等,設人事室或人事管理員。

第4條 人事管理機構之職掌如下:

一、關於本機關有關人事規章之擬訂事項。

二、關於本機關職員送請銓敘案件之查催及擬議事項。

三、關於本機關職員考勤之紀錄及訓練之籌辦事項。

四、關於本機關職員考績考成之籌辦事項。

五、關於本機關職員撫卹之簽擬及福利之規劃事項。

六、關於本機關職員任免、遷調、獎懲及其他人事之登記事項。

七、關於本機關職員俸級之簽擬事項。

八、關於本機關需用人員依法舉行考試之建議事項。

九、關於本機關人事管理之建議及改進事項。

十、關於所屬機關有關人事案件之依法核辦事項。

十一、關於人事調查統計資料之搜集事項。

十二、關於銓敘機關交辦事項。

第5條 人事處置處長，職位列第十至第十二職等，人事室置主任，其職位之列等分為第六至第九或第十或第十一職等，人事管理員，職位列第五至第七職等。

前項人事室列等標準，由考試院會同行政院定之。

未實施職位分類之機關，比照第1項規定辦理。本條例修正施行前，各機關組織法規所定之人事人員之職稱、職等，與本條例規定不符者，悉依本條例規定辦理。

第6條 人事管理人員由銓敘部指揮監督，其設有銓敘處各省之縣市政府等之人事管理人員，得由各該銓敘處指揮監督之。

前項人員，仍應遵守各機關之處務規程與其他通則，並秉承原機關主管長官依法辦理其事務。

第7條 人事處室之設置及其員額，由各該機關按其事務之繁簡、編制之大小、與附屬機關之多寡，酌量擬訂，送由銓敘部審核，但必要時，得由銓敘部擬定之，人事管理員之設置亦同。

第8條 人事主管人員之任免，由銓敘部依法辦理；佐理人員之任免，由各該主管人員擬請銓敘部或銓敘處依法辦理。

第9條 國立省立中等以上學校及國營、省營事業機關之人事管理，準用本條例之規定。

第10條 各機關人事管理機構設置規則及辦事規則，由銓敘部擬訂，呈請考試院核定之。

第11條 本條例施行日期及實施機關以命令定之。

公務人員考試法（民國112年11月29日修正公布）★★★

第1條 公務人員之任用，依本法以考試定其資格。

施2. 本法第1條所稱以考試定其資格之人員，指下列各款人員：

一、中央政府及其所屬各機關公務人員。

二、地方政府及其所屬各機關公務人員。

三、各級民意機關公務人員。

四、各級公立學校職員。

五、公營事業機構從業人員。

六、交通事業機構從業人員。

七、其他依法應經考試之公務人員。

前項各款人員依法不受任用資格限制者，不適用之。

第2條 公務人員之考試，以公開競爭方式行之，其考試成績之計算，除本法另有規定外，不得因身分而有特別規定。其他法律與本法規定不同時，適用本法。

施3. 本法第2條所稱公開競爭，指舉辦考試時，凡中華民國國民，年滿十八歲，符合本法第7條、第9條及第13條至第17條之規定，且無第12條不得應考情事者，皆得報名分別應各該考試，並按考試成績高低順序擇優錄取。

本法第2條所稱除本法另有規定外，指本法第24條第2項規定。

第3條 公務人員之考試，應依用人機關年度任用需求決定正額錄取人員，依序分配訓練。並得視考試成績增列增額錄取人員，列入候用名冊，於正額錄取人員分配完畢後，由分發機關或申請舉辦考試機關配合用人機關任用需要依考試成績定期依序分配訓練。

遇有同項考試同時正額錄取不同等級或類科者，應考人應擇一接受分配訓練，未擇一接受分配訓練者，由分發機關或申請舉辦考試機關依應考人錄取之較高等級或名次較前之類科逕行分配訓練。

施4. 本法第3條第1項所稱用人機關年度任用需求，指銓敘部及行政院人事行政總處於年度開始前、申請舉辦考試時或於召開各該考試典試委員會第二次會議一個月前函送考選部有關考試等級、類科、人數等用人需求核實者。

本法第3條第1項所稱正額錄取人員，指榜示錄取人員中依成績高低算至分發機關提報之用人需求人數，如算至需求人數尾數有二人以上成績相同者，皆視為正額錄取人員。

本法第3條第1項所稱增額錄取人員，指榜示錄取人員中正額錄取人員外增加之錄取人員。

本法第3條第1項所稱候用名冊，指由分發機關或申請舉辦考試機關依增額錄取人員成績順序製作之名冊，其中記載者為考試等級、類科、姓名、學歷、電話及住址等事項，以供分發機關或申請舉辦考試機關於正額錄取人員分配完畢後，分配訓練之需。

本法第3條第1項所稱分發機關，指銓敘部及行政院人事行政總處。

本法第3條第1項所稱定期依序，指分發機關或申請舉辦考試機關於下次該項考試放榜之日前，於正額錄取人員分配完畢後，配合用人機關任用需要，每二個月依增額錄取人員成績順序分配訓練。但分發機關或申請舉辦考試機關基於業務需要，得調整之。

本法第3條第2項所稱同項考試，指依同一考試規則舉行之考試。

本法第3條第2項所稱由分發機關或申請舉辦考試機關依應考人錄取之較高等級或名次較前之類科逕行分配訓練，指不同等級之考試依較高等級逕行分配訓練，相同等級之考試依名次較前之類科逕行分配訓練。

第4條 正額錄取人員無法立即接受分配訓練者，得檢具事證申請保留錄取資格，其事由及保留年限如下：

一、服兵役，其保留期限不得逾法定役期。

二、於公立或立案之私立大學或符合教育部採認規定之國外大學進修碩士學位，其保留期限不得逾二年；進修博士學位，其保留期限不得逾三年。

三、疾病、懷孕、生產、父母病危、子女重症或其他不可歸責事由，其保留期限不得逾二年。

四、養育三足歲以下子女，其保留期限不得逾三年。但配偶為公務人員依法已申請育嬰留職停薪者不得申請保留。

施5. 本法第4條第1款所稱服兵役，指正額錄取人員於分配訓練前，依兵役法服法定役役期尚未屆滿或國防工業訓儲預備軍（士）官服務期間尚未屆滿，繳有證明者。

本法第4條第2款所稱進修碩士學位、博士學位，指正額錄取人員於分配訓練前，修讀公立或立案之私立大學或符合教育部採認規定之國外大學碩士班、博士班尚未取得學位繳有證明者。

本法第4條第3款所稱疾病、懷孕、生產、父母病危、子女重症或其他不可歸責事由，指正額錄取人員於分配訓練前，患有疾病、懷孕、生產、父母病危或子女重症繳有全民健康保險特約醫院證明，或有其他不可歸責事由繳有證明者。

本法第4條第4款所稱養育三足歲以下子女，指正額錄取人員於分配訓練前，需養育三足歲以下子女繳有證明者。

考選部於榜單及錄取通知函均應記載錄取人員為正額錄取或增額錄取。

第5條 正額錄取人員除依前條保留錄取資格者外，應於規定時間內向實施訓練機關報到接受訓練，逾期未報到並接受訓練者，即喪失考試錄取資格。

依前條保留錄取資格者，於保留原因消滅後或保留期限屆滿後三個月內，應向公務人員保障暨培訓委員會申請補訓，並由公務人員保障暨培訓委員會通知分發機關或申請舉辦考試機關依序分配訓練。逾期未提出申請補訓，或未於規定時間內，向實施訓練機關報到接受訓練者，即喪失考試錄取資格。

列入候用名冊之增額錄取人員，因服兵役未屆法定役期或因養育三足歲以下子女，無法立即接受分配訓練者，得於規定時間內檢具事證申請延後分配訓練。增額錄取人員經分配訓練，應於規定時間內，向實施訓練機關報到接受訓練，逾期未報到並接受訓練者，或於下次該項考試放榜之日前未獲分配訓練者，即喪失考試錄取資格。

施6. 本法第5條第3項所稱申請延後分配訓練，指增額錄取人員因服兵役未屆法定役期或因養育三足歲以下子女無法立即接受分配訓練者，於接獲分發機關或申請舉辦考試機關通知後，應於規定時間內檢具足資證明文件，向分發機關或申請舉辦考試機關申請延後分配訓練，並於申請延後分配訓練原因消滅後三個月內，應向分發機關或申請舉辦考試機關申請分配訓練。

逾期未提出申請分配訓練，或未於規定時間內，向實施訓練機關報到接受訓練者，即喪失考試錄取資格。

本法第5條第3項所稱於下次該項考試放榜之日前未獲分配訓練者，即喪失考試錄取資格，指列入候用名冊人員於下次相同名稱考試榜示前一日止，尚未獲分發機關或申請舉辦考試機關分配訓練致喪失考試錄取資格者，由分發機關函送考選部報請考試院核備。但因服兵役未屆法定役期或因養育三足歲以下子女經核准延後分配訓練者，不在此限。

增額錄取人員其配偶為公務人員依法已申請育嬰留職停薪者，不得因養育三足歲以下子女申請延後分配訓練。

第6條 公務人員之考試，分高等考試、普通考試、初等考試三等。高等考試按學歷分為一、二、三級。及格人員於服務三年內，不得轉調原分發任用之主管機關及其所屬機關、學校以外之機關、學校任職。

為因應特殊性質機關之需要及保障身心障礙者、原住民族之就業權益，得比照前項考試之等級舉行一、二、三、四、五等之特種考試，除本法另有規定者外，及格人員於服務六年內，不得轉調申請舉辦特種考試機關及其所屬機關、學校以外之機關、學校任職。

其轉調限制六年之分配，依申請舉辦考試機關性質、所屬機關範圍及相關任用法規規定，於各該特種考試規則中定之。

前二項、第24條考試及格人員因任職機關業務調整而精簡、整併、改隸、改制、裁撤或業務調整移撥其他機關，得不受轉調規定之限制。但於限制轉調期間再轉調時，以原考試轉調限制機關範圍、前所轉調之主管機關及其所屬機關之有關職務為限。

施7. 本法第6條第1項所稱及格人員於服務三年內不得轉調，指公務人員高等考試一級考試、二級考試、三級考試、普通考試及初等考試及格人員，於考試錄取訓練期滿成績及格，取得考試及格資格之日起，實際任職三年內不得轉調。

本法第6條第1項所稱原分發任用之主管機關及其所屬機關、學校，指下列各款之機關、學校：

一、總統府、行政院、立法院、考試院、監察院、省政府、省諮議會、直轄市議會、縣（市）議會、鄉（鎮、市）民代表會。
二、司法院及其所屬機關。
三、各部、委員會、總處、中央研究院、國史館、中央銀行、國立故宮博物院、同層級之二級機關或相當二級機關之獨立機關及其所屬機關、學校。
四、直轄市政府、縣（市）政府、鄉（鎮、市）公所及其所屬機關、學校。

本法第6條第2項所稱特殊性質機關，指實施地方自治之政府機關及掌理下列特殊業務之機關：

一、掌理審判事項之司法院。
二、掌理國家安全情報事項之國家安全局。

三、掌理警察、消防行政、移民行政之內政部。
四、掌理外交及有關涉外事項之外交部。
五、掌理國防事項之國防部。
六、掌理關務事項之財政部。
七、掌理檢察、矯正、司法保護、行政執行及國家安全調查保防事項之法務部。
八、掌理國際經濟商務事項之經濟部。
九、掌理路政及航政事項之交通部。
十、掌理社會福利事項之衛生福利部。
十一、掌理國軍退除役官兵輔導事項之國軍退除役官兵輔導委員會。
十二、掌理海域及海岸巡防事項之海洋委員會。
十三、其他特殊性質機關。

本法第6條第2項所稱得比照前項考試之等級舉行一、二、三、四、五等之特種考試，指特種考試一等考試相當高等考試一級考試。特種考試二等考試相當高等考試二級考試。特種考試三等考試相當高等考試三級考試。特種考試四等考試相當普通考試。特種考試五等考試相當初等考試。

本法第6條第2項所稱除本法另有規定者外，指本法第8條特種考試高科技或稀少性工作類科考試及第24條特種考試退除役軍人轉任公務人員考試。

本法第6條第2項所稱及格人員於服務六年內不得轉調，指特種考試及格人員於考試錄取訓練期滿成績及格，取得考試及格資格之日起，實際任職六年內不得轉調。

用人機關申請舉辦特種考試時，考選部應就機關性質及其業務需要加以認定，其合於本法第6條第2項舉辦特種考試之規定者，報請考試院核定之。

中華民國八十五年一月十七日本法修正施行前之高等考試一級考試相當中華民國八十五年一月十七日本法修正施行後之高等考試二級考試；修正施行前之高等考試二級考試或特種考試之乙等考試相當修正施行後之高等考試三級考試；修正施行前之普通考試或特種考試之丙等考試相當修正施行後之普通考試；修正施行前之特種考試之丁等考試相當修正施行後之初等考試。

第7條　高等、普通、初等考試及特種考試規則，由考選部報請考試院定之。

前項考試規則包括應考年齡、考試等級、考試類科及其分類、分科之應考資格、體格檢查標準、應試科目、考試方式、成績計算、限制轉調規定等。

施8. 本法第7條第2項應考年齡之計算，其年齡下限以算至考試前一日之戶籍登記年齡為準，年齡上限以算至報名前一日之戶籍登記年齡為準。

公務人員考試之應試科目，得由考選部另定命題大綱。各種考試應試科目之修正，應於考試舉行六個月前公告；但法規名稱為應試科目名稱之一部分者，得隨時配合法規名稱之修正為之，不受公告時間之限制。

第8條　高科技或稀少性工作類科之技術人員，得由考選部報請考試院另訂特種考試規則辦理之。

前項高科技或稀少性工作類科標準，由考試院會同行政院定之。

第1項考試及格人員，不得轉調原分發任用機關以外之機關任職。

施9. 中華民國九十年十二月二十六日本法修正施行前，經各種公務人員特種考試及格，受特考特用永久限制轉調人員，除本法第8條及第24條之規定者外，於考試錄取訓練期滿成績及格取得考試及格資格之日起實際任職滿六年後，得轉調申請舉辦特種考試機關及其所屬機關以外之機關任職。

第9條　考試院得依用人機關任用之實際需要，規定公務人員考試實施體格檢查，以及公務人員特種考試應考人之年齡、兵役及性別條件。

前項體格檢查不合格或逾期未繳送體格檢查表者，不得應考、不予錄取、不予訓練或不予核發考試及格證書。

體格檢查醫療機構範圍、體格檢查之內容、程序等有關事項之辦法，由考選部報請考試院定之。

施10. 須體格檢查之考試，應考人應於報名前或榜示後實施體格檢查。報名前檢查者，應於報名時繳送體格檢查表，體格檢查不合格或未繳送體格檢查表者，不得報名。榜示後檢查者，應於規定時間內繳送體格檢查表，體格檢查不合格或未於規定時間內繳送體格檢查表者，不得參加後續考試程序或不予錄取或不予訓練或不予核發考試及格證書。

應否體格檢查及其時間、標準，於辦理考試公告時，一併公告之。

第10條 公務人員考試，得採筆試、口試、心理測驗、體能測驗、實地測驗、審查著作或發明、審查知能有關學歷經歷證明或其他方式行之。除單採筆試者外，其他應併採二種以上方式。

筆試除外國語文科目、專門名詞或有特別規定者外，應使用本國文字作答。

因懷孕或生產前後無法參加體能測驗者，得保留筆試成績並於下次逕行參加相同考試類科之體能測驗，有關保留筆試成績及其限制等相關事宜，由考選部報請考試院定之。

第11條 公務人員高等考試、普通考試、初等考試，得視需要合併或分等、分級、分科辦理。

第12條 中華民國國民，年滿十八歲，具有本法所定應考資格者，得應本法之考試。但有下列各款情事之一者，不得應考：

一、動員戡亂時期終止後，曾犯內亂罪、外患罪，經有罪判決確定或通緝有案尚未結案。

二、曾服公務有貪污行為，經有罪判決確定或通緝有案尚未結案。

三、褫奪公權尚未復權。

四、受監護或輔助宣告，尚未撤銷。

依法停止任用者，經公務人員考試錄取，於依法停止任用期間仍不得分配訓練或分發任用為公務人員。

第13條 高等考試之應考資格如下：

一、公立或立案之私立大學研究院、所，或符合教育部採認規定之國外大學研究院、所，得有博士學位者，得應公務人員高等考試一級考試。

二、公立或立案之私立大學研究院、所，或符合教育部採認規定之國外大學研究院、所，得有碩士以上學位者，得應公務人員高等考試二級考試。

三、公立或立案之私立獨立學院以上學校或符合教育部採認規定之國外獨立學院以上學校相當院、系、組、所、學位學程畢業者，或高等考試相當類科及格者，或普通考試相當類科及格滿三年者，得應公務人員高等考試三級考試。

施11. 本法第13條第3款及第14條所稱及格滿三年，其計算自考試錄取訓練期滿成績及格取得考試及格資格之日起，至報考之考試舉行前一日止。

本法第13條各款所稱符合教育部採認規定之國外大學研究院、所、獨立學院以上學校畢業者，其學歷之採認，依教育部訂定發布之大學辦理國外學歷採認辦法之規定辦理。

第14條 公立或立案之私立職業學校、高級中學以上學校或國外相當學制以上學校相當院、系、科、組、所、學位學程畢業者，或普通考試以上考試相當類科考試及格者，或初等考試相當類科及格滿三年者，得應公務人員普通考試。

第15條 中華民國國民年滿十八歲者，得應公務人員初等考試。

第16條 公務人員特種考試各等級考試應考資格，分別準用第13條至第15條關於高等考試、普通考試及初等考試應考資格之規定。

施13. 高等檢定考試及格者，取得高等考試三級考試、普通考試或特種考試三等考試、四等考試相當類科之應考資格；普通檢定考試及格者，取得普通考試或特種考試四等考試相當類科之應考資格。

第17條 公務人員各種考試之分類、分科之應考資格條件，由考選部報請考試院定之。

公務人員各種考試之應考資格，除依第13條至第16條規定外，必要時得視考試等級、類科需要，增列下列各款為應考資格條件：

一、提高學歷條件。

二、具有與類科相關之工作經驗或訓練並有證明文件。

三、經相當等級之語文能力檢定合格。

公務人員考試類科，其職務依法律規定或因用人機關業務性質之需要須具備專門職業證書者，應具有各該類科專門職業證書始得應考。其審核標準，由考選部報請考試院定之。

各種公務人員考試應考資格應經審查，審查人員資格、審查內容、退補件及其他應遵行事項之規則，由考選部報請考試院定之。

施14-1. 應考人於各種考試開始時，不具備或喪失應考資格者，不得應考；已應考之科目均不予計分。

報名各種考試時，雖不符合應考資格之規定，或因故無法繳交應考資格證明文件，但得於考試開始前取得應考資格或補正應繳文件者，得於報名時敘明理由申請准予附條件應考。經試務機關審查認定其理由正當者，得附條件准其應考。

經核准附條件應考，未依規定履行指定條件者，不具備應考資格，不得應考；已應考之科目均不予計分。其所繳報名費與材料費等代辦費，均不予退還。

第18條 公務人員各種考試，得分試、分階段、分考區舉行；其考試類科、地點、日期等，由考選部於考試兩個月前公告之。

分試、分階段之考試，其應考年齡、考試等級、考試類科、應考資格、應試科目、成績計算、成績及格資格保留年限及其他有關事項，由各該考試規則定之。

應考人參加各種考試，應繳交報名費，其費額由考選部依考試等級、類科及考試方式定之。身心障礙、原住民族、低收入戶、中低收入戶及特殊境遇家庭之應考人，各種考試之報名費，得予減少。

為增進考選業務之發展，得設置考選業務基金；其收支保管及運用辦法，由考選部定之。

施16. 本法第十八條第一項所稱分試，指兼採二種以上考試方式或筆試程序之考試。其考試方式依序進行，前一試獲錄取者，始得應次一試。各試成績合併計算為總成績，但各該考試規則另有規定者，從其規定。

本法第十八條第一項所稱分階段考試，指考試分二階段舉行，並分定其應考資格。具各階段考試應考資格者，始得應該階段考試。

依本法第十八條第三項規定請求減少報名費者，其各種考試報名費得予減半。

第19條 公務人員各種考試應考人總成績計算方式、配分比例及成績特別設限等事項之規則，由考選部報請考試院定之。

第20條 公務人員各種考試榜示後，發現因典試或試務之疏失，致應錄取而未錄取者或不應錄取而錄取者，由考選部報請考試院補行錄取或撤銷其考試錄取、及格資格。

公務人員各種考試榜示後，發現有洩題或舞弊之情事致考試發生不正確結果，無法判定全部或部分應考人應否錄取時，由考選部報請考試院撤銷全部或部分應考人之考試不錄取、錄取或考試及格資格，並得就全部或部分應考人，重新辦理涉及洩題或舞弊科目之考試。

第21條 公務人員各等級考試正額錄取者，按錄取類科，依序分配訓練，訓練期滿成績及格者，發給證書，依序分發任用。列入候用名冊之增額錄取者，由分發機關或申請舉辦考試機關配合用人機關任用需要依其考試成績定期依序分配訓練;其訓練及分發任用程序,與正額錄取者之規定相同。

前項訓練之期間、實施方式、免除或縮短訓練、保留受訓資格、補訓、重新訓練、停止訓練、訓練費用、津貼支給標準、生活管理、請假、輔導、獎懲、成績考核、廢止受訓資格、請領考試及格證書等有關事項之規定,由考試院會同關係院以辦法定之。但訓練性質特殊,於辦法中明定由申請舉辦考試機關就上列事項另為規定者,應送公務人員保障暨培訓委員會核定或備查。

考試及格證書之式樣及費額,由考試院定之。但對身心障礙、原住民族、低收入戶、中低收入戶及特殊境遇家庭之考試及格人員,考試院得減徵、免徵或停徵費額。

施19. 本法第21條第1項所稱公務人員各等級考試正額錄取者,按錄取類科,依序分配訓練,訓練期滿成績及格者,發給證書,依序分發任用,指考選部於榜示後將正額錄取人員履歷清冊等相關資料函請公務人員保障暨培訓委員會辦理錄取人員訓練,正額錄取人員經訓練期滿成績及格者,由公務人員保障暨培訓委員會報請考試院發給考試及格證書,並函請銓敘部、行政院人事行政總處或申請舉辦考試機關依序分發任用。

經分配訓練之增額錄取人員,由分發機關或申請舉辦考試機關轉請公務人員保障暨培訓委員會辦理訓練,訓練期滿成績及格者,依前項程序請領考試及格證書及辦理分發任用。

分發機關或申請舉辦考試機關應於正額錄取人員分發任用辦理完畢後,再行辦理增額錄取人員分發任用。

第22條 應考人有下列各款情事之一,考試前發現者,撤銷其應考資格。考試時發現者,予以扣考。考試後榜示前發現者,不予錄取。考試訓練階段發現者,撤銷其錄取資格。考試及格後發現者,撤銷其考試及格資格,並註銷其考試及格證書。其涉及刑事責任者,移送檢察機關辦理:

一、有第12條第1項但書各款情事之一。

二、冒名頂替。

三、偽造或變造應考證件。

四、以詐術或其他不正當方法,使考試發生不正確之結果。

五、不具備應考資格。

應考人有前項第2款至第4款情事之一者,自發現之日起五年內不得應考試院舉辦或委託舉辦之各種考試。

第23條 公務人員之晉升官等,除法律另有規定外,應經升官等考試及格。

公務人員升官等考試法另定之。

第24條 自中華民國八十八年起,特種考試退除役軍人轉任公務人員考試,其及格人員以分發國防部、國軍退除役官兵輔導委員會、海洋委員會及其所屬機關(構)任用為限,及格人員於服務六年內,不得轉調原分發任用機關及其所屬機關以外之機關任職;上校以上軍官外職停役轉任公務人員檢覈及格及國軍上校以上軍官轉任公務人員考試及格者,僅得轉任國家安全會議、國家安全局、國防部、國軍退除役官兵輔導委員會、海洋委員會及其所屬機關(構)、中央及直轄市政府役政、軍訓單位。

後備軍人參加公務人員高等暨普通考試、特種考試退除役軍人轉任公務人員考試之加分優待,以獲頒國光、青天白日、寶鼎、忠勇、雲麾、大同勳章乙座以上,或因作戰或因公負傷依法離營者為限。

第25條 公務人員考試之典試事宜,以典試法定之。

第26條 (刪除)

第27條 本法施行細則,由考選部報請考試院定之。

第28條 本法自公布日施行。

公務人員升官等考試法（民國104年1月7日修正公布）★

第1條 本法依公務人員考試法第23條第2項規定制定之。

第2條 公務人員升官等考試（以下簡稱升官等考試），分簡任升官等考試及薦任升官等考試。但簡任升官等考試於本法中華民國一百零三年十二月二十三日修正之條文施行之日起五年內辦理三次為限。

第3條 具有下列資格之一者，得應簡任升官等考試：

一、具有法定任用資格現任薦任或薦派第九職等人員四年以上，已敘薦任第九職等本俸最高級。

二、依公務人員任用法第33條之1第3款規定仍繼續以技術人員任用，現任薦任第九職等人員，並具有前款年資、俸級條件。

三、依專門職業及技術人員轉任公務人員條例轉任之現任薦任第九職等人員，並具有第1款年資、俸級條件。

施3. 本法第3條第1款所稱具有法定任用資格現任薦任或薦派第九職等人員，指具有公務人員任用法第9條所定薦任職任用資格，並依公務人員任用法或派用人員派用條例進用為薦任或薦派第九職等，經銓敘審定有案之有給專任者。

施5. 本法第3條及第4條所定之年資，指經銓敘審定有案之同職等年資合併計算至考試舉行前一日為止。

具有本法第3條及第4條所定法定任用資格者，其取得任用資格後任較高官等年資得與前項年資合併採計。

第4條 具有下列資格之一者，得應薦任升官等考試：

一、具有法定任用資格現任委任或委派第五職等人員滿三年，已敘委任第五職等本俸最高級。

二、依公務人員任用法第33條之1第2款規定仍繼續任用，現任委任第五職等人員，並具有前款年資、俸級條件。

三、依公務人員任用法第33條之1第3款規定仍繼續以技術人員任用，現任委任第五職等人員，並具有第1款年資、俸級條件或現任薦任第六職等至第九職等人員。

四、依專門職業及技術人員轉任公務人員條例轉任之現任委任第五職等人員，並具有第1款年資、俸級條件或現任薦任第六職等至第九職等人員。

五、依公務人員任用法第17條之規定經晉升薦任官等訓練合格現任薦任或薦派第六職等至第八職等人員。

施4. 本法第4條第1款所稱具有法定任用資格現任委任或委派第五職等人員，指具有公務人員任用法第9條所定委任職任用資格，並依公務人員任用法或派用人員派用條例進用為委任或委派第五職等，經銓敘審定有案之有給專任者。

第5條 現職人員報考升官等考試，以現任或曾任職系之類科為限。

但下列人員之報考類科，並受以下之限制：

一、依公務人員任用法第33條之1第2款規定仍繼續任用之人員，僅得應經銓敘審定之各該技術職系升官等考試。

二、依公務人員任用法第33條之1第3款規定仍繼續以技術人員任用之人員，僅得應經銓敘審定之各該職系升官等考試。

三、依專門職業及技術人員轉任公務人員條例轉任人員，僅得應經銓敘審定之各該職系升官等考試。

升官等考試之技術類科，依職業管理法律規定須領有專門職業證書始能執行業務者，應具各該類科專門職業證書始得報考。

施6. 本法第5條所稱現任或曾任職系，指升官等考試舉行前1日經銓敘審定有案之職系。

第6條 升官等考試之類科、應試科目及考試方式，由考試院依工作性質需要定之。

升官等考試，得採下列方式：

一、筆試。 二、口試。

三、心理測驗。 四、體能測驗。

五、實地測驗。 六、審查著作或發明。

考試方式除採筆試者外，其他應採二種以上方式。筆試除外國語文科目、專門名詞或有特別規定者外，應使用本國文字作答。

簡任升官等考試，除採筆試外，應兼採其他一至二種考試方式。

施7. 簡任升官等考試筆試成績以各科目成績平均計算之。

薦任升官等考試筆試成績，以普通科目成績加專業科目成績合併計算之。普通科目成績以每科成績乘以百分之十後之總和計算之；專業科目成績以各科目成績總和除以科目數再乘以所占賸餘百分比計算之。

施8. 升官等考試併採二種以上方式舉行時，其考試成績之計算依下列規定辦理：

一、採筆試與口試二種方式者，筆試成績占百分之八十五，口試成績占百分之十五。

二、採筆試與實地測驗二種方式者，筆試成績占百分之六十，實地測驗成績占百分之四十。

三、採筆試與審查著作或發明二種方式者，筆試成績占百分之六十，審查著作或發明成績占百分之四十。

四、採筆試與心理測驗二種方式者，筆試成績占百分之八十，心理測驗成績占百分之二十。

五、採筆試與體能測驗二種方式者，筆試成績占百分之八十，體能測驗成績占百分之二十。

六、採筆試、口試及實地測驗三種方式者，筆試成績占百分之六十，口試成績占百分之十五，實地測驗成績占百分之二十五。

七、採筆試、口試及審查著作或發明三種方式者，筆試成績占百分之六十，口試成績占百分之十五，審查著作或發明成績占百分之二十五。

八、採筆試、實地測驗及審查著作或發明三種方式者，筆試成績占百分之四十，實地測驗成績占百分之三十，審查著作或發明成績占百分之三十。

九、未採筆試，而以其他二種以上方式同時舉行者，其成績平均計算之。但所採之考試方式含口試者，採二種方式時，口試成績占百分之三十，其他方式之成績占百分之七十；採三種方式時，口試成績占百分之二十，其他方式之成績各占百分之四十。

升官等考試所採方式不屬前項各款所定者，其考試成績計算由考試院另定之。

第7條 現職人員於考試舉行前最近三年年終考績或年終考成成績一年列甲等，二年列乙等以上者，其考績或考成之平均成績高於考試成績時，併入升官等考試之總成績計算，比例為百分之三十，考試成績為百分之七十。

考試成績高於考績或考成平均成績者，或最近三年年終考績或年終考成成績未達一年列甲等，二年列乙等以上者，其考績或考成成績不列入總成績計算，並以考試成績為總成績。

施9. 本法第7條第1項所稱考試舉行前最近三年年終考績或年終考成，其期間中斷者，得依次向前推算遞補之，低一官等考績或考成不予採計。

本法第4條第3款依公務人員任用法第33條之1第3款規定仍繼續以技術人員任用現任薦任第六職等至第九職等人員、第四款依專門職業及技術人員轉任公務人員條例轉任之現任薦任第六職等至第九職等人員及第5款規定應薦任升官等考試者，得採計低一官等之考績或考成。

第8條 合於第3條或第4條規定之現職人員，奉准留職停薪，在國內外進修與現職有關之科目者，於學成回原機關服務應升官等考試時，其論文或學業成績經複評後，得視為考績成績。但最多以計算三年為限。

施10. 本法第8條所稱其論文或學業成績經複評後，得視為考績成績，指應考人之論文或學業成績經考選部審查，並提報典試委員會准予視為考績成績而言。
前項准予視為考績成績之論文或學業成績，其僅列等第者，甲等或相當甲等以上以八十分計算，乙等或相當乙等以七十分計算，丙等或相當丙等以下或論文、學業成績未滿七十分或未列成績、等第者，不予計算。
第1項成績抵算考績成績者，以奉准留職停薪之年限為準。

第9條 升官等考試之錄取人數上限，由典試委員會依各等級各類科全程到考人數百分之三十三擇優錄取，計算錄取人數遇小數點時，採整數予以進位錄取。

升官等考試總成績未達五十分，或筆試科目有一科成績為零分，或特定科目未達規定最低分數者，均不予錄取。缺考之科目，以零分計算。

施11. 參加升官等考試違規者，除依有關法令規定處理外，其經扣考處分者，應由試務機關通知其服務機關（構），依公務人員考績法施行細則第4條規定辦理。

施12. 升官等考試及格者，取得其及格類科所適用職系職務之升官等任用資格，並依公務人員陞遷法規之規定升補缺額。

第10條 關務人員，警察人員，交通事業人員等另有分等規定者，其升等考試規則由考試院另定之。

第11條 升官等考試，每年或間年舉行一次。

第12條 本法施行細則，由考試院定之。

第13條 本法自公布日施行。

公務人員任用法（民國112年2月15日修正公布）★★★

第1條 公務人員之任用，依本法行之。

施2. 本法所稱公務人員，指各機關組織法規中，除政務人員及民選人員外，定有職稱及官等、職等之人員。
前項所稱各機關係指下列之機關、學校及機構：
一、中央政府及其所屬各機關。
二、地方政府及其所屬各機關。
三、各級民意機關。
四、各級公立學校。
五、公營事業機構。
六、交通事業機構。
七、其他依法組織之機關。

第2條 **公務人員之任用，應本專才、專業、適才、適所之旨，初任與升調並重，為人與事之適切配合。**

第3條 本法所用名詞意義如下：
一、**官等：係任命層次及所需基本資格條件範圍之區分。**
二、**職等：係職責程度及所需資格條件之區分。**
三、**職務：係分配同一職稱人員所擔任之工作及責任。**
四、**職系：係包括工作性質及所需學識相似之職務。**
五、**職組：係包括工作性質相近之職系。**
六、職等標準：係敘述每一職等之工作繁、簡、難、易，責任輕、重及所需資格條件程度之文書。

七、職務說明書：係說明每一職務之工作性質及責任之文書。

八、職系說明書：係說明每一職系工作性質之文書。

九、職務列等表：係將各種職務，按其職責程度依序列入適當職等之文書。

第4條 **各機關任用公務人員，應注意其品德及對國家之忠誠，其學識、才能、經驗及體格，應與擬任職務之種類職責相當。如係主管職務，並應注意其領導能力。**

前項人員之品德及忠誠，各機關應於任用前辦理查核，必要時，得洽請有關機關協助辦理。其涉及國家安全或重大利益者，得辦理特殊查核；有關特殊查核之權責機關、適用對象、規範內涵、辦理方式及救濟程序，由行政院會同考試院另定辦法行之。

各機關辦理前項各種查核時，應將查核結果通知當事人，於當事人有不利情形時，應許其陳述意見及申辯。

施3. 本法第4條第1項所稱學識、才能、經驗及體格，應與擬任職務之種類職責相當，指擬任人員之學識、才能、經驗及體格，應與擬任職務之職系說明書、職等標準及職務說明書規定相符，擬任機關並應詳加考查。各機關為應業務需要，得就性質特殊之職務訂定體格檢查項目及標準，並通知擬任人員送繳公立醫院之檢查合格證明。體格檢查項目及標準，應送銓敘部備查。

本法第4條第2項所稱品德及忠誠之查核，指擬任機關於擬任公務人員前應負責切實調查，並通知其填送服務誓言及於擬任人員具結書具結確無本法第28條第1項第1款至第9款所定不得任用之情事；具中華民國國籍兼具外國國籍，依規定應於到職前辦理放棄外國國籍者，須於到職時另行具結，並於到職之日起一年內完成喪失該國國籍及取得證明文件，因該外國國家法令致不得放棄國籍者，應依本法第28條第2項規定經外交部查證屬實。其涉及國家安全或重大利益者，依另定之查核辦法切實辦理。

本法第4條第3項所稱將查核結果通知當事人，機關應以書面為之。所稱陳述意見及申辯，當事人得以書面或言詞為之，機關並應列入紀錄。

第5條 **公務人員依官等及職等任用之。**

官等分委任、薦任、簡任。

職等分第一至第十四職等，以第十四職等為最高職等。

委任為第一至第五職等；薦任為第六至第九職等；簡任為第十至第十四職等。

第6條 **各機關組織法規所定之職務，應就其工作職責及所需資格，依職等標準列入職務列等表。必要時，一職務得列二個至三個職等。**

前項職等標準及職務列等表，依職責程度、業務性質及機關層次，由考試院定之。必要時，得由銓敘部會商相關機關後擬訂，報請考試院核定。

各機關組織除以法律定其職稱、官等、職等及員額者外，應依其業務性質就其適用之職務列等表選置職稱，並妥適配置各官等、職等職務，訂定編制表，函送考試院核備。但主管機關因業務需要或情形特殊，得合併所屬同層級類別相同機關，報經考試院同意，訂定共用編制表。

前項職稱及官等、職等員額配置準則，由考試院會同行政院定之。

各機關組織法律原定各職務之官等、職等與中華民國85年1月考試院平衡中央與地方薦任第八職等以下公務人員職務列等通案修正之職務列等表不一致時，暫先適用該職務列等表之規定。但各機關組織法律於本條文修正施行後制定或修正者，仍依組織法律之規定。

施4. 本法第6條第1項所稱應就其工作職責及所需資格，依職等標準列入職務列等表，指各機關組織法規所定之職務，應按職務說明書所定之職責程度及資格條件，依職等標準訂定適當之職等，並按機關層次列入職務列等表。所稱必要時，一職務得列二個至三個職等，指一職務除列一個職等外，必要時並得跨列其上或其下一至二個職等，但合計不得超過三個職等。

施5. 本法第6條第2項所稱職等標準、職務列等表及第14條所稱職系、職組及職系說明書，由銓敘部擬訂，報請考試院核定之。
前項職等標準、職系、職組及職系說明書，應視機關業務之變動及發展情形隨時修正之。

第7條 各機關對組織法規所定之職務，應賦予一定範圍之工作項目、適當之工作量及明確之工作權責，並訂定職務說明書，以為該職務人員工作指派及考核之依據。職務內容變動時，應即配合修訂職務說明書。
前項職務各機關應每年或間年進行職務普查。

施6. 本法第7條所稱職務說明書之其訂定辦法、第2項職務普查方式，由銓敘部定之。

第8條 各機關組織法規所定之職務，應依職系說明書歸入適當之職系，列表送銓敘部核備。

施7. 本法第8條所稱依職系說明書歸入適當之職系，指各機關之職務應就職務說明書所定之業務性質，依職系說明書及其他有關規定，分別歸入適當之職系。
職務歸系辦法，由銓敘部定之。

第9條 **公務人員之任用，應具有下列資格之一：**

一、依法考試及格。

二、依法銓敘合格。

三、依法升等合格。

特殊性質職務人員之任用，除應具有前項資格外，如法律另有其他特別遴用規定者，並應從其規定。

初任各職務人員，應具有擬任職務所列職等之任用資格；未具擬任職務職等任用資格者，在同官等高二職等範圍內得予權理。權理人員得隨時調任與其所具職等資格相當性質相近之職務。

施8. 本法第9條第1項第1款所稱依法考試及格，指依公務人員考試法規及本法施行前考試法規所舉辦之各類公務人員考試及格。
本法第9條第1項第2款所稱依法銓敘合格，包括在本法施行前依下列法規經銓敘機關審查合格，或准予登記人員具有合法任用資格者：

一、依公務人員或分類職位公務人員各種任用法規及各該機關組織法所定任用資格審查合格者。

二、依聘用派用人員管理條例實施辦法第2條甲、乙兩款第1目及第3條甲、乙、丙三款第1目審定准予登記者。

三、依其他法規審查合格認為與銓敘合格有同等效力領有銓敘部證書者。

本法第9條第1項第3款所稱依法升等合格，包括依下列法規取得升等任用資格或存記，得分別具有各該官等、職等職務之任用資格者：

一、本法施行前依公務人員考績法或分類職位公務人員考績法取得升等任用資格或存記，具有簡任或薦任相當職等職務之任用資格者。

二、中華民國86年6月4日公務人員考績法修正施行前依規定取得簡任存記或依本法修正施行前依本法第17條第2項規定取得簡任任用資格，具有簡任第十職等職務之任用資格者。

施9. 本法第9條第2項所稱另有其他特別遴用規定之法律，如非屬本法第32條及第33條所列之任用法律時，各該法律主管機關應於特別遴用規定制定、增訂、修正後三個月內會商銓敘部協調主管機關，調查用人機關，將適用各該特別遴用規定之職務，列表送銓敘部備查。
本法第6條第3項但書、第17條第3項及前項所稱主管機關，指中央二級或相當二級以上機關、直轄市政府、直轄市議會、縣（市）政府及縣（市）議會。

施10. 本法第9條第3項所稱未具擬任職務職

等任用資格者，在同官等高二職等範圍內得予權理，指擬任人員所具任用資格未達擬任職務所列最低職等，而具有該職等同一官等中低一或低二職等任用資格者，始得權理。但職務跨列二個官等者，不得權理。

本法修正施行前經銓敘部銓敘審定准予權理高三職等以上職務人員，得隨時調任與其所具職等資格相當性質相近之職務或繼續任原職至離職為止。

第10條 各機關初任各職等人員，除法律別有規定外，應由分發機關或申請舉辦考試機關就公務人員各等級考試正額錄取，依序分配訓練，經訓練期滿成績及格人員分發任用。如可資分配之正額錄取人員已分配完畢，由分發機關或申請舉辦考試機關就列入候用名冊之增額錄取人員按考試成績定期依序分配訓練，經訓練期滿成績及格後予以任用。

已無前項考試錄取人員可資分配時，得經分發機關同意，由各機關自行遴用具任用資格之合格人員。

第一項分配訓練、分發任用之程序、辦理方式、限制及有關事項之辦法，由考試院會同行政院定之。

第11條 **各機關辦理機要職務之人員，得不受第9條任用資格之限制。**

前項人員，機關長官得隨時免職。機關長官離職時應同時離職。

施11. **本法第11條第1項所稱辦理機要職務之人員，指擔任經銓敘部同意列為機要職務，得不受法定任用資格限制，並經銓敘審定以機要人員任用之人員。**

本法第11條第2項所稱機關長官離職時應同時離職，指機關長官退休（職）、卸任、調職、辭職、免職、撤職、去職、解職或死亡時，其所進用之機要人員，應由原（新）任之機關長官或其代理人，於同時將該機要人員免職。機關長官停職或休職時，由其代理人視業務需要辦理。

各機關未具任用資格初任機要人員，依所任職務在職務列等表所列最低職等以機要人員任用。如調任或改任其他受法定任用資格限制之職務時，應重新銓敘審定其任用資格。

第11條之1 **各機關辦理進用機要人員時，應注意其公平性、正當性及其條件與所任職務間之適當性。**

各機關機要人員進用時，其員額、所任職務範圍及各職務應具之條件等規範，由考試院定之。

施12. 本法第11條之1第2項所稱各機關機要人員進用之規範，由銓敘部擬訂辦法，報請考試院核定之。

第12條 （刪除）

第13條 **考試及格人員之任用，依下列規定：**

一、高等考試之一級考試或特種考試之一等考試及格者，取得薦任第九職等任用資格。

二、高等考試之二級考試或特種考試之二等考試及格者，取得薦任第七職等任用資格。

三、高等考試之三級考試或特種考試之三等考試及格者，取得薦任第六職等任用資格。

四、普通考試或特種考試之四等考試及格者，取得委任第三職等任用資格。

五、初等考試或特種考試之五等考試及格者，取得委任第一職等任用資格。

中華民國85年1月17日公務人員考試法修正施行前，考試及格人員之任用，依下列規定：

一、特種考試之甲等考試及格者，取得簡任第十職等任用資格。初任人員於三年內，不得擔任簡任主管職務。

二、高等考試或特種考試之乙等考試及格者，取得薦任第六職等任用資格。高等考試按學歷分一、二級考試者，其及格人員分別取得薦任第七職等、薦任第六職等任用資格。

三、普通考試或特種考試之丙等考試及格者，取得委任第三職等任用資格。

四、特種考試之丁等考試及格者，取得委任第一職等任用資格。

第1項第1款至第3款及第2項第1款、第2款各等級考試及格人員，無相當職等職務可資任用時，得先以低一職等任用。

第1項及第2項各等級考試職系及格者，取得該職系之任用資格。

第1項及第2項各等級考試及格人員，得予任用之機關及職系等範圍，依各該考試及任用法規之限制行之。

第13條之1 在本法施行前經依法考試及格或依法銓敘合格實授者，取得與擬任職務性質相近、程度相當之任用資格。

前項依法考試及格人員考試類科適用職系，由銓敘部會同考選部定之。

依公務人員考試法規辦理之考試，其考試類科未列明職系者，依前項規定定其考試類科適用職系。

第14條 職系、職組及職系說明書，由考試院定之。

第15條 **升官考試及格人員之任用，依下列規定：**

一、雇員升委任考試及格者，取得委任第一職等任用資格。

二、委任升薦任考試及格者，取得薦任第六職等任用資格。

三、薦任升簡任考試及格者，取得簡任第十職等任用資格。

施15. 本法第15條所稱升官等考試及格人員，指依公務人員升官等考試法及公務人員升等考試法所舉行之考試及格人員。

第16條 高等考試或相當高等考試以上之特種考試及格人員，曾任行政機關人員、公立學校教育人員或公營事業人員服務成績優良之年資，除依法令限制不得轉調者外，於相互轉任性質程度相當職務時，得依規定採計提敘官、職等級；其辦法由考試院定之。

施16. 本法第16條所稱相當高等考試以上之特種考試及第17條第2項第1款所稱相當高等考試之特種考試之特種考試，包括下列考試：

一、中華民國51年8月29日考試法修正施行前各種相當高等考試等級之考試。

二、中華民國75年1月24日考試法廢止前之特種考試甲等及乙等考試。

三、中華民國85年1月17日公務人員考試法修正施行前之特種考試甲等及乙等考試。

四、特種考試之一等、二等及三等考試。

五、交通事業人員高員級考試。

本法第16條所稱行政機關人員、公立學校教育人員或公營事業人員，於相互轉任時，得採計年資提銓官、職等級之辦法，由銓敘部會同行政院人事行政總處擬訂，報請考試院核定之。

第17條 **公務人員官等之晉升，應經升官等考試及格。**

經銓敘部銓敘審定合格實授現任薦任第九職等職務人員，具有下列資格之一，且其以該職等職務辦理之年終考績最近三年二年列甲等、一年列乙等以上，並已晉敘至薦任第九職等本俸最高級後，再經晉升簡任官等訓練合格者，取得升任簡任第十職等任用資格：

一、經高等考試、相當高等考試之特種考試或公務人員薦任升官等考試、薦任升等考試或於本法施行前經分類職位第六職等至第九職等考試或分類職位第六職等升等考試及格，並任合格實授薦任第九職等職務滿三年。

二、經大學或獨立學院以上學校畢業，並任合格實授薦任第九職等職務滿六年。

前項公務人員如有特殊情形或係駐外人員，報經主管機關核准，得先予調派簡任職務，並於一年內或回國服務後一年內補訓合格，不受應先經升官等訓練，始取得簡任任用資格之限制。

前項應予補訓人員，如未依規定補訓或補訓成績不合格，應予撤銷簡任任用資格，並回任薦任職務，不適用第18條第1項第2款之規定，且均不得再依前項規定調派簡任職務。

薦任第九職等職務人員經參加晉升簡任官等訓練不合格或廢止受訓資格，須至第9項辦法所定得再參加該訓練之年度時，始得依第3項規定調派簡任職務。

經銓敘部銓敘審定合格實授現任委任第五職等職務人員，具有下列資格之一，且其以該職等職務辦理之年終考績最近三年二年列甲等、一年列乙等以上，並已晉敘至委任第五職等本俸最高級後，再經晉升薦任官等訓練合格者，取得升任薦任第六職等任用資格：

一、經普通考試、相當普通考試之特種考試或相當委任第三職等以上之銓定資格考試或於本法施行前經分類職位第三職等至第五職等考試及格，並任合格實授委任第五職等職務滿三年。

二、經高級中等學校畢業，並任合格實授委任第五職等職務滿十年，或專科學校畢業，並任合格實授委任第五職等職務滿八年，或大學、獨立學院以上學校畢業，並任合格實授委任第五職等職務滿六年。

前項升任薦任官等人員，以擔任職務列等最高為薦任第七職等以下之職務為限。但具有碩士以上學位且最近五年薦任第七職等職務年終考績四年列甲等、一年列乙等以上者，得擔任職務列等最高為薦任第八職等以下職務。

依公務人員考績法相關法規規定不得作為晉升職等及在同官等內調任低職等職務仍以原職等任用之考績、年資，均不得作為第2項及第6項規定之考績、年資。

第2項及第6項晉升官等訓練期間、實施方式、受訓資格、名額分配與遴選、成績考核、延訓、停訓、免訓、廢止受訓資格、保留受訓資格、訓練費用及有關事項之辦法，由考試院定之。

施17. 經銓敘部銓敘審定合格實授後，而未取得較高官等任用資格前，依法調任較高官等機要人員、技術人員或派用職務人員，其以較高官等參加考績或考成等次，准予比照原銓敘審定合格實授職等考績等次合併計算，依公務人員考績法第11條第1項規定，按年核算取得高一職等任用資格；於取得薦任第九職等或委任第五職等資格後，所餘考績及年資，得比照合併計算為本法第17條第2項或第6項規定之考績及年資。

本法第17條第6項第1款所稱相當普通考試之特種考試，包括下列考試：

一、中華民國51年8月29日考試法修正施行前各種相當普通考試等級之考試。

二、中華民國75年1月24日考試法廢止前之特種考試丙等考試。

三、中華民國85年1月17日公務人員考試法修正施行前之特種考試丙等考試。

四、特種考試之四等考試。

五、交通事業人員員級考試。

本法第17條第7項所稱薦任第七職等職務年終考績，指經銓敘部銓敘審定合格實授薦任第七職等職務人員，擔任該職等職務全年辦理之年終考績。

施18. 依本法第17條第4項規定撤銷簡任任用資格回任薦任職務人員，其任簡任職務期間之職務行為，不失其效力；業已依規定支付之俸給及其他給付，不予追還。

本法第28條第5項及前項所稱其他給付，指俸給以外之其他依規定支付之現金給付。

第18條 現職公務人員調任，依下列規定：

一、簡任第十二職等以上人員，在各職系之職務間得予調任；其餘各職等人員在同職組各職系及曾經銓敘審定有案職系之職務間得予調任。

二、經依法任用人員，除自願者外，不得調任低一官等之職務。自願調任低官等人員，以調任官等之最高職等任用。

三、在同官等內調任低職等職務，除自願者外，以調任低一職等之職務為限，均仍以原職等任用，且機關首長及副首長不得調任本機關同職務列等以外之其他職務，主管人員不得調任本單位之副主管或非主管，副主管人員不得調任本單位之非主管。但有特殊情形，報經總統府、主管院或國家安全會議核准者，不在此限。

前項人員之調任，必要時，得就其考試、學歷、經歷或訓練等認定其職系專長，並得依其職系專長調任。

考試及格人員得予調任之機關及職系等範圍，依各該考試及任用法規之限制行之。

現職公務人員調任時，其職系專長認定標準、再調任限制及有關事項之辦法，由考試院定之。

施19. 本法第18條第1項第1款所稱簡任第十二職等以上人員，指經銓敘部銓敘審定合格實授簡任第十二職等以上之人員。

本法第18條第1項第3款所稱以調任低一職等之職務為限，指擬任職務之最高列等較原任職務之最高列等低一職等時，始得予調任。所稱同職務列等之職務，指職務列等相同或職務之最高列等相同之職務。所稱本單位之非主管，包括本單位內次級之主管及副主管職務。

本法第18條第2項所稱得就其考試、學歷、經歷或訓練等認定其職系專長，並得依其職系專長調任，指現職人員除得在同職組各職系及曾經銓敘審定有案職系之職務間調任外，如有與擬調任職務性質相近程度相當之考試、學歷、經歷或訓練者，亦得予調任。

本法第18條第4項所稱現職公務人員調任時，其職系專長認定標準、再調任限制及有關事項之辦法，由銓敘部擬訂，報請考試院核定之。

第18條之1 各機關職務，依職務列等表規定列二個或三個職等者，初任該職務人員應自所列最低職等任用。但未具擬任職務最低職等任用資格者，依第9條第3項規定辦理；已具較高職等任用資格者，仍以敘至該職務所列最高職等為限。

調任人員，依第18條第1項第2款及第3款規定辦理。

再任人員所具任用資格高於職務列等表所列該職務最低職等時，依職務列等表所列該職務所跨範圍內原職等任用。但以至所跨最高職等為限。

第19條 （刪除）

第20條 **初任各官等人員，未具與擬任職務職責程度相當或低一職等之經驗六個月以上者，應先予試用六個月，並由各機關指派專人負責指導。試用期滿成績及格，予以實授；試用期滿成績不及格，予以解職。**

試用人員於試用期間有下列情事之一者，應為試用成績不及格：

一、有公務人員考績法相關法規所定年終考績得考列丁等情形之一。

二、有公務人員考績法相關法規所定一次記一大過以上情形之一。

三、平時考核獎懲互相抵銷後，累積達一大過以上。

四、曠職繼續達二日或累積達三日。

五、其他不適任情形有具體事實。

前項第五款所定不適任情形，應就其工作表現、忠誠守法、品行態度、發展潛能、體能狀況等項目予以考核，並將其具體事實詳實記載。

試用人員於試用期滿時，由主管人員考核其成績，經機關首長核定後，依送審程序，送銓敘部銓敘審定；其試用成績不及格者，於機關首長核定前，應先送考績委員會審查。

考績委員會對於試用成績不及格案件有疑義時，得調閱有關平時試用成績紀錄及案卷，或查詢有關人員。試用成績不及格人員得向考績委員會陳述意見及申辯。

試用成績不及格人員，自機關首長核定之日起解職，並自處分確定之日起執行，未確定前，應先行停職。

試用人員不得充任各級主管職務。

試用人員於試用期間不得調任其他職系職務。

施20. 試用人員有本法第20條第2項第1款、第2款或第4款情事之一者，應隨時予以考核解職；有第3款或第5款情事者，於試用期滿時予以考核解職。

本法第20條第4項所稱試用人員於試用期滿時，由主管人員考核其成績，經機關首長核定後，依送審程序，送銓敘部銓敘審定，指試用人員於試用期滿時，由主管人員考核其成績，填寫試用人員成績考核表依程序經機關首長核定後，機關應填具公務人員試用期滿成績銓敘審定書表，依送審程序，送銓敘部銓敘審定。

本法第20條第5項所陳述意見及申辯，機關應以書面通知當事人以書面或言詞為之，並列入考績委員會議紀錄。

試用人員在試用期間職務有變動時，前後同官等年資得合併計算。如不在同一機關者，應向原機關調取試用成績考核紀錄，合併核定其試用成績。

已具較高官等任用資格而以較低官等任用人員，免予試用。

本法第20條第6項所稱自機關首長核定之日起解職，指機關首長於核定試用人員成績不及格時，應同時核定發布其解職令。所稱自處分確定之日起執行，指試用成績不及格人員自收受解職令之次日起三十日內，未依法提起復審，自期滿之次日起執行；或收受復審決定書之次日起二個月內，未依法向該管司法機關請求救濟，自期滿之次日起執行；或向該管司法機關請求救濟，經判決確定之日起執行。所稱未確定前，應先行停職，指試用成績不及格人員自收受解職令之次日起，停止其職務。

第21條 除法律另有規定外，各機關不得指派未具第9條資格之人員代理或兼任應具同條資格之職務。

第22條 **各機關不得任用其他機關人員。如業務需要時，得指名商調之。但指名商調考試及格人員時，仍應受第13條第5項及第18條第3項規定之限制。**

高等考試各等級考試、普通考試、初等考試、特種考試地方政府公務人員考試、公務人員特種考試身心障礙人員考試及公務人員特種考試原住民族考試（以下簡稱原住民族特種考試）及格，依各該考試法規受有轉調機關限制人員，同時具有下列各款規定情形者，為親自養育三足歲以下子女，得於限制轉調期間內，調任至該子女實際居住地之直轄市或縣（市）之其他機關服務，不受原轉調機關範圍之限制，並以調任一次為限：

一、因現職機關所在地與三足歲以下子女實際居住地未在同一直轄市、縣（市），有證明文件。

二、實際任職達公務人員考試法所定限制轉調期間三分之一以上。

各機關依前項規定商調公務人員前，應就其子女年齡及實際居住地查明符合規定後，始得辦理指名商調。原服務機關就該指名商調應優先考量。

依第二項規定調任之人員於各該考試法規所定原限制轉調期間內再轉調時，以調任至原指名商調機關之主管機關及其所屬機關、原考試法規得任用之機關為限。

施21. 本法第22條所稱如業務需要時，得指名商調之，指各機關職務出缺，如因業務需要，需任用其他機關人員時，應經該機關依公務人員陞遷法規規定辦理後，詳細敘明擬調人員之職稱、姓名及擬任之職務，函商原服務機關同意，始得調用。

第23條 各機關現職人員，在本法施行前，經依其他法律規定取得任用資格者，或擔任非臨時性職務之派用人員，具有任用資格者，予以改任；其改任辦法，由考試院定之。

前項人員，原敘等級較其改任後之職等為高者，其與原敘等級相當職等之任用資格，仍予保留，俟將來調任相當職等之職務時，再予回復。

第24條 **各機關擬任公務人員，經依職權規定先派代理，限於實際代理之日起三個月內送請銓敘部銓敘審定。但確有特殊情形未能依限送審者，應報經銓敘部核准延長，其期限除另有規定者從其規定外，最多再延長以二個月為限，經銓敘審定不合格者，應即停止其代理。**

施21-1. 現職人員經公務人員考試錄取分配訓練，具擬任職務法定任用資格者，得由權責機關函商原服務機關同意，依本法第24條規定先派代理，並依限送審。

第24條之1 各機關主管之人事人員對於試用及擬任人員之送審，應負責查催，並主動協助於前條所定期限內送銓敘部銓敘審定。逾限不送審者，各該機關得予停止代理。試用及擬任人員依限送審並經銓敘審定者，自其實際到職或代理之日起算試用期間及任職年資，未依限送審而可歸責於當事人者，自各該機關送審之日起算其試用期間及任職年資。如因人事人員疏誤者，各機關應查明責任予以懲處，並送銓敘部備查。

公務人員經依前項規定程序銓敘審定後，如有不服，得依公務人員保障法提起救濟；如有顯然錯誤，或有發生新事實、發現新證據等行政程序再開事由，得依行政程序法相關規定辦理。

施22. 各機關擬任人員送審，應填具擬任人員送審書表，連同公務人員履歷表、學經歷證明文件及服務誓言，送銓敘部銓敘審定。

前項送審程序，由銓敘部定之。

經銓敘審定合格之現任各官等人員，調任同官等職務，應依送審程序，送銓敘部辦理動態登記。如係調任不同職等者，應檢附有關證件，其為同官等內調任低一職等職務人員時，並應敘明充分具體理由，未敘明者，銓敘部得依原送審程序，退還原送審機關重行辦理。

施23. 公務人員送審經銓敘部銓敘審定後，如發現有偽造、變造證件或虛偽證明等情事者，除將原案撤銷外，並送司法機關處理。

施24. 公務人員有本第24條之1第2項規定之行政程序再開事由，應填具公務人員任用或俸給案申請更正或變更送核書表，依送審程序向銓敘部提出申請。

第25條 各機關初任簡任、薦任、委任官等公務人員，經銓敘部銓敘審定合格後，呈請總統任命。

施25. 本法第25條所稱初任簡任、薦任、委任官等公務人員，呈請總統任命，指初任各該官等人員，經銓敘部銓敘審定合格後，由銓敘部呈請總統任命。

第26條 **各機關長官對於配偶及三親等以內血親、姻親，不得在本機關任用，或任用為直接隸屬機關之長官。對於本機關各級主管長官之配偶及三親等以內血親、姻親，在其主管單位中應迴避任用。**

應迴避人員，在各該長官接任以前任用者，不受前項之限制。

施26. 本法第26條所稱三親等以內血親、姻親，依民法親屬編第一章通則之規定。

第26條之1 **各機關首長於下列期間，不得任用或遷調人員：**

一、自退休案核定之日起至離職日止。
二、自免職、調職或新職任命令發布日起至離職日止。
三、民選首長，自次屆同一選舉候選人名單公告之日起至當選人名單公告之日止。但競選連任未當選或未再競選連任者，至離職日止。
四、民意機關首長，自次屆同一民意代表選舉候選人名單公告之日起至其首長當選人宣誓就職止。
五、參加公職選舉者，自選舉候選人名單公告之日起至離職日止。但未當選者，至當選人名單公告之日止。
六、憲法或法規未定有任期之中央各級機關政務首長，於總統競選連任未當選或未再競選連任時，自次屆該項選舉當選人名單公告之日起至當選人宣誓就職止。地方政府所屬機關政務首長及其同層級機關首長，於民選首長競選連任未當選或未再競選連任時，亦同。
七、民選首長及民意機關首長受罷免者，自罷免案宣告成立之日起至罷免投票結果公告之日止。
八、自辭職書提出、停職令發布或受免除職務、撤職、休職懲戒處分判決確定之日起至離職日止。
九、其他定有任期者，自任期屆滿之日前一個月起至離職日止。但連任者，至確連任之日止。

駐外人員之任用或遷調，必要時，得不受前項規定之限制。

考試及格人員分發任用，不受第1項規定之限制。

第1項規定期間內，機關出缺之職務，得依規定由現職人員代理。

第27條 已屆限齡退休人員，各機關不得進用。

第28條 有下列情事之一者，不得任用為公務人員：

一、未具或喪失中華民國國籍。
二、具中華民國國籍兼具外國國籍。但本法或其他法律另有規定者，不在此限。
三、動員戡亂時期終止後，曾犯內亂罪、外患罪，經有罪判決確定或通緝有案尚未結案。
四、曾服公務有貪污行為，經有罪判決確定或通緝有案尚未結案。
五、犯前二款以外之罪，判處有期徒刑以上之刑確定，尚未執行或執行未畢。但受緩刑宣告者，不在此限。
六、曾受免除職務懲戒處分。
七、依法停止任用。
八、褫奪公權尚未復權。
九、經原住民族特種考試及格，而未具或喪失原住民身分。但具有其他考試及格資格者，得以該考試及格資格任用之。
十、依其他法律規定不得任用為公務人員。
十一、受監護或輔助宣告，尚未撤銷。

前項第二款具中華民國國籍兼具外國國籍者，無法完成喪失外國國籍及取得證明文件，係因該外國國家法令致不得放棄國籍，且已於到職前依規定辦理放棄外國國籍，並出具書面佐證文件經外交部查證屬實，仍得任用為公務人員，並以擔任不涉及國家安全或國家機密之機關及職務為限。

前項涉及國家安全或國家機密之機關及職務，於本法施行細則定之。

公務人員於任用後，有第一項第一款至第十款情事之一，或於任用時，有第一項第二款情事，業依國籍法第20條第4項規定於到職前辦理放棄外國國籍，而未於到職之日起一年內完成喪失該國國籍及取得證明文件，且無第二項情形者，應予免職；有第十一款情事者，應依規定辦理退休或資遣。任用後發現其於任用時有第一項各款情事之一者，應撤銷任用。

前項人員任職期間之職務行為，不失其效力；業已依規定支付之俸給及其他給付，不予追還。但經依第一項第二款情事撤銷任用者，應予追還。

第28條之1 公務人員因育嬰、侍親、進修及其他情事，經機關核准，得留職停薪，並於原因消失後回職復薪。

公務人員留職停薪辦法，由考試院會同行政院定之。

第29條 （刪除）

第30條 各機關任用人員，違反本法規定者，銓敘部應通知該機關改正，並副知審計機關，不准核銷其俸給；情節重大者，應報請考試院逕予降免，並得核轉監察院依法處理。

第31條 依法應適用本法之機關，其組織法規與本法牴觸者，應適用本法。

第32條 司法人員、審計人員、主計人員、關務人員、外交領事人員及警察人員之任用，均另以法律定之。

但有關任用資格之規定，不得與本法牴觸。

施28. 本法第32條所規定之司法人員、審計人員、主計人員、關務人員、外交領事人員及警察人員之任用法律，不得與本法有關任用資格之規定牴觸，如有牴觸適用本法。

第33條 教育人員、醫事人員、交通事業人員及公營事業人員之任用，均另以法律定之。

第33條之1 中華民國八十年十一月一日公布之技術人員任用條例（以下簡稱該條例）廢止後，原依該條例銓敘審定有案之人員，除適用醫事人員人事條例規定辦理改任者外，依下列規定辦理：

一、原依該條例第5條第1項規定銓敘審定有案之人員，改依本法任用。

二、原依該條例第5條第3項規定銓敘審定有案之人員，仍繼續任用。但不得轉調其他職系及公立醫療機構以外之醫療行政職務。

三、原依該條例第10條規定銓敘審定以技術人員任用之人員，仍繼續以技術人員任用，並得在同官等範圍內晉升職等及調任技術職系職務；其官等之晉升，應經升官等考試及格。

第34條 經高等考試、普通考試或特種考試及格之專門職業及技術人員轉任公務人員，另以法律定之。

第35條 蒙藏邊區人員任用條例（以下簡稱蒙藏任用條例）廢止後，原依法銓敘審定以蒙藏邊區人員任用之現職人員，得適用原蒙藏任用條例繼續任用至退休或離職時為止。但以調任中央各機關為限。

第36條 各機關以契約定期聘用之專業或技術人員，其聘用另以法律定之。

第36條之1 派用人員派用條例（以下簡稱派用條例）廢止後，原依派用條例銓敘審定有案之現職人員，依下列規定辦理：

一、臨時機關派用人員：

(一) 具所敘官等職等任用資格者，改依本法或原適用之任用法規任用。

(二) 未具所敘官等職等任用資格者，於派用條例廢止之日起九年內，得適用原派用條例及其施行細則繼續派用，並自派用條例廢止滿九年之翌日起，留任原職稱原官等之職務至離職時為止。

二、臨時專任職務派用人員，於派用條例廢止之日起九年內，得適用原派用條例等相關規定繼續派用至派用期限屆滿時為止，並自派用條例廢止滿九年之翌日起，留任原職稱原官等之職務至派用期限屆滿時為止。派用期限屆滿不予延長時，應辦理退休或資遣。但機關基於業務需要，認有延長之必要，得酌予延長，每次不得逾三年。

三、派用條例廢止前已由派用機關改制為任用機關，依各該組織法規留任或繼續派用之派用人員，仍依原有之組織法規辦理。

第1項第1款所定臨時機關，應於派用條例廢止之日起三年內，修正組織法規為任用機關。

派用條例廢止後，各機關組織法規與本條規定不符者，應依本條規定辦理。

第37條 雇員管理規則，由考試院定之。
前項規則適用至中華民國86年12月31日止。期限屆滿仍在職之雇員，得繼續僱用至離職為止。
本條文修正施行後，各機關不得新進雇員。

第38條 **本法除第26條、第26條之1及第28條規定外，於政務人員不適用之。**

第39條 本法施行細則，由考試院定之。

第40條 本法施行日期，由考試院以命令定之。
本法修正條文，自公布日施行。
本法中華民國98年12月15日修正之條文，自98年11月23日施行。
本法中華民國99年7月13日修正之第29條條文，自100年1月1日施行。

公務人員陞遷法（民國112年5月17日修正公布）★★

第1條 公務人員之陞遷，依本法行之。但法律另有規定者，從其規定。

第2條 **公務人員之陞遷，應本人與事適切配合之旨，考量機關特性與職務需要，依功績原則，兼顧內陞與外補，採公開、公平、公正方式，擇優陞任，遷調歷練，以拔擢及培育人才。**

第3條 本法以各級政府機關及公立學校（以下簡稱各機關）組織法規中，除政務人員及機要人員外，定有職稱及依法律任用、派用之人員為適用對象。

第4條 **本法所稱公務人員之陞遷，指下列情形之一者：**

一、陞任較高之職務。

二、非主管職務陞任或遷調主管職務。

三、遷調相當之職務。

施2. 本法第4條第1款所稱陞任較高之職務，指依法陞任較高職務列等之職務。其職務如跨列二個以上職等時，以所列最高職等高者，為較高之職務；所列最高職等相同時，以所列最低職等高者，為較高之職務。
本法第4條第2款所稱非主管職務陞任或遷調主管職務，指非主管依法陞任較高職務列等之主管職務或調任同一陞遷序列之主管職務。
本法第4條第3款所稱遷調相當之職務，指依公務人員任用法律調任相當列等之職務。

第5條 各機關職務出缺時，除依法申請分發考試及格或依本法得免經甄審（選）之職缺外，應就具有該職務任用資格之人員，本功績原則評定陞遷。

各機關職缺如由本機關人員陞遷時，應辦理甄審。

各機關職缺如由本機關以外人員遞補時，除下列人員外，應公開甄選：

一、因配合政府政策或修正組織編制須安置、移撥之人員。

二、職務列等、稱階、等階、級別（以下簡稱職務列等）相同且職務相當，並經各該權責機關甄審委員會同意核准二人以上相互間調任之人員。

三、依主管機關所定遷調法令，實施遷調之駐外人員。

因機關組織調整或基於業務需要，非自願性經權責機關核定改派較低職務者，於再調任本機關或隸屬於同一主管機關之他機關與改派前相當之職務時，得免經甄審（選），且不受第12條第1項第7款規定之限制。但因業務需要，非自願性經權責機關核定改派較低職務者，於免經甄選再調任隸屬於同一主管機關之他機關與改派前相當之職務時，應經主管機關、其授權之所屬機關或其他權責機關核准。

施3. 本法第5條第2項所定各機關職缺如由本機關人員陞遷時，應辦理甄審，同條第3項所定如由本機關以外人員遞補時，應公開甄選，各機關人事單位於辦理陞遷前，應依本法第2條所定原則，簽報機關首長決定職缺擬辦內陞或外補後再行辦理。如擬外補，應將職缺之機關名稱、職稱、職系、職等、辦公地點、報名規定及所需資格條件等資料於報刊或網路公告三日以上；期間之計算，依行政程序法之規定。

本法第5條第3項第2款所稱職務列等、稱階、等階、級別相同且職務相當，並經各該權責機關甄審委員會同意核准二人以上相互間調任之人員，指一般公務人員間之職務列等、關務人員間之職務稱階、海岸巡防及消防機關列警察官人員間之職務等階、醫事人員間之職務級別相同，且同為主管、同為副主管或同為非主管職務人員，經當事人敘明理由，報經各該任免權責機關首長交付各該任免權責機關或當事人服務機關之甄審委員會同意後，依程序報請各該任免權責機關首長同意調任者。

各機關辦理公開甄選，除正取名額外，得增列候補名額，其名額不得逾職缺數二倍，並以依序遞補原公開甄選職缺或職務列等相同、性質相近之職缺為限；候補期間最長為五個月，自甄選結果確定之翌日起算。

前項候補之名額及期間，應同時於第1項公告內載明。

本法第5條第4項但書所稱其他權責機關，指鄉（鎮、市）公所、直轄市山地原住民區公所、鄉（鎮、市）民代表會及直轄市山地原住民區民代表會。

第6條 各機關應依職務高低及業務需要，訂定陞遷序列表，並得區別職務性質，分別訂定。

各機關職缺由本機關人員陞遷時，應依陞遷序列逐級辦理陞遷。如同一序列中人數眾多時，得按人員銓敘審定之職等、官稱官階、官等官階、級別高低依序辦理。但次一序列中無適當人選時，得由再次一序列人選陞任。

前項規定，於其他法律另有規定者，從其規定。

施4. 各機關依本法第6條第1項規定陞遷序列表時，應依下列規定辦理：

一、職務列等相同者，應列為同一序列。但職務列等相同之主管與非主管職務或具職務歷練先後順序職務，得列為不同序列。

二、職務所列最高職等相同者，得視業務需要列為同一序列。但職務所列最高職等相同之主管或副主管職務，除應業務特殊需要，由主管機關核准外，不得與非主管職務列為同一序列。

三、實施國內外駐區互調之相當職務，得視業務需要列為同一序列。

各機關依前項規定訂定之陞遷序列表，除本法另有規定外，不得就同一序列職務另訂陞任資格條件。

本法第6條第2項所稱如同一序列中人數眾多時，得按人員銓敘審定之職等、官稱官階、官等官階、級別高低依序辦理，指各機關職缺由本機關人員陞遷，同一序列中人數眾多時，得按一般公務人員銓敘審定之職等、關務人員銓敘審定之官稱官階、海岸巡防及消防機關列警察官人員銓敘審定之官等官階、醫事人員銓敘審定之級別高低依序辦理陞遷作業。

本法第6條第2項但書所稱次一序列中無適當人選，指次一序列具有擬陞任職務任用資格人員均經甄審委員會評定為非適當人選，或均經書面或其他足以確認之方式聲明不參加該職務之陞任甄審並經機關首長同意，或次一序列均未具有擬陞任職務任用資格人員。

第7條 各機關辦理本機關人員之陞任，應注意其品德及對國家之忠誠，並依擬陞任職務所需知能，就考試、學歷、職務歷練、訓練、進修、年資、考績（成）、獎懲、發展潛能及綜合考評等項目，訂定標準，評定分數，並得視職缺之職責程度及業務性質，對具有重大殊榮、工作表現、特定語言能力、基層服務年資或持有職業證照者酌予加分。必要時，得舉行面試或測驗。如係主管職務，並應評核其領導能力。

依前項所評定之積分有二人以上相同時，以職務歷練及發展潛能積分較高者，排序在前。

第一項標準，由各主管院本功績原則訂定；各主管院得視實際需要授權所屬機關依其業務特性定之。

各機關辦理本機關人員之遷調，得參酌第一項規定，自行訂定資格條件之審查項目。

各機關職缺擬由本機關以外人員遞補時，應訂定資格條件、甄選及評比方式辦理之。

各機關辦理外補時，如有機關首長或主管等人員評核之綜合考評項目，該項配分比率不得超過第一項各主管院或其授權機關訂定之綜合考評標準。

施5. 本法第7條第4項所稱標準由各主管院訂定，指由行政院、立法院、司法院、考試院及監察院分別訂定。

總統府及國家安全會議準用前項之規定。

訂定第1項標準時，應依機關業務性質、職務特性或任用層級，就各項目分別訂定評定因素、評分標準及最高分數，並以一百分為滿分，其中考試、學歷及年資三項配分比率合計，除應業務特殊需要外，以不逾百分之十二為限。

本法第7條第5項所稱甄選方式，指以面試、測驗或書面審查等方式辦理甄選。同條項所稱評比方式，指據以排定候選人員名次之評核項目；其評核項目得由機關參酌同條第1項規定之項目或職務所需資格條件等訂定之。

第8條 各機關辦理公務人員之陞遷，除鄉（鎮、市）民代表會及直轄市山地原住民區民代表會外，應組織甄審委員會，辦理甄審（選）相關事宜。

本機關同一序列各職務間之調任，得免經甄審程序。

本機關同一序列各職務間之調任，得免經甄審程序。

施6. 本法所稱主管機關為中央二級或相當二級以上機關、直轄市政府、直轄市議會、縣（市）政府及縣（市）議會。

施7. 各機關依本法第八條第一項規定組織甄審委員會，應置委員五人至二十三人，組成時委員任一性別比例不得低於三分之一。但本機關人員任一性別比例未達三分之一，委員任一性別人數以委員總人數乘以該性別人員占本機關人員比例計算，計算結果均予以進整，該性別人員人數在二十人以上者，至少二人。

前項委員除人事主管人員為當然委員及第五項所規定之票選委員外，餘由機關首長就本機關人員中指定之，並指定一人為主席，主席因故未能出席會議者，得由主席就委員中指定一人代理會議主席。委員之任期一年，期滿得連任。

前項當然委員得由組織法規所定兼任人事主管人員擔任；指定委員得由機關首長就組織法規所定本機關兼任之副首長及一級單位主管指定之。

各主管機關已成立公務人員協會者，其甄審委員會指定委員中應有一人為該協會之代表；其代表之指定應經該協會推薦本機關具協會會員身分者三人，由機關首長圈選之。但該協會拒絕推薦者，不在此限。

第一項委員，每滿四人應有二人由本機關人員票選產生之。本機關人員得自行登記或經本職單位推薦為票選委員候選人。

前項票選委員之選舉，採普通、平等、直接及無記名投票法行之，並得採分組、間接、通訊等票選方式行之，辦理票選作業人員應嚴守秘密；其採分組、間接方式票選時，應嚴守公平、公正原則。

甄審委員會應有全體委員過半數之出席，始得開會；出席委員半數以上同意，始得決議。可否均未達半數時，主席可加入任一方以達半數同意。

前項出席委員應行迴避者，於決議時不計入該案件之出席人數。

甄審委員會審議案件有疑義時，得調閱有關資料，必要時並得通知參與陞遷人員、有關人員或其單位主管到會備詢，詢畢退席。

甄審委員會必要時得與考績委員會合併之。但依本法第8條第4項規定統籌辦理下級機關人員陞遷甄審（選）之機關，不得合併。

施8. 本法第8條第2項所稱本機關同一序列各職務間之調任，得免經甄審程序，指在本機關陞遷序列表中同一序列各職務間之調任，機關首長得逕予核定，毋須辦理甄審。

本法第8條第4項所稱由上級機關統籌辦理，不受第1項之限制，指下級機關免組織甄審委員會，由其上級機關統籌辦理甄審（選）相關事宜；該上級機關與下級機關視為同一機關，其甄審委員會組成，依前條規定辦理。上級機關之陞遷序列表並應包含該下級機關職務。

施9. 甄審委員會辦理下列事項：

一、陞遷候選人員資績評分或資格條件之審查。

二、面試及測驗方式之決定。

三、陞遷候選人員名次或遴用順序之排定。

四、機關首長交議事項之研議。

五、其他有關陞遷甄審事項。

六、其他法規明定交付審議事項。

第9條　<u>各機關辦理公務人員之陞遷，應由人事單位就具有擬陞遷職務任用資格人員，分別情形，依積分高低順序或資格條件造列名冊，並檢同有關資料，報請本機關首長交付甄審委員會評審後，依程序報請機關首長就前三名中圈定陞補之；如陞遷二人以上時，就陞遷人數之二倍中圈定陞補之。本機關具擬陞任職務任用資格人員，經書面或其他足以確認之方式聲明不參加該職務之陞任甄審時，得免予列入當次陞任甄審名冊。</u>

機關首長對前項甄審委員會報請圈定陞遷之人選有不同意見，退回重行依本法相關規定改依其他甄選方式辦理陞遷事宜時，應加註理由。

施10. 本法第9條第1項所稱應由人事單位就具有擬陞遷職務任用資格人員，分別情形，依積分高低順序或資格條件造列名冊，指各機關辦理公務人員陞遷，人事單位應依下列情形造列名冊：

一、辦理本機關人員陞任時，就具有任用資格人員，依本法第7條所定標準，核計分數後，依積分高低造列。

二、辦理本機關以外人員公開甄選時，依符合公開甄選人員所具資格條件或積分高低造列。

三、辦理本機關人員遷調時，依本法相關規定，核計分數或依其所具資格條件高低造列。

前項名冊由人事單位報請機關首長交付甄審委員會評審；甄審委員會評審後，提出候選人員名次或遴用順序，報請機關首長圈定之。

本法第9條第2項所稱改依其他甄選方式辦理陞遷事宜，指如由本機關人員陞遷與由本機關以外人員遞補之改變，或增列舉行面試或測驗方式等依本法規定辦理之事項。

第10條 各機關下列職務，得免經甄審（選），由本機關或其上級機關首長逕行核定，不受第12條第1項第7款規定之限制：

一、機關首長、副首長。

二、幕僚長、副幕僚長。

三、機關內部一級單位主管職務。

四、機關內部較一級業務單位主管職務列等為高之職務。

五、駐外機構簡任第十二職等以上職務。

擔任前項各款職務人員，依公務人員任用法律規定再調任其他職務，得免經甄審（選）程序。但屬第4條規定陞任情形者，除本法另有規定外，應辦理甄審（選）。

第11條 各機關下列人員無第12條第1項各款情事之一，且具有陞任職務任用資格者，得經甄審委員會同意優先陞任：

一、最近三年內曾獲頒功績獎章、楷模獎章或專業獎章。

二、最近三年內經核定一次記二大功辦理專案考績（成）有案。

三、最近三年內曾當選模範公務人員。

四、最近五年內曾獲頒勳章、公務人員傑出貢獻獎個人獎。

五、經公務人員考試及格分發，先以較所具資格為低之職務任用。

六、依其他法律規定具有得優先陞任條件。

合於前項得優先陞任條件有二人以上時，如有第五款情形應優先陞任，餘依陞任標準評定積分後，擇優陞任；其構成該條件之事實，以使用一次為限。同時兼具有兩款以上者亦同。

第一項第一款之專業獎章不含依服務年資頒給者。

五、經公務人員考試及格分發，先以較所具資格為低之職務任用。

合於前項得優先陞任條件有二人以上時，如有第5款情形應優先陞任，餘依陞任標準評定積分後，擇優陞任；其構成該條件之事實，以使用一次為限。同時兼具有兩款以上者亦同。

第1項第1款之專業獎章不含依服務年資頒給者。

施11. 本法第11條第1項第4款所稱勳章，依勳章條例之規定。

本法第11條第2項所稱陞任標準，指依本法第7條訂定之標準。所稱其構成該條件之事實，以使用一次為限。同時兼具有兩款以上者亦同，指所具本法第11條第1項各款情事，經獲得優先陞任或擇優陞任後，該各款情事不論所具款項多寡，於下次陞遷時，均不再使用。

第12條 各機關下列人員不得辦理陞任：

各機關人員有下列情形之一者，不得辦理陞任：

一、最近三年內因故意犯罪，曾受有期徒刑之判決確定。但受緩刑宣告，不在此限。

二、最近二年內曾依公務員懲戒法受撤職、休職或降級之處分。

三、最近二年內曾依公務人員考績法受免職之處分。

四、最近一年內曾依公務員懲戒法受減俸或記過之處分。

五、最近一年考績（成）列丙等，或最近一年內平時考核曾受記一大過之處分。

六、最近一年內因酒後駕車、對他人為性騷擾或跟蹤騷擾，致平時考核曾受記過一次以上之處分。

七、經機關核准帶職帶薪全時訓練或進修六個月以上，於訓練或進修期間。但因配合政府重大政策，奉派參加由中

央一級機關辦理與職務相關須經學習評核，且結束後須指派擔任該項特定業務工作之六個月以上訓練或進修，不在此限。

八、**經機關核准留職停薪，於留職停薪期間。但下列情形不在此限：**

(一) **因配合政府政策或公務需要，奉派國外協助友邦工作或借調其他公務機關、公民營事業機構、法人服務，經核准留職停薪。**

(二) **育嬰留職停薪人員得於陞任之日實際任職。**

九、**依法停職期間或奉准延長病假期間。**

有前項各款情事之一者，於各機關辦理外補陞任時，亦適用之。

有前項各款情事之一者，於各機關辦理外補陞任時，亦適用之。

第13條 各機關對職務列等及職務相當之所屬人員，應配合職務性質及業務需要，實施下列各種遷調：

一、本機關內部單位主管間或副主管間之遷調。

二、本機關非主管人員間之遷調。

三、本機關主管人員與所屬機關首長、副首長或主管人員間之遷調。

四、所屬機關首長、副首長或主管人員間之遷調。

五、本機關與所屬機關間或所屬機關間非主管人員之遷調。

前項各種遷調，得免經甄審（選）；其遷調規定，由各主管機關定之。

施13. 本法第13條第1項所稱職務列等及職務相當，指職務之列等相同或均為跨列二個以上職等職務，所列最高職等相同最低職等不同，及同為主管、同為副主管或同為非主管職務。職務所列最高職等相同之單列一個職等與跨列二個以上職等職務，為應職務歷練需要，經主管機關核准，得視為本法第13條第1項所稱之職務列等相當。同條項第3款所定本機關主管人員與所屬機關副首長，得視為職務相當。

第14條 公務人員陞任高一官等之職務，應依法經陞官等訓練。

初任各官等之主管職務，應由各主管機關實施管理才能發展訓練。

施14. 本法第14條第1項所稱依法經陞官等訓練，指依公務人員任用法律規定，經晉升官等之訓練合格；第2項所稱主管職務，指依各機關組織法規所定之主管職務。

應參加主管機關實施管理才能發展訓練之人數較少時，該項訓練得由其上級機關統籌辦理。

第15條 **公務人員對本機關辦理之陞遷，如認有違法致損害其權益者，得依公務人員保障法提起救濟。**

第16條 各機關辦理陞遷業務人員，不得徇私舞弊、遺漏舛誤或洩漏秘密；其涉及本人、配偶及三親等以內血親、姻親之甄審（選）案，應行迴避。如有違反，視情節予以懲處。

施15. 本法第16條所稱各機關辦理陞遷業務人員，包括甄審委員會委員、與會人員及其他有關工作人員。

甄審委員會開會時，除工作人員外，甄審委員及與會人員均不得錄音、錄影。

依本法第16條有應行迴避之情事而不迴避者，得由與會其餘人員申請其迴避，或由主席依職權命其迴避。

施16. 各機關依本法辦理人員陞遷後，應於該員銓審案中，敘明「經○○機關甄審委員會第○次會議評審。」；如未經甄審委員會評審者，應敘明其理由及所據法規條款。

第17條 教育人員、交通事業人員及公營事業人員之陞遷，得準用本法之規定。

第18條 人事、主計及政風人員，得由各該人事專業法規主管機關依本法及施行細則規定，另訂陞遷規定實施。

軍文併用機關人員之陞遷，準用前項規定。前二項訂定之陞遷規定，應函送考試院備查。

第19條 各機關依第7條訂定之標準、第13條訂定之各種遷調規定及第17條訂定之準用規定，於訂定發布時，應函送銓敘部備查。

第20條 本法施行細則，由考試院定之。

第21條 本法自公布日施行。

公務人員俸給法（民國97年1月16日修正公布）★★

第1條 公務人員之俸給，依本法行之。

第2條 本法所用名詞意義如下：

一、本俸：係指各職等人員依法應領取之基本給與。

二、年功俸：係指各職等高於本俸最高俸級之給與。

三、俸級：係指各職等本俸及年功俸所分之級次。

四、俸點：係指計算俸給折算俸額之基數。

五、加給：係指本俸、年功俸以外，因所任職務種類、性質與服務地區之不同，而另加之給與。

第3條 公務人員之俸給，分本俸（年功俸）及加給，均以月計之。

服務未滿整月者，按實際在職日數覈實計支；其每日計發金額，以當月全月俸給總額除以該月全月之日數計算。但死亡當月之俸給按全月支給。

第4條 公務人員俸級區分如下：

一、委任分五個職等，第一職等本俸分七級，年功俸分六級，第二至第五職等本俸各分五級，第二職等年功俸分六級，第三職等、第四職等年功俸各分八級，第五職等年功俸分十級。

二、薦任分四個職等，第六至第八職等本俸各分五級，年功俸各分六級，第九職等本俸分五級，年功俸分七級。

三、簡任分五個職等，第十至第十二職等本俸各分五級，第十職等、第十一職等年功俸各分五級，第十二職等年功俸分四級，第十三職等本俸及年功俸均分三級，第十四職等本俸為一級。

本俸、年功俸之俸級及俸點，依所附俸表之規定。

第5條 加給分下列三種：

一、職務加給：對主管人員或職責繁重或工作具有危險性者加給之。

二、技術或專業加給：對技術或專業人員加給之。

三、地域加給：對服務邊遠或特殊地區與國外者加給之。

第6條 初任各官等職務人員，其等級起敘規定如下：

一、高等考試之一級考試或特種考試之一等考試及格者，初任薦任職務時，敘薦任第九職等本俸一級；先以薦任第八職等任用者，敘薦任第八職等本俸四級。

二、高等考試之二級考試或特種考試之二等考試及格者，初任薦任職務時，敘薦任第七職等本俸一級；先以薦任第六職等任用者，敘薦任第六職等本俸三級。

三、**高等考試之三級考試或特種考試之三等考試及格者，初任薦任職務時，敘薦任第六職等本俸一級；先以委任第五職等任用者，敘委任第五職等本俸五級。**

四、**普通考試或特種考試之四等考試及格者，敘委任第三職等本俸一級。**

五、**初等考試或特種考試之五等考試及格者，敘委任第一職等本俸一級。**

中華民國85年1月17日公務人員考試法修正施行前，考試及格人員，初任各官等職務時，其等級起敘規定如下：

一、特種考試甲等考試及格者，初任簡任職務時，敘簡任第十職等本俸一級；先以薦任第九職等任用者，敘薦任第九職等本俸五級。

二、高等考試之一級考試及格者，初任薦任職務時，敘薦任第七職等本俸一級；先以薦任第六職等任用者，敘薦任第六職等本俸三級。

三、高等考試之二級考試及格者，初任薦任職務時，敘薦任第六職等本俸一級；先以委任第五職等任用者，敘委任第五職等本俸五級。

四、高等考試或特種考試之乙等考試及格者，初任薦任職務時，敘薦任第六職等本俸一級；先以委任第五職等任用者，敘委任第五職等本俸五級。

五、普通考試或特種考試之丙等考試及格者，敘委任第三職等本俸一級。

六、特種考試之丁等考試及格者，敘委任第一職等本俸一級。

第7條 升官等考試及格人員初任各官等職務等級之起敘，依下列規定：

一、簡任升官等考試及格者，初任簡任職務時，敘簡任第十職等本俸一級。

二、薦任升官等考試及格者，初任薦任職務時，敘薦任第六職等本俸一級。

三、委任升官等考試及格者，初任委任職務時，敘委任第一職等本俸一級。

本法施行前經依考試法、分類職位公務人員考試法或公務人員升等考試法考試及格者，初任其考試及格職等職務時，分別自各該職等之最低俸級起敘。

第8條 試用人員俸級之起敘，依前二條規定辦理，改為實授者，仍敘原俸級。

第9條 依各種考試或任用法規限制調任之人員、專門職業及技術人員轉任公務人員條例轉任之人員，在限制轉調機關、職系或年限內，如依另具之公務人員任用資格任用時，應以其所具該公務人員任用資格重新銓敘審定俸級。

前項人員以其他任用資格於原職務改任時，應以其所具該公務人員任用資格重新銓敘審定俸級。

施3. 本法第9條所稱應以其所具該公務人員任用資格重新銓敘審定俸級，指受限制調任之公務人員，以其另具不受原調任限制之考試及格資格任用時，適用本法第6條規定，依其所另具之考試及格等級起敘俸級；如以其另具之曾經銓敘審定有案資格任用時，依該銓敘審定俸級起敘。曾任前項受限制調任之銓敘審定有案年資符合本法第17條規定者，得按年核計加級。

第10條 各機關現職人員，經銓敘合格者，應在其職務列等表所列職等範圍內換敘相當等級；其換敘辦法，由考試院定之。

第11條 依法銓敘合格人員，調任同職等職務時，仍依原俸級銓敘審定。在同官等內調任高職等職務時，具有所任職等職務任用資格者，自所任職等最低俸級起敘；如未達所任職等之最低俸級者，敘最低俸級；如原敘俸級之俸點高於所任職等最低俸級之俸點時，敘同數額俸點之俸級。在同官等內調任低職等職務以原職等任用人員，仍敘原俸級。

權理人員，仍依其所具資格銓敘審定俸級。

調任低官等職務以調任官等之最高職等任用人員，其原敘俸級如在所調任官等之最高職等內有同列俸級時，敘同列俸級；如高於所調任官等之最高職等最高俸級時，敘至年功俸最高級為止，其原敘較高俸級之俸仍予照支。

前項仍予照支原敘較高俸級俸點人員，日後再調回原任高官等職務時，其照支之俸級如在所調任職等內有同列俸級時，敘同列俸級；如高於所調任職等最高俸級時，敘至年功俸最高級為止，其原照支較高俸級之俸點仍予照支。

施4. 本法第11條第1項所稱以原職等任用人員，仍敘原俸級，指依法銓敘合格人員調任低職等職務仍以原職等任用者，仍敘其調任前經銓敘審定之俸級。

本法第11條第3項所定調任低官等職務以調任官等之最高職等任用人員，其所銓敘審定俸級已達調任官等之最高職等年功俸最高級者，或以原敘較高俸級之俸點仍予照支者，考績時不再晉敘。

第12條 公立學校教育人員、公營事業人員轉任行政機關職務時，其俸級之核敘，除其他法規另有規定外，依其考試及格所具資格或曾經銓敘審定有案之職等銓敘審定俸級。行政機關人員轉任公立學校教育人員或公營事業人員時，其服務年資之採計，亦同。

曾任行政機關銓敘審定有案之年資，如符合公務人員考績法第11條第1項規定，應先於所轉任職務列等範圍內晉升職等，再銓敘審定俸級。

施4-1. 本法第12條第1項所定公立學校教育人員、公營事業人員轉任行政機關職務時，其曾經銓敘審定有案之職等，如高於所轉任職務最高列等者，以核敘至所轉任職務列等之最高職等年功俸最高級為止。如有超過之俸級，仍予保留，俟將來調任相當職等之職務時，再予回復。

第13條 **不受任用資格限制人員，依法調任或改任受任用資格限制之同職等職務時，具有相當性質等級之資格者，應依其所具資格之職等最低級起敘，其原服務較高或相當等級年資得按年核計加級。**

施5. 本法第13條所稱不受任用資格限制人員，指各機關辦理機要職務之人員，其俸級之銓敘審定依下列規定：

一、初任各官等機要人員，自擬任職務所列職等最低俸級起敘。

二、現職機要人員調整較高官等機要職務，自該職務所列職等最低俸級起敘。其原任機要職務所敘俸級俸點高於擬任職務職等最低俸級之俸點，敘該擬任職等內同數額俸點之俸級。

三、現職機要人員調整同官等或較低官等機要職務，自該職務所列職等最低俸級起敘。但其原任機要年資比照合於公務人員考績法第11條之規定，得於該職務列等範圍內晉升職等，如有積餘年資得按年核計加級。

四、現職公務人員調任機要職務時，適用本法第11條、第15條有關調（升）任官等職等之規定核敘俸級。如未具有高一官等任用資格者，適用第1款規定。

五、機要人員離職後再任機要職務時，比照第1款至第3款規定辦理。但再任原機要職務或列等相同之機要職務時，得敘曾敘之職等俸級。

前項機要人員如調任或改任其他受法定任用資格限制之職務時，除第4款人員適用本法第11條銓敘審定俸級外，仍應依其所具考試等級資格起敘俸級，不適用本法第23條之規定。

第14條 本法施行前，經銓敘合格人員，於離職後再任時，其俸級核敘比照第10條規定辦理；本法施行後，經銓敘合格人員，於離職後再任時，其俸級核敘比照第11條規定辦理。但所再任職務列等之俸級，高於原敘俸級者，敘與原俸級相當之俸級；低於原敘俸級者，敘所再任職務列等之相當俸級，以敘至所任職之最高職等年功俸最高級為止。如有超過之俸級，仍予保留。俟將來調任相當職等之職務時，再予回復。

施6. 本法第14條所稱相當俸級，指再任前所敘俸級與再任職等之同列俸級。
前項同列俸級依本法所附俸表之規定。

第15條 升任官等人員，自升任官等最低職等之本俸最低級起敘。但原敘年功俸者，得敘同數額俸點之本俸或年功俸。曾任公務人員依考試及格資格，再任較高官等職務者，亦同。

現任或曾任公務人員，依所具較高考試及格資格，升任或再任較高職等職務時，其原敘俸級，高於擬任職等最低俸級者，得敘同數額俸點之本俸或年功俸。

初任委任官等職務人員，其俸級依所具任用資格等級起敘，曾任雇員原支雇員年功薪點，得敘該職等同數額俸點之俸級，以敘至年功俸最高級為止，其超過之年功薪點仍准暫支，俟將來升任較高職等職務時，照其所暫支薪點敘所升任職等相當俸級。

施2. 本法第6條及第7條所稱初任，指具有法定任用資格之人員，初次擔任各官等職務者。
本法第12條所稱轉任，指適用不同任用法規之行政機關人員、公立學校教育人員或公營事業人員三者之間相互轉任者。
本法第14條及第15條所稱再任，指公務人員卸職後，依法再行擔任政府機關各官等職務者。

第16條 **公務人員本俸及年功俸之晉敘，依公務人員考績法之規定。**

在同官等內調任低職等職務仍以原職等任用，並敘原俸級人員，考績時得在原銓敘審定職等俸級內晉敘。

施7. 本法第16條第2項所稱考績時得在原銓敘審定職等俸級內晉敘，指同官等內高職等調任低職等職務仍以原職等任用並敘原俸級人員，考績時仍得在銓敘審定職等俸級內晉敘俸級至年功俸最高級。

施8. 公務人員在本法修正施行前，經銓敘部銓敘審定先予試用，並於本法施行後始試用期滿，經考核成績合格實授者，按原敘俸級晉敘本俸一級。但已敘至本職等本俸最高級者，不予晉敘。

施9. 現代人員在本法施行前敘定之俸（薪）級，其俸級之換敘，依現職公務人員換敘俸級辦法之規定。

施10. 在本法施行前，經敘定暫支高職等之俸級有案者，仍准暫支本法俸表所列相當俸級。

施11. 各機關擬任公務人員俸級在銓敘部銓敘審定前，其俸給依下列規定酌予借支：
一、曾經銓敘部銓敘審定俸級人員，在原俸級或擬任職務所列職等俸級數額內借支。
二、未經銓敘部銓敘審定俸級人員，依本法第6條規定之起敘俸級數額內借支。

施12. 現職公務人員對於銓敘部所銓敘審定之俸級俸點，如有顯然錯誤，或有發生新事實、發現新證據等行政程序再開事由，得填具公務人員任用或俸給案申請重行審定送核書表辦理俸級重行審定。
現職公務人員取得較高考試及格資格，申請同官等內改敘俸級者，應於取得考試及格證書後填具公務人員動態登記書表，並檢附相關證件，依送審程序送銓敘部審定。
第1項送核書表，其格式由銓敘部定之。

施13. 公務人員俸級經銓敘部銓敘審定後，應按銓敘審定之俸級支給。銓敘審定之俸級高於借支之俸級者，自到職之日起按銓敘審定之俸級補給。
銓敘審定之俸級低於借支之俸級者，或銓敘審定不合格不予任用者，除係依規定期間送請銓敘部銓敘審定者免予追繳外，其逾限送審而可歸責於當事人者，應按逾限日數分別將借支溢數或全額繳回。

施14. 各機關公務人員俸給表冊編造後，應送經人事主管人員查核，依規定支給俸給。其未經送審或經銓敘審定不合格不予任用者，或所支俸級與銓敘部銓敘審定結果不符者，人事主管人員應註明事由，送還原單位更正。

新到職公務人員已依法送審者，由各該機關人事主管人員將送審日期及文號分別通知會計主管人員。

不依本法規定支給者，各該機關人事主管人員應報請上級人事機構核轉銓敘部依法辦理。

施15. 公務人員曾任公務年資採計提敘俸級時，如其曾任職務等級較現職所銓敘審定職等為高者，高資可以低採。

公務人員曾任公務年資依法採計作為取得任用資格之基本年資或已採計提敘俸級之年資，不得重複採計。其因法規限制無法依原俸（薪）級逕予核敘相當俸級，須依其所具任用資格重新銓敘審定俸級時，前曾經採計作為基本年資或提敘俸級之年資得重行採計。

第17條 公務人員曾任下列年資，如與現代職務職等相當、性質相近且服務成績優良者，得按年核計加級至其所銓敘審定職等之本俸最高級；如尚有積餘年資，且其年終（度）考績（成、核）合於或比照合於公務人員考績法晉敘俸級之規定，得按年核計加級至其所銓敘審定職等之年功俸最高級為止：

一、經銓敘部銓敘審定有案之年資。
二、公營事業機構具公務員身分之年資。
三、依法令任官有案之軍職年資。
四、公立學校之教育人員年資。
五、公立訓練機構職業訓練師年資。

曾任政務人員、民選首長、公立專科以上學校教師、公立社會教育機構專業人員及公立學術研究機構研究人員年資，如繳有成績優良證明文件，得比照前項規定，按年核計加級至其所銓敘審定職等之年功俸最高級為止。

公務人員曾任前二項以外之公務年資，如與現代職務等相當、性質相近且服務成績優良者，得按年核計加級至其所銓敘審定職等之本俸最高級為止。

第1項所稱職等相當，指公務人員曾任職務等級與現所銓敘審定之職等相當；所稱性質相近，指公務人員曾任職務工作性質與擬任職務之性質相近。

公務人員曾任職等相當、性質相近、服務成績優良年資提敘俸級之認定，其辦法，由考試院定之。

施16. 本法第17條第3項所稱前二項以外之公務年資，指曾任下列各款之年資：

一、在政府機關（構）、公立學校依聘用人員聘用條例、行政院暨所屬機關約僱人員僱用辦法或比照上開法規自行訂定並報經上級機關核准之單行規章聘（僱）用之年資。
二、軍事單位編制內軍聘、軍僱或義務役之年資。

施17. 公務人員有下列情形之一者，俸給照常支給：

一、依規定日期給假。
二、因公出差。
三、奉調受訓。
四、奉派進修考察。

第18條 **本法各種加給之給與條件、類別、適用對象、支給數額及其他事項，由考試院會同行政院訂定加給給與辦法辦理之。**

本俸、年功俸之俸點折算俸額，由行政院會商考試院定之。

第19條 **各機關不得另行自定俸給項目及數額支給，未經權責機關核准而自定項目及數額支給或不依規定項目及數額支給者，審計機關應不准核銷，並予追繳。**

銓審互核實施辦法，由銓敘部會同審計部定之。

施18. 公務人員之俸級經銓敘審定後，應由銓敘部定期將銓敘審定合格與不合格人員分別列冊彙送審計機關依據本法第19條查核辦理。

第20條 降級人員，改敘所降之俸級。降級人員在本職等內無級可降時，以應降之級為準，比照俸差減俸。

降級人員依法再予晉級時，自所降之級起遞晉；其無級可降，比照俸差減俸者，應依所減之俸差逐年復俸。

給與年功俸人員應降級者，應先就年功俸降級。

第21條 依法停職人員，於停職期間，得發給半數之本俸（年功俸），至其復職、撤職、休職、免職或辭職時為止。

復職人員補發停職期間之本俸（年功俸），在停職期間領有半數之本俸（年功俸）者，應於補發時扣除之。

先予復職人員，應俟刑事判決確定未受徒刑之執行；或經移付懲戒，須未受撤職、休職之懲戒處分者，始得補發停職期間未發之本俸（年功俸）。

停職、復職、先予復職人員死亡者，得補發停職期間未發之本俸（年功俸），並由依法得領受撫卹金之人具領之。

公務人員失蹤期間，在未確定死亡前，應發給全數之本俸（年功俸）。

第22條 公務人員曠職或請事假超過規定日數者，應按第3條第2項計算方式，扣除其曠職或超過規定事假日數之俸給。

第23條 經銓敘部銓敘審定之等級，非依本法、公務員懲戒法及其他法律之規定，不得降敘。

第24條 公務人員俸級經銓敘部銓敘審定後，如有不服，得依公務人員保障法提起救濟；如有顯然錯誤，或有發生新事實、發現新證據等行政程序再開事由，得依行政程序法相關規定辦理。

現職人員取得較高考試及格資格，申請改敘俸級者，應於取得考試及格證書之日起三個月內辦理。其依限申請改敘核准者，其為免經訓練、實習或學習程序之考試及格人員，自考試榜示及格之日改支；其為須經訓練、實習或學習期滿成績及格，始完成考試程序之人員，自訓練、實習或學習期滿成績及格之次日改支；逾限申請而核准者，自申請之日改支。

第25條 派用人員之薪給，準用本法之規定。

第26條 教育人員及公營事業人員之俸給，均另以法律定之。

第27條 本法施行細則，由考試院定之。

第28條 本法施行日期，由考試院定之。
本法修正條文，自公布日施行。

公務人員考績法（民國96年3月21日修正公布）★★★

第1條 公務人員之考績，依本法行之。

第2條 公務人員之考績，應本綜覈名實，信賞必罰之旨，作準確客觀之考核。

第3條 公務人員考績區分如下：

一、年終考績：係指各官等人員，於每年年終考核其當年一至十二月任職期間之成績。

二、另予考績：係指各官等人員，於同一考績年度內，任職不滿一年，而連續任職已達六個月者辦理之考績。

三、專案考績：係各官等人員，於平時有重大功過時，隨時辦理之考績。

施7. 依本法第3條第2款規定應另予考績者，關於辦理其考績之項目、評分比例、考績列等標準及考績表等，均適用年終考績之規定。

另予考績，於年終辦理之；因撤職、休職、免職、辭職、退休、資遣、死亡或留職停薪期間考績年資無法併計者，應隨時辦理。

經銓敘部銓敘審定合格實授，復應其他考試錄取，於分配實務訓練期間未占缺或未具占缺職務任用資格者，其當年原職之另予考績，應隨時辦理。

在同一考績年度內已辦理另予考績之人員，其任職至年終達六個月者，不再辦理另予考績。

轉任教育人員、公營事業人員或其他公職者，如其轉任前之年資，未經所轉任機關併計辦理考績、考成或考核者，應由轉任前之機關予以查明後，於年終辦理另予考績。

施8. 依法權理人員，以經銓敘部依其所具任用資格銓敘審定之職等，參加考績。

調任同官等內低職等職務，仍以原職等任用人員，以原職等參加考績。

第4條 公務人員任現職，經銓敘審定合格實授至年終滿一年者，予以年終考績；不滿一年者，如係升任高一官等職務，得以前經銓敘審定有案之低一官等職務合併計算，辦理高一官等之年終考績；如係調任同一官等或降調低一官等職務，得以前經銓敘審定有案之同官等或職務合併計算，辦理所敘官等職等之年終考績。但均以調任並繼續任職者為限。具有公務人員任用資格之政務人員、教育人員或公營事業人員轉任公務人員，經銓敘審定合格實授者，其轉任當年未辦理考核及未採計提敘官職等級之年資，得比照前項經銓敘審定合格實授之年資，合併計算參加年終考績。

施2. 公務人員年終考績，於每年年終辦理，其確有特殊情形不能如期辦理者，得由考績機關函經銓敘部同意展期辦理。但以不逾次年六月底為限。

考績年度內任職期間之計算，以月計之。公務人員調任現職，經銓敘審定合格實授，除12月2日以後由其他機關調任現職者，由原任職機關以原職務辦理考績外，於年終最後任職機關參加考績時，應由考績機關向受考人原任職機關，調取平時考核紀錄及其他相關資料，評定成績。

依公務人員留職停薪辦法第4條第1項第4款至第6款規定辦理留職停薪人員，由本職機關以本職辦理考績，本職機關應向辦理派出國協助友邦機關、借調機關、公民營事業機構或政府捐助經費達設立登記之財產總額百分之五十以上之財團法人，調取平時考核紀錄及其他相關資料，評定成績。

第5條 年終考績應以平時考核為依據。平時考核就其工作、操行、學識、才能行之。

前項考核之細目由銓敘機關訂之。但性質特殊職務之考核得視各職務需要，由各機關訂定，並送銓敘機關備查。

施3. 公務人員年終考績，綜合其工作、操行、學識、才能四項予以評分。其中工作占考績分數百分之六十五；操行占考績分數百分之十五；學識及才能各占考績分數百分之十。

考績表格式，由銓敘部定之。但各機關得視業務特殊需要，另行訂定，報銓敘部備查。

第6條 年終考績以一百分為滿分，分甲、乙、丙、丁四等，各等分數如下：

甲等：八十分以上。

乙等：七十分以上，不滿八十分。

丙等：六十分以上，不滿七十分。

丁等：不滿六十分。

考列甲等之條件，應於施行細則中明定之。

除本法另有規定者外，受考人在考績年度內，非有下列情形之一者，不得考列丁等：

一、挑撥離間或誣控濫告，情節重大，經疏導無效，有確實證據者。

二、不聽指揮，破壞紀律，情節重大，經疏導無效，有確實證據者。

三、怠忽職守，稽延公務，造成重大不良後果，有確實證據者。

四、品行不端，或違反有關法令禁止事項，嚴重損害公務人員聲譽，有確實證據者。

施4. 公務人員年終考績，應就考績表按項目評分，除本法及本細則另有規定應從其規定者外，須受考人在考績年度內具有下列特殊條件各目之一或一般條件二目以上之具體事蹟，始得評列甲等：

一、特殊條件：

(一) 因完成重大任務，著有貢獻，獲頒勳章者。

(二) 依獎章條例，獲頒功績、楷模或專業獎章者。

(三) 依本法規定，曾獲一次記一大功，或累積達記一大功以上之獎勵者。

(四) 對本職業務或與本職有關學術，研究創新，其成果獲主管機關或聲譽卓著之全國性或國際性學術團體，評列為最高等級，並頒給獎勵者。

(五) 主辦業務經上級機關評定成績特優者。

(六) 對所交辦重要專案工作，經認定如期圓滿達成任務者。

(七) 奉派代表國家參加與本職有關之國際性比賽，成績列前三名者。

(八) 代表機關參加國際性會議，表現卓著，為國爭光者。

(九) 依考試院所頒激勵法規規定獲選為模範公務人員或獲頒公務人員傑出貢獻獎者。

二、一般條件：

(一) 依本法規定，曾獲一次記功二次以上，或累積達記功二次以上之獎勵者。

(二) 對本職業務或與本職有關學術，研究創新，其成果經權責機關或學術團體，評列為前三名，並頒給獎勵者。

(三) 在工作或行為上有良好表現，經權責機關或聲譽卓著團體，公開表揚者。

(四) 對主管業務，提出具體方案或改進辦法，經採行認定確有績效者。

(五) 負責盡職，承辦業務均能於限期內完成，績效良好，有具體事蹟者。

(六) 全年無遲到、早退或曠職紀錄，且請事、病假合計未超過五日者。

(七) 參加與職務有關之終身學習課程超過一百二十小時，且平時服務成績具有優良表現者。但參加之課程實施成績評量者，須成績及格，始得採計學習時數。

(八) 擔任主管或副主管職務領導有方，績效優良者。

(九) 主持專案工作，規劃周密，經考評有具體績效者。

(十) 對於艱鉅工作，能克服困難，達成任務，有具體事蹟，經權責機關獎勵者。

(十一)管理維護公物，克盡善良管理職責，減少損害，節省公帑，有具體重大事蹟，經權責機關獎勵者。

(十二)辦理為民服務業務，工作績效及服務態度良好，有具體事蹟者。

因特殊條件或一般條件各目所列優良事蹟，而獲記功一次以上之獎勵者，該優良事蹟，與該次記功一次以上之獎勵，於辦理年終考績，應擇一採認。

公務人員在考績年度內，有下列情事之一，不得考列甲等：

一、曾受刑事或懲戒處分者。

二、參加公務人員相關考試或升官等訓練之測驗，經扣考處分者。

三、平時考核獎懲抵銷後，累積達記過以上處分者。

四、曠職一日或累積達二日者。

五、事、病假合計超過十四日者。

六、辦理為民服務業務，態度惡劣，影響政府聲譽，有具體事實者。

前項第5款及第1項第2款第6目有關事、病假合計之日數，應扣除請家庭照顧假及生理假及因安胎事由所請之事、病假(含延長病假)之日數。

依第1項第1款第4目至第8目、第2款第3目至第5目及第7目至第12目各目所定條件評擬甲等者或依第3項第6款情事，不得評擬甲等者，應將具體事蹟記載於公務人員考績表備註及重大優劣事蹟欄內，提考績委員會審核。

各機關辦理考績時，不得以下列情形，作為考績等次之考量因素：

一、依法令規定日數所核給之家庭照顧假、生理假、婚假、產前假、娩假、流產假、陪產假及因安胎事由所請之假。

二、依法令規定給予之哺乳時間或因育嬰減少之工作時間。

施6. 受考人所具條件，不屬第4條及本法第6條所列舉甲等或丁等條件者，由機關長官衡量其平時成績紀錄及獎懲，或就其具體事蹟，評定適當考績等次。

受考人兼具第4條及本法第6條所列舉甲等及丁等條件者，除其獎懲已依本法第12條規定相互抵銷者外，由機關長官視情節，評定適當考績等次。

第7條　年終考績之獎懲，依下列規定：

一、甲等：晉本俸一級，並給與一個月俸給總額之一次獎金；已達所敘職等本俸最高俸級或已敘年功俸級者，晉年功俸一級，並給與一個月俸給總額之一次獎金；已敘年功俸最高俸級者，給與二個月俸給總額之一次獎金。

二、乙等：晉本俸一級，並給與半個月俸給總額之一次獎金；已達所敘職等本俸最高俸級或已敘年功俸級者，晉年功俸一級，並給與半個月俸給總額之一次獎金；已敘年功俸最高俸級者，給與一個半月俸給總額之一次獎金。

三、丙等：留原俸級。

四、丁等：免職。

前項所稱俸給總額，指公務人員俸給法所定之本俸、年功俸及其他法定加給。

施9. 依本法給與之考績獎金，其給與標準如下：

一、年終考績或另予考績獎金，均以受考人次年1月1日之俸給總為準；12月2日以後調任其他機關，由原任職機關以原職務辦理考績者，亦同。但非於年終辦理之另予考績獎金，以最後在職日之俸給總額為準。

二、12月2日以後撤職、休職、免職、辭職、退休、資遣、死亡、留職停薪期間考績年資無法併計或轉任（調）不適用本法規定之機關，經依本法辦理考績者，其考績獎金依考績結果以在職同等級且支領相同俸給項目者次年一月一日之俸給總額為準。

三、依公務人員留職停薪辦法第4條第1項第4款至第6款規定辦理留職停薪人員，其考績獎金按考績結果以次年1月1日在辦理派出國協助友邦機關、借調機關、公民營事業機構或政府捐助經費達設立登記之財產額百分之五十以上之財團法人所支俸（薪）給總額為準。

四、專案考績獎金，以主管機關或授權之所屬機關（以下簡稱核定機關）獎懲令發布日之俸給總額為準。

因職務異動致俸給總額減少者，其考績獎金之各種加給均以所任職務月數，按比例計算。

因國內外駐區互調人員，其年終或另予考績獎金之各種加給均以當年度國內外服務月數，按比例計算，不適用前二項之規定。

在考績年度內經依法令規定核派代理或兼任職務，並依規定支領代理或兼任職務之加給者，其考績獎金之各種加給，除次年1月1日仍續代理或兼任者，依第1項規定辦理外，均以實際代理或兼任職務月數，按比例計算。

考績獎金除下列各款情形外，由受考人次年1月1日之在職機關發給：

一、第1項第1款但書，第2款及第4款之情形，由辦理考績機關發給。

二、第1項第3款之情形，由辦理派出國協助友邦機關、借調機關、公民營事業機構或政府捐助經費達設立登記之財產總額百分之五十以上之財團法人發給。

施10. 經懲戒處分受休職、降級、減俸或記過人員，在不得晉敘期間考列乙等以上者，不能取得升等任用資格。

第8條 另予考績之獎懲，列甲等者，給與一個月俸給總額之一次獎金；列乙等者，給與半個月俸給總額之一次獎金；列丙等者，不予獎勵；列丁等者，免職。

第9條 公務人員之考績，除機關首長由上級機關長官考績外，其餘人員應以同官等為考績之比較範圍。

第10條 年終考績應晉俸級，在考績年度內已依法晉敘俸級或在考績年度內升任高一官等、職等職務已敘較高俸級，其以前經銓敘審定有案之低官等、職等職務合併計算辦理高一官等、職等之年終考績者，考列乙等以上時，不再晉敘。但專案考績不在此限。

施11. 本法第10條所稱在考績年度內升任高一官等、職等職務已敘較高俸級，指當年2月至12月間升任高一官等、職等職務，並自所任職等本俸最低俸級起敘之俸級，高於原敘俸級。但不包括下列情形：

一、依法取得較高等級考試及格資格改敘俸級。

二、依後備軍人轉任公職考試比敘條例及其施行細則規定，先以低職等比敘，復以較高職等比敘晉敘俸級。

三、升任高一官等、職等職務時，敘同數額俸點之俸級，並以曾任年資提敘俸級。

本法第10條所稱不再晉敘，指考績列乙等以上者，依本法第7條規定應晉之俸級不予晉敘。但考績獎金仍應照發。

第11條 **各機關參加考績人員任本職等年終考績，具有下列各款情形之一者，取得同官等高一職等之任用資格：**

一、二年列甲等者。

二、一年列甲等二年列乙等者。

前項所稱任本職等年終考績，指當年1至12月任職期間均任同一職等辦理之年終考績。另予考績及以不同官等職等併資辦理年終考績之年資，均不得予以併計取得高一職等升等任用資格。但以不同官等職等併資辦理年終考績之年資，得予以併計取得該併資之較低官等高一職等升等任用資格。

施12-1. 依本法第4條第2項併資辦理之年終考績，如其原任職務與現任職務職等相當或較高者，得作為本法第11條第1項取得同官等高一職等任用資格之年資。

第12條 **各機關辦理公務人員平時考核及專案考績，分別依下列規定：**

一、平時考核：獎勵分嘉獎、記功、記大功；懲處分申誡、記過、記大過。於年終考績時，併計成績增減總分。平時考核獎懲得互相抵銷，無獎懲抵銷而累積達二大過者，年終考績應列丁等。

二、專案考績，於有重大功過時行之；其獎懲依下列規定：

(一) 一次記二大功者，晉本俸一級，並給與一個月俸給總額之獎金；已達所敘職等本俸最高俸級或已敘年功俸級者，晉年功俸一級，並給與一個月俸給總額之獎

金;已敘至年功俸最高俸級者,給與二個月俸給總額之獎金。但在同一年度內再因一次記二大功辦理專案考績者,不再晉敘俸級,改給二個月俸給總額之一次獎金。

(二) 一次記二大過者,免職。

前項第2款一次記二大功之標準,應於施行細則中明定之。專案考績不得與平時考核功過相抵銷。

非有下列情形之一者,不得為一次記二大過處分:

一、圖謀背叛國家,有確實證據者。

二、執行國家政策不力,或怠忽職責,或洩漏職務上之機密,致政府遭受重大損害,有確實證據者。

三、違抗政府重大政令,或嚴重傷害政府信譽,有確實證據者。

四、涉及貪污案件,其行政責任重大,有確實證據者。

五、圖謀不法利益或言行不檢,致嚴重損害政府或公務人員聲譽,有確實證據者。

六、脅迫、公然侮辱或誣告長官,情節重大,有確實證據者。

七、挑撥離間或破壞紀律,情節重大,有確實證據者。

八、曠職繼續達四日,或一年累積達十日者。

施13. 本法第12條第1項第1款所稱平時考核記大功、記大過之標準如下:

一、有下列情形之一,一次記一大功:

(一) 執行重要命令,克服艱難,圓滿達成使命者。

(二) 辦理重要業務,成績特優或有特殊績效者。

(三) 搶救重大災害,切合機宜,有具體效果者。

(四) 對於重大困難問題,提出有效方法,順利予以解決者。

(五) 在惡劣環境下,盡力職務,圓滿達成任務者。

二、有下列情形之一,一次記一大過:

(一) 處理公務,存心刁難或蓄意苛擾,致損害機關或公務人員聲譽者。

(二) 違反紀律或言行不檢,致損害公務人員聲譽,或誣陷侮辱同事,有確實證據者。

(三) 故意曲解法令,致人民權利遭受重大損害者。

(四) 因故意或重大過失,貽誤公務,導致不良後果者。

(五) 曠職繼續達二日,或一年內累積達五日者。

各主管機關得依業務特殊需要,另訂記一大功、一大過之標準,報送銓敘部核備。

嘉獎、記功或申誡、記過之標準,由各機關視業務情形自行訂定,報請上級機關備查。

各機關依法設置考績委員會者,其公務人員平時考核獎懲,應遞送考績委員會初核,機關長官覆核,由主管機關或授權之所屬機關核定。

機關長官對公務人員平時考核獎懲結果有意見時,得簽註意見,交考績委員會復議。機關長官對復議結果,仍不同意時,得加註理由後變更之。

各機關平時考核獎懲之記功(過)以下案件,考績委員會已就相同案情核議有案或已有明確獎懲標準者,得先行發布獎懲令,並於獎懲令發布後三個月內提交考績委員會確認;考績委員會不同意時,應依前二項程序變更之。受考人於收受獎懲令後,如有不服,得依公務人員保障法提起救濟。

施14. 本法第12條第1項第2款所稱專案考績一次記二大功,以有下列情形之一且為主要貢獻者為限:

一、針對時弊,研擬改進措施,經主管機關採行確有重大成效。

二、對主辦業務,建立完善制度或提出重大革新具體方案,經主管機關採行確有顯著成效。

三、察舉嚴重不法事件,對維護國家安全、社會秩序或澄清吏治,確有卓越貢獻。

四、適時消弭重大意外事件或變故之發生，或就已發生重大意外事件或變故措置得宜，能予有效控制，對維護生命、財產或減少損害，確有重大貢獻。

五、遇重大事件，不為利誘，不為勢劫，而秉持立場，為國家或機關增進榮譽，有具體事實。

六、在工作中發明、創造，為國家取得重大經濟效益或增進社會重大公益，且未獲得相對報酬或獎金。

七、舉辦或參與大型國際性或重大國家級活動、會議，對增加國庫收入、經濟產值、促進邦交或達成國際合作協議，確有重大貢獻。

前項各款情形不含機關例行性、經常性業務職掌事項。

依第1項規定一次記二大功及本法第12條規定一次記二大過之專案考績，應引據法條，詳述具體事實，經核定機關核定後，由主管機關送銓敘部銓敘審定。一次記二大功專案考績送銓敘部銓敘審定時，應檢附具體事實表。除優良事實涉及機密性業務者外，送銓敘部銓敘審定後，應將優良事實及獎勵令刊登政府公報。

前項主管機關應就第1項專案考績案件之性質、規模、困難度及複雜度等，為妥適性及衡平性之考量，其有授權所屬機關核定者，並得依原送案程序，退還核定機關再行審酌。

第3項一次記二大功專案考績具體事實表格式，由銓敘部定之。

施15. 本法第12條第1項第1款所稱平時考核獎懲得互相抵銷，指嘉獎、記功、記大功與申誡、記過、記大過得互相抵銷。

前項獎懲，嘉獎三次作為記功一次；記功三次作為記一大功；申誡三次作為記過一次；記過三次作為記一大過。

施16. 公務人員平時考核獎懲，應併入年終考績增減分數。嘉獎或申誡一次者，考績時增減其分數一分；記功或記過一次者，增減其分數三分；記一大功或一大過者，增減其分數九分。

前項增分或減分，應於主管人員就考績表項目評擬時為之。獎懲之增減分數應包含於評分之內。

第13條 **平時成績紀錄及獎懲，應為考績評定分數之重要依據。平時考核之功過，除依規定抵銷或免職者外，曾記二大功人員，考績不得列乙等以下；曾記一大功人員，考績不得列丙等以下；曾記一大過人員，考績不得列乙等以上。**

施17. 本法第13條所稱平時成績紀錄，指各機關單位主管應備平時成績考核紀錄，具體記載屬員工作、操行、學識、才能之優劣事實。其考核紀錄格式，由各機關視業務需要，自行訂定。

各機關單位主管對其屬員之平時考核應依規定確實辦理，其辦理情形列入該單位主管年終考績參考。

第14條 各機關對於公務人員之考績，應由主管人員就考績表項目評擬，遞送考績委員會初核，機關長官覆核，經由主管機關或授權之所屬機關核定，送銓敘部銓敘審定。但非於年終辦理之另予考績或長官僅有一級，或因特殊情形報經上級機關核准不設置考績委員會時，除考績免職人員應送經上級機關考績委員會考核外，得逕由其長官考核。

考績委員會對於考績案件，認為有疑義時，得調閱有關考核紀錄及案卷，並得向有關人員查詢。

考績委員會對於擬予考績列丁等及一次記二大過人員，處分前應給予當事人陳述及申辯之機會。

第1項所稱主管機關為總統府、國家安全會議、五院、各部（會、處、局、署與同層級之機關）、省政府、省諮議會、直轄市政府、直轄市議會、縣（市）政府及縣（市）議會。

施18. 各機關辦理公務人員考績，應由人事主管人員查明受考人數，並分別填具考績表有關項目，送經單位主管，檢同受考人全年平時成績考核紀錄，依規定加註意見後，予以逐級評分簽章，彙送考績委員會初核。

施19. 機關長官覆核所屬公務人員考績案，如對初核結果有意見時，除未變更考績等次之分數調整，得逕行為之外，應交考績委員會復議。機關長官對復議結果，仍不同意時，得加註理由後變更之。

本法第14條第2項所稱有關人員，指受考人、受考人之主管，及其他與該考績案有關之公務人員。

本法第14條第3項所稱陳述及申辯，機關應以書面通知當事人以書面或言詞為之，並列入考績委員會議紀錄。

施20. 各機關公務人員年終考績辦理後，應按官等編列清冊及統計表，併送核定機關核定後，送銓敘部依法銓敘審定。其中考列丁等者，應檢附其考績表。統計表亦得由核定機關彙總編送，年終辦理之另予考績，應另列清冊。

前項考績清冊及統計表格式，由銓敘部定之。

各機關依核定主管機關核定之考績清冊附入該機關給與清冊送審計機關查考。

第15條 各機關應設考績委員會，其組織規程由考試院定之。

第16條 公務人員考績案，送銓敘部銓敘審定時，如發現有違反考績法規情事者，應照原送案程序，退還原考績機關另為適法之處分。

施21. 年終考績案經各核定機關核定後，送達期限，由銓敘部按照實際情形規定之，至遲不得逾次年3月。但依第2條第1項規定展期辦理者，不在此限。

上級機關核轉或核定下級機關考績案時，如發現有違反考績法規情事者，應退還原考績機關另 為適法之處理。

各機關考績案經核定機關核定送銓敘部銓敘審定後，應以書面通知受考人。考績列丁等或專案考績一次記二大過免職者，應附記處分理由及不服處分者提起救濟之方法、期間、受理機關等相關規定。

施22. 銓敘部依本法第16條規定或核定機關依前條第2項規定，對公務人員考績案，如發現有違反考績法規情事，於退還原考績機關另為適法之處理時，或核定機關依本法第19條規定，查明各機關辦理考績人員有不公或徇私舞弊情事，通知原考績機關對受考人重加考績時，原考績機關應於文到十五日內處理。逾限不處理或未依相關規定處理者，核定機關得調卷或派員查核；對其考績等次、分數或獎懲，並得逕予變更。

第17條 （刪除）

第18條 **年終考績結果，應自次年1月起執行；一次記二大功專案考績及非於年終辦理之另予考績，自主管機關核定之日起執行。但考績應予免職人員，自確定之日起執行；未確定前，應先行停職。**

施24. 本法第18條但書所稱自確定之日起執行，指受考人自收受一次記二大過專案考績免職令、考列丁等免職令之次日起三十日內，未依法提起復審，自期滿之次日起執行；或收受復審決定書之次日起二個月內，未依法向該管司法機關請求救濟，自期滿之次日起執行；或向該管司法機關請求救濟，經判決確定之日起執行。所稱未確定前，應先行停職，指受考人自收受一次記二大過專案考績免職令、考列丁等免職令之次日起，停止其職務。

依本法第18條規定應先行停職人員，由權責機關長官為之；先行停職人員，經依法提起救濟而撤銷原行政處分並准予復職者，其停職期間併計為任職年資；依其他法律停職人員，亦同。

依法停職人員應俟停職原因消滅後，始得依規定補辦停職當年度之考績。

施25. 受考人於收受考績通知後，如有不服，得依公務人員保障法提起救濟；如有顯然錯誤，或有發生新事實、發現新證據等行政程序再開事由，得依行政程序法相關規定辦理。

前項考績更正或變更，得填具考績更正或變更申請表，並檢附有關證明文件，由核定機關核定後，送銓敘部銓敘審定。

第19條 各機關辦理考績人員如有不公或徇私舞弊情事時，其主管機關應查明責任予以懲處，並通知原考績機關對受考人重加考績。

第20條 辦理考績人員，對考績過程應嚴守秘密，並不得遺漏舛錯，違者按情節重予以懲處。

施26. 應屆辦理考績期間，人事主管人員未向機關長官簽報辦理考績者；或機關長官據報而不予辦理者；或不依第21條第1項所定期限辦理者；均以遺漏舛錯論。

第21條 派用人員之考成，準用本法之規定。

第22條 不受任何資格限制人員及其他不適用本法考績人員之考成，得由各機關參照本法之規定辦理。

第23條 教育人員及公營事業人員之考績，均另以法律定之。

第24條 本法施行細則由考試院定之。

第25條 本法施行日期由考試院以命令定之。

考績委員會組織規程（民國104年9月21日修正發布）★

第1條 本規程依公務人員考績法（以下簡稱本法）第15條規定訂定之。

第2條 **考績委員會委員之任期一年，期滿得連任。**

考績委員會置委員五人至二十三人，除本機關人事主管人員為當然委員及第6項所規定之票選人員外，餘由機關首長就本機關人員中指定之，並指定一人為主席。主席因故未能出席會議者，得由主席就委員中指定一人代理會議主席。

考績委員會組成時，委員任一性別比例不得低於三分之一。但受考人任一性別比例未達三分之一，委員任一性別人數以委員總人數乘以該性別受考人占機關受考人比例計算，計算結果均予以進整，該性別受考人人數在二十人以上者，至少二人。

第2項當然委員得由組織法規所定兼任人事主管人員擔任；指定委員得由機關首長就組織法規所定本機關兼任之副首長及一級單位主管指定之。

各主管機關已成立公務人員協會者，其考績委員會指定委員中應有一人為該協會之代表；其代表之指定應經該協會推薦本機關具協會會員身分者三人，由機關首長圈選之。但該協會拒絕推薦者，不在此限。

第2項委員，每滿四人應有二人由本機關受考人票選產生之。受考人得自行登記或經本職單位推薦為票選委員候選人。

前項票選委員之選舉，採普通、平等、直接及無記名投票法行之，並得採分組、間接、通訊等票選方式行之，辦理票選作業人員應嚴守秘密；其採分組、間接方式票選時，應嚴守公平、公正原則。

第3條 考績委員會職掌如下：

一、本機關職員及直屬機關首長年終考績、另予考績、專案考績及平時考核獎懲之初核或核議事項。

二、本法或其他法規明定應交考績委員會核議事項。

三、本機關首長交議事項。

第4條 **考績委員會應有全體委員過半數之出席，始得開會；出席委員半數以上同意，始得決議。可否均未達半數時，主席可加入任一方以達半數同意。**

前項出席委員應行迴避者，於決議時不計入該案件之出席人數。

考績委員會初核或核議前條案件有疑義時，得調閱有關資料，必要時並得通知受考人、有關人員或其單位主管到會備詢，詢畢退席。

第5條 考績委員會開會初核或復議年終(另予)考績時，應將考績清冊、考績表及有關資料交各出席委員互相審閱、核議，並提付表決，填入考績表，由主席簽名蓋章後，報請本機關首長覆核。

第6條 考績委員會之會議紀錄，應記載下列事項。但依案件性質無庸記載者，不在此限：

一、會議次別、日期及地點。

二、出席委員姓名。

三、主席及紀錄人員姓名。

四、受考人數及其姓名、職務、官職等級及俸(薪)點。

五、備詢人姓名及詢答要點。

六、決議事項。

七、考績清冊等其他附件名稱及數量。

第7條 考績委員會委員、與會人員及其他有關工作人員對考績評擬、初核、覆核及核定等考績過程應嚴守秘密，並不得遺漏外錯，對考績結果在核定前亦應嚴守秘密，不得洩漏；考績委員會開會時，除工作人員外，考績委員及與會人員均不得錄音、錄影。

第8條 考績委員會開會時，委員、與會人員及其他有關工作人員，對涉及本身之事項，應自行迴避；對非涉及本身之事項，依其他法律規定應迴避者，從其規定。

前項人員有應自行迴避之情事而不迴避，得由與會其餘人員申請其迴避，或由主席依職權命其迴避。

第9條 考績委員會委員、與會人員及其他有關工作人員違反第7條、前條第1項規定者，按情節輕重予以懲處。

第10條 本規程自發布日施行。

公務人員訓練進修法（民國102年12月11日修正公布）★

第1條 公務人員之訓練及進修，依本法行之。但其他法律另有規定者，從其規定。

施2. 本法適用對象如下：

一、各機關(構)學校組織編制中依法任用、派用之有給專任人員。

二、各機關(構)學校除教師外依法聘任、僱用人員。

三、公務人員考試錄取人員。

施3. 本法所稱訓練，指為因應業務需要，提升公務人員工作效能，由各機關(構)學校提供現職或未來職務所需知識與技能之過程。

本法所稱進修，指為配合組織發展或促進個人自我發展，由各機關(構)學校選送或由公務人員自行申請參加學術或其他機關(構)學校學習或研究，以增進學識及汲取經驗之過程。

施7. 本法所稱選送，指各機關(構)學校基於業務需要，主動推薦或指派公務人員參加與職務有關之訓練或進修。

本法所稱自行申請，指公務人員主動向服務機關（構）學校申請參加與職務有關之訓練或進修。

施25. 公務人員考試錄取人員於訓練期間，不適用本法有關進修之規定。

施26. 各機關（構）學校依法聘用人員，於必要時，由各主管機關商得保訓會同意後，得準用本法之規定。

第2條 **公務人員訓練進修法制之研擬，事關全國一致之性質者，由公務人員保障暨培訓委員會辦理之。**

公務人員考試錄取人員訓練、升任官等訓練、高階公務人員中長期發展性訓練及行政中立訓練，由公務人員保障暨培訓委員會辦理或委託相關機關（構）、學校辦理之。

公務人員專業訓練、一般管理訓練、進用初任公務人員訓練及前項所定以外之公務人員在職訓練及進修事項，由各中央二級以上機關、直轄市政府或縣（市）政府（以下簡稱各主管機關）辦理或授權所屬機關辦理之。

各主管機關為執行本法規定事項，有另定辦法之必要者，由各該機關以命令定之。

施4. 本法第2條第2項之各項訓練定義如下：

一、公務人員考試錄取人員訓練：指依公務人員考試法第21條規定辦理之訓練。

二、升任官等訓練：指依公務人員任用有關法律辦理，以增進公務人員具備晉升官等所需工作知能之訓練。

三、高階公務人員中長期發展性訓練：指為增進簡任第十職等或相當職務以上公務人員未來職務發展所需知能之訓練。

四、行政中立訓練：指依本法第5條規定辦理之訓練。

本法第2條第3項之各項訓練定義如下：

一、專業訓練：指為提升各機關（構）學校公務人員擔任現職或晉升職務時所需專業知能，以利業務發展之訓練，或為因應各機關（構）學校業務變動或組織調整，使現職人員具備適應新職所需之工作知能及取得新任工作專長，所施予之訓練。

二、一般管理訓練：指為強化各機關（構）學校公務人員一般領導管理、綜合規劃、管理協調及處理事務之能力為目的之訓練。

三、進用初任公務人員訓練：指對依公務人員任用有關法律規定進用或轉任，初次至各機關（構）學校任職人員所施予之訓練。

第3條 為加強公務人員訓練進修計畫之規劃、協調與執行成效，應由行政院人事行政總處與公務人員保障暨培訓委員會會同有關機關成立協調會報，建立訓練資訊通報、資源共享系統；其辦法由協調會報各相關機關協商定之。

施5. 本法第3條所稱協調會報辦法，指協調會報之辦理方式、時間、研討主題、分工及程序等事項，由協調會報之各相關機關協商定之。

第4條 **公務人員考試錄取人員、初任公務人員、升任官等人員、初任各官等主管人員，應依本法或其他相關法令規定，接受必要之職前或在職訓練。**

高階公務人員接受中長期發展性訓練評鑑合格者，納入人才資料庫，提供機關用人之查詢。

各機關學校進用初任公務人員訓練，應由各主管機關於到職後四個月內實施之。

前項訓練以充實初任公務人員應具備之基本觀念、品德操守、服務態度、行政程序及技術暨有關工作所需知能為重點。

施6. 本法第4條第1項所稱初任各官等主管人員訓練，指依公務人員陞遷法第14條第2項規定辦理之初任委任、薦任或簡任各官等主管職務之管理才能發展訓練。

本法第4條第2項所稱訓練評鑑合格者，指依高階公務人員中長期發展性訓練辦法規定成績評定合格者。

本法第4條第2項所稱人才資料庫，指高階公務人員參加中長期發展性訓練經評鑑合格者，由公務人員保障暨培訓委員會（以下簡稱保訓會）依工作性質或所具學識專長建置分類之資料檔案。

本法第4條第2項所稱提供機關用人之查詢，指各機關如有簡任第十職等或相當職務以上用人需求時，得向保訓會提出申請，查詢前項人才資料庫之相關資料。

第5條 **為確保公務人員嚴守行政中立，貫徹依法行政、執法公正、不介入黨派紛爭，由公務人員保障暨培訓委員會辦理行政中立訓練及有關訓練，或於各機關學校辦理各項訓練時，列入公務人員行政中立相關課程；其訓練辦法，由考試院定之。**

第6條 公務人員專業訓練及一般管理訓練得按官職等、業務需要或工作性質分階段實施。

各機關學校業務變動或組織調整時，為使現職人員取得新任工作之專長，得由各主管機關辦理專業訓練。

第7條 公務人員各種訓練之訓練期間、實施方式及受訓人員之生活輔導、請假、獎懲、成績考核、退訓、停訓、重訓、註銷受訓資格、津貼支給標準、請領證書費用等有關事項，應依各該訓練辦法或計畫規定辦理。

公務人員各種訓練之訓練計畫，由各主管機關定之。

第8條 **公務人員進修分為入學進修、選修學分及專題研究，其方式如下：**

一、國內外專科以上學校入學進修或選修學分。

二、國內外機關（構）學校專題研究。

三、國內外其他機關（構）進修。

前項進修得以公餘、部分辦公時間或全時進修行之。

施8. 本法所稱入學進修，指由各機關（構）學校選送或公務人員自行申請至國內外政府立案之專科以上學校攻讀與業務有關學位。

本法所稱選修學分，指由各機關（構）學校選送或公務人員自行申請至國內外政府立案之專科以上學校修習與業務有關之學科。

本法所稱專題研究，指由各機關（構）學校選送或公務人員自行申請至國內外機關或政府立案之機構、學校從事與業務有關之研究或實習。

施9. 本法所稱公餘進修，指公務人員利用非上班時間進修。

本法所稱部分辦公時間進修，指公務人員利用一部分之上班時間進修。

本法所稱全時進修，指公務人員利用全部之上班時間進修。

施10. 依本法選送或自行申請全時進修及部分辦公時間參加國內外進修者，當年度選送及自行申請進修總人數以不超過各機關（構）學校編制內預算員額之十分之一為限。但人數不足一人時，以一人計。

施11. 依本法選送國內外全時進修者，應於進修期間給予公假。

依本法選送或自行申請部分辦公時間進修經同意者，每人每週公假時數，最高以八小時為限。

施12. 依本法選送國內外全時進修期滿，經各主管機關核准延長者，延長期間應予留職停薪。

第9條 各機關學校選送進修之公務人員，應具有下列基本條件：

一、服務成績優良，具有發展潛力者。

二、具有外語能力者。但國內進修及經各主管機關核准之團體專題研究者，不在此限。

前項選送進修須經服務機關甄審委員會審議通過，並經機關首長核定。

施13. 本法第9條第1項第1款所稱服務成績優良，具有發展潛力者，指具備下列各款資格人員：

一、最近二年年終考績（成）一年列甲等、一年列乙等以上，並未受刑事處罰、懲戒處分或平時考核記過以上懲處者。

二、在任職期間工作績效優良，有具體事蹟者。

施14. 本法第9條第1項第2款所稱具有外語能力者，指出國進修人員，必須符合擬進修之學校、機構所定語文能力條件；未定有語文能力條件時，由保訓會會同行政院人事行政總處指定測驗機構，並訂定測驗合格標準，經測驗合格者。

施15. 本法第9條第2項所稱甄審委員會，指各機關（構）學校，為辦理公務人員進修相關事項，應組織進修甄審委員會。其組成、開會方式等，比照公務人員陞遷法所定之甄審委員會，必要時得合併之。

第10條 各機關學校選送國外進修之公務人員，其進修期間如下：

一、入學進修或選修學分期間為一年以內。但經各主管機關核准延長者，延長期間最長為一年。

二、專題研究期間為六個月以內。必要時，得依規定申請延長，延長期間最長為三個月。

經中央一級機關專案核定國外進修人員，其進修期間最長為四年，不受前項第1款之限制。

施17. 本法第10條第2項所稱中央一級機關為總統府、國家安全會議、行政院、立法院、司法院、考試院、監察院。

施18. 各機關（構）學校核准出國進修人員出國時，應函送外交部轉知擬前往國家或地區之本國駐外單位或其他主管機關。

依本法出國進修人員於抵達國外後，應即告知指定之駐外單位。各駐外單位並應給予必要之協助。

第11條 各機關學校選送國內全時進修之公務人員，其進修期間為二年以內。但經各主管機關核准延長者，延長期間最長為一年。

前項全時進修之公務人員於寒暑假期間，應返回機關上班。但因進修研究需要，經各主管機關核准者，不在此限。

第12條 各機關學校選送或自行申請進修之核定與補助規定如下：

一、選送全時進修之公務人員，於核定進修期間，准予帶職帶薪並得給予相關補助。

二、選送公餘或部分辦公時間進修之公務人員，於核定進修期間得給予相關補助。

三、自行申請全時進修之公務人員，其進修項目經服務機關學校認定與業務有關，並同意其前往進修者，得准予留職停薪，其期間為一年以內。但經各主管機關核准延長者，延長期間最長為一年；其進修成績優良者，並得給予部分費用補助。

四、自行申請以公餘時間或部分辦公時間參加進修之公務人員，經服務機關學校認定與業務有關，並同意其前往進修且成績優良者，得給予部分費用補助。

前項第1款或第3款受補助之全時進修人員，應依規定向服務機關學校提出報告。

施19. 本法第12條所稱各項費用補助範圍如下：

一、學費、學分費或雜費。

二、出國期間之生活費、交通費及保險費。

三、其他必要費用。

前項費用得由各機關（構）學校視預算經費狀況酌予補助。

施20. 本法第12條第1項第3款、第4款所稱進修成績優良，指進修成績各科均及格且平均達七十分以上或相當之等級。無進修成績評定者，應提出進修報告，經服務機關（構）學校認定具有相當參考價值。

進修人員應於收到學校成績通知書後二個月內，檢附該通知書及繳費收據申請補助進修費用。無進修成績評定者，應於進修結束後二個月內，檢附前項進修報告及繳費收據申請補助進修費用。

施21. 各機關（構）學校選送或自行申請國內外全時進修之公務人員，其受有補助者，應於進修結束後三個月內向各機關（構）學校提出進修報告。

前項出國進修人員，應定期每三個月向各機關（構）學校出進修研習進度說明。

施22. 各機關（構）學校應約定前條全時進修人員報告之著作財產權，歸屬於各機關（構）學校隸屬之公法人，並以各機關（構）學校為管理機關。

第13條 各機關學校應視業務需要擬定公務人員進修計畫，循預算程序辦理。

各機關學校選送進修之公務人員，應確實按核定之進修計畫執行，未報經各主管機關核准，不得變更。

施23. 選送進修計畫，應包括各機關（構）學校名稱、進修主題、進修內容、進修期程、進修處所、所需預算小費、進修人數及選送進修人員所需之相關資格條件等。

第14條 各機關學校選送或自行申請全時進修之公務人員於進修期滿，或期滿前已依計畫完成進修，或因故無法完成者，應立即返回服務機關學校服務。

第15條 **公務人員帶職帶薪全時進修結束，其回原服務機關學校繼續服務之期間，應為進修期間之二倍，但不得少於六個月；留職停薪全時進修結束，其應繼續服務期間與留職停薪期間相同。**

前項進修人員經各主管機關依法同意商調他機關服務者，其應繼續服務期間得合併計算。

施16. 曾依本法選送國外進修人員，於依本法第15條第1項前段規定，返回原服務機關（構）學校繼續服務期間，不得再選送出國進修。但基於業務需要，須再選送出國進修，期間在三個月以內，經各主管機關核准者，不在此限。

第16條 各機關學校選送或自行申請全時進修之公務人員，有下列情形之一者，除由服務機關學校依有關規定懲處外，並依下列規定辦理：

一、違反第12條第2項或第13條第2項規定者，應賠償其進修所領補助。

二、違反第14條規定者，應賠償進修期間所領俸（薪）給及補助。

三、違反第15條規定者，應按未履行義務之期間比例，賠償進修期間所領俸（薪）給及補助。

前項違反之事由因不可歸責於進修人員者，免除其賠償責任。

進修人員依第1項所應負賠償責任，經通知限期繳納應賠償金額，逾期不繳納者，依法移送強制執行。

第17條 各主管機關得視業務實際需要協調國內外學術或其他機構，提供公務人員終身學習之機會。

施24. 本法第17條所稱提供公務人員終身學習之機會，指各主管機關得主動或協調國內外學術或其他機構，提供以下終身學習措施：

一、建立學習型組織。

二、塑造組織終身學習文化。

三、結合公私部門辦理有關終身學習活動。

四、建立與充實終身學習資源網路。

五、其他有關終身學習活動。

第18條 各項訓練及進修所需經費除編列預算支應外，得向受訓人員或其服務機關學校收取費用。

前項收費標準，由各主管機關定之。

第19條 各機關學校應將公務人員接受各項訓練與進修之情形及其成績，列為考核及陞遷之評量要項，依專才、專業、適才、適所之任用本旨，適切核派職務及工作，發揮公務人員訓練及進修最大效能。

第20條 本法施行細則，由考試院會同行政院定之。

第21條 本法自公布日施行。

公務人員保障法（民國111年6月22日修正公布）★★★

第一章　總則

第1條　為保障公務人員之權益，特制定本法。本法未規定者，適用其他有關法律之規定。

第2條　公務人員身分、官職等級、俸給、工作條件、管理措施等有關權益之保障，適用本法之規定。

第3條　本法所稱公務人員，係指法定機關（構）及公立學校依公務人員任用法律任用之有給專任人員。

第4條　公務人員權益之救濟，依本法所定復審、申訴、再申訴之程序行之。

公務人員提起之復審、再申訴事件（以下簡稱保障事件），由公務人員保障暨培訓委員會（以下簡稱保訓會）審議決定。

保障事件審議規則，由考試院定之。

第5條　保訓會對於保障事件，於復審人、再申訴人表示不服之範圍內，不得為更不利於該公務人員之決定。

第6條　各機關不得因公務人員依本法提起救濟而予不利之行政處分、不合理之管理措施或有關工作條件之處置。

公務人員提起保障事件，經保訓會決定撤銷者，自決定書送達之次日起三年內，該公務人員經他機關依法指名商調時，服務機關不得拒絕。

第7條　審理保障事件之人員有下列各款情形之一者，應自行迴避：

一、與提起保障事件之公務人員有配偶、前配偶、四親等內血親、三親等內姻親、家長、家屬或曾有此關係者。

二、曾參與該保障事件之行政處分、管理措施、有關工作條件之處置或申訴程序者。

三、現為或曾為該保障事件當事人之代理人、輔佐人者。

四、於該保障事件，曾為證人、鑑定人者。

五、與該保障事件有法律上利害關係者。

前項迴避，於協助辦理保障事件人員準用之。

前二項人員明知應迴避而不迴避者，應依法移送懲戒。

有關機關副首長兼任保訓會之委員者，不受第一項第二款迴避規定限制。

但涉及本機關有關保障事件之決定，無表決權。

復審人、再申訴人亦得備具書狀敘明理由向保訓會申請迴避。

第8條　保障事件審理期間，如有查證之必要，經保訓會委員會議之決議得派員前往調閱相關文件及訪談有關人員；受調閱機關或受訪談人員應予必要之協助；受指派人員應將查證結果向保訓會委員會議提出報告。

第二章　實體保障

第9條　公務人員之身分應予保障，非依法律不得剝奪。基於身分之請求權，其保障亦同。

第9條之1　公務人員非依法律，不得予以停職。

公務人員於停職、休職或留職停薪期間，仍具公務人員身分。但不得執行職務。

第10條 經依法停職之公務人員，於停職事由消滅後三個月內，得申請復職；服務機關或其上級機關，除法律另有規定者外，應許其復職，並自受理之日起三十日內通知其復職。

依前項規定復職之公務人員，服務機關或其上級機關應回復原職務或與原職務職等相當或與其原敘職等俸級相當之其他職務；如仍無法回復職務時，應依公務人員任用法及公務人員俸給法有關調任之規定辦理。

經依法停職之公務人員，於停職事由消滅後三個月內，未申請復職者，服務機關或其上級機關人事單位應負責查催；如仍未於接到查催通知之日起三十日內申請復職，除有不可歸責於該公務人員之事由外，視為辭職。

第11條 受停職處分之公務人員，其停職處分經撤銷者，除得依法另為處理者外，其服務機關或其上級機關應予復職，並準用前條第二項之規定。

前項之公務人員於復職報到前，仍視為停職。

依第一項應予復職之公務人員，於接獲復職令後，應於三十日內報到，並於復職報到後，回復其應有之權益；其未於期限內報到者，除經核准延長或有不可歸責於該公務人員之事由外，視為辭職。

第11條之1 留職停薪原因消滅後或期間屆滿，有關復職之事項，除法規另有規定者外，準用第十條之規定。

第11條之2 經依法休職之公務人員，有關復職之事項，除法律另有規定者外，準用第十條之規定。

第12條 公務人員因機關裁撤、組織變更或業務緊縮時，除法律另有規定者外，其具有考試及格或銓敘合格之留用人員，應由上級機關或承受其業務之機關辦理轉任或派職，必要時先予輔導、訓練。

依前項規定轉任或派職時，除自願降低官等者外，其官等職等應與原任職務之官等職等相當，如無適當職缺致轉任或派職同官等內低職等職務者，應依公務人員任用法及公務人員俸給法有關調任之規定辦理。

第12條之1 公務人員之辭職，應以書面為之。除有危害國家安全之虞或法律另有規定者外，服務機關或其上級機關不得拒絕之。

服務機關或其上級機關應於收受辭職書之次日起三十日內為准駁之決定。

逾期未為決定者，視為同意辭職，並以期滿之次日為生效日。但公務人員指定之離職日逾三十日者，以該日為生效日。

第13條 公務人員經銓敘審定之官等職等應予保障，非依法律不得變更。

第14條 公務人員經銓敘審定之俸級應予保障，非依法律不得降級或減俸。

第15條 公務人員依其職務種類、性質與服務地區，所應得之法定加給，非依法令不得變更。

第16條 公務人員之長官或主管對於公務人員不得作違法之工作指派，亦不得以強暴脅迫或其他不正當方法，使公務人員為非法之行為。

第17條 公務人員對於長官監督範圍內所發之命令有服從義務，如認為該命令違法，應負報告之義務；該管長官如認其命令並未違法，而以書面署名下達時，公務人員即應服從；其因此所生之責任，由該長官負之。但其命令有違反刑事法律者，公務人員無服從之義務。

前項情形,該管長官非以書面署名下達命令者,公務人員得請求其以書面署名為之,該管長官拒絕時,視為撤回其命令。

第18條 各機關應提供公務人員執行職務必要之機具設備及良好工作環境。

第19條 公務人員執行職務之安全應予保障。各機關對於公務人員之執行職務,應提供安全及衛生之防護措施;其有關辦法,由考試院會同行政院定之。

第20條 公務人員執行職務時,現場長官認已發生危害或明顯有發生危害之虞者,得視情況暫時停止執行。

第21條 公務人員因機關提供之安全及衛生防護措施有瑕疵,致其生命、身體或健康受損時,得依國家賠償法請求賠償。

公務人員執行職務時,發生意外致受傷、失能或死亡者,應發給慰問金。

但該公務人員有故意或重大過失情事者,得不發或減發慰問金。

前項慰問金發給辦法,由考試院會同行政院定之。

第22條 公務人員依法執行職務涉訟時,服務機關應輔助其延聘律師為其辯護及提供法律上之協助。

前項情形,其涉訟係因公務人員之故意或重大過失所致者,應不予輔助;如服務機關已支付涉訟輔助費用者,應予追還。

第一項之涉訟輔助辦法,由考試院會同行政院定之。

第23條 公務人員經指派於法定辦公時數以外執行職務者為加班,服務機關應給予加班費、補休假。但因機關預算之限制或必要範圍內之業務需要,致無法給予加班費、補休假,應給予公務人員考績(成、核)法規所定平時考核之獎勵。

實施輪班、輪休制度之業務性質特殊機關對所屬公務人員之加班補償,應考量加班之性質、強度、密度、時段等因素,以符合一般社會通念之合理執行職務對價及保障公務人員健康權之原則下,予以適當評價,並依加班補償評價之級距與下限,訂定換算基準,核給加班費、補休假。各機關對所屬公務人員待命時數之加班補償,亦同。

公務人員補休假應於機關規定之補休假期限內補休完畢,補休假期限至多為二年。遷調人員於原服務機關未休畢之補休假,得於原補休假期限內至新任職機關續行補休。

機關確實因必要範圍內之業務需要,致公務人員加班時數無法於補休假期限內補休完畢時,應計發加班費。但因機關預算之限制,致無法給予加班費,除公務人員離職或已亡故者,仍計發加班費外,應給予第一項之獎勵。公務人員遷調後於期限內未休畢之加班時數,亦同。

加班費支給基準、第二項加班補償評價換算基準之級距與下限、第三項補休假期限及其他相關事項,由行政院定之。各主管機關得在行政院訂定範圍內,依其業務特性,訂定加班補償評價換算基準。

第24條 公務人員執行職務墊支之必要費用,得請求服務機關償還之。

第24條之1 下列公務人員之公法上財產請求權,其消滅時效期間依本法行之:

一、因十年間不行使而消滅者:
  (一) 執行職務時,發生意外致受傷、失能或死亡應發給之慰問金。
  (二) 依法執行職務涉訟輔助之費用。
二、因二年間不行使而消滅者:
  (一) 經服務機關核准實施公務人員一般健康檢查之費用。

(二) 經服務機關核准之加班費。
(三) 執行職務墊支之必要費用。

第三章 復審程序

第25條 公務人員對於服務機關或人事主管機關（以下均簡稱原處分機關）所為之行政處分，認為違法或顯然不當，致損害其權利或利益者，得依本法提起復審。非現職公務人員基於其原公務人員身分之請求權遭受侵害時，亦同。
公務人員已亡故者，其遺族基於該公務人員身分所生之公法上財產請求權遭受侵害時，亦得依本法規定提起復審。

第26條 公務人員因原處分機關對其依法申請之案件，於法定期間內應作為而不作為，或予以駁回，認為損害其權利或利益者，得提起請求該機關為行政處分或應為特定內容之行政處分之復審。
前項期間，法令未明定者，自機關受理申請之日起為二個月。

第27條 原處分機關告知之復審期間有錯誤時，應由該機關以通知更正之，並自通知送達之次日起算法定期間。
如未告知復審期間，或告知錯誤未通知更正，致受處分人遲誤者，如於處分書送達之次日起一年內提起復審，視為復審期間內所為。

第28條 原處分機關之認定，以實施行政處分時之名義為準。但上級機關本於法定職權所為行政處分，交由下級機關執行者，以該上級機關為原處分機關。

第29條 原處分機關裁撤或改組，應以承受其業務之機關視為原處分機關。

第30條 復審之提起，應自行政處分達到之次日起三十日內為之。
前項期間，以原處分機關收受復審書之日期為準。
復審人誤向原處分機關以外機關提起復審者，以該機關收受之日，視為提起復審之日。

第31條 復審人因天災或其他不應歸責於己之事由，致遲誤前條之復審期間者，於其原因消滅後十日內，得以書面敘明理由向保訓會申請回復原狀。但遲誤復審期間已逾一年者，不得為之。
申請回復原狀，應同時補行期間內應為之復審行為。

第32條 復審人不在原處分機關所在地住居者，計算法定期間，應扣除在途期間。
但有復審代理人住居原處分機關所在地，得為期間內應為之復審行為者，不在此限。
前項扣除在途期間之辦法，由保訓會定之。

第33條 期日期間，除本法另有規定外，準用行政程序法之規定。

第34條 能獨立以法律行為負義務者，有復審能力。
無復審能力人應由其法定代理人代為復審行為。
關於復審之法定代理，依民法之規定。

第35條 多數人對於同一原因事實之行政處分共同提起復審時，得選定三人以下之代表人；其未選定代表人者，保訓會得限期通知其選定代表人；逾期不選定者，保訓會得依職權指定之。

第36條 代表人之選定、更換或增減，應提出文書證明並通知保訓會，始生效力。

第37條 代表人經選定或指定後，由其代表全體復審人為復審行為。但撤回復審，非經全體復審人書面同意，不得為之。

代表人有二人以上者，均得單獨代表共同復審人為復審行為。

代表人之代表權不因其他共同復審人死亡、喪失復審能力或法定代理變更而消滅。

第38條 復審人得委任熟諳法律或有專業知識之人為代理人，每一復審人委任者以不超過三人為限，並應於最初為復審代理行為時，向保訓會提出委任書。

保訓會認為復審代理人不適當時，得禁止之，並以書面通知復審人。

復審代理人之更換、增減或解除，非以書面通知保訓會，不生效力。

復審委任之解除，由復審代理人提出者，自為解除意思表示之日起十五日內，仍應為維護復審人權利或利益之必要行為。

第39條 復審代理人就其受委任之事件，得為一切復審行為。但撤回復審，非受特別委任不得為之。

復審代理人有二人以上者，均得單獨代理復審人。

違反前項規定而為委任者，其復審代理人仍得單獨代理。

復審代理人事實上之陳述，經到場之復審人本人即時撤銷或更正者，不生效力。

復審代理權不因復審人本人死亡、破產、喪失復審能力或法定代理變更而消滅。

第40條 復審人或復審代理人經保訓會之許可，得於期日偕同輔佐人到場。

保訓會認為必要時，亦得命復審人或復審代理人偕同輔佐人到場。

前二項之輔佐人，保訓會認為不適當時，得廢止其許可或禁止其續為輔佐。

輔佐人到場所為之陳述，復審人或復審代理人不即時撤銷或更正者，視為其所自為。

第41條 復審事件之文書，保訓會應編為卷宗保存。

保訓會審議復審事件，應指定人員製作審議紀錄附卷，並得以錄音或錄影輔助之；其經言詞辯論者，應另行製作辯論要旨，編為審議紀錄之附件。

第42條 復審人或其代理人得向保訓會請求閱覽、抄錄、影印或攝錄卷內文書，或預納費用請求付與繕本、影本或節本。但以維護其法律上利益有必要者為限。

保訓會對前項之請求，除有下列情形之一者外，不得拒絕：

一、復審事件決定擬辦之文稿。
二、復審事件決定之準備或審議文件。
三、為第三人之正當權益有保密之必要者。
四、其他依法律或基於公益，有保密之必要者。

第一項之收費標準，由保訓會定之。

第43條 提起復審應具復審書，載明下列事項，由復審人或其代理人簽名或蓋章：

一、復審人之姓名、出生年月日、住居所、國民身分證統一編號或身分證明文件及字號。有代理人者，其姓名、出生年月日、職業、住居所或事務所、國民身分證統一編號或身分證明文件及字號。
二、復審人之服務機關、職稱、官職等。
三、原處分機關。
四、復審請求事項。
五、事實及理由。
六、證據。其為文書者，應添具影本或繕本。
七、行政處分達到之年月日。
八、提起之年月日。

提起復審應附原行政處分書影本。

依第二十六條第一項規定提起復審者，第一項第三款、第七款所列事項，載明應為行政處分之機關、申請之年月日，並附原申請書之影本及受理申請機關收受證明。

第44條 復審人應繕具復審書經由原處分機關向保訓會提起復審。

原處分機關對於前項復審應先行重新審查原行政處分是否合法妥當，其認為復審為有理由者，得自行變更或撤銷原行政處分，並函知保訓會。

原處分機關自收到復審書之次日起二十日內，不依復審人之請求變更或撤銷原行政處分者，應附具答辯書，並將必要之關係文件，送於保訓會。

原處分機關檢卷答辯時，應將前項答辯書抄送復審人。

復審人向保訓會提起復審者，保訓會應將復審書影本或副本送交原處分機關依第二項至第四項規定辦理。

第45條 原處分機關未於前條第三項期間內處理者，保訓會得依職權或依復審人之申請，通知原處分機關於十五日內檢送相關卷證資料；逾期未檢送者，保訓會得逕為決定。

第46條 復審人在第三十條第一項所定期間向原處分機關或保訓會為不服原行政處分之表示者，視為已在法定期間內提起復審。但應於三十日內補送復審書。

第47條 復審提起後，於保訓會復審決定書送達前，復審人得撤回之。復審經撤回後，不得再提起同一之復審。

第48條 復審提起後，復審人死亡或喪失復審能力者，得由其繼承人或其他依法得繼受原行政處分所涉權利或利益之人承受復審程序。但已無取得復審決定之法律上利益或依其性質不得承受者，不在此限。

依前項規定承受復審者，應於事實發生之日起三十日內，向保訓會檢送繼受權利之證明文件。

第49條 保訓會認為復審書不合法定程式，而其情形可補正者，應通知復審人於二十日內補正。

第50條 復審就書面審查決定之。

保訓會必要時，得通知復審人或有關人員到達指定處所陳述意見並接受詢問。

復審人請求陳述意見而有正當理由者，應予到達指定處所陳述意見之機會。

第51條 保訓會得指定副主任委員、委員聽取前條到場人員之陳述。

第52條 保訓會必要時，得依職權或依復審人之申請，通知復審人或其代表人、復審代理人、輔佐人及原處分機關派員於指定期日到達指定處所言詞辯論。

第53條 言詞辯論由保訓會主任委員或其指定之副主任委員、委員主持之。

第54條 言詞辯論之程序如下：

一、主持人或其指定之人員陳述事件要旨。
二、復審人或其代理人就事件為事實上及法律上之陳述。
三、原處分機關就事件為事實上及法律上之陳述。
四、有關機關或人員之陳述。
五、復審人或原處分機關對他方之陳述或答辯，為再陳述或再答辯。
六、保訓會委員對復審人及原處分機關或有關人員提出詢問。
七、復審人之最後陳述。

言詞辯論未完備者，得再為辯論。

第55條 復審人得提出證據書類或證物。保訓會限定於一定期間內提出者，應於該期間內提出。

第56條 保訓會必要時，得依職權或依復審人之申請，命文書或其他物件之持有人提出該物件，並得留置之。

公務人員或機關掌管之文書或其他物件，保訓會得調閱之。

前項情形，除有妨害國家機密者外，該公務人員或機關不得拒絕。

第57條 保訓會必要時，得依職權或囑託有關機關、學校、團體或具專門知識經驗者，就必要之物件、證據，實施檢驗、勘驗或鑑定。

前項所需費用由保訓會負擔。

保訓會依第一項檢驗、勘驗或鑑定之結果，非經賦予復審人表示意見之機會，不得採為對之不利之復審決定之基礎。

復審人願自行負擔費用而請求依第一項規定實施檢驗、勘驗或鑑定時，保訓會非有正當理由不得拒絕。

依前項規定檢驗、勘驗或鑑定所得結果，據為復審人有利之決定或裁判時，復審人得於事件確定後三十日內，請求保訓會償還必要之費用。

第58條 鑑定人依前條所為之鑑定，應具鑑定書陳述意見。保訓會必要時，並得請其到達指定處所說明。

鑑定人有數人時，得共同陳述意見。但意見不同者，保訓會應使其分別陳述意見。

鑑定所需資料在原處分機關或保訓會者，保訓會應告知鑑定人准其利用，並得限制其利用之範圍及方法。

第59條 原處分機關應將據以處分之證據資料提出於保訓會。

對於前項之證據資料，復審人或其代理人得請求閱覽、抄錄或影印之。保訓會非有正當理由，不得拒絕。

第一項證據資料之閱覽、抄錄或影印，保訓會應指定日、時、處所。

第60條 復審人對保訓會於復審程序進行中所為之程序上處置不服者，應併同復審決定提起行政訴訟。

第61條 復審事件有下列各款情形之一者，應為不受理決定：

一、復審書不合法定程式不能補正或經酌定相當期間通知補正逾期不補正者。
二、提起復審逾法定期間或未於第四十六條但書所定期間，補送復審書者。
三、復審人無復審能力而未由法定代理人代為復審行為，經通知補正逾期不補正者。
四、復審人不適格者。
五、行政處分已不存在者。
六、對已決定或已撤回之復審事件重行提起復審者。
七、對不屬復審救濟範圍內之事項，提起復審者。

前項第五款情形，如復審人因該處分之撤銷而有可回復之法律上利益時，不得為不受理之決定。

第一項第七款情形，如屬應提起申訴、再申訴事項，公務人員誤提復審者，保訓會應移轉申訴受理機關依申訴程序處理，並通知該公務人員，不得逕為不受理決定。

第62條 分別提起之數宗復審事件係基於同一或同種類之事實上或法律上之原因者，保訓會得合併審議，並得合併決定。

第63條 復審無理由者，保訓會應以決定駁回之。

原行政處分所憑之理由雖屬不當，但依其他理由認為正當者，應以復審為無理由。

復審事件涉及地方自治團體之地方自治事務者，保訓會僅就原行政處分之合法性進行審查決定。

第64條 提起復審因逾法定期間而為不受理決定時，原行政處分顯屬違法或顯然不當者，保訓會應於決定理由中指明。

第65條 復審有理由者，保訓會應於復審人表示不服之範圍內，以決定撤銷原行政處分之全部或一部，並得視事件之情節，發回原處分機關另為處分。但原處分機關於復審人表示不服之範圍內，不得為更不利益之處分。

前項發回原處分機關另為處分，原處分機關未於規定期限內依復審決定意旨處理，經復審人再提起復審時，保訓會得逕為變更之決定。

第66條 對於依第二十六條第一項提起之復審，保訓會認為有理由者，應指定相當期間，命應作為之機關速為一定之處分。

保訓會未為前項決定前，應作為之機關已為行政處分者，保訓會應認為復審無理由，以決定駁回之。

第67條 保訓會發現原行政處分雖屬違法或顯然不當，但其撤銷或變更於公益有重大損害，經斟酌復審人所受損害、賠償程度、防止方法及其他一切情事，認原行政處分之撤銷或變更顯與公益相違背時，得駁回其復審。

前項情形，應於決定主文中載明原行政處分違法或顯然不當。

第68條 保訓會為前條決定時，得斟酌復審人因違法或顯然不當行政處分所受損害，於決定理由中載明由原處分機關與復審人進行賠償協議。

前項協議，與國家賠償法之協議有同一之效力。

第69條 復審決定應於保訓會收受原處分機關檢卷答辯之次日起三個月內為之；其尚待補正者，自補正之次日起算，未為補正者，自補正期間屆滿之次日起算；復審人係於表示不服後三十日內補送復審書者，自補送之次日起算，未為補送者，自補送期間屆滿之次日起算；復審人於復審事件決定期間內續補具理由者，自最後補具理由之次日起算。

復審事件不能於前項期間內決定者，得予延長，並通知復審人。延長以一次為限，最長不得逾二個月。

第70條 復審之決定以他法律關係是否成立為準據，而該法律關係在訴訟或行政救濟程序進行中者，於該法律關係確定前，保訓會得停止復審程序之進行，並即通知復審人。

保訓會依前項規定停止復審程序之進行者，前條所定復審決定期間，自該法律關係確定之日起，重行起算。

第71條 復審決定書，應載明下列事項：

一、復審人之姓名、出生年月日、服務機關、職稱、住居所、國民身分證統一編號或身分證明文件及字號。

二、有法定代理人或復審代理人者，其姓名、出生年月日、住居所、國民身分證統一編號或身分證明文件及字號。

三、主文、事實及理由；其係不受理決定者，得不記載事實。

四、決定機關及其首長。

五、年、月、日。

復審決定書之正本應於決定後十五日內送達復審人及原處分機關。

第72條 保訓會復審決定依法得聲明不服者，復審決定書應附記如不服決定，得於決定書送達之次日起二個月內，依法向該管司法機關請求救濟。

前項附記錯誤時，應通知更正，並自更正通知送達之次日起，計算法定期間。

如未附記救濟期間，或附記錯誤未通知更正，致復審人遲誤者，如於復審決定書送達之次日起一年內請求救濟，視為於第一項之期間內所為。

第73條 復審事件有下列情形之一者，不予處理：

一、 無具體之事實內容者。
二、 未具真實姓名、服務機關或住所者。

第74條 對於無復審能力人為送達者，應向其法定代理人為之。
法定代理人有二人以上者，送達得僅向其中一人為之。

第75條 復審代理人除受送達之權限受有限制者外，送達應向該代理人為之。但保訓會認為必要時，得送達於復審人本人。

第76條 復審事件文書之送達，應註明復審人或其代表人、代理人之住居所、事務所，交付郵務機構以復審事件文書郵務送達證書發送。
復審事件文書不能為前項之送達時，得由保訓會派員或囑託原處分機關、公務人員服務機關送達，並由執行送達人作成送達證書。
復審事件文書之送達，除前二項規定外，準用行政訴訟法第六十七條至第六十九條、第七十一條至第八十三條之規定。

第四章 申訴及再申訴程序

第77條 公務人員對於服務機關所為之管理措施或有關工作條件之處置認為不當，致影響其權益者，得依本法提起申訴、再申訴。
公務人員離職後，接獲原服務機關之管理措施或處置者，亦得依前項規定提起申訴、再申訴。

第78條 申訴之提起，應於管理措施或有關工作條件之處置達到之次日起三十日內，向服務機關為之。不服服務機關函復者，得於復函送達之次日起三十日內，向保訓會提起再申訴。
前項之服務機關，以管理措施或有關工作條件之處置之權責處理機關為準。

第79條 應提起復審之事件，公務人員誤提申訴者，申訴受理機關應移由原處分機關依復審程序處理，並通知該公務人員。
應提起復審之事件，公務人員誤向保訓會逕提再申訴者，保訓會應函請原處分機關依復審程序處理，並通知該公務人員。

第80條 申訴應以書面為之，載明下列事項，由申訴人或其代理人簽名或蓋章：
一、 申訴人之姓名、出生年月日、住居所、國民身分證統一編號或身分證明文件及字號、服務機關、職稱、官職等。有代理人者，其姓名、出生年月日、職業、住居所或事務所、國民身分證統一編號或身分證明文件及字號。
二、 請求事項。
三、 事實及理由。
四、 證據。
五、 管理措施或有關工作條件之處置達到之年月日。
六、 提起之年月日。
前項規定，於再申訴準用之。

第81條 服務機關對申訴事件，應於收受申訴書之次日起三十日內，就請求事項詳備理由函復，必要時得延長二十日，並通知申訴人。逾期未函復，申訴人得逕提再申訴。
申訴復函應附記如不服函復者，得於三十日內向保訓會提起再申訴之意旨。
再申訴決定應於收受再申訴書之次日起三個月內為之。必要時得延長一個月，並通知再申訴人。

第82條 各機關對於保訓會查詢之再申訴事件，應於二十日內將事實、理由及處理意見，並附有關資料，回復保訓會。
各機關對於再申訴事件未於前項規定期間內回復者，保訓會得逕為決定。

第83條 再申訴決定書，應載明下列事項：

一、再申訴人之姓名、出生年月日、服務機關及職稱、住居所、國民身分證統一編號或身分證明文件及字號。

二、有再申訴代理人者，其姓名、出生年月日、住居所、國民身分證統一編號或身分證明文件及字號。

三、主文、事實及理由；其係不受理決定者，得不記載事實。

四、決定機關及其首長。

五、年、月、日。

六、附記對於保訓會所為再申訴之決定不得以同一事由復提再申訴。

第84條 申訴、再申訴除本章另有規定外，準用第三章第二十六條至第四十二條、第四十三條第三項、第四十四條第四項、第四十六條至第五十九條、第六十一條至第六十八條、第六十九條第一項、第七十條、第七十一條第二項、第七十三條至第七十六條之復審程序規定。

第五章　調處程序

第85條 保障事件審理中，保訓會得依職權或依申請，指定副主任委員或委員一人至三人，進行調處。

前項調處，於多數人共同提起之保障事件，其代表人非徵得全體復審人或再申訴人之書面同意，不得為之。

第86條 保訓會進行調處時，應以書面通知復審人、再申訴人，或其代表人、代理人及有關機關，於指定期日到達指定處所行之。

前項之代理人，應提出經特別委任之授權證明，始得參與調處。

復審人、再申訴人，或其代表人、經特別委任之代理人及有關機關，無正當理由，於指定期日不到場者，視為調處不成立。但保訓會認為有成立調處之可能者，得另定調處期日。

調處之過程及結果應製作紀錄，由參與調處之人員簽名；其拒絕簽名者，應記明其事由。

第87條 保障事件經調處成立者，保訓會應作成調處書，記載下列事項，並函知復審人、再申訴人、代表人、經特別委任之代理人及有關機關：

一、復審人或再申訴人之姓名、出生年月日、服務機關及職稱、住居所、國民身分證統一編號或身分證明文件及字號。

二、有代表人或經特別委任之代理人者，其姓名、出生年月日、住居所、國民身分證統一編號或身分證明文件及字號。

三、參與調處之副主任委員、委員姓名。

四、調處事由。

五、調處成立之內容。

六、調處成立之場所。

七、調處成立之年月日。

前項經調處成立之保障事件，保訓會應終結其審理程序。

第88條 保障事件經調處不成立者，保訓會應逕依本法所定之復審程序或再申訴程序為審議決定。

第六章　執行

第89條 原行政處分、管理措施或有關工作條件之處置，不因依本法所進行之各項程序而停止執行。

原行政處分、管理措施或有關工作條件之處置合法性顯有疑義者，或其執行將發生難以回復之損害，且有急迫情事，並非為維護重大公共利益所必要者，保訓會、原處分機關或服務機關得依職權或依申請，就原行政處分、管理措施或有關工作條件之處置全部或一部，停止執行。

第90條 停止執行之原因消滅，或有其他情事變更之情形，保訓會、原處分機關或服務機關得依職權或依申請撤銷停止執行。

第91條 保訓會所為保障事件之決定確定後，有拘束各關係機關之效力；其經保訓會作成調處書者，亦同。

原處分機關應於復審決定確定之次日起二個月內，將處理情形回復保訓會。必要時得予延長，但不得超過二個月，並通知復審人及保訓會。

服務機關應於收受再申訴決定書之次日起二個月內，將處理情形回復保訓會。必要時得予延長，但不得超過二個月，並通知再申訴人及保訓會。

保障事件經調處成立者，原處分機關或服務機關應於收受調處書之次日起二個月內，將處理情形回復保訓會。

第92條 原處分機關、服務機關於前條規定期限內未處理者，保訓會應檢具證據將違失人員移送監察院依法處理。但違失人員為薦任第九職等以下人員，由保訓會通知原處分機關或服務機關之上級機關依法處理。

前項違失人員如為民意機關首長，由保訓會處新臺幣十萬元以上一百萬元以下罰鍰，並公布違失事實。

前項罰鍰，經通知限期繳納，逾期不繳納者，依法移送強制執行。

第93條 保障事件決定書及其執行情形，應定期刊登政府公報並公布於機關網站。

第七章　再審議

第94條 保障事件經保訓會審議決定，除復審事件復審人已依法向司法機關請求救濟者外，於復審決定或再申訴決定確定後，有下列情形之一者，原處分機關、服務機關、復審人或再申訴人得向保訓會申請再審議：

一、適用法規顯有錯誤者。
二、決定理由與主文顯有矛盾者。
三、決定機關之組織不合法者。
四、依本法應迴避之委員參與決定者。
五、參與決定之委員關於該保障事件違背職務，犯刑事上之罪者。
六、復審、再申訴之代理人或代表人，關於該復審、再申訴有刑事上應罰之行為，影響於決定者。
七、證人、鑑定人或通譯就為決定基礎之證言、鑑定或通譯為虛偽陳述者。
八、為決定基礎之證物，係偽造或變造者。
九、為決定基礎之民事、刑事或行政訴訟判決或行政處分，依其後之確定裁判或行政處分已變更者。
十、發現未經斟酌之證物或得使用該證物者。但以如經斟酌可受較有利益之決定者為限。
十一、原決定就足以影響於決定之重要證物漏未斟酌者。

前項申請於原行政處分、原管理措施、原工作條件之處置及原決定執行完畢後，亦得為之。

第一項第五款至第八款情形，以宣告有罪之判決已確定，或其刑事訴訟不能開始或續行非因證據不足者為限。

第95條 申請再審議應於三十日之不變期間內為之。

前項期間自復審決定或再申訴決定確定時起算。但再審議之理由知悉在後者，自知悉時起算。

再審議之申請，自復審決定或再申訴決定確定時起，如逾五年者，不得提起。

第96條 申請再審議應以書面敘述理由，附具繕本，連同原決定書影本及證據，向保訓會提起。

第97條 再審議之申請，於保訓會作成決定前得撤回之。

為前項撤回者，不得更以同一原因申請再審議。

第98條 保訓會認為申請再審議程序不合法者，應為不受理決定。

第99條 保訓會認為再審議無理由者，應以決定駁回之。

經前項決定後，不得更以同一原因申請再審議。

第100條 保訓會認為再審議有理由者，應撤銷或變更原復審決定或再申訴決定。

第101條 再審議，除本章另有規定外，準用第三章復審程序、第四章再申訴程序及第六章執行之規定。

第八章　附則

第102條 下列人員準用本法之規定：

一、教育人員任用條例公布施行前已進用未經銓敘合格之公立學校職員。

二、私立學校改制為公立學校未具任用資格之留用人員。

三、公營事業依法任用之人員。

四、各機關依法派用、聘用、聘任、僱用或留用人員。

五、應各種公務人員考試錄取參加訓練之人員，或訓練期滿成績及格未獲分發任用之人員。

前項第五款應各種公務人員考試錄取參加訓練之人員，不服保訓會所為之行政處分者，有關其權益之救濟，依訴願法之規定行之。

第103條 本法修正施行前，尚未終結之保障事件，其以後之程序，依修正之本法規定終結之。

第104條 本法自公布日施行。

本法中華民國一百十一年五月三十日修正之第23條施行日期，由考試院定之。

中央政府機關總員額法（民國108年12月31日公布）★

第1條 **為管理中央政府機關員額，增進員額調配彈性，提升用人效能，特制定本法。**

第2條 本法適用於一級機關及所屬各級機關（以下簡稱機關）。

前項所稱一級機關如下：

一、行政院。　二、立法院。

三、司法院。　四、考試院。

五、監察院。

一級機關所屬之各級機關，依其層級，稱為二級機關、三級機關、四級機關。

本法於總統府及國家安全會議準用之。

第3條 **本法所稱員額，分為下列五類：**

一、第一類：機關為執行業務所置政務人員，定有職稱、官等職等之文職人員，醫事人員及聘任人員。但不包括第三類至第五類員額、公立學校教職員及公立醫院職員。

二、第二類：機關依法令進用之聘僱人員、駐衛警察及工友（含技工、駕駛）。但不包括第三類及第四類員額。

三、第三類：司法院及所屬機關職員（含法警）、聘僱人員、駐衛警察及工友（含技工、駕駛）。

四、第四類：法務部所屬檢察機關職員（含法警）、聘僱人員、駐衛警察及工友（含技工、駕駛）。

五、第五類：警察、消防及海岸巡防機關職（警）員。

前項員額，不包括軍職人員。

第4條 **機關員額總數最高限為十六萬零九百人。**

第一類人員員額最高為七萬四千六百人，第二類人員員額最高為四萬零一百人，第三類人員員額最高為一萬五千人，第四類人員員額最高為六千九百人，第五類人員員額最高為二萬四千三百人。

本法施行後，行政院人事主管機關或單位每四年應檢討分析中央政府總員額狀況，釐定合理精簡員額數，於總預算案中向立法院提出報告。

本法施行後，因組織改制或地方政府業務移撥中央，中央機關所增加原非適用本法之員額，不受本法規定員額高限限制。

因應國家政治經濟環境變遷，或處理突發、特殊或新興之重大事務，行政院於徵詢一級機關後，得在第一項員額總數最高限之下彈性調整各類人員員額最高限。但第2項所定第三類人員員額最高限不得調降。

第5條 司法院以外各一級機關及所屬各級機關員額配置，依以下方式辦理：

一、各一級機關及所屬各級機關配置員額之總數，由行政院在前條第2項所定各類人員員額最高限內，徵詢一級機關後定之。

二、各二級機關及所屬各級機關配置員額之總數，由該管一級機關就前款分配之總數定之。

三、各三級以下機關配置之員額數，由該管二級機關擬訂，報請一級機關就前款分配之總數定之。

司法院及所屬機關配置之員額數，由該院就前條第2項第三類員額最高限內定之。

各機關應將實際員額數及人力類型，編入年度總預算案。年度中機關改隸、整併或調整之員額，應報請該管一級機關核定之。

第2條第4項準用機關各年度員額數及人力類型，應會商行政院後編入年度總預算案。

第6條 機關組織除以法律定其職稱、官等、職等及員額者外，應依公務人員任用法第6條規定，就其職責程度、業務性質及機關層級，依職務列等表，妥適配置各官等職等之人員，訂定編制表。

前項編制表，其有關考銓業務事項，不得牴觸考銓法規，並應函送考試院核備。

本法施行後，除本法、各機關組織法規及編制表外，不得以作用法或其他法規規定機關之員額。

第7條 機關業務移撥其他機關或地方政府，現職人員應隨同業務移撥或依相關規定辦理退休、資遣。

機關改制為法人型態或民營化時，現職人員應隨同業務移轉，原機關公務人員不願隨同移轉者，由主管機關協助安置或於機關改制之日，依相關規定辦理退休、資遣。

前二項應隨同業務移撥、移轉之人員，應依公務人員任用法、公務人員保障法及相關法規等處理現職人員之權益問題。

依第1項及第2項規定應精簡之員額，得由一級機關於精簡員額最高百分之二十範圍內，配合次年度預算審查核定分配予該管二級機關運用。

第8條 **各機關應定期評鑑所屬人力之工作狀況，並依相關法令對於不適任人力採取考核淘汰、資遣、不續約、訓練、工作重新指派等管理措施。**

機關新增業務時，應先就所掌理業務實際需要及消長情形，調整現有人力之配置；有下列情形之一者，其員額應予裁減或移撥其他機關：

一、機關或內部單位裁撤或簡併。

二、業務及功能萎縮。

三、現有業務由民間或地方辦理較有效率或便利。

四、完成國家重大建設、專案業務或計畫等階段性任務。

五、實施組織及員額評鑑所為裁減或調整移撥員額之決議。

六、實施分層負責、逐級授權，或推動業務資訊化、委任、委託、外包及運用社會資源節餘之人力。

七、其他因政策或業務需要須為裁減或調整移撥之情事。

一級機關每兩年應評鑑所屬二級機關員額總數之合理性；二級機關每兩年應評鑑所屬三級機關員額總數之合理性。員額合理性之檢討，應特別著重機關策略和業務狀況配合程度。評鑑結果可要求員額應予裁減或移撥其他機關，移撥員額時，現職人員不得拒絕，但得依相關規定辦理退休、資遣。

前項員額評鑑，應本獨立專業原則，由一級機關或二級機關指派高級職員及遴聘學者專家，以任務編組方式為之。

移撥人員，應由受撥機關或有關主管機關實施專長轉換訓練。

裁減人員，必要時得由有關主管機關提供轉業訓練。

第9條 行政院應指定專責機關或單位，掌理各機關員額管理之規劃、調整、監督及員額評鑑等事項；其員額管理、第2條第4項準用機關準用本法之範圍及其他相關事項之辦法，由行政院定之。

司法院及所屬機關員額管理之規劃、調整、監督及員額評鑑等事項，由司法院參照前項規定辦理，並函知行政院指定之專責機關或單位。

第10條 為增進人力精簡之效果，行政院得不定期採取具有時限性之人員優惠離職措施，並應以自願申請方式進行；其辦法，由行政院定之。

第11條 本法施行日期，由行政院會同考試院定之。

本法修正條文自公布日施行。

公務人員協會法（民國95年5月17日修正公布）★

第1條 **公務人員為加強為民服務、提昇工作效率、維護其權益、改善工作條件並促進聯誼合作，得組織公務人員協會。**

公務人員協會之組織、管理及活動，依本法之規定；本法未規定者，適用民法有關法人之規定。

第2條 **本法所稱公務人員，指於各級政府機關、公立學校、公營事業機構（以下簡稱機關）擔任組織法規所定編制內職務支領俸（薪）給之人員。**

前項規定不包括下列人員：

一、政務人員。

二、各級政府機關、公立學校首長及副首長。

三、公立學校教師。

四、各級政府所經營之各類事業機構中，對經營政策負有主要決策責任以外之人員。

五、軍職人員。

第3條 公務人員協會為法人。

第4條 **公務人員協會之組織分為下列二級：**

一、機關公務人員協會。

二、全國公務人員協會。

前項機關公務人員協會包括：

一、總統府、國家安全會議、五院之機關公務人員協會。

二、各部及同層級機關之機關公務人員協會。

三、各直轄市、縣（市）之機關公務人員協會。

第5條 公務人員協會之主管機關如下：

一、全國公務人員協會、總統府、國家安全會議、五院、各部及同層級之機關公務人員協會，其主管機關為銓敘部。

二、直轄市、縣（市）之機關公務人員協會，其主管機關為各該直轄市政府、縣（市）政府。

公務人員協會所興辦之事業應受各該目的事業主管機關之指導、監督。

第6條 **公務人員協會對於下列事項，得提出建議：**

一、考試事項。

二、公務人員之銓敘、保障、撫卹、退休事項。

三、公務人員任免、考績、級俸、陞遷、褒獎之法制事項。

四、公務人員人力規劃及人才儲備、訓練進修、待遇調整之規劃及擬議、給假、福利、住宅輔購、保險、退休撫卹基金等權益事項。

五、有關公務人員法規之制（訂）定、修正及廢止事項。

六、工作簡化事項。

第7條 **公務人員協會對於下列事項，得提出協商：**

一、辦公環境之改善。

二、行政管理。

三、服勤之方式及起訖時間。

有下列各款情形之一者，不得提出協商：

一、法律已有明文規定者。

二、依法得提起申訴、復審、訴願、行政訴訟之事項。

三、為公務人員個人權益事項者。

四、與國防、安全、警政、獄政、消防及災害防救等事項相關者。

第8條 公務人員協會得辦理下列事項：

一、會員福利事項。

二、會員訓練進修事項。

三、會員與機關間或會員間糾紛之調處與協助。

四、學術講座之舉辦、圖書資料之蒐集及出版。

五、交流、互訪等聯誼合作事項。

六、接受政府機關或公私團體之委託事項。

七、會員自律公約之訂定。

八、其他法律規定事項。

全國公務人員協會得推派代表參與涉及全體公務人員權益有關之法定機關（構）、團體。

第9條 公務人員得依本法組織及加入機關公務人員協會。

第10條 公務人員協會之發起及籌組，依下列規定：

一、機關公務人員協會：

(一) 總統府、國家安全會議、五院，經各該機關公務人員三十人以上之發起；各部及同層級機關，經各該機關或其所屬機關公務人員三十人以上之發起，得籌組機關公務人員協會。機關公務人員人數未達三十人者，得加入同層級機關之機關公務人員協會。

(二) 各直轄市、縣（市）經行政區域內地方機關之公務人員三十人以上之發起，得籌組各直轄市、縣（市）之機關公務人員協會。

(三) 總統府、國家安全會議、五院、各部及同層級機關公務人員協會應冠以各該機關名稱；各直轄市、縣（市）之機關公務人員協會應冠以行政區域名稱。

(四) 各機關成立之機關公務人員協會以一個為限。

二、全國公務人員協會：

(一) 依本法成立之總統府、國家安全會議、五院、各部及同層級機關公務人員協會數超過國民大會、總統府、國家安全會議、五院、各部及同層級機關總數五分之一時及各直轄市、縣（市）之機關公務人員協會數超過直轄市、縣（市）總數三分之一時，得共同發起、籌組全國公務人員協會。

(二) 全國公務人員協會應冠以中華民國名稱。

各部及同層級機關其所屬機關、各直轄市、縣（市）行政區域內地方機關之公務人員會員，得於服務機關內組成各該部及同層級機關公務人員協會之分會或各該直轄市、縣（市）機關公務人員協會之分會。但同一機關以設一分會為限。

前項分會受其機關公務人員協會之指導處理一切事務。

第11條 發起、籌組公務人員協會，應由發起人檢具申請書、章程草案及發起人名冊，向主管機關申請立案。

發起人經向主管機關申請立案後，應組成籌備會，辦理會員招募、召開成立大會等籌備工作。但機關公務人員協會成立大會之召開，於招募會員人數已達八百人或超過機關預算員額數五分之一，且不低於三十人時，始得為之。

召開成立大會應函請主管機關備查，主管機關得派員列席。

公務人員協會應於成立大會召開後三十日內，檢具章程、會員名冊、理事、監事及會務人員簡歷冊各一份，報請主管機關許可。合於本法規定者，由主管機關發給立案證書及圖記。

第11條之1 主管機關先後收受多組發起人申請立案時，應優先受理先申請者之案件；其同意立案以一組為限。

發起人經向主管機關申請立案同意後，應於六個月內召開成立大會，逾期廢止其立案同意。但報經主管機關核准者，得延長之，其期間以三個月為限。

第12條 公務人員協會章程應載明下列事項：

一、名稱。　　二、宗旨。

三、會址。　　四、組織。

五、會員之入會、出會及除名。

六、會員之權利與義務。

七、理事、監事與候補理事、候補監事之名額、權限、任期及其選任與解任。

八、會議。

九、經費及會計。

十、財產之處分。

十一、章程之修改。

十二、定有會員代表大會者，其組織、會員代表之權限、任期及其選任與解任。

十三、定有獎懲事項者，其事項。

十四、設有基金者，其設立與管理事項。

十五、興辦事業者，其事業名稱及相關事項。

十六、其他依法令規定應載明之事項。

公務人員協會章程之訂定或修改，應有全體會員或會員代表過半數之出席，並經出席會員或會員代表三分之二以上之同意。

公務人員協會章程之修改，應函請主管機關備查。

第13條 公務人員協會置理事、監事，分別組成理事會、監事會。理事、監事由全體會員或會員代表就會員中選任，其名額依下列之規定：

一、機關公務人員協會置理事五人至十五人。

二、全國公務人員協會之理事總額不得逾三十五人。

三、各級公務人員協會之監事名額不得超過該協會理事名額三分之一。

四、各級公務人員協會均得置候補理事、候補監事，其名額不得超過該協會理事、監事名額三分之一。但不足一人時，以一人計。

前項各款理事、監事之變更，應函請主管機關備查。

理事、監事名額在三人以上者，得分別互選常務理事及常務監事，其名額不得超過理事或監事總額之三分之一；並由理事就常務理事中選舉一人為理事長，對外代表協會，其不設常務理事者，就理事中互選之。常務監事在三人以上時，應互推一人為監事會召集人。

第14條 公務人員協會理事、監事之任期均為二年，連選得連任。理事長之連任以一次為限。

第15條 公務人員協會理事會、監事會應依章程及會員或會員代表大會之決議，分別執行職務。

理事會處理公務人員協會之事務，監事會監督章程之遵守及會員或會員代表大會決議事項之執行，並審核理事會所提出之帳冊。

第16條 公務人員協會之理事、監事有下列各款情形之一者，應即解任：

一、喪失會員資格者。

二、因故辭職經理事會或監事會決議通過者。

三、被罷免或撤免者。

四、經會員或會員代表大會決議停權處分，期間逾任期二分之一者。

前項第2款情形應提請會員或會員代表大會追認。

第17條 公務人員協會理事、監事執行職務，如有違反法令、章程或會員或會員代表大會決議情事者，除依有關法令及章程處理外，得經會員或會員代表大會通過罷免之。

第18條 公務人員協會理事會、監事會，每三個月至少舉行會議一次，候補理事，候補監事均得列席。

前項會議之決議，各以理事、監事過半數之出席，出席人數過半數或較多數之同意行之。

第19條 公務人員協會理事長或監事會召集人，無故不召開理事會或監事會超過二個會次者，應由主管機關解除理事長或監事會召集人職務，另行改選或改推。

第20條 公務人員協會理事、監事應親自出席理事、監事會議，不得委託他人代理；非有正當理由不得請假，無故連續二次缺席者，視為辭職，由候補理事、候補監事分別依次遞補。

第21條 公務人員協會如有違背法令或章程、逾越權限，妨害公益情事或廢弛會務者，主管機關應為下列之處分：

一、警告。

二、撤銷其決議。

三、停止其業務之一部或全部。

四、撤免其理事、監事。

前項第1款至第3款之處分，目的事業主管機關亦得為之。

第22條 公務人員協會之理事、監事出缺時，其缺額由候補理事、候補監事依次遞補；其任期至原任理事、監事之任期屆滿為止。

第23條 公務人員協會以會員或會員代表大會為最高機關。

下列事項應經會員或會員代表大會之議決：

一、章程之修改。

二、理事、監事之罷免。

三、會員之除名。

四、財產之處分。

五、有關公務人員法規制（訂）定、修正及廢止之建議。

六、收支預算之編列。

七、會務報告及收支決算之承認。

八、理事會、監事會提案之審議。

九、全國公務人員協會或國際性組織之加入或退出。

十、其他應經會員或會員代表大會決議事項。

第24條 會員或會員代表大會分定期會議及臨時會議二種，由理事長召集之，理事長因故不能召集時，由理事互推一人召集之。

定期會議每年至少召開一次。臨時會議經理事會決議、會員或會員代表五分之一以上之請求或監事會之請求，應召開之。

定期會議及臨時會議，應分別於15日及五日前將召開會議之事由、時間、地點連同議程通知各會員或會員代表，並報請主管機關備查。

第25條 會員或會員代表大會應有全體會員或會員代表過半數之出席，出席會員或會員代表過半數之同意，始得議決。但第23條第2項第1款至第5款之決議，應經出席會員或會員代表三分之二以上之同意。

第26條 全國公務人員協會以總統府、國家安全會議、五院、各部及同層級機關公務人員協會及各直轄市、縣（市）之機關公務人員協會為會員共同組織之，並分別自各該機關公務人員協會推選會員代表，其會員人數在一千人以下者，各推選一名，超過一千人者，每一千人增加代表一名，尾數未滿一千人者，以一千人計，分別代表各該機關公務人員協會行使職權。

第27條 公務人員協會經費來源如下：

一、入會費。 二、常年會費。

三、捐款。 四、委託收益。

五、基金及其孳息。 六、政府補助費。

七、其他收入及孳息。

前項第1款、第2款之數額及繳納方式，應經會員或會員代表大會議決。

捐款人依第1項第3款之捐款支出，得依所得稅法規定，列為扣除額。

第28條 全國公務人員協會或機關公務人員協會依第7條規定提出協商時，應就協商事項之性質向各該事項主管機關提出。接獲協商案件之機關如非協商案件之主管機關，應將協商案件移轉至該案件之主管機關。

第29條 受理協商案件之主管機關與相關機關應自接獲協商之日起三十日內，指定人員與公務人員協會進行協商。並應就協商之議題、時間、場所、參加人員及其他相關事項先行會商決定。

正式協商時，如發生未經指定之代表出席、或有妨礙機關之正常運作、或有阻礙協商進行之虞者，得停止協商。

第30條 公務人員協會與協商案件之主管機關及相關機關協商所獲致之結果，參與協商之機關及公務人員協會均應履行。

公務人員協會不得向主管機關或相關機關請求締結團體協約。

第31條 公務人員協會依第28條規定提出協商，而受理機關未於期限內進行協商，或協商不成，或未完全履行協商結果時，公務人員協會得向其主管機關申請調解。

第32條 公務人員協會申請調解時，主管機關應組成調解委員會處理之。

前項調解委員會置委員三人，以下列人員組成之：

一、由爭議當事人雙方分別選定之第三人各一人。

二、公正並富學識經驗人士一人。

前項第2款之委員，應由爭議當事人雙方選定之調解委員共同推選，並為會議之主席。調解委員會應於主席確定後十日內召開之。

第33條 主管機關於接獲公務人員協會申請調解後，應於三日內通知爭議當事人於五日內選定調解委員，並將調解委員之姓名、性別、年齡、職業及住所或居所具報，逾期不為具報者，視為調解不成立。

第34條 主管機關於接獲爭議當事人雙方選定之調解委員名單後，應於三日內通知雙方調解委員於五日內依第32條第3項規定共同推選公正並富學識經驗人士為調解委員，逾期不為具報者，視為調解不成立。

主管機關應備置公正並富學識經驗人士名單，供推選參考。

第35條 調解成立者，主管機關應作成調解書，並由爭議當事人及出席調解委員簽名；調解不成立者，應於七日內發給調解不成立證明書。

第36條 調解申請得於調解期日前撤回，調解申請經撤回者，不得復提起同一之申請。

申請調解之公務人員協會無正當理由，於調解期日不到場者，視為撤回調解申請。

第37條 參與調解之相對人無正當理由，於調解期日不到場者，視為調解不成立。但主管機關認為有成立調解之望者，得另定調解期日。

前項另定調解期日之次數以一次為限。

第38條 全國公務人員協會或機關公務人員協會之主管機關於接獲調解申請後，未依期限進行調解或調解不成立時，原申請調解之公務人員協會得於期限屆滿後或收到調解不成立證明書之日起七日內向其主管機關申請爭議裁決。

全國公務人員協會或機關公務人員協會申請爭議裁決時，全國公務人員協會、總統府、國家安全會議、五院、各部及同層級機關公務人員協會之主管機關應於接獲申請之日起十四日內組成爭議裁決委員會處理之。各直轄市、縣（市）機關公務人員協會之主管機關應於接獲申請之日起十日內提出爭議裁決申請書，函請銓敘部組成爭議裁決委員會，銓敘部應於接獲爭議裁決申請書之日起十四日內組成爭議裁決委員會處理之。

第39條 爭議裁決委員會置爭議裁決委員九人，以下列人員組成之，並由爭議裁決委員互選一人為主席：

一、銓敘部、公務人員保障暨培訓委員會及行政院人事行政局各指派一人為當然委員。

二、相關機關及公務人員協會之代表就爭議裁決委員名冊中各選定爭議裁決委員二人。

三、由前款爭議裁決委員就爭議裁決委員名冊中專長與爭議事件領域相關者，抽籤選定爭議裁決委員二人。

前項第2款之爭議裁決委員，應由爭議當事人雙方於接到主管機關通知之日起五日內分別選定具報，逾期不為具報者，即由主管機關代為指定。

爭議裁決案件，如因其性質特殊，而無法於第40條所聘人員中覓妥適當人選擔任時，於經主管機關同意後，雙方當事人得選定其他人員擔任爭議裁決委員。

第40條 銓敘部每二年應函請全國公務人員協會及相關業務主管機關分別推薦公正且富學識經驗者十二人至四十八人聘為爭議裁決委員，並建立爭議裁決委員名冊備選。但全國公務人員協會未成立前，僅就相關業務主管機關推薦之人員，建立爭議裁決委員名冊備選。

爭議裁決委員會之行政作業，由銓敘部相關人員兼任。

第41條 爭議裁決委員會開會時，得邀請爭議當事人或其他關係機關派員列席說明。

第42條 銓敘部應於爭議裁決委員會組成後二十日內召開爭議裁決會議，並將開會處所及期日，通知爭議當事人及其他關係機關。爭議裁決委員會應於會議結束後三個月內作成裁決書；必要時，得予延長。延長以一次為限，最長不得逾二個月。

第43條 爭議裁決委員會之裁決過程均不公開。

爭議裁決委員會應有全體爭議裁決委員過半數之出席，始得開會；其裁決以出席委員過半數同意為之；可否同數時，取決於主席。對裁決有不同意見之委員及其意見，得列入紀錄。

第44條 爭議裁決委員會之裁決送達後，有拘束爭議當事人及其他關係機關之效力。

爭議當事人及其他關係機關對於爭議裁決委員會之裁決，不得聲明不服。

爭議裁決委員會裁決應為一定行為之關係機關，應於接獲裁決書之次日起二個月內，將辦理情形回復銓敘部。必要時，得報請銓敘部同意延長一個月。

第45條 各關係機關未依前條第2項規定辦理者，銓敘部應檢具證據將違失人員移送監察院依法處理。但違失人員為薦任第九職等以下人員由銓敘部通知服務機關之上級機關依法處理；無上級機關者，應通知本機關依法處理。

前項違失人員如為民意機關首長，由銓敘部處新臺幣十萬元以上五十萬元以下罰鍰，並公布違失事實。

前項罰鍰，經通知限期繳納，逾期不繳納者，依法移送強制執行。

第46條 **公務人員協會不得發起、主辦、幫助或參與任何罷工、怠職或其他足以產生相當結果之活動，並不得參與政治活動。**

第47條 公務人員協會應於每年三月前將下列事項，函送其主管機關備查：

一、會員名冊。

二、財務收支報告。

三、事業之經營狀況。

四、各項糾紛事件之調處經過。

前項備查事項，主管機關認為必要時，得隨時派員查核或請公務人員協會函送。

第48條 公務人員協會與外國公務人員團體之聯合或締結聯盟，應經會員或會員代表大會之議決，並函報主管機關許可。

第49條 **各機關不得因公務人員發起、籌組或加入公務人員協會、擔任公務人員協會會務人員或從事與公務人員協會有關之合法行為，而予以不利處分。**

第50條 公務人員協會於不影響服務機關之公務並向機關首長報告後，得於上班時間召開理事會、監事會或進行協商、調解。代表公務人員協會進行協商、調解或列席爭議裁決委員會之公務人員，得請公假。

理事長、理事及監事因辦理會務，得請公假，其時數如下：

一、機關公務人員協會理事長每月不得超過二十小時；全國公務人員協會理事長每月不得超過四十小時。

二、機關公務人員協會理事、監事每人每月不得超過十小時；全國公務人員協會理事、監事每人每月不得超過二十小時。

第51條 各機關依法令聘用或僱用之人員得準用第9條規定，加入服務機關之公務人員協會。

第52條 本法施行日期，由考試院以命令定之。(92.1.1施行)

公務人員請假規則（民國111年6月27日修正發布）★★

第1條 本規則依公務員服務法第12條規定訂定之。

第2條 本規則以受有俸（薪）給之文職公務人員為適用範圍。

第3條 公務人員之請假，依下列規定：

一、**因事得請事假，每年准給七日。**其家庭成員預防接種、發生嚴重之疾病或其他重大事故須親自照顧時，得請**家庭照顧假，每年准給七日**，其請假日數併入事假計算。超過規定日數之事假，應按日扣除俸（薪）給。

二、**因疾病或安胎必須治療或休養者，得請病假，每年准給二十八日。**女性公務人員因生理日致工作有困難者，每月得請生理假一日，全年請假日數未逾三日，不併入病假計算，其餘日數併入病假計算。其超過者，以事假抵銷。因重大傷病非短時間所能治癒或因安胎確有需要請假休養者，於依規定核給之病假、事假及休假均請畢後，經機關長官核准得延長之。其延長期間自第一次請延長病假之首日起算，二年內合併計算不得超過一年。但銷假上班一年以上者，其延長病假得重行起算。

三、**因結婚者，給婚假十四日**，應自結婚之日前十日起三個月內請畢。但因特殊事由經機關長官核准者，得於一年內請畢。

四、因懷孕者，於分娩前，給產前假八日，得分次申請，不得保留至分娩後；於分娩後，給**娩假四十二日**；懷孕滿二十週以上流產者，給流產假四十二日；懷孕十二週以上未滿二十週流產者，給流產假二十一日；懷孕未滿十二週流產者，給流產假十四日。娩假及流產假應一次請畢。分娩前已請畢產前假者，必要時得於分娩前先申請部分娩假，並以十二日為限，不限一次請畢；流產者，其流產假應扣除先請之娩假日數。

五、**因陪伴配偶懷孕產檢，或因配偶分娩或懷孕滿二十週以上流產者，給陪產檢及陪產假七日**，得分次申請。陪產檢應於配偶懷孕期間請畢；陪產應於配偶分娩日或流產日前後合計十五日（含例假日）內請畢。

六、**因父母、配偶死亡者，給喪假十五日**；繼父母、配偶之父母、子女死亡者，給喪假十日；曾祖父母、祖父母、配偶之祖父母、配偶之繼父母、兄弟姐妹死亡者，給喪假五日。除繼父母、配偶之繼父母以公務人員或其配偶於成年前受該繼父母扶養或於該繼父母死亡前仍與共居者為限外，其餘喪假應以原因發生時所存在之天然血親或擬制血親為限。喪假得分次申請。並應於死亡之日起百日內請畢。

七、因捐贈骨髓或器官者，視實際需要給假。

前項第一款所定准給事假日數，任職未滿一年者，依在職月數比例計算後未滿半日者，以半日計；超過半日未滿一日者，以一日計。

第一項所定事假、家庭照顧假、病假、生理假、婚假、產前假、陪產假、喪假，得以時計。

公務人員依第一項規定申請家庭照顧假、生理假、產前假、娩假、流產假、陪產檢及陪產假，以及因安胎事由申請其他假別之假時，機關不得拒絕，且不得影響其考績或為其他不利之處分。

第4條 公務人員有下列各款情事之一者，給予公假。其期間由機關視實際需要定之：

一、奉派參加政府召集之集會。

二、參加政府舉辦與職務有關之考試，經機關長官核准者。

三、依法受各種兵役召集。

四、參加政府依法主辦之各項投票。

五、因執行職務或上下班途中發生危險以致傷病，必須休養或療治，其期間在二年以內者。

六、奉派或奉准參加與其職務有關之訓練進修，其期間在一年以內者。但公務人員訓練進修法規另有規定者，從其規定。

七、奉派考察或參加國際會議。

八、應國內外機關團體邀請，參加與其職務有關之各項會議或活動，或基於法定義務出席作證、答辯，經機關長官核准者。

九、參加本機關舉辦之活動，經機關長官核准者。

十、因法定傳染病經各級衛生主管機關認定應強制隔離者。但因可歸責於當事人事由而罹病者，不在此限。

十一、依考試院訂定之激勵法規規定給假者。

第5條 請病假已滿第3條第1項第2款延長之期限或請公假已滿第4條第5款之期限，仍不能銷假者，應予留職停薪。

前項人員自留職停薪之日起已逾一年仍未痊癒者，應依法規辦理退休、退職或資遣。但其留職停薪係因執行職務且情況特殊者，得由機關長官審酌延長之，其延長以一年為限。

第6條 依前條規定留職停薪人員，於留職停薪期間病癒者，得檢具合法醫療機構或醫師證明書，向原服務機關申請復職。但為辦理退休、退職或資遣者，得免附病癒證明書隨時向原服務機關申請復職，並於復職當日退休、退職或資遣。

第7條 公務人員至年終連續服務滿一年者，第二年起，每年應給休假七日；服務滿三年者，第四年起，每年應給休假十四日；滿六年者，第七年起，每年應給休假二十一日；滿九年者，第十年起，每年應給休假二十八日；滿十四年者，第十五年起，每年應給休假三十日。

初任人員於二月以後到職者，得按當月至年終之在職月數比例於次年1月起核給休假；其計算方式依第3條第2項規定。第三年1月起，依前項規定給假。

第8條 公務人員因轉調（任）或因退休、退職、資遣、辭職再任年資銜接者，其休假年資得前後併計。

因辭職、退休、退職、資遣、留職停薪、停職、撤職、休職或受免職懲處，再任或復職年資未銜接者，其休假年資之計算依前條第2項規定。但侍親、育嬰留職停薪者，其復職當年度及次年度休假，均按前一在職年度實際任職月數比例核給。

退伍前後任公務人員者，其軍職年資之併計，依前二項規定。

第9條 同一機關或單位同時具有休假資格人員在二人以上時，應依年資長短、考績等第或職務性質，酌定順序輪流休假。

第10條 **公務人員休假得以時計；每年至少應休假日數，由總統府、國家安全會議及五院定之。休假並得酌予發給休假補助。確因公務或業務需要經機關長官核准無法休假時，酌予獎勵。**

前項應休假日數以外之休假，當年未休假且未予獎勵者，得累積保留至第三年實施。但於第三年仍未休畢者，視為放棄。

政務人員及民選地方行政機關首長未具休假十四日資格者，每年應給休假十四日。但任職前在同一年度內已核給休假者應予扣除。其未休畢者，視為放棄。

第1項補助之最高標準，由行政院人事行政總處會商銓敘部定之。

第11條 請假、公假或休假人員，應填具假單，經核准後，始得離開任所。但有急病或緊急事故，得由其同事或家屬親友代辦或補辦請假手續。

申請娩假、流產假、陪產檢及陪產假、骨髓捐贈或器官捐贈假及二日以上之病假或因安胎事由申請二日以上其他假別之假，應檢具合法醫療機構或醫師證明書。

第12條 請假、公假或休假人員職務，應委託同事代理。機關長官於必要時，並得逕行派員代理。

前項在假人員，應將經辦事項確實交代代理人。

第13條 未辦請假、公假或休假手續而擅離職守或假期已滿仍未銷假，或請假有虛偽情事者，均以曠職論。

第14條 曠職以時計算，累積滿八小時以一日計；其與曠職期間連續之例假日應予扣除，並視為繼續曠職。

第15條 本規則所規定假期之核給，扣除例假日。但因公傷病請公假或因病延長假期者，例假日均不予扣除。按時請假者，以規定辦公時間為準。

第16條 特殊性質機關人員之請假規定，得參照本規則另定之，並送銓敘部備查。

第17條 公務人員在休假期間，如服務機關遇有緊急事故，得隨時通知其銷假，並保留其休假權利。

第18條 各級機關首長之請假、公假及休假，均應報請上級機關長官核准。

第19條 本規則自發布日施行。

公務員服務法（民國111年6月22日修正公布）★★

第1條 公務員應恪守誓言，忠心努力，依法律、命令所定執行其職務。

第2條 本法適用於受有俸給之文武職公務員及公營事業機構純勞工以外之人員。
前項適用對象不包括中央研究院未兼任行政職務之研究人員、研究技術人員。

第3條 公務員對於長官監督範圍內所發之命令有服從義務，如認為該命令違法，應負報告之義務；該管長官如認其命令並未違法，而以書面署名下達時，公務員即應服從；其因此所生之責任，由該長官負之。但其命令有違反刑事法律者，公務員無服從之義務。
前項情形，該管長官非以書面署名下達命令者，公務員得請求其以書面署名為之，該管長官拒絕時，視為撤回其命令。

第4條 公務員對於兩級長官同時所發命令，以上級長官之命令為準；主管長官與兼管長官同時所發命令，以主管長官之命令為準。

第5條 公務員有絕對保守政府機關（構）機密之義務，對於機密事件，無論是否主管事務，均不得洩漏；離職後，亦同。
公務員未經機關（構）同意，不得以代表機關（構）名義或使用職稱，發表與其職務或服務機關（構）業務職掌有關之言論。
前項同意之條件、程序及其他應遵循事項之辦法，由考試院會同行政院定之。

第6條 公務員應公正無私、誠信清廉、謹慎勤勉，不得有損害公務員名譽及政府信譽之行為。

第7條 公務員不得假借權力，以圖本身或他人之利益，並不得利用職務上之機會加損害於人。

第8條 公務員執行職務，應力求切實，不得畏難規避，互相推諉或無故稽延。

第9條 公務員收受人事派令後，應於一個月內就（到）職。但具有正當事由，經任免權責機關（構）同意者，得延長之；其延長期間，以一個月為限。

駐外人員應於收受人事派令後三個月內就（到）職。但有其他不可歸責於當事人之事由，得請求延長之，並於該事由終止後一個月內就（到）職。

第10條 公務員奉派出差，除天災或其他不可歸責之事由延後完成工作等情形外，應於核准之期程內往返。

第11條 公務員未經機關（構）同意，不得擅離職守；其出差者，亦同。

第12條 公務員應依法定時間辦公，不得遲到早退，每日辦公時數為八小時，每週辦公總時數為四十小時，每週應有二日之休息日。但法律另有規定者，從其規定。

前項辦公時數及休息日數，各機關（構）在不影響為民服務品質原則下，得為下列之調整：

一、總統府、國家安全會議及五院，於維持每週辦公總時數下，調整所屬機關（構）每日辦公時數及每週休息日數。

二、各級學校主管機關，於維持全年辦公總時數下，調整學校每日、每週辦公時數及每週休息日數。

三、行政院配合紀念日及節日之放假，調整每週辦公時數及每週休息日數。

各機關（構）為推動業務需要，得指派公務員延長辦公時數加班。延長辦公時數，連同第一項辦公時數，每日不得超過十二小時；延長辦公時數，每月不得超過六十小時。但為搶救重大災害、處理緊急或重大突發事件、辦理重大專案業務或辦理季節性、週期性工作等例外情形，延長辦公時數上限，由總統府、國家安全會議及五院分別定之。

各機關（構）應保障因業務特性或工作性質特殊而須實施輪班輪休人員之健康，辦公日中應給予適當之連續休息時數，並得合理彈性調整辦公時數、延長辦公時數及休息日數。

輪班制公務員更換班次時，至少應有連續十一小時之休息時間。但因應勤（業）務需要或其他特殊情形，不在此限。

前二項辦公日中連續休息時數下限、彈性調整辦公時數、延長辦公時數上限、更換班次時連續休息時間之調整及休息日數等相關事項，包括其適用對象、特殊情形及勤務條件最低保障，應於維護公務員健康權之原則下，由總統府、國家安全會議及五院分別訂定，或授權所屬機關（構）依其業務特性定之。

第13條 公務員因公務需要、法定義務或其他與職務有關之事項須離開辦公處所者，應經機關（構）同意給予公假。

公務員連續服務滿一定期間，應按年資給予休假。

公務員因事、照顧家庭成員、婚喪、疾病、分娩或其他正當事由得請假。

前三項公務員請假之假別、日數、程序及其他相關事項，除公務人員請假規則由考試院會同行政院訂定外，其餘非適用公務人員請假規則者，由總統府、國家安全會議及五院分別定之。但其他法律另有特別規定者，依其規定。

第14條 公務員不得經營商業。

前項經營商業，包括依公司法擔任公司發起人或公司負責人、依商業登記法擔任商業負責人，或依其他法令擔任以營利為目的之事業負責人、董事、監察人或相類似職務。但經公股股權管理機關（構）指派代表公股或遴薦兼任政府直接或間接投資事業之董事、監察人或相類似職務，並經服務機關（構）事先核准或機關（構）首長經上級機關（構）事先核准者，不受前項規定之限制。

公務員就（到）職前擔任前項職務或經營事業須辦理解任登記者，至遲應於就（到）職時提出書面辭職，於三個月內完成解任登記，並向服務機關（構）繳交有關證明文件。但有特殊情形未能依限完成解任登記，並經服務機關（構）同意或機關（構）首長經上級機關（構）同意者，得延長之；其延長期間，以三個月為限，惟於完成解任登記前，不得參與經營及支領報酬。

公務員所任職務對營利事業有直接監督或管理權限者，不得取得該營利事業之股份或出資額。

公務員就（到）職前已持有前項營利事業之股份或出資額，應於就（到）職後三個月內全部轉讓或信託予信託業；就（到）職後因其他法律原因當然取得者，亦同。

第15條 公務員除法令規定外，不得兼任他項公職；其依法令兼職者，不得兼薪。

公務員除法令規定外，不得兼任領證職業及其他反覆從事同種類行為之業務。但於法定工作時間以外，從事社會公益性質之活動或其他非經常性、持續性之工作，且未影響本職工作者，不在此限。

公務員依法令兼任前二項公職或業務者，應經服務機關（構）同意；機關（構）首長應經上級機關（構）同意。

公務員兼任教學或研究工作或非以營利為目的之事業或團體職務，應經服務機關（構）同意；機關（構）首長應經上級機關（構）同意。但兼任無報酬且未影響本職工作者，不在此限。

公務員有第二項但書及前項但書規定情形，應報經服務機關（構）備查；機關（構）首長應報經上級機關（構）備查。

公務員得於法定工作時間以外，依個人才藝表現，獲取適當報酬，並得就其財產之處分、智慧財產權及肖像權之授權行使，獲取合理對價。

第二項、第四項及第六項之行為，對公務員名譽、政府信譽、其本職性質有妨礙或有利益衝突者，不得為之。

公務員兼任第三項所定公職或業務及第四項所定工作或職務；其申請同意之條件、程序、限制及其他應遵行事項之辦法，由考試院會同行政院定之。

第16條 公務員於其離職後三年內，不得擔任與其離職前五年內之職務直接相關之營利事業董事、監察人、經理、執行業務之股東或顧問。

第17條 公務員不得餽贈長官財物或於所辦事件收受任何餽贈。但符合廉政相關法令規定者，不在此限。

第18條 公務員不得利用視察、調查等機會，接受招待或餽贈。但符合廉政相關法令規定者，不在此限。

第19條 公務員執行職務時，遇有涉及本身或其親（家）屬之利害關係者，應依法迴避。

第20條 公務員非因職務之需要，不得動用行政資源。

第21條 公務員對於職務上所管理之行政資源，應負善良管理人責任，不得毀損、變換、私用或借給他人使用。

第22條 公務員對於下列各款與其職務有關係者，不得私相借貸，訂立互利契約或享受其他不正利益：

一、承辦本機關（構）或所屬機關（構）之工程。

二、經營本機關（構）或所屬事業來往款項之銀行。

三、承辦本機關（構）或所屬事業公用物品之營利事業。

四、受有政府機關（構）獎（補）助費。

第23條 公務員違反本法規定者，應按情節輕重，分別予以懲戒或懲處，其觸犯刑事法令者，並依各該法令處罰。

第24條 離職公務員違反第16條規定者，處二年以下有期徒刑，得併科新臺幣一百萬元以下罰金。

第25條 公務員有違反本法之行為，該管長官知情而不依法處置者，應受懲戒或懲處。

第26條 公營事業機構對經營政策負有主要決策責任者以外人員及公立學校兼任行政職務教師不適用第14條及第15條規定；其經營商業、執行業務及兼課、兼職之範圍、限制、程序等相關事項之辦法，由各該主管機關定之。

前項公營事業機構對經營政策負有主要決策責任人員職務範圍，由各該公營事業機構主管機關列冊，並送銓敘部備查。

第27條 本法自公布日施行。

本法中華民國一百十一年五月三十日修正之第12條施行日期，由考試院定之。

公職人員利益衝突迴避法（民國107年6月13日修正公布）★

第1條 **為促進廉能政治、端正政治風氣，建立公職人員利益衝突迴避之規範，有效遏阻貪污腐化及不當利益輸送，特制定本法。**

公職人員利益衝突之迴避，除其他法律另有嚴格規定者外，適用本法之規定。

第2條 本法所稱公職人員，其範圍如下：

一、總統、副總統。

二、各級政府機關（構）、公營事業總、分支機構之首長、副首長、幕僚長、副幕僚長與該等職務之人。

三、政務人員。

四、各級公立學校、軍警院校、矯正學校校長、副校長；其設有附屬機構者，該機構之首長、副首長。

五、各級民意機關之民意代表。

六、代表政府或公股出任其出資、捐助之私法人之董事、監察人與該等職務之人。

七、公法人之董事、監察人、首長、執行長與該等職務之人。

八、政府捐助之財團法人之董事長、執行長、秘書長與該等職務之人。

九、法官、檢察官、戰時軍法官、行政執行官、司法事務官及檢察事務官。

十、各級軍事機關（構）及部隊上校編階以上之主官、副主官。

十一、其他各級政府機關（構）、公營事業機構、各級公立學校、軍警院校、矯正學校及附屬機構辦理工務、建築管理、城鄉計畫、政風、會計、審計、採購業務之主管人員。

十二、其他職務性質特殊，經行政院會同主管府、院核定適用本法之人員。

依法代理執行前項公職人員職務之人員，於執行該職務期間亦屬本法之公職人員。

第3條 本法所定公職人員之關係人，其範圍如下：

一、公職人員之配偶或共同生活之家屬。

二、公職人員之二親等以內親屬。

三、公職人員或其配偶信託財產之受託人。但依法辦理強制信託時，不在此限。
四、公職人員、第一款與第二款所列人員擔任負責人、董事、獨立董事、監察人、經理人或相類似職務之營利事業、非營利之法人及非法人團體。但屬政府或公股指派、遴聘代表或由政府聘任者，不包括之。
五、經公職人員進用之機要人員。
六、各級民意代表之助理。

前項第六款所稱之助理指各級民意代表之公費助理、其加入助理工會之助理及其他受其指揮監督之助理。

第4條 **本法所稱利益，包括財產上利益及非財產上利益。**

財產上利益如下：

一、動產、不動產。
二、現金、存款、外幣、有價證券。
三、債權或其他財產上權利。
四、其他具有經濟價值或得以金錢交易取得之利益。

非財產上利益，指有利公職人員或其關係人在第二條第一項所列之機關（構）團體、學校、法人、事業機構、部隊（以下簡稱機關團體）之任用、聘任、聘用、約僱、臨時人員之進用、勞動派遣、陞遷、調動、考績及其他相類似之人事措施。

第5條 **本法所稱利益衝突，指公職人員執行職務時，得因其作為或不作為，直接或間接使本人或其關係人獲取利益者。**

第6條 **公職人員知有利益衝突之情事者，應即自行迴避。**

前項情形，公職人員應以書面依下列規定辦理：

一、民意代表應通知各該民意機關。
二、第二條第一項第六款、第七款之公職人員，應通知指派、遴聘或聘任機關。
三、其他公職人員，應通知其服務之機關團體。

前項之公職人員為首長者，應通知其服務機關團體及上級機關團體；無上級機關者，通知其服務之機關團體。

第7條 利害關係人認公職人員有應自行迴避之情事而不迴避者，得向前條第二項或第三項之機關團體申請迴避。

前項申請，前條第二項及第三項之機關團體對收受申請權限之有無，應依職權調查；其認無收受申請權限者，應即移送有收受申請權限之機關團體，並通知申請人。

不服機關團體之駁回決定者，得於五日內提請上級機關團體覆決，受理機關團體除有正當理由外，應於十日內為適當之處置；無上級機關團體者，提請前條第二項及第三項之機關團體覆決。

第8條 前二條受通知或受理之機關團體認該公職人員無須迴避者，應令其繼續執行職務；認該公職人員應行迴避者，應令其迴避。

第9條 公職人員服務之機關團體、上級機關、指派、遴聘或聘任機關知公職人員有應自行迴避而未迴避情事者，應依職權令其迴避。

前條及前項規定之令繼續執行職務或令迴避，由機關團體首長為之；應迴避之公職人員為首長而無上級機關者，由首長之職務代理人為之。但法律另有規定者，從其規定。

第10條 **公職人員依前四條規定迴避者，應依下列規定辦理：**

一、民意代表，不得參與個人利益相關議案之審議及表決。
二、其他公職人員應停止執行該項職務，並由該職務之代理人執行。必要時，

由各該機關團體指定代理執行該職務之人。

第11條 公職人員服務之機關團體、上級機關、指派、遴聘或聘任機關應於每年度結束後三十日內，將前一年度公職人員自行迴避、申請迴避、職權迴避情形，依第二十條所定裁罰管轄機關，彙報予監察院或法務部指定之機關(構)或單位。

第12條 公職人員不得假借職務上之權力、機會或方法，圖其本人或關係人之利益。

第13條 公職人員之關係人不得向公職人員服務或受其監督之機關團體人員，以請託關說或其他不當方法，圖其本人或公職人員之利益。

前項所稱請託關說，指不循法定程序，而向前項機關團體人員提出請求，其內容涉及該機關團體業務具體事項之決定、執行或不執行，且因該事項之決定、執行或不執行致有違法或不當而影響特定權利義務之虞者。

第14條 公職人員或其關係人，不得與公職人員服務或受其監督之機關團體為補助、買賣、租賃、承攬或其他具有對價之交易行為。但有下列情形之一者，不在此限：

一、依政府採購法以公告程序或同法第一百零五條辦理之採購。

二、依法令規定經由公平競爭方式，以公告程序辦理之採購、標售、標租或招標設定用益物權。

三、基於法定身分依法令規定申請之補助；或對公職人員之關係人依法令規定以公開公平方式辦理之補助，或禁止其補助反不利於公共利益且經補助法令主管機關核定同意之補助。

四、交易標的為公職人員服務或受其監督之機關團體所提供，並以公定價格交易。

五、公營事業機構執行國家建設、公共政策或為公益用途申請承租、承購、委託經營、改良利用國有非公用不動產。

六、一定金額以下之補助及交易。

公職人員或其關係人與公職人員服務之機關團體或受其監督之機關團體為前項但書第一款至第三款補助或交易行為前，應主動於申請或投標文件內據實表明其身分關係；於補助或交易行為成立後，該機關團體應連同其身分關係主動公開之。但屬前項但書第三款基於法定身分依法令規定申請之補助者，不在此限。

前項公開應利用電信網路或其他方式供公眾線上查詢。

第一項但書第六款之一定金額，由行政院會同監察院定之。

第15條 監察院、法務部及公職人員之服務或上級機關(構)之政風機構，為調查公職人員及其關係人違反本法情事，得向有關之機關(構)、法人、團體或個人查詢，受查詢者有據實說明或提供必要資料之義務。

第16條 違反第六條第一項規定者，處新臺幣十萬元以上二百萬元以下罰鍰。

經依第八條或第九條令其迴避而不迴避者，處新臺幣十五萬元以上三百萬元以下罰鍰，並得按次處罰。

第17條 違反第十二條或第十三條第一項規定者，處新臺幣三十萬元以上六百萬元以下罰鍰。

第18條 違反第十四條第一項規定者，依下列規定處罰：

一、交易或補助金額未達新臺幣十萬元者，處新臺幣一萬元以上五萬元以下罰鍰。

二、交易或補助金額新臺幣十萬元以上未達一百萬元者，處新臺幣六萬元以上五十萬元以下罰鍰。

三、交易或補助金額新臺幣一百萬元以上未達一千萬元者，處新臺幣六十萬元以上五百萬元以下罰鍰。

四、交易或補助金額新臺幣一千萬元以上者，處新臺幣六百萬元以上該交易金額以下罰鍰。

前項交易金額依契約所明定或可得確定之價格定之。但結算後之金額高於該價格者，依結算金額。

違反第十四條第二項規定者，處新臺幣五萬元以上五十萬元以下罰鍰，並得按次處罰。

第19條 違反第十五條規定，受查詢而無正當理由拒絕或為不實之說明、提供者，處新臺幣二萬元以上二十萬元以下罰鍰；經限期通知配合，屆期仍拒絕或為不實之說明、提供者，得按次處罰。

第20條 第十六條至第十八條所定之罰鍰，由下列機關處罰之。依法代理執行公職人員職務之人員，亦同：

一、監察院：

(一) 第二條第一項第一款、第三款、第五款至第八款之人員。

(二) 第二條第一項第二款之行政、立法、司法、考試、監察各院院長、副院長、職務列簡任第十二職等或相當簡任第十二職等以上之首長、副首長、幕僚長、副幕僚長及依公職人員選舉罷免法選舉產生之鄉（鎮、市）級以上各級政府機關首長。

(三) 第二條第一項第四款專科以上學校校長及附屬機構首長。

(四) 第二條第一項第九款本俸六級以上之法官、檢察官。

(五) 第二條第一項第十款少將編階以上之人員。

(六) 本款公職人員之關係人。

二、法務部：前款以外之公職人員及其關係人。

前條所定之罰鍰，受監察院查詢者，由監察院處罰之；受法務部或政風機構查詢者，由法務部處罰之。

第21條 依本法裁處罰鍰確定者，由處分機關刊登政府公報，並公開於電腦網路。

第22條 本法施行細則由行政院會同考試院、監察院定之。

第23條 本法自公布後六個月施行。

公務員廉政倫理規範（民國99年7月30日修正發布）★

一、**行政院（以下簡稱本院）為使所屬公務員執行職務，廉潔自持、公正無私及依法行政，並提升政府之清廉形象，特訂定本規範。**

二、本規範用詞，定義如下：

(一) 公務員：指適用公務員服務法之人員。

(二) 與其職務有利害關係：指個人、法人、團體或其他單位與本機關（構）或其所屬機關（構）間，具有下列情形之一者：

1.業務往來、指揮監督或費用補（獎）助等關係。

2.正在尋求、進行或已訂立承攬、買賣或其他契約關係。

3.其他因本機關(構)業務之決定、執行或不執行,將遭受有利或不利之影響。

(三) **正常社交禮俗標準:指一般人社交往來,市價不超過新臺幣三千元者。但同一年度來自同一來源受贈財物以新臺幣一萬元為限。**

(四) 公務禮儀:指基於公務需要,在國內(外)訪問、接待外賓、推動業務及溝通協調時,依禮貌、慣例或習俗所為之活動。

(五) **請託關說:指其內容涉及本機關(構)或所屬機關(構)業務具體事項之決定、執行或不執行,且因該事項之決定、執行或不執行致有違法或不當而影響特定權利義務之虞。**

三、公務員應依法公正執行職務,以公共利益為依歸,不得假借職務上之權力、方法、機會圖本人或第三人不正之利益。

四、公務員不得要求、期約或收受與其職務有利害關係者餽贈財物。但有下列情形之一,且係偶發而無影響特定權利義務之虞時,得受贈之:

(一) 屬公務禮儀。

(二) 長官之獎勵、救助或慰問。

(三) 受贈之財物市價在新臺幣五百元以下;或對本機關(構)內多數人為餽贈,其市價總額在新臺幣一千元以下。

(四) 因訂婚、結婚、生育、喬遷、就職、陞遷異動、退休、辭職、離職及本人、配偶或直系親屬之傷病、死亡受贈之財物,其市價不超過正常社交禮俗標準。

五、公務員遇有受贈財物情事,應依下列程序處理:

(一) 與其職務有利害關係者所為之餽贈,除前點但書規定之情形外,應予拒絕或退還,並簽報其長官及知會政風機構;無法退還時,應於受贈之日起三日內,交政風機構處理。

(二) 除親屬或經常交往朋友外,與其無職務上利害關係者所為之餽贈,市價超過正常社交禮俗標準時,應於受贈之日起三日內,簽報其長官,必要時並知會政風機構。

各機關(構)之政風機構應視受贈財物之性質及價值,提出付費收受、歸公、轉贈慈善機構或其他適當建議,簽報機關首長核定後執行。

六、下列情形推定為公務員之受贈財物:

(一) 以公務員配偶、直系血親、同財共居家屬之名義收受者。

(二) 藉由第三人收受後轉交公務員本人或前款之人者。

七、公務員不得參加與其職務有利害關係者之飲宴應酬。但有下列情形之一者,不在此限:

(一) 因公務禮儀確有必要參加。

(二) 因民俗節慶公開舉辦之活動且邀請一般人參加。

(三) 屬長官對屬員之獎勵、慰勞。

(四) 因訂婚、結婚、生育、喬遷、就職、陞遷異動、退休、辭職、離職等所舉辦之活動,而未超過正常社交禮俗標準。

公務員受邀之飲宴應酬，雖與其無職務上利害關係，而與其身分、職務顯不相宜者，仍應避免。

八、公務員除因公務需要經報請長官同意，或有其他正當理由者外，不得涉足不妥當之場所。

公務員不得與其職務有利害關係之相關人員為不當接觸。

九、公務員於視察、調查、出差或參加會議等活動時，不得在茶點及執行公務確有必要之簡便食宿、交通以外接受相關機關（構）飲宴或其他應酬活動。

十、公務員遇有第七點第一項第一款或第二款情形，應簽報長官核准並知會政風機構後始得參加。

十一、公務員遇有請託關說時，應於三日內簽報其長官並知會政風機構。

十二、各機關（構）之政風機構受理受贈財物、飲宴應酬、請託關說或其他涉及廉政倫理事件之知會或通知後，應即登錄建檔。

十三、公務員除依法令規定外，不得兼任其他公職或業務。

十四、公務員出席演講、座談、研習及評審（選）等活動，支領鐘點費每小時不得超過新臺幣五千元。

公務員參加前項活動，另有支領稿費者，每千字不得超過新臺幣二千元。

公務員參加第一項活動，如屬與其職務有利害關係者籌辦或邀請，應先簽報其長官核准及知會政風機構登錄後始得前往。

十五、本規範所定應知會政風機構並簽報其長官之規定，於機關（構）首長，應逕行通知政風機構。

十六、公務員應儘量避免金錢借貸、邀集或參與合會、擔任財物或身分之保證人。如確有必要者，應知會政風機構。

機關（構）首長及單位主管應加強對屬員之品德操守考核，發現有財務異常、生活違常者，應立即反應及處理。

十七、各機關（構）之政風機構應指派專人，負責本規範之解釋、個案說明及提供其他廉政倫理諮詢服務。

受理諮詢業務，如有疑義得送請上一級政風機構處理。

前項所稱上一級政風機構，指受理諮詢機關（構）直屬之上一級機關政風機構，其無上級機關者，由該機關（構）執行本規範所規定上級機關之職權。

前項所稱無上級機關者，指本院所屬各一級機關。

十八、本規範所定應由政風機構處理之事項，於未設政風機構者，由兼辦政風業務人員或其首長指定之人員處理。

十九、**公務員違反本規範經查證屬實者，依相關規定懲處；其涉及刑事責任者，移送司法機關辦理。**

二十、**各機關（構）得視需要，對本規範所定之各項標準及其他廉政倫理事項，訂定更嚴格之規範。**

二一、**本院以外其他中央及地方機關（構），得準用本規範之規定。**

公務人員行政中立法（民國103年11月26日修正公布）★★★

第1條 **為確保公務人員依法行政、執行公正、政治中立，並適度規範公務人員參與政治活動，特制定本法。**

公務人員行政中立之規範，依本法之規定；本法未規定或其他法律另有嚴格規定者，適用其他有關之法律。

第2條 **本法所稱公務人員，指法定機關依法任用、派用之有給專任人員及公立學校依法任用之職員。**

第3條 公務人員應嚴守行政中立，依據法令執行職務，忠實推行政府政策，服務人民。

第4條 公務人員應依法公正執行職務，不得對任何團體或個人予以差別待遇。

第5條 公務人員得加入政黨或其他政治團體。但不得兼任政黨或其他政治團體之職務。

公務人員不得利用職務上之權力、機會或方法介入黨派紛爭。

公務人員不得兼任公職候選人競選辦事處之職務。

施2. 本法所稱政黨，指依政黨法規定完成備案及人民團體法第45條規定備案成立之團體；所稱政治團體，指依人民團體法規定經許可設立之政治團體。

本法及本細則所稱公職候選人，指依總統副總統選舉罷免法規定申請登記為總統、副總統之候選人，以及依公職人員選舉罷免法公定申請登記為公職人員之候選人。

第6條 公務人員不得利用職務上之權力、機會或方法，使他人加入或不加入政黨或其他政治團體；亦不得要求他人參加或不參加政黨或其他政治團體有關之選舉活動。

施3. 本法第6條所稱政黨或其他政治團體有關之選舉活動，其範圍如下：

一、總統副總統選舉罷免法及公職人員選舉罷免法規定之選舉、罷免活動。

二、推薦公職候選人所舉辦之活動。

三、內部各項職務之選舉活動。

第7條 公務人員不得於上班或勤務時間，從事政黨或其他政治團體之活動。但依其業務性質，執行職務之必要行為，不在此限。

前項所稱上班或勤務時間，指下列時間：

一、法定上班時間。

二、因業務狀況彈性調整上班時間。

三、值班或加班時間。

四、因公奉派訓練、出差或參加與其職務有關活動之時間。

施4. 本法第7條第1項所稱政黨或其他政治團體之活動，指由政黨或政治團體所召集之活動及與其他團體共同召集之活動，包括於政府機關內部，成立或運作政黨之黨團及從事各種黨務活動等；所稱依其業務性質，執行職務之必要行為，指依相關法令規定執行職務所應為之行為。

第8條 公務人員不得利用職務上之權力、機會或方法，為政黨、其他政治團體或擬參選人要求、期約或收受金錢、物品或其他利益之捐助；亦不得阻止或妨礙他人為特定政黨、其他政治團體或擬參選人依法募款之活動。

施5. 本法第8條所稱擬參選人，依政治獻金法第2條規定認定之。

第9條 公務人員不得為支持或反對特定之政黨、其他政治團體或公職候選人，從事下列政治活動或行為：

一、動用行政資源編印製、散發、張貼文書、圖畫、其他宣傳品或辦理相關活動。

二、在辦公場所懸掛、張貼、穿戴或標示特定政黨、其他政治團體或公職候選人之旗幟、徽章或服飾。
三、主持集會、發起遊行或領導連署活動。
四、在大眾傳播媒體具銜或具名廣告。但公職候選人之配偶及二親等以內血親、姻親只具名不具銜者，不在此限。
五、對職務相關人員或其職務對象表達指示。
六、公開為公職候選人站台、助講、遊行或拜票。但公職候選人之配偶及二親等以內血親、姻親，不在此限。

前項第1款所稱行政資源，指行政上可支配運用之公物、公款、場所、房舍及人力等資源。

第1項第4款及第6款但書之行為，不得涉及與該公務人員職務上有關之事項。

施6. 本法第9條第1項第6款所稱所稱公開為公職候選人遊行，指為公職候選人帶領遊行或為遊行活動具銜具名擔任相關職務。所稱公開為公職候選人拜票，指透過各種公開活動或具銜具名經由資訊傳播媒體，向特定或不特定人拜票之行為。
本法第9條第3項所稱職務上有關之事項，指動用行政資源、行使職務權力、利用職務關係或使用職銜名器等。

第10條 公務人員對於公職人員之選舉、罷免或公民投票，不得利用職務上之權力、機會或方法，要求他人不行使投票權或為一定之行使。

施7. 本法第10條公務人員對於公民投票，不得利用職務上之權力、機會或方法，要求他人不行使投票權或為一定行使之規定，包括提案或不提案、連署或不連署之行為。

第11條 **公務人員登記為公職候選人者，自候選人名單公告之日起至投票日止，應依規定請事假或休假。**

公務人員依前項規定請假時，長官不得拒絕。

施8. 依本法第11條第1項規定請事假或休假之人員，如於請事假或休假期間，有公務人員請假規則所定其他假別之事由，仍得依規定假別請假。

第12條 公務人員於職務上掌管之行政資源，受理或不受理政黨、其他政治團體或公職候選人依法申請之事項，其裁量應秉持公正、公平之立場處理，不得有差別待遇。

第13條 各機關首長或主管人員於選舉委員會發布選舉公告日起至投票日止之選舉期間，應禁止政黨、公職候選人或其支持者之造訪活動；並應於辦公、活動場所之各出入口明顯處所張貼禁止競選活動之告示。

第14條 **長官不得要求公務人員從事本法禁止之行為。**

長官違反前項規定者，公務人員得檢具相關事證向該長官之上級長官提出報告，並由上級長官依法處理；未依法處理者，以失職論，公務人員並得向監察院檢舉。

第15條 公務人員依法享有之權益，不得因拒絕從事本法禁止之行為而遭受不公平對待或不利處分。

公務人員遭受前項之不公平對待或不利處分時，得依公務人員保障法及其他有關法令之規定，請求救濟。

第16條 公務人員違反本法，應按情節輕重，依公務員懲戒法、公務人員考績法或其他相關法規予以懲戒或懲處；其涉及其他法律責任者，依有關法律處理之。

第17條 **下列人員準用本法之規定：**

一、公立學校校長及公立學校兼任行政職務之教師。

二、教育人員任用條例公布施行前已進用未納入銓敘之公立學校職員及私立學校改制為公立學校未具任用資格之留用職員。

三、公立社會教育機構專業人員及公立學術研究機構兼任行政職務之研究人員。

四、各級行政機關具軍職身分之人員及各級教育行政主管機關軍訓單位或各級學校之軍訓教官。

五、各機關及公立學校依法聘用、僱用人員。

六、公營事業機構對經營政策負有主要決策責任之人員。

七、經正式任用為公務人員前，實施學習或訓練人員。

八、行政法人有給專任人員。

九、代表政府或公股出任私法人之董事及監察人。

施9. 本法第17條第6款所稱公營事業對經營政策負有主要決策責任之人員，指公營事業機構董事長、總經理、代表公股之董事、監察人及其他對經營政策負有主要決策責任等人員。

本法第17條第8款所稱行政法人有給專任人員，指行政法人有給專任之董（理）事長、首長、董（理）事、監事、繼續任用人員及契約進用人員。

施10. 各機關（構）及學校應加強辦理公務人員行政中立相關規定之宣導或講習。

銓敘部為順利推動本法，並解決適用本法及本細則之疑義，必要時，得邀請學者、專家或相關機關組成諮詢小組，提供諮詢意見。

第18條 憲法或法律規定須超出黨派以外，依法獨立行使職權之政務人員，準用本法之規定。

第19條 本法施行細則，由考試院定之。

第20條 本法自公布日施行。

公務員懲戒法（民國109年6月10日修正公布）★★★

第一章　總則

第1條　公務員非依本法不受懲戒。但法律另有規定者，從其規定。

本法之規定，對退休（職、伍）或其他原因離職之公務員於任職期間之行為，亦適用之。

第2條　公務員有下列各款情事之一，有懲戒之必要者，應受懲戒：

一、違法執行職務、怠於執行職務或其他失職行為。

二、非執行職務之違法行為，致嚴重損害政府之信譽。

第3條　公務員之行為非出於故意或過失者，不受懲戒。

第4條　公務員有下列各款情形之一者，其職務當然停止：

一、依刑事訴訟程序被通緝或羈押。

二、依刑事確定判決，受褫奪公權之宣告。

三、依刑事確定判決，受徒刑之宣告，在監所執行中。

第5條　懲戒法庭對於移送之懲戒案件，認為情節重大，有先行停止職務之必要者，得裁定先行停止被付懲戒人之職務，並通知被付懲戒人所屬主管機關。

前項裁定於送達被付懲戒人所屬主管機關之翌日起發生停止職務效力。

主管機關對於所屬公務員，依第24條規定送請監察院審查或懲戒法院審理而認為有免除職務、撤職或休職等情節重大之虞者，亦得依職權先行停止其職務。

懲戒法庭第一審所為第1項之裁定，得為抗告。

第6條 依前二條規定停止職務之公務員，在停職中所為之職務上行為，不生效力。

第7條 依第4條第1款或第5條規定停止職務之公務員，於停止職務事由消滅後，未經懲戒法庭判決或經判決未受免除職務、撤職或休職處分，且未在監所執行徒刑中者，得依法申請復職。服務機關或其上級機關，除法律另有規定外，應許其復職，並補給其停職期間之本俸（年功俸）或相當之給與。

前項公務員死亡者，應補給之本俸（年功俸）或相當之給與，由依法得領受撫卹金之人具領之。

第8條 公務員經依第23條、第24條移送懲戒，或經主管機關送請監察院審查者，在不受懲戒、免議、不受理判決確定、懲戒處分生效或審查結束前，不得資遣或申請退休、退伍。

監察院或主管機關於依第23條、第24條第1項辦理移送懲戒或送請審查時，應通知銓敘部或該管主管機關。

第二章 懲戒處分

第9條 公務員之懲戒處分如下：

一、免除職務。
二、撤職。
三、剝奪、減少退休（職、伍）金。
四、休職。
五、降級。
六、減俸。
七、罰款。
八、記過。
九、申誡。

前項第3款之處分，以退休（職、伍）或其他原因離職之公務員為限。

第1項第7款得與第3款、第6款以外之其餘各款併為處分。

第1項第4款、第5款及第8款之處分於政務人員不適用之。

第10條 懲戒處分時，應審酌一切情狀，尤應注意下列事項，為處分輕重之標準：

一、行為之動機。
二、行為之目的。
三、行為時所受之刺激。
四、行為之手段。
五、行為人之生活狀況。
六、行為人之品行。
七、行為人違反義務之程度。
八、行為所生之損害或影響。
九、行為後之態度。

第11條 免除職務，免其現職，並不得再任用為公務員。

第12條 撤職，撤其現職，並於一定期間停止任用；其期間為一年以上、五年以下。

前項撤職人員，於停止任用期間屆滿，再任公務員者，自再任之日起，二年內不得晉敘、陞任或遷調主管職務。

第13條 剝奪退休（職、伍）金，指剝奪受懲戒人離職前所有任職年資所計給之退休（職、伍）或其他離職給與；其已支領者，並應追回之。

減少退休（職、伍）金，指減少受懲戒人離職前所有任職年資所計給之退休（職、伍）或其他離職給與百分之十至百分之二十；其已支領者，並應追回之。

前二項所定退休（職、伍）金，應按最近一次退休（職、伍）或離職前任職年資計算。但公教人員保險養老給付、軍人保險退伍給付、公務員自行繳付之退撫基金費用本息或自提儲金本息，不在此限。

第14條 休職，休其現職，停發俸（薪）給，並不得申請退休、退伍或在其他機關任職；其期間為六個月以上、三年以下。
休職期滿，許其回復原職務或相當之其他職務。自復職之日起，二年內不得晉敘、陞任或遷調主管職務。
前項復職，得於休職期滿前三十日內提出申請，並準用公務人員保障法之復職規定辦理。

第15條 降級，依受懲戒人現職之俸（薪）級降一級或二級改敘；自改敘之日起，二年內不得晉敘、陞任或遷調主管職務。
受降級處分而無級可降者，按每級差額，減其月俸（薪）；其期間為二年。

第16條 減俸，依受懲戒人現職之月俸（薪）減百分之十至百分之二十支給；其期間為六個月以上、三年以下。自減俸之日起，一年內不得晉敘、陞任或遷調主管職務。

第17條 罰款，其金額為新臺幣一萬元以上、一百萬元以下。

第18條 記過，得為記過一次或二次。自記過之日起一年內，不得晉敘、陞任或遷調主管職務。一年內記過累計三次者，依其現職之俸（薪）級降一級改敘；無級可降者，準用第十五條第2項之規定。

第19條 申誡，以書面為之。

第20條 應受懲戒行為，自行為終了之日起，至案件繫屬懲戒法院之日止，已逾十年者，不得予以休職之懲戒。
應受懲戒行為，自行為終了之日起，至案件繫屬懲戒法院之日止，已逾五年者，不得予以減少退休（職、伍）金、降級、減俸、罰款、記過或申誡之懲戒。
前二項行為終了之日，指公務員應受懲戒行為終結之日。但應受懲戒行為係不作為者，指公務員所屬服務機關或移送機關知悉之日。

第21條 受降級或減俸處分而在處分執行前或執行完畢前離職者，於其再任職時，依其再任職之級俸執行或繼續執行之。

第22條 同一行為，不受懲戒法院二次懲戒。
同一行為已受刑罰或行政罰之處罰者，仍得予以懲戒。其同一行為不受刑罰或行政罰之處罰者，亦同。
同一行為經主管機關或其他權責機關為行政懲處處分後，復移送懲戒，經懲戒法院為懲戒處分、不受懲戒或免議之判決確定者，原行政懲處處分失其效力。

第三章 審判程序

第一節 第一審程序

第23條 監察院認為公務員有第2條所定情事，應付懲戒者，應將彈劾案連同證據，移送懲戒法院審理。

第24條 各院、部、會首長，省、直轄市、縣（市）行政首長或其他相當之主管機關首長，認為所屬公務員有第2條所定情事者，應由其機關備文敘明事由，連同證據送請監察院審查。但對於所屬薦任第九職等或相當於薦任第九職等以下之公務員，得逕送懲戒法院審理。
依前項但書規定逕送懲戒法院審理者，應提出移送書，記載被付懲戒人之姓名、職級、違法或失職之事實及證據，連同有關卷證，一併移送，並應按被付懲戒人之人數，檢附移送書之繕本。

第25條 同一違法失職案件，涉及之公務員有數人，其隸屬同一主管機關者，移送監察院審查或懲戒法院審理時，應全部移送；其隸屬不同主管機關者，由共同上級機關全部移送；無共同上級機關者，由各主管機關分別移送。

第26條 懲戒法庭認移送之懲戒案件無受理權限者，應依職權以裁定移送至有受理權限之機關。
當事人就懲戒法院有無受理權限有爭執者，懲戒法庭應先為裁定。
前二項裁定作成前，懲戒法庭得先徵詢當事人之意見。

第27條 除法律別有規定外，法官有下列情形之一者，應自行迴避，不得執行職務：
一、為被付懲戒人受移送懲戒行為之被害人。
二、現為或曾為被付懲戒人或被害人之配偶、八親等內之血親、五親等內之姻親或家長、家屬。
三、與被付懲戒人或被害人訂有婚約。
四、現為或曾為被付懲戒人或被害人之法定代理人。
五、曾為該懲戒案件被付懲戒人之代理人或辯護人，或監察院之代理人。
六、曾為該懲戒案件之證人或鑑定人。
七、曾參與該懲戒案件相牽涉之彈劾、移送懲戒或公務人員保障法、公務
人員考績法相關程序。
八、曾參與該懲戒案件相牽涉之民、刑事或行政訴訟裁判。
九、曾參與該懲戒案件再審前之裁判。但其迴避以一次為限。
十、曾參與該懲戒案件之前審裁判。
法官曾參與懲戒法庭第二審確定判決者，於就該確定判決提起之再審訴訟，毋庸迴避。

第28條 有下列情形之一者，被付懲戒人或移送機關得聲請法官迴避：
一、法官有前條所定之情形而不自行迴避。
二、法官有前條所定以外之情形，足認其執行職務有偏頗之虞。
當事人如已就該案件有所聲明或陳述後，不得依前項第2款聲請法官迴避。但聲請迴避之原因發生在後或知悉在後者，不在此限。

第29條 聲請迴避，應以書狀舉其原因向懲戒法院為之。但於審理期日或受訊問時，得以言詞為之。
聲請迴避之原因及前條第2項但書之事實，應釋明之。
被聲請迴避之法官，得提出意見書。
法官被聲請迴避者，在該聲請事件終結前，應停止審理程序。但其聲請因違背第1項、第2項，或前條第2項之規定，或顯係意圖延滯審理程序而為者，不在此限。
依前項規定停止審理程序中，如有急迫情形，仍應為必要處分。

第30條 法官迴避之聲請，由懲戒法庭裁定之。被聲請迴避之法官，不得參與裁定。其因不足法定人數不能合議者，由並任懲戒法院院長之法官裁定之。
被聲請迴避之法官，以該聲請為有理由者，毋庸裁定，應即迴避。
聲請法官迴避經懲戒法庭第一審裁定駁回者，得為抗告。其以聲請為正當者，不得聲明不服。

第31條 法官有第28條第1項第2款之情形者，經懲戒法院院長同意，得迴避之。

第32條 法官迴避之規定，於書記官及通譯準用之。

第33條 移送機關於懲戒案件，得委任下列之人為代理人：
一、律師。
二、所屬辦理法制、法務或與懲戒案件相關業務者。

第34條 被付懲戒人得選任辯護人為其辯護。
辯護人應由律師充之。但經審判長許可者，亦得選任非律師為辯護人。

每一被付懲戒人選任辯護人，不得逾三人。
辯護人有數人者，送達文書應分別為之。

第35條 被付懲戒人應親自到場。但經審判長許可者，得委任代理人一人到場。
前項代理人，準用前條第2項之規定。

第36條 選任辯護人，應向懲戒法庭提出委任書。
前項規定，於代理人準用之。

第37條 懲戒法庭收受移送案件後，應將移送書繕本送達被付懲戒人，並命其於十日內提出答辯狀。但應為免議或不受理之判決者，不在此限。
言詞辯論期日，距移送書之送達，至少應有十日為就審期間。但有急迫情形時，不在此限。
移送機關、被付懲戒人、代理人及辯護人，得聲請閱覽、抄錄、重製或攝影卷證。

第38條 被付懲戒人因精神障礙或其他心智缺陷，無法答辯者，懲戒法庭應於其回復前，裁定停止審理程序。
被付懲戒人因疾病不能到場者，懲戒法庭應於其能到場前，裁定停止審理程序。
被付懲戒人顯有應為不受懲戒、免議或不受理判決之情形，或依第35條委任代理人者，不適用前二項之規定。

第39條 同一行為，在刑事偵查或審判中者，不停止審理程序。但懲戒處分牽涉犯罪是否成立者，懲戒法庭認有必要時，得裁定於第一審刑事判決前，停止審理程序。
依前項規定停止審理程序之裁定，懲戒法庭得依聲請或依職權撤銷之。

第40條 審判長指定期日後，書記官應作通知書，送達於移送機關、被付懲戒人、代理人、辯護人或其他人員。但經審判長面告以所定之期日命其到場，或其曾以書狀陳明屆期到場者，與送達有同一之效力。
前項通知書，應記載下列事項：
一、案由。
二、應到場人姓名、住居所。
三、應到場之原因。
四、應到之日、時、處所。
第1項之期日為言詞辯論期日者，通知書並應記載不到場時之法律效果。

第41條 訊問被付懲戒人、證人、鑑定人及通譯，應當場製作筆錄，記載下列事項：
一、對於受訊問人之訊問及其陳述。
二、證人、鑑定人或通譯如未具結者，其事由。
三、訊問之年、月、日及處所。
前項筆錄應向受訊問人朗讀或令其閱覽，詢以記載有無錯誤。
受訊問人請求將記載增、刪、變更者，應將其陳述附記於筆錄。
筆錄應命受訊問人緊接其記載之末行簽名、蓋章或按指印。

第42條 懲戒法庭審理案件，應依職權自行調查之，並得囑託法院或其他機關調查。
受託法院或機關應將調查情形以書面答覆，並應附具調查筆錄及相關資料。

第43條 懲戒法庭審理案件，必要時得向有關機關調閱卷宗，並得請其為必要之說明。

第44條 懲戒法庭審理案件，應公開法庭行之。但有妨害國家安全或當事人聲請不公開並經許可者，不在此限。
前項規定，於第42條囑託調查證據時，準用之。

第45條 移送機關於第一審判決前，得撤回移送案件之全部或一部。
前項撤回，被付懲戒人已為言詞辯論者，應得其同意。
移送案件之撤回，應以書狀為之。但在期日得以言詞為之。

於期日所為之撤回，應記載於筆錄，如被付懲戒人不在場，應將筆錄送達。

移送案件之撤回，被付懲戒人於期日到場，未為同意與否之表示者，自該期日起；其未於期日到場或係以書狀撤回者，自前項筆錄或撤回書狀送達之日起，十日內未提出異議者，視為同意撤回。

案件經撤回者，同一移送機關不得更行移送。

第46條 懲戒法庭應本於言詞辯論而為判決。但就移送機關提供之資料及被付懲戒人書面或言詞答辯，已足認事證明確，或應為不受懲戒、免議或不受理之判決者，不在此限。

前項情形，經被付懲戒人、代理人或辯護人請求進行言詞辯論者，不得拒絕。

第47條 審判長於必要時，得指定受命法官先行準備程序，為下列各款事項之處理：

一、闡明移送懲戒效力所及之範圍。

二、訊問被付懲戒人、代理人或辯護人。

三、整理案件及證據重要爭點。

四、調查證據。

五、其他與審判有關之事項。

第48條 第34條第2項、第35條第1項、第37條第1項、第40條第1項、第42條至第44條關於懲戒法庭或審判長權限之規定，於受命法官行準備程序時準用之。

第49條 言詞辯論期日，以朗讀案由為始。

審判長訊問被付懲戒人後，移送機關應陳述移送要旨。

陳述移送要旨後，被付懲戒人應就移送事實為答辯。

被付懲戒人答辯後，審判長應調查證據，並應命依下列次序，就事實及法律辯論之：

一、移送機關。

二、被付懲戒人。

三、辯護人。

已辯論者，得再為辯論；審判長亦得命再行辯論。

審判長於宣示辯論終結前，最後應訊問被付懲戒人有無陳述。

第50條 言詞辯論終結後，宣示判決前，如有必要得命再開言詞辯論。

第51條 言詞辯論期日應由書記官製作言詞辯論筆錄，記載下列事項及其他一切程序：

一、辯論之處所及年、月、日。

二、法官、書記官之姓名及移送機關或其代理人、被付懲戒人或其代理人並辯護人、通譯之姓名。

三、被付懲戒人未到場者，其事由。

四、如不公開審理，其理由。

五、移送機關陳述之要旨。

六、辯論之意旨。

七、證人或鑑定人之具結及其陳述。

八、向被付懲戒人提示證物或文書。

九、當場實施之勘驗。

十、審判長命令記載及依訴訟關係人聲請許可記載之事項。

十一、最後曾予被付懲戒人陳述之機會。

十二、判決之宣示。

第41條第2項、第3項之規定，於前項言詞辯論筆錄準用之。

第52條 言詞辯論期日，當事人之一造無正當理由不到場者，得依到場者之聲請，由其一造辯論而為判決；不到場者，經再次通知而仍不到場，並得依職權由一造辯論而為判決。

如以前已為辯論或證據調查或未到場人有準備書狀之陳述者，為前項判決時，應斟酌之；未到場人以前聲明證據，其必要者，並應調查之。

第53條 有下列各款情形之一者，懲戒法庭應以裁定駁回前條聲請，並延展辯論期日：

一、不到場之當事人未於相當時期受合法之通知。
二、當事人之不到場，可認為係因天災或其他正當理由。
三、到場之當事人於懲戒法庭應依職權調查之事項，不能為必要之證明。
四、到場之當事人所提出之聲明、事實或證據，未於相當時期通知他造。

第54條 當事人於辯論期日到場拒絕辯論者，得不待其陳述，依他造當事人之聲請，由其一造辯論而為判決。

第55條 被付懲戒人有第2條情事之一，並有懲戒必要者，應為懲戒處分之判決；其無第2條情事或無懲戒必要者，應為不受懲戒之判決。

第56條 懲戒案件有下列情形之一者，應為免議之判決：
一、同一行為，已受懲戒法院之判決確定。
二、受褫奪公權之宣告確定，認已無受懲戒處分之必要。
三、已逾第20條規定之懲戒處分行使期間。

第57條 懲戒案件有下列各款情形之一者，應為不受理之判決。但其情形可補正者，審判長應定期間先命補正：
一、移送程序或程式違背規定。
二、被付懲戒人死亡。
三、違背第45條第6項之規定，再行移送同一案件。

第58條 判決應公告之；經言詞辯論之判決，應宣示之，但當事人明示於宣示期日不到場或於宣示期日未到場者，不在此限。
宣示判決應於辯論終結之期日或辯論終結時指定之期日為之。
前項指定之宣示期日，自辯論終結時起，不得逾三星期。但案情繁雜或有特殊情形者，不在此限。
宣示判決不以參與審理之法官為限；不問當事人是否在場，均有效力。
公告判決，應於懲戒法院公告處或網站公告其主文，書記官並應作記載該事由及年、月、日、時之證書附卷。

第59條 判決書應分別記載主文、事實、理由及適用法條。但不受懲戒、免議及不受理之判決，毋庸記載事實。

第60條 判決原本，應於判決宣示後，當日交付書記官；其於辯論終結之期日宣示判決者，應於五日內交付之。
書記官應於判決原本內，記明收領期日並簽名。

第61條 判決書正本，書記官應於收領原本時起十日內送達移送機關、被付懲戒人、代理人及辯護人，並通知銓敘部及該管主管機關。
前項移送機關為監察院者，應一併送達被付懲戒人之主管機關。
第1項判決書，主管機關應送登公報或以其他適當方式公開之。但其他法律另有規定者，依其規定。

第62條 判決，於上訴期間屆滿時確定。但於上訴期間內有合法之上訴者，阻其確定。

第63條 經言詞辯論之裁定，應宣示之。但當事人明示於宣示期日不到場或於宣示期日未到場者，以公告代之。
終結訴訟之裁定，應公告之。
第58條第2項至第5項、第60條、第61條第1項、第2項規定，於裁定準用之。

第二節　上訴審程序

第64條 當事人對於懲戒法庭第一審之終局判決不服者，得於判決送達後二十日之不變期間內，上訴於懲戒法庭第二審。但判決宣示或公告後送達前之上訴，亦有效力。

第65條 當事人於懲戒法庭第一審判決宣示、公告或送達後，得捨棄上訴權。

捨棄上訴權應以書狀向原懲戒法庭為之，書記官應速通知他造當事人。

捨棄上訴權者，喪失其上訴權。

第66條 對於懲戒法庭第一審判決之上訴，非以判決違背法令為理由，不得為之。

判決不適用法規或適用不當者，為違背法令。

有下列各款情形之一者，其判決當然違背法令：

一、判決懲戒法庭之組織不合法。
二、依法律或裁判應迴避之法官參與審判。
三、懲戒法庭對於權限之有無辨別不當。
四、當事人於訴訟未經合法辯護、代理或代表。
五、判決不備理由或理由矛盾，足以影響判決之結果。

第67條 提起上訴，應以上訴狀表明下列各款事項，提出於原懲戒法庭為之：

一、當事人。
二、第一審判決，及對於該判決上訴之陳述。
三、對於第一審判決不服之程度，及應如何廢棄或變更之聲明。
四、上訴理由。

前項上訴理由應表明下列各款事項：

一、原判決所違背之法令及其具體內容。
二、依訴訟資料合於該違背法令之具體事實。

第1項上訴狀內並應添具關於上訴理由之必要證據。

第68條 上訴狀內未表明上訴理由者，上訴人應於提起上訴後二十日內提出理由書於原懲戒法庭；未提出者，毋庸命其補正，由原懲戒法庭以裁定駁回之。

判決宣示或公告後送達前提起上訴者，前項期間應自判決送達後起算。

第69條 上訴不合法而其情形不能補正者，原懲戒法庭應以裁定駁回之。

上訴不合法而其情形可以補正者，原懲戒法庭應定期間命其補正；如不於期間內補正，原懲戒法庭應以裁定駁回之。

第70條 上訴未經依前條規定駁回者，原懲戒法庭應速將上訴狀送達被上訴人。

被上訴人得於上訴狀或第68條第1項理由書送達後十五日內，提出答辯狀於原懲戒法庭。

原懲戒法庭送交訴訟卷宗於懲戒法庭第二審，應於收到答辯狀或前項期間已滿，及各當事人之上訴期間已滿後為之。

第71條 被上訴人在懲戒法庭第二審未判決前得提出答辯狀及其追加書狀於懲戒法庭第二審，上訴人亦得提出上訴理由追加書狀。

懲戒法庭第二審認有必要時，得將前項書狀送達於他造。

第72條 上訴不合法者，懲戒法庭第二審應以裁定駁回之。但其情形可以補正者，審判長應定期間先命補正。

上訴不合法之情形，已經原懲戒法庭命其補正而未補正者，得不行前項但書之程序。

第73條 懲戒法庭第二審調查原判決有無違背法令，不受上訴理由之拘束。

第74條 懲戒法庭第二審之判決，應經言詞辯論為之。但懲戒法庭第二審認為不必要者，不在此限。

前項言詞辯論實施之辦法，由懲戒法院定之。

第75條 除別有規定外，懲戒法庭第二審應以懲戒法庭第一審判決確定之事實為判決基礎。

以違背訴訟程序之規定為上訴理由時，所舉違背之事實，及以違背法令確定事實或遺漏事實為上訴理由時，所舉之該事實，懲戒法庭第二審得斟酌之。

依前條規定行言詞辯論所得闡明或補充訴訟關係之資料，懲戒法庭第二審亦得斟酌之。

第76條 懲戒法庭第二審認上訴為無理由者，應為駁回之判決。

原判決依其理由雖屬不當，而依其他理由認為正當者，應以上訴為無理由。

第77條 懲戒法庭第二審認上訴為有理由者，應廢棄原判決。

因違背訴訟程序之規定廢棄原判決者，其違背之訴訟程序部分，視為亦經廢棄。

第78條 除第66條第3項之情形外，懲戒法庭第一審判決違背法令而不影響裁判之結果者，不得廢棄。

第79條 經廢棄原判決而有下列各款情形之一者，懲戒法庭第二審應就該案件自為判決：

一、因基於確定之事實或依法得斟酌之事實，不適用法規或適用不當廢棄原判決，而案件已可依該事實為裁判。

二、原判決就訴不合法之案件誤為實體判決。

第80條 除別有規定外，經廢棄原判決者，懲戒法庭第二審應將該案件發回懲戒法庭第一審。

前項發回判決，就懲戒法庭第一審應調查之事項，應詳予指示。

懲戒法庭第一審應以懲戒法庭第二審所為廢棄理由之法律上判斷為其判決基礎。

第81條 上訴人於終局判決宣示或公告前得將上訴撤回。

撤回上訴者，喪失其上訴權。

上訴之撤回，應以書狀為之。但在言詞辯論時，得以言詞為之。

於言詞辯論時所為上訴之撤回，應記載於言詞辯論筆錄，如他造不在場，應將筆錄送達。

第82條 懲戒法庭第二審判決，於宣示時確定；不宣示者，於公告主文時確定。

除本節別有規定外，第一節之規定，於上訴審程序準用之。

第三節　抗告程序

第83條 對於懲戒法庭第一審案件之裁定得提起抗告。但別有不許抗告之規定者，不在此限。

訴訟程序進行中所為之裁定，除別有規定外，不得抗告。

提起抗告，應於裁定送達後十日之不變期間內為之。但送達前之抗告亦有效力。

關於捨棄上訴權及撤回上訴之規定，於抗告準用之。

第84條 抗告，由懲戒法庭第二審裁定。

對於懲戒法庭第二審之裁定，不得再為抗告。

行政訴訟法第266條、第269條、第271條、第272條之規定，於本節準用之。

第四章　再審

第85條 有下列各款情形之一者，原移送機關或受判決人得提起再審之訴，對於確定終局判決聲明不服。但原移送機關或受判決人已依上訴主張其事由或知其事由而不為主張者，不在此限：

一、適用法規顯有錯誤。

二、判決懲戒法庭之組織不合法。

三、依法律或裁定應迴避之法官參與裁判。

四、參與裁判之法官關於該訴訟違背職務，犯刑事上之罪已經證明，或關於該訴訟違背職務受懲戒處分，足以影響原判決。

五、原判決所憑之證言、鑑定、通譯或證物，已證明係虛偽或偽造、變造。
六、同一行為其後經不起訴處分確定，或為判決基礎之民事或刑事判決及其他裁判或行政處分，依其後之確定裁判或行政處分已變更。
七、發現確實之新證據，足認應變更原判決。
八、就足以影響原判決之重要證據，漏未斟酌。
九、確定判決所適用之法律或命令，經司法院大法官解釋為牴觸憲法。

前項第4款及第5款情形之證明，以經判決確定，或其刑事訴訟不能開始或續行非因證據不足者為限，得提起再審之訴。

判決確定後受判決人已死亡者，其配偶、直系血親、三親等內之旁系血親、二親等內之姻親或家長、家屬，得為受判決人之利益，提起再審之訴。

再審之訴，於原判決執行完畢後，亦得提起之。

第86條 提起再審之訴，應於下列期間內為之：

一、依前條第1項第1款至第3款、第8款為理由者，自原判決確定之翌日起三十日內。但判決於送達前確定者，自送達之翌日起算。
二、依前條第1項第4款至第6款為理由者，自相關之裁判或處分確定之翌日起三十日內。但再審之理由知悉在後者，自知悉時起算。
三、依前條第1項第7款為理由者，自發現新證據之翌日起三十日內。
四、依前條第1項第9款為理由者，自解釋公布之翌日起三十日內。

再審之訴自判決確定時起，如已逾五年者，不得提起。但以前條第1項第4款至第7款、第9款情形為提起再審之訴之理由者，不在此限。

對於再審判決不服，復提起再審之訴者，前項所定期間，自原判決確定時起算。但再審之訴有理由者，自該再審判決確定時起算。

第87條 再審之訴，專屬為判決之原懲戒法庭管轄。

對於懲戒法庭就同一事件所為之第一審、第二審判決提起再審之訴者，由第二審合併管轄之。

對於懲戒法庭之第二審判決，本於第85條第1項第5款至第8款事由聲明不服者，雖有前二項之情形，仍專屬懲戒法庭第一審管轄。

第88條 再審之訴，應以訴狀表明下列各款事項，並添具確定判決繕本，提出於懲戒法院為之：

一、當事人。
二、聲明不服之判決及提起再審之訴之陳述。
三、再審理由及關於再審理由並遵守不變期間之證據。

第89條 懲戒法庭受理再審之訴後，應將書狀繕本及附件，函送原移送機關或受判決人於指定期間內提出意見書或答辯狀。但認其訴為不合法者，不在此限。

原移送機關或受判決人無正當理由，逾期未提出意見書或答辯狀者，懲戒法庭得逕為裁判。

第90條 懲戒法庭認為再審之訴不合法者，應以裁定駁回之。

懲戒法庭認為再審之訴無理由者，以判決駁回之；如認為顯無再審理由者，得不經言詞辯論為之。

懲戒法庭認為再審之訴有理由者，應廢棄原判決更為判決。但再審之訴雖有理由，如認原判決為正當者，應以判決駁回之。

再審判決變更原判決應予復職者，適用第7條之規定。其他有減發俸（薪）給之情形者，亦同。

第91條 受判決人已死亡者，為其利益提起再審之訴之案件，應不行言詞辯論，於通知監察院或主管機關於一定期間內陳述意見後，即行判決。受判決人於再審判決前死亡者，亦同。

為受判決人之不利益提起再審之訴，受判決人於再審判決前死亡者，關於本案視為訴訟終結。

第92條 為受判決人之利益提起再審之訴，為懲戒處分之判決，不得重於原判決之懲戒處分。

第93條 再審之訴，於懲戒法庭判決前得撤回之。

再審之訴，經撤回或判決者，不得更以同一事由提起再審之訴。

第94條 提起再審之訴，無停止懲戒處分執行之效力。

第95條 再審之訴，除本章規定外，準用第三章關於各該審級訴訟程序之規定。

裁定已經確定，而有第85條第1項之情形者，得準用本章之規定，聲請再審。

第五章　執行

第96條 懲戒法庭第一審懲戒處分之判決，因上訴期間屆滿、未經合法之上訴、當事人捨棄上訴或撤回上訴而確定者，書記官應即製作判決確定證明書，於送達受懲戒人主管機關之翌日起發生懲戒處分效力。

懲戒法庭第二審懲戒處分之判決，於送達受懲戒人主管機關之翌日起發生懲戒處分效力。

受懲戒人因懲戒處分之判決而應為金錢之給付，經主管機關定相當期間催告，逾期未履行者，主管機關得以判決書為執行名義，移送行政執行機關準用行政執行法強制執行。

主管機關收受剝奪或減少退休（職、伍）金處分之判決後，應即通知退休（職、伍）金之支給機關（構），由支給機關（構）依前項規定催告履行及移送強制執行。

第3項及前項情形，於退休（職、伍）或其他原因離職人員，並得對其退休（職、伍）金或其他原因離職之給與執行。受懲戒人死亡者，就其遺產強制執行。

第97條 受懲戒人因懲戒處分之判決而應為金錢之給付，自懲戒處分生效之日起，五年內未經行政執行機關執行者，不再執行；其於五年期間屆滿前已開始執行者，仍得繼續執行。但自五年期間屆滿之日起已逾五年尚未執行終結者，不得再執行。

第98條 公務員懲戒判決執行辦法，由司法院會同行政院、考試院定之。

第六章　附則

第99條 行政訴訟法之規定，除本法別有規定外，與懲戒案件性質不相牴觸者，準用之。

第100條 本法中華民國一百零九年五月二十二日修正之條文施行前已繫屬於公務員懲戒委員會之懲戒案件，於修正施行時尚未終結者，除法律別有規定外，由懲戒法庭第一審適用第一審程序繼續審理。但修正施行前已依法進行之程序，其效力不受影響。

本法中華民國一百零九年五月二十二日修正之條文施行後，被付懲戒人之應付懲戒事由、懲戒種類及其他實體規定，依行為時之規定。但修正施行後之規定有利於被付懲戒人者，依最有利於被付懲戒人之規定。

第101條 本法中華民國一百零九年五月二十二日修正之條文施行後，對本法修正施行前公務員懲戒委員會之議決或裁判提起再審之訴，由懲戒法庭依修正施行後之程序審理。

前項再審之訴，不適用本法第27條第1項第9款之迴避事由。

第1項再審之訴，其再審期間及再審事由依議決或原判決時之規定。

第102條 本法中華民國一百零四年五月一日修正之條文施行前，公務員懲戒委員會之議決，未經執行或尚未執行終結者，依該次修正施行前之規定執行。

第103條 本法施行日期，由司法院定之。

公務員懲戒判決執行辦法（民國109年8月24日發布）★

第1條 本辦法依公務員懲戒法（以下簡稱本法）第98條規定訂定之。

第2條 本辦法所稱懲戒判決，指為免除職務、撤職、剝奪、減少退休（職、伍）金、休職、降級、減俸、罰款、記過、申誡等懲戒處分之判決。

第3條 受懲戒人之主管機關於收受懲戒判決書正本後，應即送登公報或以其他適當方式公開之。

第4條 受懲戒人之主管機關應將收受本法第96條第1項判決確定證明書或同條第2項判決書之日期通知銓敘機關。

第5條 公務員受免除職務、撤職、剝奪、減少退休（職、伍）金、休職、降級、減俸、罰款處分，或有本法第18條後段之情形者，主管機關應即通知審計機關。

第6條 審計機關辦理各機關（構）審計業務時，發現曾受懲戒處分之公務員有不合法支領俸（薪）給、退休（職、伍）金或其他離職給與者，應依法剔除，並分別由各機關（構）負責追繳。

第7條 受懲戒人受罰款懲戒處分之確定判決者，自發生懲戒處分效力之日起，其所屬主管機關應即以書面限期催告受懲戒人履行；逾期未履行者，主管機關得以判決書為執行名義，移送法務部行政執行署所屬各分署就受懲戒人之財產執行之。

主管機關收受剝奪、減少退休（職、伍）金懲戒處分之確定判決後，應即通知退休（職、伍）金之支給或發放機關（構），自發生懲戒處分效力之日起，停止或減少發給退休（職、伍）金；其已發給而經判決應追回者，由支給或發放機關（構）依前項規定催告履行及移送強制執行。

前二項情形，未經執行或尚未執行終結前，受懲戒人死亡而遺有財產者，法務部行政執行署所屬各分署得逕對其遺產強制執行。

前三項執行，由執行標的物所在地之法務部行政執行署該管分署為執行機關；其不在同一分署轄區者，得向其中任一分署為之。應執行之標的物所在地不明者，由受懲戒人之住居所所在地之分署管轄。

第8條 懲戒判決確定後，因再審而更為懲戒判決者，應視再審審級依本法第96條第1項、第2項規定發生更為懲戒處分效力。

原判決與再審判決之懲戒處分執行性質相同者，於已執行之範圍內，得視為再審判決之執行。

第9條 同一行為經主管機關或其他權責機關依其他法律規定剝奪、減少退休（職、伍）金或其他離職給與後，復經懲戒法庭為剝奪、減少退休（職、伍）金處分之懲戒判決者，公務員之退休（職、伍）金或其他離職給與，於依其他法律規定剝奪或減少之範圍內，懲戒判決毋庸重複執行。

同一行為經懲戒法庭為剝奪、減少退休（職、伍）金處分之懲戒判決後，復經主管機關或其他權責機關依其他法律規定剝奪、減少退休（職、伍）金或其他離職給與者，懲戒判決之執行不受影響。

第10條 公務員因不同行為，受二以上之懲戒處分者，除本辦法另有規定外，分別執行之。

第11條 公務員受免除職務處分後，另受他懲戒處分者，不執行他懲戒處分。但另受剝奪、減少退休（職、伍）金、罰款處分者，不在此限。

公務員受撤職、休職、降級、減俸處分後，另受免除職務處分者，應逕執行免除職務處分。

公務員受撤職處分後，另受休職、降級或減俸處分者，其休職、降級或減俸，應於再任時執行之。

公務員受休職處分後，執行完畢前，另受撤職處分者，應逕執行撤職處分；其休職，應於再任時繼續執行之。

公務員受休職處分後，另受降級或減俸處分者，其降級或減俸，應於復職時執行之。

公務員受降級或減俸處分後，執行完畢前，另受撤職或休職處分者，應逕執行撤職或休職處分；其降級或減俸，應於再任或復職時繼續執行之。

第12條 本法第12條、第14條、第15條、第16條、第18條所定不得晉敘、陞任或遷調主管職務期間，依曆計算。

公務員於前項期間留職停薪、依法停止職務或離職者，其不得晉敘、陞任或遷調主管職務期間停止進行，並自其復職或再任之日起，與停止前已經過之期間，一併計算。

第13條 本辦法自中華民國一百零九年七月十七日施行。

公教人員保險法（民國112年1月11日修正公布）★★

第一章 總則

第1條 為安定公教人員生活，辦理公教人員保險（以下簡稱本保險），特制定本法。

本法未規定者，適用其他有關法律。

第2條 本保險之保險對象，包括下列人員：

一、法定機關（構）編制內之有給專任人員。但依其他法律規定不適用本法或不具公務員身分者，不得參加本保險。

二、公立學校編制內之有給專任教職員。

三、依私立學校法規定，辦妥財團法人登記，並經主管教育行政機關核准立案之私立學校編制內之有給專任教職員。

四、其他經本保險主管機關認定之人員。

前項第一款人員不包括法定機關編制內聘用人員。但本法中華民國103年1月14日修正施行時仍在保者，不在此限。

第3條 本保險之保險範圍，包括失能、養老、死亡、眷屬喪葬、生育及育嬰留職停薪六項。

第4條 本保險之主管機關為銓敘部。

為監督本保險業務，由本保險主管機關邀請有關機關、專家學者及被保險人代表組織監理委員會；各以占三分之一為原則；其組織規程由考試院會同行政院定之。

施11. 本保險之要保機關如下：
一、總統府及所屬機關。
二、國家安全會議及所屬機關。
三、五院及所屬機關。
四、各級民意機關。
五、地方行政機關。
六、公立學校及教育文化機構。
七、衛生及公立醫療機關（構）。
八、公營事業機構。
九、私立學校。
十、其他依法組織之機關（構）。

要保機關之認可與變更，除私立學校另依第12條規定辦理外，應由要保機關敘明經權責主管機關准予成立或變更之名稱與生效日期，以及組織編制之公（發）布與核備或備查文號，報本保險主管機關認定之。

前項要保機關之組織編制未及經考試院核備或備查前，得敘明理由報本保險主管機關先予認定；日後應將考試院核備或備查結果另函知承保機關。

公營事業機構辦理要保機關之認可與變更作業，由要保機關比照第2項規定，報經其組織編制核定權責機關函轉本保險主管機關認定，並敘明其適用之退休、撫卹、資遣法規之名稱及其核定機關。

施12. 私立學校參加本保險，應敘明下列事項，報經主管教育行政機關函轉本保險主管機關認定為要保機關；變更時亦同：
一、經法院發給之財團法人登記證書字號。
二、主管教育行政機關核准設立或變更之名稱與生效日期。
三、主管教育行政機關核准備查之編制員額表文號。

私立學校之附設單位，不得單獨為要保機關。

施13. 要保機關應指定人事人員或專職人員，主辦本保險相關事宜。

第5條 本保險由考試院會同行政院指定之機關（構）（以下稱承保機關）辦理承保、現金給付、財務收支及本保險準備金管理運用等保險業務。

本保險之財務責任，屬於中華民國88年5月30日以前之保險年資應計給之養老給付金額，由財政部審核撥補；屬於中華民國88年5月31日以後之虧損，應調整費率挹注。

本保險財務收支結餘，全部提列為保險準備金；其運用事宜，經本保險監理委員會及本保險主管機關同意後，得委託經營。

本保險準備金之管理及運用辦法，由本保險主管機關定之。

承保機關辦理本保險所需事務費，由本保險主管機關編列預算撥付；其金額不得超過年度保險費總額百分之三點五。

本保險準備金應按期上網公布有關保險準備金運用規模與資產配置、收益率、投資股票類別比率、持股成本及買賣資訊。

施2. 本保險保險費之繳納及各項給付之支付，以現行貨幣為計算標準。

施3. 承保機關每年應依照本法第5條第2項所定財務責任歸屬，分別核計保險之給付支出。

前項財務責任歸屬，屬於本法第16條第2項第2款所定基本年金率之給付，依照請領一次養老給付財務責任之歸屬比例核計。

前二項保險給付，屬於中華民國88年5月30日以前之保險年資應計給之養老給付金額，由財政部審核撥補。但得先由中華民國88年5月31日以後之本保險保險準備金計息墊付，或由承保機關向金融機構借款支應，再由財政部就當年度應撥補部分及墊借之利息，於墊付之當年度或其後之年度編列預算，分年歸還。

本法第18條第2項後段及第27條第3項所定未滿十五年得以十五年計算之養老年金及受益人年金給付，其屬於基本年金率計得之金額，由本保險保險準備金支付。

施4. 本法第5條第3項所稱財務收支結餘，指每月保險收入扣除保險支出後之餘額。
本保險財務收支有短絀時，先由保險準備金支應。

施5. 本法第5條第5項所定事務費，包括辦理本保險業務所需之人事、事務等一切費用，由銓敘部編列預算撥付之。
前項事務費年度決算結餘應全數解繳國庫；如有不足，循預算程序辦理。

第6條 **符合第2條規定之保險對象，應一律參加本保險（以下簡稱加保）為被保險人；其保險期間應自承保之日起，至退出本保險（以下簡稱退保）前一日止。**

被保險人應在其支領全額俸（薪）給之機關加保，不得重行加保。

本保險之同一保險事故，不得重複請領給付。

被保險人不得另行參加勞工保險、軍人保險、農民健康保險（以下簡稱其他職域社會保險）或國民年金保險。但本法另有規定者，不在此限。

被保險人重複參加其他職域社會保險或國民年金保險（以下簡稱重複加保）期間，發生第3條所列保險事故（以下簡稱保險事故），除本法另有規定外，不予給付；該段年資亦不予採認；其所繳之本保險保險費，概不退還。但非可歸責於服務機關（構）學校或被保險人之事由所致者，得退還其所繳之保險費。

被保險人具有下列各款年資之一者，不適用前項規定：

一、於中華民國94年1月20日以前之重複加保年資。

二、因其他職域社會保險之保險效力起算規定與本保險不同所致且不超過六十日之重複加保年資。

第5項人員之重複加保年資得併計成就請領本保險養老給付之條件。但不予給付。

被保險人於本法中華民國103年1月14日修正施行後，依規定得另受僱於固定雇主，擔任具有固定工作及薪給且屬其他職域社會保險應加保對象之職務者（以下簡稱依規定得重複加保者），自參加其他職域社會保險之日起六十日內，得選擇溯自參加其他職域社會保險之日起退保；一經選定後，不得變更。逾期未選擇者或選擇不退保者，其重複加保期間如發生保險事故，除本法另有規定外，不予給付；該段年資亦不予採認。

前項人員之重複加保年資得併計成就請領本保險養老給付之條件，並依第12條第2項規定計給養老給付。

不符合本保險加保資格而加保者，取消其被保險人資格；其所繳保險費，比照第5項規定辦理；期間領有之保險給付，得自退還之自付部分保險費中扣抵；不足部分，應向被保險人追償。

施7. 本保險被保險人及其眷屬與受益人之姓名、年齡及親屬關係，以戶籍記載為準；年齡應自出生之日起十足計算。

第7條 被保險人之受益人，除死亡給付或受益人年金給付外，均為被保險人本人。

被保險人或其受益人為無行為能力者，由其法定代理人代為申請。

被保險人或其受益人生前未申請給付者，除本法另有規定外，他人不得代為請領。

第二章 保險費

第8條 **本保險之保險費率為被保險人每月保險俸（薪）額百分之七至百分之十八。**

前項費率應由承保機關委託精算機構，至少每三年辦理一次精算，每次精算五十年；精算時，第5條第2項所定中華民國88年5月30日以前之保險年資應計給之養老給付金額，不計入本保險之保險費率。

本保險主管機關應評估保險實際收支情形及精算結果，有下列情形之一而需調整費率時，應報請考試院會同行政院覈實釐定：

一、精算之保險費率與當年保險費率相差幅度超過正負百分之五。

二、本保險增減給付項目、給付內容或給付標準，致影響保險財務。

第一項所稱每月保險俸（薪）額，係以公務人員及公立學校教職員俸（薪）給法規所定本俸（薪）或年功俸（薪）額為準。

私立學校教職員比照公立同級同類學校同薪級教職員保險薪額為準釐定。但機關（構）學校所適用之待遇規定與公務人員或公立學校教職員俸（薪）給法規規定不同者，其所屬被保險人之保險俸（薪）額，由本保險主管機關比照公務人員或公立學校教職員之標準核定之。

本法中華民國一百零三年一月十四日修正施行後，被保險人每月保險俸（薪）額，以不超過部長級之月俸額為限。

第一項所定費率範圍，包含適用中華民國一百十二年七月一日施行之公務人員個人專戶制退休資遣撫卹法及公立學校教職員個人專戶制退休資遣撫卹條例且未請領第十六條第四項第三款所定月退休（職、伍）給與，亦未辦理優惠存款者，依第四十八條第七項規定年金所需費率。

前項人員所領養老年金之財務責任由本保險準備金支應，不適用第二十條規定。

第六項人員於取得任用資格前受訓或研習期間，依第二條第一項第四款規定加保時，保險費率比照第六項規定辦理。

前項人員受訓或研習期間跨越本法中華民國一百十一年十二月十六日修正之條文施行前後者，於修正施行前已加保年資，應依修正施行後規定所釐定費率，補繳保險費。

施20. 本法第8條第4項所定公務人員及公立學校教職員俸（薪）給法規所定本俸（薪）或年功俸（薪）額，依全國軍公教員工待遇支給要點所定支給俸（薪）額為準。

施22. 本保險保險費以元為單位計算，角以下四捨五入。

本保險應由政府補助之保險費，由要保機關列入年度預算，或由各級政府統籌編列。

本法第48條第1項第1款及第2款被保險人依同條規定適用本保險年金給付期間，其參加本保險之保險費率，自本法中華民國103年6月1日修正生效後，應即依本法第8條第1項至第3項及第48條第7項規定，重新釐定。

施26. **要保機關應於新進人員到職日起四十五日內，將應繳保險費連同要保表件，送承保機關核處，並自到職起薪之日起承保生效。**

被保險人留職停薪、依法停職（聘）、休職，或依本法第6條第8項規定重複加保而選擇退保者，自原因消滅之日起，應依本法第6條規定參加本保險；要保機關應比照前項規定，辦理要保。

施27. 合於參加本保險之人員因要保機關逾期辦理，致未依規定加保者，應溯自到職起薪之日起補繳保險費，並由權責機關議處有關人員。

前項逾期辦理加保者，其逾期部分之保險費應自逾期之日起加計利息，並由要保機關負擔；其利息之計算，比照第9條規定辦理。

施28 **被保險人自離職之日或死亡次日，退出本保險；要保機關應填具異動名冊，送承保機關辦理退保。**

前項被保險人已領養老給付或由其受益人領取死亡給付者，由承保機關逕予退保。

施31. **被保險人未曾領取原公務人員保險、原私立學校教職員保險及本保險養老給付之保險年資，全部有效。**但被保險人於中華民國63年1月29日原公務人員保險法修正前已領離職退費之保險年資無效。

第9條 本保險之保險費，由被保險人自付百分之三十五，政府補助百分之六十五。但私立學校教職員由政府及學校各補助百分之三十二點五；政府補助私立學校教職員之保險費，由各級主管教育行政機關分別編列預算核撥之。

前項保險費應按月繳付；當月之保險費由各該服務機關（構）學校於當月十五日前，彙繳承保機關；逾期未繳者，承保機關得俟其繳清後，始予辦理各項給付。其因而致被保險人或受益人蒙受損失時，由服務機關（構）學校負責。

被保險人應自付之保險費，各該服務機關（構）學校得於每月發薪時代扣。

被保險人依法退休（職）並請領本保險養老給付且於本法中華民國103年1月14日修正施行後再加保者，其保險費應由被保險人自付百分之六十七點五，其餘百分之三十二點五應由服務機關（構）學校補助。

第10條 **被保險人依法徵服兵役而保留原職時，其服役期間之自付部分保險費，由政府負擔。**但私立學校教職員應由學校負擔。

前項規定以外之留職停薪被保險人在申請留職停薪時，應選擇於留職停薪期間退保或自付全部保險費，繼續加保；一經選定後，不得變更。

前項人員於留職停薪期間選擇繼續加保又同時參加其他職域社會保險者，應自重複加保之日起六十日內，申請溯自參加其他職域社會保險之日起退保，並得退還其所繳之保險費；退出後不得再選擇加保。

未申請退保或逾限申請者，其重複加保期間發生保險事故，不予給付；該段年資除本法另有規定外，亦不予採認；其所繳之保險費，不予退還。

前項未申請退保或逾限申請者之重複加保年資，得併計成就請領本保險養老給付之條件。但不予給付。

依第2項規定，於留職停薪期間選擇繼續加保之被保險人，逾六十日未繳納其應自付保險費，或未繳納依法遞延繳納之自付部分保險費者，溯自未繳納保險費之日起，視為退保。其於欠繳保險費期間發生保險事故所領取之保險給付，應依法追還。

依本條規定選擇繼續加保者，其保險俸（薪）額，依同等級公教人員保險俸（薪）額調整。

本法所定繳納保險費之規定，於身心障礙者權益保障法或性別工作平等法另有規定者，從其規定。

第11條 被保險人發生依法停職（聘）、休職或失蹤之事故時，除失蹤者應予退保外，其餘人員得比照前條留職停薪人員，由其選擇於停職（聘）、休職期間退保，或自付全部保險費，繼續加保；一經選定後，不得變更。

前項選擇退保者，應自復職之日辦理加保手續並接算其保險年資。

第1項選擇繼續加保而於繼續加保期間離職或達屆齡退休條件者，應予退保。

依法停職（聘）並選擇於停職（聘）期間自付全部保險費繼續加保，且經復職（聘）並補薪者，其服務機關（構）學校、政府應按第9條第1項所定負擔繳交保險費比率，計算停職（聘）期間應負擔之保險費並由要保機關發還被保險人。

被保險人於本法中華民國103年1月14日修正施行前停職（聘）或休職者，依修正施行前之規定辦理。是類被保險人於停職（聘）期間已參加其他職域社會保險者，該段參加各該保險之年資，不得於復職（聘）補薪時，追溯加保。

第三章 保險給付

第一節 通則

第12條 **被保險人在保險有效期間，發生失能、養老、死亡、眷屬喪葬、生育或育嬰留**

職停薪之保險事故時，應予現金給付；其給付金額之計算標準，依下列規定：

一、養老給付及死亡給付：按被保險人發生保險事故當月起，前十年投保年資之實際保險俸（薪）額平均計算（以下簡稱平均保俸額）。但加保未滿十年者，按其實際投保年資之保險俸（薪）額平均計算。

二、育嬰留職停薪津貼：按被保險人育嬰留職停薪當月起，往前推算六個月保險俸（薪）額之平均數百分之六十計算。

三、失能給付、生育給付及眷屬喪葬津貼：按被保險人發生保險事故當月起，往前推算六個月保險俸（薪）額之平均數計算。但加保未滿六個月者，按其實際加保月數之平均保險俸（薪）額計算。

第6條第8項所定依規定得重複加保者，其重複加保年資應計給養老給付金額之計算標準，按平均保俸額，扣除已領受其他職域社會保險與本保險養老給付性質相近給付（以下簡稱其他性質相近給付）所據之投保金額計算。

按前項標準計算之本保險養老給付，自領受其他性質相近給付之日起發給。但於本保險養老給付核定之前領受其他性質相近給付者，應自養老給付核定之日起發給。

依第2項規定計給養老給付之人員，於領受其他性質相近給付前死亡者，其重複加保期間不再計給。

施35. 本法第12條所定計算平均保俸額之本保險年資，應十足按日計算。但下列年資不予計算：

一、已領原公務人員保險、私立學校教職員保險或本保險養老給付之年資 。

二、已發還所繳原公務人員保險、私立學校教職員保險或本保險保險費之 年資。

三、不符合本保險加保規定之年資。

四、不得重複加保期間之年資。

施49. 本法第12條第1項第3款所定失能給付之計算標準，應依本法第15條所定確定永久失能日往前推算六個月保險俸（薪）額之平均數認定之。

施36. 本法第12條第2項所稱其他職域社會保險與本保險養老給付性質相近給付（以下簡稱其他性質相近給付）所據之投保金額，指依各該保險法規計算給付所據金額。

依本法第12條第2項及第3項規定計給本保險養老年金給付之被保險人，於領受本保險養老年金給付期間始領受其他性質相近給付者，其發給年金差額之標準，以其開始領受其他性質相近給付當期之本保險養老年金給付平均保俸額認定之。

依本法第12條第2項規定辦理扣除投保金額而有不足時，該段重複加保年資不計給本保險養老給付。

施37. 被保險人於本法第48條第1項第1款及第2款被保險人依同條規定適用本保險年金給付規定期間，其請領一次養老或死亡給付者，以該被保險人發生保險事故退保當月之保險俸（薪）額為計算給付之標準，不適用本法第12條第1項第1款規定。

第二節 失能給付

第13條 被保險人發生傷害事故或罹患疾病，經醫治終止後，身體仍遺留無法改善之障礙而符合失能標準，並經中央衛生主管機關評鑑合格之醫院鑑定為永久失能者，按其確定永久失能日當月往前推算六個月保險俸（薪）額之平均數，依下列規定核給失能給付：

一、因執行公務或服兵役致成全失能者，給付三十六個月；半失能者，給付十八個月；部分失能者，給付八個月。

二、因疾病或意外傷害致成全失能者，給付三十個月；半失能者，給付十五個月；部分失能者，給付六個月。

前項所稱全失能、半失能、部分失能之標準，由本保險主管機關定之。

第1項所稱經醫治終止，指被保險人罹患之傷病經醫治後，症狀固定，再行醫治仍無法改善，並符合前項失能標準。

承保機關對請領失能給付之案件，得施以調查、複驗、鑑定後，審核認定之。

施39. 本法第13條第1項第2款及第34條第1項所定意外傷害，不包含本法第39條或第40條所定因犯罪或詐欺行為引起之外來突發事故所致者。

第14條 失能給付應依下列規定審核辦理：

一、在加入本保險前已失能者，不得請領本保險失能給付。

二、同一部位之失能，同時適用二種以上失能程度者，依最高標準給付，不得合併或分別請領。

三、不同部位之失能，無論同時或先後發生者，其合計給付月數，以三十個月為限；因公致失能者，以三十六個月為限。

四、原已失能部位復因再次發生疾病或傷害，致加重其失能程度者，按二種標準之差額給付。

五、手術切除器官者，須存活期滿一個月以上，始可請領失能給付。被保險人確定永久失能日係於死亡前一個月內，或彌留狀態期間，不得據以請領失能給付。

第15條 第13條所定確定永久失能日之認定，依下列規定辦理：

一、手術切除器官，存活一個月以上者，以該手術日期為準。

二、醫療或手術後，仍需施行復健治療者，須以復健治療期滿六個月仍無法改善時為準；其他需經治療觀察始能確定永久失能者，經主治醫師敘明理由，以治療觀察期滿六個月仍無法改善時為準。

三、失能標準已明定治療最低期限者，以期限屆滿仍無法改善時為準。

四、失能標準明定治療最低期限屆滿前即辦理退休、資遣或離職退保，且於治療達規定期限以上仍無法矯治者，以退保前一日為準。

施50. 承保機關對於不合規定之失能給付請領案件，得保留原送之失能證明文件存查。
本保險失能爭議及各項現金給付爭議，由本保險主管機關核釋之。

第三節　養老給付

第16條 **被保險人依法退休（職）、資遣，或繳付本保險保險費滿十五年且年滿五十五歲以上而離職退保時，給與養老給付。**

養老給付之請領方式及給與標準如下：

一、一次養老給付：保險年資每滿一年，給付一點二個月；最高以給付四十二個月為限。但辦理優惠存款者，最高以三十六個月為限。

二、養老年金給付：保險年資每滿一年，在給付率百分之零點七五（以下簡稱基本年金率）至百分之一點三（以下簡稱上限年金率）之間核給養老年金給付，最高採計三十五年；其總給付率最高為百分之四十五點五。但中華民國一百十二年七月一日以後初次參加本保險者，最高採計四十年；其總給付率最高為百分之五十二。

三、依前二款規定計算給付月數或給付率之年資有畸零月數及未滿一個月之畸零日數，均按比例發給。

依第一項規定請領養老給付之被保險人符合下列條件之一者，給與養老年金給付：

一、繳付本保險保險費滿十五年以上且年滿六十五歲。

二、繳付本保險保險費滿二十年以上且年滿六十歲。
三、繳付本保險保險費滿三十年以上且年滿五十五歲。

被保險人請領養老年金給付而有下列情形之一者，其養老年金給付應依基本年金率計給：
一、依法資遣。
二、繳付本保險保險費滿十五年以上而離職退保。
三、支（兼）領之月退休（職、伍）給與係由下列權責單位負最後財務責任：
(一) 政府機關（構）或學校。
(二) 政府機關（構）或學校與被保險人共同提儲設立之基金。但所設基金屬個人帳戶者，不在此限。

被保險人已依第三項規定請領養老年金給付者，再支（兼）領前項第三款所定月退休（職、伍）給與時，其原經承保機關審定之養老年金給付，應自再支（兼）領月退休（職、伍）給與之日起，改依前項及第八項規定計給。

依第一項規定請領養老給付之被保險人有下列情形之一者，以支領一次養老給付為限：
一、未符合第三項養老年金給付條件。
二、犯貪污治罪條例之罪，或犯刑法瀆職罪，或於動員戡亂時期終止後，犯內亂罪、外患罪，經判刑確定。
三、依第45條規定準用本法之外國人。

依第一項規定請領養老給付之被保險人具有中華民國一百零三年一月十四日修正施行前之保險年資且符合第三項各款條件之一者，可選擇依本條規定請領養老年金給付，亦得選擇請領一次養老給付；一經領受，不得變更。

依第四項規定按基本年金率計給養老年金給付之被保險人，其每月退休（職、伍）給與，加計每月可領養老年金給付之總和，不得超過其最後在職加保投保俸（薪）額二倍之百分之八十；超過者，應調降養老年金給付，或得選擇不請領養老年金給付而請領一次養老給付；一經領受，不得變更。

前項所定每月退休（職、伍）給與之內涵，比照第17條第4項及第5項規定辦理。

被保險人具有本法中華民國一百零三年一月十四日修正施行前後保險年資且選擇請領一次養老給付者，修正施行前之保險年資最高以給付三十六個月為限；修正施行後之保險年資，每滿一年，應加給一點二個月，合併修正施行前保險年資最高以給付四十二個月為限；畸零月數及未滿一個月之畸零日數，均按比例發給。

本法中華民國一百零三年一月十四日修正施行前已退保而未再加保，並依第八項規定選擇請領一次養老給付之被保險人，其加保超過三十年之保險年資，每滿一年，加給一點二個月，合併最高以給付四十二個月為限；畸零月數及未滿一個月之畸零日數，均按比例發給。但被保險人所領一次養老給付依規定得辦理優惠存款者，不適用上述加給規定。

前項加給之養老給付金額，應由承保機關依本法審定後，通知最後服務機關（構）學校負擔財務責任並支給被保險人。

第八項之給付率自公務人員及公立學校教職員退撫法律制定通過後，另行調整。

第17條 被保險人依前條第3項規定請領養老年金給付者，其每月退休（職、伍）給與，加計每月可領養老年金給付之總和，不得超過其最後在職加保投保俸（薪）額二倍之一定百分比（以下簡稱退休年金給與上限）。

被保險人依前項規定計得之每月養老年金給付率，於前條第四項有特別規定者，從其規定。

第1項所定退休年金給與上限，應依下列規定計算：

一、保險年資十五年以下，每滿一年，以百分之二計；第十六年起，每滿一年，以百分之二點五計，最高增至百分之八十。

二、保險年資未滿六個月者，以六個月計；滿六個月以上未滿一年者，以一年計。

第1項所定每月退休（職、伍）給與，包含下列內涵：

一、被保險人支（兼）領之月退休（職、伍）給與或類此之非一次性離退給與。

二、被保險人支（兼）領之一次性退休（職、伍）給與、資遣給與、年資結算金或類此之一次性離退給與，應依平均餘命，按月攤提併入每月退休給與計算。

三、被保險人依規定領有其支（兼）領一次退休（職、伍）給與之每月優惠存款利息。

前項第2款所定一次性離退給與之按月攤提計算方式，於本法施行細則定之。

第1項及第3項之退休年金給與上限自公務人員及公立學校教職員退撫法律制定通過後，另行調整。

施57. 本法第17條第4項第1款所定月退休（職、伍）給與或類此之非一次性離退給與，應符合下列各款條件：

一、按月、按季或按年給付至領受人死亡或喪失領受權止。

二、給付財務責任屬本法第16條第4項第3款所定情形。

本法第17條第4項第1款、第2款所定給與及第3款所定優惠存款範圍，由本保險主管機關認定之。

被保險人所領離退給與屬本法第16條第4項第3款第2目但書情形者，其每月退休（職、伍）給與之計算，按其個人帳戶金額，依本法第17條第4項第2款規定辦理。

本法中華民國一百零三年六月一日修正生效後，因被保險人適用之離退法令修正，致原給與名稱、屬性有所變更者，由各離退法令之主管機關送本保險主管機關重新認定。

施58. 被保險人支（兼）領一次性退休（職、伍）給與、資遣給與、年資結算金或類此之一次性離退給與者，應依開始領受本保險養老年金給付年齡之平均餘命，按月攤提計算；其年齡應以年為單位，畸零月數不計。

本法第17條第4項第2款所定平均餘命，由本保險主管機關參考內政部公告之全體國民平均餘命，每三年檢討一次並公告之。

第18條 被保險人擔任具有危險及勞力等特殊性質職務而屆齡退休者，其繳付本保險保險費滿十五年以上，可請領養老年金給付，不受第16條第3項各款年齡之限制。

被保險人因公傷病致不堪勝任職務而命令退休者，或符合第13條所定失能標準之全失能，且經評估為終身無工作能力而退休（職）或資遣者，其請領養老年金給付，不受第16條第3項各款加保年資及年齡之限制；其加保年資未滿十五年者，以十五年計。

被保險人未符合第16條第3項所定養老年金給付請領年齡者，得選擇至年滿養老年金給付起支年齡之日起領取（以下簡稱展期養老年金給付）；一經領受，不得變更。

法定機關（構）編制內之有給專任人員經本保險主管機關同意得參加勞工保險，嗣因原機關（構）依法律整併或改制（隸）者，除其他法律另有規定外，應改參加本保險；其加保年資未達第16條第3項所定請領養老年金給付之加保年資條件，應併計於原機關（構）參加勞工保險之保險年資，以符合養老年金給付請領條件；該參加勞工保險之保險年資不計給本保險養老年金給付。

具有任期之公職被保險人於任期屆滿，依法退職時，其加保年資未達第16條第3項所定請領養老年金給付之加保年資條件者，得併計退職前曾參加國民年金保險或得領取其他性質相近給付之保險年資，以成就請領本保險養老年金給付之條件。但併計本保險以外之其他保險年資，不計給本保險養老年金給付。

被保險人保險年資滿十五年，未符合第16條養老年金給付請領資格者，得提前五年請領養老年金給付，每提前一年，依第16條規定計算之給付金額減給百分之四，最多減給百分之二十。

施60. 本法第18條第6項所定提前請領減給之養老年金給付，應依本法第16條、第17條及第19條所定計算之給付金額，按提前之年數比例扣減。

提前未滿一年之畸零月數，按所占比例計算；未滿一個月者，以一個月計。

施61. 本法第18條第2項所稱終身無工作能力，指被保險人失能情形經審定為全失能，且符合失能給付標準所定終身無工作能力者。

第19條 依第17條規定計得之每月可領養老年金給付，其保險年資每滿一年之給付率低於基本年金率時，仍應按基本年金率計給；超過上限年金率時，應按上限年金率計給。

第20條 依第17條規定計得之每月可領養老年金給付中，屬於超過基本年金率計得之金額（以下簡稱超額年金），應由承保機關依本法審定後，通知負擔財務責任之最後服務機關（構）學校按月支給被保險人。但私立學校之被保險人所領超額年金，由政府及學校各負擔百分之五十。

前項應負擔支給責任之最後服務機關（構）學校有改制（隸）、裁併、解散、消滅或民營化等情形，應依其情形，改由承受其業務之機關（構）學校或上級機關或法人主管機關或事業主管機關按月支給。

第一項所定應負支給及財務責任者有未支給或逾期支給情形，致被保險人蒙受損失時，應由各該負支給及財務責任之最後服務機關（構）學校或政府負責；如有爭議，應由其主管機關或上級機關協調處理之。

依第22條第4項、第7項，或第25條第2項規定，按原領養老年金給付金額之半數給與受益人年金給付者，其原領養老年金給付包含超額年金時，比照本條規定辦理。

施62. 本法第20條所稱應負擔私立學校被保險人所領超額年金之財務及支給責任者，於政府部分，指各級主管教育行政機關。

第21條 被保險人於本法中華民國八十八年五月三十一日修正生效前後之保險年資，應合併計算發給養老給付，並受第16條所定養老年金給付最高採計年資或一次養老給付最高給付月數上限（以下簡稱養老給付上限）之限制。

前項屬於本法修正生效前保險年資之一次養老給付，仍依原公務人員保險法或原私立學校教職員保險條例規定標準計算；其未滿五年者，每滿一年給付一個月，未滿一年之畸零月數，按比例發給；屬於修正生效後之保險年資，依第16條第2項第1款及第3款規定計算。

被保險人於本法中華民國八十八年五月三十一日修正生效前後保險年資，合計十二年六個月以上者，其一次養老給付之平均養老給付月數未達一年一點二個月時，以一年一點二個月計算；其保險年資合計未滿十二年六個月者，其一次養老給付月數未達原公務人員保險法或原私立學校教職員保險條例規定標準時，補其差額月數。

第22條 養老年金給付除本法另有規定外，應自符合請領條件之日起，按月發給，至被保險人死亡當月止。

領受養老年金給付者有下列情形之一，應即停止領受之權利，俟原因消滅後恢復：

一、再加保。
二、卸任總統、副總統享有禮遇期間。
領受養老年金給付者有下列情形之一，喪失領受之權利：
一、死亡。
二、依第18條第2項後段所定未滿十五年而以十五年計給規定請領養老年金給付者，再參加其他職域社會保險或本保險。是類人員有再任職之事實而未依其身分參加社會保險者亦同。
三、喪失中華民國國籍。
四、犯貪污治罪條例之罪，或犯刑法瀆職罪，或於動員戡亂時期終止後，犯內亂罪、外患罪，經判刑確定。
前項第一款人員之養老年金給付，其受益人得就以下方式之一請領；一經領受，不得變更：
一、請領一次養老給付者，應扣除已領受養老年金給付總額後，給與其餘額（以下簡稱一次養老給付之餘額）。
二、請領受益人年金給付者，按原領養老年金給付金額之半數，改領受益人年金給付。
依第3項第2款規定喪失領受養老年金給付權利者，改給與依其實際加保年資應給與一次養老給付之餘額；已無餘額者，不再計給。
依第3項第3款及第4款規定喪失領受養老年金給付權利者，改給與一次養老給付之餘額；已無餘額者，不再計給。
依第18條第3項規定請領展期養老年金給付之被保險人，於領受給與之前死亡者，由其受益人請領一次養老給付金額；其符合請領受益人年金給付條件之受益人不請領一次養老給付金額時，得選擇按原得領養老年金給付金額之半數，改領受益人年金給付；一經領受，不得變更。

施63. 本法第22條第4項至第6項所定一次養老給付之餘額，其給付金額之計算標準，以其喪失領受權利時最近一期核付養老年金給付所據平均保險俸（薪）額為準。請領展期養老年金給付被保險人之受益人依同條第七項選擇請領一次養老給付金額之計算標準，依本法第31條第1項所定調整後之平均保險俸（薪）額為準。
依前項規定計算被保險人已領受養老年金給付總額時，其已領受本法第20條所定超額年金給付總額，不列入計算。

第23條 被保險人請領養老給付後再加保時，原領養老給付不得繳回；其原有保險年資不得合併計算。其再次符合請領本保險養老給付條件者，合併各次計給養老給付，不得超過養老給付上限。
被保險人領受養老給付已達養老給付上限後再加保者，日後退休（職）、資遣或離職退保時，不再發給養老給付。但再加保期間未領取本保險其他給付者，其自付部分之保險費應加計利息發還。
被保險人符合請領本保險養老給付條件者，應自符合條件之日起三個月內選擇請領或不請領；逾期未作選擇者，視同選擇不請領。
前項人員選擇不請領者，仍得於第38條所定時效內請領。但屬於再加保者，於再次退保前，不得請領原有保險年資之養老給付。
前項人員於再次退保時，併計原有保險年資及再加保年資後，符合請領本保險養老給付條件者，按其再次退保時之平均保俸額給付；未符合請領本保險養老給付條件者，得請領原未請領之養老給付；得請領養老年金給付者，自再次退保之日起發給。
被保險人依第3項及第4項規定選擇不請領且於第38條所定期限內死亡者，原未請領之養老給付得由其受益人比照第22條第7項規定，請領一次養老給付或改領受益人年金給付。

施64. 被保險人依本法第23條第1項及第24條第1項規定請領養老給付者，其原請領之一次養老給付或養老年金給付，於重行計算養老年金給付年資或一次給付月數上限時，依下列規定換算為與本次給付之相同計算單位計算之：

一、已領一次養老給付之給付月數換算為已領養老年金給付之年資；其計算公式如下：
已領養老年金給付之年資＝已領一次養老給付之給付月數÷一點二個月

二、已領養老年金給付而本次請領一次養老給付者，應將已領養老年金給付之保險年資，每一年按一點二個月換算為已領一次養老給付之給付月數。

依本法第22條第3項第2款規定，喪失領受養老年金給付權利而依同條第5項規定改給與一次養老給付之餘額或已無餘額者，其再次參加本保險又符合養老給付請領條件而適用本法第23條第1項規定請領養老給付時，應將已領養老給付，依下列規定換算為與本次請領給付之相同計算單位：

一、已領養老年金給付及一次養老給付之餘額者，換算為已領養老年金給付之年資；其計算公式如下：
已領養老年金給付之年資＝原實際保險年資計得應領一次養老給付之給付月數÷一點二個月。

二、已無餘額者，其已領受養老年金給付總額，應換算為已領養老年金給付之年資；其計算公式如下：
已領養老年金給付之年資＝（已領受養老年金給付總額）÷（喪失領受權利時最近一期核付養老年金給付所據平均保險俸〈薪〉額×一點 二個月）

三、已無餘額而換算為已領一次養老給付之給付月數者，其計算公式如下：
已領一次養老給付之給付月數＝已領受養老年金給付總額÷喪失領受權利時最近一期核付養老年金給付所據平均保險俸（薪）額

前二項換算不計列已領超額年金之給付金額。

施65. 被保險人曾請領本保險養老給付後再參加本保險者，其再參加本保險年資滿十五年以上而再次退保時，得依本法第16條規定，請領養老年金給付。但其已計給本保險養老給付之保險年資，不得合併計算為請領本次養老年金給付之保險年資，且各次計給養老給付合併後，不得超過本法第16條所定養老給付上限。

承保機關計算超額年金遇有被保險人所具保險年資超過本法第16條第2項第2款所定養老年金給付年資採計上限時，應優先採計依本法第8條第6項規定繳付保險費之年資。

第24條 本法中華民國88年5月31日修正生效前，原參加公務人員保險及私立學校教職員保險之年資，得合併計算；其養老給付不得超過養老給付上限。

被保險人在本法中華民國88年5月31日修正生效前，已依公務人員保險法規定請領養老給付並再參加私立學校教職員保險者，或已依私立學校教職員保險條例規定請領養老給付並再參加公務人員保險者，其重行參加各該保險之年資，依本法規定請領養老給付。

第25條 被保險人因停職（聘）、休職或留職停薪而選擇退保者，於復職（聘）同日辦理退休或資遣，應以停職（聘）、休職或留職停薪退保當時之保險年資及平均保俸額，依復職（聘）當時之規定，請領養老給付。

被保險人因停職（聘）或休職而選擇繼續加保並於繼續加保期間達屆齡退休條件應予退保者，該被保險人或其受益人應於原因消滅後，依下列規定請領給付：

一、被保險人依法補辦退休者，應以達屆齡退休條件而退保當時之保險年資及依原因消滅當時之規定，請領養老給付。

二、被保險人於依法辦理退休期限屆滿前死亡，或於原因消滅前死亡，應由其受益人以被保險人達屆齡退休條件而退保當時之保險年資及依原因消滅或死亡當時之規定，請領一次養老給付金額。

三、前款被保險人於本法中華民國103年1月14日修正施行後死亡時，已符合第16條第1項及第3項所定養老年金給付請領條件者，其符合請領受益人年金給付條件之受益人得請領一次養老給付金額，或選擇按原領養老年金給付金額之半數，改領受益人年金給付；一經領受，不得變更。

第26條 被保險人於本法中華民國94年1月21日修正生效後退保而未請領本保險養老給付者，除第49條另有規定外，其保險年資予以保留，俟其符合下列條件之一時，得由原服務機關（構）學校，以其退保當時之保險年資，依退保當時之規定，請領本保險養老給付：

一、於參加勞工保險或軍人保險期間依法退休（職、伍）。

二、領受國民年金保險老年給付。

三、年滿六十五歲。

前項人員所具本保險保留年資已領取補償金者，不適用前項規定。

第1項人員於本法中華民國103年1月14日修正施行後退保而請領本保險養老給付時，符合第16條第3項規定者，得請領養老年金給付，並自申請之日起發給。

施66. 本法第26條及第49條所稱申請之日，指被保險人依規定填具現金給付請領書並檢證送達退出本保險時之要保機關之當日。

第四節　死亡給付

第27條 **被保險人死亡時，依下列規定給與一次死亡給付：**

一、因公死亡者，繳付保險費未滿二十年者，給與三十六個月；繳付保險費滿二十年以上者，給與四十八個月。

二、病故或意外死亡者，繳付保險費未滿二十年者，給與三十個月；繳付保險費滿二十年，未滿三十年者，給與三十六個月；繳付保險費滿三十年，未滿三十五年者，給與四十二個月；繳付保險費滿三十五年以上者，給與四十八個月。

被保險人死亡時，其符合請領遺屬年金給付條件之遺屬不請領前項一次死亡給付，得選擇請領遺屬年金給付，並依平均保俸額，以保險年資滿一年，按百分之零點七五給付率計算，最高以給付百分之三十為限。畸零月數及未滿一個月之畸零日數，按比率發給。

被保險人加保年資未滿十五年而因公死亡者，其遺屬請領遺屬年金給付時，得以十五年計給。

被保險人曾領取本保險或公務人員保險或私立學校教職員保險之養老給付者，其遺屬依前三項規定請領一次死亡給付或遺屬年金時，應扣除已領養老年金給付之年資或給付月數後，發給之；其合併前後給付，不得超過死亡給付上限。

本保險失蹤退保之被保險人，其遺屬得於其死亡或受死亡宣告之日起，按退保當時之保險年資，依死亡或受死亡宣告當時之規定，請領一次死亡給付或遺屬年金給付。

請領本保險展期養老年金給付之被保險人於再加保期間死亡者，其遺屬不請領遺屬年金給付或不合請領遺屬年金給付條件時，應就本條所定一次死亡給付或一次養老給付金額，擇一請領；一經領受，不得變更。

依第22條第2項規定停止領受養老年金給付者，於再加保期間死亡，其遺屬不請領遺屬年金給付或不合請領遺屬年金給付條件時，應就一次死亡給付或一次養老給付之餘額，擇一請領；一經領受，不得變更。

第一項所定繳付保險費年資，包含已領養老給付之保險年資。

第28條 **前條一次死亡給付，應由亡故被保險人之配偶領受二分之一；其餘依序由下列受益人平均領受之：**

一、子女。 **二、父母。**

三、祖父母。 **四、兄弟姐妹。**

具中華民國國籍之受益人為配偶、子女、父母或第5項但書所定領受者，得依第22條、第25條或前條規定，選擇請領受益人年金給付，並應由未再婚配偶領受二分之一；其領受順序依前項規定。

前項受益人請領受益人年金給付時，須符合下列條件：

一、配偶須未再婚且符合下列條件之一：

(一) 年滿五十五歲且婚姻關係於被保險人死亡時已存續二年以上。未滿五十五歲者，得自年滿五十五歲之日起支領。

(二) 因身心障礙而無謀生能力且婚姻關係於被保險人死亡時已存續二年以上。

二、子女或第5項但書所定領受者，須符合下列條件之一：

(一) 未成年。

(二) 因身心障礙且無謀生能力之成年人。

三、父母須年滿五十五歲且每月工作收入未超過公務人員俸給法規所定二百八十俸點折算之俸額。未滿五十五歲者，得自年滿五十五歲之日起支領。

前項所稱無謀生能力之範圍，於本法施行細則定之。

亡故被保險人無第1項第1款至第3款受益人時，由配偶單獨領受；無配偶時，其應領之一次死亡給付或受益人年金給付，由第一項各款受益人依序領受。同一順序受益人有數人時，應共同具名並平均領受；有喪失或拋棄領受權者，由同一順序其他受益人平均領受。但第1項第1款所定第一順序之領受人喪失或拋棄領受權者，由其子女代位領受之。

第1項所定同一順序受益人有數人時，得委任其中具有行為能力者一人代為申請；受益人均無行為能力者，由各受益人之法定代理人推派一人代為申請；因故無法共同請領時，其他受益人得分別按其擇領種類及本條規定之比例請領。承保機關核付後，另有未具名之同一順序受益人申請時，由具領之受益人負責分與之。

被保險人生前預立遺囑，於第1項受益人中指定領受人者，從其遺囑。無第1項受益人時，得由被保險人指定受益人。

亡故被保險人之受益人依第22條第4項、第7項，或第25條第2項規定，分別請領一次養老給付餘額、一次養老給付金額或受益人年金給付者，其受益人範圍、請領順序、限制等，比照本條及臺灣地區與大陸地區人民關係條例有關本保險死亡給付受益人相關規定辦理。

被保險人於本法中華民國103年1月14日修正施行前死亡者，其死亡給付之受益人及其領受順序，依修正施行前之規定辦理。

施18. 本法第28條第7項後段所定得由被保險人指定之受益人範圍如下：

一、被保險人之親友。

二、國內公益法人。

居住大陸地區之本保險給付受益人，應依臺灣地區與大陸地區人民關係條例及相關規定請領給付。

施19. 本法第28條所定死亡給付或受益人年金給付之發放對象，應以被保險人死亡時之有權領受者為限，並按下列方式分配給與：

一、未再婚配偶領受二分之一；其餘依序由本法第28條第1項第1款至第3款所定順序之受益人領受之。該死亡被保險人無配偶，或其配偶喪失或拋棄領受權時，由本法第28條第1項各款所定受益人，依序領受。

二、前款同一順序受益人有數人時，按人數平均領受；如有喪失或拋棄領受權者，由同一順序其他受益人平均領受。但本法第28條第1項第1款所定領受人喪失或拋棄領受權者，由其子女代位領受之。

三、同一順序無受益人或受益人均喪失或拋棄領受權時，由次一順序受益人領受。

四、無本法第28條第1項第1款至第3款受益人，或該三款受益人均喪失或拋棄領受權時，由未再婚配偶單獨領受。

本法第28條第1項第1款及第5項所定子女，包含未出生之胎兒，並以將來非死產者為限；其得領受一次死亡給付或受益人年金給付之權利應予保留。

施69. 被保險人於退休生效前死亡者，由其符合本法第28條規定之遺屬申請改辦死亡給付或遺屬年金給付。

被保險人符合請領本保險養老給付條件而未於符合條件之日起三個月內選擇是否請領即死亡者，其原未請領之養老給付，得由其遺屬比照本法第22條第7項規定，請領一次養老給付或改領遺屬年金給付。

施76. 本法第28條第3項所稱無謀生能力之範圍，指經鑑定符合中央衛生主管機關所定身心障礙等級為重度障礙以上之等級，且未實際從事工作，亦未參加本保險或其他職域社會保險者。

本法第28條第3項第1款所定配偶領取受益人年金給付之婚姻存續關係，依戶籍記載認定之。

本法第29條第2項第1款所稱拘禁，指受拘留、留置、觀察勒戒，強制戒治或保安處分裁判之宣告，在特定處所執行中，其人身自由受剝奪或限制者。但不包含執行保護管束、保外就醫及假釋中者。

本法第29條第2項第3款所稱已有謀生能力，指無第1項所定情形。

施79. 本法第28條第3項第1款第1目及第3款後段所定得自年滿五十五歲之日起支領受益人年金給付者，於達起支年齡前死亡時，其他有權領受之受益人，應按本法第28條所定領受順序及分配比例，分別依本法第22條第4項、第7項，第23條第6項、第25條第2項或第27條規定請領。

前項所稱有權領受之受益人，指被保險人死亡時，符合本法第28條規定之受益人。

第1項人員得擇領受益人年金給付者，應自申請之日起發給；未達起支年齡者，自達起支年齡之日起發給。

本法第22條第7項所定請領展期養老年金給付之被保險人於領受給與之前死亡者，其符合本法第28條第3項所定請領遺屬年金給付條件之遺屬擇領遺屬年金給付時，應自被保險人死亡之日起發給；未達起支年齡者，自達起支年齡之日起發給。

施80. 本法第28條第3項第3款所定被保險人之父母每月工作收入，應就其前一年度參加本保險或其他職域社會保險之保俸額平均數，與其前一年度綜合所得申報資料所載工作相關收入之平均數，取其高者。

前項所稱前一年度綜合所得申報資料所載工作相關收入之平均數，指依所得稅法第14條第1項所定各類所得合併計算之平均數。

第29條 受益人年金給付應自符合請領條件之日起，按月發給，至受益人死亡當月止。

領受受益人年金給付之受益人有下列情形之一，停止其領受之權利，俟原因消滅後恢復：

一、入獄服刑、因案羈押或拘禁。

二、失蹤。

三、前條第3項所定無謀生能力之受益人已有謀生能力。

領受受益人年金給付之受益人有下列情形之一，喪失其領受之權利：

一、死亡。

二、喪失中華民國國籍。

三、動員戡亂時期終止後，犯內亂罪、外患罪，經判刑確定。
四、前條第3項第1款之配偶再婚。
五、前條第3項第2款第1目之領受者已成年。

第五節 養老年金給付之請領及因公條件認定

第30條 亡故被保險人之受益人具有領受二個以上受益人年金給付之資格時，應擇一請領。
被保險人或其受益人同時符合請領養老年金及受益人年金給付條件時，應就養老年金或受益人年金給付擇一請領。

第31條 本保險之年金給付金額，於中央主計機關發布之消費者物價指數累計成長率達正負百分之五時，由考試院會同行政院，考量國家經濟環境、政府財政與本保險準備金之財務盈虧，另定調整比率。
被保險人或其受益人有下列情形之一者，得比照前項規定辦理：
一、請領展期養老年金給付。
二、依第22條第2項規定恢復領受養老年金給付。
三、依第23條第5項後段規定請領原未請領之養老年金給付。
四、依第29條第2項規定恢復領受受益人年金給付。

施87. 本法第31條所定消費者物價指數累計成長率，以行政院主計總處公布之前一年一月至該年十二月止，共十二個月之平均消費者物價指數年度年增率累計計算，並計算至二位小數，以下四捨五入。
前項消費者物價指數累計成長率達正負百分之五時，由本保險主管機關提報公教人員保險監理委員會後，併同該會委員意見，擬具年金給付調整方案，報請考試院會同行政院核定公告。
第一項所定消費者物價指數累計年增率達百分之五後，應自次年開始重新起算。
第一項所定消費者物價指數累計年增率之計算，自本法中華民國103年6月1日修正生效後第二年起算。

第32條 依本法領受養老年金或受益人年金給付者停止或喪失領受權利時，本人或其受益人應自事實發生之日起三十日內，檢具相關文件資料，經原服務機關（構）學校轉陳或直接通知承保機關，自事實發生之次月起，停止發給年金給付。
前項人員溢領年金給付時，承保機關應以書面通知溢領人於三十日內繳還；逾期未繳還者，承保機關得自匯發年金給付帳戶餘額中，追回溢領之年金給付金額。

第33條 **第13條第1項第1款所稱因執行公務或服兵役致成失能者及第27條所稱因公死亡者，指下列情形之一，且具有相當因果關係者：**
一、因執行職務發生危險。
二、因公差遭遇意外危險或罹病。
三、因辦公往返或在辦公場所遇意外危險。
四、奉召入營或服役期滿，在往返途中遇意外危險。
五、於執行職務、服役、公差、辦公場所，或因辦公、服役往返途中，猝發疾病。
六、因盡力職務，積勞過度。
七、在服役期內，因服役而積勞過度，或在演習中遇意外危險。
前項第6款及第7款所定積勞過度，應由服務機關（構）學校列舉因公積勞之具體事實及負責出具證明書，並繳驗醫療診斷書。
因被保險人本人之交通違規行為所致失能或死亡者，不適用第1項規定。

施40. 本法第33條第1項第1款所稱因執行職務發生危險，指於執行職務時，遭受暴力、發生意外或危險，以致失能或死亡。

施41. 本法第33條第1項第2款所稱因公差遭遇意外危險或罹病，指被保險人經服務機關(構)學校指派，執行一定之任務或代表機關參加活動，自出發以迄完成指派任務或參加活動，返回辦公場所或住(居)所止之期間內，有下列情事之一者：

一、遭受暴力、發生意外或危險，以致失能或死亡。

二、因執行公差任務，遭受感染，引發疾病，以致失能或死亡。

施42. 本法第33條第1項第3款所稱因辦公往返或在辦公場所遇意外危險，指在處理公務之場所，於辦公時間內或指定之工作時間內，因處理公務而發生意外事故，以致失能或死亡。

前項所稱辦公往返，指被保險人於工作日或指定加班日，為辦理公務，在合理出、退勤時間，於住(居)所與辦公場所間必經路線往返。

前項所定必經路線，包含下列情形：

一、自住(居)所前往辦公場所上班途中。

二、在工作日或指定加班日之用膳時間，自辦公場所前往用膳往返途中。

三、自辦公場所退勤，直接返回住(居)所途中。

四、自辦公場所退勤，直接返鄉省親或返回辦公場所上班途中。

被保險人依規定上班之往返辦公場所必經路線，因道路交通情事繞道行駛，途中猝發疾病、發生意外或危險，經就其起點、經過路線、交通方法、行駛時間各因素查證後，屬客觀合理者，視為必經路線。

本法第33條第1項第4款所定奉召入營或服役期滿之往返途中及第5款所定服役往返途中，比照前四項規定。

施43. 本法第33條第1項第6款所稱因盡力職務，積勞過度，應同時符合下列條件：

一、盡力職務：被保險人最近三年年終考績(成)或成績考核一年列甲等，二年列乙等以上；或職務評定良好；未辦理考績(成)或成績考核者，應附服務成績優良證明文件。但已因病連續請假者，以其開始連續請假前三年之年終考績(成)、成績考核或服務成績證明認定之。

二、積勞過度：服務機關(構)學校應舉證其職責繁重，足以使之積勞過度。

三、因盡力職務，積勞過度所生疾病：被保險人因公致失能或死亡之傷病應由服務機關(構)學校查明其病症與工作關係，並應以中央衛生主管機關評鑑合格之醫院開具之失能證明書所載疾病傷害原因證明其因果關係；死亡者則以開具之死亡診斷證明書所記載疾病傷害原因證明之。

施44. 本法第33條第3項所稱交通違規行為，指被保險人有下列情形之一者：

一、未領有駕駛車種之駕駛執照而駕車。

二、受吊扣駕駛執照期間或吊銷駕駛執照處分而駕車。

三、闖越鐵路平交道。

四、酒精濃度超過規定標準、吸食毒品、迷幻藥或非治療用之藥品致影響行車安全而駕車。

五、駕駛車輛不按遵行之方向行駛或在道路上競駛、競技、蛇行或以其他危險方式駕駛車輛。

六、依道路交通管理處罰條例規定，其交通違規行為處罰鍰下限為新臺幣六千元以上。

交通違規行為如屬執行職務所需且依相關法規規定為合法者，仍得視為因公。

施45. 被保險人或其受益人請領各項給付，應填具請領書及收據，併同有關證明文件，送由要保機關審核屬實並加蓋印信或本保險專用章後，轉送承保機關核辦。

前項給付請領書及收據所載請領金額與承保機關審核應付金額不符時，以承保機關核定金額為準。

被保險人或受益人應選擇以直撥入帳或簽發支票方式辦理本保險各項給付之請領作業。選擇直撥入帳者，應向承保機關指定之國內金融機構開立存款帳戶，併同存摺封面影本，以憑辦理；選擇簽發支票辦理或其指定帳戶無法直撥入帳者，承保機關應簽發支票交由要保機關轉發。

承保機關核發之各項給付，由要保機關轉發被保險人或受益人。
本保險年金給付依本法第31條規定調整時，如未及於法定發給日期前調整發給金額，承保機關或超額年金之發給機關（構）學校（以下簡稱超額年金之發給機關）應於發給下一期給付時，或經承保機關核定後，調整發給金額。
計算本保險年金給付所據保險俸（薪）額依規定變更時，應比照前項規定辦理。
本保險年金給付遇有前二項情形時，由承保機關以書面通知要保機關或超額年金之發給機關。
超額年金之發給機關得自行決定採直撥入帳或簽發支票方式發給。

施46. 被保險人或受益人因僑居國外而委託國內親友代領給付時，應附有外交部，或駐外使領館、代表處、辦事處或其他外交部授權機構（以下簡稱駐外館處）驗證之委託書及身分證明文件。被保險人為外國人者，應附有足資證明身分之文件，送由要保機關核轉承保機關辦理。
被保險人或受益人請領按月給付而未於國內設有戶籍者，應附有身分證明文件，並配合查驗需要，定期重送承保機關查核。
被保險人或受益人依規定應附之證明文件係大陸地區、香港、澳門權責單位製作者，應經行政院設立或指定之機構或委託之民間團體驗證；由國外權責單位、外國駐我國使領館或由外國政府授權之代表機構製作者，應經外交部或駐外館處驗證。
被保險人或受益人依規定應附之證明文件為外文者，應併附經前項所列單位驗證或國內公證人認證之中文譯本。
本條應附之證明文件，屬請領本保險超額年金給付者，應另附一份送超額年金之發給機關。

施47. 被保險人之受益人未滿法定年齡而請領給付者，應會同其法定代理人辦理，並附足資證明法定代理人之身分文件。

施48. 本保險各項給付如因要保機關未予核實轉送應附文件或作不實之證明陳述而領得者，承保機關除通知要保機關負責於三十日內，將其領得保險給付之本息退還外，並得請其主管機關議處有關人員。
被保險人或受益人溢領本保險給付者，由承保機關或超額年金之發給機關依規定追繳，並得加計利息繳還。
前二項加計利息，比照第9條規定辦理。

第六節　眷屬喪葬津貼、生育給付及育嬰留職停薪津貼

第34條 **被保險人之眷屬因疾病或意外傷害而致死亡者，依下列標準，給與喪葬津貼：**
一、父母及配偶，給與三個月。
二、子女之喪葬津貼如下：
(一)年滿十二歲，未滿二十五歲者，給與二個月。
(二)已為出生登記且未滿十二歲者，給與一個月。
符合請領同一眷屬喪葬津貼之被保險人有數人時，應自行協商，推由一人檢證請領；具領之後，不得更改。有協商不實，致損及其他被保險人權益時，由具領人負責。
被保險人之生父（母）、養父（母）或繼父（母）死亡時，其喪葬津貼應在不重領原則下，擇一請領。

第35條 **被保險人加保年資滿一年以上，養育三足歲以下子女，辦理育嬰留職停薪並選擇繼續加保者，得請領育嬰留職停薪津貼。**
前項津貼，自留職停薪之日起，按月發給；最長發給六個月。但留職停薪期間未滿六個月者，以實際留職停薪月數發給；未滿一個月之畸零日數，按實際留職停薪日數計算。
同時撫育子女二人以上者，以請領一人之津貼為限。

第36條 **被保險人有下列情形之一者，得請領生育給付：**

一、繳付本保險保險費滿二百八十日後分娩。
二、繳付本保險保險費滿一百八十一日後早產。

被保險人符合前項規定者，給與二個月生育給付。

第一項被保險人分娩或早產為雙生以上者，生育給付按前項標準比例增給。

第四章　附則

第37條 被保險人或其受益人領取各項保險給付之權利，不得作為讓與、抵銷、扣押或供擔保之標的。但被保險人有下列情形之一者，承保機關得自其現金給付或發還之保險費中扣抵：

一、欠繳保險費。
二、欠繳依法遞延繳納之自付部分保險費。
三、溢領或誤領保險給付。

第38條 請領本保險給付之權利，自請求權可行使之日起，因十年間不行使而當然消滅。

被保險人或其受益人於前項期限內請領本保險給付者，除本法另有規定外，應依保險事故發生時之規定辦理。

本保險定期發給之給付，其各期請求權時效，依第一項規定計算。

第39條 因戰爭變亂或因被保險人或其父母、子女、配偶故意犯罪行為，以致發生保險事故者，概不給與保險給付。

第40條 被保險人或其受益人以詐欺行為領得各項給付，除依法治罪外，應追繳其領得保險給付之本息。

第41條 依本法支付之各項給付，經承保機關核定後，應於十五日內給付之。逾期給付係歸責於承保機關，或最後服務機關（構）學校、政府者，其逾期部分應加給利息；其利率於本法施行細則定之。

本保險之定期給付，屬按月給付者，除核定當期外，各期給付至遲於次月底前發給。但本法及其施行細則另有規定者，不在此限。

被保險人或其受益人赴國外、香港、澳門等地區超過一個月者，得申請改為每滿六個月發給一次。

第42條 本保險就下列情形有最優先受清償之權：

一、服務機關（構）學校或被保險人積欠之保險費。
二、被保險人或其受益人應繳還溢領或誤領之給付。

被保險人或其受益人就私立學校未依第20條規定負擔之給付，有最優先受清償之權。

第43條 為辦理承保作業、審核保險給付，或審議爭議案件等本保險業務所需資料，本保險主管機關或承保機關得洽請相關機關（構），或要求被保險人、受益人提供之；各該機關（構）、被保險人及其受益人不得拒絕。

前項資料之提供機關（構）已建置電腦化作業者，本保險主管機關或承保機關得逕洽連結提供；各該機關（構）不得拒絕。

承保機關辦理按月給付查證所需相關資料，由承保機關按月將其基本資料送本保險主管機關轉送或逕送戶政主管機關、入出國主管機關或其他相關機關比對；資料比對結果應於次月第三個工作日以前送承保機關。

本保險主管機關或承保機關所取得之資料，應盡善良管理人之注意義務，確實辦理資訊安全稽核作業；其保有、處理及利用，應遵循個人資料保護法之規定。

被保險人或其受益人領受年金給付期間，承保機關得予以查證，並得於查證期間暫停發給；查證期間暫停發給者，經查證符合給付條件時，應補發查證期間之給付，並繼續發給。

被保險人或其受益人無正當理由，不繳交或補具承保機關審核給付或查證所需相關證明文件者，承保機關不負發給或遲發保險給付之責任。

第44條 本保險之一切帳冊、單據及業務收支，均免課稅捐。

施6. 本法第44條免課之稅捐如下：

一、承保機關辦理本保險所用之帳冊、契據免徵印花稅。

二、承保機關辦理本保險所收保險費收入、保險準備金運用所孳生之收益 與什項收入免納營業稅及所得稅。

三、承保機關業務使用之房地及被保險人或其受益人所領取之保險給付，依稅法之有關規定免徵稅捐。

第45條 **法定機關編制內有給之民選公職人員及外國人任第2條所定職務者，準用本法之規定。**

第46條 中華民國74年6月30日以前已參加退休人員保險，於本法中華民國94年1月21日修正生效時仍在保者，得繼續參加該保險；其辦法由考試院會同行政院定之。

第47條 被保險人或其受益人對於承保機關現金給付案之審定結果如有不服，得按其身分，分依公務人員保障法或訴願法之規定，提起救濟；如有顯然錯誤，或有發生新事實、發現新證據等行政程序再開事由，得依行政程序法相關規定辦理。

第20條所定應負最後支付責任之機關（構）學校或政府，未支付或逾期支付超額年金或受益人年金給付時，該給付之領受人得以應負最後支付責任之機關（構）學校或政府為相對人，依法提起救濟。

第48條 本法中華民國103年6月1日修正生效之養老年金及受益人年金給付規定之適用，依下列規定：

一、私立學校被保險人自中華民國103年6月1日適用之。

二、前款以外被保險人適用之離退給與相關法令未定有本法第16條第4項第3款所定月退休（職、伍）給與，亦未定有優惠存款制度者，自本法中華民國104年5月29日修正之條文施行後適用之。但法定機關編制內有給之民選公職人員及政務人員不適用之。

三、前二款以外之其他被保險人，俟公務人員及公立學校教職員適用之退撫法律及本法修正通過後適用之。

前項第1、2款被保險人符合下列情形者，得溯及適用本法關於請領養老年金給付之規定，並自符合請領條件之日起，按月發給，不受第51條規定限制：

一、前項第1款被保險人於中華民國99年1月1日至本法中華民國103年6月1日修正生效前，繳付本保險保險費滿十五年以上而退保且符合養老給付請領條件及養老年金給付之起支年齡條件。

二、前項第2款被保險人於本法中華民國103年6月1日修正生效後至本法中華民國104年5月29日修正之條文施行前，繳付本保險保險費滿十五年以上而退保且符合養老給付請領條件及養老年金給付之起支年齡條件。

前項被保險人已領取一次養老給付者，應於下列期限內一次全數繳回承保機關，始得申請改領養老年金給付；逾期不得再申請改領：

一、第1項第1款被保險人應於本法中華民國103年6月1日修正生效後六個月內，一次全數繳回。

二、第1項第2款被保險人應於本法中華民國104年5月29日修正之條文施行後六個月內，一次全數繳回。

第1項第1款被保險人於本法中華民國103年6月1日修正生效前死亡者，或同項第2款被保險人於本法中華民國104年5月29日修正之條文施行前死亡者，不適用前二項規定。

第1項前二款被保險人因重複參加其他職域社會保險而依規定選擇退出本保險者，其依第26條規定請領之養老年金給付，應依基本年金率計給，並應受第6項規定之限制。

第1項前二款被保險人，其每月退休（職、伍）給與，加計每月可領養老年金給付之總和，不得超過其最後在職加保投保俸（薪）額二倍之百分之八十；超過者，應調降養老年金給付，不適用第十九條規定，或得選擇不請領養老年金給付而請領一次養老給付；一經領受，不得變更。

第1項前二款被保險人養老年金及受益人年金給付之保險費率，應依第八條所定精算機制，按年金所需費率覈實釐定之。

第1項前二款被保險人曾領取本保險年資補償金者，於申請養老年金給付前，須將依原領取補償金法令所定應繳回金額，一次全數繳回相關權責機關或交由承保機關繳還相關權責機關，始得依規定請領養老年金給付。

施38. 私立學校被保險人依本法第48條第1項規定適用本保險年金給付規定期間，其請領年金給付，應依下列規定辦理：

一、被保險人符合請領年金條件時，須於私立學校加保期間；請領遺屬年金給付者，亦同。

二、承保機關核定年金給付，應將被保險人所具本保險年資合併計算給付之。

本法第48條第1項所定私立學校被保險人，包含依各機關學校團體駐衛警察設置管理辦法規定，於私立學校參加本保險之駐衛警察。

本法第48條第1項第2款被保險人依同條規定適用本保險年金給付規定期間，其年金給付除比照第1項第2款規定辦理外，於符合請領年金條件時，尚須符合其所適用離退給與相關法令未定有本法第16條第4項第3款所定月退休（職、伍）給與，亦未定有優惠存款制度者，請領遺屬年金給付者，亦同。

第49條 被保險人符合下列情形者，得於年滿六十五歲時，併計其曾參加勞工保險之保險年資，請領本保險養老年金給付：

一、中華民國99年1月1日以後退保。

二、繳付本保險保險費及曾參加勞工保險各未滿十五年之保險年資合計達十五年以上。

三、符合第16條第1項或第26條所定養老給付請領條件。

前項被保險人應按退出本保險當時之平均保俸額，依基本年金率計給養老年金給付；該參加勞工保險之保險年資不計給本保險養老給付。

被保險人之本保險或勞工保險年資，有下列情形之一者，不予併計：

一、已請領勞工保險老年給付。

二、已請領本保險養老給付。

三、已領取本保險或勞工保險年資之補償金。

被保險人有下列情形之一者，不適用第1項及第2項規定：

一、犯貪污治罪條例之罪，或犯刑法瀆職罪，或於動員戡亂時期終止後，犯內亂罪、外患罪，經判刑確定。

二、依所適用人事法令應予免職、解聘或撤職；於處分前離職者，亦同。

三、依所適用人事法令應予停職（聘）或休職，且未依法復職；於處分前離職者，亦同。

第1項及第2項人員請領之本保險養老年金給付，應自申請之日起發給。

被保險人於本法中華民國103年1月14日修正施行前死亡者，不適用第1項及第2項規定。

第1項第2款所定未滿十五年之保險年資，應包含已請領本保險養老給付或勞工保險老年給付之保險年資。

第50條 本法施行細則由考試院會同行政院定之。

第51條 本法施行日期，由考試院會同行政院定之。

本法修正條文，除中華民國一百十年十二月二十四日修正條文之施行日期由考試院會同行政院定之；一百十一年十二月十六日修正條文自一百十二年七月一日施行外，自公布日施行。

公務人員退休資遣撫卹法（民國112年1月11日公布）★★★

第一章 總則

第一節 通例

第1條 公務人員退休、資遣及撫卹，依本法行之。

第2條 **本法之主管機關為銓敘部。**

第3條 **本法適用於依公務人員任用法及其相關法律任用，並經銓敘審定之人員。**

前項人員退休、資遣或撫卹之辦理，除本法另有規定外，以現職人員為限。

第4條 本法用詞定義如下：

一、退撫新制：指中華民國八十四年七月一日起實施之公務人員退休撫卹制度；該制度係由政府與公務人員共同提撥費用建立公務人員退休撫卹基金（以下簡稱退撫基金）之「共同儲金制」。

二、本（年功）俸（薪）額：指公務人員依銓敘審定之俸（薪）點，按公務人員俸給法規定所折算之俸（薪）額。但機關（構）所適用之待遇規定與公務人員俸給法規定不同者，其所屬公務人員銓敘審定之俸（薪）點，應比照公務人員俸給法規定，折算俸（薪）額。

三、俸給總額慰助金：指公務人員退休或資遣當月所支領下列給與項目之合計數額：

(一) 本（年功）俸（薪）額。

(二) 技術或專業加給。

(三) 主管職務加給。

四、**退休所得替代率（以下簡稱替代率）：指公務人員退休後所領每月退休所得占最後在職同等級人員每月所領本（年功）俸（薪）額加計一倍金額之比率。**但兼領月退休金者，其替代率上限應按兼領月退休金之比率調整之。

五、每月退休所得，依公務人員支領退休金種類，定義如下：

(一) 於支領月退休金人員，指每月所領月退休金（含月補償金）加計公務人員保險（以下簡稱公保）一次養老給付優惠存款利息（以下簡稱優存利息），或於政府機關、公立學校、公營事業機構參加各項社會保險所支領保險年金（以下簡稱社會保險年金）之合計金額。

(二) 於兼領月退休金人員，指每月按審定比率所領月退休金（含月補償金），加計一次退休金及公保一次養老給付優存利息或社會保險年金之合計金額。

(三) 於支領一次退休金人員，指每月所領一次退休金優存利息，加計公保一次養老給付優存利息或社會保險年金之合計金額。

六、**最低保障金額：指公務人員委任第一職等本俸最高級之本俸額與該職等一般公務人員專業加給合計數額。**

七、退離給與：指按公營事業機構移轉民營條例或其他退休（職、伍）、資遣規定，辦理退休（職、伍）、資遣或年資結算並領取相當退休（職、伍）金、年資結算金、資遣給與或離職給與等給付。

第5條 **公務人員或其遺族依本法請領之給與，分為退休金、資遣給與、退撫基金費用本息、撫卹金、遺屬一次金或遺屬年金（以下統稱退撫給與）。**

第二節 退撫給與之提存準備與管理

第6條 前條所定退撫給與，屬於退撫新制實施前年資計得者，應由各級政府編列預算支給；屬於退撫新制實施後年資計得者，應由退撫基金支給。

前項退撫新制之實施，因機關改制或其他原因而另定實施日期者，依其實施日期認定。

第7條 **第六條所定退撫基金，由公務人員與政府共同按月撥繳退撫基金費用設立之，並由政府負最後支付保證責任。**

前項退撫基金費用按公務人員本（年功）俸（薪）額加一倍百分之十二至百分之十八之提撥費率，按月由政府撥繳百分之六十五；公務人員繳付百分之三十五。

公務人員依法令辦理留職停薪，借調至其他公務機關占缺並依公務人員俸給法令支薪者，其留職停薪期間之退撫基金費用撥繳事宜，由借調機關按其銓敘審定之官職等級，比照前項規定辦理。

公務人員具有本項公布施行後，依法令辦理育嬰留職停薪之年資，得選擇全額負擔並繼續繳付退撫基金費用。

公務人員依本法規定繳付之退撫基金費用，不計入繳付年度薪資收入課稅。

第8條 前條第二項所定退撫基金費用之實際提撥費率，由考試院會同行政院，依據退撫基金定期財務精算結果，共同釐訂並公告之。

前項財務精算結果之不攤提過去未提存負債最適提撥費率超過現行實際提撥費率達一點五倍以上時，考試院應於三個月內會同行政院提高提撥費率至少百分之一，但不得超過前條第二項所定之提撥費率上限。

第一項所定退撫基金定期財務精算，由退撫基金管理機關就退撫基金之收支、管理與運用情形，每三年精算一次；每次至少精算五十年。

第9條 公務人員辦理退休、資遣或撫卹時，其依本法規定繳付退撫基金費用而未予併計發給退休金、資遣給與或撫卹金之年資，由退撫基金管理機關按未採計年資占繳費年資之比率計算後，一次發還其本人原繳付之退撫基金費用本息。

公務人員不符合退休或資遣條件而離職者，得申請一次發還本人原繳付之退撫基金費用本息。

公務人員死亡後，有第五十二條第二項但書所定不予撫卹之情形者，得由其第六十二條所定遺族，申請一次發還其本人原繳付之退撫基金費用本息。

公務人員依本法繳付退撫基金費用之年資已支領退離給與者，不適用前二項發還退撫基金費用本息之規定。

第10條 退撫基金之運用及委託經營，應由專責單位進行專業投資，並按季公告收支及運用情形。

本法所定退撫基金之收支、管理、運用事項及前項專責單位型態，除本法另有規定外，另以法律定之。

第三節 退撫年資之採計及其相關事宜

第11條 公務人員依本法辦理退休、資遣或撫卹時，其所具下列退撫新制實施前之未曾領取退離給與之年資，得予採計：

一、曾任編制內有給專任且符合第三條第一項規定之公務人員年資。

二、曾任編制內有給專任之軍用文職人員年資，經銓敘部登記有案，或經國防部或其他權責機關覈實出具證明者。

三、曾任志願役軍職年資，經國防部或其他權責機關覈實出具證明者。

四、曾任編制內雇員、同委任及委任或比照警佐待遇警察人員年資，經原服務機關覈實出具證明者。

五、曾任公立學校編制內有給專任且符合教育人員任用條例規定之教職員，經原服務學校覈實出具證明者。

六、曾任公營事業具公務員身分之編制內有給專任職員，經原服務機構覈實出具證明者。

七、其他曾經銓敘部核定得予併計之年資。

公務人員於中華民國八十七年六月五日以後退休、資遣生效或死亡，其退撫新制實施前曾任義務役年資，未併計核給退離給與者，得採計為退休、資遣及撫卹年資。

公務人員於退撫新制實施前，曾任工友、駐衛警察、職務代理人、學校代理（課）教師或其他非經銓敘審定之年資，均不得採計為退休、資遣或撫卹年資。但本法公布施行前，經銓敘部核准採計者，於未重行檢討停止適用前，仍得依原核准規定辦理。

第12條 公務人員依本法辦理退休、資遣或撫卹時，其所具退撫新制實施後之任職年資採計，依下列規定辦理：

一、應以依法繳付退撫基金費用之實際繳付日數計算。

二、曾經申請發還退撫基金費用本息、曾由政府編列預算或退撫基金支付退離給與之年資，均不得採計。

三、退撫新制實施後，曾任政務人員、公立學校教育人員或軍職人員且已撥繳退撫基金費用之年資，於轉任公務人員時，應由退撫基金管理機關將其與政府共同撥繳而未曾領取之退撫基金費用本息，移撥公務人員退撫基金帳戶，以併計年資。

四、具有退撫新制實施後之義務役年資，未併計核給退離給與者，應於初任到職支薪或復職復薪之日起十年內，依銓敘審定等級，由服務機關與公務人員比照第七條第二項規定之撥繳比率，共同負擔並一次補繳退撫基金費用本息後，始得併計年資。

五、由公立學校教育人員轉任公務人員者，其所具退撫新制實施後之義務役年資，應依轉任公務人員前適用之退休法令規定，補繳退撫基金費用本息，並依第三款規定辦理移撥後，始得併計年資。

六、公務人員所具下列未曾領取退離給與之退撫新制實施後任職年資，除本法另有規定外，得於轉任公務人員到職支薪或復職復薪之日起十年內，依其任職年資及等級，對照同期間相同俸級公務人員之繳費標準，換算複利終值總和，由申請補繳人一次全額補繳退撫基金費用本息後，始得併計年資：

(一) 依其他法律規定，得予併計之年資。

(二) 依公務人員留職停薪辦法第四條第一項第四款及第六款規定，辦理留職停薪之年資。

七、依法停職而奉准復職者，其依公務人員俸給法規定補發停職期間未發之本(年功)俸(薪)額時，應由服務機關與公務人員比照第七條第二項所定之撥繳比率，共同負擔並一次補繳停職期間之退撫基金費用本息，以併計年資。

第13條 公務人員依前條第四款、第六款及第七款規定，申請補繳退撫基金費用本息時，自初任或轉任到職支薪或復職復薪之日起算，逾三個月後始申請者，應另加計利息。

前條及前項補繳退撫基金費用本息期限之計算，不因公務人員離(免)職而中斷。

公務人員撥(補)繳退撫基金費用本息之標準、期限、申請程序及其他有關事項，由退撫基金管理機關擬訂，報銓敘部核定。

第14條 本法公布施行前退休生效公務人員，於退撫新制實施前、後均有任職年資者，應前後合併計算。其中屬於退撫新制實施前之任職年資，最高採計三十年；退撫新制實施後之任職年資可連同併計，最高採計三十五年。

本法公布施行後退休生效公務人員，其退撫新制實施前之任職年資最高仍採計三十年。退撫新制實施前、後之任職年資可連同併計；擇領月退休金者，最高採計四十年；擇領一次退休金者，最高採計四十二年。任職年資併計後逾本項所定年資採計上限者，其退撫新制實施前、後年資之採計，由當事人自行取捨。

前項人員不依前項規定取捨年資時，由退休案審定機關逕予取捨審定之。

第15條 公務人員曾依法令領取由政府編列預算或退撫基金支付退離給與或發還退撫基金費用本息者，其再任公務人員時，不得繳回原已領取之退離給與或退撫基金費用本息；其依本法重行退休、資遣或辦理撫卹時，不再核發該段年資之退撫給與。

前項人員所具由政府編列預算或退撫基金支付退離給與或發還政府撥付之退撫基金費用或離職儲金本息之下列年資，應與依本法重行退休或資遣之年資合併計算；合計總年資不得超過前條所定最高年資採計上限，且不得超過第二十八條及第二十九條所定給與上限：

一、公務人員年資。
二、公立學校教職員年資。
三、政務人員年資。
四、公營事業人員年資。
五、民選首長年資。
六、中華民國八十四年七月一日退撫新制實施後轉任之軍職人員或其他公職人員年資。

前二項人員重行退休或資遣時，其再任職年資之給與，依下列規定辦理：

一、未曾領取退離給與之退撫新制實施前年資，應接續於前次由政府編列預算支付退撫新制實施前年資之退離給與年資之後，按接續後年資之退休金種類計算標準，核發給與。資遣者，亦同。
二、再任年資滿十五年者，其退休金得就第二十六條第一項所定退休金種類，擇一支領，並按其審定退休年資，計算退休給與。但擇領或兼領月退休金時，應分別依第三十條、第三十一條及第三十三條所定月退休金起支年齡之規定辦理。

第二章　退休

第一節　退休種類及要件

第16條 **公務人員之退休，分自願退休、屆齡退休及命令退休。**

依法銓敘審定之法官，不適用第十九條屆齡退休及第二十條命令退休之規定。但合於本法所定退休條件者，得申請退休。

第17條 公務人員有下列情形之一者，應准其自願退休：

一、任職滿五年，年滿六十歲。

二、任職滿二十五年。

公務人員任職滿十五年，有下列情形之一者，應准其自願退休：

一、出具經中央衛生主管機關評鑑合格醫院（以下簡稱合格醫院）開立已達公教人員保險失能給付標準（以下簡稱公保失能給付標準）所訂半失能以上之證明或經鑑定符合中央衛生主管機關所定身心障礙等級為重度以上等級。

二、罹患末期之惡性腫瘤或為安寧緩和醫療條例第三條第二款所稱之末期病人，且繳有合格醫院出具之證明。

三、領有權責機關核發之全民健康保險永久重大傷病證明，並經服務機關認定不能從事本職工作，亦無法擔任其他相當工作。

四、符合法定身心障礙資格，且經依勞工保險條例第五十四條之一所定個別化專業評估機制，出具為終生無工作能力之證明。

第一項第一款所定年滿六十歲之自願退休年齡，於擔任具有危險及勞力等特殊性質職務（以下簡稱危勞職務）者，應由其權責主管機關就所屬相關機關相同職務之屬性，及其人力運用需要與現有人力狀況，統一檢討擬議酌減方案後，送銓敘部核備。但調降後之自願退休年齡不得低於五十歲。

前項危勞職務之認定標準，由考試院會同行政院另定之。

前項危勞職務之認定標準及依第三項規定送銓敘部核備之危勞職務範圍、年齡，應予公告。

第一項第一款所定年滿六十歲之自願退休年齡，於具原住民身分者，降為五十五歲。但本法公布施行後，應配合原住民平均餘命與全體國民平均餘命差距之縮短，逐步提高自願退休年齡至六十歲，並由銓敘部每五年檢討一次，報考試院核定之。

前項所定原住民身分之認定，依其戶籍登載資料為準。

第三項所稱權責主管機關，於中央指中央二級或相當二級以上機關；於直轄市指直轄市政府及直轄市議會；於縣（市）指縣（市）政府及縣（市）議會。

第18條 公務人員配合機關裁撤、組織變更或業務緊縮，經其服務機關依法令辦理精簡並符合下列情形之一者，應准其自願退休：

一、任職滿二十年。

二、任職滿十年而未滿二十年，且年滿五十五歲。

三、任本職務最高職等年功俸最高級滿三年，且年滿五十五歲。

第19條 公務人員任職滿五年，且年滿六十五歲者，應辦理屆齡退休。

前項所定年滿六十五歲之屆齡退休年齡，於擔任危勞職務者，應由其權責主管機關就所屬相關機關相同職務之屬性，及其人力運用需要與現有人力狀況，統一檢討擬議酌減方案後，送銓敘部核備。但調降後之屆齡退休年齡不得低於五十五歲。

前項危勞職務之認定標準，由考試院會同行政院另定之。

前項危勞職務之認定標準及依第二項規定送銓敘部核備之危勞職務範圍、年齡，應予公告。

第二項所稱權責主管機關，比照第十七條第八項規定認定之。

公務人員應予屆齡退休之至遲退休生效日期（以下簡稱屆退日）如下：

一、於一月至六月間出生者，至遲為七月十六日。

二、於七月至十二月間出生者，至遲為次年一月十六日。

第20條 公務人員任職滿五年且有下列情事之一者，由其服務機關主動申辦命令退休：

一、未符合第十七條所定自願退休條件，並受監護或輔助宣告尚未撤銷。

二、有下列身心傷病或障礙情事之一，經服務機關出具其不能從事本職工作，亦無法擔任其他相當工作之證明：

(一) 繳有合格醫院出具已達公保失能給付標準之半失能以上之證明，且已依法領取失能給付，或經鑑定符合中央衛生主管機關所定身心障礙等級為重度以上等級之證明。

(二) 罹患第三期以上之惡性腫瘤，且繳有合格醫院出具之證明。

服務機關依前項第二款第一目規定主動申辦公務人員之命令退休前，應比照身心障礙者權益保障法第三十三條規定提供職業重建服務。

第一項所稱服務機關，於人事、政風及主計人員，指具有考核權責之機關。

第21條 前條第一項第一款及第二款人員受監護或輔助宣告或身心傷病或障礙係因執行公務所致（以下簡稱因公傷病）者，其命令退休不受任職年資滿五年之限制。

前項所稱因公傷病，指由服務機關證明並經審定機關審定公務人員之身心傷病或障礙，確與下列情事之一具有相當因果關係者：

一、於執行職務時，發生意外危險事故、遭受暴力事件或罹患疾病，以致傷病。

二、於辦公場所、公差期間或因辦公、公差往返途中，發生意外危險事故，以致傷病。但因公務人員本人之重大交通違規行為以致傷病者，不適用之。

三、於執行職務期間、辦公場所或因辦公、公差往返途中，猝發疾病，以致傷病。

四、戮力職務，積勞過度，以致傷病。

前項各款因公傷病及其因果關係之認定，遇有疑義時，應遴聘學者及專家組成公務人員因公命令退休及因公撫卹疑義案件審查小組進行審查。

第二項第三款及第四款所定猝發疾病或戮力職務，積勞過度，以致傷病之審認，比照第五十三條第五項所定審查參考指引，提供前項審查小組審查個案之參考。

第22條 公務人員有下列各款情事之一者，應予資遣：

一、機關裁撤、組織變更或業務緊縮時，不符本法所定退休條件而須裁減之人員。

二、現職工作不適任，經調整其他相當工作後，仍未能達到要求標準，或本機關已無其他工作可予調任。

三、依其他法規規定，應予資遣。

以機要人員任用之公務人員，有前項第二款情事者，不適用前項資遣規定。

第23條 各機關對於公務人員之資遣，應由其服務機關首長初核後，送權責主管機關或其授權機關（構）核定，再由服務機關檢齊有關證明文件，函送審定機關依本法審定其年資及給與。

依前條第一項第二款或第三款資遣者，其服務機關首長考核予以資遣之前，應先經

考績委員會初核；考績委員會初核前，應給予當事人陳述及申辯之機會。

前二項所稱服務機關，於人事、政風及主計人員，比照第二十條第三項規定認定之；所稱權責主管機關，比照第十七條第八項規定認定之。

第24條 公務人員有下列情形之一而申請退休或資遣者，應不予受理：

一、留職停薪期間。

二、停職期間。

三、休職期間。

四、動員戡亂時期終止後，涉嫌內亂罪或外患罪而有下列情形之一者：

(一) 所涉犯罪尚未判決確定。

(二) 所涉犯罪經檢察官為不起訴或緩起訴處分，尚未確定。

(三) 所涉犯罪經檢察官為緩起訴處分確定，尚未期滿。

五、涉嫌貪污治罪條例或刑法瀆職罪章之罪，且經法院判處有期徒刑以上之刑，尚未確定。

六、因案經權責機關依法移送懲戒或送請監察院審查中，或已經權責機關依法為懲戒判決但尚未發生效力。

七、其他法律有特別規定。

前項第四款至第七款人員，自屆退日起，應先行停職。第一項第二款及前項人員自屆退日至原因消滅之日，得比照停職人員發給半數之本（年功）俸額。

第25條 公務人員有前條第一項第二款至第七款情形而逾屆退日者，應於原因消滅後六個月內，以書面檢同相關證明文件，送原服務機關申請屆齡退休。

前項人員均以其屆退日為退休生效日。但休職人員應以原因消滅並經權責機關核准復職之日為其退休生效日。

第一項人員於所定六個月應辦理期限內死亡者，其第四十三條所定遺族得申請依一次退休金之標準核發給與。但其已達得擇領月退休金條件者，其遺族得依第四十三條至第四十八條規定，擇領遺屬一次金或遺屬年金。

第一項人員依前條第三項規定所領之半數本（年功）俸（薪）額，由退休金支給或發放機關自所發退休金，或遺屬一次金或遺屬年金中覈實扣抵收回之。

第一項人員有下列情形之一者，仍不得辦理退休：

一、依法被撤職、免職或免除職務。

二、六個月應辦理期限屆滿時，仍有第七十五條所定喪失辦理退休權利之法定事由者。

第二節　退休給付

第26條 **退休人員之退休金分下列三種：**

一、一次退休金。

二、月退休金。

三、兼領二分之一之一次退休金與二分之一之月退休金。

公務人員依前項第三款兼領月退休金之退休金，各依其應領一次退休金與月退休金，按比率計算之。

第27條 於本法公布施行前退休之公務人員，其退休金以最後在職經銓敘審定之本（年功）俸（薪）額為計算基準，並依下列規定計算基數內涵：

一、退撫新制實施前年資之給與：一次退休金以最後在職同等級人員之本（年功）俸（薪）額加新臺幣九百三十元為基數內涵；月退休金以最後在職同等級人員之本（年功）俸（薪）額為基數內涵，另十足發給新臺幣九百三十元。

二、退撫新制實施後年資之給與：以最後在職同等級人員之本（年功）俸（薪）額加一倍為基數內涵。

於本法公布施行後退休之公務人員，其退撫新制實施前、後年資應給之退休金，依下列規定計算基數內涵：

一、退撫新制實施前年資之給與：

(一) 一次退休金：依附表一所列退休年度適用之平均俸（薪）額，加新臺幣九百三十元為基數內涵。

(二) 月退休金：依附表一所列退休年度適用之平均俸（薪）額為基數內涵；另十足發給新臺幣九百三十元。

二、**退撫新制實施後年資之給與：依附表一所列各年度平均俸（薪）額加一倍為基數內涵。**

於本法公布施行前，已符合法定支領月退休金條件而於本法公布施行後退休生效之公務人員，其退撫新制實施前、後年資應給之退休金仍按第一項所定退休金計算基準與基數內涵計給之。

第28條 公務人員所具退撫新制實施前任職年資應給與之退休金，依前條所定退休金計算基準與基數內涵，按下列標準計算給與：

一、一次退休金：任職滿五年者，給與九個基數；以後每增一年，加給二個基數；滿十五年後，另行一次加發二個基數；最高總數以六十一個基數為限。其退休年資未滿一年之畸零月數，按畸零月數比率計給；未滿一個月者，以一個月計。

二、月退休金：每任職一年，照基數內涵百分之五給與；未滿一年者，每一個月給與一千二百分之五；滿十五年後，每增一年給與百分之一；最高以百分之九十為限。其退休年資未滿一年之畸零月數，按畸零月數比率計給；未滿一個月者，以一個月計。

第29條 **公務人員所具退撫新制實施後任職年資應給與之退休金，依第二十七條所定退休金計算基準與基數內涵，按下列標準計給：**

一、**一次退休金：按照任職年資，每任職一年，給與一又二分之一個基數，最高三十五年，給與五十三個基數；退休審定總年資超過三十五年者，自第三十六年起，每增加一年，增給一個基數，最高給與六十個基數。**其退休年資未滿一年之畸零月數，按畸零月數比率計給；未滿一個月者，以一個月計。

二、**月退休金：按照任職年資，每任職一年，照基數內涵百分之二給與，最高三十五年，給與百分之七十；退休審定總年資超過三十五年者，自第三十六年起，每增一年，照基數內涵百分之一給與，最高給與百分之七十五。**其退休年資未滿一年之畸零月數，按畸零月數比率計給；未滿一個月者，以一個月計。

第30條 **公務人員任職年資未滿十五年而依本法辦理退休者，除本法另有規定外，應支領一次退休金。**

公務人員任職滿十五年而依第十七條第二項或第十九條至第二十一條規定，辦理退休者，除本法另有規定外，其退休金由公務人員依第二十六條所定退休金種類，擇一支領。

公務人員依第十八條規定辦理退休者，依下列規定支領退休金：

一、任職滿二十年者：
(一) 年滿六十歲，得依第二十六條所定退休金種類，擇一支領。
(二) 年齡未滿六十歲者，得依第三十一條第四項規定，擇一支領退休金並以年滿六十歲為月退休金起支年齡。
二、任職滿十五年而未滿二十年，且年滿五十五歲者，得依第三十一條第四項規定，擇一支領退休金並以年滿六十五歲為月退休金起支年齡。
三、任本職務最高職等年功俸最高級滿三年且年滿五十五歲者：
(一) 任職年資超過十五年者，得依第三十一條第四項規定，擇一支領退休金並以年滿六十五歲為月退休金起支年齡。
(二) 任職年資未滿十五年者，應支領一次退休金。

第31條 **公務人員任職滿十五年，依第十七條第一項規定辦理退休者，符合下列月退休金起支年齡規定，得擇領全額月退休金：**
一、中華民國一百零九年十二月三十一日以前退休且符合下列規定之一者：
(一) 年滿六十歲。
(二) 任職年資滿三十年且年滿五十五歲。
二、中華民國一百十年退休者，應年滿六十歲，其後每一年提高一歲，至中華民國一百十五年一月一日以後為六十五歲。

公務人員任職滿十五年，依第十七條第二項規定辦理退休者，年滿五十五歲，得擇領全額月退休金。

公務人員任職滿二十五年，依第十七條第六項規定辦理退休者，年滿五十五歲，得擇領全額月退休金；於中華民國一百十年後退休者，其後每一年提高一歲，至中華民國一百十五年一月一日以後為六十歲。

前三項人員於未達月退休金起支年齡前，得就下列方式，擇一請領退休金：
一、支領一次退休金。
二、至年滿月退休金起支年齡之日起，領取全額月退休金（以下簡稱展期月退休金）。
三、提前於年滿月退休金起支年齡前，開始領取月退休金；每提前一年，減發百分之四（以下簡稱減額月退休金），最多得提前五年，減發百分之二十。
四、支領二分之一之一次退休金，並至年滿月退休金起支年齡之日起領取二分之一之月退休金。
五、支領二分之一之一次退休金，並提前於年滿月退休金起支年齡前開始領取二分之一之月退休金，每提前一年減發百分之四，最多得提前五年減發百分之二十。

公務人員退休生效日在本法公布施行前，原經審定支領展期月退休金或減額月退休金者，仍依原適用之規定辦理。

第一項人員依第十七條第一項規定辦理退休而有下列情事之一者，得擇領或兼領全額月退休金，不受第一項月退休金起支年齡之限制：
一、曾依公教人員保險法規定領有失能給付，且於退休前五年內有申請延長病假致考績列丙等或無考績之事實。
二、退休生效時符合下列年齡規定，且可採計退休年資與實際年齡合計數大於或等於附表二所定年度指標數：
(一) 中華民國一百零九年十二月三十一日以前退休者，應年滿五十歲。
(二) 中華民國一百十年一月一日至中華民國一百十四年十二月三十一日退休者，應年滿五十五歲。

(三) 中華民國一百十五年一月一日以後退休者，應年滿六十歲。

前項第二款所定退休年資與實際年齡合計數，應以整數年資及整數歲數合併計算之；未滿一年之畸零年資或歲數均不計。

第32條 公務人員依第二十一條規定辦理因公傷病命令退休並請領一次退休金時，其任職未滿五年者，以五年計給。其請領月退休金時，任職未滿二十年者，以二十年計給。

公務人員依第二十一條第二項第一款規定辦理因公傷病命令退休者，加發五至十五個基數之一次退休金；其加發標準於本法施行細則定之。

前項人員加發一次退休金時，因同一事由而其他法律另有加發規定者，僅得擇一支領。

本法公布施行前、後因公傷病命令退休人員，有下列情形之一者，不適用第三十七條及第三十八條規定：

一、因執行職務時，發生意外危險事故、遭受暴力事件或罹患疾病，以致傷病。

二、因前款以外之情形，以致傷病且致全身癱瘓或致日常生活無法自理。

第33條 公務人員依第十七條第三項規定，辦理危勞職務自願退休時，其退休金依下列規定給與：

一、退休年資未滿十五年者，給與一次退休金。

二、退休年資滿十五年且年滿五十五歲者，得依第二十六條所定退休金種類，擇一支領。

三、退休年資滿十五年而未滿五十五歲者，依第三十一條第四項規定，擇一支領退休金。

第34條 退休公務人員因兼具退撫新制實施前、後年資而得依原公務人員退休法第三十條第二項及第三項規定核發補償金者，於本法公布施行之日起一年內退休生效時，仍依原規定核發。

本法公布施行前已依原公務人員退休法第三十條第二項及第三項規定審定並領取補償金者，仍照本法公布施行前原適用之規定發給。

前項人員已依原公務人員退休法第三十條第二項規定審定並領取月補償金者，於本法公布施行後，以其核定退休年資、等級，按退休時同等級現職人員本（年功）俸（薪）額，依原公務人員退休法第三十條第二項規定，計算其應領之一次補償金，扣除其於本法公布施行前、後所領之月補償金後，補發其餘額。無餘額者，不再補發。

第35條 退休公務人員按其退撫新制實施前任職年資所領取之一次退休金，及退撫新制實施前參加公保年資所領取之一次養老給付，得由臺灣銀行股份有限公司辦理優惠存款。

前項一次退休金與公保一次養老給付優惠存款之適用對象、辦理條件、可辦理優惠存款金額、期限、利息差額補助及其他有關優惠存款之事項，由考試院會同行政院以辦法定之。

本法公布施行前已退休並支領或兼領月退休金人員，其辦理公保一次養老給付優惠存款之金額，依本法公布施行前之規定辦理。

第36條 退休公務人員支領月退休金者，其公保一次養老給付之優惠存款利率（以下簡稱優存利率），依下列規定辦理：

一、自中華民國一百零七年七月一日至一百零九年十二月三十一日止，年息百分之九。

二、自中華民國一百十年一月一日起，年息為零。

前項人員除支領減額月退休金者外，其公保一次養老給付之優存利息，依前項規定計算後，致每月退休所得低於第三十七條及附表三所定最末年替代率上限金額時，按該金額中，屬於公保一次養老給付優存利息部分，照年息百分之十八計算其公保一次養老給付可辦理優惠儲存之金額。但依本法公布施行前規定計算之每月退休所得（以下簡稱原金額）原即低於第三十七條及附表三所定最末年替代率上限金額者，依原儲存之金額及年息百分之十八辦理優惠存款。

依前二項、第三十七條至第三十九條規定計算後之每月退休所得低於或等於最低保障金額者，應按最低保障金額中，屬於公保一次養老給付優存利息部分，照年息百分之十八計算其公保一次養老給付可辦理優惠儲存之金額。但原金額原即低於最低保障金額者，依原儲存之金額及年息百分之十八辦理優惠存款。

退休公務人員支領一次退休金者，其一次退休金與公保一次養老給付之優存利率，依下列規定辦理：

一、一次退休金與公保一次養老給付合計之每月優存利息高於最低保障金額者：
(一) 最低保障金額之優存利息相應之本金，以年息百分之十八計息。
(二) 超出最低保障金額之優存利息相應之本金，其優存利率依下列規定辦理：
1. 自中華民國一百零七年七月一日至一百零九年十二月三十一日止，年息百分之十二。
2. 自中華民國一百十年一月一日至一百十一年十二月三十一日止，年息百分之十。
3. 自中華民國一百十二年一月一日至一百十三年十二月三十一日止，年息百分之八。
4. 自中華民國一百十四年一月一日起，年息百分之六。

二、一次退休金與公保一次養老給付合計之每月優存利息低於或等於最低保障金額者，其優存本金以年息百分之十八計息。

退休公務人員兼領月退休金者，依下列規定辦理：

一、按兼領月退休金比率計得之公保一次養老給付優存金額，依第一項至第三項規定辦理。但最低保障金額及第二項所定最末年替代率上限金額應按其兼領月退休金之比率計算。

二、兼領之一次退休金得辦理優惠存款金額，加計按兼領一次退休金比率計得之公保一次養老給付優存金額，依前項規定辦理。但最低保障金額應按其兼領一次退休金之比率計算。

第37條 **本法公布施行前退休生效者之每月退休所得，於本法公布施行後，不得超過依替代率上限計算之金額。**

前項替代率應依退休人員審定之退休年資，照附表三所定替代率計算，任職滿十五年者，替代率為百分之四十五，其後每增加一年，替代率增給百分之一點五，最高增至三十五年，為百分之七十五。未滿一年之畸零年資，按比率計算；未滿一個月者，以一個月計。

前項替代率之上限，依退休人員審定之退休年資，照附表三所列各年度替代率認定。

前三項所定替代率，於選擇兼領月退休金者，各依其兼領一次退休金與兼領月退休金比率計算。

本法公布施行前退休生效者，應按本法公布施行時之待遇標準，依前四項規定重新計算每月退休所得；經審定後，不再隨在職同等級人員本（年功）俸之調整重新計算。

第38條 本法公布施行後退休生效者之每月退休所得，不得超過依替代率上限計算之金額。

前項替代率應依退休人員審定之退休年資，照附表三所定替代率計算；任職滿十五年至第三十五年者，照前條第二項規定辦理；超過第三十五年者，每增加一年，增給百分之零點五，最高增至四十年止。未滿一年之畸零年資，按比率計算；未滿一個月者，以一個月計。

前項替代率之上限，依退休人員審定之退休年資，照附表三所列各年度替代率認定。

前三項所定替代率，於選擇兼領月退休金者，各依其兼領一次退休金與兼領月退休金比率計算。

本法公布施行後退休生效者，應按退休生效時之待遇標準，依前四項規定計算每月退休所得；經審定後，不再隨在職同等級人員本（年功）俸之調整重新計算。

第39條 退休人員每月退休所得，依第三十六條規定調降優存利息後，仍超出附表三所定各年度替代率上限者，應依下列順序，扣減每月退休所得，至不超過其替代率上限所得金額止：

一、每月所領公保一次養老給付或一次退休金優存利息。

二、退撫新制實施前年資所計得之月退休金（含月補償金）。

三、退撫新制實施後年資所計得之月退休金。

退休人員每月所領退休所得，依第三十七條或前條規定計算後，有低於最低保障金額者，支給最低保障金額。但原金額原即低於最低保障金額者，依原金額支給。

前項所定最低保障金額，於選擇兼領月退休金者，各依其兼領一次退休金與兼領月退休金比率計算。

第40條 退休公務人員退休所得依第三十六條至第三十八條規定扣減後，各級政府每年所節省之退撫經費支出，應全數挹注退撫基金，不得挪作他用。

前項挹注退撫基金之金額，由考試院會同行政院於退休公務人員每月退休所得調降後之次年三月一日前確定，再由基金管理機關依據預算程序，編列為下一年度預算並由各級政府於年度預算完成立法程序後撥付之。

前項每年度之挹注金額，由基金管理機關定期上網公告之。

第41條 公務人員因配合機關裁撤、組織變更或業務緊縮，依法令辦理精簡而退休或資遣者，除屆齡退休者外，得一次加發最高七個月之俸給總額慰助金。

前項人員已達屆齡退休生效日前七個月者，加發之俸給總額慰助金應按提前退休之月數發給。

前二項人員於退休、資遣生效日起七個月內，再任第七十七條第一項各款所列職務之一且每月支領薪酬總額超過法定基本工資，應由再任機關扣除其退休、資遣月數之俸給總額慰助金後，收繳其餘額，並繳回原服務機關、改隸機關或上級主管機關。

第42條 **公務人員之資遣給與，準用第二十八條及第二十九條所定一次退休金給與標準計給。**

第三節 遺屬一次金與遺屬年金

第43條 **支領或兼領月退休金人員死亡後，另核給其遺族遺屬一次金。其應核給金額，除由未再婚配偶領受二分之一外，其餘由下列順序之遺族，依序平均領受之：**

一、子女。 **二、父母。**

三、兄弟姊妹。 **四、祖父母。**

亡故退休人員無前項第一款及第二款遺族者，其遺屬一次金由未再婚配偶單獨領受；無配偶時，其應領之遺屬一次金，依序由前項各款遺族領受；同一順序遺族有數人時，遺屬一次金由同一順序有領受權之遺族平均領受。

同一順序遺族有拋棄或因法定事由而喪失領受權者，其遺屬一次金應由同一順序其他遺族依前二項規定領受；無第一順序遺族時，由次一順序遺族依前項規定領受。

前三項具有遺屬一次金領受權之同一順序遺族有數人請領時，得委任其中具有行為能力者一人代為申請。遺族為無行為能力者，由其法定代理人代為申請。

第44條 前條遺屬一次金應依下列方式計給：

一、先依退休人員審定之退休年資及最後支領月退休金之計算基準及基數內涵，按退休人員退休時適用之支給標準，計算其應領之一次退休金並扣除已領月退休金後，核給其餘額。無餘額者，不再發給。

二、再依退休人員最後在職同等級人員每月所領本（年功）俸（薪）額加計一倍金額，另計給六個基數之遺屬一次金。無前款所定餘額者，亦同。

第45條 **第四十三條第一項所定遺族為配偶、未成年子女、身心障礙且無工作能力之已成年子女或父母而不支領遺屬一次金者，得依下列規定，按退休人員亡故時所領月退休金之二分之一或兼領月退休金之二分之一，改領遺屬年金：**

一、具備以下條件之一且未再婚配偶，給與終身。但以其法定婚姻關係於退休人員亡故時，已累積存續十年以上為限：

(一) 年滿五十五歲。

(二) 身心障礙且無工作能力。

二、未成年子女給與至成年為止。但身心障礙且無工作能力之已成年子女，給與終身。

三、父母給與終身。

未滿五十五歲而不得依前項第一款領受遺屬年金之未再婚配偶，得自年滿五十五歲之日起，支領終身遺屬年金。

第一項第一款及第二款所定亡故退休人員因身心障礙且無工作能力之未再婚配偶，或因身心障礙且無工作能力之子女，應符合法定重度以上身心障礙資格領有身心障礙手冊或證明，或受監護宣告尚未撤銷，並每年度出具前一年度年終所得申報資料，證明其平均每月所得未超過法定基本工資。

第一項各款所定遺族領有依本法或其他法令規定核給之退休金、撫卹金、優存利息或其他由政府預算、公營事業機構支給相當於退離給與之定期性給付者，不得擇領遺屬年金。但遺族選擇放棄本人應領之定期給與並經原發給定期給與之權責機關同意者，不在此限。

亡故退休人員遺族依第一項規定擇領遺屬年金後，有死亡或其他法定喪失遺屬年金原因，致應終止領受遺屬年金時，應依前條規定計算亡故退休人員應領之一次退休金，扣除其與遺族已領之月退休金及遺屬年金後，若有餘額，由其餘遺族，按第四十三條規定之順序及比率領受之。

第46條 支領或兼領月退休金而於本法公布施行前死亡者，其遺族除有前條第五項情形外，仍依本法公布施行前之原規定，擇領遺屬一次金或遺屬年金。

支領或兼領月退休金而於本法公布施行之日起一年內死亡者，其遺族擇領遺屬年金時，依本法公布施行前之原公務人員退休法第十八條規定辦理，不適用前條第四項規定。

第47條 支領或兼領月退休金人員死亡而有下列情形之一者，原服務機關得先行具領三個基數之遺屬一次金，辦理其喪葬事宜：

一、無合法之遺屬一次金領受遺族。

二、在臺灣地區無遺族，其居住大陸地區遺族未隨侍辦理喪葬。

三、在臺灣地區無遺族且不明大陸地區有無遺族。

前項用以辦理亡故退休人員喪葬事宜之遺屬一次金如有賸餘，依其退撫新制實施前、後審定年資之比率計算，分別歸屬公庫及退撫基金。

第一項第二款、第三款人員合於請領遺屬一次金之大陸地區遺族，得於行政程序法所定公法上請求權時效內，請領服務機關未具領之三個基數遺屬一次金及前項遺屬一次金餘額。

第48條 退休人員生前預立遺囑，於第四十三條第一項遺族中，指定遺屬一次金或遺屬年金領受人者，從其遺囑。但退休人員未成年子女之領受比率，不得低於其原得領取比率。

退休人員生前未立遺囑且同一順序遺族無法協調選擇同一種類之遺屬一次金或遺屬年金時，由遺族分別依其擇領種類，按第四十三條第一項規定之比率領取。

第49條 退休人員依第三十條第三項、第三十一條第四項第二款及第三十三條第三款規定，擇領展期月退休金人員，於未達月退休金起支年齡前亡故時，其遺族得按所具資格條件，依第四十三條或第四十五條規定，請領遺屬一次金或遺屬年金。

第50條 退撫新制實施後，至本法公布施行前已審定支領或兼領月退休金而於本法公布施行後亡故者，其遺族應依第四十三條至第四十五條規定，請領遺屬一次金或遺屬年金。

退撫新制實施前已審定支領或兼領月退休金人員於本法公布施行後亡故時，其遺族所領遺屬一次金照退撫新制實施前原規定給與標準支給。

前項遺族符合第四十五條規定者，得改領遺屬年金。

第三章 撫卹

第一節 撫卹要件及原因

第51條 **公務人員在職死亡者，由其遺族或服務機關申辦撫卹。公務人員於休職、停職或留職停薪期間死亡者，其遺族或服務機關得依本法規定，申辦撫卹。**

本法公布施行前死亡之公務人員撫卹案，依本法公布施行前原規定辦理。

第52條 **公務人員在職死亡之撫卹原因如下：**

一、病故或意外死亡。

二、因執行公務以致死亡（以下簡稱因公死亡）。

自殺死亡比照病故或意外死亡認定。但因犯罪經判刑確定後，於免職處分送達前自殺者，不予撫卹。

第53條 **公務人員在職因公死亡者，應辦理因公撫卹。**

前項所稱因公死亡，指現職公務人員係因下列情事之一死亡，且其死亡與該情事具有相當因果關係者：

一、執行搶救災害（難）或逮捕罪犯等艱困任務，或執行與戰爭有關任務時，面對存有高度死亡可能性之危害事故，仍然不顧生死，奮勇執行任務，以致死亡。

二、於辦公場所，或奉派公差（出）執行前款以外之任務時，發生意外或危險事故，或遭受暴力事件，或罹患疾病，以致死亡。
三、於辦公場所，或奉派公差（出）執行前二款任務時，猝發疾病，以致死亡。
四、因有下列情形之一，以致死亡：
(一) 執行第一款任務之往返途中，發生意外或危險事故。
(二) 執行第一款或第二款任務之往返途中，猝發疾病，或執行第二款任務之往返途中，發生意外或危險事故。
(三) 為執行任務而為必要之事前準備或事後之整理期間，發生意外或危險事故，或猝發疾病。
五、戮力職務，積勞過度，以致死亡。

前項第四款第一目及第二目規定，係因公務人員本人之重大交通違規行為而發生意外事故以致死亡者，以意外死亡辦理撫卹。

第二項各款因公撫卹事由及其因果關係之認定，應延聘醫學、法律及人事行政等領域之學者或專家，組成專案審查小組，依據事實及學理審認之。

第二項第三款與第四款所定猝發疾病及第五款所定戮力職務，積勞過度，以致死亡之審認，由銓敘部另訂公務人員因公猝發疾病或因戮力職務積勞過度以致死亡審查參考指引，提供前項審查小組審查個案之參考。

第二節　撫卹給與

第54條 公務人員在職病故或意外死亡者，其撫卹金給與之種類如下：
一、一次撫卹金。
二、一次撫卹金及月撫卹金。

前項撫卹金之給與，依下列標準計算：
一、任職未滿十五年者，依下列規定，發給一次撫卹金：
(一) 任職滿十年而未滿十五年者，每任職一年，給與一又二分之一個基數；未滿一年者，每一個月給與八分之一個基數；其未滿一個月者，以一個月計。
(二) 任職未滿十年者，除依前目規定給卹外，每少一個月，加給十二分之一個基數，加至滿九又十二分之十一個基數後，不再加給（如附表四）。但曾依法令領取由政府編列預算或退撫基金支付之退離給與或發還退撫基金費用本息者，其年資應合併計算；逾十年者，不再加給。
二、任職滿十五年者，依下列規定發給一次撫卹金及月撫卹金：
(一) 每月給與二分之一個基數之月撫卹金。
(二) 前十五年給與十五個基數一次撫卹金。超過十五年部分，每增一年，加給二分之一個基數，最高給與二十七又二分之一個基數；未滿一年之月數，每一個月給與二十四分之一個基數；未滿一個月者，以一個月計。

前項基數內涵之計算，以附表一所列平均俸額加一倍為準。

第55條 公務人員於退撫新制實施前、後均有任職年資者，其撫卹年資應合併計算。但退撫新制實施前任職年資，最高採計三十年；退撫新制實施後任職年資，可連同併計；併計後不得超過四十年。

前項任職年資之取捨，應優先採計退撫新制實施後年資。

公務人員因公死亡者，依下列規定擬制撫卹金給與年資：

一、依第五十三條第二項第一款撫卹者，其任職未滿十五年者，以十五年計給撫卹金；其任職滿十五年而未滿二十五年者，以二十五年計給撫卹金；其任職滿二十五年而未滿三十五年者，以三十五年計給撫卹金。

二、依第五十三條第二項第二款至第五款規定撫卹者，其任職未滿十五年者，以十五年計給撫卹金；其任職滿十五年者，以實際任職年資計給撫卹金。

第56條 **公務人員在職亡故後，其遺族月撫卹金之給與月數規定如下：**

一、依第五十三條第二項第一款規定撫卹者，給與二百四十個月之月撫卹金。

二、依第五十三條第二項第二款規定撫卹者，給與一百八十個月之月撫卹金。

三、依第五十三條第二項第三款、第四款第二目與第三目及第五款規定撫卹者，給與一百二十個月之月撫卹金。

四、依第五十三條第二項第四款第一目規定撫卹者，給與一百八十個月之月撫卹金。

五、病故或意外死亡者，給與一百二十個月之月撫卹金。

前項領受人屬未成年子女者，於前項所定給卹期限屆滿時尚未成年者，得繼續給卹至成年為止；子女雖已成年，仍在學就讀者，得繼續給卹至取得學士學位止。

前項所定在學就讀者，以就讀國內學校具有學籍之學生，且在法定修業年限之就學期間為限；就讀大學或獨立學院者，以取得一個學士學位為限。

第一項月撫卹金領受人屬因身心障礙而無工作能力之子女，得檢同法定重度以上身心障礙手冊或證明，或已受監護宣告尚未撤銷之證明，依第六十二條所定給與比率，申請終身給卹；其屬已成年子女者，並應每年度出具前一年度年終所得申報資料，證明其平均每月所得未超過法定基本工資。

第57條 **公務人員依第五十三條第二項規定辦理因公撫卹者，除依第五十四條第二項、第五十五條第三項及第五十六條規定給卹外，並依下列規定，加給一次撫卹金：**

一、依第五十三條第二項第一款規定撫卹者，加給百分之五十。

二、依第五十三條第二項第二款規定撫卹者，加給百分之二十五。

三、依第五十三條第二項第三款、第四款第二目與第三目及第五款規定撫卹者，加給百分之十。

四、依第五十三條第二項第四款第一目規定撫卹者，加給百分之十五。

第58條 公務人員任職未滿十五年而病故或意外死亡且遺有未成年子女者，其遺族除依第五十四條第二項第一款規定給卹外，每一未成年子女每月再比照國民年金法規定之老年基本保證年金給與標準，加發撫卹金，至成年為止。

公務人員任職滿十五年而病故或意外死亡且遺有未成年子女者，除依第五十四條第二項第二款及第五十六條規定給卹外，每一未成年子女每月再比照國民年金法規定之老年基本保證年金給與標準，加發撫卹金，至成年為止。

第59條 公務人員因公死亡而遺有未成年子女者，其遺族除依第五十四條第二項第二款、第五十五條第三項、第五十六條及第五十七條規定給卹外，每一未成年子女每月再比照國民年金法規定之老年基本保證年金給與標準，加發撫卹金，至成年為止。

第60條 公務人員任職滿十五年死亡者，其生前預立遺囑，不依第五十四條第二項第二款規定請領撫卹金者，得改按一次退休金之標準，發給一次撫卹金。

其無遺囑而遺族不依第五十四條第二項第二款規定辦理者，亦同。

公務人員因公死亡，或任職滿十五年病故或意外死亡，且遺族僅存祖父母或兄弟姊妹者，應改按一次退休金之標準，發給一次撫卹金。

亡故公務人員之遺族依第一項規定請領撫卹金者，其依第五十七條規定應加給之一次撫卹金，仍依第五十四條第二項第二款第二目所定標準計給。

第61條 **亡故公務人員應由各級政府編列預算，給與殮葬補助費。公務人員於休職、停職或留職停薪期間死亡者，亦同。**

前項應給與之殮葬補助費給與標準，於本法施行細則定之。

公務人員受有勳章或有特殊功績者，得給與勳績撫卹金；其給與標準，於本法施行細則定之。

第三節 撫卹金領受人

第62條 **公務人員之遺族撫卹金，由未再婚配偶領受二分之一；其餘由下列順序之遺族，依序平均領受之：**

一、子女。 二、父母。

三、祖父母。 四、兄弟姊妹。

亡故公務人員無前項第一款至第三款遺族者，其撫卹金由未再婚配偶單獨領受；無配偶或配偶再婚時，其應領之撫卹金，依序由前項各款遺族領受；同一順序遺族有數人時，撫卹金由同一順序具有領受權之遺族平均領受。

同一順序遺族有死亡、拋棄或因法定事由而喪失或停止領受權者，其撫卹金應由同一順序其他遺族依前二項規定領受；無第一順序遺族時，由次一順序遺族依前項規定領受。

前三項具有撫卹金領受權之同一順序遺族有數人請領時，得委任其中具有行為能力者一人代為申請。遺族為無行為能力者，由其法定代理人代為申請。

亡故公務人員之遺族行蹤不明，或未能依前項規定，取得一致請領之協議者，得由其他遺族按具有領受權之人數比率，分別請領撫卹金。

依法審定之同一順序月撫卹金領受人，於月撫卹金領受期限內均喪失領受權時，依下列規定辦理：

一、依一次退休金之標準，計算一次撫卹金，減除已領月撫卹金金額後，補發其餘額；無餘額者，不再發給。

二、依前款規定核算而應補發餘額者，依序由次一順序之遺族平均領受；無次一順序遺族或次一順序遺族均喪失領受權時，不再發給。

第63條 前條第一項第一款所定領受人死亡、拋棄或因法定事由而喪失領受權者，由其子女代位領受之，不適用前條第三項規定。

公務人員生前預立遺囑，於前條第一項遺族中，指定撫卹金領受人者，從其遺囑。但公務人員未成年子女之領受比率，不得低於其原得領取比率。

公務人員死亡而無前條第一項遺族可申辦撫卹者，其繼承人得向退撫基金管理機關申請發還原繳付之退撫基金本息；無繼承人者，得由原服務機關先行具領，辦理喪葬事宜。有賸餘者，歸屬退撫基金。

第四章　退撫給與之支（發）給、保障及變更

第一節　退撫給與之發給

第64條 公務人員請領退休金及資遣給與，屬公務人員之專屬權利，除下列情形外，不得由他人代為申請及領受：

一、年滿六十五歲而拒依規定辦理屆齡退休，經服務機關主動檢同相關文件，送審定機關審定屆齡退休者。

二、經服務機關依第二十條規定，檢同相關文件，送審定機關辦理命令退休者。

三、資遣人員未依規定填具資遣事實表並檢同相關證明文件，交由服務機關函轉審定機關審定資遣年資及給與，須由服務機關代為辦理者。

四、受監護宣告尚未撤銷，須由法定監護人代為申請退休或資遣者。

五、依第二十五條第三項規定，改由遺族按一次退休金標準支領給與者。

第65條 公務人員或其遺族依本法申請退撫給與之案件，應由審（核）定機關以書面行政處分為之。

本法公布施行前退休生效者之每月退休所得，依第三十六條、第三十七條及第三十九條規定重新計算時，應由審（核）定機關以書面行政處分為之。

第66條 本法所定退撫給與，一律採金融機構直撥入帳方式為之，並依下列規定發給：

一、一次退休金及首期月退休金經審定機關審定後，自退休生效日起發給。但依第三十條第三項、第三十一條第四項第二款及第三十三條第三款規定擇領展期月退休金者，自其年滿法定起支年齡之日起發給。第二期以後之月退休金，配合統一作業，每一個月發給一次。

二、資遣給與經審定機關審定後，自資遣生效日起發給。

三、遺屬一次金及一次撫卹金，經審定機關審定後發給。

四、遺屬年金經審定機關審定後，自退休人員死亡時之次一個月退休金定期發給日起發給。但未再婚配偶依第四十五條第二項規定擇領遺屬年金者，應自其年滿法定起支年齡之日起發給。第二期以後之遺屬年金，配合統一作業，每月發給一次。

五、首期月撫卹金經審定機關審定後，自公務人員死亡之次月起發給；第二期以後之月撫卹金，配合統一作業，每月發給一次。第五十八條及第五十九條所定按遺族未成年子女人數，每月加發之撫卹金，亦同。

前項退撫給與之領受人資格之查驗、發放作業程序及其他相關事項，由主管機關另以辦法定之。

第67條 **公務人員退休後所領月退休金，或遺族所領之月撫卹金或遺屬年金給付金額，於中央主計機關發布之消費者物價指數累計成長率達正、負百分之五時，應予調整，其調整比率由考試院會同行政院，考量國家經濟環境、政府財政與退撫基金準備率定之；或至少每四年應予檢討；其相關執行規定，於本法施行細則定之。**

公務人員退休後所領月退休金，或遺族所領之月撫卹金或遺屬年金，依前項規定調整後之給付金額超過原領給付金額之百分之五或低於原領給付金額時，應經立法院同意。

第68條 公務人員於退撫新制實施前、後均有任職年資者，其退撫給與及優存利息依下列規定支給：

一、退撫新制實施前任職年資應領之退撫給與及優存利息，由各級政府編列預算支給。

二、退撫新制實施後任職年資應領之退撫給與，由退撫基金支給。

三、依第三十二條第二項規定加發之退休金，由各級政府編列預算支給。

四、依第四十一條規定加發之俸給總額慰助金，由服務機關編列預算支給。

五、下列各目所定給與，由各級政府編列預算支給：

(一) 依第五十四條第二項第一款第二目加發之一次撫卹金；依第五十五條第三項及第五十七條規定因公死亡加發之撫卹金。

(二) 依第五十八條及第五十九條規定加發之撫卹金。

(三) 依第六十一條規定發給之殮葬補助費與勳績撫卹金。

第69條 **公務人員或其遺族請領退撫給與之權利，不得作為讓與、抵銷、扣押或供擔保之標的。但公務人員之退休金依第八十二條規定被分配者，不在此限。**

退撫給與之領受人，得於金融機構開立專戶，專供存入退撫給與之用。

前項專戶內之存款不得作為抵銷、扣押、供擔保或強制執行之標的。

退撫給與領受人有冒領或溢領情事者，支給或發放機關應就其冒領或溢領之款項覈實收回，不受第一項及前項規定之限制。

第70條 公務人員或其遺族因法定事由發生，或行政處分經撤銷或廢止而應暫停、停止、喪失請領權利，或有機關（構）誤發情事，而溢領或誤領相關退撫給與者，由支給或發放機關以書面行政處分，命當事人於一定期限內繳還自應暫停、喪失、停止請領權利之日起溢領或誤領之金額；屆期而不繳還者，依行政執行法相關規定強制執行之。

前項人員溢領或誤領之金額，屬定期給付者，得由支給或發放機關通知當事人自下一定期以後發給之退撫給與中覈實收回；當事人若有異議且未以其他方式繳回者，由支給或發放機關依前項規定辦理。

支領一次退休金或公保一次養老給付並辦理優惠存款之退休人員有暫停、喪失、停止、依法撤銷或廢止其請領退撫給與之情事者，其優惠存款應同時停止辦理。未依規定停止辦理者，由支給或服務機關依第一項規定辦理追繳。

前三項人員屆期仍不繳還者且有可歸責於當事人責任時，由支給、服務或發放機關按年息百分之二，加計利息併同依第一項規定追繳之。

前四項相關當事人未依限繳還溢領或誤領之相關退撫給與及優存利息，或未全數繳還溢領或誤領之相關退撫給與及優存利息者，其於支給、發放或服務機關依行政執行法相關規定強制執行追繳之前又重行退休、資遣，或申領遺屬一次金或遺屬年金時，其溢領或誤領之金額，得由支給機關自其再核發之退撫給與中，覈實抵銷或收回之。本法公布施行前之案件，亦同。

第71條 支領或兼領月退休金之退休人員或支領月撫卹金、遺屬年金之遺族，於行蹤不明或發放機關無法聯繫時，應暫停發給退休金、撫卹金或遺屬年金，並通知受理優惠存款機構，一併暫停發放優存利息，俟其親自申請後，再依相關規定補發。

第72條 **支領或兼領月退休金之退休人員或支領月撫卹金、遺屬年金之遺族赴大陸地**

區長期居住，而未在大陸地區設有戶籍或領用大陸地區護照者，發放機關應於其居住大陸地區期間，暫停發給退休金、撫卹金或遺屬年金，俟其親自依規定申請改領一次退休金或回臺居住時，再依相關規定補發。

第73條 公務人員或其遺族請領退撫給與及優存利息等權利，應於行政程序法所定公法上請求權時效內為之。
公務人員離職後，轉任公、民營單位或私立學校服務，並依勞動基準法、勞工退休金條例、私立學校教職員退休法令或其單行規章辦理退休者，其依第九條規定申請發還本人撥繳之退撫基金費用本息，得至遲於年滿六十五歲之日起六個月內，向退撫基金管理機關申請發還，不適用前項時效規定。

第74條 本法公布施行前已經審定之月撫慰金或亡故公務人員之遺族年撫卹金者，其給與標準仍照本法公布施行前原適用之規定辦理。

第二節　退撫給與之變更與保障

第75條 公務人員或其遺族有下列情形之一者，喪失申請退撫給與之權利：
一、褫奪公權終身。
二、動員戡亂時期終止後，犯內亂罪、外患罪，經判刑確定。
三、喪失或未具中華民國國籍。
四、為支領遺屬一次金、遺屬年金或撫卹金，故意致該退休人員、現職公務人員或其他具領受權之遺族於死，經判刑確定。
五、其他法律有特別規定。
支領或兼領月退休金人員，或支領月撫卹金、遺屬年金之遺族有下列情形之一者，喪失繼續領受月退休金、月撫卹金或遺屬年金之權利：
一、死亡。
二、褫奪公權終身。
三、動員戡亂時期終止後，犯內亂罪、外患罪，經判刑確定。
四、喪失中華民國國籍。
公務人員已依規定繳付退撫基金費用而有前二項喪失退撫給與領受權利者，仍得依第九條第二項規定申請發還本人繳付之退撫基金費用本息。但前項人員僅得發還該退休或在職死亡公務人員本人所繳付之退撫基金費用本息金額與已領之月退休金、月撫卹金或遺屬年金之差額；無差額者，不再發還。

第76條 退休人員經審定支領或兼領月退休金而有下列情形之一者，停止領受月退休金權利，至原因消滅時恢復之：
一、卸任總統、副總統領有禮遇金期間。
二、犯貪污治罪條例或刑法瀆職罪章之罪，經判刑確定而入監服刑期間。
三、褫奪公權，尚未復權。
四、因案被通緝期間。
五、其他法律有特別規定。
領受月撫卹金或遺屬年金之遺族有前項各款情形之一者，停止領受月撫卹金或遺屬年金之權利，至原因消滅時恢復。

第77條 退休人員經審定支領或兼領月退休金再任有給職務且有下列情形時，停止領受月退休金權利，至原因消滅時恢復之：
一、再任由政府編列預算支給俸（薪）給、待遇或公費（以下簡稱薪酬）之機關（構）、學校或團體之職務且每月支領薪酬總額超過法定基本工資。
二、再任下列職務且每月支領薪酬總額超過法定基本工資：

(一) 行政法人或公法人之職務。
(二) 由政府原始捐助（贈）或捐助（贈）經費，累計達財產總額百分之二十以上之財團法人之職務。
(三) 由政府及其所屬營業基金、非營業基金轉投資，且其轉投資金額累計占該事業資本額百分之二十以上事業之職務。
(四) 受政府直接或間接控制其人事、財務或業務之下列團體或機構之職務：
1. 財團法人及其所屬團體或機構。
2. 事業機構及其所屬團體或機構。

公務人員月退休金發放或支給機關查知退休公務人員再於第一項所定機關（構）、學校、團體及法人參加保險時，得先暫停發給其月退休金，俟該退休公務人員檢具其再任每月支領薪酬總額未超過法定基本工資之相關證明申復後，再予恢復發給並補發其經停發之月退休金。

退休人員經審定機關審定支領或兼領月退休金而再任第一項第二款所列機構董（理）事長及執行長者，其初任年齡不得逾六十五歲。

前項人員任期屆滿前年滿七十歲者，應即更換。但有特殊考量而經主管院核准者，不在此限。

第78條 公務人員退休後再任下列職務每月所領薪酬，不適用前條所定不得超過法定基本工資之規定：

一、受聘（僱）執行政府因應緊急或危難事故之救災或救難職務。
二、受聘（僱）擔任山地、離島或其他偏遠地區之公立醫療機關（構），從事基層醫療照護職務。

第79條 **公務人員在職期間涉犯貪污治罪條例、刑法瀆職罪章之罪或假借職務上之權力、機會或方法犯其他罪，先行退休、資遣或離職後始經判刑確定者，應依下列規定剝奪或減少退離（職）相關給與；其已支領者，照應剝奪或減少之全部或一部分追繳之：**

一、經判處死刑、無期徒刑或七年以上有期徒刑確定者，應自始剝奪其退離（職）相關給與。
二、經判處有期徒刑三年以上，未滿七年者，應自始減少其應領退離（職）相關給與百分之五十。
三、經判處有期徒刑二年以上，未滿三年者，應自始減少其應領退離（職）相關給與百分之三十。
四、經判處有期徒刑一年以上，未滿二年者，應自始減少其應領退離（職）相關給與百分之二十。

前項人員受緩刑宣告期滿而未經撤銷者，自緩刑宣告期滿後，不適用前項第三款及第四款規定；其已減少之退離（職）相關給與，應由各支給機關補發之。

第一項所定應剝奪或減少之退離（職）相關給與，以最近一次退休、資遣或離職前，依其任職年資所核給者為限；其內涵包含以下各項給與：

一、依本法支給之退休金、資遣給與。
二、公教人員退休金其他現金給與補償金發給辦法之補償金。
三、政府撥付之退撫基金費用本息。
四、優存利息。
五、遺族遺屬一次金或遺屬年金。

第一項人員因同一案件，於其他法律有較重之剝奪或減少退離（職）相關給與處分者，從重處罰。

退休公務人員依本法退休或資遣後，再任為公務人員者，其曾依第一項規定受剝奪或減少退離（職）相關給與之任職年資，於重行退休、資遣、離職或再任期間亡故時，不再核給退撫給與，且是項任職年資連同再任後之年資併計後，依第十五條規定辦理。

第80條 公務人員依本法退休或資遣後始受降級或減俸之懲戒處分者，應改按降級或減俸後之俸（薪）級或俸（薪）額計算退休或資遣給與；其執行日期依下列規定辦理：

一、懲戒處分判決書於退休或資遣後送達受懲戒人主管機關者，自判決書送達該主管機關之翌日起執行。

二、懲戒處分判決書於退休或資遣前送達受懲戒人主管機關，但尚未執行者，自懲戒處分判決執行之日起執行。

第81條 **依本法申請退休或資遣人員，或請領撫卹金，或遺屬一次金或遺屬年金之遺族，對於審（核）定機關所為審（核）定結果不服者，得依公務人員保障法規定，提起救濟；其有顯然錯誤或有發生新事實、發現新證據等行政程序再開事由者，得依行政程序法相關規定辦理。**

第三節　退撫給與之分配

第82條 公務人員之離婚配偶與該公務人員婚姻關係存續期間滿二年者，於法定財產制或共同財產制關係因離婚而消滅時，得依下列規定，請求分配該公務人員依本法規定支領之退休金：

一、以其與該公務人員法定財產制或共同財產制關係在該公務人員審定退休年資期間所占比率二分之一為分配比率，計算得請求分配之退休金。

二、前款所定得請求分配之退休金數額，按其審定退休年資計算之應領一次退休金為準。

三、所定法定財產制或共同財產制關係期間之計算以月計之，未滿一個月者，以一個月計。

四、本項第一款所定二分之一分配顯失公平者，當事人一方得聲請法院調整或免除其分配額。

前項所定離婚配偶於婚姻關係存續期間依其他法律得享有退休金者，其分配請求權之行使，以該公務人員得依該其他法律享有同等離婚配偶退休金分配請求權者為限。

第一項請求權不得讓與或繼承。

公務人員之離婚配偶自知悉有第一項請求權時起，二年間不行使而消滅；自法定財產制或共同財產制關係消滅時起，逾五年者，亦同。

公務人員係命令退休或本法公布施行前退休者，其依本法支領之退休金，不適用本條規定。

本法公布施行前已離婚者，不適用本條規定。

第83條 公務人員之離婚配偶依前條規定請求分配公務人員退休金，其給付方式依當事人之協議。無法協議或協議不成者，得通知退休金審（核）定機關於審定該公務人員退休金時，按前條規定審定應分配之退休金總額並由支給機關一次發給。

公務人員之退休金依前項規定被分配時，按被分配比率依下列規定扣減：

一、支領一次退休金者，自其支領之一次退休金扣減。

二、支領月退休金者，按月照被分配比率扣減，至應被分配之退休金總額扣減完畢後，不再扣減。

三、兼領月退休金者，先自其兼領一次退休金扣減；不足扣減時，再自兼領之月退休金依前款規定按月扣減，至應被分配之退休金總額扣減完畢後，不再扣減。

公務人員於本法公布施行後退休，於支領或兼領月退休金期間離婚者，其退休金依前條規定被分配時，依前二項規定辦理。

本條所定退休金之扣減、通知退休金審（核）定機關請求分配之方式及其他相關事項，於本法施行細則定之。

第84條 公務人員之離婚配偶有第七十五條第一項所定情形者，喪失第八十二條所定分配該公務人員退休金權利。

第五章　年資制度轉銜

第85條 公務人員任職滿五年，於本法公布施行後未辦理退休或資遣而離職者，除本法另有規定外，其任職年資得予保留，俟其年滿六十五歲之日起六個月內，以書面檢同相關證明文件，送原服務機關函轉審定機關依第三十條第一項及第二項規定審定其年資及退休金。

前項人員支領之退休金，依第二十七條第二項及第二十九條規定計算。支領月退休金者，其每月退休所得應依第三十八條及第三十九條規定辦理。第一項人員於尚未支領本條所定退休金之前死亡者，得由其第四十三條所定遺族，依第九條規定申請發還其本人原繳付之退撫基金費用本息。

第一項人員有下列情形之一者，不適用第一項及第二項規定：

一、依法被撤職、免職或免除職務。

二、第一項所定六個月辦理期限屆滿時，有第七十五條所定喪失辦理退休權利之法定事由。

三、第一項所定六個月辦理期限屆滿時，有第二十四條第一項所定不得受理退休案之情事。

四、所具公務人員年資業依第八十六條第二項規定辦理。

第86條 公務人員依本法辦理屆齡或命令退休且任職年資未滿十五年者，得併計曾任適用其他職域職業退休金法令且未曾辦理退休（職、伍）、資遣或年資結算已領取退離給與之年資，成就請領月退休金條件。公務人員任職滿五年，於本法公布施行後未辦理退休或資遣而離職且未支領退撫給與者，於轉任其他職域工作後辦理退休（職）時，得併計原公務人員年資成就請領月退休金條件，並於年滿六十五歲之日起六個月內，以書面檢同相關證明文件，送原服務機關函轉審定機關審定其年資及月退休金。

前項人員支領之月退休金，依第二十七條第二項及第二十九條規定計算。其每月退休所得應依第三十八條及第三十九條規定辦理。

第二項人員有下列情形之一者，不適用第二項規定：

一、依法被撤職、免職或免除職務。

二、第二項所定六個月辦理期限屆滿時，有第七十五條所定喪失辦理退休權利之法定事由。

三、第二項所定六個月辦理期限屆滿時，有第二十四條第一項所定不得受理退休案之情事。

第二項人員於尚未支領本條所定退休金之前死亡者，得由其第四十三條所定遺族，依第九條規定申請發還其本人原繳付之退撫基金費用本息。前條及第二項人員於月退休金支領期間死亡者，其遺族不適用本法遺屬年金或遺屬一次金之規定。

第87條 依前二條規定支領退休金者，亦適用第七十九條及第八十條規定。

依前二條規定支領月退休金者，於支領月退休金期間，亦適用第七十一條、第七十二條及第七十六條至第七十八條規定。

第六章　附則

第88條 **各機關申請自願退休、屆齡退休人員，應填造申請書表並檢齊有關證明文件，由服務機關於退休生效日前一日至前三個月間，送達審定機關審定。**

第89條 **依本法辦理自願退休或屆齡退休之人員，其生效日期應於申請時審慎決定；逾審定生效日後，不得請求變更。**

公務人員或其遺族依本法請領退撫給與之種類、方式及退撫新制實施前、後年資取捨，應於申請時審慎決定；經審定機關審定生效後，不得請求變更。

第90條 **本法所定公務人員退休年齡之認定，依戶籍記載，自出生之日起，十足計算之。**第四十三條與第六十二條所定遺族，及第四十五條所定配偶領取遺屬年金之年齡及婚姻存續關係，均依戶籍登載資料認定。

第91條 第二十一條第二項因公傷病及第五十三條第二項因公死亡情事之認定標準、審查機制及重大交通違規行為之範圍，於本法施行細則定之。

第92條 **本法公布施行後，考試院應會同行政院建立年金制度監控機制，五年內檢討制度設計與財務永續發展，之後定期檢討。**

第93條 中華民國一百十二年七月一日以後初任公務人員者，其退撫制度由主管機關重行建立，並另以法律定之。

前項退撫制度之建立，致退撫基金用罄年度提前之財務缺口，由政府依退撫基金財務精算結果，自前項退撫制度實施之日起，分年編列預算撥款補助之。

政府依前項規定完成撥補後，應依退撫基金財務精算結果，接續分年編列預算撥補現行退撫基金，以健全基金財務。

第94條 本法施行細則由考試院定之。

第95條 本法除第7條第4項及第69條自公布日施行外，其餘條文自中華民國一百零七年七月一日施行。

自中華民國一百零七年七月一日起，原公務人員退休法及原公務人員撫卹法不再適用。

本法修正條文，除中華民國一百十年十二月二十八日修正之第7條自一百十年一月一日施行、第67條自一百十一年七月一日施行及第77條自一百零八年八月二十三日施行外，自公布日施行。

本法中華民國一百十一年十二月十六日修正之第93條，自一百十二年七月一日施行。

Chapter 15

近年試題及解析

109年 高考三級

一、民國109年新修正公務員懲戒法，有關負責審理機關及審理程序的重要改變為何？這些變革的意義為何？

答 公務員懲戒法於109年6月10日修正公布，自109年7月10日施行。謹依題旨分述負責審理機關及審理程序的重要改變及這些變革的意義如下：

(一)負責審理機關

1. 由公務員懲戒委員會改制為懲戒法院。
2. 公務員懲戒委員會掌理公務員之懲戒事項，屬於司法權之行使，並由憲法上之法官為之，其機關組織與名稱自應採取法院的體制，因此將公務員懲戒委員會改制為「懲戒法院」，並設懲戒法庭專司審理公務員懲戒案件。爰就原公務員懲戒法中「公務員懲戒委員會」、「公務員委員懲戒委員會合議庭」、「委員長」、「委員」等名稱，分別修正為「懲戒法院」、「懲戒法庭」、「院長」、「法官」，以期名實相符。

(二)審理程序

1. 建立一級二審制度：公務員懲戒案件之審理原為一級一審制，為使公務員懲戒案件之當事人於不服懲戒判決時，亦得循上訴程序救濟，發揮糾錯或權利保護功能，因此將公務員懲戒案件審理制度改採一級二審制。同時，鑑於過往被付懲戒人若遭公務員懲戒委員會停職時缺乏救濟途徑，所以明定被付懲戒人對於懲戒法庭第一審所為停止職務裁定得提起抗告救濟，期能維持國家機關的公務紀律，並使公務員權利獲得審級救濟制度的保障。
2. 強化懲戒實效：公務員懲戒案件之審理改為一級二審制之後，為避免公務員藉由資遣或退休、退伍以規避懲戒責任，所以對於禁止公務員資遣或申請退休、退伍的時點加以調整，自送請監察院審查或移送懲戒時起至懲戒處分生效時止，受懲戒的公務員均禁止資遣或申請退休、退伍，以期發揮「防止搶退無漏洞」的效果，並強化懲戒實效。

3. 修正再審程序：公務員懲戒案件之審理既已改為一級二審制，已有通常救濟途逕。基於訴訟經濟及再審補充性原則，如果當事人已依上訴主張再審事由，經裁判為無理由，或知其事由而不為主張者，即不應讓其提起再審，因此就再審事由及提起再審之訴之期間配套修正。
4. 符合實務運作：參考公務員懲戒案件實務運作情形，明定懲戒法庭依職權先行停止被付懲戒人之職務應以裁定方式為之，以及該裁定發生停止職務效力的時點。另外考量實務上公務員懲戒委員會對於被付懲戒人所為之記過懲戒處分，有「記過一次」、「記過二次」兩種類型，爰就記過次數予以明定，以符合實務運作情況。

二、依據公務人員陞遷法的規定，各機關在辦理本機關人員之陞任時，應該考量的條件有那些？您認為其中那三項條件最重要？理由為何？

答 (一)應該考量的條件

1. 公務人員陞遷法第7條第1項：「各機關辦理本機關人員之陞任，應注意其品德及對國家之忠誠，並依擬陞任職務所需知能，就考試、學歷、職務歷練、訓練、進修、年資、考績（成）、獎懲及發展潛能等項目，訂定標準，評定分數，並得視職缺之職責程度及業務性質，對具有基層服務年資或持有職業證照者酌予加分。必要時，得舉行面試或測驗。如係主管職務，並應評核其領導能力。」
2. 公務人員陞遷法第7條第3項：「依第一項所評定之積分有二人以上相同時，以較高職等或訓練進修及發展潛能積分較高者，排序在前。」
3. 公務人員陞遷法第7條第4項：「第一項標準，由各主管院訂定。但各主管院得視實際需要授權所屬機關依其業務特性定之。」
4. 公務人員陞遷法施行細則第5條第3項：「訂定第一項標準時，應依機關業務性質、職務特性或任用層級，就各項目分別訂定評定因素、評分標準及最高分數，並以一百分為滿分。」

(二)最重要的3項條件

1. 發展潛能。
2. 職務歷練。
3. 面試或測驗成績。

機關辦理內升，應注意人才的中長期培養。發展潛能應為首要考慮條件，至於職務歷練次之，如能輔以面試或測驗，當可收適才適所之效。

三、行政機關的人力資源組合，可能來自那些不同的進用管道？此種多元人力組合的主要優點為何？請分別說明之。

答 (一)行政機關的人力資源組合

現有行政機關的人力資源組合的進用管道，有下列四種類別：

1. 政務層次：包括政黨及社會菁英。
2. 策略層次：包括現職人員、產業、研究機構、法人團體。
3. 行政管理層次：包括現職人員及高等教育工作者。
4. 執行技術層次：包括現職人員、人力市場、學校。

(二)多元人力組合的主要優點

1. 憲法明定公務人員之進用，非經考試不得任用，此應運用於行政管理層次與執行技術層次之人力運用，為現行公務人力之核心人員，本人力結構乃現行行政機關最重要之人力資源。可維護政府重要取才之管道。
2. 除由考試進用外，可彈性運用人力，包括政務人員、機要人員與契約聘用人員，均可不經考試進用，可依實際用人需要進用所需人員。
3. 以契約聘用與憲法公務人員任用資格和專技人員執業資格應經考試院依法考選之規定，如何整合與連結，是必要思考之議題。
4. 為達「穩定政策領導能力」之政策目標，民主選舉產生的政治領導者，應有適當數量的人力，供其運用。

我國在理論上雖然有政務人員、事務人員之分，實際運作上卻常常混淆不清，如何釐清二者之分際，尚有待加強。

四、何謂平等就業機會？我國在公共人力資源管理上有關平等就業機會的法律規範及重要內涵為何？請分別討論之。

答 (一)平等就業機會的意義

1. 平等就業權的界定實際上是很困難的。學者對平等就業權概念的界定，大致有狹義與廣義兩種觀點。
2. 狹義說認為，平等就業權僅限於尋求就業機會的過程。有學者主張：「平等就業權是指平等地獲得就業機會的權利。」也有學者認為：「平等就業權是指任何一個公民不論其民族、種族、性別、宗教信仰、語言、社會狀況等方面的不同，均享有平等的就業機會，除能力、技術等限制外，不得有其他限制，對具有相同條件的公民，不能做出不同的待遇。」
3. 廣義說認為，平等就業權既存在於尋求就業機會的過程，也存在於從事工作的過程。在廣義說中，又可根據平等就業權是否包括尋求就業機會之前的公共就業服務及保障方面的權利分為兩種。有學者認為：「平等就業權即平等地獲得就業機會和就業待遇的權利」。也有學者主張：「所謂平等就業權，是指國家通過立法、執法和司法保護勞動者能夠在平等身份、平等權利、平等機會和平等規則等基礎上享有形式上的平等就業權，同時，國家通過包括禁止就業歧視、特殊群體就業保護、就業培訓和就業社會保障等在內的多種手段和措施保護勞動者享有實質上的平等就業權，平等就業權是形式上的平等就業權和實質上的平等就業權的統一。」這一界定的科學性不僅在於認為平等就業權也存在於從事工作的過程中，還在於認為平等就業權中的平等是形式平等與實質平等的統一。所以，就平等就業權的廣義說，認為所謂平等就業權就是指勞動者平等地位獲得就業機會的權利，即在就業機會的獲得方面，勞動者不因性別、年齡、種族等人的自然差別而受歧視，在就業機會面前一律平等。
4. 為了實現文官甄補的全面性與整體性動員以及就業機會的均等，美國早在1940年便發布種種有關反歧視的行政命令。1964年通過「民權法」，使推動平等就業機會在聯邦人事行政有了法源基礎，其後1972年「平等就業機會法」的制定，不但強化聯邦政府追求社會平等的努力，並且逐漸擴及州與地方政府。卡特政府1978年的「文官改革法」，更成立「平等就業機會委員會」，專責推動權益平等促進行動的相關事宜；而1990年制定的「美國殘障法」中，殘障人士的平等就業機會與代表性更得到進一步的確認。

(二)我國公共人力資源管理上有關平等就業機會的法律規範及重要內涵：
我國公共人力資源管理上有關平等就業的法律規範有「性別工作平等法」、「後備軍人轉任公職考試比敘條例」及「公務人員考試法」，其重要內涵如下：

1. 性別工作平等法：

(1)為保障性別工作權之平等，貫徹憲法消除性別歧視、促進性別地位實質平等之精神，爰制定本法。

(2)雇主對求職者或受僱者之招募、甄試、進用、分發、配置、考績或陞遷等，不得因性別或性傾向而有差別待遇。但工作性質僅適合特定性別者，不在此限。

(3)雇主為受僱者舉辦或提供教育、訓練或其他類似活動，不得因性別或性傾向而有差別待遇。

(4)雇主為受僱者舉辦或提供各項福利措施，不得因性別或性傾向而有差別待遇。

(5)雇主對受僱者薪資之給付，不得因性別或性傾向而有差別待遇；其工作或價值相同者，應給付同等薪資。但基於年資、獎懲、績效或其他非因性別或性傾向因素之正當理由者，不在此限。
雇主不得以降低其他受僱者薪資之方式，規避前項之規定。

(6)雇主對受僱者之退休、資遣、離職及解僱，不得因性別或性傾向而有差別待遇。
工作規則、勞動契約或團體協約，不得規定或事先約定受僱者有結婚、懷孕、分娩或育兒之情事時，應行離職或留職停薪；亦不得以其為解僱之理由。
違反前二項規定者，其規定或約定無效；勞動契約之終止不生效力。

(7)主管機關為協助因結婚、懷孕、分娩、育兒或照顧家庭而離職之受僱者獲得再就業之機會，應採取就業服務、職業訓練及其他必要之措施。

2. 後備軍人轉任公職考試比敘條例：

(1)前條後備軍人參加公務人員考試時，得予下列優待：

A.應考資格，除「特殊類科」外，得以軍階及軍職年資，應性質相近之考試。

B.考試成績，得酌予加分，以不超過總成績十分為限。

C.應考年齡，得酌予放寬。

D.體格檢驗，得寬定標準。

E.應繳規費，得予減少。

(2)後備軍人轉任公務人員之任用比敘，得予下列優待：

A.後備軍人依法取得公務人員任用資格者，與其他候用人員資格相等時，優先任用。

B.後備軍人依法取得公務人員各官等任用資格者，按其軍職官等官階及年資，比敘該官等內相當職等及俸級。

C.任用公務人員之機關，遇有緊縮或改組時，應優先留用。

D.作戰或因公負傷者，除依第1款至第3款規定外，並依其功勳，優敘俸級。

(3)國軍上校以上軍官轉任公務人員，以考試定其資格；其考試類科、應考資格、應考年齡、工作經驗、考試方式、應試科目、成績計算、及格標準及其他有關事項，由考試院另以考試規則定之。

3. 公務人員考試法：

(1)公務人員之考試，以公開競爭方式行之，其考試成績之計算，除本法另有規定外，不得因身分而有特別規定。其他法律與本法規定不同時，適用本法。

(2)公務人員之考試，分高等考試、普通考試、初等考試三等。高等考試按學歷分為一、二、三級。及格人員於服務三年內，不得轉調原分發任用之主管機關及其所屬機關、學校以外之機關、學校任職。

(3)為因應特殊性質機關之需要及保障身心障礙者、原住民族之就業權益，得比照前項考試之等級舉行一、二、三、四、五等之特種考試，除本法另有規定者外，及格人員於服務六年內，不得轉調申請舉辦特種考試機關及其所屬機關、學校以外之機關、學校任職。其轉調限制六年之分配，依申請舉辦考試機關性質、所屬機關範圍及相關任用法規規定，於各該特種考試規則中定之。

109年 普考

一、公務人員個人在行政過程中，應如何在責任、立場、態度與角色四個層面，做到符合行政中立的要求？

答 「行政中立」，簡言之，是指文官對處理公務保持中立、客觀及公平的立場，以國家、人民的整體或多數利益為考慮；並非指絕不可涉入政治事務；但不可涉入政爭。行政中立的意義是相對的，由行政系統與公務人員個人層次來配合達成之。謹依題旨分述如下：

(一)就行政系統觀察：所謂行政中立應指「行政層級中之文官（公務人員）不參與政黨政治，不受政治因素之影響，更不介入政治活動及政爭。」如此，方有利社會穩定。即社會的進步靠政府系統來推動；社會的穩定則靠事務系統，二者應兼顧。並使行政系統與政治系統保持適度之分離。政務官角色具雙重性:

1. 在引導行政人員，如何執行政策是行政性，所以必須保持適度之行政中立。
2. 當其介入政治事務時，即具政治性，但政務官不得利用行政系統之資源來圖利其所屬政黨。

(二)就公務人員個人層次觀察：公務人員個人在行政過程中，應盡何責任、持何立場、態度、及角色才符合行政中立之作為要求？

1. 就責任言：文官（公務人員）應盡忠職守推動貫徹由政府所制定的政策。
2. 就立場言：行政人員（文官）在處理公務上，其立場應超然、客觀、公正，一視同仁，無所偏愛或偏惡。
3. 就態度言：行政人員在執行法律或政務官所定政策，應採取同一標準，公平對待任何個人、團體或黨派，而無所倚重倚輕之別。
4. 就角色言：行政人員不介入政治紛爭，只盡心盡力為國為民服務，即本著他們所擁有的專門知識、技能與經驗，於政務主管擬訂政策時，提供協助；於政務主管無政策意見時，依自身之專業意見執行政務並建議因應新發生問題的政策方案；同時就所主管之業務注意民意而作適當反應。

二、在公共人力資源管理過程中，考績所發揮的功能與其他那些人事制度有關？理由為何？

答 (一)考績的意義

任何組織內的工作人員，於其任職後，一定要對其工作績效之良窳，做客觀之考評，此種作用稱為考核，考核之具體制度，稱為考績。考核為考績之手段，考核之項目、方法、標準、獎懲及程序等，即為考績之制度。故考績制度之能否發揮功能，考核之是否得法（包括認真、客觀、合理及公平），實為關鍵所在。

(二)考績的功能

1. 肯定工作人員之工作成就：工作的成就感是每位工作人員的最佳報償，也是激勵工作情緒重要因素之一。工作成就感的獲得，需要在客觀上對其工作績效加以肯定，而此項肯定通常係經由考績程序而達成。
2. 依考評結果，實施獎懲：考績既有比較優劣的意味在內，則優劣決定之後，必須隨之加以獎懲，否則考核之優劣即乏實質意義。所謂獎懲，通常是職務的陞遷、薪資的調整及精神上或物質上之獎勵與懲罰而言。
3. 從考核中發掘人事問題，隨之改進：在實施考核時，有時可能發現若干人事問題，諸如：工作分配的勞逸不均，工作人員的專長不符，工作方法不合要求，工作人員有怠工現象，工作進度落後，管理上有缺失等均隨時改進。
4. 從考核中拔擢人才：考績不僅是對於工作人員已有的工作績效予以肯定，更重要的是對其人格及發展潛能予以考核，從而拔擢人才。

(三)考績功能日趨擴大

1. 現代考績功能，日趨擴大，許多人事管理事項是以考績為基礎，考績的功能甚至擴大到人事管理以外的事物。此在民營企業中，尤為明顯。
2. 根據法布拉姆等人（C. J. Fombrum & R. L. Land）於1983年對於265個公司的調查發現，各公司對於考績功能採取及做法差異性頗大。在265個公司，考績的功能或目的包括以下各項：(1)依績效加薪。(2)瞭解績效狀況（職務上之諮商）。(3)陞遷。(4)淘汰。(5)瞭解職務上之潛力。(6)繼任人選規劃。(7)永業規劃。(8)遷調。(9)人力規劃。(10)獎金。(11)訓練計畫之評鑑與設計。(12)內部溝通。(13)遴選方式。(14)經費控制。

三、政府辦理的「公務人員特種考試」和「專門職業及技術人員考試」，這兩者的內涵和主要差異為何？請分別說明之。

答 (一)憲法第85條：「公務人員之選拔，應實行公開競爭之考試制度，……非經考試及格者，不得任用。」

憲法第86條：「左列資格，應經考試院依法考選銓定之：一、公務人員任用資格。二、專門職業及技術人員執業資格。」

現行國家考試制度，得列表如下：

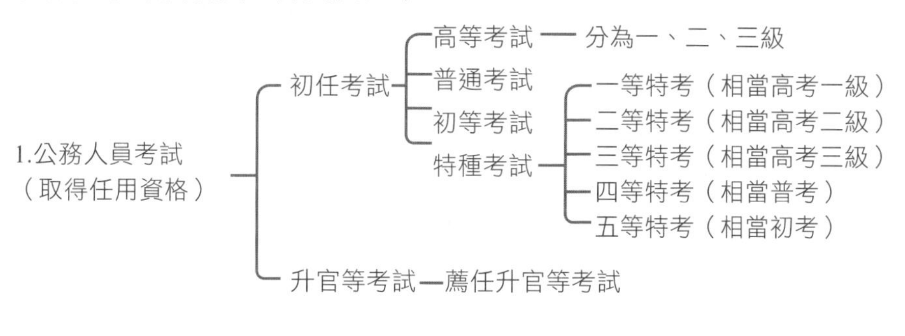

2.專技人員考試（取得執業資格）
- 高等考試
- 普通考試
- 特種考試

(二)公務人員特種考試的內涵

1. 公務人員考試法第6條第2項：「為因應特殊性質機關之需要及保障身心障礙者、原住民族之就業權益，得比照前項考試之等級舉行一、二、三、四、五等之特種考試，除本法另有規定者外，及格人員於服務六年內，不得轉調申請舉辦特種考試機關及其所屬機關、學校以外之機關、學校任職。其轉調限制六年之分配，依申請舉辦考試機關性質、所屬機關範圍及相關任用法規規定，於各該特種考試規則中定之。」

2. 公務人員考試法施行細則第7條第2項：「本法第六條第二項所稱得比照前項考試之等級舉行一、二、三、四、五等之特種考試，指特種考試一等考試相當高等考試一級考試。特種考試二等考試相當高等考試二級考試。特種考試三等考試相當高等考試三級考試。特種考試四等考試相當普通考試。特種考試五等考試相當初等考試。」
3. 公務人員考試法第7條：「高等、普通、初等考試及特種考試規則，由考選部報請考試院定之。前項考試規則包括應考年齡、考試等級、考試類科及其分類、分科之應考資格、體格檢查標準、應試科目、考試方式、成績計算、限制轉調規定等。」
4. 公務人員考試法第8條：「高科技或稀少性工作類科之技術人員，得由考選部報請考試院另訂特種考試規則辦理之。前項高科技或稀少性工作類科標準，由考試院會同行政院定之。第一項考試及格人員，不得轉調原分發任用機關以外之機關任職。」

(三)專門職業及技術人員考試的內涵

1. 專門職業及技術人員考試法第1條：「專門職業及技術人員之執業，依本法以考試定其資格。」
2. 專門職業及技術人員考試法第2條：「本法所稱專門職業及技術人員，係指具備經由現代教育或訓練之培養過程獲得特殊學識或技能，且其所從事之業務，與公共利益或人民之生命、身心健康、財產等權利有密切關係，並依法律應經考試及格領有證書之人員；其考試種類，由考選部報請考試院定之。前項專門職業及技術人員考試種類之認定基準、認定程序、認定成員組成等有關事項之辦法，由考選部報請考試院定之。」
3. 專門職業及技術人員考試法第3條：「專門職業及技術人員考試，得分高等考試、普通考試二等，每年或間年舉行一次考試。但得視考試類科需要增減或暫停辦理之。為應特殊需要或職業管理法律對曾從事該種類業務人員之特別規定，得限期舉行特種考試；其分等比照高等考試、普通考試。」

(四)「公務人員特種考試」與「專門職業及技術人員考試」的主要差異

1. 依據不同：
   (1)公務人員特種考試係依據公務人員考試法辦理。
   (2)專門職業及技術人員考試係依據專門職業及技術人員考試法辦理。

2. 性質不同：

(1)公務人員特種考試係取得公務人員任用資格。

(2)專門職業及技術人員考試係取得專門職業及技術人員執業資格。

3. 分發與否不同：

(1)公務人員特種考試及格依規定分發任職，並限制調轉範圍。

(2)專門職業及技術人員考試及格係取得執業資格，無分發任職規定。

四、依據公職人員利益衝突迴避法的規定，何謂「利益」？我國建立此利益衝突迴避機制，對健全人事體制的意義何在？請分別說明及申論之。

答 (一)公職人員利益衝突迴避法「利益」的內涵：

公職人員利益衝突迴避法第4條：「本法所稱利益，包括財產上利益及非財產上利益。財產上利益如下：一、動產、不動產。二、現金、存款、外幣、有價證券。三、債權或其他財產上權利。四、其他具有經濟價值或得以金錢交易取得之利益。非財產上利益，指有利公職人員或其關係人在第二條第一項所列之機關（構）團體、學校、法人、事業機構、部隊（以下簡稱機關團體）之任用、聘任、聘用、約僱、臨時人員之進用、勞動派遣、陞遷、調動、考績及其他相類似之人事措施。」

(二)我國建立此利益衝突迴避機制，對健全人事體制的意義：

公職人員利益衝突迴避法第1條第1項：「為促進廉能政治、端正政治風氣，建立公職人員利益衝突迴避之規範，有效遏阻貪污腐化及不當利益輸送，特制定本法。」

109年 地方特考三等

一、請分析：參加本類科考試及格，日後分發擔任地方政府人事人員者，在「身分」與「執行業務」兩層面上，與參加一般行政類科考試及格者，有那些相同點與相異處？

答 參加人事行政類科考試及格，分發擔任地方政府人事人員者，「身分」與「執行業務」兩層面上，與參加一般行政類科考試及格者，有下列相同點與相異處：

(一)相同點：

1. 如為高考、普考、初等考試及格者，三年內不得轉調原分發任用之主管機關及其所屬機關、學校以外之機關、學校任職。
2. 如為特考及格者，六年內不得轉調申請舉辦特考機關及其所屬機關、學校以外之機關、學校任職。
3. 兩者均適用綜合行政職組。
4. 兩者均地方政府之行政人員。
5. 考試錄取者之訓練均包括基礎訓練、實務訓練。

(二)相異處：

1. 就身分層面而言：
   (1)人事行政類科及格者，係擔任人事人員（科員或助理員），適用人事管理條例，具有一條鞭特性，一方面隸屬服務機關，同時受上級人事機構（人事處、人事室、人事管理員）指揮監督。
   (2)一般行政類科及格者，係擔任綜合行政人員，於總務部門擔任科員或辦事員。
2. 就執行業務而言：
   (1)人事行政類科及格者，係執行人事業務，包括任免、獎懲、差假、退撫、保險、福利、俸給等。
   (2)一般行政類科及格者，係執行行政業務，包括研考、文書處理、出納、採購、事務管理、財產管理等。

二、一般參加國家考試錄取並合格實授，是取得特定職系任用資格的基本方式，然而近年人員轉換職系似有更彈性化的趨勢。請根據現行法規分析現職公務人員轉換職系的條件與可能途徑。

答 (一)取得特定職任資格的基本方式：

1. 公務人員任用法第13條第4項：「第1項及第2項各等級考試職系及格者，取得該職系之任用資格。」
2. 公務人員任用法第13條第5項：「第1項及第2項各等級考試及格人員，得予任用之機關及職系等範圍，依各該考試及任用法規之限制行之。」

(二)現職公務人員轉換職系的條件與可能途徑：

1. 公務人員任用法第18條第1項：「現職公務人員調任，依下列規定：一、簡任第十二職等以上人員，在各職系之職務間得予調任；其餘各職等人員在同職組各職系及曾經銓敘審定有案職系之職務間得予調任。二、經依法任用人員，除自願者外，不得調任低一官等之職務。自願調任低官等人員，以調任官等之最高職等任用。三、在同官等內調任低職等職務，除自願者外，以調任低一職等之職務為限，均仍以原職等任用，且機關首長及副首長不得調任本機關同職務列等以外之其他職務，主管人員不得調任本單位之副主管或非主管，副主管人員不得調任本單位之非主管。但有特殊情形，報經總統府、主管院或國家安全會議核准者，不在此限。」
2. 公務人員任用法第18條第2項：「前項人員之調任，必要時，得就其考試、學歷、經歷或訓練等認定其職系專長，並得依其職系專長調任。」
3. 公務人員任用法第18條第3項：「考試及格人員得予調任之機關及職系等範圍，依各該考試及任用法規之限制行之。」
4. 公務人員任用法第18條第4項：「現職公務人員調任時，其職系專長認定標準、再調任限制及有關事項之辦法，由考試院定之。」
5. 民國108年1月16日考試院修正發布「職組暨職系名稱一覽表」，簡併職組、職系之適用，對於現職人員調任時轉換職系有更彈性化之作法，尤其職系轉換途徑包括同職組內各職系得調任，部分職組之職系亦可單向調任，例如：經建職組之職系包括經建行政職系、交通行政職系、地政職系，但另有單向調任規定如下：(1)本職組各職系與綜合行政職系視為同一職組，但以本職組現職人員單向調任為限。(2)經建行政職系與會計審計職系視為同一職組，但以本職系現職人員單向調任並以適用審計工作有限。」

三、請比較公務人員因執行職務而受記過懲處與接受懲戒，兩者在內涵與效果上有何不同？

答 我國公務員違反紀律，所遭受之紀律處分，包括懲處與懲戒。懲處係由行政機關首長行之，屬行政範疇，通稱行政懲處；懲戒係由公務員懲戒法院行之，屬司法範疇，通稱司法懲戒。本題公務人員因執行職務而受記過懲處，其與接受懲戒，兩者在內涵與效果上有下列不同：

處分原因	懲戒處分是以公務員違法失職，為其處分之原因；而行政懲處之原因，則不僅限於上述原因，即公務員因未完成任務或不適宜於其所任職務，而予以調職或免職處分，均屬於行政懲處之範圍。
處分對象	懲戒處分僅對於具有公務員身分者，始得為之；而行政懲處之對象，則為一般人民及各種事物，例如對人之管束處罰、違章建築之取締、違禁品之沒入是。
處分種類	懲戒處分之種類分為免除職務、撤職、剝奪減少退休（職、伍）金、休職、降級、減俸、罰款、記過、申誡等九種；而行政懲處則散見於個別法規之規定，種類極不一致，其著者，為調職、免職等處分是。
處分程序	懲戒處分決定後，如有不服得提起上訴；而行政懲處如為免職人員，依公務人員保障法之規定，可申請復審，如不服復審之決定，並得提起行政訴訟。
處分依據	懲戒處分以公務員懲戒法為其依據；而行政懲處則依據個別行政法規之規定。
處分效力	懲戒處分如係撤職處分，依法並發生於一定期間停止任用之效果，休職處分則發生在休職期間內不得在其他機關任職之效果；而行政懲處除法律另有規定外，並不發生停止任用等效力。

處分機關	懲戒處分限於懲戒法院始得為之；而行政懲處，則各主管行政機關均得為之。

四、若公務人員想透過進修來充實自我，請問有那些管道？又要遵守那些規定？

答 (一)公務人員進修的管道：公務人員訓練進修法第8條：「公務人員進修分為入學進修、選修學分及專題研究，其方式如下：一、國內外專科以上學校入學進修或選修學分。二、國內外機關（構）學校專題研究。三、國內外其他機關（構）進修。前項進修得以公餘、部分辦公時間或全時進修行之。」

(二)進修人員應遵守的規定：

1. 公務人員訓練進修法第9條：「各機關學校選送進修之公務人員，應具有下列基本條件：一、服務成績優良，具有發展潛力者。二、具有外語能力者。但國內進修及經各主管機關核准之團體專題研究者，不在此限。前項選送進修須經服務機關甄審委員會審議通過，並經機關首長核定。」
2. 公務人員訓練進修法第10條：「各機關學校選送國外進修之公務人員，其進修期間如下：一、入學進修或選修學分期間為一年以內。但經各主管機關核准延長者，延長期間最長為一年。二、專題研究期間為六個月以內。必要時，得依規定申請延長，延長期間最長為三個月。經中央一級機關專案核定國外進修人員，其進修期間最長為四年，不受前項第1款之限制。
3. 公務人員訓練進修法第11條：「各機關學校選送國內全時進修之公務人員，其進修期間為二年以內。但經各主管機關核准延長者，延長期間最長為一年。前項全時進修之公務人員於寒暑假期間，應返回機關上班。但因進修研究需要，經各主管機關核准者，不在此限。」
4. 公務人員訓練進修法第12條：「各機關學校選送或自行申請進修之核定與補助規定如下：一、選送全時進修之公務人員，於核定進修期間，准予帶職帶薪並得給予相關補助。二、選送公餘或部分辦公時間進修之公務人員，於核定進修期間得給予相關補助。三、自行申請全時進修之公務人員，其進修項目經服務機關學校認定與業務有關，並同意其前往進修者，得准予留職停薪，其期間為一年以內。但經各主管機關核准延長者，延長時間最長為一年；其進修成績優良者，並得給予部分費用補助。四、自行申請以公餘時間或部分辦公時間參加進修之公務人員，經服務機關學校認定與業務有關，並同意其前往進修且成績優良者，得給予部分費用補助。前項第1款或第3款受補助之全時進修人員，應依規定向服務機關學校提出報告。」

5. 公務人員訓練進修法第13條：「各機關學校應視業務需要擬定公務人員進修計畫，循預算程序辦理。各機關學校選送進修之公務人員，應確實按核定之進修計畫執行，未報經各主管機關核准，不得變更。」
6. 公務人員訓練進修法第14條：「各機關學校選送或自行申請全時進修之公務人員於進修期滿，或期滿前已依計畫完成進修，或因故無法完成者，應立即返回服務機關學校服務。」
7. 公務人員訓練進修法第15條：「公務人員帶職帶薪全時進修結束，其回原服務機關學校繼續服務之期間，應為進修期間之二倍，但不得少於六個月；留職停薪全時進修結束，其應繼續服務期間與留職停薪期間相同。前項進修人員經各主管機關依法同意商調他機關服務者，其應繼續服務期間得合併計算。」
8. 公務人員訓練進修法第16條：「各機關學校選送或自行申請全時進修之公務人員，有下列情形之一者，除由服務機關學校依有關規定懲處外，並依下列規定辦理：一、違反第12條第2項或第13條第2項規定者，應賠償其進修所領補助。二、違反第14條規定者，應賠償進修期間所領俸（薪）給及補助。三、違反第15條規定者，應按未履行義務之期間比例，賠償進修期間所領俸（薪）給及補助。前項違反之事由因不可歸責於進修人員者，免除其賠償責任。進修人員依第1項所應負賠償責任，經通知限期繳納應賠償金額，逾期不繳納者，依法移送強制執行。
9. 公務人員訓練進修法第18條：「各項訓練及進修所需經費除編列預算支應外，得向受訓人員或其服務機關學校收取費用。前項收費標準，由各主管機關定之。」

10. 公務人員訓練進修法第19條：「各機關學校應將公務人員接受各項訓練與進修之情形及其成績，列為考核及陞遷之評量要項，依專才、專業、適才、適所之任用本旨，適切核派職務及工作，發揮公務人員訓練及進修最大效能。」

109年 地方特考四等

一、司法院釋字785號就「公務人員訴訟權保障及外勤消防人員勤休方式與超勤補償案」之解釋對公務人員保障制度造成若干變化，請就其「保障程序與內容」與「健康權」兩個面向分述其所發生之影響。

答 (一)保障程序與內容：

1.本於憲法第16條有權利即有救濟之意旨，人民因其公務人員身分，與其服務機關或人事主管機關發生公法上爭議，認其權利遭受違法侵害，或有主張權利之必要，自得按相關措施與爭議之性質，依法提起相應之行政訴訟，並不因其公務人員身分而異其公法上爭議之訴訟救濟途徑之保障。中華民國92年5月28日修正公布之公務人員保障法第77條第1項、第78條及第84條規定，並不排除公務人員認其權利受違法侵害或有主張其權利之必要時，原即得按相關措施之性質，依法提起相應之行政訴訟，請求救濟。

2. 公務人員與國家間雖具有公法上職務關係，但其作為基本權主體之身分與一般人民並無不同，本法憲法第16條有權利即有救濟之意旨，人民因其公務人員身分，與其服務機關或人事主管機關發生公法上爭議，認其權利遭受違法侵害，或有主張權利之必要，自得按相關措施與爭議之性質，依法提起相應之行政訴訟，並不因其公務人員身分而異其公法上爭議之訴訟救濟途徑之保障。

3. 各種行政訴訟均有其起訴合法性要件與權利保護要件，公務人員欲循行政訴訟法請求救濟，自應符合相關行政訴訟類型之法定要件。至是否違法侵害公務人員之權利，則仍須根據行政訴訟法或其他相關法律之規定，依個案具體判斷，尤應整體考量行政機關所採取措施之目的、性質以及干預之程度，如屬顯然輕微之干預，即難謂構成權利之侵害。且行政法院就行政機關本於專業及對業務之熟知所為之判斷，應予以適度之尊重，自屬當然。

(二)健康權：

1. 公務人員保障法第23條規定：「公務人員經指派於上班時間以外執行職務者，服務機關應給予加班費、補休假、獎勵或其他相當之補償。」及其他相關法律，並未就業務性質特殊機關所屬公務人員（如外勤消防人員）之服勤時數及超時服勤補償事項，另設必要合理之特別規定，致業務性質特殊機關所屬公務人員（如外勤消防人員）之超時服勤，有未獲適當評價與補償之虞，影響其服公職權，於此範圍內，與憲法第18條保障人民服公職權之意旨有違。相關機關應於本解釋公布之日起3年內，依本解釋意旨檢討修正，就業務性質特殊機關所屬公務人員之服勤時數及超時服勤補償事項，如勤務時間24小時之服勤時段與勤務內容，待命服勤中依其性質及勤務提供之強度及密度為適當之評價與補償等，訂定必要合理之框架性規範。

2. 憲法第18條規定人民有服公職之權利，旨在保障人民有依法令從事於公務，貢獻能力服務公眾之權利。國家應建立相關制度，用以規範執行公權力及履行國家職責之行為，亦應兼顧對於公務人員權益之保護。人民擔任公職後，服勤務為其與國家間公法上職務關係之核心內容，包括公務人員服勤時間及休假制度等攸關公務人員權益之事項，自應受憲法第18條服公職權之保障。
3. 人民之健康權，為憲法第22條所保障之基本權利。憲法所保障之健康權，旨在保障人民生理及心理機能之完整性，不受任意侵害，且國家對人民身心健康亦負一定照顧義務。國家於涉及健康權之法律制度形成上，負有最低限度之保護義務，於形成相關法律制度時，應符合對相關人民健康權最低限度之保護要求。凡屬涉及健康權之事項，其相關法制設計不符健康權最低限度之保護要求者，即為憲法所不許。
4. 公務人員服勤時間及休假制度，攸關公務人員得否藉由適當休息，以維護其健康，應屬憲法第22條所保障健康權之範疇。上開制度設計除滿足行政組織運作目的與效能外，亦應致力於維護公務人員之身心健康，不得使公務人員勤休失衡致危害健康。業務性質特殊機關之公務人員，如外勤消防人員，基於其任務特殊性，固得有不同於一般公務人員之服勤時間及休假制度，惟亦須符合對該等公務人員健康權最低限度之保護要求。
5. 國家對公務人員有給予俸給等維持其生活之義務。國家對公務人員於法定上班時間所付出之勞務、心力與時間等，依法應給予俸給；公務人員於法定上班時間以外應長官要求執行職務之超勤，如其服勤內容與法定上班時間之服勤相同，國家對超勤自應依法給予加班費、補休假等相當之補償。此種屬於給付性措施之法定補償，並非恩給，乃公務人員依法享有之俸給或休假等權益之延伸，應受憲法第18條服公職權之保障。

二、某甲參加特種考試地方政府公務人員考試四等考試錄取，依現行規定，應經那些程序方可以取得正式任用資格？何時可以調職？

答 (一)某甲參加特種考試地方政府公務人員考試四等考試錄取，依現行規定，應經下列程序方可以取得正式任用資格：

1. 分配訓練：公務人員考試法第21條：「公務人員各等級考試正額錄取者，按錄取類科，依序分配訓練，訓練期滿成績及格者，發給證書，依序分發任用。列入候用名冊之增額錄取者，由分發機關或申請舉辦考試機關配合用人機關任用需要依其考試成績定期依序分配訓練；其訓練及分發任用程序，與正額錄取者之規定相同。」
2. 分發任用：公務人員任用法第10條：「各機關初任各職等人員，除法律別有規定外，應由分發機關就公務人員各等級考試正額錄取，經訓練期滿成績及格人員分發任用。如可資分發之正額錄取人員已分發完畢，由分發機關就列入候用名冊之增額錄取人員按考試成績定期依序分發，經訓練期滿成績及格後予以任用。已無前項考試錄取人員可資分發時，得經分發機關同意，由各機關自行遴用具任用資格之合格人員。

   公務人員任用法第12條：「公務人員各等級考試錄取，經訓練期滿成績及格者，應由分發機關分發各有關機關任用。」
3. 派代送審：公務人員任用法第24條：「各機關擬任公務人員，經依職權規定先派代理，限於實際代理之日起三個月內送請銓敘部銓敘審定。但確有特殊情形未能依限送審者，應報經銓敘部核准延長，其期限除另有規定者從其規定外，最多再延長以二個月為限，經銓敘審定不合格者，應即停止其代理。」
4. 試用：公務人員任用法第20條：「初任各官等人員，未具與擬任職務職責程度相當或低一職等之經驗六個月以上者，應先予試用六個月，並由各機關指派專人負責指導。試用期滿成績及格，予以實授；試用期滿成績不及格，予以解職。」

5. 任命：公務人員任用法第25條：「各機關初任簡任、薦任、委任官等公務人員，經銓敘部銓敘審定合格後，呈請總統任命。」

(二)地方特考及格人員調職之限制：

1. 公務人員考試法第6條：「公務人員之考試，分高等考試、普通考試、初等考試三等。高等考試按學歷分為一、二、三級。及格人員於服務三年內，不得轉調原分發任用之主管機關及其所屬機關、學校以外之機關、學校任職。為因應特殊性質機關之需要及保障身心障礙者、原住民族之就業權益，得比照前項考試之等級舉行一、二、三、四、五等之特種考試，除本法另有規定者外，及格人員於服務六年內，不得轉調申請舉辦特種考試機關及其所屬機關、學校以外之機關、學校任職。其轉調限制六年之分配，依申請舉辦考試機關性質、所屬機關範圍及相關任用法規規定，於各該特種考試規則中定之。」

2. 本題某甲地方特考四等考試錄取，依上開規定，某甲於服務六年內不得轉調申請舉辦特考機關及其所屬機關、學校以外之機關、學校任職。

三、依據公務人員任用法規定，各機關初任簡任及委任官等公務人員，經銓敘部銓敘審定合格後，呈請總統任命。試論述其理由為何？

答 (一)公務人員任用法第25條：「各機關初任簡任、薦任、委任官等公務人員，經銓敘部銓敘審定合格後，呈請總統任命。」本條文係108年4月3日修正公布。

(二)其修正理由如下：

1. 查本條原規定初任簡任各職等職務公務人員，均須呈請總統任命。復查本法施行細則第25條規定，初任或升任簡任官等各職等職務人員，呈請總統任命。又總統府辦理相關公務人員任命事宜之實務作業，係依總統府處理文武官員任免作業要點第4點規定略以，初任、升任或調任簡任、簡派各職等職務公務人員，經銓敘部審定者，簽請總統任派。是以，簡任人員無論係初任或升任簡任「各職等」，或初任或升任簡任「各職務」，均須呈請總統任命，即初任、升任或調任簡任各職等職務公務人員均屬請任命之範圍。

2. 依前開規定，簡任人員於簡任各職等職務異動或晉升職等，即須辦理請任，致實務上產生同一人員於同一年度中多次辦理請任（如年度中多次調任、機關修編等），或以同一職務多次辦理請任（如考績升等）之情事，依銓敘部銓審資料庫統計106年度請任資料為例，初任簡任（派）官等人員僅625人，惟簡任（派）官等計請任2381人次。是以，為簡化人事作業，提升行政效能，且考量於初任簡任官等時由總統任命，已足以彰顯總統對簡任文官之重視，策勵公務人員勇於任事，爰修正為簡任人員僅須於初任簡任官等時請任命。
3. 又查本條原規定初任委任公務人員，經銓敘部銓敘審定合格後，由各主管機關任命。為提升基層公務人員之尊榮與激勵其士氣，並彰顯總統對委任官等公務人員之重視，爰修正初任委任官等公務人員，經銓敘部銓敘審定合格後，呈請總統任命。
4. 綜上，本條規定修正後，初任簡任、薦任、委任各官等公務人員，經銓敘部銓敘審定合格後，均呈請總統任命；至各官等現職人員調任同官等內各職等職務或考績升等時，則毋須再報請任命。

四、請評述現行公務員懲戒案件的審理機關與審級相關規定。

答 (一)公務員懲戒法109年6月10日修正公布，109年7月17日施行。審理機關改為「懲戒法院」，新制改採一級二審制。

(二)審理機關：公務員之懲戒，屬於司法權之行使，並由憲法上之法官為之，其機關組織與名稱自應採取法院的體制，因此109年將公務員懲戒機關由公務員懲戒委員會改制為「懲戒法院」，「公務員懲戒委員會」、「委員長」、「委員」等名稱，分別修正為「懲戒法院」、「院長」、「法官」，並設「懲戒法庭」專司審理公務員懲戒案件。

(三)公務員懲戒之審級制度：依109年7月17日施行的公務員懲戒法規定，公務員懲戒為一級二審制，對於懲戒法庭第一審判決不服，得提起上訴以資救濟，除上訴之外，若有符合「再審」之情形時，亦得提起再審之訴以資救濟。分述如下：

1. 對於懲戒法庭第一審之終局判決不服者，得提起上訴：公務員懲戒法第64條：「當事人對於懲戒法庭第一審之終局判決不服者，得於判決送達後二十日之不變期間內，上訴於懲戒法庭第二審。但判決宣示或公告後送達前之上訴，亦有效力。」

   公務員懲戒法第66條：「對於懲戒法庭第一審判決之上訴，非以判決違背法令為理由，不得為之。

   判決不適用法規或適用不當者，為違背法令。

   有下列各款情形之一者，其判決當然違背法令：

   一、判決懲戒法庭之組織不合法。

   二、依法律或裁判應迴避之法官參與審判。

   三、懲戒法庭對於權限之有無辨別不當。

   四、當事人於訴訟未經合法辯護、代理或代表。

   五、判決不備理由或理由矛盾，足以影響判決之結果。」

2. 對於確定終局懲戒判決聲明不服，原移送機關或受判決人得提起再審之訴：公務員懲戒法第85條：「有下列各款情形之一者，原移送機關或受判決人得提起再審之訴，對於確定終局判決聲明不服。但原移送機關或受判決人已依上訴主張其事由或知其事由而不為主張者，不在此限：

   一、適用法規顯有錯誤。

   二、判決懲戒法庭之組織不合法。

   三、依法律或裁定應迴避之法官參與裁判。

   四、參與裁判之法官關於該訴訟違背職務，犯刑事上之罪已經證明，或關於該訴訟違背職務受懲戒處分，足以影響原判決。

   五、原判決所憑之證言、鑑定、通譯或證物，已證明係虛偽或偽造、變造。

   六、同一行為其後經不起訴處分確定，或為判決基礎之民事或刑事判決及其他裁判或行政處分，依其後之確定裁判或行政處分已變更。

   七、發現確實之新證據，足認應變更原判決。

   八、就足以影響原判決之重要證據，漏未斟酌。

   九、確定判決所適用之法律或命令，經司法院大法官解釋為牴觸憲法。」

110年 高考三級

一、試就憲法及相關法律規定，分別說明考試權行使及公務人員任用「公開競爭」、「平等」的基本原則。

答 (一)公開競爭的基本原則

1. 憲法第85條：「公務人員之選拔，應實行公開競爭之考試制度。」
2. 公務人員考試法第2條：「公務人員之考試，以公開競爭方式行之，其考試成績之計算，除本法另有規定外，不得因身分而有特別規定。其他法律與本法規定不同時，適用本法。」
3. 公務人員考試法施行細則第3條：「本法第2條所稱公開競爭，指舉辦考試時，凡中華民國國民，年滿十八歲，符合本法第7條、第9條及第13條至第17條之規定，且無第12條不得應考情事者，皆得報名分別應各該考試，並按考試成績高低順序擇優錄取。本法第2條所稱除本法另有規定外，指本法第24條第2項規定。」
4. 公務人員考試法第24條第2項：「後備軍人參加公務人員高等暨普通考試、特種考試退除役軍人轉任公務人員考試之加分優待，以獲頒國光、青天白日、寶鼎、忠勇、雲麾、大同勳章乙座以上，或因作戰或因公負傷依法離營者為限。」

(二)平等的基本原則

1. 憲法第7條：「中華民國人民，無分男女、宗教、種族、階級、黨派，在法律上一律平等。」
2. 釋字第485號解釋：「憲法第7條平等原則並非指絕對、機械之形式上平等，而係保障人民在法律上地位之實質平等，立法機關基於憲法之價值體系及立法目的，自得斟酌規範事物性質之差異而為合理之區別對待。」
3. 憲法增修條文第10條第6項：「國家應維護婦女之人格尊嚴，保障婦女之人身安全，消除性別歧視，促進兩性地位之實質平等。」
4. 憲法增修條文第10條第7項：「國家對於身心障礙者之保險與就醫、無障礙環境之建構、教育訓練與就業輔導及生活維護與救助，應予保障，並扶助其自立與發展。」
5. 憲法增修條文第10條第9項：「國家應尊重軍人對社會之貢獻，並對其退役後之就學、就業、就醫、就養予以保障。」

6. 憲法增修條文第10條第12項：「國家應依民族意願，保障原住民族之地位及政治參與，並對其教育文化、交通水利、衛生醫療、經濟土地及社會福利事業予以保障扶助並促其發展，其辦法另以法律定之。對於澎湖、金門及馬祖地區人民亦同。」
7. 公務人員任用法第2條：「公務人員之任用，應本專才、專業、適才、適所之旨，初任與升調並重，為人與事之適切配合。」
8. 公務人員任用法第9條：「公務人員之任用，應具有左列資格之一：一、依法考試及格。二、依法銓敘合格。三、依法升等合格。特殊性質職務人員之任用，除應具有前項資格外，如法律另有其他特別遴用規定者，並應從其規定。」
9. 公務人員考試法第24條第1項：「自中華民國八十八年起，特種考試退除役軍人轉任公務人員考試，其及格人員以分發國防部、國軍退除役官兵輔導委員會、海洋委員會及其所屬機關（構）任用為限，及格人員於服務六年內，不得轉調原分發任用機關及其所屬機關以外之機關任職；上校以上軍官外職停役轉任公務人員檢覈及格及國軍上校以上軍官轉任公務人員考試及格者，僅得轉任國家安全會議、國家安全局、國防部、國軍退除役官兵輔導委員會、海洋委員會及其所屬機關（構）、中央及直轄市政府役政、軍訓單位。」

二、公務人員考試法第23條規定：「公務人員之晉升官等，除法律另有規定外，應經升官等考試及格。」試就該條文內容及相關法令規定，說明公務人員如何取得薦任官等任用資格？

答 公務人員考試法第23條：「公務人員之晉升官等，除法律另有規定外，應經升官等考試及格。公務人員升官等考試法另定之。」
公務人員升官等考試法、公務人員任用法之相關規定如下：
(一)公務人員升官等考試法第4條：「具有下列資格之一者，得應薦任升官等考試：一、具有法定任用資格現任委任或委派第五職等人員滿三年，已敘委任第五職等本俸最高級。二、依公務人員任用法第33條之1第2款規定仍繼續任用，現任委任第五職等人員，並具有前款年資、俸級條件。三、依公務人員任用法第33條之1第3款規定仍繼續以技術人員任用，現任委任第五職等人員，並具有第1款年資、俸級條件或現任薦任第六職等至第九職等人員。四、依專門職業及技術人員轉任公務人員條例轉任之現任委任第五職等人員，並具有第1款年資、俸級條件或現任薦任第六職等至第九職等人員。五、依公務人員任用法第17條之規定經晉升薦任官等訓練合格現任薦任或薦派第六職等至第八職等人員。」

(二)公務人員任用法

1. 公務人員任用法第17條第1項：「公務人員官等之晉升，應經升官等考試及格。」
2. 公務人員任用法第17條第6項：「經銓敘部銓敘審定合格實授現任委任第五職等職務人員，具有下列資格之一，且其以該職等職務辦理之年終考績最近三年二年列甲等、一年列乙等以上，並已晉敘至委任第五職等本俸最高級後，再經晉升薦任官等訓練合格者，取得升任薦任第六職等任用資格，不受第1項規定之限制：一、經普通考試、相當普通考試之特種考試或相當委任第三職等以上之銓定資格考試或於本法施行前經分類職位第三職等至第五職等考試及格，並任合格實授委任第五職等職務滿三年者。二、經高級中等學校畢業，並任合格實授委任第五職等職務滿十年者，或專科學校畢業，並任合格實授委任第五職等職務滿八年者，或大學、獨立學院以上學校畢業，並任合格實授委任第五職等職務滿六年者。」
3. 公務人員任用法第17條第7項：「前項升任薦任官等人員，以擔任職務列等最高為薦任第七職等以下之職務為限。但具有碩士以上學位且最近五年薦任第七職等職務年終考績四年列甲等、一年列乙等以上者，得擔任職務列等最高為薦任第八職等以下職務。」

三、何謂「兼職」？依公務員服務法規定，公務員在職期間兼職有何限制規定？銓敘部曾於民國108年11月25日函指稱，那些係「非屬公務員服務法第14條所定公務員不得兼任他項公職或業務之情形」？

答 (一)兼職的意義

兼職是工作的類型之一，與全職概念相對，每周工作時間較全職工作少。公務員服務法對公務員的兼職行為有相當多的限制。

(二)公務員兼職的限制規定

1. 公務員服務法第14條：「公務員除法令所規定外，不得兼任他項公職或業務。其依法令兼職者，不得兼薪及兼領公費。依法令或經指派兼職者，於離去本職時，其兼職亦應同時免兼。」

2. 公務員服務法第14條之2：「公務員兼任非以營利為目的之事業或團體之職務，受有報酬者，應經服務機關許可。機關首長應經上級主管機關許可。前項許可辦法，由考試院定之。」

3. 公務員服務法第14條之3：「公務員兼任教學或研究工作或非以營利為目的之事業或團體之職務，應經服務機關許可。機關首長應經上級主管機關許可。」

(三)銓敘部108年11月25日部法一字第1084876512號函示

1. 依司法院釋字第71號解釋意旨，無論是否為通常或習慣上所稱之業務，祇須與本職之性質或尊嚴有妨礙之事務，公務員均不得為之。

2. 非屬服務法第14條所定公務員不得兼任他項公職或業務之情形，包括：

(1)經權責機關(構)認定為任務編組或臨時性需要所設置之職務。

(2)反覆從事同種類行為之事務，係屬具社會公益性質者。

(3)從事同種類行為之事務，係不具「經常」及「持續」性者。

(4)公務員於公餘時間因從事或參與社會公益性質之事務而依各該專業法規辦理相關事宜（如執業登錄、加入公會等）者。

四、試就需求面（政府人力運用彈性化之需要）及供給面（人力市場結構之改變），說明政府「契約性用人」潮流趨勢及何謂「契約性公務人力」？為達成「事業績效的人事制度」目標，我國政府曾經通過「政府人力運用彈性化計畫方案」，其中包括「契約性職位制度方案」，請說明其內容及作法為何？

答 (一)契約性公務人力的意義

契約性公務人力，是指政務官、永業制公務人員以外，以契約方式進用的政府人員。過去並沒有「契約人力」的概念，都將其理解為臨時人力。包括聘用人員、雇用人員、機要人員、聘任人員，這些人員都不須具備公務人員的任用資格。

(二)謹依題旨就需求面（政府人力運用彈性化之需要）及供給面（人力市場結構之改變），說明政府「契約性用人」潮流趨勢如下

1. 需求面：政府人力運用彈性化

(1)就政府本身立場，在建立一個「小而美」的政府已為一股當代潮流之一，如何降低政府支出、減少財政支出，同時達到更高的效率與效能，已成為各國政府努力的目標。

(2)在此因素下，傳統文官體系對於政府而言不但顯得財務沉重，而且責任重大。其不但要負擔常任文官的訓練、保障、退休生活，而且對於某些臨時性、專業性事務又顯得應變能力不足。

(3)運用契約性用人制度（含約聘僱人員、人力外包及短期派遣）可有效降低人事成本（如訓練、福利、保險、退休金等），輔以彈性運用之考量，同時又可突破許多繁瑣法令規範及控制政府員工數，逐漸成為各國政府主要的策略模式。

2. 供給面：人力市場結構改變

(1)就人力市場的供給面向而言，不同時代的勞動者，往往會因當時環境之影響而形成特有的文化特色。

(2)由於環境變遷及社會結構改變的影響，有越來越多的兼職工作者出現，為了找尋下一份更理想的工作而暫時兼差者。這些人並非以找尋一份永業性質的工作為目標，僅可能只是抱持著一份打發時間、貼補家用，或暫時過渡的心態來謀求職務。

(3)就上述因素而言，有越來越多的臨時性工作者出現，在前述政府需求考量以及當今人力市場結構的交互作用下，契約性用人制度成為因應時代潮流下的產物，提供政府及工作者更多元化的選擇。

(三)契約性職位制度方案的內容及作法

1. 確立契約性職位的範圍：各機關符合下列條件之職務性質者，不論職位高低，都可申請將原有或新設職位改為聘用職位：

(1)職位性質不涉及公權力之規劃與執行者。

(2)職務性質在主管指導監督下涉及低度裁量決定之執行公權力者。

(3)職務性質需要高度專業知能或技術性工作經驗與教育背景，非現行國家考試方式最能鑑別適任程度者。

2. 確立契約性職位的層級：聘用人員得擔任機關內二級以下單位主管職務，但擔任一級單位主管要有一定資格與一定比例之限制。

3. 確立契約性職位的法律定位：契約性人力採取契約方式進用，其與國家間的法律關係原則上為「公法上職務關係」，但政府應可以保留採取更類似企業界實務之契約內容做法，而非完全比照終身雇用的公務人員。政府同時保留機關或職位裁併時不續約的權力。
4. 建立契約性職位的管理制度：契約性人力和公務人員人力之間不交流，各自適用其人力管理制度，契約性人力在不同機關之間不具備相互遷調的權力。

110年 普考

一、公務人員陞遷法中所稱之陞遷為何？現行規定如何落實內陞與外補兼顧的原則？試分別說明之。

答 (一)陞遷的意義

公務人員陞遷法第4條：「本法所稱公務人員之陞遷，指下列情形之一者：一、陞任較高之職務。二、非主管職務陞任或遷調主管職務。三、遷調相當之職務。」

(二)陞遷的原則

公務人員陞遷法第2條：「公務人員之陞遷，應本人與事適切配合之旨，考量機關特性與職務需要，依功績原則，兼顧內陞與外補，採公開、公平、公正方式，擇優陞任，遷調歷練，以拔擢及培育人才。」

(三)陞遷法落實內陞與外補兼顧的規定

1. 公務人員陞遷法第5條：「各機關職務出缺時，除依法申請分發考試及格或依本法得免經甄審（選）之職缺外，應就具有該職務任用資格之人員，本功績原則評定陞遷。各機關職缺如由本機關人員陞遷時，應辦理甄審。各機關職缺如由本機關以外人員遞補時，除下列人員外，應公開甄選：一、因配合政府政策或修正組織編制須安置、移撥之人員。二、職務列等、稱階、等階、級別（以下簡稱職務列等）相同且職務相當，並經各該權責機關甄審委員會同意核准二人以上相互間調任之人員。三、依主管機關所定遷調法令，實施遷調之駐外人員。因機關組織調整或基於業務需要，非自願性經權責機關核定改派較低職務者，於再調任本機關或隸屬於同一主管機關之他機關與改派前相當之職務時，得免經甄審（選），且不受第12條第1項第7款規定之限制。但因業務需要，非自願性經權責機關核定改派較低職務者，於免經甄選再調任隸屬於同一主管機關之他機關與改派前相當之職務時，應經主管機關、其授權之所屬機關或其他權責機關核准。」

2. 公務人員陞遷法第6條：「各機關應依職務高低及業務需要，訂定陞遷序列表，並得區別職務性質，分別訂定。各機關職缺由本機關人員陞遷時，應依陞遷序列逐級辦理陞遷。如同一序列中人數眾多時，得按人員銓敘審定之職等、官稱官階、官等官階、級別高低依序辦理。但次一序列中無適當人選時，得由再次一序列人選陞任。前項規定，於其他法律另有規定者，從其規定。」

3. 公務人員陞遷法第9條：「各機關辦理公務人員之陞遷，應由人事單位就具有擬陞遷職務任用資格人員，分別情形，依積分高低順序或資格條件造列名冊，並檢同有關資料，報請本機關首長交付甄審委員會評審後，依程序報請機關首長就前三名中圈定陞補之；如陞遷二人以上時，就陞遷人數之二倍中圈定陞補之。」
4. 公務人員陞遷法第10條：「各機關下列職務，得免經甄審（選），由本機關或其上級機關首長逕行核定，不受第12條第1項第7款規定之限制：一、機關首長、副首長。二、幕僚長、副幕僚長。三、機關內部一級單位主管職務。四、機關內部較一級業務單位主管職務列等為高之職務。五、駐外機構簡任第十二職等以上職務。」
5. 公務人員陞遷法第13條：「各機關對職務列等及職務相當之所屬人員，應配合職務性質及業務需要，實施下列各種遷調：一、本機關內部單位主管間或副主管間之遷調。二、本機關非主管人員間之遷調。三、本機關主管人員與所屬機關首長、副首長或主管人員間之遷調。四、所屬機關首長、副首長或主管人員間之遷調。五、本機關與所屬機關間或所屬機關間非主管人員之遷調。」
6. 公務人員陞遷法第14條：「公務人員陞任高一官等之職務，應依法經陞官等訓練。初任各官等之主管職務，應由各主管機關實施管理才能發展訓練。」
7. 公務人員陞遷法第15條：「公務人員對本機關辦理之陞遷，如認有違法致損害其權益者，得依公務人員保障法提起救濟。」

二、公務人員保障法的制定及專責機關的成立，對於公務人員權益保障之重要性為何？公務人員保障法有關保障項目之規定為何？

答 (一)保障制度的重要性

1. 公務人員係基於國家之特別法律關係所任用，為民眾服務而負有忠實執行職務之義務。公務人員與國家之間的關係過去曾強調其特別權力關係，有別於一般人民與國家間之統治權力關係。惟於二次世界大戰後，無論在實務上或理論上，均迭有修正，當公務人員權利遭受違法侵害時，應賦予以法律救濟之途徑，因此公務人員之保障逐漸為各國所重視。

2. 按世界各主要民主國家，如英國、美國、德國、法國、日本等國雖無單獨之公務人員保障法律，惟均已建立健全之公務人員保障制度。對公務人員之職位、身分、俸給、結社、言論、權益等均有明文保障規定；同時建立公務人員申訴制度、公務員團體之協議與仲裁等制度，使公務人員之法定權益遭受損害時，得循法定程序請求救濟，有效保障公務人員之權利。我國憲法增修條文第6條規定考試院掌理公務人員之保障，為確實維護公務人員權益，健全人事法制，爰衡酌我國當前國情，參考民主國家有關保障法制之規定，制定公務人員保障法。

3. 公務人員保障法85年10月16日公布施行，公務人員保障暨培訓委員會85年6月1日成立。

(二)保障法有關保障項目的規定

謹據110年6月22日修正公布之公務人員保障法擇要列述如下：

1. 保障範圍：公務人員身分、官職等級、俸給、工作條件、管理措施等有關權益之保障，適用本法之規定（第2條）。

2. 保障對象：

(1)適用人員：法定機關（構）及公立學校依公務人員任用法律任用之有給專任人員。

(2)準用人員：

A.教育人員任用條例公布施行前已進用未經銓敘合格之公立學校職員。

B.私立學校改制為公立學校未具任用資格之留用人員。

C.公營事業依法任用之人員。

D.各機關依法派用、聘用、聘任、僱用或留用人員。

E.應各種公務人員考試錄取參加訓練之人員，或訓練期滿成績及格未獲分發任用之人員。

前項第5款應各種公務人員考試錄取參加訓練之人員，不服保訓會所為之行政處分者，有關其權益之救濟，依訴願法之規定行之（第102條）。

3. 保障內容：

(1)身分保障：

A.公務人員之身分應予保障，非依法律不得剝奪。基於身分之請求權，其保障亦同（第9條）。

B.公務人員非依法律，不得予以停職。公務人員於停職、休職或留職停薪期間，仍具公務員身分。但不得執行職務。（第9條之1）

C.經依法停職之公務人員，於停職事由消滅後三個月內，得申請復職；服務機關或其上級機關，除法律另有規定者外，應許其復職，並自受理之日起三十日內通知其復職。依前項規定復職之公務人員，服務機關或其上級機關應回復原職務或與原職務職等相當或與其原敘職等俸級相當之其他職務；如仍無法回復職務時，應依公務人員任用法及公務人員俸給法有關調任之規定辦理。經依法停職之公務人員，於停職事由消滅後三個月內，未申請復職者，服務機關或其上級機關人事單位應負責查催；如仍未於接到查催通知之日起三十日內申請復職，除有不可歸責於該公務人員之事由外，視為辭職（第10條）。

D.受停職處分之公務人員，其停職處分經撤銷者，除得依法另為處理者外，其服務機關或其上級機關應予復職，並準用前條第2項之規定。前項之公務人員於復職報到前，仍視為停職。依第1項應予復職之公務人員，於接獲復職令後，應於三十日內報到，並於復職報到後，回復其應有之權益；其未於期限內報到者，除經核准延長或有不可歸責於該公務人員之事由者外，視為辭職（第11條）。

E.公務人員因機關裁撤、組織變更或業務緊縮時，除法律另有規定者外，其具有考試及格或銓敘合格之留用人員，應由上級機關或承受其業務之機關辦理轉任或派職，必要時先予輔導、訓練。依前項規定轉任或派職時，除自願降低官等者外，其官等職等應與原任職務之官等職等相當，如無適當職缺致轉任或派職同官等內低職等職務者，應依公務人員任用法及公務人員俸給法有關調任之規定辦理（第12條）。

F.公務人員之辭職，應以書面為之。除有危害國家安全之虞或法律另有規定者外，服務機關或其上級機關不得拒絕之。服務機關或其上級機關應於收受辭職書之次日起三十日內為准駁之決定。逾期未為決定者，視為同意辭職，並以期滿之次日為生效日。但公務人員指定之離職日逾三十日者，以該日為生效日（第12條之1）。

(2)官職等級保障：公務人員經銓敘審定之官等職等應予保障，非依法律不得變更（第13條）。

(3)俸給保障：

A.公務人員經銓敘審定之俸級應予保障，非依法律不得降級或減俸（第14條）。

B.公務人員依其職務種類、性質與服務地區，所應得之法定加給，非依法令不得變更（第15條）。

(4)工作條件保障：

A.各機關應提供公務人員執行職務必要之機具設備及良好工作環境（第18條）。

B.公務人員執行職務之安全應予保障。各機關對於公務人員之執行職務，應提供安全及衛生之防設措施；其有關辦法，由考試院會同行政院定之（第19條）。

C.公務人員執行職務時，現場長官認已發生危害或明顯有發生危害之虞者，得視情況暫時停止執行（第20條）。

D.公務人員因機關提供之安全及衛生防護措施有瑕疵，致其生命、身體或健康受損時，得依國家賠償法請求賠償。公務人員執行職務時，發生意外致受傷、失能或死亡者，應發給慰問金，但該公務人員有故意或重大過失情事者，得不發或減發慰問金。前項慰問金發給辦法，由考試院會同行政院定之（第21條）。

E.公務人員依法執行職務涉訟時，其服務機關應輔助其延聘律師為其辯護及提供法律上之協助。前項情形，其涉訟係因公務人員之故意或重大過失所致者，應不予輔助；如服務機關已支付涉訟輔助費用者，應予追還。第一項之涉訟輔助辦法，由考試院會同行政院定之（第22條）。

F.公務人員經指派於上班時間以外執行職務者，服務機關應給予加班費、補休假、獎勵或其他相當之補償（第23條）。

G.公務人員執行職務墊支之必要費用，得請求服務機關償還之（第24條）。

(5)管理措施保障

A.公務人員之長官或主管對於公務人員不得作違法之工作指派，亦不得以強暴脅迫或其他不正當方法，使公務人員為非法之行為（第16條）。

B.公務人員對於長官監督範圍內所發之命令有服從義務，如認為該命令違法，應負報告之義務；該管長官如認其命令並未違法，而以書面署名下達時，公務人員即應服從；其因此所生之責任，由該長官負之。但其命令有違反刑事法律者，公務人員無服從之義務。前項情形，該管長官非以書面署名下達命令者，公務人員得請求其以書面署名為之，該管長官拒絕時，視為撤回其命令（第17條）。

三、何謂「分發」？何種情形會實施「不予分發」及「改行分配」？試依相關法規說明之。

答 (一)分發的意義

1. 公務人員任用法第12條：「公務人員各等級考試錄取，經訓練期滿成績及格者，應由分發機關分發各有關機關任用。前項分發機關、程序、辦理方式、限制及有關事項之辦法，由考試院會同行政院定之。」

2. 公務人員考試及格人員分發辦法第2條：「本辦法所用名詞意義如下：……四、分發：指考試錄取人員經訓練期滿成績及格，由用人機關派代任用。」

(二)實施「不予分發」「改行分配」的規定

1. 公務人員考試法第5條：「正額錄取人員除依前條保留錄取資格者外，應於規定時間內向實施訓練機關報到接受訓練，逾期未報到並接受訓練者，即喪失考試錄取資格。依前條保留錄取資格者，於保留原因消滅後或保留期限屆滿後三個月內，應向公務人員保障暨培訓委員會申請補訓，並由公務人員保障暨培訓委員會通知分發機關或申請舉辦考試機關依序分配訓練。逾期未提出申請補訓，或未於規定時間內，向實施訓練機關報到接受訓練者，即喪失考試錄取資格。列入候用名冊之增額錄取人員，因服兵役未屆法定役期或因養育三足歲以下子女，無法立即接受分配訓練者，得於規定時間內檢具事證申請延後分配訓練。增額錄取人員經分配訓練，應於規定時間內，向實施訓練機關報到接受訓練，逾期未報到並接受訓練者，或於下次該項考試放榜之日前未獲分配訓練者，即喪失考試錄取資格。」

2. 公務人員考試法第22條：「應考人有下列各款情事之一，考試前發現者，撤銷其應考資格。考試時發現者，予以扣考。考試後榜示前發現者，不予錄取。考試訓練階段發現者，撤銷其錄取資格。考試及格後發現者，撤銷其考試及格資格，並註銷其考試及格證書。其涉及刑事責任者，移送檢察機關辦理：一、有第12條第4項但書各款情事之一。二、冒名頂替。三、偽造或變造應考證件。四、以詐術或其他不正當方法，使考試發生不正確之結果。五、不具備應考資格。」

3. 公務人員考試及格人員分發辦法第11條：「考試錄取人員之分配訓練以一次為限。但有下列各款情形之一者，由用人機關調整職務或報經分發機關或申請舉辦考試機關改行分配：一、所分配職務與考試等級類科顯不相當。二、所分配職務依規定須辦理特殊查核而拒絕接受查核，或經查核結果認為不得擔任該職務。三、依法律規定有迴避任用或限制任用之情形。」

四、公務人員下班回家後，能否在網路上發表言論？倘若私下匿名所發表之言論與公事無涉，但涉及其他爭議性問題，該行為是否違反行政中立？其認定標準為何？試就公務人員行政中立法相關規定說明之。

答 (一)公務人員行政中立法第7條：「公務人員不得於上班或勤務時間，從事政黨或其他政治團體之活動。但依其業務性質，執行職務之必要行為，不在此限。前項所稱上班或勤務時間，指下列時間：一、法定上班時間。二、因業務狀況彈性調整上班時間。三、值班或加班時間。四、因公奉派訓練、出差或參加與其職務有關活動之時間。」

(二)公務人員行政中立法施行細則第4條：「本法第7條第1項所稱政黨或其他政治團體之活動，指由政黨或政治團體所召集之活動及與其他團體共同召集之活動，包括於政府機關內部，成立或運作政黨之黨團及從事各種黨務活動等；所稱依其業務性質，執行職務之必要行為，指依相關法令規定執行職務所應為之行為。」

(三)公務人員行政中立法第9條：「公務人員不得為支持或反對特定之政黨、其他政治團體或公職候選人，從事下列政治活動或行為：一、動用行政資源編印製、散發、張貼文書、圖畫、其他宣傳品或辦理相關活動。二、在辦公場所懸掛、張貼、穿戴或標示特定政黨、其他政治團體或公職候選人之旗幟、徽章或服飾。三、主持集會、發起遊行或領導連署活動。四、在大眾傳播媒體具銜或具名廣告。但公職候選人之配偶及二親等以內血親、姻親只具名不具銜者，不在此限。五、對職務相關人員或其職務對象表達指示。六、公開為公職候選人站台、助講、遊行或拜票。但公職候選人之配偶及二親等以內血親、姻親，不在此限。前項第1款所稱行政資源，指行政上可支配運用之公物、公款、場所、房舍及人力等資源。第1項第4款及第6款但書之行為，不得涉及與該公務人員職務上有關之事項。」

(四)銓敘部99年12月8日部法一字第09932748721號函示

公務人員得於下班時間，以非公家電腦上網連結臉書、噗浪等社交網站，加入公職候選人粉絲團，或支持特定之政黨、政治團體或公職候選人，但不得具銜（足資辨識個人身分及職務）或具銜且具名。

(五)綜上，公務人員下班回家後，得在網路上發表言論。倘若私下匿名所發表之言論與公事無涉，但涉及其他爭議性問題，該行為不違反行政中立。

110年 地特三等

一、假設法務部決定司法人員特考三等監獄官類科要分定男女任用需求，而有團體提出異議，你/妳是該部業務承辦人員，你/妳會如何替服務機關的決定作辯護？

答 依題意所示，辯護論述如下：

(一)實務見解

1. 大法官釋字第205號解釋理由書（節錄）：按中華民國人民，無分男女、宗教、種族、階級、黨派，在法律上一律平等，為憲法第7條所明定。
2. 大法官釋字第211號解釋文（節錄）：憲法第7條所定之平等權，係為保障人民在法律上地位之實質平等，並不限制法律授權主管機關，斟酌具體案件事實上之差異及立法之目的，而為合理之不同處置。
3. 大法官釋字第457號解釋文（節錄）：中華民國人民，無分男女，在法律上一律平等；國家應促進兩性地位之實質平等，憲法第7條暨憲法增修條文第10條第6項定有明文。

(二)針對系爭案件之辯護

1. 依公務人員考試法第7條第2項：「前項考試規則包括應考年齡、考試等級、考試類科及其分類、分科之應考資格、體格檢查標準、應試科目、考試方式、成績計算、限制轉調規定等。」承前規定，此為國家考試中可以為條件限制之法律授權。在實務上，國家考試之請辦機關可視其執行業務之需要，對於應考人之條件加以不同之限制，另依公務人員特種考試司法人員考試規則第7條第1項：「本考試三等考試行政執行官、司法事務官、法院書記官、檢察事務官、監獄官、公職法醫師及鑑識人員等類科，四等考試各類科，應考人於筆試錄取通知送達十四日內，應繳交試務機關指定之醫療機構所出具之體格檢查表。體格檢查不合格或未依規定期限繳交體格檢查表者，不得應第二試或不予分配訓練。」前述規定亦為國家考試可以針對應考人設定條件之法源依據。

2. 依本題之題示可得知，該團體提出異議之考試為監獄官，而依現行實務經驗可得知，本國之獄政環境乃是將男性及女性分開容留，可以得見該限制對於其業務上有其必要性及公益性，分開男女之任用需求，方可達適才任用之效果，故此考試對於男性及女性之錄取限制並未違反憲法對於實質上男女平等之定義。

二、試述「職能」的意義及應用在公務人員考選、訓練、考績面向上之意涵。

答 (一)職能的意義：職能係指人、事、物、機關等等所扮演及產生之作用。由人的角度來看，職能為擔任該職位之人具有完成其職務之能力；由事、物的角度來看，職能為事物所能發揮之功能；由機關的角度來看，職能是指機關所能職掌承擔之任務、職權、作用等等。從職能來論，又分為核心職能、專業職能、管理職能、一般職能。核心職能係指可以讓機關本身創造價值、發揮效用、創造機關文化及價值觀之功能；專業職能係指和工作內容及工作目標相關，且能利用其達成工作目標所需具備之能力；管理職能係指該機關中主管們管理下屬所需之特定能力；一般職能係指機關內從事一般行政事務之幕僚人員所需具備之能力，也指從事這類工作必要之特性及工作之基本技巧等等。

(二)職能應用在公務人員考選、訓練、考績
關於職能於我國公務人員考選面向之意涵為：可將職能納入升遷面試時的評分項目中，可補足僅只參考考績會評分面項不均之缺憾；職能於我國公務人員訓練面向之意涵為：可提供公務人員多種類之訓練課程，及協助公務人員探索自己之職能中所缺乏之能力，補足待加強之能力，提供符合不同人需求之訓練；關於職能於我國公務人員考績面向之意涵為：可將考績與薪酬、獎金之給予合併，以此激勵公務員能在職務上大展身手、戮力奉公。

三、試依公職人員利益衝突迴避法說明利益衝突的意義、利益的範圍與迴避的類型。

答 (一)利益衝突的意義

依公職人員利益衝突迴避法第1條第1項：「為促進廉能政治、端正政治風氣，建立公職人員利益衝突迴避之規範，有效遏阻貪污腐化及不當利益輸送，特制定本法。」另依同法第5條：「本法所稱利益衝突，指公職人員執行職務時，得因其作為或不作為，直接或間接使本人或其關係人獲取利益者。」承前規定，公務人員乃是主導國家公共政策之要角，若因自己之作為或不作為，而導致自己獲得私益，實乃國家之不利益，故訂定本法以規範公務員之行為。

(二)利益的範圍：

依公職人員利益衝突迴避法第4條：「I.本法所稱利益，包括財產上利益及非財產上利益。II.財產上利益如下：一、動產、不動產。二、現金、存款、外幣、有價證券。三、債權或其他財產上權利。四、其他具有經濟價值或得以金錢交易取得之利益。III.非財產上利益，指有利公職人員或其關係人在第2條第1項所列之機關（構）團體、學校、法人、事業機構、部隊（以下簡稱機關團體）之任用、聘任、聘用、約僱、臨時人員之進用、勞動派遣、陞遷、調動、考績及其他相類似之人事措施。」承前規定，系爭規定為該法規之利益範圍。

(三)利益的迴避類型

1. 自行迴避：依公職人員利益衝突迴避法第6條：「I.公職人員知有利益衝突之情事者，應即自行迴避。II.前項情形，公職人員應以書面依下列規定辦理：一、民意代表應通知各該民意機關。二、第2條第1項第6款、第7款之公職人員，應通知指派、遴聘或聘任機關。三、其他公職人員，應通知其服務之機關團體。III.前項之公職人員為首長者，應通知其服務機關團體及上級機關團體；無上級機關者，通知其服務之機關團體。」
2. 申請迴避：另依公職人員利益衝突迴避法第7條：「I.利害關係人認公職人員有應自行迴避之情事而不迴避者，得向前條第二項或第三項之機關團體申請迴避。II.前項申請，前條第二項及第三項之機關團體對收受申請權限之有無，應依職權調查；其認無收受申請權限者，應即移送有收受申請權限之機關團體，並通知申請人。III.不服機關團體之駁回決定者，得於五日內提請上級機關團體覆決，受理機關團體除有正當理由外，應於十日內為適當之處置；無上級機關團體者，提請前條第二項及第三項之機關團體覆決。」

復依公職人員利益衝突迴避法第8條：「前二條受通知或受理之機關團體認該公職人員無須迴避者，應令其繼續執行職務；認該公職人員應行迴避者，應令其迴避。」

3. 職權迴避：又依公職人員利益衝突迴避法第9條：「I.公職人員服務之機關團體、上級機關、指派、遴聘或聘任機關知公職人員有應自行迴避而未迴避情事者，應依職權令其迴避。II.前條及前項規定之令繼續執行職務或令迴避，由機關團體首長為之；應迴避之公職人員為首長而無上級機關者，由首長之職務代理人為之。但法律另有規定者，從其規定。」

四、試附理由回答下列提問是否正確或適法：

(一)公務人員甲受免除職務懲戒處分，其停止任用期間屆滿後，仍可再擔任公務人員。

(二)公務人員乙被機關首長以處理公務存心刁難民眾，致損害機關聲譽為由，記一大過，乙不服，可依申訴、再申訴途徑請求救濟。

(三)公務人員丙在澎湖縣望安鄉公所擔任民政課長12年，其俸給結構為：本俸＋年功俸＋專業加給＋地域加給。

(四)公務人員丁被發現在任用後取得美國籍，服務機關應予資遣，並追還取得美國籍後之俸給及其他給與。

答 (一)本題中之甲，應為「不可再擔任公務人員」。

依公務員懲戒法第11條：「免除職務，免其現職，並不得再任用為公務員。」其他人事法規，例如：司法人員人事條例、警察人員人事條例、醫事人員人事條例等均有此法律效果，故本題應為「公務人員甲受免除職務懲戒處分，其停止任用期間屆滿後，不可再擔任公務人員」。

(二)本題中之乙，應為「可依復審途徑請求救濟。」。

依公務人員考績法施行細則第13條第1項第2款：「二、有下列情形之一，一次記一大過：(一)處理公務，存心刁難或蓄意苛擾，致損害機關或公務人員聲譽者。(二)違反紀律或言行不檢，致損害公務人員聲譽，或誣陷侮辱同事，有確實證據者。(三)故意曲解法令，致人民權利遭受重大損害者。…」承前項規定，乙屬該系則記過之情形，而記過屬行政處分，另依公務人員保障法第4條第1項：「公務人員權益之救濟，依本法所定復審、申訴、再申訴之程序行之。」故本題應為「乙可依復審途徑請求救濟」。

(三)本題中之丙，應為「其俸給結構為：本俸、年功俸＋專業加給＋主管加給＋地域加給」。

依公務人員俸給法第2條：「本法所用名詞意義如下：一、本俸：係指各職等人員依法應領取之基本給與。二、年功俸：係指各職等高於本俸最高俸級之給與。三、俸級：係指各職等本俸及年功俸所分之級次。四、俸點：係指計算俸給折算俸額之基數。五、加給：係指本俸、年功俸以外，因所任職務種類、性質與服務地區之不同，而另加之給與。」公務人員加給給與辦法第4條：「公務人員各種加給之給與，應衡酌下列因素訂定：一、職務加給：主管職務、職責繁重或工作危險程度。二、技術或專業加給：職務之技術或專業程度、繁簡難易、所需資格條件及人力市場供需狀況。三、地域加給：服務處所之地理環境、交通狀況、艱苦程度及經濟條件。」本題中有加註丙於該機關有擔任主管職，故本題丙為「其俸給結構為：本俸、年功俸＋專業加給＋主管加給＋地域加給」。

(四)本題中之丁，應為「服務機關應予免職，並追還取得美國籍後之俸給及其他給與。」

依公務人員任用法第28條第1項第2款：「有下列情事之一者，不得任用為公務人員：二、具中華民國國籍兼具外國國籍。但本法或其他法律另有規定者，不在此限。」另依同條第4項：「公務人員於任用後，有第一項第一款至第十款情事之一，或於任用時，有第一項第二款情事，業依國籍法第20條第4項規定於到職前辦理放棄外國國籍，而未於到職之日起一年內完成喪失該國國籍及取得證明文件，且無第二項情形者，應予免職…。」故本題中之丁，應為「服務機關應予免職，並追還取得美國籍後之俸給及其他給與。」

110年 地特四等

一、我國現行法律規定中央政府機關應進行員額評鑑，以做好員額管理工作。請就評鑑範圍、執行程序和結果運用三個面向，探討機關員額評鑑的重要意涵。

答 (一)評鑑範圍及程序：中央政府機關總員額法第8條第3項：「一級機關每兩年應評鑑所屬二級機關員額總數之合理性；二級機關每兩年應評鑑所屬三級機關員額總數之合理性。員額合理性之檢討，應特別著重機關策略和業務狀況配合程度。」承前，即由一級機關以下依序評鑑所屬機關，包含過去數年之組織人力推動業務的狀況、及未來可能會影響員額的因素，都要列在評鑑中。

(二)結果運用：中央政府機關總員額法第8條第2項：「機關新增業務時，應先就所掌理業務實際需要及消長情形，調整現有人力之配置；有下列情形之一者，其員額應予裁減或移撥其他機關：

一、機關或內部單位裁撤或簡併。

二、業務及功能萎縮。

三、現有業務由民間或地方辦理較有效率或便利。

四、完成國家重大建設、專案業務或計畫等階段性任務。

五、實施組織及員額評鑑所為裁減或調整移撥員額之決議。

六、實施分層負責、逐級授權，或推動業務資訊化、委任、委託、外包及運用社會資源節餘之人力。

七、其他因政策或業務需要須為裁減或調整移撥之情事。」

同法第8條第3項後段：「評鑑結果可要求員額應予裁減或移撥其他機關，移撥員額時，現職人員不得拒絕，但得依相關規定辦理退休、資遣。」承前規定，因受限於中央政府機關總員額法第4條關於員額人數之限制，及政府日益吃緊之財政狀況，員額評鑑通常以員額精簡為主，在員額評鑑時應注意是否以業務運作實際面項來評估，否則評鑑則易淪為精美報表之呈現處所而已，喪失其根本意涵。

二、何謂職務遷調？職務遷調的主要功能及可能的負面影響為何？試分別討論之。

答 (一)所謂調乃依公務人員陞遷法第4條：「本法所稱公務人員之陞遷，指下列情形之一者：一、陞任較高之職務。二、非主管職務陞任或遷調主管職務。三、遷調相當之職務。」以上另依施行細則第2條第1項：「本法第4條第1款所稱陞任較高之職務，指依法陞任較高職務列等之職務。其職務如跨列二個以上職等時，以所列最高職等高者，為較高之職務；所列最高職等相同時，以所列最低職等高者，為較高之職務。」前述規定為陞任較高職務；同條第2項：「本法第4條第2款所稱非主管職務陞任或遷調主管職務，指非主管依法陞任較高職務列等之主管職務或調任同一陞遷序列之主管職務。」前條規定為非主管職務陞任為主管職；同條第3項：「本法第4條第3款所稱遷調相當之職務，指依公務人員任用法律調任相當列等之職務。」為遷調相當職務。

(二)遷調之主要功能及負面影響：鼓勵績優且認真工作之人員可以在職涯中繼續施展抱負、使人才能適才適用、增加公務員能有不同的歷練、將原本不是認知人調任至適合他的單位、增加工作品質等等；負面影響可能為，人才因不適當之調動導致被埋沒、或是因為調動而導致該名人員產生不適應之影響。總的來論，機關首長依職權遷調人員時更應審慎評估，以免造成職場環境中更多的困難因此產生。

三、假設您是某地方政府的人事人員，為了配合「2030雙語國家政策」，長官要求您擬定計畫以提升本府全體公務員英語能力，請依據公務人員訓練進修法的規定，檢具理由說明：您將規劃何種訓練和進修類型？各自具體內容為何？

答 (一)若我是人事人員，將規劃英文課程於職前及在職訓練、高階公務人員發展性訓練、專業訓練。

1. 職前及在職訓練：公務人員訓練進修法第4條第1、3、4項：「公務人員考試錄取人員、初任公務人員、升任官等人員、初任各官等主管人員，應依本法或其他相關法令規定，接受必要之職前或在職訓練。

各機關學校進用初任公務人員訓練，應由各主管機關於到職後四個月內實施之。

前項訓練以充實初任公務人員應具備之基本觀念、品德操守、服務態度、行政程序及技術暨有關工作所需知能為重點。」承前規定，訓練之項目共分為考試錄取訓練、初任公務人員訓練、升任官等人員訓練、初任各官等主管人員訓練。

2. 高階公務人員發展性訓練：依前述公務人員訓練進修法第4條第2項規定：「高階公務人員接受中長期發展性訓練評鑑合格者，納入人才資料庫，提供機關用人之查詢。」因高階公務員對於國家來說，負有主掌國家發展之權責，故此部分為國家重要之政策方針。

3. 專業訓練：依公務人員訓練進修法第6條：「I.公務人員專業訓練及一般管理訓練得按官職等、業務需要或工作性質分階段實施。II.各機關學校業務變動或組織調整時，為使現職人員取得新任工作之專長，得由各主管機關辦理專業訓練。」

(二)進修：在進修方面，請有意願之同仁自行選擇進修模式及地點，由人事人員簽報首長核可，並設計金額或是記功之獎勵，鼓勵同仁參加英文訓練班，另發文請本府轄下之各機關學校配合。

1. 種類：依公務人員訓練進修法第8條：「公務人員進修分為入學進修、選修學分及專題研究，其方式如下：

一、國內外專科以上學校入學進修或選修學分。

二、國內外機關（構）學校專題研究。

三、國內外其他機關（構）進修。

前項進修得以公餘、部分辦公時間或全時進修行之。」

2. 進修之基本條件：依公務人員訓練進修法第9條：「I.各機關學校選送進修之公務人員，應具有下列基本條件：

一、服務成績優良，具有發展潛力者。

二、具有外語能力者。但國內進修及經各主管機關核准之團體專題研究者，不在此限。

II.前項選送進修須經服務機關甄審委員會審議通過，並經機關首長核定。」

四、我國公務人員考試中的口試可分為那幾種類型？透過這些不同口試類型的評量，其具有何種人才選拔和發展的意義？請分別討論之。

答 (一)依口試規則第2條：「口試分為下列三種，得視考試性質選定其中一種或併採二種舉行：

一、個別口試：指個別應考人回答口試委員之問題，藉以評量其儀態、溝通能力、人格特質、才識、應變能力。

二、集體口試：指二位以上之應考人分別回答口試委員之問題，藉以評量其儀態、溝通能力、人格特質、才識、應變能力。

三、團體討論：指五位以上之應考人輪流擔任主持人，藉以評量其主持會議能力、口語表達能力、組織與分析能力、親和力與感受性、決斷力，及參與討論時之影響力、分析能力、團體適應力、壓力忍受性、積極性。」

(二)其意義為，口試之優點可以直接觀察應考人之反應、品性、個性、口才等較難在筆試時看出特質之方法、也可以趁口試時觀看受試者之個人資料，以錄取適當之人選；但再好的制度仍會有缺點，例如：應試者過多時，施行口試較為曠日廢時、在口試時易參雜面試官對應試者主觀意識之好惡，口試項目在選用上可以配合該考試之特性（人數較少），例如司法官特考第三試、高考二級等國家考試，可設計適合之口試流程，以為國舉才、適才任用。

111年 高考三級

一、機關遇有職缺時，可以外補或考試分發方式補缺。請說明兩者程序上之差異，並從人力資源管理角度分析，若遇到一個六至七職等非主管職務出缺時，應如何考慮以外補，還是考試分發方式補缺。

答 (一)外補之依據規定：依公務人員升遷法第5條第3項：「各機關職缺如由本機關以外人員遞補時，除下列人員外，應公開甄選：

一、因配合政府政策或修正組織編制須安置、移撥之人員。

二、職務列等、稱階、等階、級別（以下簡稱職務列等）相同且職務相當，並經各該權責機關甄審委員會同意核准二人以上相互間調任之人員。

三、依主管機關所定遷調法令，實施遷調之駐外人員。」

(二)依公務人員升遷法施行細則第3條第1項：「本法第5條第2項所稱各機關職缺如由本機關人員陞遷時，應辦理甄審。如由本機關以外人員遞補時，應公開甄選，指各機關人事單位於辦理陞遷前，應依本法第2條所定原則，簽報機關首長決定職缺擬辦內陞或外補後再行辦理。如擬外補，應將職缺之機關名稱、職稱、職系、職等、辦公地點、報名規定及所需資格條件等資料於報刊或網路公告三日以上。」承前規定，在人事單位將徵人之相關條件刊登至人事行政總處之事求人網站前，應將系爭職缺簽辦至機關首長，尤其決定針對辦理內部陞遷或是外補。

(三)考試分發之依據規定：依公務人員考試法第1條規定：「公務人員之任用，依本法以考試定其資格。」另依同法第3條第1項：「公務人員之考試，應依用人機關年度任用需求決定正額錄取人員，依序分配訓練。並得視考試成績增列增額錄取人員，列入候用名冊，於正額錄取人員分配完畢後，由分發機關或申請舉辦考試機關配合用人機關任用需要依考試成績定期依序分配訓練。」承前規定，用人機關需擬定用人計畫提報，再依考試成績予以錄取，並依公務人員任用法第10條第1項：「各機關初任各職等人員，除法律別有規定外，應由分發機關或申請舉辦考試機關就公務人員各等級考試正額錄取，依序分配訓練，經訓練期滿成績及格人員分發任用。如可資分配之正額錄取人員已分配完畢，由分發機關或申請舉辦考試機關就列入候用名冊之增額錄取人員按考試成績定期依序分配訓練，經訓練期滿成績及格後予以任用。」加以訓練及任用。

(四)除上列之訓練任用外，需依公務人員任用法第24條：「各機關擬任公務人員，經依職權規定先派代理，限於實際代理之日起三個月內送請銓敘部銓敘審定。但確有特殊情形未能依限送審者，應報經銓敘部核准延長，其期限除另有規定者從其規定外，最多再延長以二個月為限，經銓敘審定不合格者，應即停止其代理。」同法第20條第1項：「初任各官等人員，未具與擬任職務職責程度相當或低一職等之經驗六個月以上者，應先予試用六個月，並由各機關指派專人負責指導。試用期滿成績及格，予以實授；試用期滿成績不及格，予以解職。」公務人員任用法第25條：「各機關初任簡任、薦任、委任官等公務人員，經銓敘部銓敘審定合格後，呈請總統任命。」加以銓敘、試用、送審及任命。

(五)從人力資源的角度考量，應視該職缺有無專業上之特殊性而決定由考試或是外補，另可從用人機關用人急迫性與否來決定以外補或是考試來補足缺額之人力，亦可以從該缺是否需具一定程度之行政歷練而定。

二、何謂「官職併立」與「官職分立」的人事分類制度？試分析兩種制度的特色及在我國公務人員系統中的運用情況。

答 (一)官職併立：我國現在行政機關之公務人員採取此種制度，官等採用簡任、薦任、委任，職等採用一至十四之職等為計算，其中一至五為委任、六至九為薦任、十至十四為簡任，另有職系和職組之區分，以達適才任用之效果；官職分立：此制度屬品位制，適用於我國之警政體系。在該制度底下，有官階可能會沒有職務，但在派任職務前需要有適當之官階。

(二)官職併立之特色為可以在任用職務時，不會因為當下所能任用之職務不足而導致空有官等之窘境；另依公務人員考績法第11條規定：「各機關參加考績人員任本職等年終考績，具有左列各款情形之一者，取得同官等高一職等之任用資格：一、二年列甲等者。二、一年列甲等二年列乙等者。」前述規定為官職併立制之晉升條件，只要達到標準就可以進陞並增加薪俸；官職併立制之考試為依照官等而定，分為初考、普考、高考，依照所需進用的職位來決定考試的難度。

(三)官職分立特色在於任用制度結合學校之培訓教育，依警察人員人事條例第11條第2項：「警察官之任用，除具備前項各款資格之一外，職務等階最高列警正三階以上，應經警察大學或警官學校畢業或訓練合格；職務等階最高列警正四階以下，應經警察大學、警官學校、警察專科學校或警察學校畢業或訓練合格。」；另依警察人員人事條例第4條：「警察官、職分立，官受保障，職得調任，非依法不得免官或免職。」同條例第5條：「警察官等分為警監、警正、警佐。警監官等分為特、一、二、三、四階，以特階為最高階；警正及警佐官等各分一、二、三、四階，均以第一階為最高階。」承前規定，警察機關之人事制度採官職分立制，有別於行政機關。

三、公務人員之言論自由比一般公民受較多的限制。請依現行人事法規，說明對公務人員的言論自由限制規定，並分析其限制背後之理據。

答 我國公務員之言論自由，因並無專門法律規範，主要規定散見於公務員服務法、公務人員行政中立法及相關實務見解，其特性分別如下：

(一)忠誠義務：依公務員服務法第1條：「公務員應恪守誓言，忠心努力，依法律、命令所定執行其職務。」依前述規定，公務員之忠誠義務，乃是指其應終於憲法以及法律之義務，在執行公務時有符合憲法規定之精神，此規定較於其他規定，屬於較為基礎之義務，其乃來自於憲法第18條規定：「人民有應考試服公職之權。」

(二)保密義務：依公務員服務法第4條：「公務員對於兩級長官同時所發命令，以上級長官之命令為準；主管長官與兼管長官同時所發命令，以主管長官之命令為準。」因公務員依其職務的不同，可能會需要接觸到機密程度不等的業務及文件，若無相關法律規定公務員須具有保密義務，輕者會有洩漏個人資料之舉，重者則有洩漏國家機密之虞。

(三)中立義務：依公務人員行政中立法第1條：「I.為確保公務人員依法行政、執行公正、政治中立，並適度規範公務人員參與政治活動，特制定本法。II.公務人員行政中立之規範，依本法之規定；本法未規定或其他法律另有嚴格規定者，適用其他有關之法律。」因公務員代表著國家之高權，故需要以中立的立場以維護國家的和平，若產生偏頗的立場則容易在管理國家上生出混亂的情勢。

四、學理上之政務官與我國的政務人員在定義上之差異為何？實務上，我國的政務人員與公務人員在任命、保障及懲戒上之區分為何？

答 (一)政務官以及政務人員之定義如下

1. 政務官：政務官係指因政治管理行政需要所進用之人員，與以考試進用之事務官不同，有因政治考量而進用之部會首長；另有因憲法或其他法律而進用之獨立行使職務之獨立機關委員。
2. 政務人員：依政務人員退職撫卹條例第2條第1項：「本條例適用範圍，指下列有給之人員：

一、依憲法規定由總統任命之人員。

二、依憲法規定由總統提名，經立法院同意任命之人員。

三、依憲法規定由行政院院長提請總統任命之人員。

四、前三款以外之特任、特派人員。

五、其他依法律規定之中央或地方政府比照簡任第十二職等以上職務之人員。」即另依同條第2項：「本條例中華民國一百零六年六月三十日修正之條文公布施行後任政務人員者，分為下列二類：一、第一類：由現職軍、公、教人員、其他公職人員或公營事業人員轉任政務人員，未依轉任前原任職務適（準）用之退休（職、伍）法令請領退休（職、伍）金、資遣給與、離職退費或年資結算給與等退離給與（以下簡稱退離給與）者。二、第二類：前款以外人員轉任政務人員者。」、同條第3項：「前項第一款所稱軍、公、教人員、其他公職人員或公營事業人員，指下列人員：一、軍職人員：指適（準）用陸海空軍軍官士官服役條例之人員。二、公務人員：指適（準）用公務人員退休法或公務人員退休資遣撫卹法之人員。三、教育人員：指適（準）用學校教職員退休條例或公立學校教職員退休資遣撫卹條例之人員。四、其他公職人員：指適用民選首長退職法令之人員。五、公營事業人員：指公營事業機構之負責人、經理人或具公務員身分之編制內有給專任職員。」

(二)政務人員與公務人員在任命、保障、懲戒之差異：在任命上，政務人員不需銓敘，公務人員須銓敘，兩者則有資格上之限制；在職等上也有不同，政務人員僅有特任，公務人員分為委任、薦任、簡任共十四職等的區別；在懲戒方面，依公務員懲戒法第9條第1項：「公務員之懲戒處分如下：一、免除職務。二、撤職。三、剝奪、減少退休（職、伍）金。四、休職。五、降級。六、減俸。七、罰款。八、記過。九、申誡。」，此為公務人員之懲戒項目；另依同條第4款：「第一項第四款、第五款及第八款之處分於政務人員不適用之。」政務人員則無休職、降級、記過之處分。

111年 普考

一、民國109年1月8日修正通過的考試院組織法對考試院人事及組織結構產生什麼影響？試說明分析之。

答 (一)有效降低人事成本、提升人員素質：縮減考試院職權運作之權限，刪除原考試院組織法第17條：「考試院對於各公務人員之任用，除法律另有規定外，如查有不合法定資格時，得不經懲戒程序，逕請降免。」、另修正原考試院組織法第2條：「考試院行使憲法所賦予之職權，對各機關執行有關考銓業務並有監督之權。」為「考試院掌理憲法增修條文第6條第1項所定事項及憲法所賦予之職權。」前述規定係指關於關務人員之任免、考績等事項將不受考試院監督。

(二)檢討修正考試委員名額任期與資格：考試委員之名額由19人，修正縮減至7人至9人。院長、副院長及委員之任期，由6年修正縮減為4年。

(三)考試委員不得赴中國大陸地區兼職：依修正後考試院組織法第5條之1：「I.考試委員不得赴中國大陸地區兼職。II.違反前項規定者，即喪失考試委員之資格。」

二、公務人員年終考績列甲等與乙等之利益效果差異為何？試依不同人事法規相關規定說明之。

答 (一)從公務人員考績法中之獲取分數論之差異：依公務人員考績法第6條第1項：「年終考績以一百分為滿分，分甲、乙、丙、丁四等，各等分數如左：

甲等：八十分以上。乙等：七十分以上，不滿八十分。…」另依公務人員。

考績法施行細則第14條第3項：「公務人員在考績年度內，有下列情事之一，不得考列甲等：

一、曾受刑事或懲戒處分者。

二、參加公務人員相關考試或升官等訓練之測驗，經扣考處分者。

三、平時考核獎懲抵銷後，累積達記過以上處分者。

四、曠職一日或累積達二日者。

五、事、病假合計超過十四日者。

六、辦理為民服務業務，態度惡劣，影響政府聲譽，有具體事實者。」

(二)從所能拿到之獎金來論：依公務人員考績法第7條第1項第1款、第2款：「一、甲等：晉本俸一級，並給與一個月俸給總額之一次獎金；已達所敘職等本俸最高俸級或已敘年功俸級者，晉年功俸一級，並給與一個月俸給總額之一次獎金；已敘年功俸最高俸級者，給與二個月俸給總額之一次獎金。二、乙等：晉本俸一級，並給與半個月俸給總額之一次獎金；已達所敘職等本俸最高俸級或已敘年功俸級者，晉年功俸一級，並給與半個月俸給總額之一次獎金；已敘年功俸最高俸級者，給與一個半月俸給總額之一次獎金。」

(三)可能對工作生涯中產生的影響：依公務人員考績法第11條：「I.各機關參加考績人員任本職等年終考績，具有左列各款情形之一者，取得同官等高一職等之任用資格：

一、二年列甲等者。

二、一年列甲等二年列乙等者。

II.前項所稱任本職等年終考績，指當年一至十二月任職期間均任同一職等辦理之年終考績。另予考績及以不同官等職等併資辦理年終考績之年資，均不得予以併計取得高一職等升等任用資格。但以不同官等職等併資辦理年終考績之年資，得予以併計取得該併資之較低官等高一職等升等任用資格。」

三、公務人員之「調任」所指為何？請說明我國現行人事法規對公務人員調任限制的各種規定。

答 (一)依現職公務人員調任辦法第3條後段：「所稱調任，指具有擬任職務法定任用資格人員，於不同職務間之調動。」調任係指現職公務人員在法律規定之職組職系內，產生職務之變動，不論是機關內變動或是兩機關間互相變動，都稱為調任，依現職公務人員調任辦法為之。

(二)公務人員之調任共分為陞調、平調、降調。陞調係指依晉升至職等或官等較高之職務；平調，遷調至官等、職等相當之職務；降調，係指遷調至較低官等或職等。降調除自願者外，依法不能將其降調；關於職系之限制，除簡任12職等以上可不受限外，其他的職等均只能在同一職組中調任。

四、退休金計算方式可分為「確定給付制」與「確定提撥制」。請說明這兩種制度之定義。現行我國採何種制度？（並說明前述兩種制度之優缺點。）

答 (一)確定給付制：此制度係指依工作年資及退休時之職等，按照法律所訂定的標準給與退休金，我國現依公務人員退休法之退休金給付之公務員均屬此制度。

(二)確定提撥制：此制度係指公務員在工作期間，提撥一定的金額至專屬的帳戶內，公務員退休時提領帳戶內的本金及收益本息，故該投資策略的正確性與否將會影響到公務員退休時所能影響到的金額。

(三)我國新任公務人員現採確定提撥制，因公務人員的退休金是政府負保證責任，故政府的財政負擔極為沉重，又因確定給付制不利於年資連接，至使欲轉職至民間勞動環境之公務員不能銜接其退休年資。參酌當前先進國家對於退休政策的改革方向較偏向確定提撥制，較能樽節政府財政。我國112年7月1日起公務機關之新進人員採確定提撥制，考試院現行正研議相關法規作為退休金確定提撥制辦理的法源依據。

111年 地特三等

一、某市市長想提高市政府所屬各機關人員福利待遇。請問依照現行考銓法制，可能有那些途徑與程序可運用？又要遵守那些法令規定？

答 (一)薪酬與加給

1. 薪酬：薪酬為公務人員於國家機關中工作之酬勞，依公務人員俸給法第3條第1項規定：「公務人員之俸給，分本俸（年功俸）及加給，均以月計之。」為前條規定所稱之俸給，依該法規定，俸給分為本俸（以年功俸計算）及加給，均以月計算。若想要將待遇調整，該主管機關為行政院人事行政總處，將物價波動指數我國國民平均所得、民間平均薪資、經濟成長率等等因素來決定調薪與否，由人事行政總處依相關程序經行政院同意後定案，惟目前公務人員俸給法及相關法規並無明確關於調薪之規定。
2. 加給：依公務人員俸給法第5條，加給之項目目前有職務加給、專業加給、地域加給，行政院人事行政總處有針對地域加給為委外研究案，欲以此為基礎並參酌其他國家之資料，並調查其他主管機關之各方建議，及適度授權地方來推動地域加給之改革，故若要提高待遇，該市市長可針對此來提高基層公務員之待遇。

(二)獎金與福利

1. 獎金：獎金並未包含在法定之俸給內，主要係行政院所核定之獎金，分為普遍性獎金及個別性獎金。其中普遍性獎金為年終獎金、考績獎金，乃依公務人員考績法來核定獎金數目；另有個別性獎金，例如工程獎金、稅務獎金，相關獎金乃有其對應之法律來規定其發放標準及金額。
2. 福利：福利乃俸給及獎金以外之補助，其為補助公務人員生活上之利益，現今福利之發放乃依全國軍教員工待遇支給要點，例如喪葬補助、子女教育補助、結婚補助。

二、近年因為防疫需求，地方機關業務單位常反映「人力不足」。若您是人事主管，當機關首長要求應儘量滿足業務單位需求時，請問您應根據那些法令提出因應建議？內容為何？

答 (一)人事機關應針對機關內的人力資源進行盤點，應先廣為參考機關內對於人力需求的意見，若有人力供給大於需求者，應縮減人力計畫；若有人力需求大於供給者，則應增加用人計畫。在評估用人計畫時，應評估組織內人力的各項資料，譬如人力資源之數量、該人力之職掌、該人力資源之年資分布、年齡等等，均衡的分布有助於組織良性的發展，能夠有效的運用組織能力。

(二)依中央政府機關總員額法第1條：「為管理中央政府機關員額，增進員額調配彈性，提升用人效能，特制定本法。」之規定，用人機關應依前述規定，在依同法第4條第1項及第2項：「機關員額總數最高限為十六萬零九百人。」、「第一類人員員額最高為七萬四千六百人，第二類人員員額最高為四萬零一百人，第三類人員員額最高為一萬五千人，第四類人員員額最高為六千九百人，第五類人員員額最高為二萬四千三百人。」之員額限制內來彈性調配員額之最高限制，視機關的用人需要來調配員額。

三、任職於A縣政府的公務人員甲，希望能請調回家鄉（B縣）附近的政府機關，以利就近照顧親人。請問甲需要符合那些條件，才可以達成願望？

答 (一)甲欲商調回家鄉的條件如下

1. 甲應通過B縣機關依公務人員陞遷法第5條第3項外補程序之公開甄選，並經該機關同意任用、及原機關同意商調後，才可商調。
2. 應符合轉調之年限：依公務人員考試法第6條第1項、第2項之規定：「公務人員之考試，分高等考試、普通考試、初等考試三等。高等考試按學歷分為一、二、三級。及格人員於服務三年內，不得轉調原分發任用之主管機關及其所屬機關、學校以外之機關、學校任職。」、「為因應特殊性質機關之需要及保障身心障礙者、原住民族之就業權益，得比照前項考試之等級舉行一、二、三、四、五等之特種考試，除本法另有規定者外，及格人員於服務六年內，不得轉調申請舉辦特種考試機關及其所屬機關、學校以外之機關、學校任職。其轉調限制六年之分配，依申請舉辦考試機關性質、所屬機關範圍及相關任用法規規定，於各該特種考試規則中定之。」承前規定，甲如欲商調回家鄉，則須視其為何種考試及格之任用人員，其服務年限需超過三年或是六年。

3. 應視其職系來轉調：依公務人員任用法第18條第1項規定：「一、簡任第十二職等以上人員，在各職系之職務間得予調任；其餘各職等人員在同職組各職系及曾經銓敘審定有案職系之職務間得予調任。」

4. 降調官等、職等之限制：依公務人員任用法第18條第1項第2款、第3款規定：「二、經依法任用人員，除自願者外，不得調任低一官等之職務。自願調任低官等人員，以調任官等之最高職等任用。三、在同官等內調任低職等職務，除自願者外，以調任低一職等之職務為限，均仍以原職等任用，且機關首長及副首長不得調任本機關同職務列等以外之其他職務，主管人員不得調任本單位之副主管或非主管，副主管人員不得調任本單位之非主管。但有特殊情形，報經總統府、主管院或國家安全會議核准者，不在此限。」

5. 機關首長遷調之限制：依公務人員任用法第26條之1第1項：「各機關首長於下列期間，不得任用或遷調人員：
   一、自退休案核定之日起至離職日止。
   二、自免職、調職或新職任命令發布日起至離職日止。
   三、民選首長，自次屆同一選舉候選人名單公告之日起至當選人名單公告之日止。但競選連任未當選或未再競選連任者，至離職日止。
   四、民意機關首長，自次屆同一民意代表選舉候選人名單公告之日起至其首長當選人宣誓就職止。
   五、參加公職選舉者，自選舉候選人名單公告之日起至離職日止。但未當選者，至當選人名單公告之日止。
   六、憲法或法規未定有任期之中央各級機關政務首長，於總統競選連任未當選或未再競選連任時，自次屆該項選舉當選人名單公告之日起至當選人宣誓就職止。地方政府所屬機關政務首長及其同層級機關首長，於民選首長競選連任未當選或未再競選連任時，亦同。

七、民選首長及民意機關首長受罷免者，自罷免案宣告成立之日起至罷免投票結果公告之日止。

八、自辭職書提出、停職令發布或受免除職務、撤職、休職懲戒處分判決確定之日起至離職日止。

九、其他定有任期者，自任期屆滿之日前一個月起至離職日止。但連任者，至確定連任之日止。」

四、公務人員通過國家考試後，除了自我充實學習外，在公職生涯過程中還有那些提升其從事公職所需專業技能的途徑？而在參與這些途徑過程中，又要遵守那些人事法制上的權利與義務規定？

答 (一)訓練

1. 職前及在職訓練：公務人員訓練進修法第4條第1、3、4項：「公務人員考試錄取人員、初任公務人員、升任官等人員、初任各官等主管人員，應依本法或其他相關法令規定，接受必要之職前或在職訓練。

   各機關學校進用初任公務人員訓練，應由各主管機關於到職後四個月內實施之。

   前項訓練以充實初任公務人員應具備之基本觀念、品德操守、服務態度、行政程序及技術暨有關工作所需知能為重點。」承前規定，訓練之項目共分為考試錄取訓練、初任公務人員訓練、升任官等人員訓練、初任各官等主管人員訓練。

2. 高階公務人員發展性訓練：依前述公務人員訓練進修法第4條第2項規定：「高階公務人員接受中長期發展性訓練評鑑合格者，納入人才資料庫，提供機關用人之查詢。」因高階公務員對於國家來說，負有主掌國家發展之權責，故此部分為國家重要之政策方針。

3. 行政中立訓練：依公務人員訓練進修法第5條：「為確保公務人員嚴守行政中立，貫徹依法行政、執法公正、不介入黨派紛爭，由公務人員保障暨培訓委員會辦理行政中立訓練及有關訓練，或於各機關學校辦理各項訓練時，列入公務人員行政中立相關課程；其訓練辦法，由考試院定之。」

4. 專業訓練：依公務人員訓練進修法第6條：「I.公務人員專業訓練及一般管理訓練得按官職等、業務需要或工作性質分階段實施。II.各機關學校業務變動或組織調整時，為使現職人員取得新任工作之專長，得由各主管機關辦理專業訓練。」

(二)進修

1. 種類：依公務人員訓練進修法第8條：「公務人員進修分為入學進修、選修學分及專題研究，其方式如下：
一、國內外專科以上學校入學進修或選修學分。
二、國內外機關（構）學校專題研究。
三、國內外其他機關（構）進修。
前項進修得以公餘、部分辦公時間或全時進修行之。」

2. 進修之基本條件：依公務人員訓練進修法第9條：「I.各機關學校選送進修之公務人員，應具有下列基本條件：
一、服務成績優良，具有發展潛力者。
二、具有外語能力者。但國內進修及經各主管機關核准之團體專題研究者，不在此限。
三、前項選送進修須經服務機關甄審委員會審議通過，並經機關首長核定。」

3. 義務：依公務人員訓練進修法第14條：「各機關學校選送或自行申請全時進修之公務人員於進修期滿，或期滿前已依計畫完成進修，或因故無法完成者，應立即返回服務機關學校服務。」、同法第15條：「公務人員帶職帶薪全時進修結束，其回原服務機關學校繼續服務之期間，應為進修期間之二倍，但不得少於六個月；留職停薪全時進修結束，其應繼續服務期間與留職停薪期間相同。
前項進修人員經各主管機關依法同意商調他機關服務者，其應繼續服務期間得合併計算。」

4. 未盡義務之規定：依公務人員訓練進修法第16條：「I.各機關學校選送或自行申請全時進修之公務人員，有下列情形之一者，除由服務機關學校依有關規定懲處外，並依下列規定辦理：
一、違反第十二條第二項或第十三條第二項規定者，應賠償其進修所領補助。
二、違反第十四條規定者，應賠償進修期間所領俸（薪）給及補助。

三、違反第十五條規定者，應按未履行義務之期間比例，賠償進修期間所領俸（薪）給及補助。

II.前項違反之事由因不可歸責於進修人員者，免除其賠償責任。

III.進修人員依第一項所應負賠償責任，經通知限期繳納應賠償金額，逾期不繳納者，依法移送強制執行。」

111年 地特四等

一、關於人事分類制度，何謂職位分類制？何謂品位分類制？兩者有何區別？請分別申論之。

答 (一)職位分類制：係指以工作種類為分類基礎，將公務人員之工作以性質劃分，稱其為職系，再依工作輕重及所需資格，例如學歷等等條件分別排序職等，從職等1排序到職等14。

(二)品位分類制：係指公務人員品級及資歷高低分類，不涉及工作本身性質的分類方法，品位較高者，工作所承擔之責任及內容較為繁雜與沉重；相對來說，品位較低者，職責較相較品位高者為輕。

(三)以基礎性質來論，品位分類是對人的本質做分類、職位分類是對工作本質的分類；以升遷要素來論，品位分類看重人員之年資、職位分類則重工作績效；以分類列等來論，職位分類以職務類型劃分來分別列等，較為複雜、品位分類則以等第區分，較為簡單。

二、請從憲法的觀點說明考選的意義、地位以及考試用人的範圍，並從我國現行法律的觀點，申論公務人員考試有那些基本原則？

答 (一)考選的意義、地位以及考試用人的範圍：依憲法第18條：「人民有應考試服公職之權。」、憲法第83條：「考試院為國家最高考試機關，掌理考試、任用、銓敘、考績、級俸、陞遷、保障、褒獎、撫卹、退休、養老等事項。」、憲法增修條文第6條第1項：「考試院為國家最高考試機關，掌理左列事項，不適用憲法第83條之規定：一、考試。二、公務人員之銓敘、保障、撫卹、退休。三、公務人員任免、考績、級俸、陞遷、褒獎之法制事項。」為保障考試及用人制度的公平性，憲法賦予考試院為掌理相關業務之獨立機關，這從公務人員考試法第1條：「公務人員之任用，依本法以考試定其資格。」之規定可以得知。

(二)公務人員考試之基本原則

1. 公開競爭：依公務人員考試法第2條：「公務人員之考試，以公開競爭方式行之，其考試成績之計算，除本法另有規定外，不得因身分而有特別規定。其他法律與本法規定不同時，適用本法。」、另依憲法第85條規定：「公務人員之選拔，應實行公開競爭之考試制度，並應按省區分別規定名額，分區舉行考試。非經考試及格者，不得任用。」前述規定顯現出考試之公開競爭原則。
2. 平等原則：依憲法第7條：「中華民國人民，無分男女、宗教、種族、階級、黨派，在法律上一律平等。」前述規定乃是憲法為了呈現實質上之平等而設之規定，例如性別平等作法乃是規定用人制度不得因性別而有所差異，設計和平等權相關之法律乃是實踐人民之應考試服公職之平等權，增加國家發展之多樣性。

三、公務人事制度中俸給的合理化相當重要。請闡述公務人員俸給的意義與原則為何？決定俸給的因素為何？以及俸給又有那些方案的區別？請分別申論之。

答 (一)俸給的意義乃是指公務員因服勞務後所獲得之對價給付，依法規之規定，以金錢方式交付。

(二)俸給的原則：應本於同工同酬來給付，同工作同資格之薪資應該相同；工資之計算應與各類物價指數相符，當指數上揚時，俸給應有所調整；俸給之給與應有效率非拖欠，並其數額應可滿足各方面需求；俸給之計算應符合年資。

(三)決定俸給之因素：本薪（即年功俸），視其年資為計算基準；專業加給，依其類組來給與適當之加給，即對其專業之肯定；績效薪（即年終獎金或像是依機關不同而生之獎金，例如：工程獎金）。

(四)俸給現為按月給付之現金對價，分為本俸（即年功俸）、加給（不同地域、專業、職務即主管加給）。

四、請申述公務人員任用的意義，其在任用制度上又有何限制。

答 (一)依公務人員任用法第1條：「公務人員之任用，依本法行之。」同法第2條：「公務人員之任用，應本專才、專業、適才、適所之旨，初任與升調並重，為人與事之適切配合。」任用權乃行政首長被賦予指派某一人員為職務之行使，含括考試及格人員之分發任用及現職人員調任之權。

(二)限制

1. 積極限制：依公務人員任用法第10條第1項：「各機關初任各職等人員，除法律別有規定外，應由分發機關或申請舉辦考試機關就公務人員各等級考試正額錄取，依序分配訓練，經訓練期滿成績及格人員分發任用。如可資分配之正額錄取人員已分配完畢，由分發機關或申請舉辦考試機關就列入候用名冊之增額錄取人員按考試成績定期依序分配訓練，經訓練期滿成績及格後予以任用。」另依公務人員任用法第18條第1項第2款：「現職公務人員調任，依下列規定：二、經依法任用人員，除自願者外，不得調任低一官等之職務。自願調任低官等人員，以調任官等之最高職等任用。」

2. 消極限制：依公務人員任用法第28條：「有下列情事之一者，不得任用為公務人員：

一、未具或喪失中華民國國籍。

二、具中華民國國籍兼具外國國籍。但本法或其他法律另有規定者，不在此限。

三、動員戡亂時期終止後，曾犯內亂罪、外患罪，經有罪判決確定或通緝有案尚未結案。

四、曾服公務有貪污行為，經有罪判決確定或通緝有案尚未結案。

五、犯前二款以外之罪，判處有期徒刑以上之刑確定，尚未執行或執行未畢。但受緩刑宣告者，不在此限。

六、曾受免除職務懲戒處分。

七、依法停止任用。

八、褫奪公權尚未復權。

九、經原住民族特種考試及格，而未具或喪失原住民身分。但具有其他考試及格資格者，得以該考試及格資格任用之。

十、依其他法律規定不得任用為公務人員。

十一、受監護或輔助宣告，尚未撤銷。」

112年 高考三級

一、就公務人員「政治中立」而言，公務人員行政中立法主要規範的內容為何？這些規範為什麼寓有公務人員保障的精神？

答 (一)公務人員行政中立法乃是為了確保公務人員能依法行政、保持政治中立，並能適度規範公務人員參與政治活動之法律，此有該法規第1條第1項明文規定之。依同法第2條之規定：「本法所稱公務人員，指法定機關依法任用、派用之有給專任人員及公立學校依法任用之職員。」

另依同法第17條：「下列人員準用本法之規定：

一、公立學校校長及公立學校兼任行政職務之教師。

二、教育人員任用條例公布施行前已進用未納入銓敘之公立學校職員及私立學校改制為公立學校未具任用資格之留用職員。

三、公立社會教育機構專業人員及公立學術研究機構兼任行政職務之研究人員。

四、各級行政機關具軍職身分之人員及各級教育行政主管機關軍訓單位或各級學校之軍訓教官。

五、各機關及公立學校依法聘用、僱用人員。

六、公營事業對經營政策負有主要決策責任之人員。

七、經正式任用為公務人員前，實施學習或訓練人員。

八、行政法人有給專任人員。

九、代表政府或公股出任私法人之董事及監察人。」

同法第18條：「憲法或法律規定須超出黨派以外，依法獨立行使職權之政務人員，準用本法之規定。」此為系爭法規規範並且保護之對象。

(二)系爭規範具有保障公務員寓意的原因：因民主政治成熟的國家皆須民選之政黨政治與健全的文官制度相輔相成，而非屬政黨之下的文官體制便成為國家穩定發展之力量，若文官制度無法保持中立，將易使文官流於圖利該政黨之虞，在選舉時易屈於長官之威嚇而去參與無法保持行政中立之選舉活動，讓文官制度流於形式，也容易使行政機關之公務員流於司法偵查下的目標，故謂該法律有保障文官之功用。

二、隨著外部環境變遷，人事行政也會與時俱進不斷變革，試從政治體制、多元化社會和資訊科技三個層面，探討這些外部因素對文官體制的影響？

答 (一)政治體制：一個擁有優良政治環境的社會，除了成熟的政黨政治和文官體制之外，其中政治體制又會影響到該國之文官任命制度及功績獎勵制度，如該政治環境偏向為政治體制價值回應之手段，則會使該國的文官制度偏向分贓制；若該國之政治體制強調結果、效率等等之價值，且強調社會公平，就不會讓文官制度偏向分贓制的酬庸制度。

(二)多元化社會：近年來憲法及大法官解釋、憲法法庭均越發著重實質是平等，從解釋文、解釋理由書、判決內容都逐漸明顯。多元化之社會即有辦法將多元化之想法引進當下社會，並影響到公務員之任用，因客觀上並反歧視之標準才能客觀的為國家選才、舉才，藉由多元化且相對來說較為公平的考試適才任用，以健全的文官制度促進國家發展。

(三)資訊科技：資訊科技的進步通常代表著國家的發展程度，因為國家可以利用科技來優化公部門的工作流程、並且能優化更便利的提供服務給人民，以提升服務效能，資訊科技同時也影響到選才與培訓人才，在人們都不方便出門的新型冠狀肺炎嚴重感染人群的期間，可利用視訊裝備來提供公務員受訓之管道，不會因此影響到用人以及銓敘之期程。

三、請從法律相關規定、法律效果與復職方式三個層面，論述公務人員停職和休職制度的內涵與差異？

答 (一)停職：停職乃公務員於被任用之期間，因有法定事由而被暫停執行職務，惟其公務員資格仍被保留，因有法律規定才可以停職，故停職採法定主義。

1. 法律規定：依公務員懲戒法第4條：「公務員有下列各款情形之一者，其職務當然停止：一、依刑事訴訟程序被通緝或羈押。二、依刑事確定判決，受褫奪公權之宣告。三、依刑事確定判決，受徒刑之宣告，在監所執行中。」

另依公務員懲戒法第5條第1項至第3項：「I.懲戒法庭對於移送之懲戒案件，認為情節重大，有先行停止職務之必要者，得裁定先行停止被付懲戒人之職務，並通知被付懲戒人所屬主管機關。II.前項裁定於送達被付懲戒人所屬主管機關之翌日起發生停止職務效力。III.主管機關對於所屬公務員，依第24條規定送請監察院審查或懲戒法院審理而認為有免除職務、撤職或休職等情節重大之虞者，亦得依職權先行停止其職務。」

2. 法律效果：公務人員懲戒法第7條第1項：「依第4條第1款或第5條規定停止職務之公務員，於停止職務事由消滅後，未經懲戒法庭判決或經判決未受免除職務、撤職或休職處分，且未在監所執行徒刑中者，得依法申請復職。服務機關或其上級機關，除法律另有規定外，應許其復職，並補給其停職期間之本俸（年功俸）或相當之給與。」

3. 復職：共分為申請復職及查催通知、停職處分受撤銷之復職。

(1)申請復職及查催通知之規定為，依公務人員保障法第10條：「I.經依法停職之公務人員，於停職事由消滅後三個月內，得申請復職；服務機關或其上級機關，除法律另有規定者外，應許其復職，並自受理之日起三十日內通知其復職。II.依前項規定復職之公務人員，服務機關或其上級機關應回復原職務或與原職務職等相當或與其原敘職等俸級相當之其他職務；如仍無法回復職務時，應依公務人員任用法及公務人員俸給法有關調任之規定辦理。III.經依法停職之公務人員，於停職事由消滅後三個月內，未申請復職者，服務機關或其上級機關人事單位應負責查催；如仍未於接到查催通知之日起三十日內申請復職，除有不可歸責於該公務人員之事由外，視為辭職。」

(2)停職處分受撤銷之復職之規定為，依公務人員保障法第11條：「I.受停職處分之公務人員，其停職處分經撤銷者，除得依法另為處理者外，其服務機關或其上級機關應予復職，並準用前條第二項之規定。II.前項之公務人員於復職報到前，仍視為停職。III.依第一項應予復職之公務人員，於接獲復職令後，應於三十日內報到，並於復職報到後，回復其應有之權益；其未於期限內報到者，除經核准延長或有不可歸責於該公務人員之事由外，視為辭職。」

(二)休職：休職為懲戒處分之一種，亦為暫停公務員之職務。依公務員懲戒法第9條第1項規定：「公務員之懲戒處分如下：一、免除職務。二、撤職。三、剝奪、減少退休（職、伍）金。四、休職。五、降級。六、減俸。七、罰款。八、記過。九、申誡。」

1. 法律規定、法律效果：其規定及效果為，依公務員懲戒法第14條：「休職，休其現職，停發俸（薪）給，並不得申請退休、退伍或在其他機關任職；其期間為六個月以上、三年以下。
休職期滿，許其回復原職務或相當之其他職務。自復職之日起，二年內不得晉敘、陞任或遷調主管職務。
前項復職，得於休職期滿前三十日內提出申請，並準用公務人員保障法之復職規定辦理。」

2. 復職：其相關規定依公務員保障法第10條：「經依法停職之公務人員，於停職事由消滅後三個月內，得申請復職；服務機關或其上級機關，除法律另有規定者外，應許其復職，並自受理之日起三十日內通知其復職。
依前項規定復職之公務人員，服務機關或其上級機關應回復原職務或與原職務職等相當或與其原敘職等俸級相當之其他職務；如仍無法回復職務時，應依公務人員任用法及公務人員俸給法有關調任之規定辦理。
經依法停職之公務人員，於停職事由消滅後三個月內，未申請復職者，服務機關或其上級機關人事單位應負責查催；如仍未於接到查催通知之日起三十日內申請復職，除有不可歸責於該公務人員之事由外，視為辭職。」、公務員保障法第11條之2：「經依法休職之公務人員，有關復職之事項，除法律另有規定者外，準用第10條之規定。」

四、何謂調任？公務人員調任的情形有那些？不同情形的調任人員，其敘俸方式為何？請分別說明之。

答 (一)依現職公務人員調任辦法第3條後段：「所稱調任，指具有擬任職務法定任用資格人員，於不同職務間之調動。」調任係指現職公務人員在法律規定之職組職系內，產生職務之變動，不論是機關內變動或是兩機關間互相變動，都稱為調任，依現職公務人員調任辦法為之。

(二)公務人員之調任共分為陞調、平調、降調。陞調係指依晉升至職等或官等較高之職務；平調，遷調至官等、職等相當之職務；降調，係指遷調至較低官等或職等。降調除自願者外，依法不能將其降調；關於職系之限制，除簡任12職等以上可不受限外，其他的職等均只能在同一職組中調任。

(三)其敘奉之方式：

1. 依公務人員俸給法第11條關於同官等內陞任之規定：「I.依法銓敘合格人員，調任同職等職務時，仍依原俸級銓敘審定。在同官等內調任高職等職務時，具有所任職等職務任用資格者，自所任職等最低俸級起敘；如未達所任職等之最低俸級者，敘最低俸級；如原敘俸級之俸點高於所任職等最低俸級之俸點時，敘同數額俸點之俸級。在同官等內調任低職等職務以原職等任用人員，仍敘原俸級。II.權理人員，仍依其所具資格銓敘審定俸級。III.調任低官等職務以調任官等之最高職等任用人員，其原敘俸級如在所調任官等之最高職等內有同列俸級時，敘同列俸級；如高於所調任官等之最高職等最高俸級時，敘至年功俸最高級為止，其原敘較高俸級之俸點仍予照支。IV.前項仍予照支原敘較高俸級俸點人員，日後再調回原任高官等職務時，其照支之俸級如在所調任職等內有同列俸級時，敘同列俸級；如高於所調任職等最高俸級時，敘至年功俸最高級為止，其原照支較高俸級之俸點仍予照支。」

   另依公務人員俸給法第15條陞任高一官等之規定：「I.升任官等人員，自升任官等最低職等之本俸最低級起敘。但原敘年功俸者，得敘同數額俸點之本俸或年功俸。曾任公務人員依考試及格資格，再任較高官等職務者，亦同。II.現任或曾任公務人員，依所具較高考試及格資格，升任或再任較高職等職務時，其原敘俸級，高於擬任職等最低俸級者，得敘同數額俸點之本俸或年功俸。III.初任委任官等職務人員，其俸級依所具任用資格等級起敘，曾任雇員原支雇員年功薪點，得敘該職等同數額俸點之俸級，以敘至年功俸最高級為止，其超過之年功薪點仍准暫支，俟將來升任較高職等職務時，照其所暫支薪點敘所升任職等相當俸級。」

2. 依公務人員俸給法第16條關於降調敘薪規定：「I.公務人員本俸及年功俸之晉敘，依公務人員考績法之規定。II.在同官等內調任低職等職務仍以原職等任用，並敘原俸級人員，考績時得在原銓敘審定職等俸級內晉敘。」

112年 普考

一、公務人員考績的意義是什麼？我國公務人員的考績結果和俸給、陞遷、獎懲制度之間的關係為何？請分別說明之。

答 (一)依公務人員考績法第3條：「公務人員考績區分如左：

一、年終考績：係指各官等人員，於每年年終考核其當年一至十二月任職期間之成績。

二、另予考績：係指各官等人員，於同一考績年度內，任職不滿一年，而連續任職已達六個月者辦理之考績。

三、專案考績：係指各官等人員，平時有重大功過時，隨時辦理之考績。」

承前規定，公務員之考績乃是基於其工作表現而來，乃指績效評估，依其評估結果給予獎勵或懲罰，以此提高工作效率。

(二)考績結果和俸給、陞遷、獎懲制度之間的關係

1. 考績與俸給之關係：依考績法第7條第1項規定：「年終考績獎懲依左列規定：

一、甲等：晉本俸一級，並給與一個月俸給總額之一次獎金；已達所敘職等本俸最高俸級或已敘年功俸級者，晉年功俸一級，並給與一個月俸給總額之一次獎金；已敘年功俸最高俸級者，給與二個月俸給總額之一次獎金。

二、乙等：晉本俸一級，並給與半個月俸給總額之一次獎金；已達所敘職等本俸最高俸級或已敘年功俸級者，晉年功俸一級，並給與半個月俸給總額之一次獎金；已敘年功俸最高俸級者，給與一個半月俸給總額之一次獎金。

三、丙等：留原俸級。

四、丁等：免職。」

2. 考績與升遷之關係：依考績法第11條：「各機關參加考績人員任本職等年終考績，具有左列各款情形之一者，取得同官等高一職等之任用資格：

一、二年列甲等者。

二、一年列甲等二年列乙等者。

前項所稱任本職等年終考績，指當年一至十二月任職期間均任同一職等辦理之年終考績。另予考績及以不同官等職等併資辦理年終考績之年資，均不得予以併計取得高一職等升等任用資格。但以不同官等職等併資辦理年終考績之年資，得予以併計取得該併資之較低官等高一職等升等任用資格。」

3. 考績與升遷之關係：依公務人員考績法第13條：「平時成績紀錄及獎懲，應為考績評定分數之重要依據。平時考核之功過，除依前條規定抵銷或免職者外，曾記二大功人員，考績不得列乙等以下；曾記一大功人員，考績不得列丙等以下；曾記一大過人員，考績不得列乙等以上。」

二、請依據公務員服務法的相關規定，說明公務員「有所為」、「有所不為」的倫理事項之內涵，並就這些內涵提出個人見解。

答 (一)系爭法規針對公務員有所為、有所不為之事項，提供了公務員於執行職務時之準則，避免其因模糊地帶之法規而產生其他公務員效法為之，抑或是基於寒蟬效應或是對於工作虛應故事，對於國家非長期穩定發展之福。

(二)有所為之事項

1. 公務員服務法第1條：「公務員應恪守誓言，忠心努力，依法律、命令所定執行其職務。」
2. 公務員服務法第3條：「I.公務員對於長官監督範圍內所發之命令有服從義務，如認為該命令違法，應負報告之義務；該管長官如認其命令並未違法，而以書面署名下達時，公務員即應服從；其因此所生之責任，由該長官負之。但其命令有違反刑事法律者，公務員無服從之義務。II.前項情形，該管長官非以書面署名下達命令者，公務員得請求其以書面署名為之，該管長官拒絕時，視為撤回其命令。」
3. 公務員服務法第4條：「公務員對於兩級長官同時所發命令，以上級長官之命令為準；主管長官與兼管長官同時所發命令，以主管長官之命令為準。」

(三)有所不為之事項：

1. 公務員服務法第5條：「I.公務員有絕對保守政府機關（構）機密之義務，對於機密事件，無論是否主管事務，均不得洩漏；離職後，亦同。II.公務員未經機關（構）同意，不得以代表機關（構）名義或使用職稱，發表與其職務或服務機關（構）業務職掌有關之言論。III.前項同意之條件、程序及其他應遵循事項之辦法，由考試院會同行政院定之。」
2. 公務員服務法第6條：「公務員應公正無私、誠信清廉、謹慎勤勉，不得有損害公務員名譽及政府信譽之行為。」
3. 公務員服務法第7條：「公務員不得假借權力，以圖本身或他人之利益，並不得利用職務上之機會加損害於人。」

三、何謂公職人員利益衝突迴避法所稱的「利益衝突」？公職人員、利害關係人和機關團體三者，知有利益衝突時的處置方式為何？請分別說明之。

答 (一)利益衝突之定義：依公職人員利益衝突迴避法第5條：「本法所稱利益衝突，指公職人員執行職務時，得因其作為或不作為，直接或間接使本人或其關係人獲取利益者。」

(二)處置方式

1. 自行迴避：依公職人員利益衝突迴避法第6條：「公職人員知有利益衝突之情事者，應即自行迴避。

   前項情形，公職人員應以書面依下列規定辦理：

   一、民意代表應通知各該民意機關。

   二、第2條第1項第6款、第7款之公職人員，應通知指派、遴聘或聘任機關。

   三、其他公職人員，應通知其服務之機關團體。

   前項之公職人員為首長者，應通知其服務機關團體及上級機關團體；無上級機關者，通知其服務之機關團體。」
2. 申請迴避：依公職人員利益衝突迴避法第7條：「I.利害關係人認公職人員有應自行迴避之情事而不迴避者，得向前條第二項或第三項之機關團體申請迴避。II.前項申請，前條第二項及第三項之機關團體對收受申請權限之有無，應依職權調查；其認無收受申請權限者，應即移送有收受申請權限之機關團體，並通知申請人。III.不服機關團體之駁回決定者，得於五日內提請上級機關團體覆決，受理機關團體除有正當理由外，應於十日內為適當之處置；無上級機關團體者，提請前條第二項及第三項之機關團體覆決。」

3. 職權迴避：依公職人員利益衝突迴避法第9條：「I.公職人員服務之機關團體、上級機關、指派、遴聘或聘任機關知公職人員有應自行迴避而未迴避情事者，應依職權令其迴避。II.前條及前項規定之令繼續執行職務或令迴避，由機關團體首長為之；應迴避之公職人員為首長而無上級機關者，由首長之職務代理人為之。但法律另有規定者，從其規定。」

四、假設您是某鄉公所的人事室主任，為提升公所員工的數位治理職能，您認為這些職能應該包含那些面向？您會採取那些進修或終身學習的方式，鼓勵員工提升這些職能？

答 (一)數位治理職能應包含尋找並使用資訊之素養，因現今社會數位資料使用眾多，公部門之資料幾乎全部數位化，公務員之此能力已成為基本能力；另查，也需要數位內容產出之素養，因現在於工作流程中，皆以數位化呈現，故須有能力製作與工作相關之數位檔案；再者，數位資訊安全之素養也缺一不可，因現已為數位時代，相關之能力必備，同時工作所經手的檔案也都數位化，故須具備如何將資訊安全存放及使用之能力，以加強工作環境之順暢。

(二)若我是人事室主任，會將規劃數位治理課程於在職訓練、專業訓練，另鼓勵同仁自行找機構進修。

1. 訓練：

(1)在職訓練：公務人員訓練進修法第4條第1項：「公務人員考試錄取人員、初任公務人員、升任官等人員、初任各官等主管人員，應依本法或其他相關法令規定，接受必要之職前或在職訓練。」承前規定，訓練之項目共分為考試錄取訓練、初任公務人員訓練、升任官等人員訓練、初任各官等主管人員訓練，惟依照該題目之題示，其為鄉公所之人事室主任，故會將課程安排至在職訓練。

(2)專業訓練：依公務人員訓練進修法第6條：「I.公務人員專業訓練及一般管理訓練得按官職等、業務需要或工作性質分階段實施。II.各機關學校業務變動或組織調整時，為使現職人員取得新任工作之專長，得由各主管機關辦理專業訓練。」

(3)承前規定，訓練之項目共分為考試錄取訓練、初任公務人員訓練、升任官等人員訓練、初任各官等主管人員訓練，惟依照該題目之題示，其為鄉公所之人事室主任，故會將課程安排至在職訓練。

2. 進修：在進修方面，請有意願之同仁自行選擇進修模式及地點，由人事人員簽報首長核可，並設計金額或是記功之獎勵，鼓勵同仁參加數位治理訓練班，另發文請本府轄下之各機關學校配合。

(1)種類：依公務人員訓練進修法第8條：「公務人員進修分為入學進修、選修學分及專題研究，其方式如下：

一、國內外專科以上學校入學進修或選修學分。

二、國內外機關（構）學校專題研究。

三、國內外其他機關（構）進修。

前項進修得以公餘、部分辦公時間或全時進修行之。」

(2)進修之基本條件：依公務人員訓練進修法第9條：「I.各機關學校選送進修之公務人員，應具有下列基本條件：

一、服務成績優良，具有發展潛力者。

二、具有外語能力者。但國內進修及經各主管機關核准之團體專題研究者，不在此限。

II.前項選送進修須經服務機關甄審委員會審議通過，並經機關首長核定。」

高普｜地方｜原民
各類特考

一般行政、民政、人事行政

1F181131	尹析老師的行政法觀念課 ---- 圖解、時事、思惟導引 榮登金石堂暢銷榜	尹析	690 元
1F141122	國考大師教你看圖學會行政學 榮登金石堂暢銷榜	楊銘	690 元
1F171131	公共政策精析	陳俊文	590 元
1F271071	圖解式民法 (含概要) 焦點速成 + 嚴選題庫	程馨	550 元
1F281131	國考大師教您輕鬆讀懂民法總則	任穎	510 元
1F351131	榜首不傳的政治學秘笈	賴小節	610 元
1F591091	政治學 (含概要) 關鍵口訣＋精選題庫	蔡先容	620 元
1F831131	地方政府與政治 (含地方自治概要)	朱華聆	690 元
1E251101	行政法 -- 獨家高分秘方版測驗題攻略	林志忠	590 元
1E191091	行政學 -- 獨家高分秘方版測驗題攻略	林志忠	570 元
1E291101	原住民族行政及法規 (含大意)	盧金德	600 元
1E301111	臺灣原住民族史及臺灣原住民族文化 (含概要、大意) 榮登金石堂暢銷榜	邱燁	730 元
1F321131	現行考銓制度 (含人事行政學)	林志忠	560 元
1N021121	心理學概要 (包括諮商與輔導) 嚴選題庫	李振濤 陳培林	550 元

以上定價，以正式出版書籍封底之標價為準

千華數位文化股份有限公司

■新北市中和區中山路三段136巷10弄17號 ■千華公職資訊網 http://www.chienhua.com.tw
■TEL: 02-22289070 FAX: 02-22289076 ■服 務 專 線：(02)2392-3558・2392-3559

千華會員享有最值優惠!

立即加入會員

會員等級	一般會員	VIP 會員	上榜考生
條件	免費加入	1. 直接付費 1500 元 2. 單筆購物滿 5000 元	提供國考、證照相關考試上榜及教材使用證明
折價券	200 元	500 元	
購物折扣	‧平時購書 9 折 ‧新書 79 折 (兩周)	‧書籍 75 折 ‧函授 5 折	
生日驚喜		●	●
任選書籍三本		●	●
學習診斷測驗(5科)		●	●
電子書(1本)		●	●
名師面對面		●	

facebook

公職 · 證照考試資訊

專業考用書籍｜數位學習課程｜考試經驗分享

按讚送E-coupon

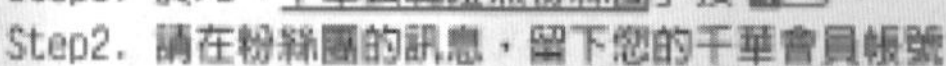

Step3. 粉絲團管理者核對您的會員帳號後，將立即回贈e-coupon 200元。

千華 Line@ 專人諮詢服務

- 有疑問想要諮詢嗎？歡迎加入千華LINE@！
- 無論是考試日期、教材推薦、勘誤問題等，都能得到滿意的服務。
- 我們提供專人諮詢互動，更能時時掌握考訊及優惠活動！

國家圖書館出版品預行編目(CIP)資料

(高普考)現行考銓制度(含人事行政學)/林志忠編著. —
第三十二版. — 新北市 ：千華數位文化股份有限公
司,2023.12
面； 公分
ISBN 978-626-380-220-9 (平裝)

1.CST: 考銓制度

573.4 112021840

［高普考］ **現行考銓制度(含人事行政學)**

編　著　者：林　志　忠

發　行　人：廖　雪　鳳
登　記　證：行政院新聞局局版台業字第 3388 號
出　版　者：千華數位文化股份有限公司
地址／新北市中和區中山路三段 136 巷 10 弄 17 號
電話／(02)2228-9070　　傳真／(02)2228-9076
郵撥／第 19924628 號　千華數位文化公司帳戶
千華公職資訊網：http://www.chienhua.com.tw
千華網路書店：http://www.chienhua.com.tw/bookstore
網路客服信箱：chienhua@chienhua.com.tw

法律顧問：永然聯合法律事務所
編輯經理：甯開遠
主　　編：甯開遠
執行編輯：廖信凱
校　　對：千華資深編輯群
排版主任：陳春花
排　　版：蕭韻秀

出版日期：2023 年 12 月 30 日　　第三十二版／第一刷

本書如有勘誤或其他補充資料，
將刊於千華公職資訊網　http://www.chienhua.com.tw
歡迎上網下載。